U0453035

本书受中国历史研究院学术出版经费资助

中国历史研究院
Chinese Academy of History
学 术 出 版 资 助

秦国早期历史之重构

| 程平山 著 |

中国社会科学出版社

审图号：GS（2024）3734 号

图书在版编目（CIP）数据

秦国早期历史之重构／程平山著. -- 北京：中国社会科学出版社，2024.12（2025.6重印）. -- ISBN 978-7-5227-4292-2

Ⅰ. K233.07

中国国家版本馆 CIP 数据核字第 20249GZ014 号

出 版 人	赵剑英
责任编辑	吴丽平
责任校对	朱妍洁
责任印制	李寡寡

出　　版	中国社会科学出版社
社　　址	北京鼓楼西大街甲 158 号
邮　　编	100720
网　　址	http：//www.csspw.cn
发 行 部	010-84083685
门 市 部	010-84029450
经　　销	新华书店及其他书店

印刷装订	北京君升印刷有限公司
版　　次	2024 年 12 月第 1 版
印　　次	2025 年 6 月第 2 次印刷

开　　本	710×1000　1/16
印　　张	51.25
字　　数	802 千字
定　　价	298.00 元

凡购买中国社会科学出版社图书，如有质量问题请与本社营销中心联系调换
电话：010-84083683
版权所有　侵权必究

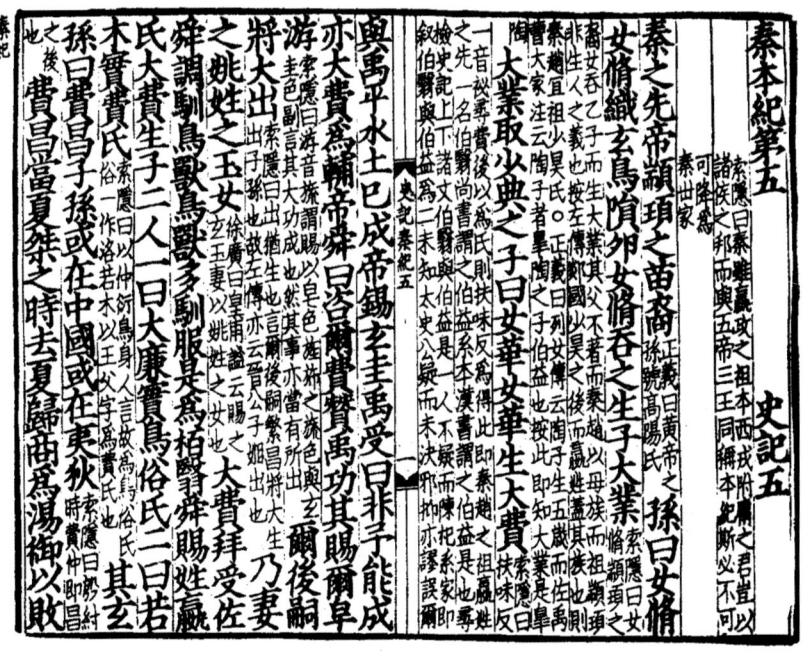

图版一之一 《史记》记载商末秦族居西垂

图版一之二 《史记》记载商末秦族居西垂

(据张元济编:《百衲本二十四史》,台湾商务印书馆1988年第六版影印宋黄善夫刻本)

塱方鼎

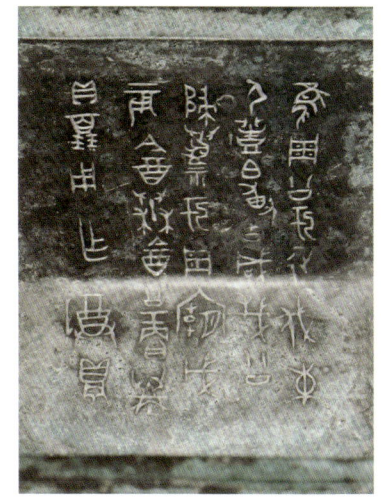

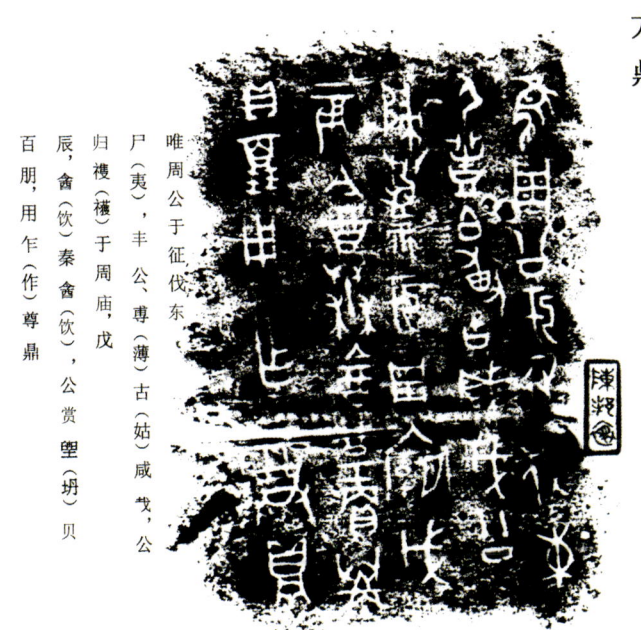

唯周公于征伐东
尸（夷），丰公、尃（薄）古（姑）咸戈，公
归禩（禧）于周庙，戊
辰，酓（饮）秦酓（饮），公赏塱（埋）贝
百朋，用乍（作）尊鼎

图版二　䟒方鼎记周公平商奄

（器形、照片据陕西省古籍整理办公室、陕西省考古研究院编，张天恩主编：《陕西金文集成》第7册，三秦出版社2017年版，第218—221页；拓片、释文据中国社会科学院考古研究所编：《殷周金文集成》（修订增补本）第2册，中华书局2007年版，第1409页，第2739器）

图版三之一　禽簋记周公平商奄

禽殷

王伐荼（盖）侯，周公某（谋），禽祁，禽又（有）敍（振）祁，王赐金百乎（锊），禽用乍（作）宝彝

图版三之二 禽簋记周公平商奄

（器形、照片据中国国家博物馆编：《中国国家博物馆馆藏文物研究丛书 青铜器卷（西周）》，上海古籍出版社2020年版，第190—191页；拓片、释文据中国社会科学院考古研究所编：《殷周金文集成》（修订增补本）第3册，第2216页，第4041器）

第三章

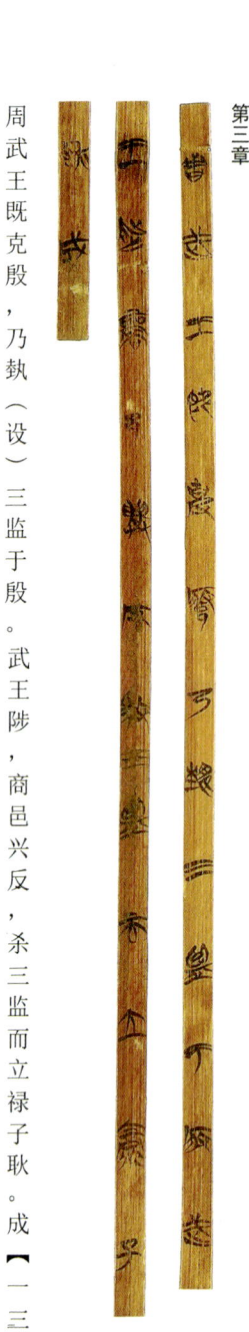

周武王既克殷,乃埶(设)三监于殷。武王陟,商邑兴反,杀三监而立禄子耿。成【一三】

王屖(践)伐商邑,杀禄子耿,飞廉东逃于商盖氏,成王伐商盖,杀飞廉,西迁商【一四】

图版四之一　清华简《系年》记周迁商奄

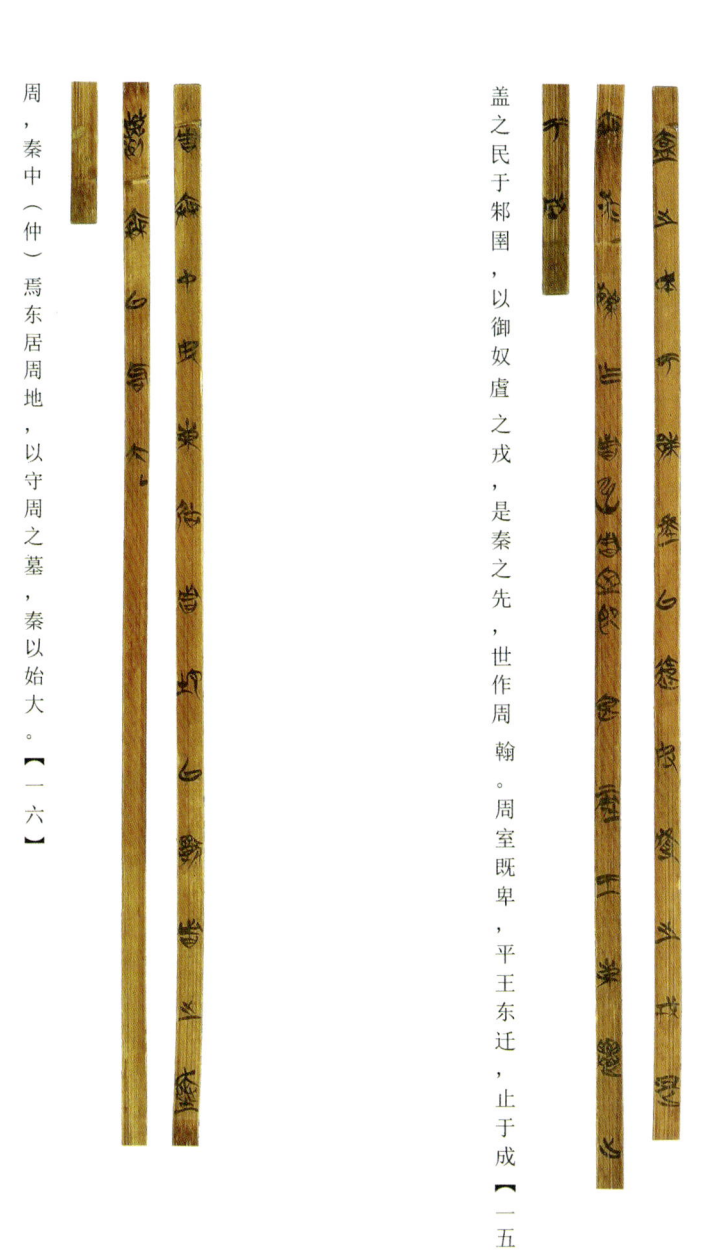

盖之民于邾圉，以御奴虘之戎，是秦之先，世作周翰。周室既卑，平王东迁，止于成【一五】周，秦中（仲）焉东居周地，以守周之墓，秦以始大。【一六】

图版四之二　清华简《系年》记周迁商奄

（据清华大学出土文献研究与保护中心编，李学勤主编：《清华大学藏战国竹简（贰）》，中西书局2011年版，第45—47页）

图版五之一　匍簋

图版五之二　匍盨

04321 释文

王若曰：訇，不（丕）显文、武受令（命），则乃祖奠周邦，今余令（命）女（汝）啻（嫡）官司邑人、先虎臣后庸：西门尸（夷）、秦尸（夷）、京尸（夷）、𦎫尸（夷）、师笭、侧新（薪）、口华尸（夷）、弁𧱢尸（夷）、𢊘人、成周走亚、戍秦人、降人、服尸（夷），赐女（汝）玄衣黹屯（纯）、䜌（缁）巿、冋（絅）黄（衡）、戈琱㪿、厚（𧊒）必（柲）、彤沙（緌）、綟（鋚）旂、攸（鋚）勒，用事，訇顀首，对扬天子休令（命），用乍（作）文祖乙伯、同姬尊毁，訇迈（万）年，子子孙孙永宝用，唯王十又七祀，王在射日宫，旦，王各，益公入右（佑）訇

图版五之三　訇簋

（器形、照片据陕西省古籍整理办公室、陕西省考古研究院编，张天恩主编：《陕西金文集成》第 13 册，第 102—104 页；拓片、释文据中国社会科学院考古研究所编：《殷周金文集成》（修订增补本）第 4 册，第 2697 页，第 4321 器）

盖铭

图版六之一　师酉簋

师酉殼

唯王元年正月,王在吴(虞),各吴(虞)大庙,公族𤔲釐入右(佑)师酉,立中廷,王乎史墙册命师酉:嗣(司)乃祖啻官邑人、虎臣、西门尸(夷)、𩁹尸(夷)、秦尸(夷)、京尸(夷)、弁身尸(夷),新赐女(汝)赤芾、朱黄(衡)、中絅(裲)、攸(鋚)勒、𤔲旂,敬夙夜勿灋(废)朕令(命),师酉拜𩒨首,对扬天子不(丕)显休令(命),用乍(作)朕文考乙伯、究姬尊殼,西其万年,子子孙孙永宝用

04288.1

盖铭

图版六之二 师酉簋

器铭

图版六之三　师酉簋

器铭

图版六之四　师酉簋

（器形、照片、器铭拓片据中国国家博物馆编：《中国国家博物馆馆藏文物研究丛书　青铜器卷（西周）》，第243—244页；盖铭拓片、释文据中国社会科学院考古研究所编：《殷周金文集成》（修订增补本）第4册，第2630页，第4288.1器）

图版六之五　周原遗址出土西周甲骨文"秦人"

（据李志强：《陕西重大考古发现！首次出土有"秦人"字样甲骨》，人民网 2024 年 12 月 28 日）

图版七之一　礼县西山遗址 M2003 头箱（上）、棺盖上玉器及棺饰（下）

（据甘肃省文物考古研究所等编著：《秦与戎：秦文化与西戎文化十年考古成果展》，文物出版社 2021 年版，第 116、124 页）

图版七之二　礼县西山遗址 M2003 出土铜器、玉器、贝饰

1、2. 铜鼎　3. 铜簋　4. 铜戈　5. 铜剑　6. 铜鱼　7. 玉璧　8、9. 玉戈　10. 玉管　11. 玉玦　12. 贝饰

（据甘肃省文物考古研究所等编著：《秦与戎：秦文化与西戎文化十年考古成果展》，第118—128页）

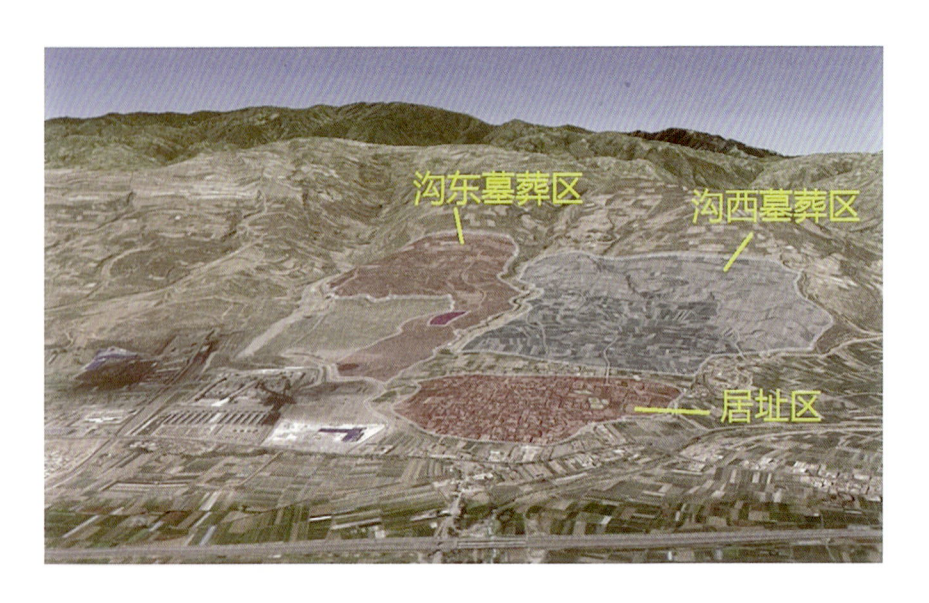

图版八之一　甘谷县毛家坪遗址遗存分布图

（据甘肃省文物考古研究所等编著：《秦与戎：秦文化与西戎文化十年考古成果展》，第 74 页）

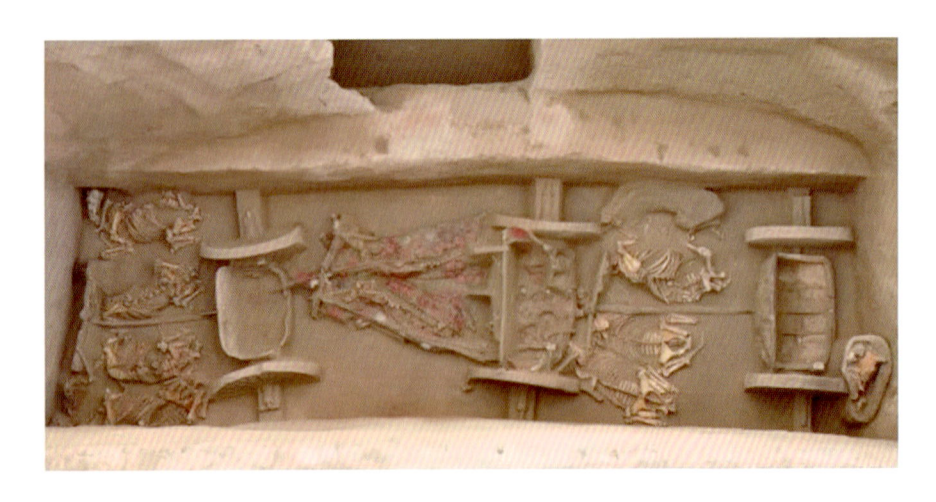

图版八之二　甘谷县毛家坪沟西 M2059 的车马坑 K201

（据甘肃省文物考古研究所编著：《甘肃重要考古发现（2000—2019）》，文物出版社 2020 年版，第 207 页）

图版八之三　甘谷县毛家坪沟西 M2059 及头箱

（据甘肃省文物考古研究所编著：《甘肃重要考古发现（2000—2019）》，第 204 页）

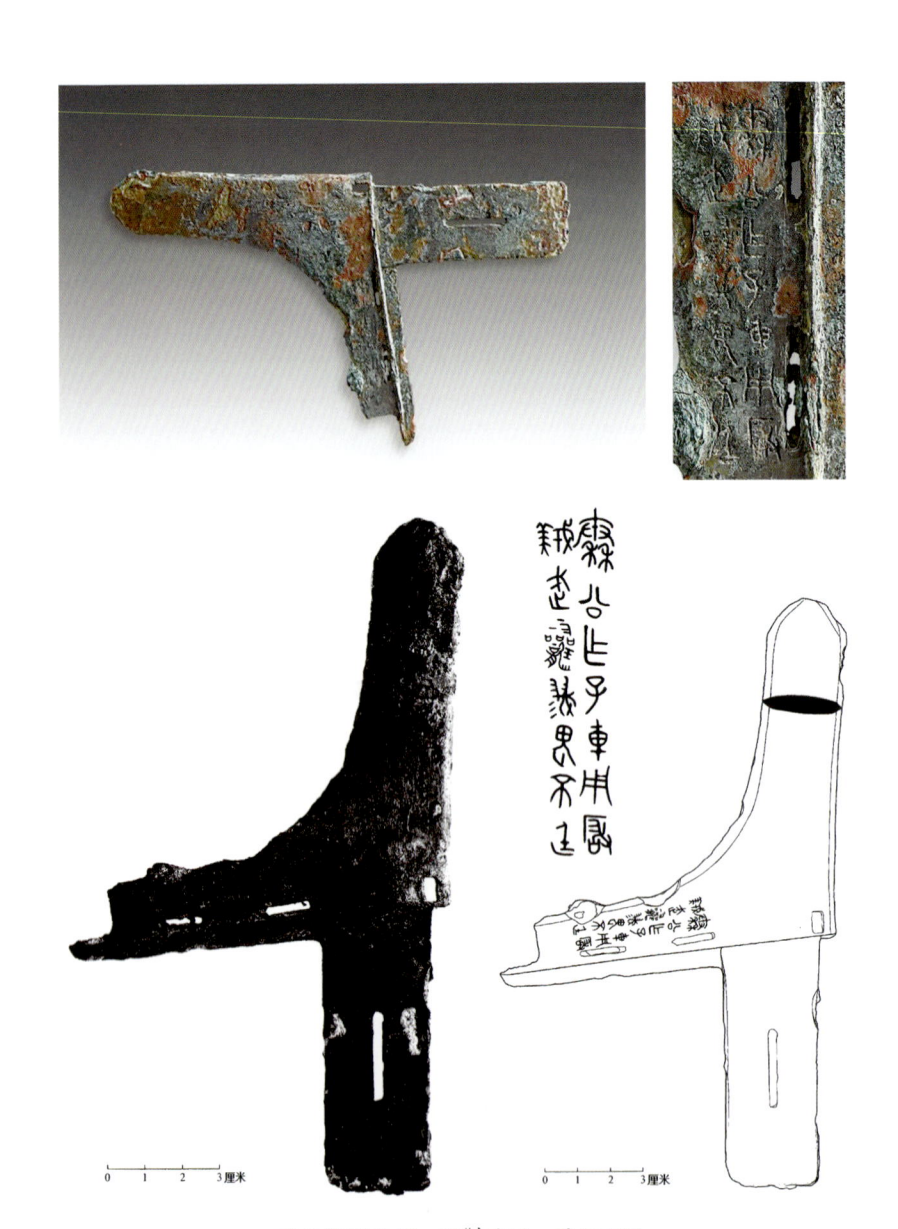

秦公作子车用。严戕武灵，戮畏不廷。

图版八之四 甘谷县毛家坪沟西 M2059 出秦公作子车用戈

（据早期秦文化联合考古队：《甘肃甘谷毛家坪春秋秦墓（M2059）及车马坑（K201）发掘简报》，《文物》2022年第3期，第14页；董珊：《秦子车戈考释与秦伯丧戈矛再释》，《国学学刊》2019年第3期，第40页；《秦汉铭刻丛考》，上海古籍出版社2020年版，第47、58—59页）

第二章

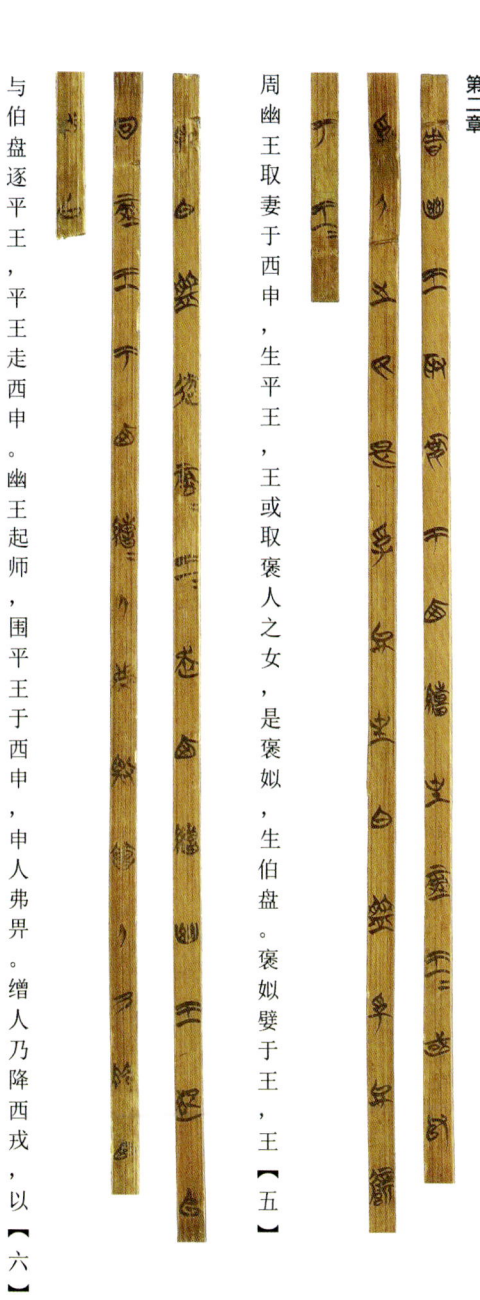

周幽王取妻于西申,生平王,王或取褒人之女,是褒姒,生伯盘。褒姒嬖于王,王【五】与伯盘逐平王,平王走西申。幽王起师,围平王于西申,申人弗畀。缯人乃降西戎,以【六】

图版九之一　清华简《系年》记平王东迁

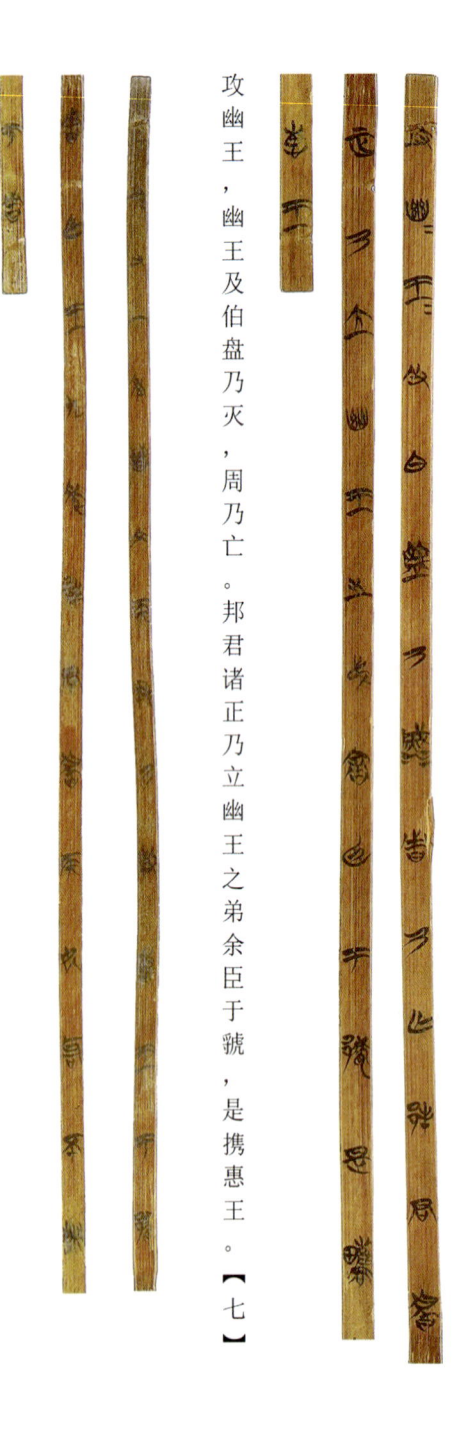

攻幽王，幽王及伯盘乃灭，周乃亡。邦君诸正乃立幽王之弟余臣于虢，是携惠王。【七】

图版九之二　清华简《系年》记平王东迁

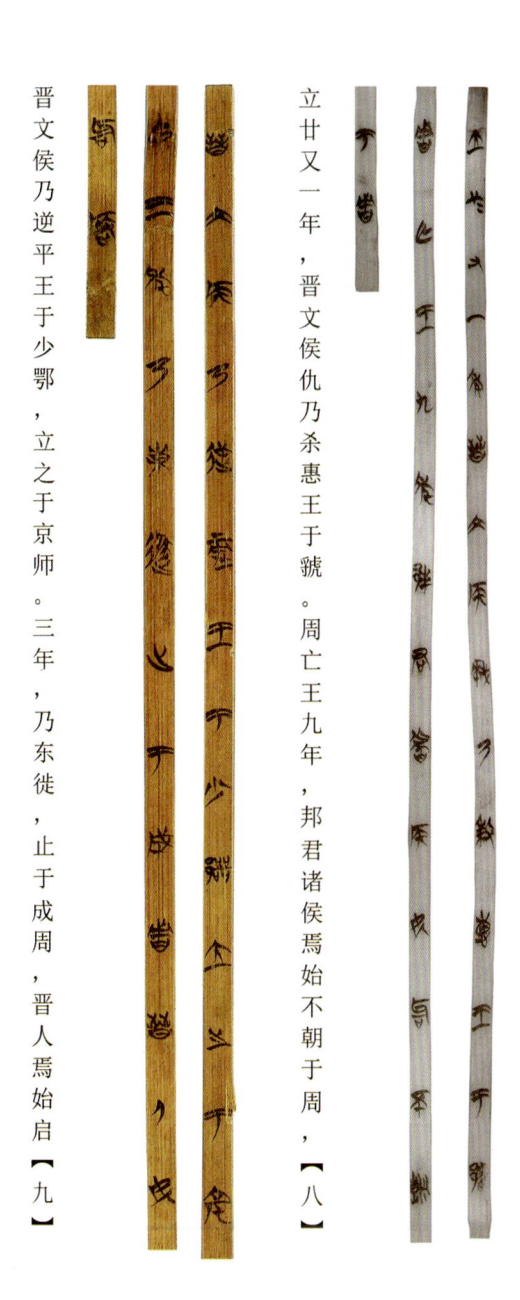

立廿又一年，晋文侯仇乃杀惠王于虢。周亡王九年，邦君诸侯焉始不朝于周，【八】晋文侯乃逆平王于少鄂，立之于京师。三年，乃东徙，止于成周，晋人焉始启【九】

图版九之三　清华简《系年》记平王东迁

（据清华大学出土文献研究与保护中心编，李学勤主编：《清华大学藏战国竹简（贰）》，第41—43页）

图版一〇之一　宝鸡下站遗址全景

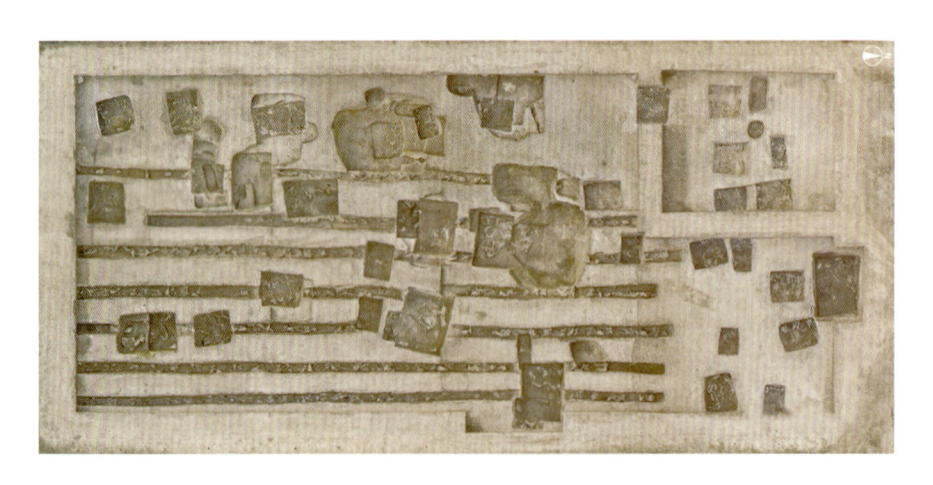

图版一〇之二　宝鸡下站遗址发掘现场正射影像

图版一○之三　宝鸡下站遗址 A 型祭祀坑

Ba型坑 　　　　　　　　　　Bb型坑

Bc型坑

图版一〇之四　宝鸡下站遗址 B 型祭祀坑

图版一〇之五　宝鸡下站遗址"密"字陶文

（据游富祥、杨武站等：《宝鸡下站祭祀遗址应为秦宣公所建"雍五畤"之一密畤 或与祭祀青帝有关》，中国文物报社"文博中国"微信公众号 2020 年 12 月 7 日）

图版一一 小戎

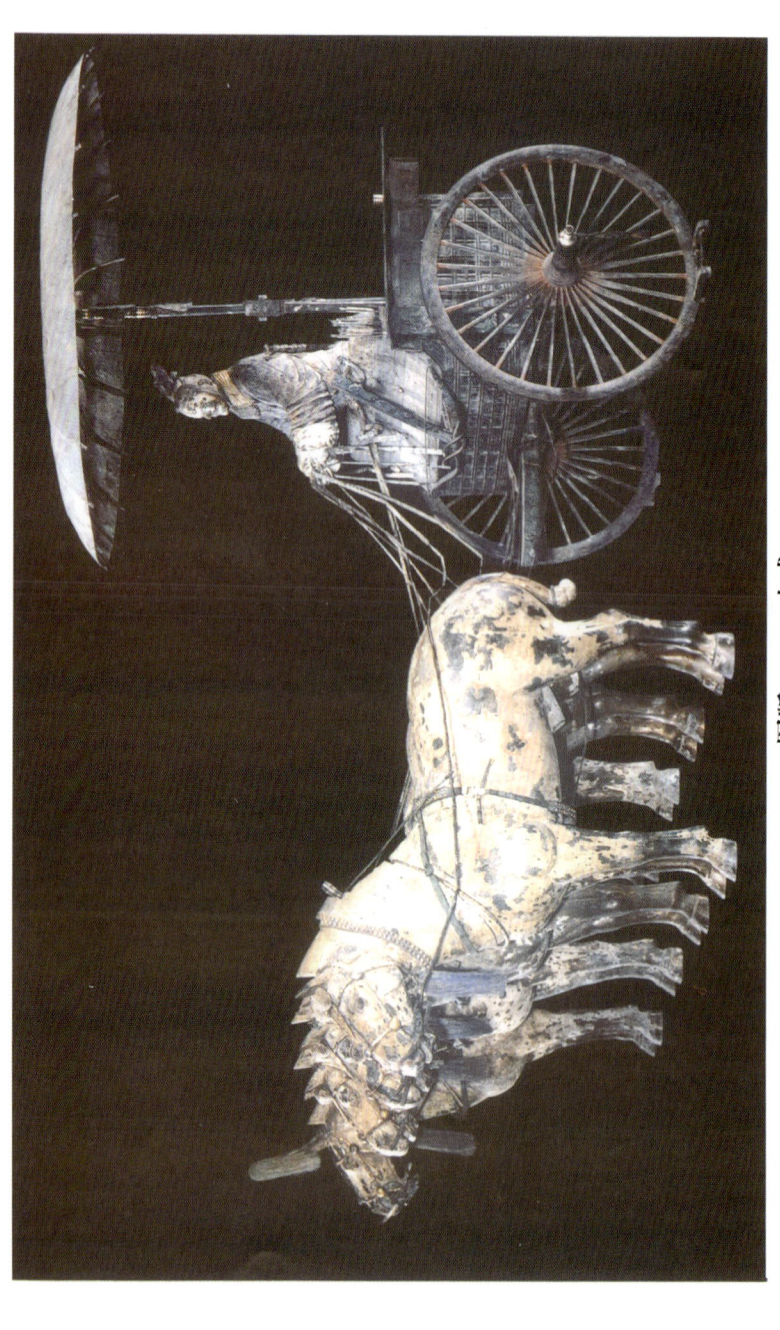

(秦始皇陵一号铜车马,据秦始皇兵马俑博物馆、陕西省考古研究所:《秦始皇陵铜车马发掘报告》,文物出版社1998年版,彩版六)

图版一二之一 礼县圆顶山车马坑 98LDK1 第一乘发掘情况

(据礼县博物馆、礼县秦西垂文化研究会编:《秦西垂陵区》,文物出版社 2004 年版,第 23 页)

图版一二之二　礼县圆顶山车马坑 98LDK1

(据礼县博物馆、礼县秦西垂文化研究会编:《秦西垂陵区》,第 22 页,1、3、4 为四马,2、5 为两马)

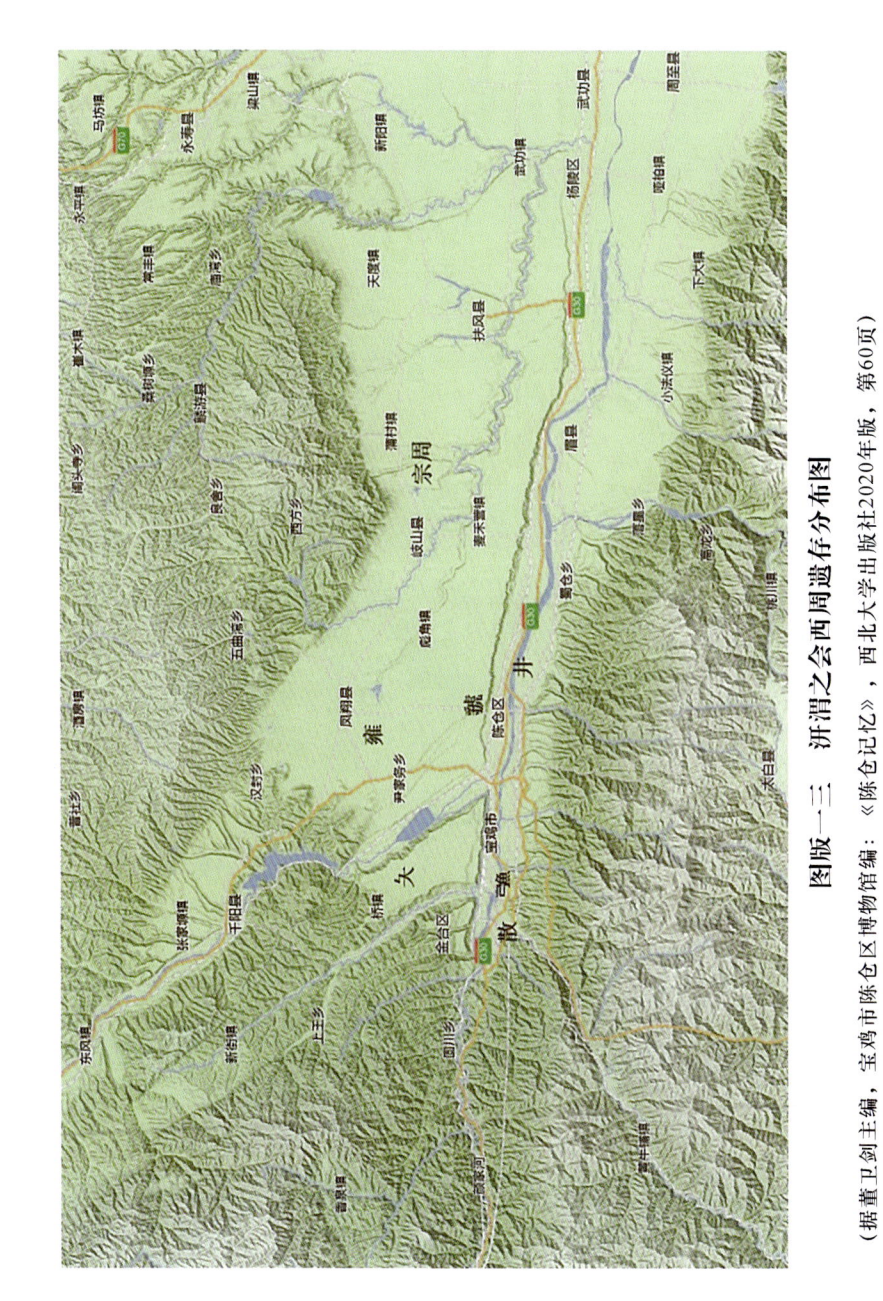

图版一三 汧渭之会西周遗存分布图

(据董卫剑主编,宝鸡市陈仓区博物馆编:《陈仓记忆》,西北大学出版社2020年版,第60页)

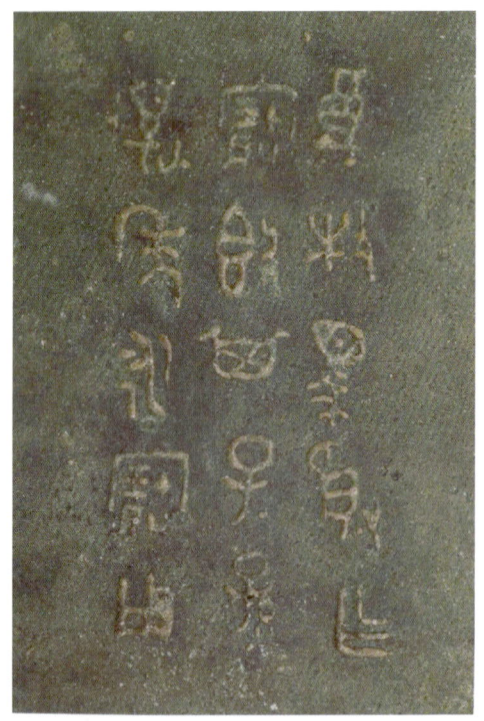

图版一四之一　郑牧马受簠盖

郑牧马受毁

奠(郑)牧马受乍(作)宝毁,其子子孙孙迈(万)年永宝用

03878

图版一四之二　郑牧马受簋盖

(器形、照片据中国国家博物馆馆编:《中国国家博物馆馆藏文物研究丛书　青铜器卷(西周)》,第253—254页;拓片、释文据中国社会科学院考古研究所编:《殷周金文集成(修订增补本)》第3册,第2077页,第3878器)

图版一五 秦人地理

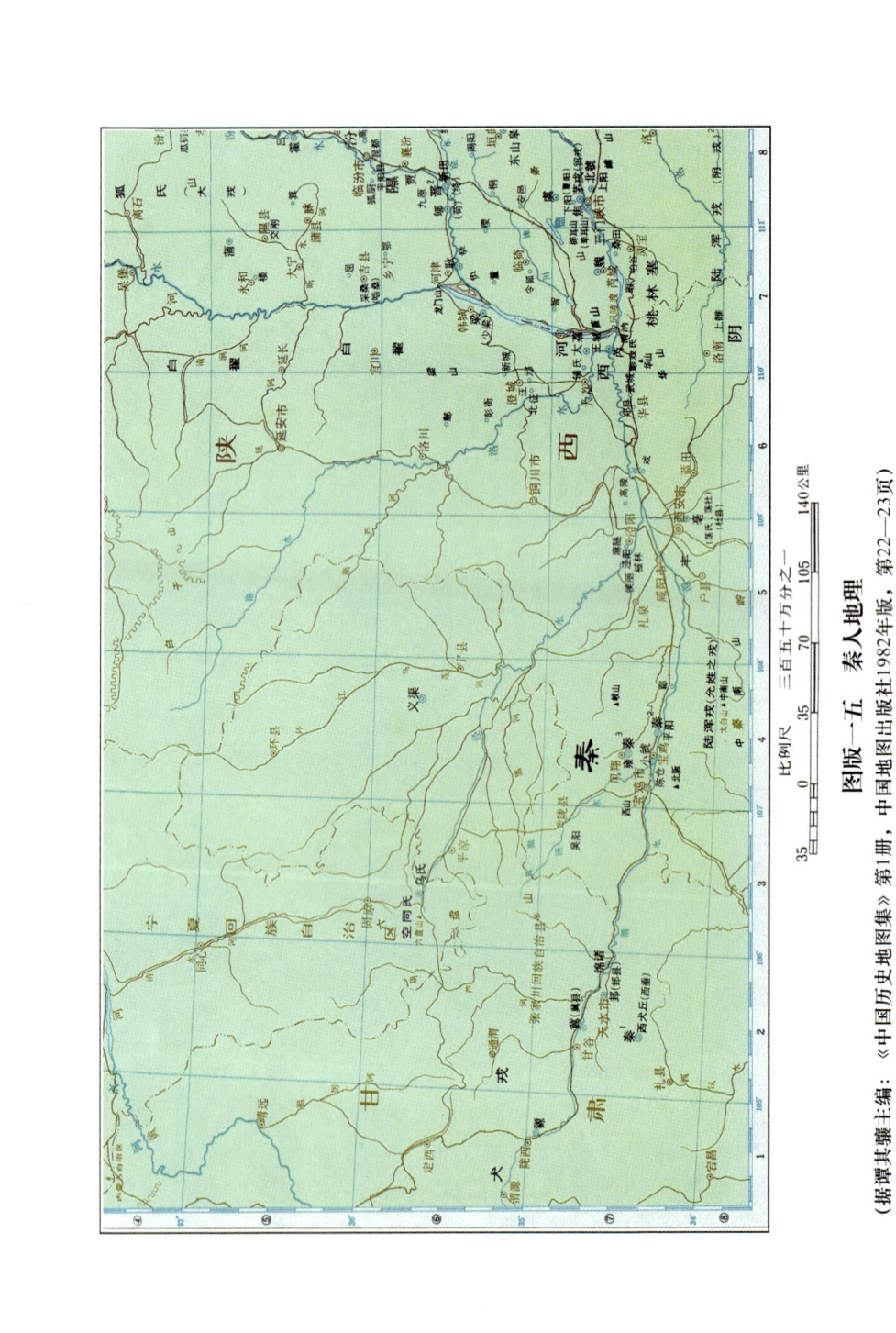

(据谭其骧主编：《中国历史地图集》第1册，中国地图出版社1982年版，第22—23页)

图版一六之一 礼县大堡子山遗址全景

(据甘肃省文物考古研究所编著:《甘肃重要考古发现(2000—2019)》,第208页)

图版一六之二 礼县大堡子山城址东北角

（据甘肃省文物考古研究所编著：《甘肃重要考古发现（2000—2019）》，第209页）

图版一七之一　礼县西山遗址远景

(据甘肃省文物考古研究所等:《秦与戎:秦文化与西戎文化十年考古成果展》,第1112页)

图版一七之二 礼县西山城址东墙

(据甘肃省文物考古研究所等:《秦与戎:秦文化与西戎文化十年考古成果展》,第112页)

图版一八 礼县大堡子山秦公墓 M2 墓室及西墓道

(据礼县博物馆、礼县秦西垂文化研究会编:《秦西垂陵区》,第 11 页)

秦公作铸用鼎

秦公作宝簋

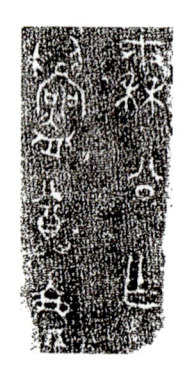

秦公作铸尊壶

图版一九之一　大堡子山秦公墓地出土秦公器

秦公作铸鈺钟

图版一九之二　大堡子山秦公墓地出土秦公器

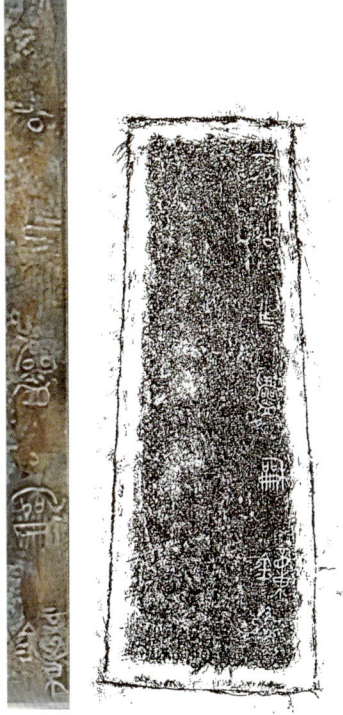

（鼎据李朝远：《上海博物馆新获秦公器研究》，《上海博物馆集刊》第 7 期，上海博物馆 1996 年版，彩图、第 24 页；簋据礼县博物馆等编：《秦西垂陵区》，第 50—51 页；壶据 J. J. Lally & Co., *Archaic Chinese bronzes, jades and Works of art*：June 1 to 25, 1994, NO. 54, New York J. J. Lally & Co., 1994；钟据 MIHO MUSEUM：《中国戦国时代の霊獣》，MIHO MUSEUM 2000 年版，第 11 页）

秦子作宝穌钟，以其三镈，厥音锖锖滩滩，秦子峻岭在位，眉寿万年无疆。

图版二〇　大堡子山祭祀坑出土秦子编钟、编镈

（据早期秦文化联合考古队：《2006年甘肃礼县大堡子山祭祀遗迹发掘简报》，《文物》2008年第11期，第18、21、27页）

秦子作宝龢钟，厥音镗镗锵锵，秦子畯岭在位，眉寿万年无疆。

图版二一　日本 MIHO 美术馆收藏的秦子钟

（据 MIHO MUSEUM：《中国战国时代の霊獣》，第 11 页；松丸道雄：《甘肃礼县秦公墓の墓主は谁か？—MIHO MUSWUM 新收の编钟を手挂りに》，日本中国考古学会关东部会四月例会演讲，2002 年，第 7 页）

图版二二之一　珍秦斋藏秦子簋盖

图版二二之二　珍秦斋藏秦子簋盖

時。又夔孔嘉,保其宮外。溫恭穆〔穆〕,秉德受命屯魯,义其士女。秦子之光,卲于婚(聞)四方,子子孫孫,秦子、姬甬(用)享。

圖版二二之三　珍秦齋藏秦子簋蓋

(據蕭春源:《珍秦齋藏金——秦銅器篇》,澳門基金會 2006 年版,李學勤"前言"5—6頁、正文 26—35 頁)

图版二三之一　秦武公钟

秦公钟

原高三一厘米

① 秦公曰：我先祖受天令（命），商（赏）宅受或（国），剌剌（烈烈）邵文公、静公、宪公，不豕（坠）于上，邵合（答）皇天，以虩事蠻（蛮）方，公及王姬曰：余小子，余夙夕虔敬朕祀，以受多福，克明又（厥）心，盩龢胤士，咸畜左右，趩趩（蔼蔼）允义，翼受明德，以康奠协朕或（国），盗（羡）百蠻（蛮），具（俱）即其

图版二三之二　秦武公钟

② 服,乍(作)厥龢钟,憕(灵)音锗锗雍雍,以㫃(宴)皇公,以受大福,屯(纯)鲁多釐,大寿万年,秦公其畯龏(令)在立(位),膺受大令(命),眉寿无疆,匍(抚)有四方,其康宝

图版二三之三 秦武公钟

（器形据陕西省古籍整理办公室、陕西省考古研究院编，张天恩主编：《陕西金文集成》第 7 册，第 130—136 页；拓片、释文据中国社会科学院考古研究所编：《殷周金文集成》（修订增补本）第 1 册，第 307—308 页，第 262—263 器）

图版二四之一　秦武公镈

秦公镈

原高二五厘米

秦公曰：我先
祖受天命（命），商（赏）
宅受或（国），剌剌（烈烈）卲（昭）
文公、静公、宪公不豙（家）于上，
卲（昭）合（答）皇天，以受（坠）
㽙（纯）鲁（嘏）多釐，蠻（龢）
（燮）百邦，于秦執（執）
事。余小子，余夙夕
虔敬朕祀，以受
多福，克明又（有）
心，畜（孝）蠻（龢）胤士，
咸畜（蓄）左右蕐（蕐）
（謹）謹（誋）

图版二四之二　秦武公镈

图版二四之三 秦武公镈

明,协龢百姓,受天子鲁令(命),冀(翼)受明德,以康奠(定)协朕或(国),盭(戾)龢胤士,咸畜左右,允义(仪)莫奠(定),鼒(兹)龢胤士,咸畜胤士,䣄(余)秦公,䣄(余)䣄(余)䣄公,膺受大令(命),眉寿无疆,匍(抚)有四方,其㽙(畯)𦁉(繁)龢铃(令),鲁多釐(釐),大㯱(宝),宝(宝)康盭(戾)屯(纯)鲁,其万年受寿,寿其㽙(畯)康,受大福,以受多福(福),眉寿无疆,秦公其畯在位,

原高二五厘米

(器形据陕西省古籍整理办公室、陕西省考古研究院编,张天恩主编:《陕西金文集成》第7册,第149—151页;拓片、释文据中国社会科学院考古研究所编:《殷周金文集成》(修订增补本)第1册,第312—313页,第267器)

图版二五　雍城秦公陵区秦公一号大墓殉葬图

（据蔡庆良、张志光主编：《嬴秦溯源：秦文化特展》，台北"故宫"2016年版，第235页）

图版二六之一　兮甲盘

10174释文

唯五年三月，既死霸庚寅，王初各（格）伐㺇（玁）狁（犹）于䍐虘，兮甲从王，折首执讯，休亡敃（愍），王赐兮甲马四匹、驹車，王令甲政䚛（司）成周四方責（积），至于南淮尸（夷），淮尸（夷）旧我員（帛）晦人，毋敢不出其員（帛）、其責（积）、其进人，其責（积），毋敢不即䮷（次），即市，敢不用令（命），则即井（刑）僕（扑）伐，其唯我者（诸）侯、百生（姓）厥貯（贾），毋不即市，毋敢或入蠻宄貯（贾），则亦井（刑），兮伯吉父乍（作）般（盘），其眉寿，万年无疆，子子孙孙永宝用

图版二六之二　兮甲盘

（据中国社会科学院考古研究所编：《殷周金文集成（修订增补本）》第 7 册，第 5482—5483 页，第 10174 器）

图版二七之一　多友鼎

图版二七之二　多友鼎

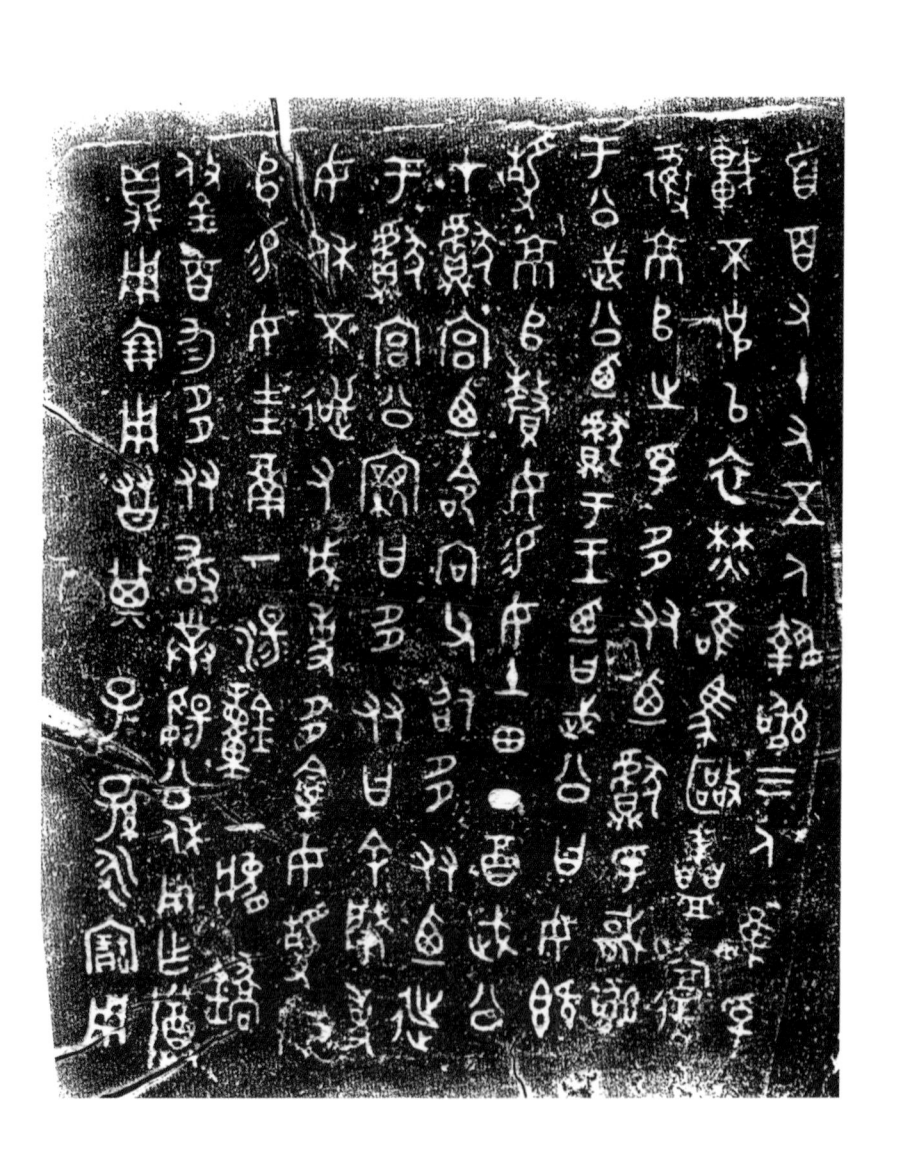

图版二七之三　多友鼎

02835 释文

唯十月，用嚴（玁）狁（允）放（方）興（兴），廣伐京师，告追于王，命武公遣乃元士，羞追于京师。武公命多友率公车，羞追于京师。癸未，戎伐筍（郇），衣（卒）俘。多友西追。甲申之晨（辰），搏于郗。多友右（有）折首執訊，凡以公车折首二百又口又五人，執訊廿又三人，俘戎车百乘一十又七乘，衣（卒）复筍（郇）人俘。或（又）搏于龏，共（龔）折首卅又六人，執訊二人，俘车十乘，从至，追搏于世。多友或（又）右（有）折首執訊，遬（速）趠（趕）追至于杨冢（塚）。公车折首百又十又五人，執訊三人，唯俘车不克，以衣（卒）焚，唯馬駆（驅）瞽（盡）复夺京师之俘。多友遁献俘馘訊于公。武公遁献于王，遁曰：武公曰：女（汝）既静靖京师，賚（赉）女（汝），赐女（汝）土田。丁酉，武公在献宫，遁命向父禹召多友，遁迺（迺）延于献宫，公亲（亲）裦曰：多友曰：余肇事使女（汝），休不噬，又（有）成事，多禽（擒），女（汝）静靖京师，賜女（汝）圭瓚一，湯（汤）鍚（锡）钟一肆（肆），鐈鋚百匀（钧），多友敢对扬公休，用乍（作）尊鼎，用倗用友，其子子孙孙永宝用。

图版二七之四　多友鼎

（器形、拓片据陕西省古籍整理办公室、陕西省考古研究院编，张天恩主编：《陕西金文集成》第12册，第62—65页；释文据中国社会科学院考古研究所编：《殷周金文集成》（修订增补本）第2册，第1513页，第2835器）

图版二八之一　不其簋盖

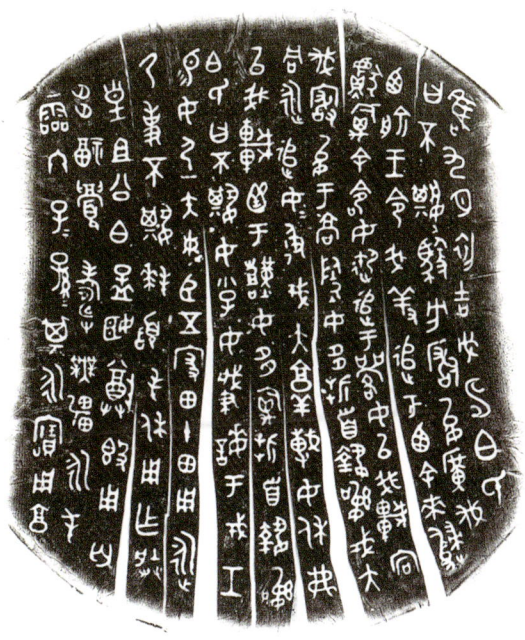

图版二八之二　不其簋盖

04329释文

唯九月初吉戊申，伯氏曰：不期，驭方，厰（玁）允（狁）广伐西俞，王令我羞追于西，余来归献禽（擒），余命女（汝）御（禦）追于䚄，女（汝）以我车宕伐䯝（玁）允（狁）于高陶，女（汝）多折首执讯，戎大同，从追女（汝），女（汝）汲戎大臺（敦）戴（搏），女（汝）休弗以我车圅（陷）于艰，女（汝）多禽（擒），折首执讯，伯氏曰：不期，女（汝）小子，女（汝）肇海（敏）于戎工（功），赐女（汝）弓一、矢束，臣五家、田十田，用永乃事，不期拜頴手（首）休，用乍（作）朕皇祖公伯、孟姬尊毁，用匄多福，眉寿无疆，永屯（纯）、霝（灵）冬（终），子子孙孙，其永宝用享

图版二八之三　不其簋盖

（器形、照片、拓片据中国国家博物馆馆编：《中国国家博物馆馆藏文物研究丛书　青铜器卷（西周）》，第258—259页；释文据中国社会科学院考古研究所编：《殷周金文集成（修订增补本）》第4册，第2714—2715页，第4329器）

图版二九之一　不其簋

图版二九之二　不其簋

图版二九之三　不其簋

04328 释文

唯九月初吉戊申，伯氏曰：不㠱，驭方、玁狁允广伐西俞，王令我羞追于西，余来归献禽（擒），余命女（汝）御（禦）追于䓓，女（汝）以我车宕伐玁狁允（狁）于高陶，女（汝）多折首执讯，戎大同，从追女（汝），女（汝）彶戎大敦（搏），女（汝）休弗以我车圅（陷）于艰，女（汝）多禽（擒），折首执讯，伯氏曰：不㠱，女（汝）小子，女（汝）肇敏（敏）于戎工（功），赐女（汝）弓一、矢束、臣五家、田十田，用从（永）乃事，不㠱拜頴手（首）休，用乍（作）朕皇祖公伯、孟姬尊簋，用匃多福，眉寿无疆，川（永）屯（纯）、霝（灵）冬（终），子子孙孙，其永宝用享

图版二九之四　不其簋

（器形、照片、拓片据葛海洋、魏慎玉：《不其簋略考》，《文物鉴定与鉴赏》2014 年第 1 期，第 91—92 页；释文据中国社会科学院考古研究所编：《殷周金文集成（修订增补本）》第 4 册，第 2713 页，第 4328 器）

图版三〇之一　虢季子白盘

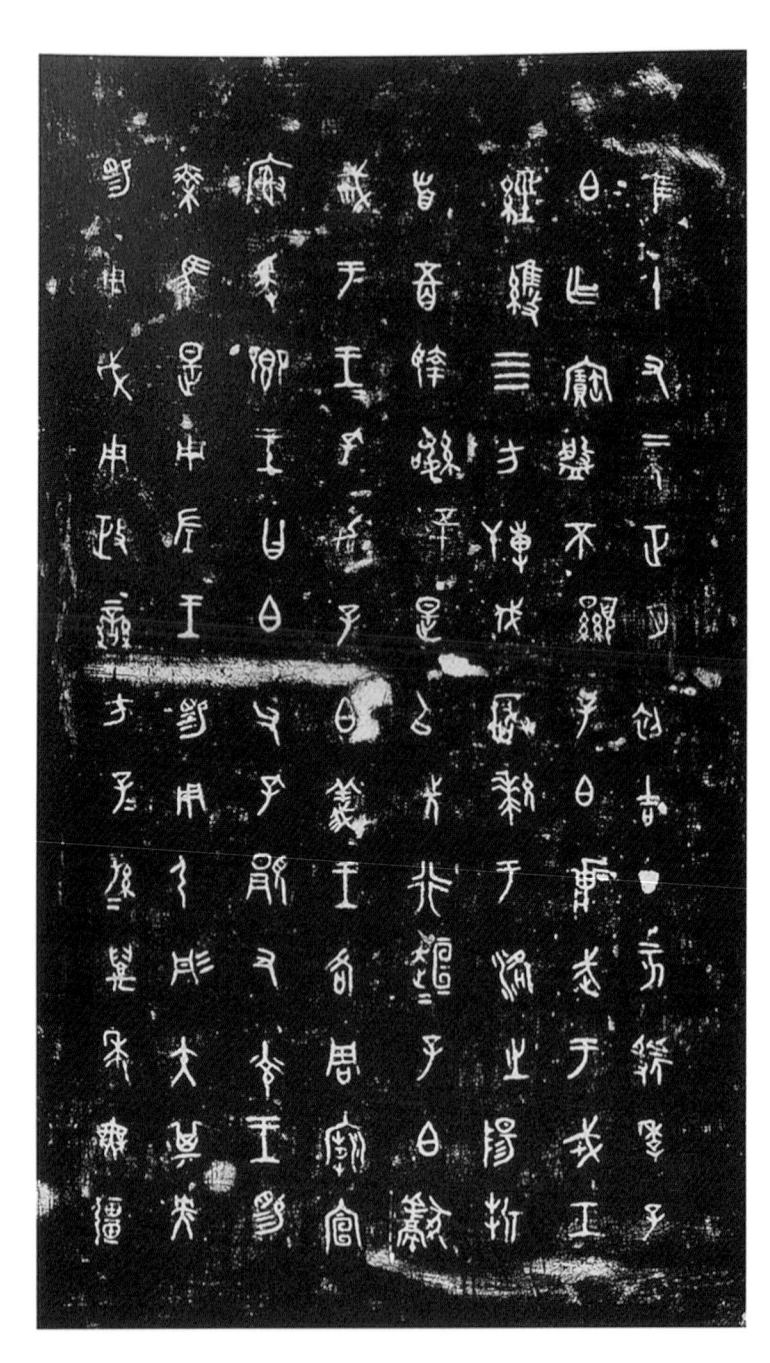

图版三〇之二　虢季子白盘

10173释文

唯十又二年，正月初吉丁亥，虢季子白乍(作)宝盘，不(丕)显子白，壮武于戎工(功)，经缄(维)四方，搏伐玁狁(猃狁)，于洛之阳，折首五百，执讯五十，是以先行，桓桓子白，献聝于王，王孔加(嘉)子白义，王各周庙宣厨，爰卿(飨)，王曰伯父，孔䎽(景)又(有)光，王赐(赐)乘马，是用左(佐)王，赐(赐)用弓，彤矢其央，赐(赐)用戉(钺)，用政(征)䜌(蛮)方，子子孙孙，万年无疆

图版三〇之三　虢季子白盘

（器形、照片据陕西省古籍整理办公室、陕西省考古研究院编，张天恩主编：《陕西金文集成》第7册，第173—175页；释文据中国社会科学院考古研究所编：《殷周金文集成（修订增补本）》第7册，第5481页，第10173器）

图版三一之一　甘肃秦州（今天水地区）出土秦公簋

秦公殷

04315.1

图版三一之二　甘肃秦州（今天水地区）出土秦公簋

图版三一之三　甘肃省秦州（今天水地区）出土秦公簋

04315.3

2684

图版三一之四　甘肃省秦州（今天水地区）出土秦公簋

04315.1 释文

秦公曰：不（丕）显朕皇祖，受天命，鼏（冪）宅禹责（迹），十又二公，在帝之坏（坯），严龏（恭）夤天命，保业厥秦，虩（赫）事緐（蛮）夏，余虽小子，穆穆师秉明德，剌剌（烈烈）趩趩（桓桓），迈（万）民是敕，

04315.2 释文

咸畜胤士，趬趬（蔼蔼）文武，鎮（镇）静靖不廷，虔敬朕祀，乍（作）噂宗彝，以邵（昭）皇祖，剌（其）严遵遣各，以受屯（纯）鲁多釐，眉寿无疆，畯疐在天，高引又（有）庆，竈（造）囿（有）四方，宜，

04315.3 释文

西元器，一斗七升小拳（朕），殷，西，一斗七升大半升，蓋

图版三一之五　甘肃省秦州（今天水地区）出土秦公簋

（器形、照片据吕章申主编：《中国国家博物馆百年收藏集粹》，安徽美术出版社2014年版，第156—157页；拓片、释文据中国社会科学院考古研究所编：《殷周金文集成（修订增补本）》第4册，第2682—2685页，第4315器）

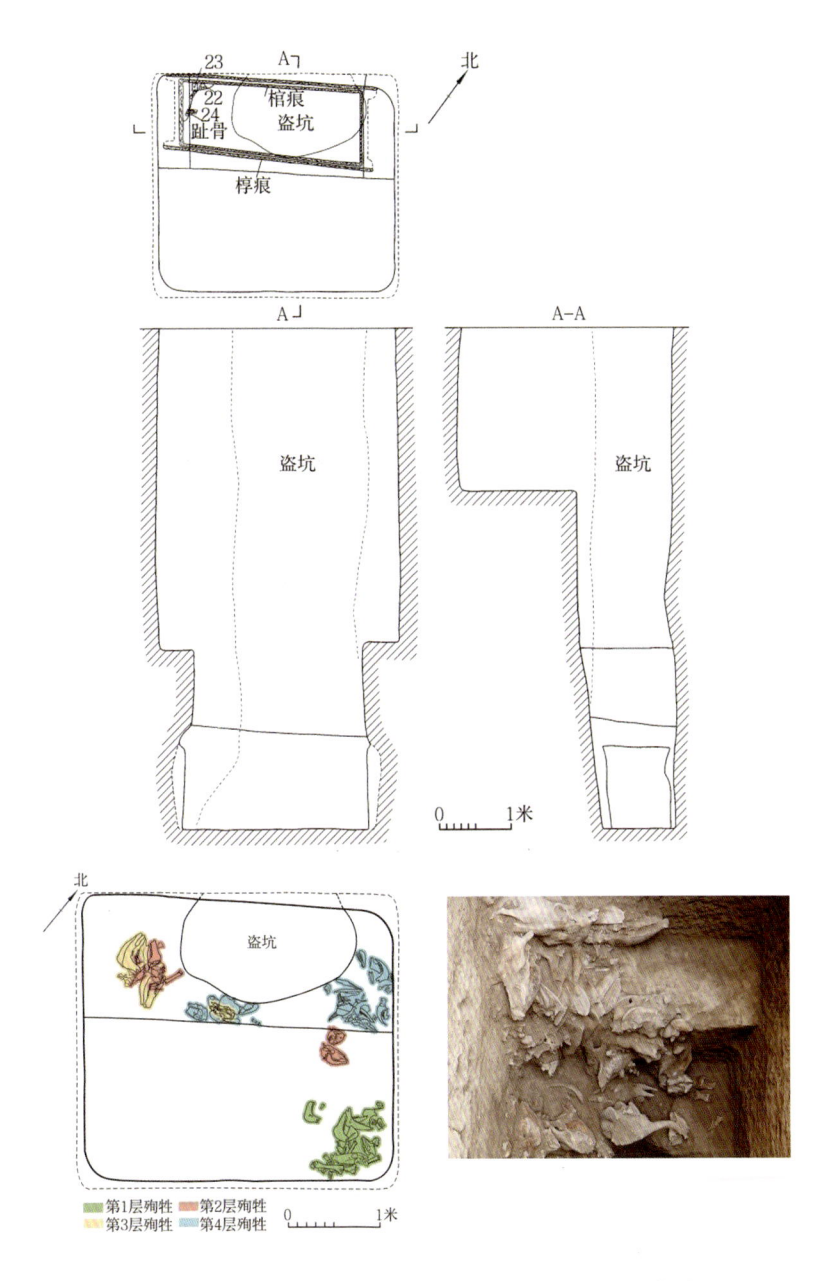

图版三二之一　漳县墩坪墓地 M26 平剖面图、殉牲图

1. M26 平剖面图（22－24 铜棺饰）　2. 1－4 殉牲　3. 5 层殉牲

（据甘肃省文物考古研究所：《甘肃漳县墩坪墓地 2014 年发掘简报》，《考古》2017 年第 8 期，第 37—38 页）

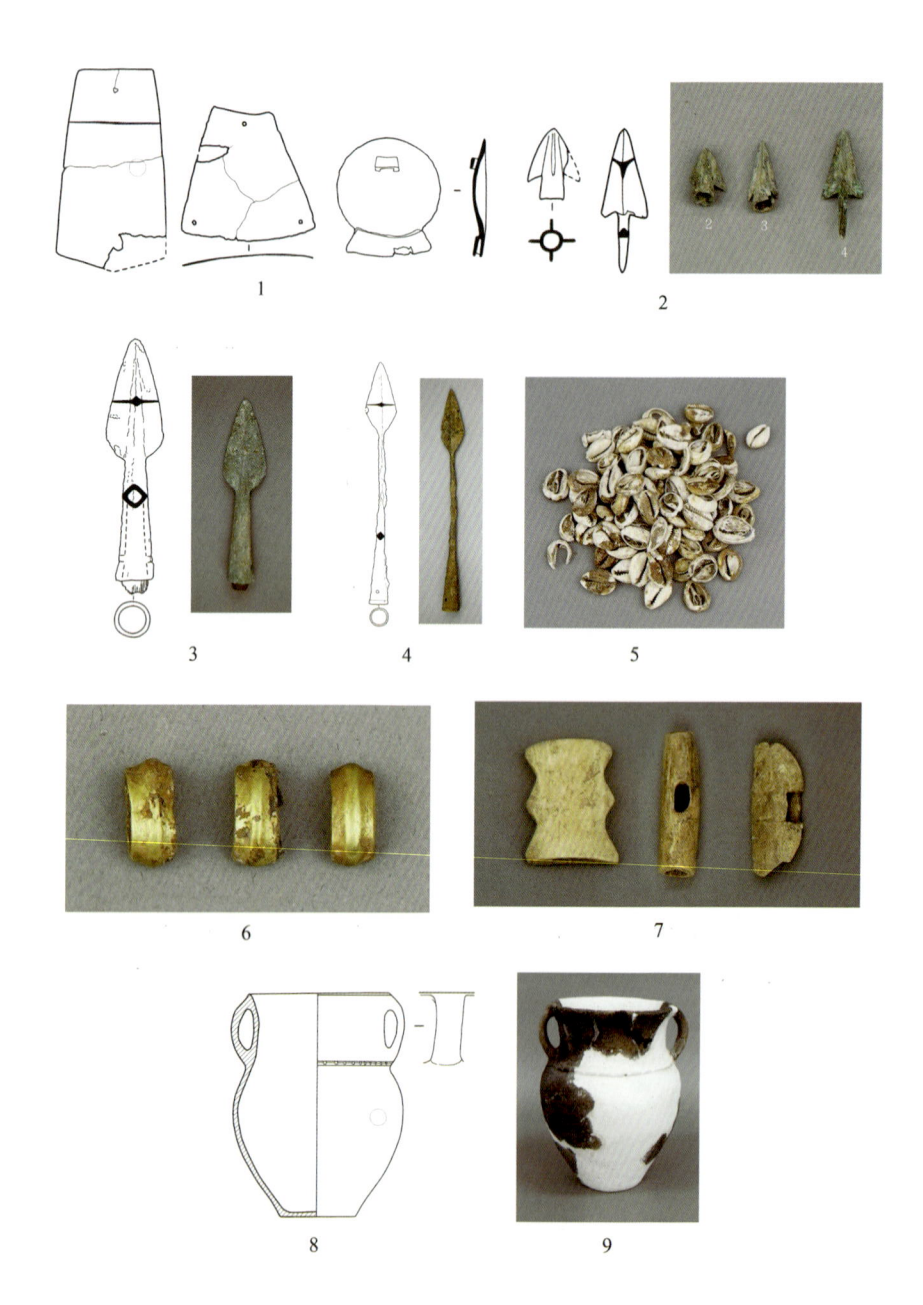

图版三二之二　漳县墩坪墓地 M26 出土随葬品

1. 车饰　2. 铜镞　3. 铜矛　4. 铁矛　5. 海贝　6. 金饰　7. 骨绳扣　8. 陶双耳罐

（据甘肃省文物考古研究所：《甘肃漳县墩坪墓地 2014 年发掘简报》,《考古》2017 年第 8 期，第 43—48 页）

图版三三　宁县宇村西周墓出土铜器

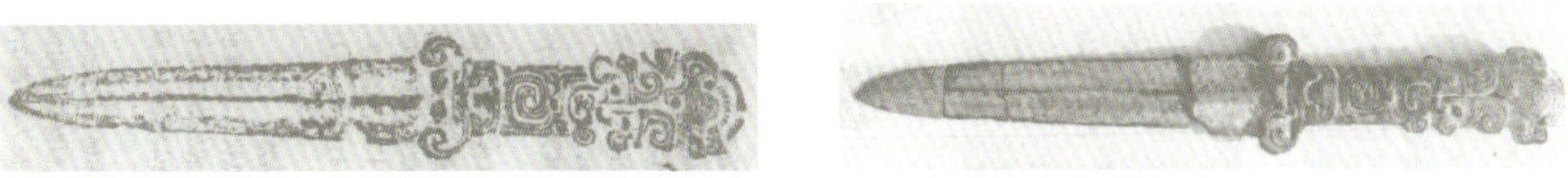

1. 鬲　2. 簋　3. 觚　4. 短剑　5. 虎　6. 虎饰

（据许俊臣、刘得祯：《甘肃宁县宇村出土西周青铜器》，《考古》1985年第4期，第350—351页、图版伍；王春法主编：《丝路孔道：甘肃文物菁华》，北京时代华文书局2020年版，第156—158页；庆阳博物馆在线展览）

图版三四之一　宁县遇村遗址 M5 平面图

（据王永安、杜博瑞、张俊民、孙锋：《石家墓群·遇村遗址》，甘肃省文物考古研究所编著：《甘肃重要考古发现（2000—2019）》，第 284 页）

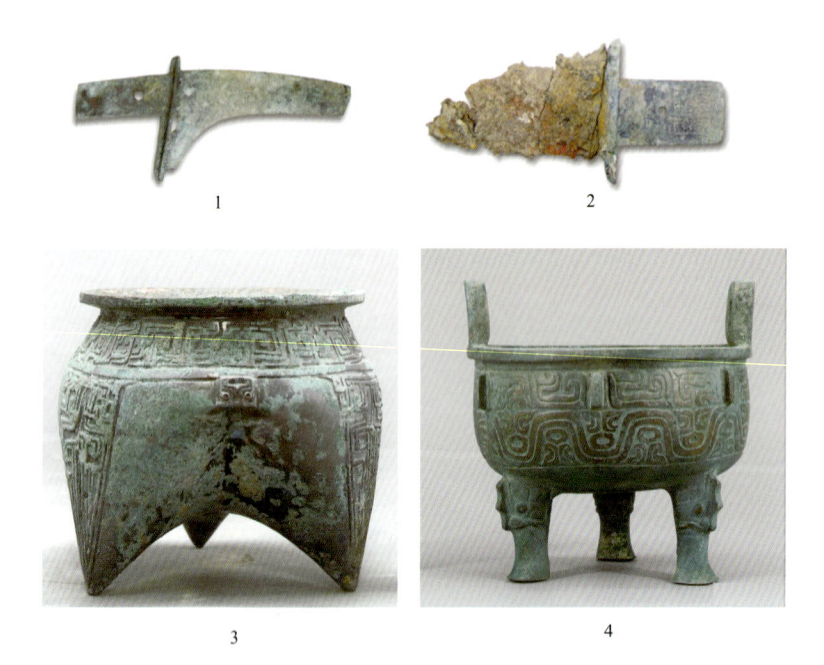

图版三四之二　宁县遇村遗址 M5、石家墓地南区 M218、M216 出土遗物

1. 遇村 M5 出土铜戈　2、3. 石家墓地南区 M218 出土铜铁复合戈、鬲　4. 石家墓地南区 M216 出土铜鬲

（据王永安等：《石家墓群·遇村遗址》，甘肃省文物考古研究所编著：《甘肃重要考古发现（2000—2019）》，第 289、286 页；甘肃省文物考古研究所　王永安等：《交流、变迁与融合——甘肃宁县石家及遇村遗址考古新发现》，《中国文物报》2020 年 9 月 4 日第 8 版）

唯弌日，王命，竞（景）之定，救秦戎，大有功于洛之戎，用作尊彝。

图版三五　救秦戎豆

（据张光裕：《新见楚式青铜器器铭试释》，《文物》2008年第1期，第76、82页）

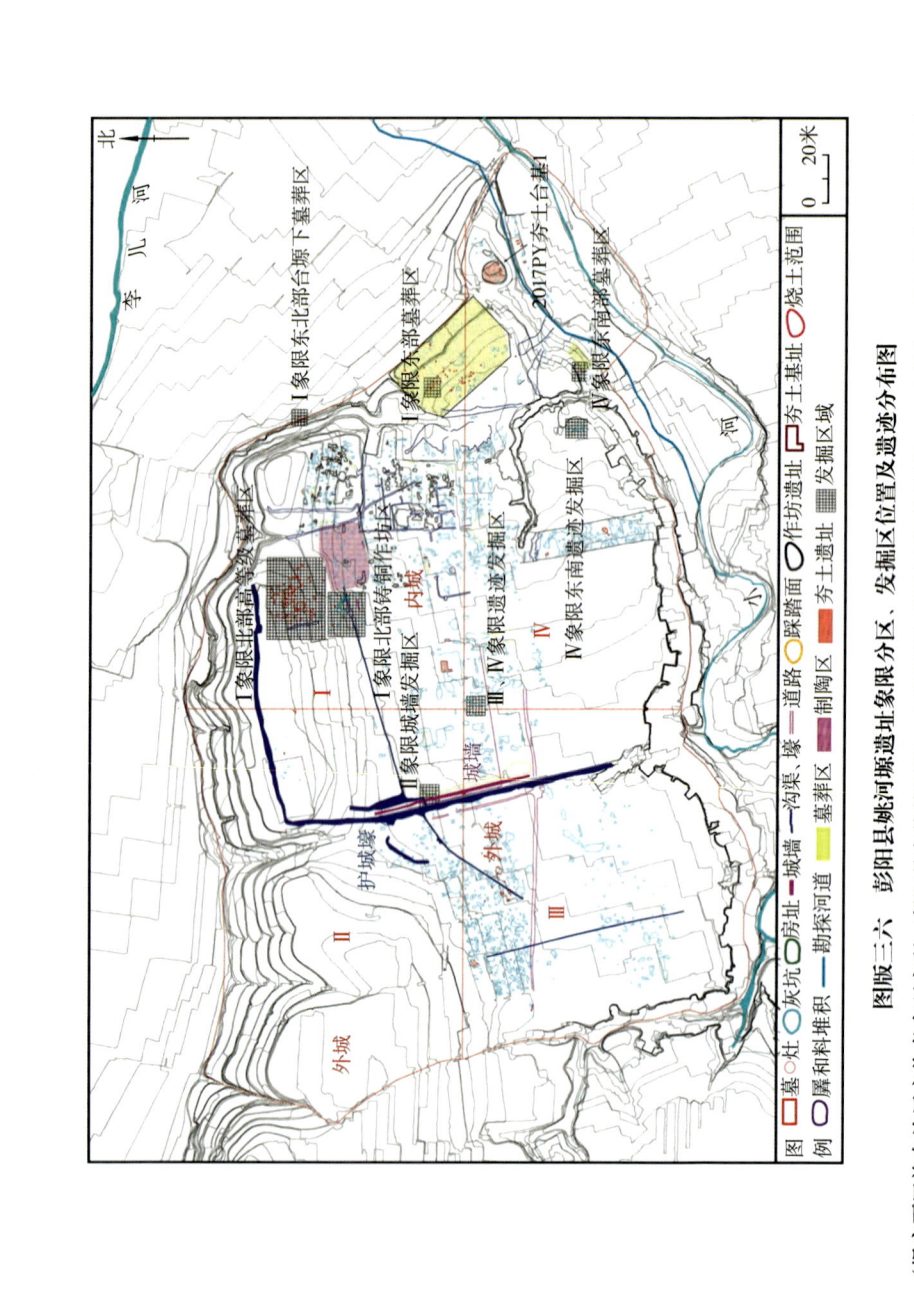

图版三六 彭阳县姚河塬遗址象限分区、发掘区位置及遗迹分布图

(据宁夏回族自治区文物考古研究所、彭阳县文物管理所:《宁夏彭阳县姚河塬西周遗址》,《考古》2021年第8期,第4页)

中国历史研究院学术出版
编 委 会

主　　任 高　翔

副 主 任 李国强

委　　员（按姓氏笔画排列）
　　　　　　卜宪群　王建朗　王震中　邢广程　余新华
　　　　　　汪朝光　张　生　陈春声　陈星灿　武　力
　　　　　　夏春涛　晁福林　钱乘旦　黄一兵　黄兴涛

中国历史研究院学术出版资助项目
出版说明

为了贯彻落实习近平总书记致中国社会科学院中国历史研究院成立贺信精神，切实履行好统筹指导全国史学研究的职责，中国历史研究院设立"学术出版资助项目"，面向全国史学界，每年遴选资助出版坚持历史唯物主义立场、观点、方法，系统研究中国历史和文化，深刻把握人类发展历史规律的高质量史学类学术成果。入选成果经过了同行专家严格评审，能够展现当前我国史学相关领域最新研究进展，体现我国史学研究的学术水平。

中国历史研究院愿与全国史学工作者共同努力，把"中国历史研究院学术出版资助项目"打造成为中国史学学术成果出版的高端平台；在传承、弘扬中国优秀史学传统的基础上，加快构建具有中国特色的历史学学科体系、学术体系、话语体系，推动新时代中国史学繁荣发展，为实现"两个一百年"奋斗目标、实现中华民族伟大复兴的中国梦贡献史学智慧。

中国历史研究院
2020 年 3 月

序

纵览夏商周时期的历史与考古，秦国的历史与考古有其特色。尽管自古以来学者分析研究秦国历史，但是由于《秦记》记载的简略，加之相关秦国资料的损坏，秦国早期历史存在诸多问题，随着考古工作的展开，这种问题得到凸显。较之夏人、商人、周人，秦人的族属、文化的复杂程度相当高。所以，笔者以秦国早期历史重构为研究课题，旨在利用传世文献、出土文献与考古实物资料校正传世文献记载的讹误，补充失传的历史史料，真正做到历史与考古的结合，对秦国早期历史重构与解读，揭示秦史的真相。

通过多年的学术积累，加之在陕西、甘肃等地的学习考察，与师友之间的学术交流，对秦国早期历史有了一些崭新的认识，某些认识引发对《秦记》、秦与商周关系、考古学文化的定义等问题的思考。

关于秦国早期历史之重构，笔者是通过秦人的族源与文化、秦国早期年代事迹、制度、都邑、陵墓、秦与西戎的关系等方面的研究展开的。这里总结研究内容、主要观点与新的认识。

一 秦人的族源、迁徙与文化

基于传世文献、出土文献与考古实物研究，对秦人的族源、迁徙与文化提出新见解。

1. 秦族乃颛顼苗裔玄孙女女修之后，既非犬戎，亦非东夷，而是依附于华夏的嬴族。嬴族在商代依附于商王室，在西周依附于周王室，服侍商周。

2. 商代晚期，嬴族依附于商族，中潏守西垂。西周时期，中潏后人仍然守西垂。商奄被周公迁徙至朱圉（今属甘肃省甘谷县）。或投奔周人，赵氏其一也，嬴族的非子寄托于此。

3. 秦人的构成很复杂，秦襄公立国时的秦人既包括大骆族、秦嬴族、商奄遗民、戎秦人、秦戎、戎人等，又包括在关中的周余民，其构成复杂。

4. 嬴族文化本是源自商文化，商代东方的嬴族文化即商文化。两周时期，甘肃地区西犬丘、朱圉的嬴族文化既有商文化因素，又有周文化因素。秦文化须以秦襄公居西垂时的文化为基础加以探讨。

5. 考古本《竹书纪年》、《国语》、清华简《系年》、《史记·秦本纪》等记载的秦族迁徙史，嬴族西迁至甘肃天水一带，实际有4次：（1）商末中潏居西垂；（2）周初商奄遗民徙居朱圉；（3）西周中期大骆居犬丘（西垂），嫡子成继之，庶子非子（秦嬴）封于秦；（4）周厉王时犬戎灭犬丘大骆之族，周宣王初年非子（秦嬴）后秦庄公得大骆地犬丘，为西垂大夫。

6. 非子分封地秦邑的地望存在分歧。目前，秦亭说只有汉代以后的文献记载，清水李崖遗址缺乏城垣、宫室、贵族墓等遗存；汧渭之会说拥有文献记载的优势。

二 秦襄公至出子年代事迹考

由于错简或传抄讹误，《史记》秦襄公、秦文公的年代与事迹错乱。长期以来，学者对于秦襄公、秦文公的事迹间的先后顺序与因果关系困惑不解。利用清华简《系年》、古本《竹书纪年》等校正《史记·秦本纪》所载，可知：秦襄公在位五十年，秦文公在位十二年。周幽王十一年（前771年），秦襄公伐戎。周平王二十一年（前750年），秦襄公赶走戎人。秦襄公伐戎先后经历了二十二年。周平王三十三年（前738年），秦襄公帮助周平王东迁，获赏封国，得到岐、丰之地。周平王四十七年（前724年），秦文公迁都汧。秦襄公既有强壮的军队，收集众多的周余民，又设置史官，颁布法令，大兴宗教，国家之体完备。秦既受封岐、丰之地，国土广大，秦文公遂由西垂迁居汧渭之会。这才是秦襄公伐戎，秦襄公、秦文公营建秦国之真相。

秦宪公至秦成公的年代事迹记载存在讹误或传抄错误、失载，予以校补。秦宪公至秦成公时期处于承上启下的重要阶段，一方面秦公继承了秦襄公、文公的事业致力于伐戎，另一方面秦公进一步强化了祭祀制度，充分体现了"国之大事，在祀与戎"。秦宪公、秦武公伐灭了荡（社）〔杜〕、荡氏、彭戏氏、邽戎、冀戎、小虢，肃清了国内由于秦襄公时期延留的历史问题，并且通过设置县制来巩固对这些地区的控制。经历秦襄公、秦文公时期的休养生息，秦国积累了一定的财富；经过秦宪公、秦武公的征伐，秦国占领了大片戎人控制区，获得了大量财富与戎人；秦德公时期，秦国国力隆盛。相对于秦襄公"用骝驹、黄牛、羝羊各（三）〔一〕，祠上帝西畤"，秦德公竟然"以牺三百牢祠鄜畤"，秦德公时期秦国经济的强盛远非开国时可比。秦宣公所作的密畤已经被考古发掘，亦充分证实其祭祀的隆盛。总之，秦宪公、秦武公伐戎，秦德公、秦宣公崇祀，延续了秦襄公、秦文公的事业，加强了秦国的国力，凝聚了秦国的人心。

秦穆公的年代事迹记载存在讹误或传抄错误、失载，予以校补。《史记》记载的秦穆公时期的秦国历史的特点是秦晋争锋、伐戎。伐戎是继承秦国以往的事业，秦晋争锋对于秦国而言则是新的内容。秦穆公时期秦晋的争锋以秦国的惨败而收场，秦国缺乏大计，扶植了一个强有力的对手与国家：晋文公与晋国。秦国君臣缺乏足够的眼光，看不到晋国主盟中原的必然，秦穆公以其一生的绝大部分时间服务于对手。伐戎是秦穆公时期秦国最成功的事业，并且得到天子庆贺的荣誉。秦失去争夺中原的机遇，最终还是在西北地区伐戎得到补偿，为数百年后的最终胜利奠定了坚实的基础。"失之东隅，收之桑榆"，其秦穆公及秦国之谓乎！

秦共公至秦景公的年代事迹记载存在讹误或传抄错误、失载，予以校补。秦康公至秦景公时期，秦公继承了秦穆公时期秦晋争锋的事业，秦晋争锋成为这一时期的主旋律。秦晋争锋，仍是以秦国的惨败而收场。更为严峻的是，晋国数次联盟东方诸侯大败秦国。秦国作为商遗民之国，处于西北隅，被中原诸国嫌弃，秦国不能取代晋国的地位，只能谋求联合楚国夹击晋国。

秦哀公至出子的年代事迹记载存在讹误或传抄错误，学者疑问一些记载的正确性。秦哀公、秦惠公、秦悼公年代事迹不明。随后的秦厉公、秦躁公、秦怀公、秦灵公、秦简公、秦惠公、出子的统治总体处于弱势。秦国国君的争夺、国内戎乱、对晋战争的失败，晋夺秦河西地。秦厉公至出子时期，秦处于内乱时期，至秦献公力图改变这种局面，至于秦孝公则谋求更大的改变。

三　秦国早期制度

司马迁《史记·秦本纪》利用错乱的《秦记》，秦襄公被描绘成一个并不十分出色的国君。幸而有了清华简《系年》的出现，我们不仅获得新史料，而且借以读懂《国语》、古本《竹书纪年》记载的相关史料，纠正了《史记·秦本纪》所据错乱的《秦记》的讹误。秦襄公因平定戎乱而挽救周王室之大功、护送周平王东迁以及担负保护周王陵的重大责任而获赏封国。秦襄公获赏封国以后，着手营建秦国。终秦襄公一世，完成了军队、刑法、宗教、史官等方面的建设。秦文公则完成定新都汧渭之会，继续完善宗教。于是，秦国军政制度大备，国家走上了正常发展道路。秦襄公、秦文公采取了多文化兼容与多民族融合的政策，秦族、周余民与戎人在大战之后和平共处，达到休养生息的效果。秦襄公、秦文公营建秦国意义重大，秦国走向兴盛。立国伊始，秦已为大国，与晋国、齐国、楚国并列，主导春秋格局。秦襄公、秦文公奠定了秦国春秋时期的疆土，又完备国家制度，为后世繁荣昌盛打下良好基础。

1. 秦国的宗法制度。作为商遗民，秦国统治者上层奉行父死子继、兄终弟及的君位继承制度。统计《史记·秦本纪》春秋时期秦公14世17公，有2个秦公未享国。秦武公之世、秦宣公之世兄终弟及显著。商汤太子大（太）丁未即位而卒，却被视为正式国君，载在祀典。秦文公太子未即位而卒，却被视为正式国君，载在祀典，谥号"静公"。秦哀公太子早卒而未即位，亦被视为正式国君，载在祀典，谥号"夷公"。秦怀公太子昭子早卒而未即位，秦怀公卒，大臣立太子昭子之子，是为秦灵公。秦人仍是传承商人的君位继承制度。秦人的宗法制度，嫡长子在同辈兄弟中具有继承国君地位的优先权，国君死后，可以传位于兄弟或子孙。

2. 秦国的宗庙制度。雍城马家庄秦宗庙遗址三庙，沿用商代王五庙、诸侯三庙之制。

3. 秦公的婚姻制度。秦先公至秦襄公时期，秦族上层与戎人相互通婚。大骆乃非子（秦嬴）之父，与申国（出自姜戎）通婚，生适（嫡）子成。秦襄公女弟缪嬴为丰王妻，丰王乃戎人称王者，与秦上层通婚。秦襄公建国后，秦公与周人姬姓贵族女子通婚。秦武公镈记载秦公的配偶王姬，珍秦斋藏"秦子簋盖"记载秦子的配偶姬。《史记·秦本纪》秦宪公、鲁姬子生出子。秦晋互婚，秦穆公四年，妻晋太子申生姊；秦穆公十五年，妻晋太子圉以宗女。由于争霸，秦晋之好遭到破坏，秦国又与楚国、越国建立政治联姻。根据诅楚文的记载，秦穆公与楚成王联姻、结盟。

4. 秦国的职官制度。关于秦国早期职官制度的史料偏少，故秦国早期职官的详细情况不明。《秦记》《左传》《史记》记载有执政官大庶长、庶长、左庶长等，《史记》记载秦襄公、秦文公、秦穆公时有史官太史、内史，石鼓文记载秦文公时有宗教官大祝、经济官虞人，诅楚文等记载宗祝等。从保存的情况看有周制（宗伯及属官太祝、太史、内史、太卜、太医，虞人，行人等）、秦制（大庶长、庶长、左庶长等）。

5. 秦国的封建制度与县制。秦国实行封建制度，公族、卿、大夫皆有采邑。对于新征服的戎人居住的区域施行县制。

6. 秦国早期施行井田制，亦是沿用周制。至商鞅变法废除井田制，最大限度地利用土地，提供更多的粮食。秦国早期施行服劳役，至秦简公时"初租禾"方转为实物地租。

7. 秦国的礼乐制度。秦人上层接受了周文化的车马礼乐制度。礼县大堡子山秦公墓出土的青铜礼器鼎、簋、壶等、青铜乐器编钟、编镈等，皆与周文化无别，其用字亦周金文，证明西周晚期至春秋早期秦国的礼乐制度主要源自周文化，秦公与周王室保持密切的关系。

8. 秦国的宗教祭祀制度。秦襄公、秦文公、秦宣公时期的宗教设置有陈宝祠、牛神祠、西畤、鄜畤、密畤，反映了秦人对所处世界与神灵的认知，体现了秦公利用宗教加强对各阶层思想的控制。宝鸡下站遗址乃密畤，以牛、马、羊祭祀青帝。秦人的祭祀用牲与商人接近。

9. 秦国的军事制度。随着伐戎的胜利，秦人的兵力不断强大。此在《毛诗·秦风》有充分反映，而考古实物资料亦甚丰富，可以互相印证。秦国国君作为国家最高统治者，拥有军队的最高统治权。其下有太子，再下有各级高级军事长官（大庶长、庶长、左庶长等）。庶长奉国君的命令可以统帅军队作战、组织军事活动。依据秦子器，春秋早期秦国军队已经拥有三军，远超过同时期的晋国。依据金文，秦国军队有中辟（中军）、左辟（左军），可以推出有右辟（右军）。中辟（中军）应以公族为核心。秦国兵种有革车（车兵）、畴骑（骑兵）、步卒（徒兵）。《秦风》之《小戎》《驷驖》等反映了秦人尚武，其兵车装备甚精美。既克西戎，秦襄公立国，有田狩之乐。礼县大堡子山秦公墓 M2、礼县圆顶山春秋早期秦墓 98LDM3、甘谷毛家坪春秋秦墓 M2059 随葬兵器。车马坑殉车，随葬兵器铜戈、矛、镞等。秦子器是春秋早期器，秦子负责督造公族、中辟、左辟的武器，权力很大。

10. 秦国的刑法制度。三族（父母、妻子、兄弟）之罪乃刑法的代表，三族之罪始见于秦襄公时，至秦武公三年已经实施其法。夷三族见于秦国、齐国、楚国；嬴秦族，商遗民；楚、齐，皆商之旧地，夷三族源自商代刑法。

四　秦始封地与秦国早期都城

立足于对秦国早期历史的年代事迹的复原，笔者剖析与解读了秦始封地秦邑与秦国早期都城，得出一些可靠的认识。

1. 周孝王封非子（秦嬴）于秦邑，乃传世的"赏宅"，秦为附庸，非子地位相当于天子的元士，拥有铜礼器。陇西秦亭秦谷说始见于《汉书·地理志》，与先秦考古与先秦制度存在诸多矛盾，清水县城以东、以西都没有发现与非子的秦邑相符合的遗存，清水李崖不是秦邑。所以，此说属于后世学者的推测，可靠程度很低。汧渭之会秦邑说见于《史记·秦本纪》秦文公说，拥有文献记载的优势，亦需要加强考古工作。

2. 非子居犬丘的地望，不是陕西省兴平市之犬丘，而是甘肃省礼县之西犬丘，又名西垂。西垂（西犬丘）在甘肃省礼县大堡子山附近。大堡子山古城有春秋初期的国君秦公及夫人墓葬，证实了它的地位高级。大堡子山古城面积55万平方米，就规模而言，其建于秦襄公获封为诸侯以后较为合理，并不能排除西周时期已经有所营建，而春秋时期进一步修建。所以，大堡子山古城的营建时代处于两周之际。西山古城的发现证明，其始建年代为西周。城址的面积8.7万平方米，已经是规模可观的边邑。M2003随葬三鼎二簋，墓主人身份属于下大夫、元士级别的一男性贵族，卒于同西戎的战争中。西山古城的时代与军事性质证明它属于《史记·秦本纪》描述的秦人与西戎恶战的西垂。大堡子山古城、西山古城的年代与内涵，充分证明它们属于西周时期的西垂。西垂属于军事设置，需要很多不同功能的邑聚为之服务。西垂乃大名，包括很多邑，即合而为之，数处组成。所以，应当考察本地区的秦文化分布

3. 秦襄公仍居西垂，张守节《史记正义》引《帝王世纪》的记载"秦襄公二年徙都汧"存在文字与史实的讹误，当是传抄讹误所致。秦文公迁徙汧渭之会。关于秦文公所都汧渭之会的地望，主要有6种观点（扶风、眉县、槐里、汧县、陇县，宝鸡市陈仓城，宝鸡市魏家崖遗址，凤翔县孙家南头村一带），笔者认为只有宝鸡市陈仓故城及魏家崖遗址值得考虑。秦文公、宪公居秦文公所都汧渭之会，并葬于其附近的西山（秦陵山），石鼓亦出于秦文公所都汧渭之会。以秦都宝鸡、平阳、雍地理言之，汧渭之会包括宝鸡、平阳、雍所在的区域，这些都是秦文公田猎之所，亦非子放牧处。秦文公定都的地望则以宝鸡为是。秦文公至秦孝公都是以汧渭之会为都，即从先人非子所居。

4. 平阳之地望，不是郿县古城，而是宝鸡市阳平镇。1978年，在太公庙村铜器窖藏出土青铜钟、镈，铭文证明属于秦武公器；2013年，在太公庙村钻探出一座中字形大墓和一座大型车马坑；证实此处乃秦公都平邑葬处。宁王村北有一处春秋至西汉时期的大型遗址，出土"郁夷"文字瓦当。秦平阳，西汉为郁夷，其故址在今宝鸡市陈仓区阳平镇宁王村一带。平阳的地望清楚，而范围尚未确定，其都邑形态尚待探索。

5. 学者以往对秦都雍城的年代研究不能令人满意，笔者重新探研这一重要的课题。秦德公初居大郑宫，大郑宫只是离宫别馆。秦德公、秦宣公、秦成公仍以平阳为正式都城，并葬于平阳。考古发现的大郑宫一带范围很小，缺乏宗庙、社稷、城垣壕沟等都邑的标志性建筑，大郑宫只是临时偶居的离宫别馆。秦穆公初年，始将雍城作为正式都城，营建新的宫室、宗庙、社稷、壕沟、仓储、府库、作坊、陵园等，秦穆公至出子葬雍。秦悼公始城雍，修筑城墙，此后遗存丰富。秦献公迁都栎阳，秦孝公迁都咸阳，并葬于栎阳、咸阳；雍城继续保存宗庙、宫室，雍城属于宗邑；考古发现同时期的手工业作坊、墓葬、遗物等大量遗存。秦封泥证明雍城的机构设置，可以证实雍城没有废弃，仍是秦孝公迁徙咸阳以后的秦国与秦代的都城。自秦穆公初年迁雍（元年前659年）至秦二世三年（前207年），雍城作为秦都约有453年的历史。雍作为正式都城始于秦穆公，秦穆公至出子的18位秦公居葬于此。凤翔雍城的营建经历了三个历史时期。基于考古发现与认识，结合文献记载，可以得出以下认识：秦德公居雍大郑宫，处于后来的雍城的东南角（今瓦窑头村一带），面积不足1平方公里，离宫也。秦穆公以后，扩大雍，以今马家庄为中心建筑，形成两重环壕建筑。内壕系大型宫室及附属建筑分布区，当为秦公和贵族所居。内沟与外沟之间，分布平民生产生活的聚。秦悼公（前490—前476年），城雍，始筑城垣。笔者根据雍城考虑秦文公所都汧渭之会、平阳的城市规划，或无垣而代之以环壕，它们都属于水城。

6. 学界对于秦灵公"居泾阳"的解读存在疑问困惑。笔者认为，需要参考战国秦汉时期的文献加以解读，清华简《楚居》颇具参考价值。秦灵公所居的泾阳，到底是都城性质，还是离宫别馆性质？这个问题需要考古发现来确定。总之，秦灵公居泾阳属于一君之行为，不宜扩大，否则与《史记·秦始皇本纪》附录、雍城考古发现相矛盾。

五 秦国早期陵墓

秦国早期陵墓分布于甘肃东部、关中西部。由于文献传抄讹误的以及考古发掘的局限，学者对秦公陵园的分布与秦公墓墓主存在巨大的分歧。笔者立足于对秦国早期历史的年代事迹的复原，分析秦国早期陵墓，得出新的观点。

1. 秦襄公葬西垂。礼县大堡子山秦公墓墓主为秦襄公（M2）及夫人（M3）。

在综合分析学者研究成果的基础上，笔者重新探讨秦子器的主人。通过研究秦子器，确立了符合秦子器铭文中秦子的标准：太子或居丧期间可称"秦子"者、符合"秦子、姬"者、符合秦公器与秦子器的时代差别者。运用三个标准以求符合铭文的秦子,秦子器的时代处于春秋早中期之际。秦子器主人是秦德公太子秦宣公,大堡子山秦公墓祭祀坑出土的秦子器及传世的秦子器制作年代为秦德公元年、二年(周釐王五年至周惠王元年,前677—前676年)。

2. 秦文公、秦宪公葬西山,在陈仓县西北秦陵山(今陕西省宝鸡市陵原)。

3. 秦武公、秦德公、秦宣公、秦成公葬平阳。平阳邑在今宝鸡市陈仓区阳平镇宁王村一带。1978年,在太公庙村铜器窖藏出土青铜钟、镈,铭文证明属于秦武公器;2013年,在太公庙村钻探出一座中字形大墓和一座大型车马坑;从而证实太公庙村一带乃秦公都平邑葬处。

4. 秦穆公至出子葬雍。学界对雍城秦公陵园的布局与墓主身份存在巨大的分歧,结论与历史文献记载存在诸多矛盾,缺乏稳定与确切的认识。笔者重新研究秦公陵园的布局与墓主身份,首先分析了《史记》记载的秦公陵园史料、雍城秦公陵园考古资料;然后结合考古资料与历史文献确定秦公陵园存在尊东方、北方的布局规律;最后利用布局规律、历史文献作进一步细致地研究而确定了秦公陵园的布局与墓主身份。

第1组:第14号陵园。第14号陵园墓主是秦穆公及夫人。M45墓主是秦穆公。

第2组:阙。秦康公葬竘社,秦共公在秦康公南。按照《周礼·考工记》"左祖右社"的布局,竘社在马家庄宗庙区的右侧(西边)。

第3组:第11号陵园。第11号陵园的墓主是秦桓公及夫人。

第4组:第6号陵园、第4号陵园。第6号陵园的墓主是秦毕公(秦哀公)及夫人,第4号陵园的墓主是秦惠公及夫人。

第5组:第1号陵园、第2号陵园、第7号陵园、第10号陵园、第9号陵园。第1号陵园的墓主为秦景公及夫人,第10号陵园的墓主为秦悼公,第7号陵园的墓主为秦躁公,第2号陵园的墓主为秦肃公，第 9 号陵园的墓主为秦简公及夫人。

第 6 组：第 5 号陵园。第 5 号陵园的墓主为秦剌龚公（秦厉共公）。

第 7 组：第 8 号陵园、第 12 号陵园、第 13 号陵园。第 8 号陵园、第 12 号陵园、第 13 号陵园位于第 10 号陵园之南，次于第 10 号陵园墓主秦悼公的时代，第 8 号陵园、第 12 号陵园的墓主是秦怀公及夫人，第 13 号陵园墓主是昭子。

第 8 组：第 3 号陵园。第 3 号陵园的墓主为秦简公之子秦惠公。其夫人被沉入雍城渊旁。

5. 秦公葬制反映了商周文化因素，采用商周以来的制度。大堡子山秦公墓、雍城秦公一号大墓有大量殉人，此俗源自商文化，一直延续到后世秦公。秦公墓的殉人乃保存商文化旧俗，而周人墓葬罕有殉人，反映二者思想信仰方面的差异。

六　秦国早期秦与西戎的关系

秦国早期秦国与西戎历史新考察，揭示秦人对西戎的抵御、共处、交战、征服与融合。

1. "羌""戎"或"西戎"是夏商周时期华夏对居住在西土的异族的泛称，以经济形态称"羌"，以军事形态称"戎"。西戎的称谓不一，来源有别，或以氏称，或以姓称，或以地称。

2. 西戎的来源不一，或为四岳之后，或本于三苗，或不明。西戎部族众多，其中犬戎是势力大而影响大的一支，夏商周时期常乱于西土。商代晚期，周季历因伐诸戎而兴周，周武王又利用戎人伐商。犬戎原本居住在敦煌一带，入居甘肃天水、宁夏固原、关中、晋南等地区，给予西周王室以极大的压力。西周中晚期，周穆王、周夷王、周厉王、周宣王、周幽王时期周王室大力伐诸戎。周宣王三十年以后，周师常常被戎人打败，大大削弱了周王室的军事实力，加速了西周的灭亡。寺洼文化的分布区域以及其族人与商人、周人、秦人的互动证实，寺洼文化的族属是商代的"羌"、西周至春秋早期的"戎"或"西戎",既包含了"姜戎""允姓之戎""申戎"等知其姓氏的部族,又包括若干不知其姓氏的部族。

3. 秦伐戎乃商末以来的世职;入西周,商奄遗民亦承其事。周厉王时,西戎灭犬丘大骆之族。周宣王即位,扶植秦人伐戎,秦仲死之,周宣王乃益秦兵,戎人败退,扭转了战局。犬戎灭西周,秦人担负伐戎的重任。秦襄公经过22年伐戎,基本打败与安抚关中的戎人,但是时刻受到威胁。秦宪公、秦武公伐灭了荡(社)〔杜〕、荡氏、彭戏氏、邽戎、冀戎、小虢,肃清了国内由于秦襄公时期延留的历史问题,并且通过设置县制来巩固对这些地区的控制。总之,秦人"虩事蛮方",时刻担心他们威胁秦国的安全。

4. 秦穆公时期,秦国通过伐戎来增强秦国的国力。秦穆公三十七年,秦伐戎,益国十二,开地千里,遂霸西戎。总之,秦国在人力、财力、土地方面获得了巨大的利益,极大增强了秦国的国力。通过对西周时期至春秋战国时期天水、庆阳、平凉、固原等地区文化演变的考察,证实春秋中晚期以后秦国内迁戎人于天水、庆阳、固原等地区,加强对他们的控制与融合。秦厉共公时,秦国伐大荔、义渠;秦躁公时,秦国被义渠伐;秦惠公时,秦国伐伐(緜)〔绵〕诸;以上皆属于秦内乱。

5. 自非子始,秦人就保持对戎人的融合,婚姻与戎人加入并行。随着两周之际以后秦国对戎人国家与部族的征服,大量的戎人转变身份成为秦人,大大促进了民族融合。固原、平凉、庆阳、天水地区的考古资料证实,西周时期它们是周王朝直接控制的地区。春秋以后,秦国内迁戎人于固原、庆阳、天水等地区,戎人的内迁加强了秦人与戎人的交流与融合。在秦国早期文化中,除了占据绝对优势地位的商文化因素、周文化因素、秦文化因素之外,还有明显的西戎文化因素。同样,西戎文化亦吸收了一些秦文化因素。秦国统治阶层对待戎人采取多种手段,尤其是对臣服的戎人采用优抚,允许其保持文化上的自主。

6. 战国汉代人们对秦人戎人关系的总体评价很笼统,并且存在许多不准确之处。实际上,秦文化含有少量的戎翟文化因素,所以说"秦杂戎翟之俗"出于敌忾,而说"秦与戎翟同俗"属于诬蔑。秦国处于西土,海纳百川,秦文化包含多种文化因素,不宜以某点贬斥其戎化。

目 录

绪 论 ……………………………………………………………（1）
  第一节 秦国早期历史的研究现状述评………………………（2）
  第二节 研究价值与意义………………………………………（5）
  第三节 研究理论与方法………………………………………（5）
  第四节 研究主要内容、基本观点与创新之处………………（6）
    一 主要内容…………………………………………………（6）
    二 基本观点与学术创新……………………………………（7）

第一章 秦人的族源、迁徙与文化………………………………（13）
  第一节 秦人来源诸说与分析…………………………………（14）
    一 秦人来源诸说……………………………………………（14）
    二 秦人来源诸说分析………………………………………（26）
  第二节 秦人的构成与族源……………………………………（27）
    一 秦人的构成………………………………………………（27）
    二 秦人的族源………………………………………………（38）
  第三节 秦人的迁徙……………………………………………（53）
    一 秦人迁徙诸说……………………………………………（53）
    二 嬴族的西迁………………………………………………（55）
      （一）商末中潏居西垂……………………………………（55）
      （二）周初商奄遗民徙居朱圉……………………………（56）
      （三）西周中期非子居犬丘、封于秦……………………（68）

（四）周宣王初年秦庄公得大骆地犬丘并有之，
　　　　　为西垂大夫 ……………………………………………（86）
　三　嬴族西迁分析 ………………………………………………（87）
第五节　商周时期的秦先文化与秦文化 …………………………（89）
　一　秦先文化与秦文化的发展阶段 ……………………………（89）
　二　秦襄公居西垂时期秦文化分析 ……………………………（92）
　三　大骆至庄公居西垂时期秦先文化分析 ……………………（97）
　四　西周时期甘肃地区的商奄遗民文化分析 …………………（99）
　五　非子（秦嬴）至秦仲居秦时期的秦先文化
　　　探索 …………………………………………………………（110）
第六节　小结 ………………………………………………………（122）

第二章　秦襄公至出子年代事迹考 …………………………（124）
　第一节　秦襄公、文公年代事迹考 ……………………………（124）
　　一　《史记·秦本纪》秦襄公、秦文公年代与事迹
　　　　校正 ………………………………………………………（126）
　　二　秦襄公伐戎的历程 ………………………………………（134）
　　三　秦襄公获赏封国谜团之解析 ……………………………（138）
　　　（一）周平王东迁与秦襄公获赏封国的年代 ……………（139）
　　　（二）秦襄公获赏封国的原因 ……………………………（142）
　　　（三）秦襄公受封的疆土 …………………………………（146）
　第二节　秦宪公至秦成公年代事迹考 …………………………（150）
　　一　《史记》秦宪公至秦成公年代与事迹校补 ……………（150）
　　二　秦宪公至秦成公时期秦国历史的特点 …………………（165）
　第三节　秦穆公年代事迹考 ……………………………………（167）
　　一　《史记》秦穆公年代与事迹校补 ………………………（167）
　　二　秦穆公时期秦国历史的特点 ……………………………（182）
　第四节　秦康公至秦景公年代事迹考 …………………………（183）
　　一　《史记》秦康公至秦景公年代与事迹校补 ……………（183）

二　秦康公至秦景公时期秦国历史的特点……………（194）
　第五节　秦哀公至出子年代事迹考…………………………（195）
　　一　《史记》秦哀公至出子年代与事迹校补………………（195）
　　二　秦哀公至出子时期秦国历史的特点……………（215）
　第六节　小结…………………………………………………（216）

第三章　秦国早期制度……………………………………（221）
　第一节　秦国的宗法制度……………………………………（222）
　第二节　秦国的宗庙制度……………………………………（235）
　第三节　秦公的婚姻制度……………………………………（238）
　　一　秦襄公建国前秦人的婚姻制度…………………（238）
　　二　秦襄公建国后秦公的婚姻制度…………………（239）
　第四节　秦国的职官制度……………………………………（242）
　　一　执政官………………………………………………（243）
　　二　宗庙礼仪官…………………………………………（249）
　　三　经济官………………………………………………（262）
　　四　外交官………………………………………………（265）
　第五节　秦国的封建制度与县制……………………………（266）
　　一　封建制度……………………………………………（266）
　　二　县制…………………………………………………（267）
　第六节　秦国的土地制度……………………………………（269）
　第七节　秦国的礼乐制度……………………………………（271）
　第八节　秦国的宗教祭祀制度………………………………（276）
　　一　宗教…………………………………………………（276）
　　　（一）设陈宝祠…………………………………………（276）
　　　（二）伐南山大梓，丰大特……………………………（277）
　　　（三）作西畤、鄜畤、密畤、上畤、下畤………………（278）
　　二　祭祀…………………………………………………（284）
　第九节　秦国的军事制度……………………………………（287）

一　军队的统治权 …………………………………………（287）
　　二　军队的建制 ……………………………………………（292）
　　三　兵种 ……………………………………………………（294）
　　四　武器装备 ………………………………………………（295）
　第十节　秦国的刑法制度 ………………………………………（307）
　第十一节　小结 …………………………………………………（311）

第四章　秦始封地与秦国早期都城 …………………………………（315）
　第一节　非子获封的秦邑 ………………………………………（315）
　第二节　犬丘（西垂）…………………………………………（333）
　第三节　秦文公所都汧渭之会 …………………………………（351）
　第四节　平阳 ……………………………………………………（363）
　第五节　雍 ………………………………………………………（369）
　　一　秦德公居大郑宫的性质 ………………………………（371）
　　二　秦穆公至秦悼公城雍以前的雍城 ……………………（379）
　　三　秦悼公城雍以后的雍城 ………………………………（381）
　第六节　泾阳 ……………………………………………………（387）
　第七节　小结 ……………………………………………………（391）

第五章　秦国早期陵墓 ………………………………………………（395）
　第一节　西垂陵区 ………………………………………………（395）
　　一　礼县大堡子山秦公墓墓主考 …………………………（395）
　　　（一）礼县大堡子山秦公墓的考古发现与出土的重要
　　　　　　文物 ………………………………………………（395）
　　　（二）大堡子山秦公墓墓主诸说 …………………………（403）
　　　（三）大堡子山秦公墓墓主分析 …………………………（407）
　　二　秦子器主考 ……………………………………………（410）
　　　（一）秦子器的发现 ………………………………………（410）
　　　（二）秦子器主诸说分析 …………………………………（415）

（三）秦子考 …………………………………………… (419)
　　（四）结语 …………………………………………… (425)
第二节　西山、衙陵区 ……………………………………… (425)
第三节　平阳陵区 …………………………………………… (428)
第四节　雍城陵区 …………………………………………… (432)
　一　雍城陵区秦公陵园墓主考 …………………………… (432)
　　（一）雍城秦公陵园的发现与研究状况 ……………… (433)
　　（二）《史记》记载雍城秦公陵史料分析 …………… (435)
　　（三）雍城秦公陵园考古资料分析与布局规律
　　　　　探讨 ………………………………………………… (442)
　　（四）雍城秦公陵园布局与墓主身份的确定 ………… (452)
　二　秦公陵殉葬制度 ……………………………………… (459)
第五节　小结 ………………………………………………… (461)

第六章　秦国早期秦与西戎的关系 …………………………… (464)
第一节　西戎的定义与称谓 ………………………………… (466)
　一　"西戎"定义探讨 …………………………………… (466)
　二　西戎的称谓 …………………………………………… (468)
第二节　春秋以前西戎的历史与文化 ……………………… (469)
　一　春秋以前西戎的历史 ………………………………… (469)
　　（一）西戎的源起与夏商时期西戎的历史 …………… (469)
　　（二）西周时期周伐诸戎 ……………………………… (471)
　二　商代至春秋早期的西戎文化 ………………………… (489)
　　（一）寺洼文化的特点 ………………………………… (489)
　　（二）寺洼文化的族属分析 …………………………… (491)
第三节　西周晚期至春秋早期秦人伐戎考 ………………… (500)
　一　秦仲、秦庄公伐戎 …………………………………… (500)
　二　秦襄公伐戎 …………………………………………… (505)
　　（一）秦襄公伐戎的成就 ……………………………… (505)

（二）《毛诗·秦风·小戎》与秦襄公伐戎 ………… （509）
　　（三）《毛诗·秦风·无衣》与秦襄公伐戎 ………… （511）
  三　秦宪公、秦武公伐西戎 ………………………… （515）
第四节　春秋中晚期秦人伐戎考 ………………………… （529）
  一　秦穆公伐戎 …………………………………… （530）
  二　秦厉共公、秦躁公、秦惠公伐戎 ……………… （585）
第五节　秦人、戎人的融合 ……………………………… （585）
  一　秦人与戎人婚姻 ………………………………… （585）
  二　秦人对戎人的吸收、内迁 ……………………… （586）
  三　秦国早期秦文化、西戎文化的交流 …………… （587）
　　（一）秦国早期秦文化中的西戎文化因素 ………… （587）
　　（二）秦国早期西戎文化中的秦文化因素 ………… （591）
  四　战国汉代人们对秦戎关系评价之分析 …………… （592）
第六节　小结 ……………………………………………… （595）

结　语 ………………………………………………………… （597）
  一　秦人的族源、迁徙与文化 ……………………… （597）
  二　秦襄公至出子年代事迹考 ……………………… （599）
  三　秦国早期制度 …………………………………… （603）
  四　秦始封地与秦国早期都城 ……………………… （606）
  五　秦国早期陵墓 …………………………………… （609）
  六　秦国早期秦与西戎的关系 ……………………… （610）

附录一　古文献征引目 …………………………………… （613）

附录二　近人论著征引目 ………………………………… （629）

索　引 ………………………………………………………… （673）

后　记 ………………………………………………………… （787）

插表目录

表1-1　秦先世系 ……………………………………………（47）
表3-1　西周中晚期周王、秦君世系年代对照 ……………（227）
表3-2　春秋时期秦公世系与年代 …………………………（231）
表5-1　符合铭文的秦子分析 ………………………………（422）
表5-2　《史记》记载雍城秦公陵区分析 …………………（439）
表5-3　雍城陵区的秦公墓分组与墓主的确定 ……………（456）

插图目录

图 1-1　商末西周秦人迁徙图 …………………………（88）
图 1-2　西垂重要遗址位置示意图 ……………………（93）
图 1-3　礼县大堡子山秦公墓地平面图 ………………（94）
图 1-4　礼县大堡子山秦公墓地 M2 平剖面图 ………（96）
图 1-5　西汉水上游地区商周时期遗址分布示意图 …（97）
图 1-6　礼县西山遗址 M2003 平面图 …………………（99）
图 1-7　礼县西山遗址 M2003 出土陶器 ………………（100）
图 1-8　甘谷县毛家坪遗址 83GMTM5 平面图及出土陶器 ……………………………………………（103）
图 1-9　甘谷县毛家坪遗址位置示意图 ………………（104）
图 1-10　甘谷县毛家坪遗址 13GMM2033 出土陶器 …（106）
图 1-11　牛头河流域周代遗址分布图 …………………（112）
图 1-12　清水县李崖遗址 M5 平剖面图 ………………（113）
图 1-13　清水县李崖遗址 M5 出土陶器 ………………（114）
图 1-14　清水县李崖 M9 形制 …………………………（115）
图 1-15　清水县李崖 M9 出土陶器 ……………………（115）
图 1-16　清水县李崖 M18 墓葬形制与出土陶器 ………（116）
图 1-17　凤翔县孙家南头 M156 平剖面图 ……………（120）
图 1-18　凤翔县孙家南头 M156 出土铜器、陶器、石器、贝器 ……………………………………………（121）
图 3-1　雍城马家庄秦宗庙建筑遗址平面图 …………（236）
图 3-2　雍城后期朝寝建筑遗址平面图 ………………（237）

图 3-3	石鼓文《吴（虞）人》大祝	(257)
图 3-4	石鼓文《吴（虞）人》吴（虞）人	(264)
图 3-5	珍秦斋藏秦伯丧戈	(289)
图 3-6	珍秦斋藏秦伯丧矛	(290)
图 3-7	秦公作子车用戈	(291)
图 3-8	小戎图	(296)
图 3-9	礼县大堡子山 K32 出土兵器	(301)
图 3-10	礼县圆顶山春秋早期秦墓 98LDM3 随葬兵器铜戈、剑	(302)
图 3-11	北京故宫博物院藏秦子戈	(304)
图 3-12	珍秦斋藏秦子戈	(305)
图 3-13	香港私人藏秦子戈	(306)
图 4-1	牛头河流域周代遗址分布图	(327)
图 4-2	甲骨文、金文"秦"字字形分析	(332)
图 4-3	西汉水上游西周至春秋早期文化遗存调查分布图	(342)
图 4-4	礼县大堡子山位置示意图	(343)
图 4-5	礼县大堡子山秦公墓地平面图	(345)
图 4-6	礼县西山古城遗存分布示意图	(346)
图 4-7	礼县西山遗址 M2003 平面图	(347)
图 4-8	礼县大堡子山附近重要遗址示意图	(348)
图 4-9	陇县边家庄地形图	(356)
图 4-10	汧渭之会地理图	(363)
图 4-11	平阳遗迹分布图	(367)
图 4-12	"郁夷"文字瓦当	(368)
图 4-13	雍城第一期布局	(376)
图 4-14	雍城第二期布局	(377)
图 4-15	雍城第三期布局	(378)
图 4-16	秦都雍城城垣遗迹	(385)

图 4-17	雍城各功能区位置示意图	(386)
图 5-1	礼县大堡子山位置示意图	(397)
图 5-2	礼县大堡子山秦公墓地平面图	(398)
图 5-3	礼县大堡子山秦公墓地位置示意图	(399)
图 5-4	礼县大堡子山秦公墓 M2 平剖面图	(399)
图 5-5	礼县大堡子山秦公大墓及重要遗存	(402)
图 5-6	秦子器	(412)
图 5-7	秦公镈、秦子镈、秦武公镈比较	(423)
图 5-8	宝鸡市陈仓区太公庙秦公陵园考古勘探遗迹分布图	(432)
图 5-9	雍城秦公陵园分布图	(436)
图 5-10	《史记·秦始皇本纪》附录记载的秦景公陵等排列示意图	(441)
图 5-11	雍城秦公陵区一号陵园平面示意图	(443)
图 5-12	雍城秦公陵区秦公一号大墓出土秦公磬	(444)
图 5-13	雍城秦公陵区三号陵园示意图	(445)
图 5-14	雍城秦公陵区六号陵园平面示意图	(446)
图 5-15	雍城秦公陵区八号、十二号、十三号陵园平面示意图	(447)
图 5-16	雍城秦公陵区十四号陵园平面示意图	(449)
图 5-17	雍城秦公陵园墓主身份	(458)
图 5-18	雍城秦公陵区秦公一号大墓平面示意图	(459)
图 6-1	寺洼文化分布图	(490)
图 6-2	庄浪徐家碾 M77 出土寺洼文化陶器	(492)
图 6-3	寺洼文化陶器纹饰	(494)
图 6-4	寺洼文化陶器刻画符号	(494)
图 6-5	庄浪县徐家碾墓葬出土寺洼文化铜器	(495)
图 6-6	西汉水上游地区商周时期遗址分布示意图	(499)
图 6-7	寺洼文化与周秦文化关系图	(500)

图 6-8　毛家坪 B 组遗存陶器 ……………………………………（521）
图 6-9　伊川县徐阳村陆浑之戎墓葬出土陶器 …………………（532）
图 6-10　陇东南地区春秋时期形势图 ……………………………（537）
图 6-11　清水县刘坪出土遗物 ……………………………………（542）
图 6-12　漳县墩坪墓地位置示意图 ………………………………（550）
图 6-13　宁县袁家村出土器物 ……………………………………（560）
图 6-14　救秦戎钟 …………………………………………………（563）
图 6-15　灵台县百草坡 M2 出土铜器 ……………………………（569）
图 6-16　灵台县景家庄 M1 出土遗物 ……………………………（574）
图 6-17　彭阳县姚河塬遗址地理位置示意图 ……………………（577）
图 6-18　彭阳县姚河塬遗址墓葬出土遗物 ………………………（578）
图 6-19　固原杨郎墓地ⅠM4 平面图与剖面图 …………………（580）
图 6-20　固原杨郎墓地出土春秋晚期至战国中期遗物 ……（581）

绪 论

秦建国于周平王三十三年（秦襄公四十年，前738年），至秦统一（前221年），历518年；至秦代亡于秦二世三年（前207年），历532年。三平均之，则每段170年左右。考虑到时代、都邑、历史阶段等因素，秦襄公四十年（前738年）至秦景公四十年（前537年）可为早段，历202年；秦哀公元年（前536年）至秦出子二年（前385年）可作为中段，历151年；秦献公元年（前384年）至秦统一（前221年），可作为晚段，历164年。以上划分，又可以进一步合并。思考大的历史时期，秦国社会的变革，又以商鞅变法前后为界将秦国历史分为早期、晚期较为合适。前期秦国主要都汧渭之会（包括秦文公都汧渭之会、平阳、雍），以伐戎、与晋国交锋、争霸为主；晚期秦国都栎阳、咸阳，以伐六国、取天下为主。所以，本书所指的秦国早期历史是秦襄公四十年（前738年）至秦出子二年（前385年）的秦国历史，计353年，与春秋时期大体相当；秦国晚期历史是秦献公元年（前384年）至秦统一（前221年），计164年，与战国时期大体相当。①

---

① 另一种算法，始自秦襄公元年，则秦国早期历史是秦襄公元年（前777年）至秦出子二年（前385年）的秦国历史，计392年。限于篇幅，笔者另文详加探讨。

第一节　秦国早期历史的研究现状述评

周代之秦国与秦代早已成为古今中外学者探研的重大课题，研究论著层出不穷，认识不断深化。近世之作，《秦会要补订》《秦史》《秦集史》等对史料进行梳理与研究；① 《秦史稿》《秦西垂文化论集》《周秦文化研究论集》《西垂有声——〈史记·秦本纪〉的考古学解读》《早期秦文化探索》等反映学者力图利用传世文献、出土文献与考古实物资料重构秦史；② 中外学者对《秦记》的研究，探究秦史最初的记录。③

秦国乃周代一个重要的国家，虽然立国于东周之初，但在以后的历史中居于举足轻重的地位。本书所指的秦国早期历史是秦襄公获封赏国至出子时期（前738—前385年）的历史，这是秦立国，继而巩固时期。如同司马迁至当代学者的做法一样，笔者亦会追溯秦襄公立国以前的秦人历史，作为研究的开端。

关于秦国早期历史，《史记·秦本纪》不仅记载简略，而且存有疑问。由于考古工作的展开，秦文物层出不穷，出土文献不断涌现，秦国历史与考古工作获得很大的进展。但是，仍然存在诸多重大问题亟须解决。秦国早期历史与文化研究中许多问题争议很大，根源在于传世文献的讹误与出土文献、考古实物资料的不足。

---

① 孙楷撰，徐复订补：《秦会要订补》（修订本），中华书局1959年版；王蘧常：《秦史》，上海古籍出版社2000年版；马非百：《秦集史》，中华书局1982年版；等等。

② 林剑鸣：《秦史稿》，上海人民出版社1981年版；礼县秦西垂文化研究会、礼县博物馆编，康世荣主编：《秦西垂文化论集》，文物出版社2005年版；张天恩：《周秦文化研究论集》，科学出版社2009年版；梁云：《西垂有声——〈史记·秦本纪〉的考古学解读》，生活·读书·新知三联书店2020年版；梁云：《早期秦文化探索》，上海古籍出版社2021年版；等等。林剑鸣《秦史稿》为较为系统的著作，有诸多优点，代表了20世纪80年代以前的研究水平。随着40多年来考古资料的增多与学者的研究不断走向深入，许多问题需要重新考022，林剑鸣《秦史稿》需要订补，所以需要对《秦史稿》及其40多年来的资料与论著进行深入研究，发现新问题，解决一些重大问题，将秦史的研究推向一个崭新的阶段。

③ 参见程平山《〈秦记〉研究》，《文史》2024年第2辑，第5—25页。

学者关于秦国早期历史与文化的研究集中在以下六个方面。

1. 秦人的族源、迁徙与文化。一是秦人的来源。主要有两种观点：东源说、西源说。另有"源于东兴于西说"或"东源西成"说。① 主要是西方说与东方说之争，"源于东兴于西说"说调和之。

二是秦人的迁徙。有夏代末期自山东迁徙说、商代晚期自关中西迁说、西周早期自山东西迁说、西周中期自山西西迁说等。一些学者以为秦人自山东迁徙至山西，又迁徙至关中、甘肃。一些学者以为秦人自山东迁徙至甘肃。

对于清华简《系年》第三章秦人的记载，学者存在截然不同的态度。李学勤以为可定秦人东来说，秦人西周初自山东迁徙至甘肃。② 张天恩等质疑清华简《系年》相关的记载。③

三是秦文化的来源内涵。一些学者强调秦文化的西戎文化因素，以为秦文化属西戎文化。一些学者则注意区别秦人上层文化与下层文化的区别，以为秦人上层文化与周文化同，而秦人下层文化与戎文化同。④

总之，秦人的族源与文化是复杂的问题，其内涵与时空可以进一步探讨之处尚多，需要广阔视野来审视这一问题，而不是仅仅从文献出发或从观念出发。

2. 秦襄公至出子年代事迹。一些学者遵循《史记·秦本纪》，一些学者则依据《国语》、清华简《系年》等考证《史记·秦本纪》秦襄公、秦文公年代事迹错乱，加以复原。⑤ 徐少华先生支

---

① 参见陈平《关陇文化与嬴秦文明》，江苏教育出版社 2005 年版，第 133—146 页；雍际春《近百年来秦人族源问题研究综述》，《社会科学战线》2011 年第 9 期，第 109—117 页；雍际春《秦早期历史研究》，中国社会科学出版社 2017 年版，第 41—56 页。

② 李学勤：《清华简关于秦人始源的重要发现》，《光明日报》2011 年 9 月 8 日第 11 版。

③ 张天恩：《清华简〈系年（三）〉与秦初史事略析》，《考古与文物》2014 年第 2 期，第 107—109 页。

④ 田亚岐、王炜林：《早期秦文化"源于东而兴于西"的考古学观察》，吉林大学边疆考古中心编：《新果集——祝贺林沄先生七十华诞论文集》，科学出版社 2009 年版，第 376—388 页。

⑤ 程平山：《秦襄公、文公年代事迹考》，《历史研究》2013 年第 5 期，第 164—172 页。

持后说，指出其重要性。①

关于秦襄公立国，以往学者主要依据《史记·秦本纪》等文献，过于简单。清华简《系年》发现后，促使学者考虑秦襄公立国的年代、原因、获封的疆域等问题。《秦本纪》记载西戎犬戎攻灭周幽王，秦襄公救周，平王东迁，秦襄公获封为诸侯，年代在周平王元年。清华简《系年》则记载周平王东迁的年代稍晚（学者主要有周平王十二年、周平王三十三年之争②）。至于获封的原因尚缺乏深入探讨。获封的疆域自汉代以来存在争论。

3. 秦国早期制度。学者对此探讨不深，加之《史记·秦本纪》秦襄公、秦文公年代事迹存在错乱，所以需要重新论证与探讨。

4. 秦始封地与秦国早期都城。学者对秦始封地秦邑与秦国早期都城西垂宫（西犬丘）、秦文公所迁徙汧渭之会、平阳、雍进行探索，一些尚未形成定论。

5. 秦国早期陵墓。礼县大堡子山秦公墓墓主形成错综复杂的观点，有10多种说法，③没有形成一致结论。问题的根源在于一些学者没有认识到《史记·秦本纪》的讹误。由于文献传抄讹误以及考古发掘的局限，学者对秦公陵园的分布与秦公墓墓主存在巨大的分歧。同样，学界对于雍城秦公陵园墓主存在严重分歧。

6. 秦与西戎的关系。学者对此有所探讨，限于资料，较为简单。

总之，《史记》记载的秦国早期历史存在简单、疑问、讹误、阙漏，自汉以来学者的疑问，亦不足以解决大堡子山秦陵墓主等考古重大问题，清华简《系年》证实《史记》的讹误，需要由此为开端，复原秦国早期历史。

---

① 徐少华：《清华简〈系年〉"周亡（无）王九年"浅议》，《吉林大学社会科学学报》2016年第4期，第186页。

② 参见徐少华《清华简〈系年〉"周亡（无）王九年"浅议》，《吉林大学社会科学学报》2016年第4期，第183—187页。

③ 陈昭容：《秦公器与秦子器——兼论甘肃礼县大堡子山秦墓的墓主》，《中国古代青铜器国际研讨会论文集》，上海博物馆、香港中文大学文物馆2010年版，第246—255页。

分析学者以往的研究，主要存在以下问题：

1. 研究方法有待完善。囿于资料与视野，学者对于秦国早期历史的研究存在方法论上的不足。所以，应当在全面翔实掌握资料情况下，采用多种方法，客观系统地研究秦国早期历史。

2. 对于资料及史实辨识不足。主要表现在对于《史记·秦本纪》的可靠性缺乏详细论证。《秦本纪》是司马迁利用《秦记》等撰写的，较为可靠，当今一些学者对之过于依赖与信任，学者只是遗憾于《史记·秦本纪》记载秦国早期历史的简单，对少量问题存有疑问，但是没有论证司马迁利用《秦记》的保存状况，从而无法证实《史记·秦本纪》的可靠性。

3. 对出土文献解读存在明显不足。《史记·秦本纪》与出土文献存在矛盾之时，一些学者没有意识到《史记·秦本纪》存在讹误、缺漏，给学者的研究带来很大的困难。直至清华简《系年》发现后，一些学者才逐渐认识到此点。所以，需要在充分利用出土文献的前提下重新审视秦国早期历史的研究。

第二节 研究价值与意义

秦国早期历史的研究是将《史记·秦本纪》记载的内容与其他传世文献、出土文献进行综合研究，是多重印证与新发现。由于秦国与秦代的影响力，文物丰富，所以探索它的源头与秦国早期历史具有极为重要的价值与意义。研究秦国早期历史，对于考察秦国的形成、文化的变迁具有重要的价值。本书对于澄清秦国早期历史的重大历史事实，考订重要文物群的年代具有重要价值。

第三节 研究理论与方法

一是秦国早期历史与两周历史的研究相结合。秦国早期历史属于两周历史的一部分，秦国是此时诸侯崛起的典型国家，将秦国早期历史置于两周历史背景之下研究,考虑到周王室、诸侯国、西戎等各种因素对秦国的影响。通过解剖具有典型意义的秦国,有助于深化对整体两周历史的认识。

二是特殊性和普遍性研究相结合。将秦国早期历史视为两周历史总体系中的一个特殊体系进行独立研究。秦国早期历史有其特殊性,要精研这些特点,找出秦国与其他诸侯国的区别与联系。

三是多学科、多角度、多视野下的综合研究。本书是历史学、考古学、语言文学、历史年代学、历史地理学等学科的综合运用与结合,从多角度、多视野解决学术疑难问题。

四是传世文献与出土文献的比较研究。本书是关于《史记》《汉书》等传世文献与古本《竹书纪年》、清华简《系年》等出土文献的综合研究。

第四节　研究主要内容、基本观点与创新之处

一　主要内容

第一部分是秦人的族源、迁徙与文化内涵。

秦人的族源、迁徙与文化来源。关于秦人起源与迁徙的史料,目前所获传世文献与出土文献反映的角度与层次不同。基于此种事实,笔者认为必须考察秦人历史,尤其是两周之际的秦人历史,区分秦人的构成,才能明确秦人的来源、迁徙与文化内涵。

第二部分是秦国早期历史复原。

1. 秦襄公至出子年代事迹。依据可靠的传世文献与出土文献,探讨《史记·秦本纪》秦襄公、秦文公年代事迹,分析学者不同的观点,确定合理的观点。秦襄公获封的原因、年代与获封疆域。秦襄公对周的贡献除救周外,尚有保护周王陵的功劳(后成为职责)。分析《史记·秦本纪》周平王元年秦襄公获封为诸侯、清华简《系年》周平王十二年或周平王三十三年的合理性,确定合理的观点。分析与确定秦襄公获封时的疆域与影响。

2. 秦国早期制度。考察秦襄公至出子对秦国制度的建设，分析秦国早期的宗法制度、宗庙制度、婚姻制度、职官制度、封建制度与县制、礼乐制度、宗教祭祀制度、军事制度、刑法制度等方面的建设。

3. 秦始封地与秦国早期都城。立足于对秦国早期历史的年代事迹的复原，分析秦国早期都城诸说，得出新的观点。

4. 秦国早期陵墓。立足于对秦国早期历史的年代事迹的复原，分析秦国早期陵墓，确定秦公陵的墓主人。

第三部分是秦与西戎的关系。

秦与西戎的关系。秦国早期秦国与西戎历史新考察，揭示秦人对西戎的抵御，与西戎的共处、交战以及征服与融合。

从总体上讲，本研究在广泛搜集资料的基础上，采用跨学科、跨领域、多角度、多视野地探讨了秦国早期历史。最终，对确定的需要资料进行深入研究，提出一系列新的观点。

研究的重点是对秦国早期历史的重构。

研究的难点是秦襄公至出子时期制度建设的经过等。

二 基本观点与学术创新

1. 秦人的族源、迁徙与文化来源

基于传世文献、出土文献与考古实物的研究，对秦人的族源、迁徙与文化来源提出崭新的见解。

第一，秦族乃颛顼苗裔玄孙女女修之后，既非犬戎，亦非东夷，而是依附于华夏的嬴族。嬴族在商代依附于商王室，在西周依附于周王室，服侍商周。

第二，秦人的构成复杂，秦襄公立国时的秦人既包括大骆族、秦嬴族、商奄遗民、戍秦人、秦戎、戎人等，又包括停留在关中的大量周余民，周余民的构成也很复杂。

第三，嬴族文化本是源自商文化，商代东方的嬴族文化即商文化。两周时期，甘肃地区西犬丘、朱圉的嬴族文化既有商文化因素，又有周文化因素。秦文化须以秦襄公居西垂时的文化为基础加以探讨。

第四，考古本《竹书纪年》、《国语》、清华简《系年》、《史记·秦本纪》等记载的秦族迁徙史，嬴族西迁至甘肃天水一带，实际有4次：商末中潏居西垂；周初商奄遗民徙居朱圉；西周中期大骆居犬丘（西垂），嫡子成继之，庶子非子（秦嬴）封于秦；周厉王时犬戎灭犬丘大骆之族，周宣王初年非子（秦嬴）后秦庄公得大骆地犬丘，为西垂大夫。随着西土形势告急，朱圉之嬴最终归秦之嬴。

2. 秦襄公至出子年代事迹

由于错简或传抄讹误，《史记》秦襄公、秦文公的年代与事迹错乱。长期以来，学者对于秦襄公、秦文公的事迹间的先后顺序与因果关系困惑不解。利用清华简《系年》、古本《竹书纪年》等校正《史记·秦本纪》所载，可知秦襄公在位五十年，秦文公在位十二年。幽王十一年（前771年），秦襄公伐戎。平王二十一年（前750年），秦襄公赶走戎人。秦襄公伐戎先后经历了二十二年。平王三十三年（前738年），秦襄公帮助平王东迁，获赏封国，得到岐、丰之地。平王四十七年（前724年），秦文公迁都汧。秦襄公既有强壮的军队，收集众多的周余民，又设置史官，颁布法令，大兴宗教，国家之体完备。秦既受封岐、丰之地，国土广大，秦文公遂由西垂迁居汧渭之会。这才是秦襄公伐戎，秦襄公、秦文公营建秦国之真相。

秦宪公至出子的年代事迹存在一些讹误或传抄错误、失载，予以校补；并且重新论证了秦宪公至出子时期秦国历史的特点。

3. 秦国早期制度

秦国的封建与秦国制度的建设是秦国历史上划时代的大事，不仅对秦国的发展有着深远的影响，而且还决定着春秋时期的天下格局。历代学者都很重视这段历史，但是以往的研究存在史料方面的不足，秦襄公至出子时期秦国制度的建设需要专题研究。所以，笔者利用出土文献、传世文献与考古实物,考察了秦襄公至出子时期秦国制度建设的历程,分析秦国早期的宗法制度、宗庙制度、婚姻制度、职官制度、封建制度与县制、礼乐制度、宗教祭祀制度、军事制度、刑法制度等方面的建设情况。

4. 秦始封地与秦国早期都城

立足于对秦国早期历史的年代事迹的复原,分析秦国早期都城诸说,得出新的观点。

(1) 周孝王封非子于秦邑,陇西秦亭秦谷说始见于《汉书·地理志》,与先秦考古与先秦制度存在诸多矛盾,清水县城以东、以西都没有发现与非子的秦邑相符合的遗存,清水李崖不是秦邑。汧渭之会秦邑说见于《史记·秦本纪》秦文公说,拥有文献记载的优势。

(2) 非子居犬丘的地望,不是陕西省兴平市之犬丘,而是甘肃省礼县之西犬丘。大堡子山古城面积为55万平方米,营建时代处于两周之际。西山古城始建年代为西周,城址的面积为8.7万平方米,西山古城的时代与军事性质证明它属于《史记·秦本纪》描述的秦人与西戎恶战的西垂。大堡子山古城、西山古城的年代与内涵,充分证明它们属于西周时期的西垂。西垂乃大名,包括很多邑,即合而为之,由数处组成。所以,应当考察本地区的秦文化分布区域,辨别区域内聚落的等级与功用。

(3) 秦襄公仍居西垂,张守节《史记正义》引《帝王世纪》"秦襄公二年徙都汧"存在文字与史实的讹误。秦文公迁徙汧渭之会的地望只有陈仓故城及魏家崖遗址值得考虑。汧渭之会包括宝鸡、平阳、雍所在的区域,这些都是秦文公田猎之所,亦非子放牧处。秦文公至秦孝公都是以汧渭之会为都,即从先人非子所居。

(4) 平阳之地望,不是郿县古城,而是宝鸡市阳平镇。太公庙村铜器窖藏出土秦武公器,钻探出一座中字形大墓和一座大型车马坑;证实此处乃秦公都平邑葬处。宁王村北有一处春秋至西汉时期的大型遗址,出土"郁夷"文字瓦当。秦平阳、西汉郁夷故址在今宝鸡市陈仓区阳平镇宁王村一带。

（5）雍作为正式都城始于秦穆公，秦穆公至出子的18位秦公居葬于此。凤翔雍城的营建经历了三个历史时期。笔者根据雍城考虑秦文公所都汧渭之会、平阳的城市规划，或无垣而代之以环壕，它们都属于水城。

（6）学界对于秦灵公"居泾阳"的解读存在疑问困惑。笔者认为，需要参考战国秦汉时期的文献加以解读，清华简《楚居》颇具参考价值。秦灵公所居的泾阳，到底是都城性质，还是离宫别馆性质？这个问题需要考古发现来确定。总之，秦灵公居泾阳属于一君之行为，不宜扩大，否则与《史记·秦始皇本纪》附录、雍城考古发现相矛盾。

5. 秦国早期陵墓

秦国早期陵墓分布于甘肃东部、关中西部。由于文献传抄讹误以及考古发掘的局限，学者对秦公陵园的分布与秦公墓墓主的观点存在巨大的分歧。笔者立足于对秦国早期历史的年代事迹的复原，分析秦国早期陵墓，得出新的观点，并且对于学术界的研究发现了新问题。

（1）秦襄公葬西垂。礼县大堡子山秦公墓墓主为秦襄公（M2）及夫人（M3）。在综合分析学者研究成果的基础上，笔者重新探讨秦子器的主人。通过研究秦子器，确立了符合秦子器铭文中秦子的标准：太子或居丧期间可称"秦子"者、符合"秦子、姬"者、符合秦公器与秦子器的时代差别者。运用三个标准以求符合铭文的秦子，得出具体的结论。秦子器的时代处于春秋早中期之际。秦子器主人是秦德公太子秦宣公，大堡子山秦公墓祭祀坑出土的秦子器及传世的秦子器制作年代为秦德公元年、二年（前677—前676年）。

（2）秦文公、秦宪公葬西山，在陈仓县西北秦陵山（今陕西省宝鸡市陵原）。

（3）秦武公、秦德公、秦宣公、秦成公葬平阳，在今宝鸡市陈仓区太公庙村一带。

（4）秦穆公至出子葬雍，目前的陵墓数目尚不足，仍需探查。目前的研究，考古工作者的结论与文献记载存在矛盾之处。笔者结合文献记载、考古发现确定秦公陵尊东方、北方的布局规律。利用这个规律，作进一步细致的具体研究，确定了秦公陵的墓主。

6. 秦国早期秦与西戎的关系

对秦国早期秦国与西戎历史的新考察，揭示了秦人对西戎的抵御，与西戎的共处、交战以及征服与融合。"羌""戎"或"西戎"是夏商周时期华夏对居住在西土的异族的泛称，以经济形态称"羌"，以军事形态称"戎"。西戎的称谓不一，来源有别，或以氏称，或以姓称，或以地称。西戎部族众多，其中犬戎是势力大且影响大的一支。犬戎原本居住在敦煌一带，入居甘肃天水、宁夏固原、关中、晋南，给周王室带来极大的压力。寺洼文化的分布区域以及其族人与商人、周人、秦人的互动证实，寺洼文化的族属是商代的"羌"、西周至春秋早期的"戎"或"西戎"，既包含了"姜戎""允姓之戎""申戎"等知其姓氏的部族，又包括若干不知其姓氏的部族。犬戎灭西周，秦担负伐戎的重任。秦襄公经过二十二年伐戎，基本打败关中的戎人，虽然进行了安抚，但是仍时刻受到其威胁。秦武公肃清关中的戎人。总之，秦人"虩事蛮方"，时刻担心他们威胁秦国的安全。

秦穆公时期，秦国通过伐戎来增强秦国的国力。秦穆公三十七年，秦伐戎，益国十二，开地千里，遂霸西戎。总之，秦国在人力、财力、土地方面获得了巨大的利益，极大增强了秦国的国力。通过对西周时期至春秋战国时期天水、庆阳、平凉、固原等地区文化演变的考察，证实春秋中晚期以后秦国内迁戎人于天水、庆阳、固原等地区，加强对他们的控制与融合。

自非子始，秦人就保持对戎人的融合，通婚与戎人加入并行。随着两周之际以后秦国对戎人国家与部族的征服，大量的戎人转变身份成为秦人，大大促进了民族融合。固原、平凉、庆阳、天水地区的考古资料证实,西周时期它们是周王朝直接控制的地区。春秋以后,秦国内迁戎人于固原、庆阳、天水等地区,戎人的内迁加强了秦人与戎人的交流与融合。在秦国早期文化中,除了大量的商文化因素、周文化因素、秦文化因素之外,还有明显的西戎文化因素。同样,西戎文化亦吸收了一些秦文化因素。秦国统治阶层对待戎人采取多种手段,尤其是对臣服的戎人采用优抚政策,允许其保持文化上的自主。

第 一 章

秦人的族源、迁徙与文化

学术界在探讨秦人的族源与文化之时,"秦人"一词常用于指嬴秦族。事实上,由于文献记载嬴秦迁徙甘肃的多端与考古学文化的复杂,历史学家与考古学困惑于秦人的族源与文化。[①]

关于秦人早期的历史与文化,学界争议颇大。主要有以下三个方面:

一是秦人的来源。主要有两种观点:东源说、西源说。另有"源于东兴于西说"或"东源西成"说。[②] 主要是西源说与东源说之争,"源于东兴于西说"或"东源西成"说调和之。

二是秦人的迁徙。有夏代末期自山东迁徙说、商代晚期西迁说、西周早期自山东西迁说、西周中期自山西西迁说等。一些学者以为秦人自山东迁徙至山西,又迁徙至关中、甘肃。一些学者以为秦人自山东迁徙至甘肃。对于清华简《系年》第三章秦人的记载,学者存在截然不同的态度。李学勤先生以为可定秦人东来说,秦人西周初自山东迁徙至甘肃;[③] 有学者堆砌杂

[①] 参见丁毅华《秦文化、楚文化和汉文化》,秦始皇兵马俑博物馆编:《秦俑秦文化研究——秦俑学第五届学术讨论会论文集》,陕西人民出版社2000年版,第39—44页。

[②] 参见陈平《关陇文化与嬴秦文明》,江苏教育出版社2005年版,第133—146页;雍际春《近百年来秦人族源问题研究综述》,《社会科学战线》2011年第9期,第109—117页;雍际春《秦早期历史研究》,中国社会科学出版社2017年版,第41—56页。

[③] 李学勤:《清华简关于秦人始源的重要发现》,原载《光明日报》2011年9月8日第11版,收入氏著《初识清华简》,中西书局2013年版,第140—144页;又收入《李学勤文集》第20卷,江西教育出版社2023年版,第212—216页。

说证明此点。① 张天恩、赵化成等则质疑清华简《系年》第三章相关的记载。②

三是秦文化的内涵、来源与形成时间。一些学者强调秦文化的西戎文化因素,以为秦文化属西戎文化。一些学者则注意区分秦人上层文化与秦人下层文化之间的差异,以为秦人上层文化与周文化同,而秦人下层文化与戎文化同。③ 关于秦文化的来源与形成时间,或采商代晚期,秦文化是先周文化、周文化;④ 或采西周中期非子时,秦文化主要源自商文化;⑤ 或采西周晚期秦庄公时,秦文化源自先周文化、周文化,至西周晚期才形成。⑥

以上争议的核心是秦人的来源,迁居是其重要事迹,而文化是其活动的伴生物。

第一节 秦人来源诸说与分析

一 秦人来源诸说

关于秦人的来源,目前主要有四种观点。

1. 西源说

西源说者以为秦人乃西戎的一支。持此说者有王国维、蒙文通、周谷城、丁山、翦伯赞、俞伟超、刘庆柱、日本国学者赤塚忠等。

---

① 王洪军:《新史料发现与"秦族东来说"的坐实》,《中国社会科学》2013年第2期,第163—185页。
② 张天恩:《清华简〈系年(三)〉与秦初史事略析》,《考古与文物》2014年第2期,第107—109页;赵化成:《秦人从哪里来 寻踪早期秦文化》,《中国文化遗产》2013年第2期,第39—47页。
③ 田亚岐、王炜林:《早期秦文化"源于东而兴于西"的考古学观察》,吉林大学边疆考古中心编:《新果集——祝贺林沄先生七十华诞论文集》,科学出版社2009年版,第376—388页。
④ 牛世山:《秦文化渊源与秦人起源探索》,《考古》1996年第3期,第47、49页。
⑤ 梁云:《论早期秦文化的来源与形成》,《考古学报》2017年第2期,第149—174页。
⑥ 张天恩:《早期秦文化特征形成的初步考察》,原载《秦文化论丛》第10辑,三秦出版社2003年版;收入氏著《周秦文化研究论集》,第216、227页。

王国维《秦都邑考》曰：

> 秦之祖先，起于戎狄。当殷之末，有中潏者，已居西垂。大骆、非子以后，始有世系可纪，事迹较有据。……其未踰陇以前，殆与诸戎无异。①

笔者案："起于戎狄"即源自戎狄，"殆与诸戎无异"又进一步确定。王国维深受《史记》等文献的影响。他从地域出发，确定秦人的族属为戎狄。

1936年，蒙文通《秦为戎族考》以为秦为戎族，乃犬戎的一支。② 1939年，周谷城《中国通史》亦以为秦只是西戎诸部落中强有力的部落，故为周利用以和诸戎。③

丁山以为秦人"固一游牧为生之西戎民族"。④ 翦伯赞以为秦人为羌族的苗裔，后东徙甘肃，周人称之为西戎。⑤ 赤塚忠等亦持此观点。⑥

关于秦人西源说的主要文献依据有以下若干。⑦

（1）《史记·秦本纪》申侯对周孝王言：

---

① 王国维：《秦都邑考》，《观堂集林》卷12，谢维扬、房鑫亮主编，谢维扬等分卷主编：《王国维全集》第8卷，谢维扬等点校，浙江教育出版社、广东教育出版社2010年版，第352、354页。

② 蒙文通：《秦为戎族考》，初刊于《禹贡》半月刊第6卷第7期，1936年，第17—20页；蒙文通：《周秦少数民族研究》，蒙跃编：《蒙文通全集》第4卷《古族甄微》，巴蜀书社2015年版，第21—24页。

③ 周谷城：《中国通史》上册，开明书店1939年版，第173—174页。

④ 丁山：《句芒、高禖、防风、飞廉考——风神篇》，《古代神话与民族》，商务印书馆2005年版，第317页。

⑤ 翦伯赞：《中国史纲》第2卷《秦汉史》，《翦伯赞全集》第2卷，河北教育出版社2008年版，第16—20页。

⑥ ［日］赤塚忠：《出土遺文を通じて見た秦の文化》，《赤塚忠著作集》第1卷《中国古代文化史》，研文社1988年版。

⑦ 参见陈平《关陇文化与嬴秦文明》，第135—136页。陈氏总结学术观点，审其主要。

昔我先郦山之女，为戎胥轩妻，生中潏。①

郦山即郦山之戎，戎胥轩亦属于戎，中潏父母皆为戎人，则中潏为戎人。中潏为秦族的直系祖先。所以，秦族出自西戎。

（2）《春秋》公羊传释秦为"夷"，《史记·秦本纪》"夷翟遇之"，先秦文献称秦为戎狄。②

关于考古实物资料的论证，一些学者以为秦墓的洞室墓、屈肢葬、铲脚袋足鬲与中原文化不同，而多见于甘青地区的羌戎文化，由此说明秦人来自西戎。1980年，俞伟超以为，秦墓的屈肢葬、铲型袋足鬲、洞室墓是自身的文化特征，源于羌戎文化，故秦人是西戎的一支。③1982年，刘庆柱通过对秦的屈肢葬、鸟图腾崇拜、陶器组合纹饰三个方面与相关考古学文化的分析对比，得出秦文化的渊源变化是：马家窑文化—齐家文化—辛店文化—春秋秦文化。秦及其先民文化——辛店文化、齐家文化、马家窑文化属于"华夏文化"中的一支地方遗存。④

史党社从怀疑与否定《史记》一些记载、质疑考古学的一些解释出发，坚持秦人"西来说"。⑤他运用族群理论，将"秦人"视为一个族群现象来分析。他以为，西周晚期至战国早期的"秦人"是在秦国的政治版图内，具有同一祖先及历史传说、共同的文化等特征的人群，他们自认为与"蛮夷"有别而与"华夏"相似，具

---

① 《史记》卷5《秦本纪》，中华书局2014年点校本二十四史修订本，第228页。
② 徐彦：《春秋公羊传注疏》卷22，阮元校刻：《十三经注疏》，中华书局1980年影印、校补世界书局本，下册，第2318页中栏；《史记》卷5《秦本纪》，第255—256页。
③ 俞伟超：《古代"西戎"和"羌"、"胡"考古学文化归属问题的探讨》，原载《青海考古学会会刊》1980年第1期，收入氏著《先秦两汉考古学论集》，文物出版社1985年版，第187—188页。
④ 刘庆柱：《试论秦之渊源》，《人文杂志》1982年增刊，第176页。
⑤ 史党社：《日出西山：秦人历史新探》，陕西出版传媒集团、陕西人民出版社2013年版，第89—98页。

有自身特性。① 笔者案：他将"秦人"等同于"秦族"，有其矛盾之处。

2. 东源说

东源说者以为秦人源于东方（在今山东一带），为东夷族。后来迁往西方。持此说者有徐中舒、傅斯年、卫聚贤、钱穆、黄文弼、徐旭生、范文澜、顾颉刚、林剑鸣、马非百、王玉哲、段连勤、韩伟、祝中熹、张天恩、牛世山、梁云等。

1927年，徐中舒《从古书中推测之殷周民族》据师西簋"秦夷"曰：

> 秦即嬴秦，《史记·秦本纪》谓秦之先，蜚廉死，葬霍太山，霍太山亦在河东郡。其余三夷之地，虽无可考，以虞、京、秦之所在论之，知亦相去不远。若此诸夷何为而荐居殷、周畿内？《书序》云："成周既成，迁殷顽民。"《逸周书·作雒》篇云："俘殷献民，迁于九毕。"孔注："九毕，成周之地。"成周畿内，本周公迁殷顽民之所，嬴秦又殷之诸侯，知此诸夷皆出于殷，而周人称之曰夷也。②

徐中舒《先秦史论稿》曰：

> 秦与赵俱出于东方，嬴姓，嬴象龙形。③

1933年，傅斯年《夷夏东西说》论秦为东方民族：

---

① 史党社：《日出西山：秦人历史新探》，第364—366页；《秦与"戎狄"文化的关系研究》，上海古籍出版社2022年版，第87—89页。
② 徐中舒：《从古书中推测之殷周民族》，《国学论丛》第1卷第1期，1927年，第111页。
③ 徐中舒：《先秦史论稿》，巴蜀书社1992年版，第206页。

据《史记》，伯翳为秦赵之祖，嬴姓之所宗。秦赵以西方之国，而用东方之姓者，盖商代西向拓土，嬴姓东夷在商人旗帜下入于西戎，《秦本纪》说此事本甚明白。少皞在月令系统中为西方之帝者，当由于秦赵先祖移其传说于西土，久而成土著，后世作系统论者，遂忘其非本土所生。①

1934 年，卫聚贤《赵秦楚民族的来源》曰：

以中潏末在西戎前，嬴姓多诸侯，即奄、郯、徐、江、黄、葛、谷等。是秦民族发源于山东，至山西、陕西、甘肃，然后再向东发展。②

1940 年，钱穆《国史大纲》曰：

秦之先世本在东方，《史记·秦本纪》叙述甚详。为殷诸侯。及中潏始西迁。③

1945 年，黄文弼《嬴秦为东方氏族考》不赞同蒙文通说，认为秦为东夷，秦西迁后俗多杂戎。④ 徐旭生《中国古史的传说时代》以为秦属东夷集团。⑤ 范文澜《中国通史简编》以为秦属于东

---

① 傅斯年：《夷夏东西说》，原载国立中央研究院《历史语言研究所集刊》外编第一种《庆祝蔡元培先生六十五岁文集》，1933 年，收入《傅斯年全集》第 3 册，台北联经出版事业公司 1980 年版，第 134—135 页。或以为徐中舒《殷周民族考》[《国学论丛》第 1 卷第 1 期（1927 年）] 较早提出秦出自东方。

② 卫聚贤：《中国民族的来源》，《古史研究》第 3 集，上海商务印书馆 1936 年版，第 51 页。

③ 钱穆：《国史大纲》（上），《钱穆先生全集》（新校本），九州出版社 2011 年版，第 128 页。

④ 黄文弼：《嬴秦为东方氏族考》，原载《史学杂志》创刊号，1945 年；收入礼县秦西垂文化研究会、礼县博物馆编，康世荣主编：《秦西垂文化论集》，文物出版社 2005 年版，第 23—27 页。

⑤ 徐旭生：《中国古史的传说时代》（增订本），文物出版社 1985 年版，第 48—57 页。

夷,迁徙西土。[1]

1961年至1964年,顾颉刚《从古籍中探索我国的西部民族——羌族》以为:

> 秦本东夷族,在周公东征后西迁。[2]

1978年,林剑鸣《秦人早期历史探索》以为,观念信仰方面,秦人和殷人都把玄鸟奉为祖先。经济生产方面,秦人和殷人都是以狩猎、牧畜为主的游牧民族。政治关系方面,夏以后秦人为商忠心效劳,秦人同殷人最早源于一个东方的氏族部落。早期活动地域方面,政治关系密切,秦人早期和殷人都生活在以山东半岛为中心的地区。[3] 1981年,林剑鸣《秦史稿》以为,中潏只是"曾率一部分秦人替殷商奴隶主保卫西方的边垂",不能说明秦人即戎族。[4] 又以为,周公东征后,将绝大多数嬴姓族人西迁西垂(甘肃天水附近)。周孝王时,因养马有功被封为附庸,在秦(今甘肃秦安县)定居,他们是春秋时期秦人的直接祖先。[5]

1982年,马非百《秦集史》持东源说。[6]

1982年,段连勤《关于夷族的西迁和秦嬴的起源地、族属问题》以为:

---

[1] 范文澜:《中国通史简编》(修订本)第1编,人民出版社1964年版,第107—108页。

[2] 顾颉刚:《从古籍中探索我国的西部民族——羌族》,原载《社会科学战线》1980年第1期,收入《昆仑传说与姜戎文化》,易名《三千多年来的姜戎》,《顾颉刚古史论文集》卷6,《顾颉刚全集》第6册,中华书局2010年版,第222页;《鸟夷族的图腾崇拜及其氏族集团的兴亡——周公东征史事考证四之七》,西安半坡博物馆编:《史前研究(2000)》,三秦出版社2000年版,第151页;《周公东征和东方各族的迁徙》,《文史》第27辑,中华书局1986年版,第1—14页。此文写于1961—1964年。

[3] 林剑鸣:《秦人早期历史探索》,《西北大学学报》(哲学社会科学版)1978年第1期,第20—26页。

[4] 林剑鸣:《秦史稿》,上海人民出版社1981年版,第23页。

[5] 林剑鸣:《秦史稿》,第25—26页;《周公东征和嬴姓西迁》,《文史知识》1982年第11期,第16—20页。

[6] 马非百:《秦集史》(上),中华书局1982年版,第4页。

东夷人中的一部分，主要是九夷中的畎夷，确实在夏末作为商夷联军的组成部分，由我国的东方进入了西方的关中平原。……秦的祖先，正是在这次东夷人向我国西部的迁徙浪潮中，作为这个迁徙队伍中的一支，来到陕西关中地区的。

又曰：

秦嬴起源于由我国东方西迁的东夷人，它很可能是畎夷的一支。①

一些学者赞同段连勤说，一些学者则持怀疑与否定态度。祝中熹认为以嬴族为畎夷的一支十分牵强，嬴族、畎夷不同族，不同意段连勤说。② 笔者案：夷、戎可混用，畎夷即畎戎，畎戎为周文王所伐的犬戎。秦人非畎夷（畎戎），段连勤说未周全。

1991年，王玉哲《秦人的族源与迁徙路线》认为秦本东夷族，西迁甘肃。③

关于秦人东源说的主要文献依据有以下若干点。④

（1）《说文解字》卷十二下女部：

嬴，帝少皞之姓也。从女，嬴省声。⑤

《史记·秦本纪》司马贞《索隐》曰：

---

① 段连勤：《关于夷族的西迁和秦嬴的起源地、族属问题》，《人文杂志》编辑委员会编：《先秦史论文集》（《人文杂志》专刊），《人文杂志》编辑部1982年版，第168—169、174页。

② 祝中熹：《先秦卷》，刘光华主编：《甘肃通史》，甘肃人民出版社2009年版，第142—144页。

③ 王玉哲：《秦人的族源及迁徙路线》，《历史研究》1991年第3期，第32—39页。

④ 参见陈平《关陇文化与嬴秦文明》，第138—142页。

⑤ 许慎撰，段玉裁注：《说文解字注》卷12下，中华书局2013年影印经韵楼本，第618页下栏。

女修，颛顼之裔女，吞鳦子而生大业。其父不著。而秦、赵以母族而祖颛顼，非生人之义也。按：《左传》郑国，少昊之后，而嬴姓盖其族也，则秦、赵宜祖少昊氏。①

(2)《左传》《史记·秦本纪》《潜夫论·志氏族》等文献记载嬴姓国族大多在东方，西方之嬴当是自东西迁的结果。

据考古资料论证者有林剑鸣、韩伟、赵化成、牛世山、张天恩、早期秦文化联合考古队研究人员（早期秦文化是指西周至春秋早期的秦文化，考古队人员有赵化成、梁云等）等。

1981年，林剑鸣《秦史稿》以为，殷制天子墓为亚字形，诸侯墓为中字形，而陕西凤翔的7个秦公陵园22座大墓只有属于诸侯级的中字和甲字形墓，"表明秦国陵墓形式仍遵循着殷制"，说明秦与殷人祖先关系十分密切。②

1986年，韩伟《关于秦人族属及文化渊源管见》认为秦人族属文化与西戎文化不同，而与商周为近。一是屈肢葬、铲形袋足鬲、洞室墓不是秦人自身的文化传统。二是秦人的起源与族属的关系。秦人祭少昊，与之同族；秦人虽在中潏以后与西戎杂居，但在政治制度方面与西戎有着区别。秦与戎对待周室态度不一样；秦与戎始终处于对立的地位。三是从文化继承关系看秦人族属。搞清秦文化的根源及内涵是推断秦人族属的关键。文化继承关系上，秦公钟、秦公簋等器物的铭文，与周代的铜器铭文比较，在形、音、义等方面都是一致的。秦人宗庙直接承袭了殷人的天子五庙制度，以诸侯王的身份建立了三庙：太祖庙一、昭一、穆一。秦人宫寝制度也是如此。秦公陵园制度，也反映了殷周文化因素，采用殷周以来的陵寝制度。③

---

① 《史记》卷5《秦本纪》，第223—224页。
② 林剑鸣：《秦史稿》，第19—20页。
③ 韩伟：《关于秦人族属及文化渊源管见》，原载《文物》1986年第4期，第23—28页；收入《磨砚书稿：韩伟考古文集》，科学出版社2001年版，第10—16页。

1987 年，赵化成通过比较分析甘肃省天水市甘谷县盘安镇毛家坪村和北道区董家坪村发现的秦文化遗存材料，认为：第一，关于屈肢葬。屈肢葬应当是秦人特有的葬俗，是秦文化的一个重要特点。屈肢葬在甘青地区的夏商文化流行，屈肢葬仪应是对当地土著习俗的承继和发展。第二，关于与辛店文化的关系。辛店文化不会是秦文化的渊源。第三，关于西向墓。秦的西向墓可能与屈肢葬一样也与甘青地区的古代文化有一定关系。第四，关于铲形袋足鬲。春秋战国时期秦墓中出现的铲形袋足鬲，毛家坪西周时期秦文化中绝不见这种遗存，因而与秦文化渊源无关。第五，关于洞室墓。关中地区秦墓中洞室墓的出现是在战国中期，春秋墓不见毛家坪西周时期秦墓，也没有发现洞室墓，因而洞室墓也不是秦的传统文化特征。第六，关于文化渊源问题。毛家坪西周时期秦文化的构成主要有两方面的因素。一是墓葬的葬俗如屈肢葬、西向墓可能与甘青地区古代文化有关，二是陶器的基本组合与器形同周文化有关。秦人与周人并非同祖，这是明确无疑的，因而秦文化最终并不源于周文化，周文化也是秦文化发展历程中的外来因素。秦人究竟是东来还是西来目前尚难以下结论，但可以肯定，一些人主张的周公东征迁秦人于西方的说法是难以成立的。① 2012 年，随着清华简《系年》的公布与甘肃清水李崖遗址考古发掘工作的推进，赵化成明确表示："可以肯定秦族、秦文化是东来的，这在秦史、秦文化研究领域的重要性不言而喻。"② 2016 年，赵化成勾画了秦人的迁徙与秦文化的发展轨迹，以为秦人初迁至清水李崖（集中于西周早期晚段至西周中期早段），又迁徙至礼县。甘谷县毛家坪遗址的年代始于西周中期晚段，集中于西周晚期至春秋时期。③

---

① 赵化成：《寻找秦文化渊源的新线索》，《文博》1987 年第 1 期，第 1—7、17 页。
② 赵化成等：《甘肃清水李崖遗址考古发掘获重大突破——为寻找秦先祖非子封邑提供新线索》，《中国文物报》2012 年 1 月 20 日第 8 版。
③ 赵化成：《秦人来源与早期秦文化的考古学探索》，蔡庆良、张志光主编：《嬴秦溯源：秦文化特展》，台北"故宫"2016 年版，第 286—293 页。

1996年，牛世山以为，西周时期的秦文化是西周文化的地方类型，又源于先周文化。西周早中期秦人生活于周王朝的疆域内，秦人使用的文化实为西周文化，秦文化的日常用器组合与关中地区典型的西周文化的组合相同。商代晚期的秦人虽已使用先周文化，但文献资料表明周、秦并非同源。使用关中地区商文化的秦人为外来族，其应是随着商人势力的向西扩张迁到这里的，即关中地区也非秦人起源地。于此，赞同秦人起源于东方说。①

2001年，张天恩《礼县等地所见早期秦文化遗存有关问题刍论》等赞成段连勤畎夷西迁说，认为与京当型商文化的分布区域吻合，嬴姓民族是京当型的一个组成部分。京当型商文化消失后，嬴姓民族归附周人。当先周势力在商末向陕甘地区猛烈扩张时，嬴姓民族西迁。② 2003年，张天恩《周王朝对陇右的经营与秦人的兴起》认为，商代末期商人扩张导致秦人西迁，即周人对陇右的开拓而嬴秦人西迁。③

2014年，梁云以为：

> 近年的考古发现表明，秦人应属东方民族，与殷商关系密切，或可说是广义上殷遗民的一支。比如秦墓中殉人、腰坑、殉狗习俗，车马埋葬特点，以及商式风格陶器，均显示秦人不是陇右的土著，而是来自东方。④

2017年，梁云《论早期秦文化的来源与形成》以为，秦人的

---

① 牛世山：《秦文化渊源与秦人起源探索》，《考古》1996年第3期，第47、49页。
② 张天恩：《礼县等地所见早期秦文化遗存有关问题刍论》，原载《文博》2001年第3期，收入氏著《周秦文化研究论集》，第233—235页。
③ 张天恩：《周王朝对陇右的经营与秦人的兴起》，原载《周秦社会与文化研究——纪念中国先秦史学会成立20周年学术讨论会论文集》，收入氏著《周秦文化研究论集》，第209—215页；张天恩《甘肃礼县秦文化调查的一些认识》，原载《考古与文物》2004年第6期，收入氏著《周秦文化研究论集》，第238—244页。
④ 梁云：《五方合作 十年探索 成果丰硕》，《中国文物报》2014年11月25日第6版。

族源学术界一般指作为嬴秦宗族的来源。商文化最能代表秦人的族源，反映嬴秦宗族源自东方。早期秦文化的前段（西周中期的李崖型）在葬俗（腰坑、殉狗）与器用（商式陶器）上保留了浓厚的殷商遗风。①

对于清华简《系年》第三章秦人的记载，学者存在截然不同的态度。李学勤先生以为可定秦人东来说，② 一些学者赞同此说，③ 有的学者堆砌杂说证明此点。④ 张天恩、赵化成则质疑清华简《系年》第三章相关的记载。张天恩以为：

> 在秦史的记述中，《系年（三）》其实还有一处较大的漏洞。如没有交代飞廉与商奄的具体关系，只讲了其逃到了商奄，是属于本家，还是他国呢？如果飞廉出自商奄，那西迁的商奄之民为秦先人即无误。但若并非其家族，飞廉仅是逃亡他人的国族，商奄迁民为秦之先就存在问题了。因《秦本纪》说飞廉是秦之先祖，商奄之民就非其源。如果秦族真是来自商奄，飞廉及其父中潏以上，就是秦人冒认的祖先了。加之内容相近的《孟子·滕文公下》有伐奄，讨其君之语，知飞廉绝非奄君，是否可以认为秦人冒荫的可能性非常之大。⑤

赵化成以为：

---

① 梁云：《论早期秦文化的来源与形成》，《考古学报》2017 年第 2 期，第 149—174 页。
② 李学勤：《清华简关于秦人始源的重要发现》，《李学勤文集》第 20 卷，第 212—216 页。
③ 参见宋镇豪主编《嬴秦始源：首届中国（莱芜）嬴历史文化学术研讨会论文集》，中国社会科学出版社 2013 年版；宋镇豪主编《嬴秦文化与远古文明：中国（莱芜）第二届嬴秦文化与远古文明工作会议论文集》，中国文史出版社 2018 年版；宫长为、刘宗元主编《嬴秦文化研究与成果转化——中国·济南第三届嬴秦文化暨中华嬴秦文化园规划研讨会文集》，山东大学出版社 2021 年版。
④ 王洪军：《新史料发现与"秦族东来说"的坐实》，《中国社会科学》2013 年第 2 期，第 163—185 页。
⑤ 张天恩：《清华简〈系年（三）〉与秦初史事略析》，《考古与文物》2014 年第 2 期，第 109 页。

按道理说，新出土的文献资料应当是很有力的证据，但为何这一说却与《史记》的记载明显不同？因而，问题的最后解决还需要从考古学文化层面找到依据。①

3. 秦公族源于东方、平民源于西方

1930 年，傅斯年《〈新获卜辞写本后记〉跋》以为：

> 秦赵嬴姓之来自徐方，《史记》所载甚明白。盖秦之人民固可为来源自西者，而秦之公姓则来源自东。②

张正明以为：

> 秦人是双源的，公族源于东夷，庶族源于西戎，前者流行东首葬，后者流行西首葬，彼此都不数典忘祖。③

4. 源于东兴于西说

或以为秦文化或族群的起源是二源的。持此论者有黄留珠、徐日辉、田亚岐、王炜林等。

1995 年，黄留珠提出秦文化"源于东而兴于西"，即秦人、秦文化的始发地在东方，而秦人、秦文化的复兴之地在西方，复兴之源是西戎文化因素。④

2003 年，徐日辉以为嬴秦由东方迁入西方，但已融入西方以后

---

① 赵化成：《秦人从哪里来 寻踪早期秦文化》，《中国文化遗产》2013 年第 2 期，第 47 页。
② 傅斯年：《〈新获卜辞写本后记〉跋》，原载国立中央研究院《安阳发掘报告》第 2 期，1930 年；收入《傅斯年全集》第 3 册，第 245 页。
③ 张正明：《秦与楚》，华中师范大学出版社 2007 年版，第 15 页。
④ 黄留珠：《秦文化二源说》，《西北大学学报》（哲学社会科学版）1995 年第 3 期，第 28—34 页。

才发展壮大，即"东源西成说"。①

2008 年，田亚岐、王炜林赞同秦文化"源于东而兴于西"。②

二 秦人来源诸说分析

学界对于商人、周人、秦人的族源与文化的探讨存在明显的不同。商人在夏代已经建国，学者称商代以前的时代为先商，文化为先商文化；周人在商代晚期已经建国，学者称周代以前的时代为先周，文化为先周文化；秦人在西周中晚期只是附庸，周平王时周人建国，而学者通称西周中期至秦国的文化为秦文化，称西周至春秋早期的文化为早期秦文化。称谓的不同，体现了对族群、文化划分的不同。这是值得注意与剖析的。

考古学家通过考古学文化认识与判断族属。首先，寻找符合认识的秦文化，继而判定使用这种文化的人群是秦人。其实，这种方法与认识在当今的考古学界得到警惕，却无法摆脱这种认识范式。

秦人是基于地理的概念，可以指秦邑之人，秦国之人。秦族是非子（秦嬴）、秦襄公一脉的族群。所以，"秦人"是基于地域（秦邑、秦国）的概念，并非基于族属的概念。目前学术界却将"秦人"等同于"秦族"，是将地理等同于民族。这种粗疏、模糊、错乱的认识，造成学者以往的研究存在缺陷，诸多问题的探讨缺乏坚实的基础。

关于秦人族源的探讨，学者以往是在未能清楚地区分秦人的构成的情况下得出的结论，③ 呈现了文献记载与考古发现的诸多冲突与矛盾。其实质是将秦人族源研究简单化，思虑未周。秦人构成的多样，表现为文化的多样，学者之间争议的根源是基于秦人秦文化单一论之上。这种局面竟然持续了很长的时间，缘自文献资料与考

---

① 徐日辉：《秦早期发展史》，中国科学文化出版社 2003 年版，第 3 页。
② 田亚岐、王炜林：《早期秦文化"源于东而兴于西"的考古学观察》，吉林大学边疆考古中心编：《新果集——祝贺林沄先生七十华诞论文集》，科学出版社 2009 年版，第 376—377 页。
③ 少数学者讨论，却言之不明，缺乏实际有效的结论。

古资料没有得到充分的解读。

在以往的研究中，对于"秦文化"概念的定义与理解存在诸多矛盾之处。考古工作者多将秦文化的上限定在西周时期，其实西周时期非子（秦嬴）至秦襄公获赏封国前属于秦先时期，这时期的文化类同于"先商文化""先周文化"，此时期秦人的文化与秦国文化会存在很大的差异，那么它们更属于"先秦文化"（此处"先秦"是等同于"秦先"的概念，不同于广泛应用"先秦"时期。为了避免与目前通常使用的"先秦文化"一词混同，可以考虑使用"秦先文化"）。所以，解决的方案可以选择"秦邑文化""秦文化"（秦国文化）加以区别。

所有的研究必须遵循由已知去探索未知的原则。秦国、秦文化是基础，由二者去探寻更多的问题是可行的。没有这个基础，学问建在沙滩之上，在实际操作中注定造成混乱不堪的局面。事实上，学者以往对于秦人的族源与文化的研究出现了文献与考古脱节的情况。

第二节　秦人的构成与族源

一　秦人的构成

关于秦人起源与迁徙的史料，目前所获传世文献与出土文献所反映的角度与层次不同。基于此种事实，我们认为必须区分秦人的构成，只有这样才能明确秦人的来源、迁徙与文化内涵。所以，我们首先分析秦人的构成，重新考察秦人的来源、迁徙与秦文化的内涵。

"秦人"已见于西周金文、甲骨文（图版六），是一个具体的历史概念。学术界使用这一名称而未加辨析，这成为学者在秦人族源、迁徙与文化等问题上产生很大分歧的根源之一。

"秦人"是以非子（秦嬴）、秦襄公一脉为核心的人群，大于秦族。西周时期，非子邑秦后，"秦人"是秦邑之人，非子为其首领。春秋早期秦建国之后,"秦人"是秦国之人,秦公、秦王为其首领。秦人的族源与文化是以秦襄公建国时期的状况为基础,上溯他们在商代晚期至西周时期的族源、迁徙与文化。

三代的都邑内常常可以看到不同文化共存,它们是不同族属人们共居的反映。《华阳国志》记载巴人由许多不同的族所组成。① 如同许多国家的人们由不同来源的人们组成一样,秦人并非由单一的人群所组成。

分析传世文献《逸周书》《左传》《孟子》《史记》、出土文献西周金文与清华简《系年》、考古实物等,秦襄公建国时期的秦人是由秦族、商奄遗民、戍秦人、秦夷(戎)、周余民、戎人等所组成。

1. 秦族

秦族指自《史记·秦本纪》飞廉至非子(秦嬴)、秦襄公一脉所构成的人群。

2. 商奄遗民

商奄遗民,指东方的商奄被周公灭后而被迫迁徙至西土的人群。《逸周书·作雒篇》曰:

> 武王克殷,乃立王子禄父,俾守商祀。建管叔于(东)〔柬,阑〕,建蔡叔、霍叔于殷,俾监殷臣。武王既归,乃岁十二月崩镐,瘗于岐周。周公立,相天子,三叔及殷东、徐奄及熊盈以略。周公、召公内弭父兄,外抚诸侯。元年夏六月,葬武王于毕。二年,又作师旅,临卫政殷,殷大震溃,降辟三叔,王子禄父北奔,管叔经而卒,乃囚蔡叔于郭凌,凡所征熊盈族十有七国,俘维九邑,俘殷献民,迁于九毕。②

---

① 常璩著,任乃强校注:《华阳国志校补图注》卷1《巴志》,上海古籍出版社1987年版,第5页。
② 黄怀信等撰,黄怀信修订,李学勤审定:《逸周书汇校集注》(修订本)卷5《作雒篇》,上海古籍出版社2007年版,第510—518页。

《孟子·滕文公下》曰：

> 周公相武王诛纣；伐奄，三年讨其君；驱飞廉于海隅而戮之，灭国者五十，驱虎、豹、犀、象而远之。①

清华简《系年》曰：

> 成王伐商盖，杀飞廉，西迁商盖之民于邾（朱）圉，以御奴虘之戎，是秦之先，世作周厄（翰）（图版四）。②

商盖即商奄，见于《墨子·耕柱》《韩非子·说林上》。③

李学勤以为，奴虘之戎［卜辞的虘方、《诗经》的徂国、金文即《国语》的狄（翟）虘（徂）］在今甘肃省东北部泾水上游，由于受到周文王、武王的讨伐，向西退到今甘肃省中部渭水源头一带，以致周成王迁秦先人在朱圉地区防御。④

《左传》昭公元年，举虞、夏、商、周时期的叛国：

> 于是乎虞有三苗，夏有观、扈，商有姺、邳，周有徐、奄。

杜预《注》曰：

---

① 孙奭：《孟子注疏》卷6下《滕文公章句下》，阮元校刻：《十三经注疏》，中华书局1980年影印、校补世界书局本，下册，第2714页下栏。
② 清华简《系年》第2章，清华大学出土文献研究与保护中心编，李学勤主编：《清华大学藏战国竹简（贰）》下册，中西书局2011年版，第141页。
③ 孙诒让：《墨子间诂》卷11《耕柱》，孙以楷点校，《新编诸子集成》，中华书局2001年版，第432页；王先慎：《韩非子集解》卷7《说林上》，钟哲点校，《新编诸子集成》，中华书局2013年版，第193页。
④ 李学勤：《清华简〈系年〉"奴虘之戎"试考》，原载《社会科学战线》2011年第12期，第27—28页；收入《李学勤文集》第20册，第225—228页。

（徐、奄）二国皆嬴姓。《书序》曰："成王伐淮夷，遂践奄。"徐即淮夷。

孔颖达《疏》曰：

"二国皆嬴姓"，《世本》文也。①

《左传》僖公十七年：

齐侯之夫人三，王姬、徐嬴、蔡姬皆无子。②

王姬出自姬姓的周王室，蔡姬出自姬姓的蔡国，徐嬴出自嬴姓的徐国，证实徐为嬴姓国，《世本》、杜预《注》有所依据也。
然则，秦、奄同属嬴族。这就找到了飞廉奔商奄的根源。

《史记·秦本纪》曰：太史公曰：秦之先为嬴姓。其后分封，以国为姓，有徐氏、郯氏、莒氏、终黎氏、运奄氏、菟裘氏、将梁氏、黄氏、江氏、修鱼氏、白冥氏、蜚廉氏、秦氏。然秦以其先造父封赵城，为赵氏。③

笔者案：《路史·国名记乙》少昊后嬴姓国曰：

掩即奄、郁也。兖之仙源，故曲阜，有奄城、奄里，古之弇中。《郡国志》：奄城，古奄国。茂先云：史记出鲁弇中。自运迁掩，故《史》有运掩氏。鲁近淮夷，武王伐之。《唐韵》：

---

① 孔颖达：《春秋左传正义》卷41，阮元校刻：《十三经注疏》，下册，第2021页上栏。
② 孔颖达：《春秋左传正义》卷14，阮元校刻：《十三经注疏》，下册，第1809页中栏。
③ 《史记》卷5《秦本纪》，第277页。

郓，国名，商奄也。祝佗云"因商奄之民以命伯禽"者。按《将蒲姑》、《成王政》俱云"践奄"，而《周官》言"灭淮夷"，《大诰》言"淮夷叛"，而《多士》乃言"朕来自奄"，知为夷也。襄二十五年斧中，预疑为泰山莱芜西瓮口谷。①

杨宽《西周时代的楚国》曰：

运奄氏当即奄氏。②

罗泌《路史》、杨宽《西周时代的楚国》等皆认为，运奄氏即奄氏。笔者认为，太史公于此处仅仅列举"运奄氏"而无"奄氏"，证明"运奄氏"乃"奄氏"。

《左传》文公六年：

（夏）秦伯任好卒，以子车氏之三子奄息、仲行、针虎为殉，皆秦之良也。国人哀之，为之赋《黄鸟》。③

笔者案：子车氏，子氏所衍，商人之后。子车氏之三子奄息、仲行、针虎，姓氏、排行、名字混用。仲行，仲为排行，奄息当为伯。奄息，奄为氏，出于商奄。《元和姓纂》曰：

奄。《风俗通》云，国号也。《尚书》云，成王既践奄。

---

① 罗泌撰，罗苹注：《路史·国名记乙》，中华书局辑：《四部备要》，中华书局、中国书店 1989 年影印中华书局民国二十五年本，第 331 页下栏；王彦坤：《路史校注》卷 25《国名纪乙》，中华书局 2023 年版，第 1623 页。
② 杨宽：《西周时代的楚国》，《江汉论坛》1981 年第 5 期，第 101 页。
③ 孔颖达：《春秋左传正义》卷 19 上，阮元校刻：《十三经注疏》，下册，第 1844 页上、中栏。

《左传》，秦大夫奄息，其后也。①

子车，氏也。奄，亦氏。息，名也。
《史记·秦本纪》曰：

> 缪公卒，葬雍。从死者百七十七人，秦之良臣子舆氏三人名曰奄息、仲行、针虎，亦在从死之中。秦人哀之，为作歌《黄鸟》之诗。

张守节《正义》曰：

> 毛苌云："良，善也，三善臣也。"《左传》云："子车氏之三子。"杜预云："子车，秦大夫也。"

张守节《正义》曰：

> 应劭云："秦穆公与群臣饮酒酣，公曰'生共此乐，死共此哀'。于是奄息、仲行、针虎许诺。及公薨，皆从死。《黄鸟》诗所为作也。"杜预云："以人葬为殉也。"《括地志》云："三良冢在岐州雍县一里故城内。"②

甘谷县毛家坪 M2059 出土 1 件铜戈，胡部有铭文，前六字为"秦公作子车用"。③

---

① 林宝：《元和姓纂》卷 7《五十琰·奄》，岑仲勉校记，郁贤皓、陶敏整理，孙望审订，中华书局 1994 年版，第 1150 页。
② 《史记》卷 5《秦本纪》，第 247—248 页。
③ 早期秦文化联合考古队：《甘肃甘谷毛家坪春秋秦墓（M2059）及车马坑（K201）发掘简报》，《文物》2022 年第 3 期，第 4—40 页；董珊：《秦子车戈考释与秦伯丧戈矛再释》，《国学学刊》2019 年第 3 期，第 40 页；《秦汉铭刻丛考》，上海古籍出版社 2020 年版，第 47、58—59 页。

《毛诗·秦风·黄鸟序》曰：

　　《黄鸟》，哀三良也。国人刺穆公以人从死，而作是诗也。

郑康成《笺》曰：

　　三良，三善臣也。谓奄息、仲行、针虎也。从死，自杀以从死。①

《毛诗·秦风·黄鸟》曰：

　　交交黄鸟，止于棘。谁从穆公？子车奄息。维此奄息，百夫之特。
　　临其穴，惴惴其栗。彼苍者天，歼我良人。如可赎兮，人百其身。
　　交交黄鸟，止于桑。谁从穆公？子车仲行。维此仲行，百夫之防。
　　临其穴，惴惴其栗。彼苍者天，歼我良人。如可赎兮，人百其身。
　　交交黄鸟，止于楚。谁从穆公？子车针虎。维此针虎，百夫之御。
　　临其穴，惴惴其栗。彼苍者天，歼我良人。如可赎兮，人百其身。②

---

① 孔颖达：《毛诗正义》卷6《秦风·黄鸟》，阮元校刻：《十三经注疏》，上册，第373页上栏。
② 孔颖达：《毛诗正义》卷6《秦风·黄鸟》，阮元校刻：《十三经注疏》，上册，第373页上、中栏。

3. 秦夷、秦戎

师西簋铭文记载周王曰：

> 司（嗣）乃祖，啻（嫡）官邑人、虎臣、西门夷、彙夷、秦夷、京夷、弁身夷（图版六）。①

訇簋铭文曰：

> 王若曰："訇！丕显文武受命，则乃祖奠周邦。今余命汝啻（嫡）官司邑人，先虎臣后庸：西门夷、秦夷、京夷、泉夷、师笭、侧新（新）、□华夷、弁豸夷、干人、成周走亚、戍秦人、降人、服夷。锡汝……用事。"訇稽首，对扬天子休令（命），用作文祖乙伯、同姬尊簋，訇万年子子孙孙永宝用。唯王十又七祀，王在射日宫，旦，王各，益公入右訇（图版五）。②

徐中舒、陈梦家、白川静、许倬云、舒大刚等以为"秦夷"即嬴秦，③ 尚志儒以为"秦夷"乃周公东征后西迁的"秦人"。④ 或以为"秦夷"乃山东范县之夷，⑤ 与宗周、成周相距过于遥远，难以指挥调动，故此说不可信。

---

① 中国社会科学院考古研究所编：《殷周金文集成》（修订增补本）第4册，中华书局2007年版，第2630—2635页，第4288—4291器。

② 中国社会科学院考古研究所编：《殷周金文集成》（修订增补本）第4册，第2696—2697页，第4321器。

③ 徐中舒：《从古书中推测之殷周民族》，《国学论丛》第1卷第1期（1927年），第109—113页；陈梦家：《西周铜器断代》上册，《陈梦家著作集》，中华书局2004年版，第282—287页；[日]白川静：《西周史》，袁林译，三秦出版社1992年版，第105—110页；许倬云：《西周史》（增补2版），生活·读书·新知三联书店2012年版，第228—229、306—307页；舒大刚：《春秋少数民族分布研究》，台北文津出版社1994年版，第327页。

④ 尚志儒：《试论西周金文中的"秦夷"问题》，陕西省考古学会编：《庆祝武伯纶先生九十华诞论文集》，三秦出版社1991年版，第72—78页。

⑤ 史党社：《日出西山：秦人历史新探》，第232页。

李学勤先生认为：

> 在金文方面，西周中期的询簋和师酉簋都提到"秦夷"，还有"戍秦人"，来自东方的商奄之民后裔自可称"夷"，其作为戍边之人又可称"戍秦人"。①

笔者案：商奄遗民是否可以称作夷，金文并无直接证据。若将他们称作夷，则与清华简《系年》称他们为"秦之先"不合，又与"御奴虘之戎"职责不合。所以，他们并非秦夷。

秦夷，乃秦戎也，夷、戎可混用。《管子·小匡》曰：

> （齐桓公）西征，攘白狄之地，遂至于西河。……西服流沙西虞，而秦戎始从。②

1973 年，湖北省当阳县季家湖出土救秦戎钟铭曰：

> 秦王卑命，竞坪王之定，救秦戎。③

救秦戎豆（鬲、方座簋同）铭曰：

> 唯戎日，王命，竞（景）之定，救秦戎，大有功于洛之戎，用作尊彝（图版三五）。④

---

① 李学勤：《清华简关于秦人始源的重要发现》，《李学勤文集》第 20 卷，第 212—216 页。
② 黎翔凤撰：《管子校注》卷 8《小匡》，梁运华整理，《新编诸子集成》，中华书局 2004 年版，第 425 页。
③ 中国社会科学院考古研究所编：《殷周金文集成》（修订增补本）第 1 册，第 28 页，第 37 器。
④ 张光裕：《新见楚式青铜器器铭试释》，《文物》2008 年第 1 期，第 73—84 页。

"秦戎"指秦国之戎,①"洛之戎"指洛川之戎。楚王命景定救秦戎。

笔者案:秦夷乃族属之称,戍秦人乃职责之称。

4. 戍秦人

訇簋铭文曰:

> 王若曰:"訇！丕显文武受命,则乃祖奠周邦。今余命汝啻(嫡)官司邑人,先虎臣后庸：西门夷、秦夷、京夷、畁夷、师笭、侧新(新)、□华夷、弁豸夷、干人、成周走亚、戍秦人、降人、服夷。锡汝……用事。"(图版五)②

李学勤先生认为:

> 在金文方面,西周中期的询簋和师酉簋都提到"秦夷",还有"戍秦人",来自东方的商奄之民后裔自可称"夷",其作为戍边之人又可称"戍秦人"。③

笔者案:戍秦人,戍卫秦地之人。戍秦人包括商奄遗民、部分秦族人等,甚至可能有戎人参与。

5. 周人、周余民

周人、周余民,来自周而投奔归附秦族统治的人。《史记·秦本纪》曰:

> (十六年)〔二十八年〕,(文)〔襄〕公以兵伐戎,戎败走。于是(文)〔襄〕公遂收周余民有之,地至岐,岐以东献

---

① 参见姚磊《先秦戎族研究》,武汉大学出版社2016年版,第163—170页。
② 中国社会科学院考古研究所编:《殷周金文集成》(修订增补本)第4册,中华书局2007年版,第2696—2697页,第4321器。
③ 李学勤:《清华简关于秦人始源的重要发现》,《李学勤文集》第20卷,第212—216页。

之周。①

早期归附秦人的周人尚少，而秦襄公伐戎后归附的周人剧增。

目前，张天恩、梁云等已经对周余民考古进行初步研究。② 张天恩归入"周余民"范围的遗存有陕西陇县边家庄墓地、眉县杨家村、梁带村和刘家洼芮国墓地、宝鸡陈仓贾家崖春秋墓。梁云归入"周余民"范围的遗存有陕西陇县边家庄墓地、宝鸡杨家沟西高泉村墓地、宝鸡姜城堡墓地、长武碾子坡遗址东周墓、户县南关墓地、梁带村和刘家洼芮国墓地、甘肃宁县石家墓地。

笔者案：《史记·秦本纪》"周余民"乃秦襄公所收，所以梁带村和刘家洼芮国墓地不在"周余民"范围之内。实际上，芮国独立地存在至秦穆公时期。眉县杨家村的铜器窖藏所藏铜器铸造于西周晚期，③ 其埋藏于西周末至春秋初。仅有铜器，缺乏"周余民"主体，不能作为典型代表。所以，以上两种情况并不符合秦襄公所收"周余民"。

6. 戎人

甘谷县毛家坪遗址的西周至春秋遗存包括 A 组遗存、B 组遗存，A 组遗存为主体，属于秦人文化；B 组遗存属于西戎文化，④证明部分戎人加入秦人。

秦襄公伐戎，采取分化政策，一些戎人以投奔或俘获而直接加

---

① 《史记》卷5《秦本纪》，第230—231页；程平山：《秦襄公、文公年代事迹考》，《历史研究》2013年第5期，第168页。（ ）〔 〕的用法，（ ）内为原文，讹误；〔 〕内为校正文，正确。下同。

② 张天恩、刘锐：《春秋早期关中周余民及文化遗存浅识》，《陕西历史博物馆论丛》第28辑（2021年），第46—56页；梁云：《早期秦文化探索》，上海古籍出版社2021年版，第349—385页。

③ 陕西省考古研究院、宝鸡市考古研究所、眉县文化馆编著：《吉金铸华章——宝鸡眉县杨家村单氏青铜器窖藏》，文物出版社2008年版。

④ 甘肃省文物工作队、北京大学考古学系：《甘肃甘谷毛家坪遗址发掘报告》，《考古学报》1987年第3期，第388—392页；孙占伟：《毛家坪B组遗存再认识》，《考古与文物》2019年第2期，第77—84页。

入秦人，一些戎人则被允许在秦国境内居住，后者春秋早期为秦所伐。《史记·秦本纪》曰：

> （宁）〔宪〕公二年，公徙居平阳。遣兵伐荡（社）〔杜〕。三年，与亳战，亳王奔戎，遂灭荡（社）〔杜〕。……十二年，伐荡氏，取之。……武公元年，伐彭戏氏，至于华山下。……十年，伐邽、冀戎，初县之。十一年，初县杜、郑。灭小虢。①

秦宪公、武公伐灭了荡（社）〔杜〕、荡氏、彭戏氏、邽戎、冀戎、小虢，解决了秦襄公时期延留的历史问题。大批戎人由原来居住在秦国土地上的戎人转变为秦人，为秦国的发展提供众多的人才与劳动力，极大地促进了民族融合。

二　秦人的族源

1. 秦族的来源

关于秦族的来源，《史记·秦本纪》《赵世家》有很清楚的记载。20世纪的一些学者出于时代与思想的局限而质疑或否定一些史料，从而影响正确地判断。

《史记·秦本纪》曰：

> 秦之先，帝颛顼之苗裔孙曰女修。女修织，玄鸟陨卵，女修吞之，生子大业。大业取少典之子，曰女华。女华生大费，与禹平水土。已成，帝锡玄圭。禹受曰："非予能成，亦大费为辅。"帝舜曰："咨尔费，赞禹功，其赐尔皂游。尔后嗣将大出。"乃妻之姚姓之玉女。大费拜受，佐舜调驯鸟兽，鸟兽多驯服，是为柏翳。舜赐姓嬴氏。②

---

① 《史记》卷5《秦本纪》，第232—233页。
② 《史记》卷5《秦本纪》，第223页。

《史记·秦本纪》曰：

> （周）孝王曰："昔伯翳为舜主畜，畜多息，故有土，赐姓嬴。"①

《国语·郑语》曰：

> 姜、嬴、荆、芈，实与诸姬代相干也。姜，伯夷之后也；嬴，伯翳之后也。伯夷能礼于神以佐尧者也，伯翳能议百物以佐舜者也。其后皆不失祀而未有兴者，周衰其将至矣。②

笔者案：周孝王、史伯之言不仅确证了秦出于伯翳的真实性，而且证明了《史记·秦本纪》秦先女修至柏翳的记载有所本，属于真实可靠的记录，为周代秦族所接受。秦族先人母系乃颛顼苗裔玄孙女修，然则秦族乃颛顼的后代外孙。宋人罗泌认为，秦的父族出自少昊，而母族出于颛顼，故秦赵宜祖少昊。③陕西凤翔秦公大墓出土秦公磬，铭文曰：

> 天子匽喜，龚（共）桓是嗣，高阳又（有）灵，三方以鼏（宓）平。④

器主为秦公，高阳即颛顼，秦公赞美颛顼，秦公族以颛顼（高阳）

---

① 《史记》卷5《秦本纪》，第228页。
② 左丘明著，韦昭注：《国语》卷16《郑语》，上海师范大学古籍整理研究所校点，上海古籍出版社1998年版，下册，第511—512页。
③ 罗泌撰，罗苹注：《路史·发挥三·辨伯翳非伯益秦赵宜祖少昊》，第258页；王彦坤：《路史校注》卷34《发挥三·辨伯翳非伯益秦赵宜祖少昊》，第2485—2486页。
④ 王辉、焦南峰、马振智：《秦公大墓石磬残铭考释》，原载《"中研院"历史语言研究所集刊》第67本第2分（1996年）；收入《一粟集——王辉学术文存》，台北艺文印书馆2002年版，第355页。

为祖先神加以崇拜，与《史记·秦本纪》"秦之先，帝颛顼之苗裔孙曰女修"的记载一致。

学者多将秦族归入东夷或西戎，少数学者则主张秦族属于华夏族。① 笔者认为，将秦族归于华夏族，从母系来说可以，从文化角度说亦可以。

关于秦族在五帝时代的世系，《史记·秦本纪》记载有阙，主要出于秦族先人多不显著，只能追述相关的有名高祖。

大业、大费当舜、禹之时，大费佐大禹治水，有功，因驯鸟兽而赐姓嬴氏。

《史记·秦始皇本纪》太史公曰：

> 秦之先伯翳，尝有勋于唐虞之际，受土赐姓。②

《盐铁论·结和》大夫曰：

> 伯翳之始封秦，地为七十里。③

《路史·发挥三·辨伯翳非伯益秦赵宜祖少昊》曰：

> 伯翳者，嬴姓之祖也。《书传》嬴姓，实出少昊。其源甚著，非高阳后也。郯子云我祖少昊。而《郑语》，嬴为伯翳之后。他记多同。《中候·苗兴》云：陶苗为秦。皋陶，少昊后也。按《陈杞世家》序舜、禹之功臣十有一人，云伯翳之后，平王封之秦。……《秦本纪》云，高阳之裔孙女修生大业。大

---

① 黄石林：《秦人祖源略考》，雷依群、徐卫民主编：《秦都咸阳与秦文化研究》，陕西人民教育出版社2003年版，第248—249页。
② 《史记》卷6《秦始皇本纪》，第348页。
③ 王利器：《盐铁论校注》卷8《结和》，《新编诸子集成》，中华书局2015年第2版，第534页。

业娶女华,生大费。女修乃高阳之裔女而适少昊之后大业之父者。盖大业之父名不著见,而秦、赵二家遂以母族而祖颛顼,非生人之义也。郯子曰我祖少昊。而嬴氏乃其族也,则秦、赵宜祖少昊为得其正。班固之徒不知考此,乃直以女修为男子,而系之高阳之后。故世遂以伯翳为伯益,不复别也。抑又稽之,伯翳盖封于费者也,是以有大费之称,若大封、大唐者。费昌、费仲俱其后也,而世亦复论更以大费为伯翳之字,益可嗤矣。①

《史记·秦本纪》曰:

大费生子二人:一曰大廉,实鸟俗氏;二曰若木,实费氏。其玄孙曰费昌,子孙或在中国,或在夷狄。费昌当夏桀之时,去夏归商,为汤御,以败桀于鸣条。大廉玄孙曰孟戏、中衍,中衍鸟身人言。帝太戊闻而卜之使御,吉,遂致使御而妻之。自太戊以下,中衍之后,遂世有功,以佐殷国,故嬴姓多显,遂为诸侯。②

《史记·赵世家》曰:

赵氏之先,与秦共祖。至中衍,为帝大戊御。③

《路史·后纪七·疏仡纪·小昊》曰:

伯翳大费能驯鸟兽,知其语言,以服事虞夏。始食于嬴,

---

① 罗泌撰,罗苹注:《路史·发挥三·辨伯翳非伯益》,第258页;王彦坤:《路史校注》卷34《发挥三·辨伯翳非伯益秦赵宜祖少昊》,第2485—2486页。
② 《史记》卷5《秦本纪》,第224页。
③ 《史记》卷43《赵世家》,第2147页。

为嬴氏。盈暨功于洪，帝乃锡之皁斿、玄玉、姚女而封之费。费乃国名，古人多以人加国，如大唐、大彭、大封，皆是，非字也。嬴，盈也，庶物盈羡而以为封，即太山嬴县。……生大廉、若木、恩成。三人。大廉事夏后启，为鸟俗氏、路俗氏。后有孟亏、仲衍，孟亏能帅鷖者，作土于萧，是为萧孟亏。夏后氏衰，孟亏去之，而凤皇随焉。仲衍臣商太戊。①

笔者案：秦族祖先在夏代多不显著，《史记·秦本纪》仅举三四人，大廉、若木当在启、太康时期，而费昌当夏桀之时。费昌被告知商人要胜夏，遂投奔商汤。王充《论衡》（《太平御览》引）曰：

  桀无道，两日并照。在东者将起，在西者将灭。费昌问冯夷曰："何者为殷？何者为夏？"冯夷曰："西，夏也。东，殷也。"于是费昌徙族归殷，殷果克隆。②

张华《博物志》曰：

  夏桀之时，费昌之河上，见二日。在东者烂烂将起，在西者沉沉将灭，若疾雷之声。昌问于冯夷曰："何者为殷？何者为夏？"冯夷曰："西，夏；东，殷。"于是费昌徙，疾归殷。③

费昌为汤御，显示出世职的开始。中衍为大戊御。
《史记·秦本纪》曰：

---

① 罗泌撰，罗苹注：《路史·后纪七·疏仡纪·小昊》，第97页；王彦坤：《路史校注》卷16《后纪七·疏仡纪·小昊青阳氏》，第719页。
② 李昉等：《太平御览》卷4《天部四·日下》，中华书局1960年影印本，第18页下栏。
③ 张华撰，范宁校证：《博物志校证》卷7《异闻》，中华书局1980年版，第83页。

申侯乃言孝王曰："昔我先郦山之女，为戎胥轩妻，生中潏，以亲故归周，保西垂，西垂以其故和睦。今我复与大骆妻，生适（嫡）子成。申骆重婚，西戎皆服，所以为王。王其图之。"①

《史记·秦本纪》曰：

其玄孙曰中潏，在西戎，保西垂。生蜚廉。蜚廉生恶来。恶来有力，蜚廉善走，父子俱以材力事殷纣。周武王之伐纣，并杀恶来。是时蜚廉为纣（石）〔使〕北方，还，无所报，为坛霍太山而报，得石棺，铭曰"帝令处父不与殷乱，赐尔石棺以华氏"。死，遂葬于霍太山。②

《汉书·司马相如传》颜师古《注》曰：

郭璞曰："飞廉，龙雀也，鸟身鹿头。"③

清华简《系年》曰：

周武王既克殷，乃设三监于殷。武王陟，商邑兴反，杀三监而立彔子耿。成王屎（践）伐商邑，杀彔子耿，飞廉东逃于商盖氏，成王伐商盖，杀飞廉（图版四）。④

《孟子·滕文公下》曰：

---

① 《史记》卷5《秦本纪》，第228页。
② 《史记》卷5《秦本纪》，第225页。
③ 《汉书》卷57上《司马相如传》，中华书局1962年点校本，第2565页。
④ 清华简《系年》第2章，清华大学出土文献研究与保护中心编，李学勤主编：《清华大学藏战国竹简（贰）》下册，第141页。

周公相武王诛纣；伐奄，三年讨其君；驱飞廉于海隅而戮之。①

《史记·赵世家》曰：

蜚廉有子二人，而命其一子曰恶来，事纣，为周所杀，其后为秦。恶来弟曰季胜，其后为赵。②

笔者案：秦族先人胥轩居戎地，故称戎胥轩。胥轩与郦山（戎）之女婚配，乃生中潏。"以亲故归周，保西垂，西垂以其故和睦"者，学者或以为当作"归殷"，误。中潏身份为戎后的身份，利于其安定戎人，故能保西垂。需要指出的是，中潏、蜚廉与恶来对待商周的立场不同。中潏"以亲故归周，保西垂"，即因其母亲郦山之女的缘故（属于申戎，申戎又属于姜氏之戎的一支，周姜联盟），所以中潏归附周王朝，而中潏的子孙却依附于商王朝。

《史记·秦本纪》曰：

蜚廉复有子曰季胜。季胜生孟增。孟增幸于周成王，是为宅皋狼。皋狼生衡父，衡父生造父。造父以善御幸于周缪王，得骥、温骊、骅骝、騄耳之驷，西巡狩，乐而忘归。徐偃王作乱，造父为缪王御，长驱归周，一日千里以救乱。缪王以赵城封造父，造父族由此为赵氏。自蜚廉生季胜已下五世至造父，别居赵。赵衰其后也。恶来革者，蜚廉子也，蚤死。有子曰女防。女防生旁皋，旁皋生太几，太几生大骆，大骆生非子。以造父之宠，皆蒙赵城，姓赵氏。③

---

① 孙奭：《孟子注疏》卷6下《滕文公章句下》，阮元校刻：《十三经注疏》，下册，第2714页下栏。
② 《史记》卷43《赵世家》，第2147页。
③ 《史记》卷5《秦本纪》，第225页。

《史记·赵世家》曰：

> 恶来弟曰季胜，其后为赵。
>
> 季胜生孟增。孟增幸于周成王，是为宅皋狼。皋狼生衡父，衡父生造父。造父幸于周缪王。造父取骥之乘匹，与桃林盗骊、骅骝、绿耳，献之缪王。缪王使造父御，西巡狩，见西王母，乐之忘归。而徐偃王反，缪王日驰千里马，攻徐偃王，大破之。乃赐造父以赵城，由此为赵氏。①

笔者案：蜚廉生季胜，季胜生孟增，孟增（宅皋狼）生衡父，衡父生造父，造父封赵城。蜚廉至造父五世也。

蜚廉生恶来，恶来生女防，女防生旁皋，旁皋生太几，太几生大骆，大骆生非子。蜚廉至太几五世也。"以造父之宠，皆蒙赵城，姓赵氏"者，大骆、非子居赵城，姓赵氏。

文献记载中潏有子蜚廉，蜚廉有子恶来、季胜。恶来后人大骆重返西垂。那么，中潏、大骆之间究竟是何人守西垂呢？中潏是否除了蜚廉之外，尚有其他儿子或族人？为什么大骆重返西垂？诸如此类之疑问，需要考虑与解答。

《史记·秦本纪》曰：

> 非子居犬丘，好马及畜，善养息之。犬丘人言之周孝王，孝王召使主马于汧渭之间，马大蕃息。孝王欲以为大骆适（嫡）嗣。申侯之女为大骆妻，生子成为适（嫡）。申侯乃言孝王曰："昔我先郦山之女，为戎胥轩妻，生中潏，以亲故归周，保西垂，西垂以其故和睦。今我复与大骆妻，生适（嫡）子成。申骆重婚，西戎皆服，所以为王。王其图之。"于是孝王曰："昔伯翳为舜主畜，畜多息，故有土，赐姓嬴。今其后

---

① 《史记》卷43《赵世家》，第2147页。

世亦为朕息马，朕其分土为附庸。"邑之秦，使复续嬴氏祀，号曰秦嬴。亦不废申侯之女子为骆适（嫡）者，以和西戎。①

笔者案：大骆娶于申侯之女，生嫡子成，谓之"申骆重婚"，成被立为后。大骆庶子非子，周孝王封非子于秦，为附庸。秦之名号始于此，非子为秦族之直系祖先。据"朕其分土为附庸"，秦为周之附庸。

《史记·秦本纪》曰：

> 秦嬴（非子）生秦侯。秦侯立十年，卒。生公伯。公伯立三年，卒。生秦仲。
>
> 秦仲立三年，周厉王无道，诸侯或叛之。西戎反王室，灭犬丘大骆之族。周宣王即位，乃以秦仲为大夫，诛西戎。西戎杀秦仲。秦仲立二十三年，死于戎。有子五人，其长者曰庄公。周宣王乃召庄公昆弟五人，与兵七千人，使伐西戎，破之。于是复予秦仲后，及其先大骆地犬丘并有之，为西垂大夫。②

《史记·赵世家》曰：

> 自造父已下六世至奄父，曰公仲，周宣王时伐戎，为御。及千亩战，奄父脱宣王。
>
> 奄父生叔带。叔带之时，周幽王无道，去周如晋，事晋文侯，始建赵氏于晋国。③

笔者案：非子、秦侯、公伯、秦仲、秦庄公、秦襄公（秦仲）

---

① 《史记》卷5《秦本纪》，第227—228页。
② 《史记》卷5《秦本纪》，第229页。
③ 《史记》卷43《赵世家》，第2148页。

为秦族直系。

《史记·秦本纪》曰：

> 庄公居其故西犬丘，生子三人，其长男世父。世父曰："戎杀我大父仲，我非杀戎王则不敢入邑。"遂将击戎，让其弟襄公。襄公为太子。庄公立四十四年，卒，太子襄公代立。襄公元年，以女弟缪嬴为丰王妻。襄公二年，戎围犬丘，世父击之，为戎人所虏。岁余，复归世父。七年春，周幽王用褒姒废太子，立褒姒子为适（嫡），数欺诸侯，诸侯叛之。西戎犬戎与申侯伐周，杀幽王郦山下。而秦襄公将兵救周，战甚力，有功。周避犬戎难，东徙雒邑，襄公以兵送周平王。平王封襄公为诸侯。[①]

笔者案：庄公有三子，长曰世父，仲即秦襄公（是为秦仲）。

表1-1　　　　　　　　　　秦先世系

	时代	世系		繁衍	事迹
1	颛顼	女修		颛顼孙，生大业。	
2		大业		取少典之子女华，生大费。	
3	舜	大费（伯）		帝舜妻之姚姓之玉女。大费生子大廉（鸟俗氏）、若木（费氏）。	与禹平水土。伯翳为舜主畜，多息，故有土，赐姓嬴。
4		大廉	若木	若木玄孙曰费昌。	
5	夏桀		费昌		为汤御，以败桀于鸣条。
6	太戊	孟戏、中衍		其玄孙曰中潏。	帝太戊卜之使御，吉，遂致使御而妻之。
		戎胥轩		郦山之女为戎胥轩妻，生中潏。	

[①]《史记》卷5《秦本纪》，第229—230页。

续表

	时代	世系		繁衍	事迹
7		中潏		生蜚廉。	在西戎，保西垂。
8	商纣	蜚廉		生恶来革。蜚廉复有子曰季胜。	恶来、蜚廉事纣。周武王伐纣，杀恶来。蜚廉死。
9		恶来	季胜	恶来革蚤死。有子曰女防。季胜生孟增。	
10	周成王	女防	孟增	女防生旁皋。孟增（宅皋狼）生衡父。	孟增幸于周成王。
11		旁皋	衡父	旁皋生太几。衡父生造父。	
12		太几	造父	太几生大骆。	造父以善御幸于周缪王。缪王以赵城封造父，造父族由此为赵氏。赵衰其后也。
13		大骆		申侯之女为大骆妻，生子成为适（嫡）。大骆生非子。	以造父之宠，皆蒙赵城，姓赵氏。
14	周孝王	非子（秦嬴）		秦嬴生秦侯。	孝王邑非子之秦，使复续嬴氏祀，号曰秦嬴。
15		秦侯		秦侯生公伯。	秦侯立十年，卒。
16		公伯		公伯生秦仲。	公伯立三年，卒。
17	周厉王	秦仲		有子五人，其长者曰庄公。	厉王无道，西戎反王室，灭犬丘大骆之族。宣王以秦仲为大夫，诛西戎。西戎杀秦仲。秦仲立二十三年。
18	周宣王	庄公		生子三人，其长男世父。将击戎，让其弟襄公。襄公为太子。	宣王与庄公兵七千人，使伐西戎，破之。复予秦仲后，及其先大骆地犬丘并有之，为西垂大夫。立四十四年。

《国语·郑语》载周幽王九年，郑桓公与周太史史伯问对：

（郑桓）公曰："姜、嬴其孰兴？"（史伯）对曰："夫国大而有德者近兴，秦仲、齐侯，姜、嬴之隽也，且大，其将兴乎?"①

幽王九年史伯所言"将兴"的秦仲，就是《史记》幽王五年继位的秦襄公。但《国语·郑语》又曰：

> 及平王之末，而秦、晋、齐、楚代兴，秦景襄于是乎取周土。

韦昭《注》曰：

> "景"当为"庄"。庄公，秦仲之子、襄公之父。取周土，谓庄公有功于周，周赐之土。及平王东迁，襄公佐之，故得西周丰、镐之地，始命为诸侯。②

秦庄公值宣、幽之世，此既言"及平王之末"，则"景"不得为庄公，庄公只是奉周命伐戎，无取周地事。"景襄"当是"襄公"，③ 襄公即秦仲，其取周土的时代被描述为平王之末。

笔者案：秦人既非犬戎，亦非东夷，而是依从于华夏的嬴族。

2. 商奄遗民的来源

《逸周书·作雒》曰：

> 周公立，相天子，三叔及殷东，徐奄及熊盈以略。周公、召公内弭父兄，外抚诸侯。元年夏六月，葬武王于毕。二年，

---

① 左丘明著，韦昭注：《国语》卷16《郑语》，下册，第523页。
② 左丘明著，韦昭注：《国语》卷16《郑语》，下册，第524—525页。
③ 王玉哲先生以为"景襄"或是二字之谥，"秦景襄"或即秦襄公之正称（王玉哲：《周平王东迁乃避秦非避让犬戎说》，《天津社会科学》1986年第3期，第51页）。无论《国语·郑语》"景襄"当作"襄公"，还是或许是秦襄公的正称，无疑确指秦襄公。

又作师旅，临卫政殷，殷大震溃。降辟三叔，王子禄父北奔，管叔经而卒，乃囚蔡叔于郭凌。凡所征熊盈族十有七国，俘维九邑，俘殷献民，迁于九毕。①

清华简《系年》曰：

周武王既克殷，乃设三监于殷。武王陟，商邑兴反，杀三监而立彔子耿。成王屎（践）伐商邑，杀彔子耿，飞廉东逃于商盖氏，成王伐商盖，杀飞廉，西迁商盖之民于朱圉，以御奴虘之戎，是秦之先，世作周厎（翰）。周室既卑，平王东迁，止于成周。

秦仲焉东居周地，以守周之坟墓，秦以始大（图版四）。②
《孟子·滕文公下》曰：

周公相武王诛纣；伐奄，三年讨其君；驱飞廉于海隅而戮之，灭国者五十，驱虎、豹、犀、象而远之。③

《战国纵横家书·苏秦谓燕王章》曰：

自复而足，楚将不出沮、漳，秦将不出商阉（奄），齐〔将〕不出吕、隧，燕将不出屋、注。④

---

① 黄怀信等撰，黄怀信修订，李学勤审定：《逸周书汇校集注》（修订本）卷5，第514—520页。
② 清华简《系年》第3章，清华大学出土文献研究与保护中心编，李学勤主编：《清华大学藏战国竹简（贰）》下册，第141页。
③ 孙奭：《孟子注疏》卷6下《滕文公章句下》，阮元校刻：《十三经注疏》，下册，第2714页下栏。
④ 《战国纵横家书·苏秦谓燕王章》，湖南省博物馆、复旦大学出土文献研究与古文字研究中心编，裘锡圭主编：《长沙马王堆汉墓简帛集成》（修订本）第3册，中华书局2024年版，第224页。〔 〕单独使用，表示补充文字。下同。

笔者案：此言春秋初期各国兴起，楚国走出沮、漳，秦走出商阉（奄），齐不出吕、隧，燕将不出屋、注。商阉（奄）乃地名。古代民族有随着迁徙而将原国名迁徙的习惯，如申、吕、郑等皆是。"秦将不出商阉（奄）"之"商阉（奄）"在西土，不在东土。所以，李学勤认为：

"自复而足，楚将不出沮漳，秦将不出商阉（奄），齐不出吕隧，燕将不出屋注"所说是指各国的始出居地。秦出自商奄，正与《系年》所记吻合。[①]

纯属误会。

商奄遗民，属于商遗民，商奄遗民的文化即商遗民文化。商遗民文化在考古中有大量实例。在河南洛阳、山东曲阜发现与殷墟晚期文化相同的殷遗民文化。[②] 在西周燕都琉璃河遗址发现的西周早期的Ⅰ区殷遗民墓葬亦与殷墟晚期文化相同。[③] 在甘肃发现有类似现象。

商阉（奄），地名，商奄遗民西迁，以命名新居住地。

3. 戍秦人、秦夷

戍秦人、秦夷是周王派给秦人的，其族不明，不排除是多源的。

4. 周余民

秦人中的周余民是周人在关中的留存，他们迫于形势投奔秦襄公寻求庇护。关中的周余民遗存代表有：陕西陇县磨儿原古城与边家庄墓地、户县南关墓地、宝鸡陈仓区贾家崖春秋墓等。

[①] 李学勤：《清华简关于秦人始源的重要发现》，《李学勤文集》第20卷，第212—216页。

[②] 张剑：《洛阳夏商周考古概述》，洛阳博物馆编：《洛阳博物馆建馆50周年论文集》，大象出版社2008年版，第15—16页；山东省文物考古研究所、山东省博物馆等：《曲阜鲁国故城》，齐鲁书社1982年版。

[③] 北京市文物研究所等编：《琉璃河西周燕国墓地（1973—1977）》，文物出版社1995年版。

（1）陕西陇县磨儿原古城、边家庄墓地。陕西陇县城东南5公里的汧河南岸的边家庄一带发现30多座春秋墓葬，时代属春秋早中期，其中8座墓各自出土5鼎4簋，3座墓各自出土3鼎2簋，证明边家庄墓地是一处高规格的贵族墓地。① 边家庄墓地东南3里即磨儿原古城，时代为春秋早期。② M1、M5墓主人的葬式为仰身直肢葬，M5墓主头向北，二墓皆无腰坑、殉狗、殉人，墓主乃周余民，磨儿原古城、边家庄春秋墓地当是周余民居葬之所。

（2）户县南关墓地。84M1为南北向土坑竖穴墓，墓主头向南（北），无腰坑、殉狗、殉人。随葬7鼎、6簋、2壶、1盘、1匜。墓主身份，简报作者推为鄀国国君。③ 笔者案：按照墓葬形制，当为故周卿墓。

（3）宝鸡陈仓区贾家崖春秋墓。④ 宝鸡陈仓区贾家崖西周遗址分为3期5段，两周之际墓葬分为西周晚和春秋早2期4段，墓葬第3、4段（亦是遗址第4期）属于春秋早期。此处始终为平民居葬区。125座墓葬为土坑竖穴墓，墓向为南北向，墓主仰身直肢葬，头向北，无腰坑、殉狗，随葬1鬲、1罐，1鬲或1罐。此处为一处周人居墓自然延伸延续，春秋早期属于周余民。

5. 戎人

戎人主要来自西戎，出于各种原因加入秦人。

---

① 尹盛平、张天恩：《陕西陇县边家庄一号春秋秦墓》，《考古与文物》1986年第6期；肖琦：《陕西陇县边家庄出土春秋铜器》，《文博》1989年第3期；陕西省考古研究所宝鸡工作站、宝鸡市考古研究所：《陕西陇县边家庄五号春秋墓发掘简报》，《文物》1988年第11期，第14—23页；张天恩：《边家庄春秋墓地与汧邑地望》，原载《文博》1990年第5期，第227—231页，收入氏著《周秦文化研究论集》，第256—271页。

② 张天恩：《边家庄春秋墓地与汧邑地望》，《周秦文化研究论集》，第256—271页；陕西省考古研究所编著：《陇县店子秦墓》，三秦出版社1998年版，第160—161页。

③ 曹发展：《陕西户县南关春秋秦墓清理记》，《文博》1989年第2期，第3—12页。

④ 种建荣、张天宇等：《宝鸡贾家崖两周陶器分期研究》，山东省文物考古研究所、北京大学震旦古代文明研究中心、莒县人民政府编著：《青铜器与山东古国学术讨论会论文集》，上海古籍出版社2017年版，第55—81页；陕西省考古研究院：《2013年陕西省考古研究院考古发掘调查新收获》，《考古与文物》2014年第2期，第8—9页；陕西省考古研究院商周考古研究室：《2008—2017年陕西夏商周考古综述》，《考古与文物》2018年第5期，第54页。

第三节　秦人的迁徙

西周时期的秦人主体是由秦族、商奄遗民所组成。

一　秦人迁徙诸说

关于秦人的迁徙，学者主要有 4 种观点。

1. 秦自山东

秦自山东，中潏时始迁徙，迁山西、陕西、甘肃。卫聚贤提出：

> 秦民族发源于山东，至山西、陕西、甘肃，然后再向东发展。①

笔者案：卫氏未详论。

钱穆《国史大纲》认为中潏始西迁：

> 秦之先世本在东方，《史记·秦本纪》叙述甚详。为殷诸侯，及中潏始西迁。②

王玉哲赞同卫聚贤说，而详细论证之，其结论是：

> 秦本东方夷族，兴于虞夏之际。殷商灭夏，秦人开始迁徙。大致分为三步，最后到达今甘肃境。第一步，从山东西迁山西，大约是在胥轩、中潏时代。……第二步，从山西再西迁陕西犬丘，大约是在大骆、非子时代。……第三步，从陕西犬丘向西迁至甘肃西犬丘，则为非子时。③

---

① 卫聚贤：《中国民族的来源》，《古史研究》第 3 集，第 51 页。
② 钱穆：《国史大纲》（上），《钱穆先生全集》（新校本），第 128 页。
③ 王玉哲：《秦人的族源及迁徙路线》，《历史研究》1991 年第 3 期，第 38—39 页。

2. 秦源自山东，周公东征后西迁

顾颉刚以为：

> 秦本东夷族，在周公东征后西迁。①

清华简《系年》曰：

> 成王伐商盖，杀飞廉，西迁商盖之民于朱圉，以御奴虘之戎，是秦之先，世作周㕢（翰）（图版四）。②

李学勤以为，成王迁来秦的先人在朱圉地区防御奴虘之戎。③

3. 秦人于商末已经西迁

赵化成以为：

> 考古发现和文献记载都表明，秦人至迟在商代末年已经活动于甘肃东部，也就是说已经在西方了。④

4. 秦人于夏末已经西迁关中

段连勤以为：

> 东夷人中的一部分，主要是九夷中的畎夷，确实在夏末作为商夷联军的组成部分，由我国的东方进入了西方的关中平

---

① 顾颉刚：《从古籍中探索我国的西部民族——羌族》，原载《社会科学战线》1980年第1期，收入《昆仑传说与姜戎文化》，易名《三千多年来的姜戎》，《顾颉刚古史论文集》卷6，《顾颉刚全集》第6册，第222页。

② 清华简《系年》第2章，清华大学出土文献研究与保护中心编，李学勤主编：《清华大学藏战国竹简（贰）》下册，第141页。

③ 李学勤：《清华简〈系年〉"奴虘之戎"试考》，原载《社会科学战线》2011年第12期，第27—28页；收入《李学勤文集》第20卷，第225—228页。

④ 赵化成：《寻找秦文化渊源的新线索》，《文博》1987年第1期，第6页。

原。……秦的祖先，正是在这次东夷人向我国西部的迁徙浪潮中，作为这个迁徙队伍中的一支，来到陕西关中地区的。

又曰：

> 秦嬴起源于由我国东方西迁的东夷人，它很可能是畎夷的一支。①

笔者案：秦嬴指非子一支，不可滥用。

二 嬴族的西迁

《史记·秦本纪》曰：

> 大费生子二人：一曰大廉，实鸟俗氏；二曰若木，实费氏。其玄孙曰费昌，子孙或在中国，或在夷狄。费昌当夏桀之时，去夏归商，为汤御，以败桀于鸣条。大廉玄孙曰孟戏、中衍，中衍鸟身人言。帝太戊闻而卜之使御，吉，遂致使御而妻之。自太戊以下，中衍之后，遂世有功，以佐殷国，故嬴姓多显，遂为诸侯。②

秦族先人在商代辅佐商人，处于商土。费昌御商汤，中衍御太戊，皆以御为职。然则秦族先人世为御，与周之造父御穆王，奄父御宣王同也。善养马，熟知马性，精通驾术，故能为良御也。

（一）商末中潏居西垂

《史记·秦本纪》曰：

---

① 段连勤：《关于夷族的西迁和秦嬴的起源地、族属问题》，《先秦史论文集》（《人文杂志》专刊）第 168—169、174 页。
② 《史记》卷 5《秦本纪》，第 224 页。

其玄孙曰中潏，在西戎，保西垂。生蜚廉。①

《史记·秦本纪》曰：

申侯乃言孝王曰："昔我先郦山之女，为戎胥轩妻，生中潏，以亲故归周，保西垂，西垂以其故和睦。"②

可证嬴族的一支在商代就担负保卫西垂的职责，西周时期嬴族的中潏返回故地，仍然担负保西垂的重任，乃是袭其旧职。

顾颉刚否定此说：

这如果不是司马迁的错记，就应该是秦人西迁之后，为了掩盖他们被迫迁徙的耻辱，进一步表示自己和西戎的历史渊源，是由于夸耀门第的需要而杜撰出来的故事。③

梁云亦否定此说。④

笔者案：他们将秦人的迁徙单一化，认为只有一个选择，不知道是多源的。

（二）周初商奄遗民徙居朱圉

1. 商纣时，蜚廉居朝歌

《史记·秦本纪》曰：

其玄孙曰中潏，在西戎，保西垂。生蜚廉。蜚廉生恶来。恶来有力，蜚廉善走，父子俱以材力事殷纣。周武王之伐纣，

---

① 《史记》卷5《秦本纪》，第225页。
② 《史记》卷5《秦本纪》，第228页。
③ 顾颉刚：《鸟夷族的图腾崇拜及其氏族集团的兴亡——周公东征史事考证四之七》，《史前研究（2000）》，第203页。
④ 梁云：《早期秦文化探索》，第126—127页。

并杀恶来。①

2. 三监之乱，飞廉奔奄，周公践奄

《逸周书·作雒解》曰：

> 武王克殷，乃立王子禄父，俾守商祀。建管叔于（东）〔柬，阑〕，建蔡叔、霍叔于殷，俾监殷臣。②

清华简《系年》第三章：

> 周武王既克殷，乃设三监于殷。武王陟，商邑兴反，杀三监而立彔子耿。成王屎（践）伐商邑，杀彔子耿（图版四）。③

《尚书·大诰序》曰：

> 武王崩，三监及淮夷叛。④

《尚书·金縢》曰：

> 武王既丧，管叔及其群弟乃流言于国，曰："公将不利于孺子。"周公乃告二公曰："我之弗辟，我无以告我先王。"周公居东二年，则罪人斯得。⑤

---

① 《史记》卷5《秦本纪》，第225页。
② 黄怀信等撰，黄怀信修订，李学勤审定：《逸周书汇校集注》（修订本）卷5《作雒解》，第510—511页。
③ 清华大学出土文献研究与保护中心编，李学勤主编：《清华大学藏战国竹简（贰）》下册，第141页。
④ 孔颖达：《尚书正义》卷13《大诰》，阮元校刻：《十三经注疏》，上册，第197页下栏。
⑤ 孔颖达：《尚书正义》卷13《金縢》，阮元校刻：《十三经注疏》，上册，第197页上栏。

清华简《周武王有疾周公所自以代王之志（金縢）》曰：

> 就后武王陟，成王由（犹）幼在位。官（管）弔（叔）（及）亓（其）群兄弟，乃流言于邦曰："公将不利于需（孺）子。"……周公石（宅）东三年，祸人乃斯得。①

《左传》定公四年、《孟子·公孙丑下》、《尚书大传》（〈毛诗谱·邶墉卫谱〉孔颖达等《正义》引）、《史记·周本纪》《管蔡世家》《卫康叔世家》等皆载管、蔡叛乱，周公平叛。

周公既伐武庚、三监，乃伐淮夷。《逸周书·作雒解》曰：

> 武王既归，乃岁十二月崩镐，肂于岐周。周公立，相天子，三叔及殷、东、徐、奄及熊、盈以略。周公、召公内弭父兄，外抚诸侯。元年夏六月，葬武王于毕。二年，又作师旅，临卫政殷，殷大震溃。降辟三叔，王子禄父北奔。管叔经而卒，乃囚蔡叔于郭凌。凡所征熊、盈族十有七国，俘维九邑。俘殷献民，迁于九毕。俾康叔宇于殷，俾中旄父宇于（东）〔柬，阑〕。②

武王既崩，三监、奄、蒲姑叛，周公东征三年。既克，周成王至奄。

《尚书序》曰：

> 成王东伐淮夷，遂践奄，作《成王政》。③

---

① 清华大学出土文献研究与保护中心编，李学勤主编：《清华大学藏战国竹简（壹）》下册，中西书局2010年版，第158页。
② 黄怀信等撰，黄怀信修订，李学勤审定：《逸周书汇校集注》（修订本）卷5，第514—520页。
③ 孔颖达：《尚书正义》卷17，阮元校刻：《十三经注疏》，上册，第227页下栏。

《逸周书·作雒解》曰：

　　（武）王既归，乃岁十二月崩镐，肂于岐周。周公立，相天子，三叔及殷、东、徐、奄及熊、盈以略。周公、召公内弭父兄，外抚诸侯。……凡所征熊、盈族十有七国。①

《墨子·耕柱》曰：

　　古者周公旦非关叔，辞三公，东处于商盖。②

王念孙《读书杂志》曰：

　　"商盖"当为"商奄"。③

《孟子·滕文公下》曰：

　　伐奄，三年讨其君。④

《韩非子·说林上》曰：

　　周公旦已胜殷，将攻商盖。辛公甲曰："大难攻，小易服，不如服众小以劫大。"乃攻九夷，而商盖服矣。⑤

---

① 黄怀信等撰，黄怀信修订，李学勤审定：《逸周书汇校集注》（修订本）卷5，第514—518页。
② 孙诒让撰，孙启治点校：《墨子间诂》卷11《耕柱》，第432页。
③ 王念孙：《读书杂志·墨子第四》，虞万里主编：《高邮二王著作集》，徐炜君等校点，上海古籍出版社2017年版，第1554页；《清代学术名著丛刊》，上海古籍出版社2017年版，第1554页。
④ 孙奭：《孟子注疏》卷6下《滕文公章句下》，阮元校刻：《十三经注疏》，下册，第2714页下栏。
⑤ 王先慎撰，钟哲点校：《韩非子集解》卷7《说林上》，第193页。

《尚书大传》(《隋书·李德林传》引)曰:

> 周公摄政……三年践奄。①

《毛诗·豳风·破斧》孔颖达《疏》曰:

> 遂践奄,践之者,籍之也。籍之谓杀其身,执其家,潴其宫。②

西周金文载周公践奄之事:

> 隹周公于征伐东夷,丰公、溥古,咸捷,公归。(㝬方鼎,图版二)③
> 王伐盖(奄)侯,周公谋,禽祝。(禽簋,图版三)④
> 王征奄,赐犅劫贝朋。(犅劫尊)⑤
> 三年静东或(国)。(班簋)⑥

陈梦家《西周铜器断代》曰:

> 盖即《墨子·耕柱篇》、《韩非子·说林上》所述周公征

---

① 《隋书》卷42《李德林传》,中华书局2019年点校本二十四史修订本,第1353页。
② 孔颖达:《毛诗正义》卷8《豳风·破斧》,阮元校刻:《十三经注疏》,上册,第398页下栏。
③ 中国社会科学院考古研究所编:《殷周金文集成》(修订增补本)第2册,第1409页,第2739器。
④ 中国社会科学院考古研究所编:《殷周金文集成》(修订增补本)第3册,第2216页,第4041器。
⑤ 中国社会科学院考古研究所编:《殷周金文集成》(修订增补本)第5册,第3674页,第5977器。
⑥ 中国社会科学院考古研究所编:《殷周金文集成》(修订增补本)第4册,第2742—2745页,第4341器。

伐之商盖,《左传》昭九作商奄,昭元作奄。奄、盖皆训覆而古音并同,所以《吴世家》吴公子盖余《左传》昭廿七作掩余。盖侯即《孟子》所谓的奄君。①

奄,商奄也。《左传》昭公九年:

> 王使詹桓伯辞于晋曰:"……及武王克商,蒲姑、商奄,吾东土也。"②

《左传》定公四年:

> 因商奄之民,命以伯禽而封于少皞之虚。

杜预《注》曰:

> 商奄,国名也。与四国流言,或迸散在鲁,皆令即属鲁,怀柔之。③

《风俗通义·氏姓篇》(《元和姓纂》引)曰:

> 奄。国号也。《尚书》云,成王既践奄。《左传》,秦大夫奄息,其后也。④

《说文解字注》卷六下邑部郯字:

---

① 陈梦家:《西周铜器断代》,第 28 页。
② 孔颖达:《春秋左传正义》卷 45,阮元校刻:《十三经注疏》,下册,第 2056 页中栏。
③ 孔颖达:《春秋左传正义》卷 54,阮元校刻:《十三经注疏》,下册,第 2134 页下栏。
④ 林宝:《元和姓纂》卷 7《五十琰·奄》,第 1150 页。

郭，周公所诛郭国。在鲁。从邑，奄声。①

《史记·周本纪》裴骃《集解》曰：

郑玄曰："奄国在淮夷之北。"②

《左传》昭公元年，赵孟曰：

周有徐、奄。

杜预《注》曰：

二国皆嬴姓。《书序》曰：成王伐淮夷，遂践奄。徐即淮夷。

孔颖达等《疏》曰：

"二国皆嬴姓"，《世本》文也。③

《续汉书·郡国志二》豫州曰：

鲁国，〔古〕奄国。

刘昭《补注》曰：

---

① 许慎撰，段玉裁注：《说文解字注》卷6下，第299页上、下栏。
② 《史记》卷4《周本纪》，第171页。
③ 孔颖达：《春秋左传正义》卷41，阮元校刻：《十三经注疏》，下册，第2021页上栏。

《皇览》曰:"奄里伯公冢在城内祥舍中。"①

《史记·周本纪》张守节《正义》曰:

《括地志》云:"泗州徐城县北三十里古徐国,即淮夷也。兖州曲阜县奄里,即奄国之地也。"②

奄里在今山东省曲阜市旧县城东二里。
顾颉刚《周公东征和迁民的总序》曰:

奄为商的旧都,其在商末,当为商王族的支子所封之国,故称之曰"奄侯",见丁·肆·一·(一),又称之曰"商奄"。③

《尚书序》曰:

成王东伐淮夷,遂践奄,作《成王政》。④

笔者案:"政"即征伐之征,与禽簋之"伐"之合。
又曰:

成王既践奄,将迁其君于蒲姑。周公告召公,作《将蒲姑》。

---

① 《续汉书·郡国志二》,《后汉书》,中华书局1965年点校本,第3429—3430页。
② 《史记》卷4《周本纪》,第171页。
③ 顾颉刚:《周公东征和迁民的总序》,原载《文史》第27辑(1986年),收入《古史论文集》卷10,《顾颉刚全集》第11册,第720页。
④ 孔颖达:《尚书正义》卷17,阮元校刻:《十三经注疏》,上册,第227页下栏。

孔《传》曰：

　　已灭奄，而徙其君及人臣之恶者于蒲姑。蒲姑，齐地，近中国，教化之。言将徙奄新立之君于蒲姑，告召公使作册书告令之。亡。①

清华简《系年》曰：

　　成王屎（践）伐商邑，杀彔子耿，飞廉东逃于商盖氏，成王伐商盖，杀飞廉（图版四）。②

《孟子·滕文公下》曰：

　　周公相武王诛纣；伐奄，三年讨其君；驱飞廉于海隅而戮之。③

飞廉、恶来得以事纣，恶来死于职，飞廉继续辅佐武庚。周公东征，灭武庚，飞廉东讨至奄，又被消灭。

《史记·六国年表》周显王二十六年，秦孝公十九年（前343年），周《表》曰：

　　致伯秦。

秦《表》曰：

---

① 孔颖达：《尚书正义》卷17，阮元校刻：《十三经注疏》，上册，第227页下栏。
② 清华简《系年》第3章，清华大学出土文献研究与保护中心编，李学勤主编：《清华大学藏战国竹简（贰）》下册，第141页。
③ 孙奭：《孟子注疏》卷6下《滕文公章句下》，阮元校刻：《十三经注疏》，下册，第2714页下栏。

城武成。从东方牡丘来归。天子致伯。①

牡丘，齐地。《国语·齐语》曰：

（齐桓公）筑五鹿、中牟、盖与、牡丘，以卫诸夏之地。

韦昭《注》曰：

四塞，诸夏之关也。②

《春秋》僖公十五年：

三月，公会齐侯、宋公、陈侯、卫侯、郑伯、许男、曹伯盟于牡丘。遂次于匡。

杜预《注》曰：

牡丘，地名阙。匡，卫地，在陈留长垣县西南。③

牡丘乃齐筑塞要地，与长垣近。
《（乾隆）大清一统志·东昌府·山川》曰：

牡邱，在茌平县东十里。《春秋》僖公二十五年，诸侯同盟于牡邱。④

---

① 《史记》卷15《六国年表》，第875页。
② 左丘明著，韦昭注：《国语》卷6《齐语》，247、249页。
③ 孔颖达：《春秋左传正义》卷14，阮元校刻：《十三经注疏》，下册，第1805页中栏。
④ 和珅等修纂：《（乾隆）大清一统志》卷132《东昌府·山川》，《景印文渊阁四库全书》第476册，台湾商务印书馆1986年影印台北"故宫博物院"藏本，第599页下栏。

高士奇《春秋地名考略》曰：

> 牡丘。僖十五年盟于牡丘，杜《注》地阙。或曰在东昌府城西北七十里。①

江永《春秋地理考实》曰：

> 杜《注》地名阙。《汇纂》：今东昌府聊城县东北七十里有牡邱，或云即《春秋》会盟处。②

东方牡丘在今山东省。昔秦人自山东而西迁，时秦强而其族人自东方归附。茌平县东十里杜郎口乡太子高村西南200米有龙山文化高台，高2米许，东西64、南北56米，名曰"牡丘遗址"。③ 时代与秦初始在山东合，又不合于春秋、战国之时。牡丘当为一邑名，或在此附近。

3. 商奄遗民的迁徙

清华简《系年》曰：

> 成王伐商盖，杀飞廉，西迁商盖之民于邾（朱）圉，以御奴虘之戎，是秦之先，世作周㕒（翰）（图版四）。④

笔者案：商奄西迁，鲁人居其旧地。商奄乃秦人之中下层，被称为"戍秦人"者。

---

① 高士奇：《春秋地名考略》卷3《齐》，清康熙刻本，第12页a。
② 江永：《春秋地理考实》卷2，阮元辑：《皇清经解》卷253，清道光九年广东学海堂刊本，第5页a。
③ 聊城地区史志办公室、山东省出版总社聊城分社编，齐保柱、高志超主编：《聊城风物》，山东友谊出版社1988年版，第48页。
④ 清华简《系年》第2章，清华大学出土文献研究与保护中心编，李学勤主编：《清华大学藏战国竹简（贰）》下册，第141页。

《汉书·地理志》天水郡冀县，曰：

> 《禹贡》朱圄山在县南梧中聚。①

李学勤认为：

> （郲吾）是《尚书·禹贡》雍州的"朱圉"，《汉书·地理志》天水郡冀县的"朱圉"，在冀县南梧中聚，可确定在今甘肃甘谷县西南。②

张天恩以为：

> 甘谷县还有一处名朱圉山的地方，位于今县城的东南10余公里处。实际上，《禹贡》中所提到的山川，多是著名的高山大川，属于地望，断不会是一个小地方，或者一座小山头。《系年（三）》所提到的郲虐如果是《禹贡》之朱圉山，则一定不会是指现在甘谷县三十里铺旁那个叫做朱圉山的小山头。但山川地名，往往会有沿革，此朱圉山可能与古人说指的朱圉山有一定的关系，或是将其具体到现在的这座小山。《禹贡》说的朱圉山，是古雍州名山，与鸟鼠、太华、熊耳诸名山并列。鸟鼠山是渭水的发源地，太华即秦岭，熊耳即现在的熊耳山，为东秦岭的延伸，朱圉山当是今甘谷、武山、天水、礼县之间的群山。主峰为甘谷县西南古坡乡的石鼓山，海拔为2625米，周匝100余公里。③

---

① 《汉书》卷28下《地理志下》，第1612页。
② 李学勤：《清华简关于秦人始源的重要发现》，《初识清华简》，第143页。
③ 张天恩：《清华简〈系年（三）〉与秦初史事略析》，《考古与文物》2014年第2期，第108页。

《战国纵横家书·苏秦谓燕王章》曰：

> 自复而足，楚将又出沮、漳，秦将不出商阉（奄），齐〔将〕不出吕、隧，燕将不出屋、注。①

笔者案：沮、漳，楚之望，楚人初居荆山，其川沮、漳。商阉（奄）亦当地名，秦早期居之。甘肃省礼县西北甘谷县一带，当是商奄遗民所迁的朱圉，又是商奄。

梁云根据甘谷县毛家坪遗址质疑此说。②

（三）西周中期非子居犬丘、封于秦

1. 造父受封，非子遂居赵城

《史记·秦本纪》曰：

> 蜚廉复有子曰季胜。季胜生孟增。孟增幸于周成王，是为宅皋狼。皋狼生衡父，衡父生造父。造父以善御幸于周缪王，得骥、温骊、骅骝、騄耳之驷，西巡狩，乐而忘归。徐偃王作乱，造父为缪王御，长驱归周，一日千里以救乱。缪王以赵城封造父，造父族由此为赵氏。自蜚廉生季胜已下五世至造父，别居赵。赵衰其后也。
>
> 恶来革者，蜚廉子也，蚤死。有子曰女防。女防生旁皋，旁皋生太几，太几生大骆，大骆生非子。以造父之宠，皆蒙赵城，姓赵氏。③

蜚廉生季胜，季胜生孟增，孟增（宅皋狼）生衡父，衡父生造父，造父封赵城。蜚廉至造父五世也。

---

① 《战国纵横家书·苏秦谓燕王章》，湖南省博物馆、复旦大学出土文献研究与古文字研究中心编，裘锡圭主编：《长沙马王堆汉墓简帛集成》（修订本）第3册，第224页。
② 梁云：《早期秦文化探索》，第127—130页。
③ 《史记》卷5《秦本纪》，第225页。

蜚廉生恶来，恶来生女防，女防生旁皋，旁皋生太几，太几生大骆，大骆生非子。蜚廉至太几五世也。"以造父之宠，皆蒙赵城，姓赵氏"者，大骆、非子居赵城，姓赵氏。

造父居赵城的地望。《史记·秦本纪》裴骃《集解》曰：

> 徐广曰：赵城在河东永安县。

张守节《正义》曰：

> 《括地志》云：赵城，今晋州赵城县是。本彘县地，后改曰永安，即造父之邑。①

《元和郡县图志·河东道一》晋州赵城县：

> 赵城县，本汉彘县地，即造父之邑也。②

《太平寰宇记·河东道四·晋州·赵城县》曰：

> 本汉彘县地，即造父之邑也。……
> 汾水在县西一里。
> 赵城在县南三十五里，即造父受封于此。③

1954 年，赵城县、洪洞县合为洪赵县。1958 年，又合霍汾县，称洪洞县。1959 年，霍汾县分出，仍为洪洞县。赵城在今山西省临

---

① 《史记》卷 5《秦本纪》，第 227 页。
② 李吉甫：《元和郡县图志》卷 14《河东道一》，贺次君点校，《中国古代地理总志丛刊》，中华书局 1983 年版，第 340 页。
③ 乐史：《太平寰宇记》卷 43《河东道四·晋州·赵城县》，王文楚点校，《中国古代地理总志丛刊》，中华书局 2007 年版，第 905—906 页。

汾市洪洞县赵城镇。

2. 非子居犬丘

《史记·秦本纪》曰：

> 非子居犬丘，好马及畜，善养息之。犬丘人言之周孝王，孝王召使主马于汧渭之间，马大蕃息。孝王欲以为大骆适（嫡）嗣。申侯之女为大骆妻，生子成为适（嫡）。申侯乃言孝王曰："昔我先郦山之女，为戎胥轩妻，生中潏，以亲故归周，保西垂，西垂以其故和睦。今我复与大骆妻，生适（嫡）子成。申、骆重婚，西戎皆服，所以为王。王其图之。"于是孝王曰："昔伯翳为舜主畜，畜多息，故有土，赐姓嬴。今其后世亦为朕息马，朕其分土为附庸。"邑之秦，使复续嬴氏祀，号曰秦嬴。亦不废申侯之女子为骆适（嫡）者，以和西戎。
>
> 秦嬴生秦侯。秦侯立十年，卒。生公伯。公伯立三年，卒。生秦仲。
>
> 秦仲立三年，周厉王无道，诸侯或叛之。西戎反王室，灭犬丘大骆之族。[①]

蒙文通《古族甄微》曰：

> 孝王邑非子于秦，亦不废申侯之女子为骆适（嫡）者，则骆适（嫡）子成所袭犬丘，为仲潏以来旧土，而非子为新邦，子成非子，固二国并立。[②]

笔者案：大骆生嫡子成、庶子非子。成居犬丘，所谓犬丘大骆

[①] 《史记》卷5《秦本纪》，第227—229页。
[②] 蒙文通：《周秦少数民族研究》，《蒙文通全集》第4卷《古族甄微》，第27页。

之族，而非子亦居之。《史记·秦本纪》"大骆生非子。以造父之宠，皆蒙赵城，姓赵氏"，非子居赵城，又随成居犬丘，继而分出。文献虽然记载中潏、大骆子成居西垂，却不能证明其间对西垂一脉相承的继承关系。这源于《史记》资料源多端，而司马迁糅合它们，其间的矛盾冲突被掩盖了。

《史记·秦本纪》曰：

> 秦嬴（非子）生秦侯。秦侯立十年，卒。生公伯。公伯立三年，卒。生秦仲。
>
> 秦仲立三年，周厉王无道，诸侯或叛之。西戎反王室，灭犬丘大骆之族。周宣王即位，乃以秦仲为大夫，诛西戎。西戎杀秦仲。秦仲立二十三年，死于戎。有子五人，其长者曰庄公。周宣王乃召庄公昆弟五人，与兵七千人，使伐西戎，破之。于是复予秦仲后，及其先大骆地犬丘并有之，为西垂大夫。①

笔者案：非子后秦仲继承"其先大骆地犬丘"，则大骆固已居犬丘。所以，史实是：大骆居犬丘，卒。嫡子成立，居犬丘，庶子非子亦居犬丘。犬丘为宗邑，故秦仲继位为西垂大夫。西垂大夫本大骆、成之职位也。

非子居犬丘的地望，秦人犬丘所在，古今学者主要有二说。

（1）陕西兴平之犬丘

有"废丘□"陶文等。② 秦更名废丘。秦有"废丘""废丘丞

---

① 《史记》卷5《秦本纪》，第229页。
② 陈晓捷：《临潼新丰镇刘寨村秦遗址出土陶文》，《考古与文物》1996年第4期，第1—7页。

印"封泥、①"废丘□"陶文、②"废丘左尉"印、③废丘鼎等。④秦有"槐里市久"陶文。⑤张家山汉简《二年律令·秩律》有"槐里"县。⑥

《汉书·地理志》右扶风槐里县班固自《注》曰：

> 周曰犬丘，懿王都之。秦更名废丘，高祖三年更名。⑦

皇甫谧《帝王世纪》（《太平寰宇记·关西道一》雍州长安县引）曰：

> 周懿王二年，王室大衰，自镐徙都〔犬丘〕。生非子，因居犬丘，今槐里是也。⑧

《续汉书·郡国志一》右扶风曰：

> 槐里，周曰犬丘。高帝改。

---

① 周晓陆、路东之编著：《秦封泥集》，第278—279页，封泥2·3·10、11；中国社会科学院考古研究所汉长安城工作队：《西安相家巷遗址秦封泥的发掘》，《考古学报》2001年第4期，第509—540页；刘庆柱、李毓芳：《西安相家巷遗址秦封泥考略》，《考古学报》2001年第4期，第427—452页；傅嘉仪编著：《秦封泥汇考》，第193—194页，封泥1293—1306。
② 陈晓捷：《临潼新丰镇刘寨村秦遗址出土陶文》，《考古与文物》1996年第4期，第2—3页。
③ 罗福颐主编，故宫研究室玺印组编：《秦汉南北朝官印征存》，文物出版社1987年版，第7页，玺印36。
④ 容庚：《秦汉金文录》，民国二十年中央研究院历史语言研究所石印本；收入《容庚学术著作全集》第6册，中华书局2011年版，第157页。
⑤ 陈直：《关中秦汉陶录》，中华书局2006年版，第60—61页；高明编著：《古陶文汇编》，中华书局1990年版，第486页，陶文5.332。
⑥ 陈伟、工藤元男主编：《二年律令与奏谳书：张家山二四七号汉墓出土法律文献释读》，上海古籍出版社2007年版，第260页，简244。
⑦ 《汉书》卷28上《地理志上》，第1546页。
⑧ 乐史：《太平寰宇记》卷25《关西道一》，第535页。"生非子"衍文。

刘昭《补注》曰：

又名废丘，周懿王、章邯所都。①

《史记·秦本纪》裴骃《集解》曰：

徐广曰："今槐里也。"②

郦道元《水经注·渭水》曰：

渭水又东径槐里县故城南。县，古犬邱邑也。周懿王都之。秦以为废邱，亦曰舒邱。中平元年，灵帝封左中郎将皇甫嵩为侯国。③

《史记·秦本纪》正义：

《括地志》云："犬丘故城一名槐里，亦曰废丘，在雍州始平县东南十里。《地理志》云：扶风槐里县，周曰犬丘，懿王都之。秦更名废丘，高祖三年更名槐里也。"④

《元和郡县图志·关内道二》京兆府下兴平县：

槐里城，周曰犬丘，秦改名废丘。周懿王所都。项羽封章邯为雍王，都废丘，亦此城也。⑤

---

① 《续汉书·郡国志一》，《后汉书》，第3406页。
② 《史记》卷5《秦本纪》，第228页。
③ 郦道元注，杨守敬、熊会贞疏：《水经注疏》卷19《渭水》，段熙仲点校，陈桥驿复校，江苏古籍出版社1989年版，第1553—1554页。
④ 《史记》卷5《秦本纪》，第228页。
⑤ 李吉甫：《元和郡县图志》卷2《关内道二》，第26页。

《太平寰宇记·关西道一》雍州长安县曰：

犬丘城。《三辅决录》云："汉平陵县犬丘城，一名槐里城，亦名废丘。"皇甫谧《帝王世纪》："周懿王二年，王室大衰，自镐徙都。生非子，因居犬丘，今槐里是也。"①

《太平寰宇记·关西道三》兴平县曰：

犬丘城，一名槐里城，一名废丘城，今在县东南一十里。秦仲之子庄公伐西戎，复其地，为西垂大夫，即此。周懿王所都。项羽封章邯为雍王，都废丘，亦此城。魏黄初元年，于故城置扶风郡。至晋泰始中，郡徙理郿，改此城为始平国。领槐里县。后魏真君七年，自此城徙槐里县于今县理西二十五里槐里故城，此城遂废。②

《大明一统志·陕西布政司·西安府·建置沿革》"兴平县"条、《（乾隆）大清一统志·西安府·建置沿革》"兴平县"条皆记载兴平县有犬丘城或槐里城。

史念海《西周与春秋时期华族与非华族的杂居及其地理分布》曰：

李贤注《后汉书》，释戎狄所居之犬丘时说："犬丘，县名，秦曰废丘，汉曰槐里。"据其所释，则在今陕西兴平县。其地距丰镐，近在咫尺。若犬丘有警，丰镐自难得安谧。③

---

① 乐史：《太平寰宇记》卷25《关西道一》，第535页。"生非子"衍文。
② 乐史：《太平寰宇记》卷27《关西道三》，第578页。
③ 史念海：《西周与春秋时期华族与非华族的杂居及其地理分布》，《河山集》七集，《史念海全集》第5卷，第560页。

犬丘故城在今陕西省兴平市。

（2）甘肃礼县之西犬丘

甘肃省礼县之西犬丘，又名西垂。秦曰西县。

西安相家巷有"西丞之印""西共""西共丞印""西盐"秦封泥。① 秦昭王廿年相邦冉戈铭："廿年相邦冉，西工师□，丞□，隶臣□。"② 西县故城在今甘肃省礼县东北、天水市西南。

《汉书·地理志》陇西郡有西县。班固自《注》曰：

> 《禹贡》嶓冢山，西汉所出，南入广汉白水，东南至江州入江。过郡四，行二千七百六十里。莽曰西治。③

《续汉书·郡国志五》凉州汉阳郡：

> 西，故属陇西，有嶓冢山、西汉水。

刘昭《补注》曰：

> 《史记》曰："申命和仲居西土。"徐广曰："今之西县。"郑玄曰："西在陇西〔之〕西，今谓之（人）〔八〕充山。"④

郦道元《水经注·漾水》曰：

> 西汉水又西南，合杨廉川水，水出西谷，众川泻流，合成

---

① 中国社会科学院考古研究所汉长安城工作队：《西安相家巷遗址秦封泥的发掘》，《考古学报》2001年第4期，第527、531页；刘庆柱、李毓芳：《西安相家巷遗址秦封泥考略》，《考古学报》2001年第4期，第444页；傅嘉仪编著：《秦封泥汇》，第61页，封泥409—410。
② 李学勤：《湖南战国兵器铭文选释》，原载《古文字研究》第12辑，中华书局1985年版，第332—333页；收入《李学勤文集》第13卷，第131—139页。
③ 《汉书》卷28下《地理志下》，第1610页。
④ 《续汉书·郡国志五》，《后汉书》，第3517—3518页。

一川。东南流，径西县故城北。秦庄公伐西戎，破之。周宣王与其先大骆犬丘之地，为西垂大夫，亦西垂宫也，王莽之西治矣。①

《史记·绛侯周勃世家》张守节《正义》曰：

《括地志》云："西县故城在秦州上邽县西南九十里，本汉西县地。"②

《史记·秦本纪》张守节《正义》曰：

西者，秦州西县，秦之旧地。时献公在西县，故迎立之。③

《（乾隆）大清一统志》曰：

西县故城，在州西南。④

王国维《秦都邑考》曰：

案：西垂之义，本谓西界。《史记·秦本纪》："中潏，在西戎，保西垂。"又申侯谓孝王曰："昔我先郦山之女，为戎胥轩妻，生中潏，以亲故归周，保西垂，西垂以其故和睦。"又云庄公"为西垂大夫"。以语意观之，西垂殆泛指西土，非一地之名。然《封禅书》言："秦襄公既侯，居西垂。"《本纪》

---

① 郦道元注，杨守敬、熊会贞疏：《水经注疏》卷20《漾水》，第1686页。
② 《史记》卷57《绛侯周勃世家》，第2513页。
③ 《史记》卷5《秦本纪》，第254页。
④ 和珅等修纂：《（乾隆）大清一统志》卷210《秦州·古迹》，《景印文渊阁四库全书》第478册，第688页。

亦云："文公元年，居西垂宫。"则又似特有西垂一地。《水经·漾水注》以汉陇西郡之西县当之，其地距秦亭不远，使西垂而系地名，则郦说无以易矣。

唯犬丘一地，徐广曰："今槐里也。"案：槐里之名犬丘，班固《汉书·地理志》、宋衷《世本注》均有此说，此乃周地之犬丘，非秦大骆、非子所居之犬丘也。《本纪》云："非子居犬丘。"又云："大骆地犬丘。"夫槐里之犬丘，为懿王所都，而大骆与孝王同时，仅更一传，不容为大骆所有。此可疑者一也。又云，宣公子庄公以其先大骆地犬丘为西垂大夫：若西垂泛指西界，则槐里尚在雍、岐之东，不得云西垂，若以西垂为汉之西县，则槐里与西县相距甚远。此可疑者二也。且秦自襄公后始有岐西之地，厥后文公居汧、渭之会，宁公居平阳，德公居雍，皆在槐里以西，无缘大骆、庄公之时已居槐里。此可疑者三也。

案：《本纪》又云"庄公居其故西犬丘"，此西犬丘实对东犬丘之槐里言。《史记》之文，本自明白，但其余"犬丘"字上均略去"西"字，余疑犬丘、西垂本一地，自庄公居犬丘，号西垂大夫，后人因名"西犬丘"为"西垂"耳。然则大骆之起，远在陇西，非子邑秦，已稍近中国。庄公复得大骆故地，则又西徙。逮襄公伐戎至岐，文公始踰陇而居汧、渭之会。其未踰陇以前，殆与诸戎无异，自徐广以犬丘为槐里，《正义》仍之，遂若秦之初起已在周畿内者，殊失实也。此稿既成。检杨氏守敬《春秋列国图》，图西犬丘于汉陇西郡西县地，其意正与余合。①

杨宽《西周列国考》曰：

---

① 王国维：《秦都邑考》，《观堂集林》卷12，《王国维全集》第8卷，第353—354页。

今案王说是。《水经注·漾水》于西县故城下云:"秦庄公伐西戎破之,周宣王与其先大骆犬丘之地为西垂大夫,亦西垂宫也,王莽之西治矣。"《括地志》已明言西县即秦始封之地。《括地志》云:"秦州上邽县西南九十里,汉陇西西县是也。"(《秦本纪》正义引,《绛侯周勃世家》正义所引亦同)又云:"秦州,古西戎之地,秦始封之邑,秦州上邽县西南九十里是也。"(《诗地理考》卷二引)在今甘肃省礼县东北。①

王国维《秦都邑考》考证秦庄公、秦襄公、秦文公所居的西垂(西犬丘)在汉代陇西郡西县(今甘肃省天水市西南一带,礼县属之)。杨宽《西周列国考》赞成王国维说。

笔者案:西县即今礼县,乃西犬丘(西垂)之所在地。郦道元《水经注》已经明确,王国维《秦都邑考》考证较详,又为考古发现所支持(详见本书第四章),所以西犬丘在礼县可信。

3. 非子主马汧渭之间

《史记·秦本纪》曰:

> 非子居犬丘,好马及畜,善养息之。犬丘人言之周孝王,孝王召使主马于汧渭之间。

又曰:

> 文公元年,居西垂宫。三年,文公以兵七百人东猎。四年,至汧渭之会。曰:"昔周邑我先秦嬴于此,后卒获为诸侯。"乃卜居之,占曰吉,即营邑之。②

---

① 杨宽:《西周列国考》,《古史探微》,《杨宽著作集》,第190页。
② 《史记》卷5《秦本纪》,第227—228页、第230页。

张守节《正义》曰：

《括地志》云："郿县故城在岐州郿县东北十五里。毛苌云'郿，地名也'。秦文公东猎汧渭之会，卜居之，乃营邑焉，即此城也。"①

汧渭之会或汧渭之间，即岐雍之间。林剑鸣《秦史稿》定在"今陕西扶风和眉县一带"，② 黄灼耀以为在郿县，③ 李零以为在宝鸡，④ 祝中熹以为在陕西陇县东南。⑤ 蒋五宝、徐卫民以为在宝鸡市魏家崖遗址。⑥ 王学理以为在宝鸡县西部，千阳、陇县的千河两岸。⑦ 梁云以为，"汧渭之会"应指虞（吴）山东南、两河交汇的东西夹角部分，包括今宝鸡陈仓区、蟠龙镇、贾村镇、桥镇、千河镇、长青镇等地。⑧

2008年11月至2009年4月，早期秦文化联合考古队调查了关中西部汧河下游，共发现遗址47处，其中春秋时期遗址9处。汧、渭交汇处东夹角的陈家崖（或魏家崖）遗址面积约20万平方米，等级较高，推测很可能是秦文公所居"汧渭之会"。⑨ 2023年10月17日，笔者在张天恩、辛怡华先生的陪同下参观魏家崖遗址，铜

---

① 《史记》卷五《秦本纪》，第231页。
② 林剑鸣：《秦史稿》，第26页。
③ 黄灼耀：《秦人早期史迹初探》，《学术研究》1980年第6期，第69—76页。
④ 李零：《〈史记〉中所见秦早期都邑葬地》，《文史》第20辑，中华书局1983年版，第15—23页。
⑤ 祝中熹：《秦人早期都邑考》，原载《陇右文博》1996年创刊号，收入氏著《秦史求知录》，下册，上海古籍出版社第343—362页；祝中熹：《汧渭之间与汧渭之会——兼议〈史记〉的态度》，原载《丝绸之路》2009年夏半月刊，收入氏著《秦史求知录》，下册，第421—436页。
⑥ 蒋五宝：《"汧渭之会"遗址具体地点再探》，《宝鸡文理学院学报》1998年第2期；徐卫民：《秦都城研究》，第61—63页。
⑦ 王学理：《东西两犬丘与秦人入陇》，《考古与文物》2006年第4期，第60—65页。
⑧ 梁云：《非子封邑的考古学探索》，《中国历史文物》2010年第3期，第25页。
⑨ 梁云：《五方合作 十年探索 成果丰硕》，《中国文物报》2014年11月25日第6版。

器与陶器的时代或谓属于两周之际，是否可以早至秦文公时期尚需斟酌。2022—2024 年，发现城垣、壕沟、五鼎贵族墓、车马坑、夯土基址等。①

笔者案：《史记·秦本纪》《封禅书》描绘的汧渭之间在西垂（甘肃省礼县大堡子山一带）之东，秦文公三年东猎，四年方至此，证实是距离礼县较远的地带。并且，此时秦文公担负营建秦国的重任，东猎的目的在于寻找一个新的都城，以适应秦拥有关中、西垂广大疆域的需要。所以，汧渭之间必在关中。秦文公所言，表达了对先祖非子的崇拜，对祖邑的尊崇，犹如商汤居亳。《史记·殷本纪》曰："汤始居亳，从先王居。"②汧邑乃秦祖所居，秦文公尊而定居于此。汧邑通融东西，正符合理想都邑之所也。汧渭之会属于汧渭之间，三代定都常在两水之间（两水交汇之处），如二里头遗址在伊洛间、丰镐在丰水、镐水间。

雍之鄜畤亦可证实此。《史记·秦本纪》曰：

> 文公元年，居西垂宫。三年，文公以兵七百人东猎。四年，至汧渭之会。曰："昔周邑我先秦嬴于此，后卒获为诸侯。"乃卜居之，占曰吉，即营邑之。十年，初为鄜畤，用三牢。③

《史记·封禅书》曰：

> 秦襄公既侯，居西垂……其后十六年，秦文公东猎汧渭之间，卜居之而吉。文公梦黄蛇自天下属地，其口止于鄜衍。文公问史敦，敦曰："此上帝之征，君其祠之。"于是作鄜

---

① 梁云、何鑫：《秦都邑"汧渭之会"找到了》，"文物陕西"公众号 2024 年 11 月 29 日。
② 《史记》卷 3《殷本纪》，第 121 页。
③ 《史记》卷 5《秦本纪》，第 230 页。

畤，用三牲郊祭白帝焉。①

4. 周孝王邑非子之秦，使复续嬴氏祀，号曰秦嬴
《史记·秦本纪》曰：

> 非子居犬丘，好马及畜，善养息之。犬丘人言之周孝王，孝王召使主马于汧渭之间，马大蕃息。……孝王曰："昔伯翳为舜主畜，畜多息，故有土，赐姓嬴。今其后世亦为朕息马，朕其分土为附庸。"邑之秦，使复续嬴氏祀，号曰秦嬴。②

《史记·秦本纪》曰：

> 文公元年，居西垂宫。三年，文公以兵七百人东猎。四年，至汧渭之会。曰："昔周邑我先秦嬴于此，后卒获为诸侯。"乃卜居之，占曰吉，即营邑之。③

1978年，在陕西宝鸡县杨家沟公社太公庙大队发现秦公钟、秦公镈。钟镈均有铭文，铭曰：

> 秦公曰：我先祖受天命，赏宅受或（国）。④

秦公钟铭文中"赏宅"，或以为指"非子邑秦"⑤。
《礼记·王制》曰：

---

① 《史记》卷28《封禅书》，第1634页。
② 《史记》卷5《秦本纪》，第227—228页。
③ 《史记》卷5《秦本纪》，第230页。
④ 卢连成、杨满仓：《陕西宝鸡县太公庙村发现秦公钟、秦公镈》，《文物》1978年第11期，第1—5页。
⑤ 卢连成、杨满仓：《陕西宝鸡县太公庙村发现秦公钟、秦公镈》，《文物》1978年第11期，第1—5页。

天子之田方千里，公侯田方百里，伯七十里，子、男五十里。不能五十里者，不合于天子，附于诸侯，曰附庸。天子之三公之田视公侯，天子之卿视伯，天子之大夫视子、男，天子之元士视附庸。

郑康成《注》曰：

小城曰附庸。附庸者以国事附于大国，未能以其名通也。视犹比也。元，善也，善士谓命士也。①

笔者案：非子为附庸，地位如同天子的元士。其后人秦仲拥有犬丘、秦之地升为大夫。

《孟子·万章下》孟子曰：

天子之制，地方千里，公侯皆方百里，伯七十里，子、男五十里，凡四等。不能五十里，不达于天子，附于诸侯，曰附庸。……小国地方五十里，君十卿禄，卿禄二大夫，大夫倍上士，上士倍中士，中士倍下士，下士与庶人在官者同禄，禄足以代其耕也。耕者之所获，一夫百亩；百亩之粪，上农夫食九人，上次食八人，中食七人，中次食六人，下食五人。庶人在官者，其禄以是为差。②

《说文解字》卷七上禾部秦字：

秦，伯益之后所封国。地宜禾。从禾，舂省。一曰：秦，

---

① 孔颖达：《礼记正义》卷11《王制》，阮元校刻：《十三经注疏》，上册，第1322页上栏。
② 孙奭：《孟子注疏》卷10上《万章章句下》，阮元校刻：《十三经注疏》，下册，第2741页中、下栏。

禾名。𥝩，籀文秦，从秝。①

笔者案："伯益之后所封国"，即非子邑秦。
秦之地望，学者主要有两种观点。
(1) 陇西秦亭说
《汉书·地理志》曰：

> 非子，为周孝王养马汧、渭之间，孝王曰："昔伯益知禽兽，子孙不绝。"乃封为附庸，邑之于秦。今陇西秦亭秦谷是也。②

《续汉书·郡国志》汉阳郡陇县：

> 獂坻聚有秦亭。

刘昭《补注》曰：

> 秦之先封起于此。③

《史记·秦本纪》裴骃《集解》曰：

> 徐广曰："今天水陇西县秦亭也。"④

郦道元《水经注·渭水》曰：

---

① 许慎撰，段玉裁注：《说文解字注》卷7上，中华书局2013年影印经韵楼本，第330页上栏。
② 《汉书》卷28下《地理志下》，第1641页。
③ 《续汉书·郡国志五》，《后汉书》，第3517—3518页。
④ 《史记》卷5《秦本纪》，第228页。

径清水县故城东，王莽之识睦县矣。其水西南合东亭川，自下亦通谓之清水矣。又径清水城南，又西与秦水合。水出东北大陇山秦谷，二源双导，历三泉，合成一水而历秦川。川有故秦亭，非子所封也。秦之为号始自是矣。秦水西径降陇县故城南。①

《史记·秦本纪》张守节《正义》曰：

《括地志》云："秦州清水县本名秦，嬴姓邑。《十三州志》云秦亭秦谷是也。"②

《（乾隆）甘肃通志·山川·直隶秦州》曰：

亭乐山在（清水）县东三十里，有秦亭遗迹，即非子始封处。③

在今甘肃省清水县城以东10多公里的秦亭。

林剑鸣《秦史稿》定在"今天的甘肃省清水的秦亭附近"。④

1987年，赵化成以为，清水县秦亭地势狭窄，两岸既无发育良好的台地，更无早期遗存。此处作为非子封邑当系误传，应予以否定。清水县城在今县城西数里处，这里地势开阔，有发育较好的台地，发现有周代遗址，采集过周代陶片。此地段包括古秦水，非子封邑在此似有可能。⑤

2005年、2008年，早期秦文化联合考古队对牛头河流域考古

---

① 郦道元注，杨守敬、熊会贞疏：《水经注疏》卷17《渭水》，第1496—1497页。
② 《史记》卷5《秦本纪》，第228—229页。
③ 许容修，李迪纂：《（乾隆）甘肃通志》卷6《山川二·直隶秦州》，《景印文渊阁四库全书》第557册，台湾商务印书馆1986年影印"台北故宫博物院"藏本，第244页下栏。
④ 林剑鸣：《秦史稿》，第26页。
⑤ 赵化成：《寻找秦文化渊源的新线索》，《文博》1987年第1期，第1—8页。

调查，以为李崖遗址作为非子封邑的可能性较大。① 2010 年、2011 年，早期秦文化联合考古队对李崖遗址进行钻探与发掘，确定了北魏清水郡城，李崖遗址是否为秦邑还不能肯定，有必要继续工作。② 2016 年，赵化成认为清水李崖的周代遗存集中于西周早期晚段至西周中期早段。③ 笔者案：周孝王封非子，值西周中期晚段。那么，清水李崖遗址的年代与非子秦邑的年代不符。并且，李崖遗址目前尚未发现夯土居址及较大型的铜器墓等。所以，目前还不足以判定清水李崖遗址是非子（秦嬴）的秦邑。

（2）汧渭之会

《史记·秦本纪》曰：

> 文公元年，居西垂宫。三年，文公以兵七百人东猎。四年，至汧渭之会。曰："昔周邑我先秦嬴于此，后卒获为诸侯。"乃卜居之，占曰吉，即营邑之。④

一些学者根据《史记·秦本纪》周孝王邑非子于汧渭之会，以为秦在陇山以东宝鸡地区的汧渭之会。《史记·秦本纪》张守节《正义》曰：

> 《括地志》云："郿县故城在岐州郿县东北十五里。毛苌云'郿，地名也'。秦文公东猎汧渭之会，卜居之，乃营邑焉，

---

① 早期秦文化联合考古队：《牛头河流域考古调查》，《中国历史文物》2010 年第 3 期；梁云：《非子封邑的考古学探索》，《中国历史文物》2010 年第 3 期，第 24—31 页。

② 赵化成等：《甘肃清水李崖遗址考古发掘获重大突破——为寻找秦先祖非子封邑提供新线索》，《中国文物报》2012 年 1 月 20 日第 8 版；侯红伟、汪天凤：《探寻秦人的足迹——李崖遗址》，《甘肃日报》2020 年 5 月 6 日第 8 版；早期秦文化与西戎文化联合考古队等：《甘肃清水李崖遗址周代墓葬发掘简报》，秦始皇帝陵博物馆编：《国际视野下的秦始皇帝陵及秦俑学研究学术研讨会论文集》，西安地图出版社 2021 年版，第 1—34 页。

③ 赵化成：《秦人来源与早期秦文化的考古学探索》，蔡庆良、张志光主编：《嬴秦溯源：秦文化特展》，第 286—293 页。

④ 《史记》卷 5《秦本纪》，第 230 页。

即此城也。"①

徐复、钱穆、李零等以为非子邑秦不在甘肃清水一带，而在汧渭之会，在今宝鸡市陈仓。②

笔者案：据《史记·秦本纪》，汧渭之会既为非子放牧之处，又是附庸秦邑所在。

（四）周宣王初年秦庄公得大骆地犬丘并有之，为西垂大夫

周厉王时，西戎灭犬丘大骆之族。《后汉书·西羌传》曰：

> 厉王无道，戎狄寇掠，乃入犬丘，杀秦仲之族。王命伐戎，不克。

唐章怀太子贤《注》曰：

> 并见《竹书纪年》。③

《史记·秦本纪》曰：

> 秦仲立三年，周厉王无道，诸侯或叛之。西戎反王室，灭犬丘大骆之族。④

笔者案：古本《竹书纪年》戎狄杀秦仲之族即《史记·秦本纪》西戎灭犬丘大骆之族，非子及其后秦仲一脉乃大骆庶出。

---

① 《史记》卷5《秦本纪》，第231页。
② 孙楷撰，徐复订补：《秦会要订补》（修订本），中华书局1959年版，第359页；钱穆：《史记地名考》，《钱穆先生全集》（新校本），九州出版社2011年版，第295页；李零：《〈史记〉中所见秦早期都邑葬地》，《文史》第20辑，第17页。
③ 《后汉书》卷87《西羌传》，第2871—2872页。
④ 《史记》卷5《秦本纪》，第229页。

周宣王命秦仲伐戎，秦仲反被戎所杀。《后汉书·西羌传》曰：

> 及宣王立，四年使秦仲伐戎，〔六年〕为戎所杀。

唐章怀太子贤《注》曰：

> 并见《竹书纪年》。①

秦仲之子庄公在周王帮助下克戎，遂继承大骆地犬丘。《史记·秦本纪》曰：

> 秦仲立二十三年，死于戎。有子五人，其长者曰庄公。周宣王乃召庄公昆弟五人，与兵七千人，使伐西戎，破之。于是复予秦仲后，及其先大骆地犬丘并有之，为西垂大夫。

张守节《正义》曰：

> 注《水经》云："秦庄公伐西戎，破之，周宣王与大骆犬丘之地，为西垂大夫。"《括地志》云："秦州上邽县西南九十里，汉陇西西县是也。"②

笔者案：西垂在今甘肃省礼县大堡子山一带，发现城邑与秦公墓地。秦庄公居此，延续至秦襄公、秦文公。

三 嬴族西迁分析

考古本《竹书纪年》、《国语》、清华简《系年》、《史记·秦本

---

① 《后汉书》卷87《西羌传》，第2871—2872页。
② 《史记》卷5《秦本纪》，第229页。

纪》等，嬴族西迁至甘肃天水、礼县间，实际有4次：

商末，中潏居西垂；

周成王初，商奄遗民徙居朱圉；

西周中期，非子居犬丘（西垂）。牧汧渭之会，周孝王封其于秦；

周宣王初年，秦庄公得大骆地犬丘并有之，为西垂大夫（图1-1）。

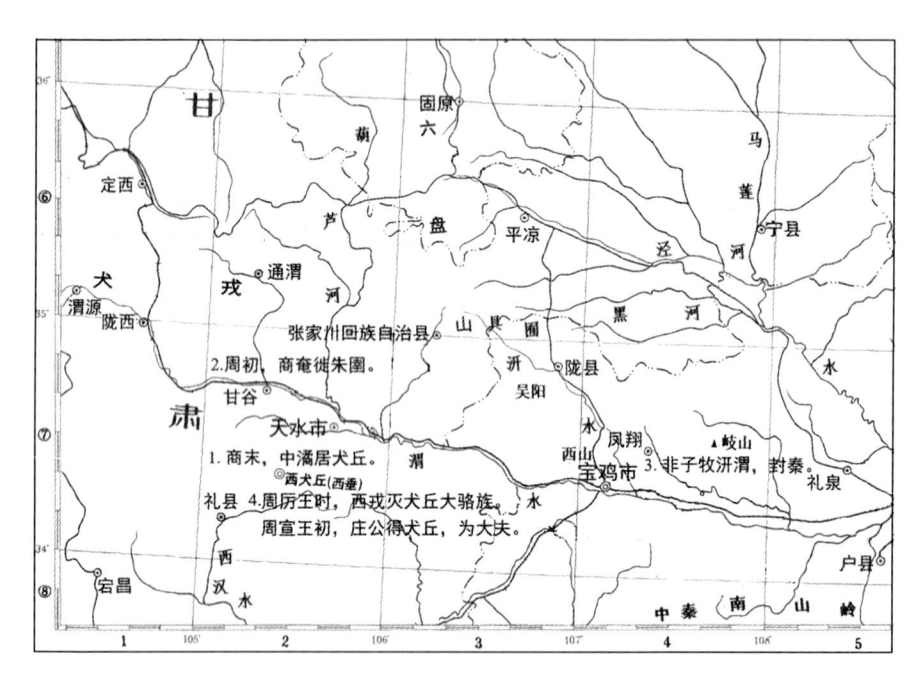

图1-1 商末西周秦人迁徙图

（底图据谭其骧主编：《中国历史地图集》第1册，中国地图出版社1982年版，第22—23页）

秦先（嬴姓）的迁徙有三支，按照迁徙的时代排列：

第一支，商末，中潏已居西垂。至周孝王时大骆居西垂（犬丘），延续至周厉王时被犬戎灭族，秦嬴后秦仲、秦庄公继之。

第二支，周成王初，商奄遗民自山东迁徙至朱圉。

第三支，西周中期，非子居犬丘（西垂），继而为周人放牧汧渭之会。周孝王封非子于秦，是为秦嬴。

那么，嬴之迁徙，有西垂（西犬丘）之嬴、朱圉之嬴、秦之嬴。他们属于同族，文化之本源为商文化，因时代与周人政策可能会存在差异。

秦之嬴，先至西垂（西犬丘）之嬴，后分出。非子初居西垂时期，其文化与西垂（西犬丘）之嬴文化更近，西垂（西犬丘）之嬴灭后而秦之嬴代之，地域与文化的合二为一。

随着西土形势告急，朱圉之嬴最终归秦之嬴。那么，他们之间会存在怎样的差别？

目前，已经对朱圉之嬴的文化发掘。西垂地望确定，秦的地望存在分歧（文献上难解）。

第五节　商周时期的秦先文化与秦文化

秦经历了秦邑、秦国、秦代三个不同的发展阶段。不同阶段的人群如何称谓是个复杂的问题。清华简《系年》称西迁的商奄遗民为"秦之先"，[①] 是相对于秦国而言。于是，笔者在本文中定义"秦先"为指秦襄公获封赏国以前的秦族祖先。

一　秦先文化与秦文化的发展阶段

夏鼐先生给予夏文化的定义是：

> 夏王朝时期夏民族的文化。[②]

似乎，秦文化的定义是秦国家时期秦族的文化。

[①] 清华简《系年》第 2 章，清华大学出土文献研究与保护中心编，李学勤主编：《清华大学藏战国竹简（贰）》下册，第 141 页。

[②] 夏鼐：《谈谈探讨夏文化的几个问题》，原载《河南文博通讯》1978 年第 1 期；收入《夏鼐文集》第 2 册，社会科学文献出版社 2017 年版，第 250 页。

目前，考古学界的秦文化定义或界定存在很大的分歧。

关于秦文化的形成时间，或采西周中期非子时，[①] 或追溯更早。

梁云以为早期秦文化有两个类型：李崖型、西山型。李崖型以清水李崖的西周秦文化为代表的，西山型以礼县西山坪、甘谷毛家坪的西周至春秋早期的秦文化为代表。并且，存在李崖型到西山型之间的转型。[②]

张天恩认为，非子时秦人弱小，不大可能形成独立的文化体系；而以为秦文化至春秋中期才形成自身风格的观点与考古资料相悖。他的研究结论是："早期秦文化的形成，应该是西周晚期的后段，过早或过晚的估计，均没有根据。"[③]

笔者认为，非子所处的时代是秦族明了时期，秦先时期最明确的阶段是由非子至秦襄公建国以前。首先应探讨这一阶段的秦族的历史与文化。非子处于周孝王时期，居于汧渭之间，后封于秦，类似于大禹封夏一样，具有特殊历史意义。秦庄公处于周宣王时期，为西垂大夫，时代、身份、地域都很明确。秦襄公处于周幽王、周平王时期，身份由西垂大夫转为秦君，居于西垂，有陵墓。因此，非子以上尚无秦之称，周孝王赐非子姓嬴、封于秦为附庸，即所谓"周世陪臣"也。所以，秦文化的追寻自非子始是可行的。

《史记·秦世家》记载秦襄公始获赏封国，此前的飞廉、恶来、非子（秦嬴）、秦庄公一脉属于秦先时期。考古学界习惯于称呼夏先、商先、周先时期（夏、商、周取得天下以前的历史时期）的文化为"先夏文化""先商文化""先周文化"，而先秦文化已经特指秦代以前的历史时期的文化。因此，我们称秦建国以前的文化为"秦先文化"。必须给予特定的概念，宜于界定特殊时期的特殊文化。

秦族担负其角色，追寻自己本族的历史，故上溯颛顼、女修。

[①] 滕铭予：《秦帝国：从封国到帝国的考古学观察》，学苑出版社2002年版，第3—5页。
[②] 梁云：《早期秦文化探索》，第133—192页。
[③] 张天恩：《早期秦文化特征形成的初步考察》，《周秦文化研究论集》，第216、227页。

只是可以追溯而已，与秦族的关系遥远。清华简《系年》追溯至飞廉，是其直接世袭。过于遥远，意义不大。

中潏至秦襄公时期，秦先（中潏至秦庄公）文化与秦文化的发展可以分为6个阶段：

第一阶段，中潏居西垂、蜚廉、恶来事纣时期。大体相当于帝乙、帝辛时期。

这时期的秦先文化时代处于殷墟文化四期。或据考古学文化以为属于先周文化。[①]

第二阶段，女防、旁皋、太几、大骆、非子时期。已经处于周成王、康王、昭王、穆王、共王、懿王（共王子）、孝王（共王弟）时期。

蜚廉生季胜，季胜生孟增，孟增（宅皋狼）生衡父，衡父生造父，造父封赵城。蜚廉至造父五世也。蜚廉生恶来，恶来生女防，女防生旁皋，旁皋生太几，太几生大骆，大骆生非子。蜚廉至太几五世也。造父与太几同代，处于周穆王时期，而大骆、非子处于周共王、懿王（共王子）、孝王（共王弟）时期，故《史记·秦世家》孝王封非子，世系正合。"以造父之宠，皆蒙赵城，姓赵氏"者，大骆、非子居赵城，姓赵氏。

赵城在今山西省临汾市洪洞县赵城镇。洪洞县本为殷墟文化分布区，西周初年随着外来迁徙势力身份的不同而有所变化。赵城镇一带为赵氏所基。太原金胜村赵卿墓有4副陪葬单棺，殉4名青年男女。[②] 邯郸赵王陵区三号陵园陪葬墓周窑一号墓系高级贵族墓。发现殉葬坑，椁内二棺，殉未成年儿童。[③] 百家村战国时期赵国贵

[①] 牛世山：《秦文化渊源与秦人起源探索》，《考古》1996年第3期，第47、49页；张天恩：《早期秦文化特征形成的初步考察》，《周秦文化研究论集》，第216、227页。

[②] 山西省考古研究所、太原市文物管理委员会　陶正刚等编著：《太原晋国赵卿墓》，文物出版社1996年版，第14—15页。

[③] 河北省文管处等：《河北邯郸赵王陵》，《考古》1982年第6期，第597—605页。

族墓发现 5 座殉葬墓，各殉人 1—3 名。① 两周时期的赵文化亦保留殷墟文化因素，其墓葬之殉人、殉牲、腰坑与殷墟文化同。可以得知，非子居赵城时期的文化是由商遗民文化因素（殉人、殉牲、腰坑、部分陶器）、周文化因素（铜器、部分陶器）。

或以为此时期的秦先文化属于周文化。②

第三阶段，非子居犬丘，牧马汧渭之间的秦族文化。处于周懿王（共王子）、孝王（共王弟）时期，时间短暂。非子因养马有功，受到嘉奖，邑于秦。

这一时期时间短暂，秦先文化不会存在大的变迁。

第四阶段，非子至庄公初居秦时期的秦族文化。周孝王至周宣王五年。大骆适（嫡）子成居西垂，非子居秦。

或以为此时期的秦先文化属于周文化，③ 或以为主要源自商文化。④

第五阶段，秦庄公至秦襄公居西垂、秦邑时期的秦族文化。周宣王六年至周平王三十二年。

第六阶段，秦襄公受封秦公，拥有西垂、秦、关中时期的秦文化。周平王三十三年至四十三年。自此以后，秦文化走向多族融合的发展之路。

二 秦襄公居西垂时期秦文化分析

《水经注·漾水》记载秦庄公为西垂大夫，地在汉代西县故城。王国维考证庄公、襄公、文公所居的西垂在汉代陇西郡西县（今甘

---

① 河北省文化局文化工作队：《河北邯郸百家村战国墓》，《考古》1962 年第 12 期，第 613—634 页。
② 牛世山：《秦文化渊源与秦人起源探索》，《考古》1996 年第 3 期，第 47、49 页；张天恩：《早期秦文化特征形成的初步考察》，《周秦文化研究论集》，第 216、227 页。
③ 牛世山：《秦文化渊源与秦人起源探索》，《考古》1996 年第 3 期，第 47、49 页；张天恩：《早期秦文化特征形成的初步考察》，《周秦文化研究论集》，第 216、227 页。
④ 梁云：《论早期秦文化的来源与形成》，《考古学报》2017 年第 2 期，第 149—174 页。

肃省天水市西南一带，礼县属之）。① 当今学者则将历史文献记载与考古发掘相结合，探讨大堡子山遗址与西垂（西犬丘）之间的关系。2004 年，早期秦文化联合考古队在西汉水上游进行了考古调查与发掘。② 2005 年，钻探和发掘了礼县西山遗址及鸾亭山汉代皇家祭天遗址。2006—2007 年，钻探和发掘了礼县大堡子山遗址，发现了西山、大堡子山和山坪三座周代城址（图 1-2）。③ 于是，秦襄公居西垂时期，不仅有都城、秦公墓可供研究，又有传世文献与出土文献资料可供研究。

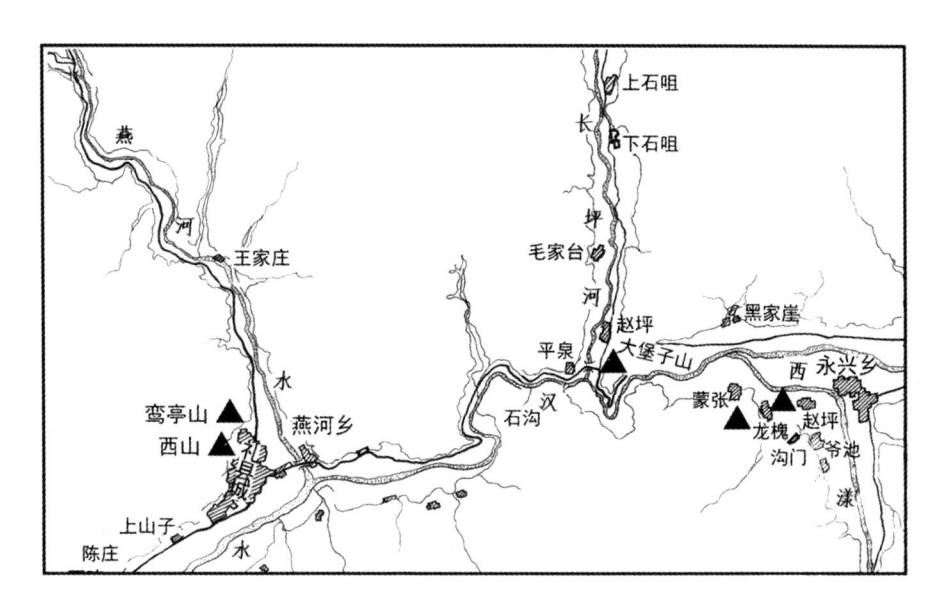

图 1-2 西垂重要遗址位置示意图

（据早期秦文化考古联合课题组：《甘肃礼县大堡子山早期秦文化遗址》，《考古》2007 年第 7 期，第 39 页）

---

① 王国维：《秦都邑考》，《观堂集林》卷 12，《王国维全集》第 8 卷，第 353—354 页。
② 甘肃省文物考古研究所等编：《西汉水上游考古调查报告》，文物出版社 2008 年。
③ 早期秦文化联合考古队：《甘肃礼县三座周代城址调查报告》，《古代文明》第 7 卷，文物出版社 2008 年版，第 335—340 页；早期秦文化联合考古队：《甘肃礼县西山遗址发掘取得重要收获》，《中国文物报》2008 年 4 月 4 日第 2 版。

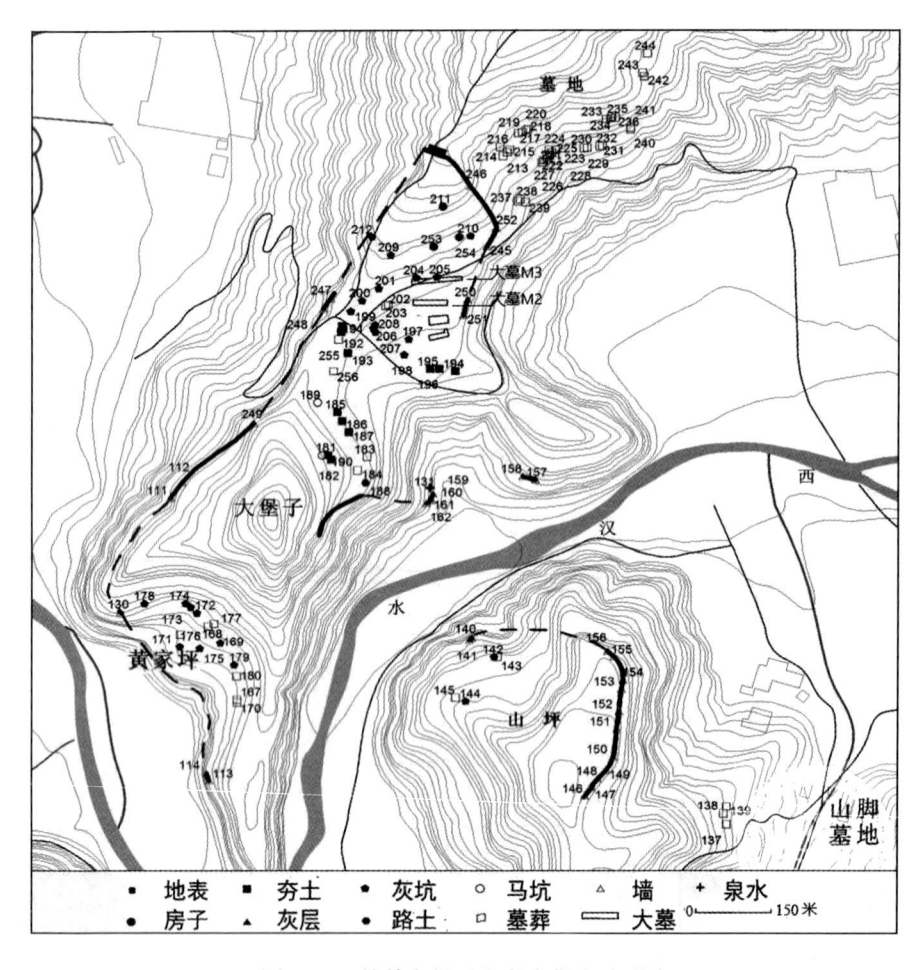

图 1-3 礼县大堡子山秦公墓地平面图

（据早期秦文化联合考古队：《甘肃礼县三座周代城址调查报告》，《古代文明》第 7 卷，第 340 页。添加"大墓 M2""大墓 M3"识别文字）

　　大堡子山城北垣约 250 米，西垣约 1300 米，南垣约 870 米，东垣约 2600 米。城址面积约 55 万平方米。在大堡子山城内东北部，分布着南北并列的东西向中字形大墓 M2、M3。其南端 2 座车马坑。[①]

[①] 戴春阳：《礼县大堡子山秦公墓地及有关问题》，《文物》2000 年第 5 期，第 74—80 页。

M3 旁及北边发掘附葬墓（M30、M31、M32）。① 在北垣外的山坡上，分布着不下三四百座中小型墓葬（图 1－3、1－4）。② 大堡子山 M2 为秦襄公墓，M3 为秦襄公夫人墓。这是目前最为明确的早期秦文化遗存。

甲种　商文化因素　秦公墓 M2 及夫人墓 M3 墓主仰身直肢，填土有殉人、殉牲，椁室下置腰坑、殉狗的习俗，较之安阳殷墟的商人墓葬，③ 二者符同。附葬的贵族墓 M31、M32，墓主为嬴姓宗族成员。棺下置腰坑、殉狗，墓葬龛内有殉人，习俗与秦公墓 M2 及夫人墓 M3 相同。此等习俗乃是商遗民所保持的习俗。可以证实，秦人保留商文化因素，尤其是殉人、殉牲、殉狗反映了宗教信仰。

秦国早期文化车马葬俗亦与殷墟文化相同，④ 证实秦文化的车马葬俗源自商文化。

乙种　商奄文化因素　对少昊的祭祀。《史记·封禅书》曰：

> 秦襄公既侯，居西垂，自以为主少暤之神，作西畤，祠白帝，其牲駵驹、黄牛、羝羊各一云。⑤

笔者案：秦襄公建国，首要祭祀东方的少昊之神，其所出也。

丙种　周文化因素　秦公墓 M2 及夫人墓 M3 随葬铜器的形制、文字皆与周文化同。自商铜器发展而来的周铜器成为贵族交往的礼用。附葬的贵族墓 M31、M32，墓主为嬴姓宗族成员，随葬陶器的

---

① 秦文化与西戎文化联合考古队：《甘肃礼县大堡子山秦墓及附葬车马坑发掘简报》，《文物》2018 年第 1 期，第 4—25 页。

② 早期秦文化考古联合课题组：《甘肃礼县大堡子山早期秦文化遗址》，《考古》2007 年第 7 期，第 38—46 页；早期秦文化联合考古队：《甘肃礼县三座周代城址调查报告》，《古代文明》第 7 卷，第 335—340 页。

③ 中国社会科学院考古研究所编著：《殷墟的考古发现与研究》，科学出版社 1994 年版，第 101—109 页。

④ 中国社会科学院考古研究所编著：《殷墟的考古发现与研究》，第 138—147 页。

⑤ 《史记》卷 28《封禅书》，第 1634 页。

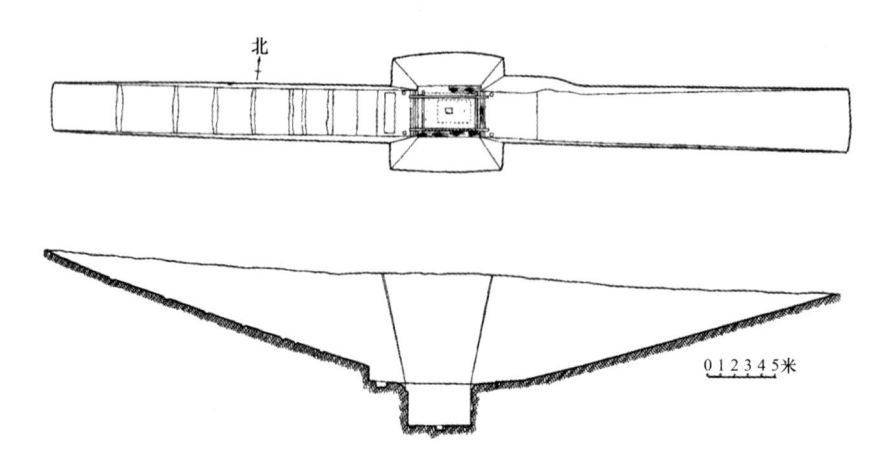

图 1-4 礼县大堡子山秦公墓 M2 平剖面图

（据戴春阳：《礼县大堡子山秦公墓地及有关问题》，《文物》2000 年第 5 期，第 75 页）

形制亦与周文化同。①

丁种　仰身屈肢葬文化因素。秦公墓 M2 及夫人墓 M3 的附葬贵族墓 M31、M32 的壁龛内殉人，有棺，墓主仰身屈肢葬，头向西，下肢蜷曲严重。随葬小件玉玦、玛瑙珠、贝币等。M31 壁龛墓主为 30 岁左右的女性；M32 北壁壁龛（M32K1）墓主为 13 岁左右的少年，南壁壁龛（M32K1）墓主为 14 岁左右的少年。殉人为墓主所宠爱，有一定的地位。

戊种　戎人文化因素。M2 殉牲 12 人，M3 殉牲 7 人。以殷墟所见殉牲例之，殉牲的身份当是秦人所获戎人。M2 殉牲均作屈肢葬，头向东或西。分为生殉和杀殉两种，前者作痛苦挣扎状，后者有的头部有洞，姿势规范。多为青少年。填土中还有殉犬 1 只。殷墟所见羌戎作殉牲。秦公墓 M2 及夫人墓 M3 的附葬贵族墓 M31 的小型祭祀坑，内有一名 6—9 岁儿童，作跪俯姿势。秦人墓葬内设龛，乃是源自西戎文化。

总之，秦襄公居西垂时期秦文化既有浓厚的殷墟文化风格，又

---

① 秦文化与西戎文化联合考古队：《甘肃礼县大堡子山秦墓及附葬车马坑发掘简报》，《文物》2018 年第 1 期，第 4—25 页。

有周文化因素。另外,对西戎的吸收,还存在一些西戎文化因素。

嬴族、秦族本商代之遗族,商代的秦先文化即商文化,与殷墟文化同。秦族非子时继承商文化;又与周通,遂有周文化之礼制焉。

三 大骆至庄公居西垂时期秦先文化分析

通过考古调查,考古工作者认为西汉水上游地区商周时期的文化主要有三种:刘家文化、寺洼文化、周秦文化(图1-5)。[①] 刘家文化属于姜戎文化,寺洼文化的族属是与周人、秦人敌对的西戎

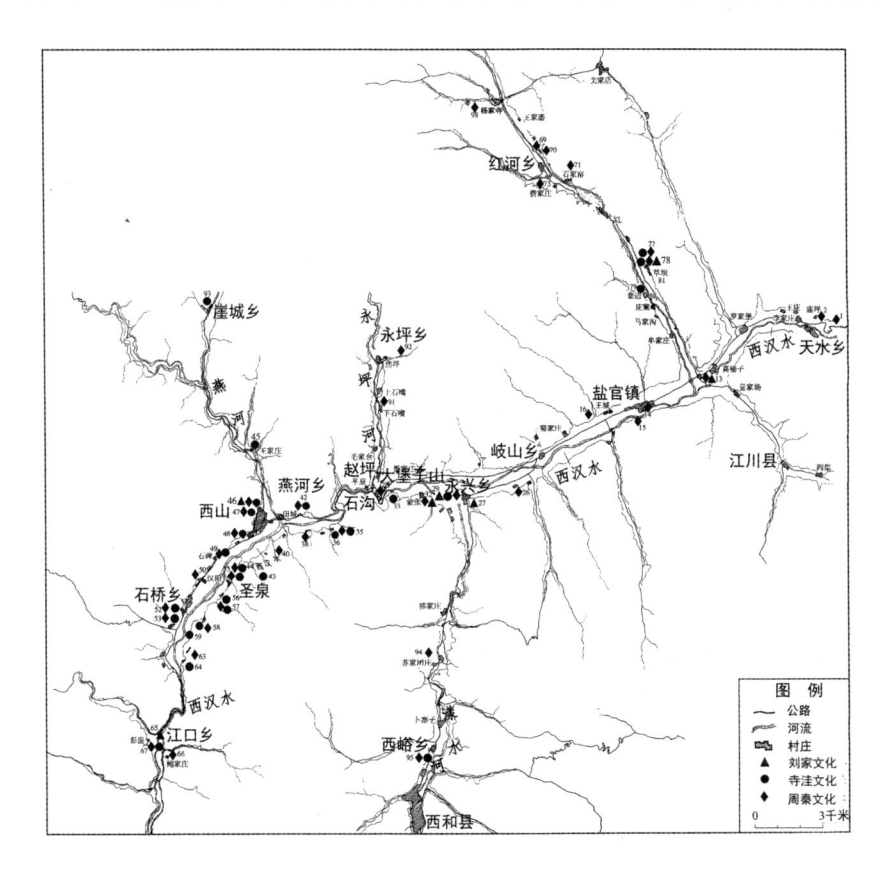

图1-5 西汉水上游地区商周时期遗址分布示意图

(据甘肃省文物考古研究所等编:《西汉水上游考古调查报告》,图224)

---

① 甘肃省文物考古研究所等编:《西汉水上游考古调查报告》,文物出版社2008年版。

犬戎，周秦文化实际是大骆族居西犬丘时期的考古学文化。

西周早中期，西犬丘的周秦文化与关中地区近同。学者以为，西周晚期西犬丘的周秦文化出现秦文化因素。笔者认为，这种推测在时代上较为粗略，所以需要进一步深入研究。尽管如此，西犬丘的西周早中期文化证实大骆至庄公居西犬丘时期所谓的秦先文化属于周文化。

西山古城处于西汉水北岸的山地上，呈不规则的长条形，西、北两边残长180米、1000米，东、南两边残长100米、600米，面积8.7万平方米。①

礼县西山遗址发现贵族墓M2003，年代在西周晚期。② 据《史记·秦本纪》，秦襄公时期伐戎集中在春秋初期，地域在关中一带。所以，M2003属于大骆至庄公时期较为合适。通过分析可以区别为多种文化因素。

甲种　商文化因素　礼县西山遗址M2003，东西向，长方形竖穴土坑墓。墓主为头西面北的，仰身直肢葬，双手放于腹部。鼻根底部有一铜镞插入墓主头骨，墓主死于非常。椁底有腰坑，内殉有1只狗。南、北二层台东侧有2个壁龛，北龛内有1殉人，东首面北，侧身屈肢；南龛内有1殉人，西首面北，侧身直肢；其南侧有1殉狗（图1-6）。

乙种　周文化因素　西山遗址M2003北龛殉人附近有彩绘漆皮、海贝6、玉块1；棺盖上玉璧3、戈2、璋1、圭1；墓主手持2枚玉握、面部一堆小玉块；椁室内有铜鱼15、铜剑1、海贝6、铜戈1；头箱内有铜鼎3、铜簋2（图版七）。棺上有棺饰，为1纵3横的木构框架，3道横向木棍形成的槽基本等距分布。棺髹黑漆，

---

① 早期秦文化联合考古队：《甘肃礼县三座周代城址调查报告》，《古代文明》第7卷，第324—335页、图版七。
② 赵丛苍、王志友、侯红伟：《甘肃礼县西山遗址发掘取得重要收获》，《中国文物报》2008年4月4日第2版；侯红伟：《西山遗址》，甘肃省文物考古研究所编著：《甘肃重要考古发现（2000—2019）》，文物出版社2020年版，第225—227页。

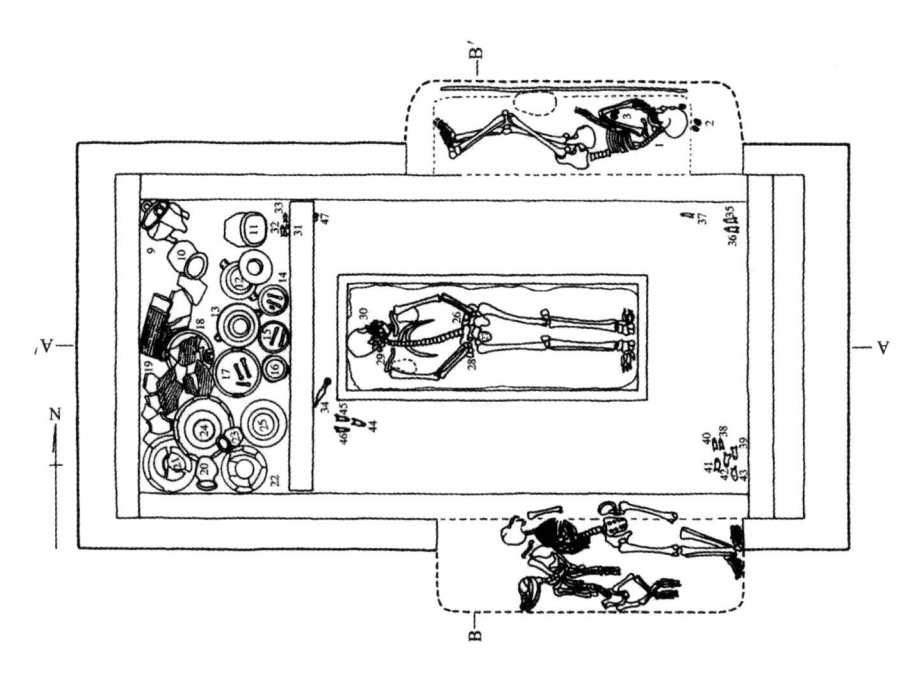

图 1-6　礼县西山遗址 M2003 平面图

（据梁云：《早期秦文化探索》，第 215 页）

东部脚端外壁有彩绘云雷纹。时代大约为西周晚期。这座墓使用了红色的纹饰来装饰棺的一端，表明了其具有较高地位。

西山遗址 M2003 随葬陶器罐 4 件、豆 2 件、鬲 1 件、甗 1 件、喇叭口罐 4 件（图 1-7）。

丙种　屈肢葬文化因素。礼县西山遗址 M2003 有南北壁龛，殉人仰身屈肢葬。北龛殉人为约 30 岁的女性，有棺；南龛殉人为约 15—16 岁的女性，身旁有 1 只狗。

四　西周时期甘肃地区的商奄遗民文化分析

类似于《秦本纪》称呼关中一带两周之际的民众为"周余民"，商遗民可以区别为狭义、广义。狭义的商遗民是以商人为主体的部族，或与商人有密切关系的部族；广义的商遗民则是与周统

图 1-7　礼县西山遗址 M2003 出土陶器

1. 鬲 2. 盆　3. 豆　4、5. 喇叭口罐　6. 甗

（据甘肃省文物考古研究所等编著：《秦与戎：秦文化与西戎文化十年考古成果展》，第 129—137 页）

治相对立的部族。无论哪种商遗民都会保存一些商文化的遗留因素。

甘肃地区发现一些商遗民文化，有助于我们了解与理解秦文化的发展演变。按照时代，有以下发现。

1. 礼县地区的西周文化。
2. 甘谷毛家坪西周文化。
3. 清水李崖遗址西周文化。
4. 泾河流域的西周时期的商遗民墓葬有甘肃省平凉地区（平

凉、崇信、泾川、灵台等县)、① 庆阳地区(庆阳、宁县)、② 宁夏回族自治区固原县、③ 陕西省旬邑、彬县、淳化。④ 腰坑、殉狗、殉人、日名铜器等为其特征。或以为墓主为殷遗民,其中有秦族先祖;⑤ 或以为墓主属于殷遗民,乃戍边者。⑥

笔者案:商代、西周时期的戍边成为这些部族的共同特征,商周之变,这些部族保持着旧的习俗(殷墟文化),并且或多或少吸收了一些周文化习俗。

20世纪80年代发掘的甘谷县毛家坪遗址秦文化墓葬年代最早不超过西周中期偏晚。⑦ 毛家坪A组遗存与关中的西周文化和东周秦文化相似或相同。前段包括一、二期土坑墓和居址1、2期,为西周时期;后段包括3—5期土坑墓和居址3、4期,为东周时期。A组遗存前段土坑墓葬式为屈肢葬,墓向西,与同期的西周墓迥异,

---

① 平凉地区博物馆编:《平凉文物》,平凉地区博物馆1982年版;甘肃省文物考古研究所编著:《崇信于家湾周墓》,文物出版社2009年版;甘肃省博物馆文物队:《甘肃灵台百草坡西周墓》,《考古学报》1977年第2期,第99—130页;刘得祯:《甘肃灵台两座西周墓》,《考古》1981年第6期,第557—558页;史可晖:《甘肃灵台又发现一座西周墓葬》,《考古与文物》1987年第5期,第100—101页。

② 庆阳地区博物馆:《甘肃庆阳韩家滩庙嘴发现一座西周墓》,《考古》1985年第9期,第853—854页;《甘肃宁县焦村西沟出土的一座西周墓》,《考古与文物》1989年第6期,第24—27页。

③ 固原县文物工作站:《宁夏固原县西周墓清理简报》,《考古》1983年第11期,第982—984页。

④ 中国社会科学院考古研究所编著:《南邠州·碾子坡》,世界图书出版公司2007版;咸阳市文物考古研究所、旬邑县博物馆:《陕西旬邑下魏洛西周早期墓发掘简报》,《文物》2006年第8期,第19—34页;西北大学文化遗产学院、陕西省考古研究院、旬邑县文物旅游局:《陕西旬邑县枣林河滩遗址商周时期遗存发掘简报》,《考古》2019年第10期,第15—32页;中国社会科学院考古研究所泾渭工作队:《陕西彬县断泾遗址发掘报告》,《考古学报》1999年第1期,第73—96页;淳化县文化馆:《陕西淳化史家原出土西周大鼎》,《考古与文物》1980年第2期,第17—20页;陕西省考古研究所编著:《高家堡戈国墓》,三秦出版社1995年版。

⑤ 路国权:《西周时期泾河流域的腰坑墓与秦族起源》,《咸阳师范学院学报》2009年第5期,第1—8页。

⑥ 梁云:《泾河上游西周时期殷遗民墓葬研究》,《中国考古学会第十五次年会论文集》,文物出版社2012版,第256—267页。

⑦ 甘肃省文物工作队、北京大学考古学系:《甘肃甘谷毛家坪遗址发掘报告》,《考古学报》1987年第3期,第359—395页。

而与东周秦墓有密切的关系。A 组遗存前段土坑墓的陶器与西周墓的陶器之间，既有相似，又有差异（图 1-8）。毛家坪 B 组遗存与以前陕甘青地区已发现的诸文化均不同，甘肃东部天水、平凉、庆阳地区的博物馆藏有这种遗存。① 学者后续的研究认为，毛家坪 B 组遗存特征鲜明，结合目前最新考古发现，其器物类型更加丰富，可分为甲、乙两类。甲类遗存为双鋬鬲、双耳鬲，且早期体形较大，大袋足，足跟由柱足发展到铲足。乙类遗存为双耳罐、单耳罐、双鋬罐、高领罐等，陶色斑驳，夹砂陶，烧制火候低，陶质疏松。前者主要源于李家崖文化，后者主要源于寺洼文化，毛家坪 B 组遗存是两种文化不断融合的产物。②

赵化成的困惑与感想：

> 毛家坪、西山、李崖的西周秦墓均为东西向坑竖穴墓，头向西，这与同期周人墓葬俗明显不同。但毛家坪西周秦墓盛行蜷曲特甚的屈肢葬、多无腰坑殉狗，而李崖西周秦墓均为直肢葬、腰坑殉殉，这种差别或与年代早晚有关，但也可能反映了族系或是等级的不同。也就是说李崖西周秦墓属于秦人嬴姓家族即贵族阶层墓葬，而毛家坪秦墓可能是秦人一般成员或是不同支系人员的墓葬。由此可见，早期秦人的构成比我们原来想象的要复杂。这其中，除去部分戎人融合于其中外，即便东迁而来的秦人，也存在不同的族系。……就目前的发现看，毛家坪遗址在甘谷境内，但还看不出与商文化有何联系，李崖遗址早期秦墓确实有浓厚的商文化遗风，但距离甘谷朱圉山有 200 多公里的路程。③

---

① 甘肃省文物工作队、北京大学考古学系：《甘肃甘谷毛家坪遗址发掘报告》，《考古学报》1987 年第 3 期，第 388—392 页。

② 孙占伟：《毛家坪 B 组遗存再认识》，《考古与文物》2019 年第 2 期，第 77—84 页。

③ 赵化成：《秦人从哪里来　寻踪早期秦文化》，《中国文化遗产》2013 年第 2 期，第 46—47 页。

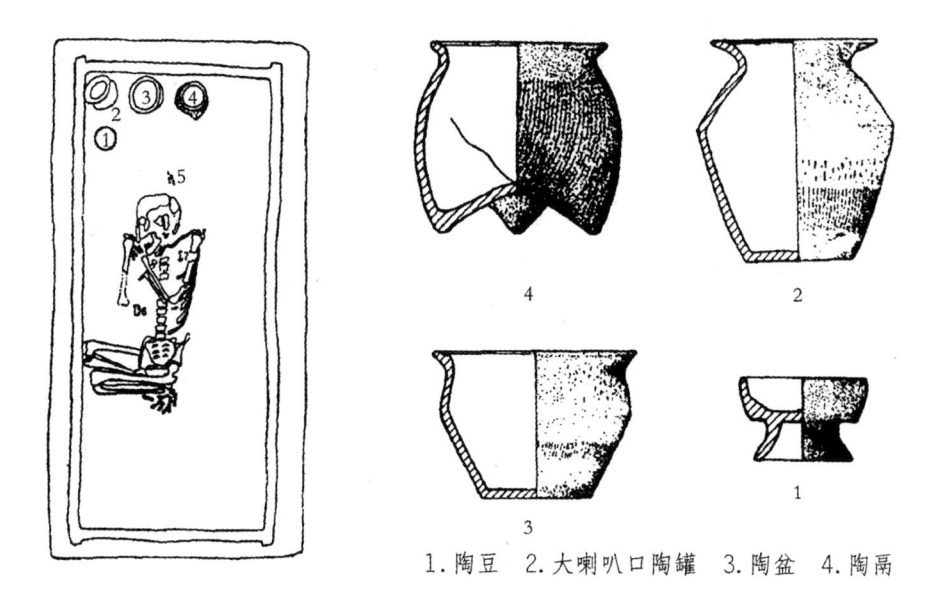

1. 陶豆　2. 大喇叭口陶罐　3. 陶盆　4. 陶鬲

图 1-8　甘谷县毛家坪遗址 83GMTM5 平面图及出土陶器

（据甘肃省文物考古研究所等编著：《秦与戎：秦文化与西戎文化十年考古成果展》，第 74 页）

2012—2014 年，早期秦文化联合考古队对毛家坪遗址进行勘探发掘。[①] 毛家坪东距甘肃省甘谷县城 25 公里，位于渭河南岸的二级台地上（图 1-9）。遗址面积约 60 万平方米，分沟东和沟西两部分，沟西的北部为居址区，南部为墓葬区；沟东主要为墓葬区（图版八之一）。勘探出墓葬沟东 731 座、沟西 294 座。依据钻探情况选择了 10 处发掘点，即 A—J 发掘点（B、E、G、J 点位于沟东）。

[①] 早期秦文化联合考古队：《甘肃甘谷毛家坪遗址 2013 年考古收获》，《2013 年中国重要考古发现》，文物出版社 2014 年版，第 60—63 页；《2014 年甘谷毛家坪遗址发掘丰富了周代秦文化内涵》，《中国文物报》2014 年 11 月 14 日第 1 版；侯红伟：《毛家坪遗址》，甘肃省文物考古研究所编著：《甘肃重要考古发现（2000—2019）》，第 200—207 页；早期秦文化联合考古队：《甘肃甘谷毛家坪春秋秦墓（M2059）及车马坑（K201）发掘简报》，《文物》2022 年第 3 期，第 4—40 页；《甘肃甘谷毛家坪遗址沟东墓地 2012～2014 年发掘简报》，《考古与文物》2022 年第 3 期，第 12—26 页；《甘肃甘谷毛家坪遗址沟西墓地 2012～2014 年发掘简报》，《考古与文物》2022 年第 3 期，第 27—46 页；《甘肃甘谷毛家坪周代居址 2012～2014 年发掘简报》，《文物》2023 年第 5 期，第 4—29 页。

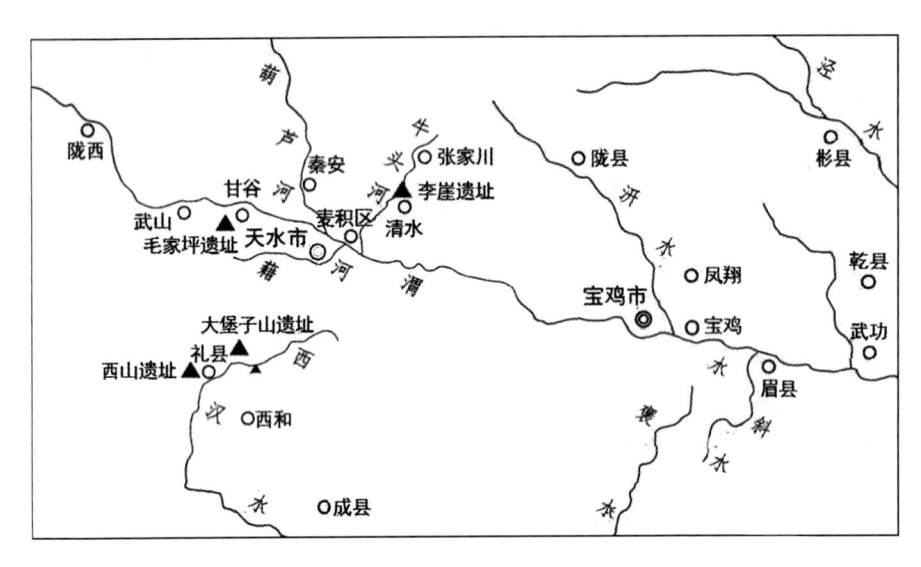

图 1-9　甘谷县毛家坪遗址位置示意图

沟东盗掘严重，在未盗掘 B、E、G、J 点发掘墓葬 52 座，车马坑 2 座；沟西 D、F、I 共发掘墓葬 140 座，灰坑 26 个，车马坑 2 座。既有西周墓葬，又有春秋贵族墓，对于探讨商奄遗民文化与毛家坪遗址的性质大有益处。

1. 西周墓葬

（1）沟东墓葬，有土坑竖穴墓 42 座。6 座中型墓平面为长方形，口底同大；有腰坑、殉狗。小型墓个别有殉狗。时代为西周晚期至战国晚期，属于秦文化。

M1013，墓向 285°，长 2.35 米、宽 1.2 米、深 1.8 米。椁与墓壁间有熟土二层台。葬具一棺一椁。墓主仰身屈肢葬，头西面南，双手交叉置于腹部，下肢蹲跪式上屈。墓主为 40—44 岁的女性。头两侧各有玉玦 1 件，胸部有石圭 1 件。棺椁间有陶鬲 1 件、簋 2 件、盆 1 件、罐 1 件。棺北侧有 2 件石圭。M1013 的年代为西周晚期偏早。

M1018，墓向 285°，长 2.4 米、宽 1.4 米、深 2.9 米。椁与墓

壁间有熟土二层台。葬具为一棺一椁。椁盖板上置2件石圭。墓主仰身屈肢葬，头向西北，双手交叉于腹部，下肢蜷屈，手各握碎玉玦1件。墓主为31—33岁的男性。二层台有豆2，鬲、罐、盆、杯各1。M1018的年代为西周晚期偏晚。

（2）沟西墓葬，土坑竖穴墓140座。部分墓葬平面呈长方形，口底基本同大。部分墓葬有腰坑、殉人、殉狗。时代从西周晚期延续至战国中晚期，属秦文化。其中，2013年在D点（20世纪80年代墓葬发掘点南侧）发掘竖穴土坑墓48座，其中西周墓葬6座，皆为小型陶器墓。

M2033，墓向299°。有熟土二层台。葬具为一椁二棺。椁盖板有一具殉狗。墓主仰身屈肢葬。头西面上，上肢双手交叉放于胸前，下肢蜷屈。墓主为男性，32岁左右。左耳部有玉玦1件。二层台随葬鬲1件、盆1件、豆2件、罐2件（图1-10），旁有兽骨和3件玉坠。在椁盖板西北角、西南角及殉狗头骨附近各出1件铜铃。棺盖板上有1件石圭。M2033的年代为西周晚期偏早。

M2013，墓向285°，平面长方形，口底同大。有熟土二层台。葬具为一棺一椁。墓主仰身屈肢葬，头西面上。上肢放置于腹部，下肢蜷屈斜向上。墓主为女性，51—60岁。椁室下有腰坑，有殉狗1件、石圭1件。棺椁间有陶盆、陶鬲、2件陶豆、1件喇叭口罐。头部有石圭16件，玉玦1件。M2013的年代为西周晚期后段或两周之际。

M2017，墓向275°，平面长方形，口底同大。葬具为一棺一椁。墓主仰身直肢葬，头西面上。双手放置于腹部。死者为女性，35—39岁。椁室下有一腰坑，坑内殉狗。棺椁间有鬲，旁有兽骨。墓主身上有石圭11件、玉玦1件。M2017的年代为西周晚期后段或两周之际。

简报较为清晰地描述了5座西周墓的情况，它们是毛家坪西周墓葬的代表，足以反映当时的部分实况。实际上，它们在墓向、葬式、棺椁、随葬品诸方面的特征与1986年发掘的毛家坪西周墓葬

图 1-10　甘谷县毛家坪遗址 13GMM2033 出土陶器

1. 鬲　2-3. 盆　4-5. 豆　6. 喇叭口罐

（据甘肃省文物考古研究所等编著：《秦与戎：秦文化与西戎文化十年考古成果展》，第 78—81 页）

大体相同。此 5 座墓葬皆有腰坑殉狗，更突出地反映了墓主人的身份，并且这些特征在毛家坪西周至战国早期文化一脉相传。

　　毛家坪西周遗址与墓葬的情况反映此处是居址、墓葬集中的一处遗存。居址部分没有城垣、夯土基址等重要遗存。毛家坪墓葬不仅缺乏贵族墓葬，而且男子墓葬缺乏兵器，这与毛家坪春秋战国时期墓葬的情况形成鲜明对比，或许有其历史原因。总之，毛家坪遗址西周时期遗存难以与文献描述的抵抗戎人的商奄遗民相联系，这里可能是商奄遗民的生活区、墓葬区，与军事区有所区别。

毛家坪遗址与西山遗址、大堡子山遗址的嬴秦墓葬比较，二者存在一些同异。相同之处，二者墓葬方面都流行腰坑、殉狗、殉人。不同之处，毛家坪遗址的嬴秦墓葬葬式流行仰身屈肢葬，罕见仰身直肢葬；而西周至春秋时期西山遗址、大堡子山遗址的嬴秦墓葬葬式流行仰身直肢葬。

陶器方面，毛家坪遗址与毛家坪墓葬西周至战国早期流行鬲、盆、豆、喇叭口罐。西山遗址、大堡子山遗址的嬴秦墓葬西周至春秋时期亦流行鬲、盆、豆、喇叭口罐。

毛家坪遗址西周墓葬包含数种文化因素。

甲种　商文化因素　毛家坪遗址西周墓葬有腰坑、殉狗。

乙种　周文化因素　毛家坪遗址西周墓葬随葬陶器鬲、盆、豆、喇叭口罐。

丙种　屈肢葬文化因素　毛家坪遗址西周墓葬墓主流行仰身屈肢葬，罕见仰身直肢葬。

西周至战国早期秦文化与此相似，证实毛家坪遗址的西周遗存属于秦文化。并且，毛家坪西周文化亦见之于西山遗址，同样证实它属于秦文化。秦文化内部存在一些差别，而流传的是商奄遗民文化。

2. 春秋贵族墓

在沟西 D 点发掘高等级贵族墓 2 座 M2059、M2058，墓主身份为大夫级别。沟西 M2204、M2111、沟东 M1049 均出铜三鼎，墓主身份为元士级别。沟西 M2146、M2179 均出铜一鼎，墓主身份为中下士级别。

（1）M2059 位于沟西 D 点北部居中，长方形土坑竖穴墓，口底同大，长 5.48 米、宽 2.98 米。方向 309°。墓坑四壁有 5 个壁龛，殉 5 女 1 男，殉人均带棺，有少量随葬品。椁室与墓壁之间有熟土二层台。椁室有隔板，将椁室分为西部的头箱和东部的棺室。棺室内置内、外双棺。外棺素面，内棺外髹青灰色漆，内髹红漆。墓主头向西，仰身微屈，男性。西部头箱出土铜器 15 件（5 鼎、4

簠、2方壶、1盘、1匜、1盂、1方甒)、陶器13件(喇叭口罐6件、小口罐6件、鬲1件)、漆木器6件、滑石1枚。外棺盖板上出土铜戈1件(秦公作子车戈)、铜短剑1件。外棺内，北侧内、外棺之间出土1件铜短剑和1件铜戈。墓主左右耳侧各出土玉耳玦1件，口内出玉口含4枚。右手握玉片1枚，右肩外侧出土铜戈1件。左侧胸腹间有玉璧1件。右侧肋骨处散落串珠饰品。左脚趾骨处出土玉玦1枚。附属车马坑K201在其东南约15米处，长9.8米、宽3.2米、深5.7米，内置3车10马。均为木制双轮独辀车。1号车驾4马；2号车驾2马，披皮甲胄，舆内有胄、身甲、箭箙、镞、铜铲形器，舆前置1弓、3戈、2矛。3号车驾4马，舆前有弓、箭遗痕。M2059年代为春秋中晚期之际。墓主属大夫级别(图版八之二、三、四)。①

(2) M2058为长方形竖穴土坑墓，长5.17米、宽2.98米、墓底深10.2米。西侧二层台上殉1人，带棺，为女性。墓室内一椁一棺，西端棺椁之间有铜器13件：铜鼎3件、铜簠4件、方壶2件，铜甒、铜匜、铜盘、铜盂各1件；陶器8件：喇叭口罐4件、小罐4件；另有漆木器、石圭、陶圭等。墓主头向西，仰身屈肢葬，男性。墓葬年代为春秋晚期。附属车马坑K203，长10米、宽3.3米、深约4.5米，内置三车10马。1号车驾4马。2号车驾2马，披皮甲胄，舆内外武器有箭矢1捆、铜戈2件、弓2件、曲内戈1件、短矛1件，舆内出有凿、锛、削刀等工具。3号车驾4马，舆前有弓、镞、策、笞。②

毛家坪遗址春秋至战国早期墓葬包含数种文化因素。

甲种 商文化因素 毛家坪遗址春秋至战国早期墓葬有腰坑、

---

① 早期秦文化联合考古队：《2014年甘谷毛家坪遗址发掘丰富了周代秦文化内涵》，《中国文物报》2014年11月14日第1版；《甘肃甘谷毛家坪春秋秦墓(M2059)及车马坑(K201)发掘简报》，《文物》2022年第3期，第4—40页。

② 早期秦文化联合考古队：《2014年甘谷毛家坪遗址发掘丰富了周代秦文化内涵》，《中国文物报》2014年11月14日第1版。

殉狗。

乙种　周文化因素　毛家坪遗址春秋至战国早期墓葬随葬陶器鬲、盆、豆、喇叭口罐。

丙种　商文化戎文化因素　壁龛源自西戎文化。毛家坪贵族墓壁龛及殉人，此制源自礼县西山遗址M2003，乃是秦人融合商文化因素、西戎文化因素于一体。

丁种　屈肢葬文化因素　毛家坪遗址春秋至战国早期墓主流行仰身屈肢葬，罕见仰身直肢葬。高级贵族墓M2059墓主头向西，仰身微屈；M2058墓主头向西，仰身屈肢葬。沟西M2204、M2111、沟东M1049均出铜三鼎，沟西M2146（蜷曲特甚的仰身屈肢葬）、M2179均出铜一鼎，墓主头向西，仰身屈肢葬。

总之，毛家坪遗址西周至战国早期墓葬具有一脉相承的特点，尤其是仰身屈肢葬出现于高级贵族墓、贵族墓、平民墓，证明仰身屈肢葬并非下层葬，而是嬴秦内部的区别。西垂、秦的嬴秦最高首领的地位高于毛家坪嬴秦最高首领的地位。周初之难，商奄愿意为赴难是有其历史原因的，秦先是源自东方嬴族的高级贵族。

关于秦文化中仰身屈肢葬的来源，目前学界尚未能清楚地证明。

甘肃东部地区在半山—马厂期曾流行侧身屈肢葬，其后的齐家文化、寺洼文化罕见。

赵化成总结：

> 屈肢葬俗并非秦人原来的文化传统，但何时、因何原因致使一部分秦人的葬俗发生如此大的改变，目前还不清楚。[1]

欧亚草原地带曾流行屈肢葬，赵化成、马健、梁云推测秦人的

---

[1] 赵化成：《秦人从哪里来——寻踪早期秦文化》，《中国文化遗产》2013年第2期，第46页。

屈肢葬可能源自西亚、中亚地区。①

笔者案：尽管屈肢葬的来源不明，但是西周时期它在西山遗址、毛家坪遗址都出现了，说明西周时期秦人就吸收了屈肢葬。事实上，毛家坪遗址的嬴秦吸收了屈肢葬，并且逐渐传播了它。

相对于礼县西山、大堡子山是抗戎前线，毛家坪遗址更像是后方。毛家坪遗址距离礼县西山、大堡子山很近，随时可以支援。

秦公作子车戈曰：

秦公作子车用。严虩武灵，戮畏不廷（图版八之四）。②

秦公作子车用戈是重要发现，其铭文可与文献记载印证，沟西墓地可能是秦国子车氏家族墓。甘谷县毛家坪西周至战国早期文化一脉相承，春秋中晚期之际乃子车氏所居。

毛家坪遗址位于秦人西迁的必经之路，对探讨嬴秦西迁的时间、路线意义亦非常重要。

西周时期的商奄遗民与非子秦族族属亲近，但是地域不同。商奄属嬴族，非子属于嬴族的分支秦族。秦邑时期的秦文化与商奄文化并不存在直接的关系，二者不能等同。西周的商奄遗民的文化究竟保留多少商文化因素、吸收多少西周文化，可以从周原的商遗民得到借鉴。两周之际，商奄遗民回归于秦族的领导之下。

五　非子（秦嬴）至秦仲居秦时期的秦先文化探索

目前，学者对于非子居秦的地望存在严重的分歧，主张甘肃清

---

① 赵化成：《公元前5世纪中叶以前中国人工铁器的发现及其相关问题》，《考古文物研究——纪念西北大学考古专业成立四十周年文集（1956—1996）》，三秦出版社1996年版，第289—300页；马健：《公元前8—前3世纪的萨彦—阿尔泰——早期铁器时代欧亚东部草原文化交流》，《欧亚学刊》第8辑，中华书局2008年版，第38—84页；梁云：《论早期秦文化的来源与形成》，《考古学报》2017年第2期，第162—163页。

② 早期秦文化联合考古队：《甘肃甘谷毛家坪春秋秦墓（M2059）及车马坑（K201）发掘简报》，《文物》2022年第3期，第4—40页；董珊：《秦子车戈考释与秦伯丧戈矛再释》，《国学学刊》2019年第3期，第40页；《秦汉铭刻丛考》，第47、58—59页。

水与陕西汧渭之会的都大有人在，无论历史文献还是考古学研究都尚未最终确定，所以以探索言之符合目前的研究状况。

1. 甘肃清水李崖遗址的考古发现

一些学者以为非子的秦邑在甘肃省清水县、张家川县一带。清水县的考古学文化，自殷墟文化一期至春秋时期内涵清楚。商代后期是殷墟文化一期至殷墟文化四期遗存；西周时期主要是西周文化，占据主导地位，不是秦文化；春秋时期则为秦文化。[①]

2005年、2008年，早期秦文化联合考古队对渭河上游的秦安县、张家川县、清水县等进行了考古调查，重点是清水县的牛头河及其支流，基本上摸清该流域的古文化遗址分布状况（图1-11）。

李崖遗址面积大、文化堆积丰富，在牛头河流域以周代文化为主的遗址中最具代表。[②] 李崖遗址东南部为一级台地，面积约50万平方米；西北部为二级台地，面积在50万平方米以上。2010—2011年，对李崖遗址进行了2次发掘，发掘14座西周墓葬、5座寺洼文化墓葬。

2010年，通过调查、钻探和发掘，结合文献记载，确定白土崖古城为北魏时期的清水郡城。二级台地西南部为白土崖古城，内外钻探面积约20万平方米，无西周时期的重要遗迹。在一级台地中部钻探，面积约5万平方米，发现10多座土坑竖穴墓及数十座灰坑。发掘了4座墓，均为土坑竖穴，有棺椁或仅有棺。东西向（西偏北），头向西，M5、M7、M8仰身直肢葬，M6仰身下肢微屈。均有腰坑、殉狗。M8无随葬品，其余3墓陶器组合为鬲、簋、盆、罐，部分陶器有明显的商式风格。年代均为西周时期（图1-12、1-13）。

[①] 毛瑞林、梁云、南宝生：《甘肃清水县的商周时期文物》，《中国历史文物》2006年第5期，第38—45页。

[②] 赵化成等：《甘肃清水李崖遗址考古发掘获重大突破——为寻找秦先祖非子封邑提供新线索》，《中国文物报》2012年1月20日第8版；侯红伟：《李崖遗址》，甘肃省文物考古研究所编著：《甘肃重要考古发现（2000—2019）》，第194—199页。

112　秦国早期历史之重构

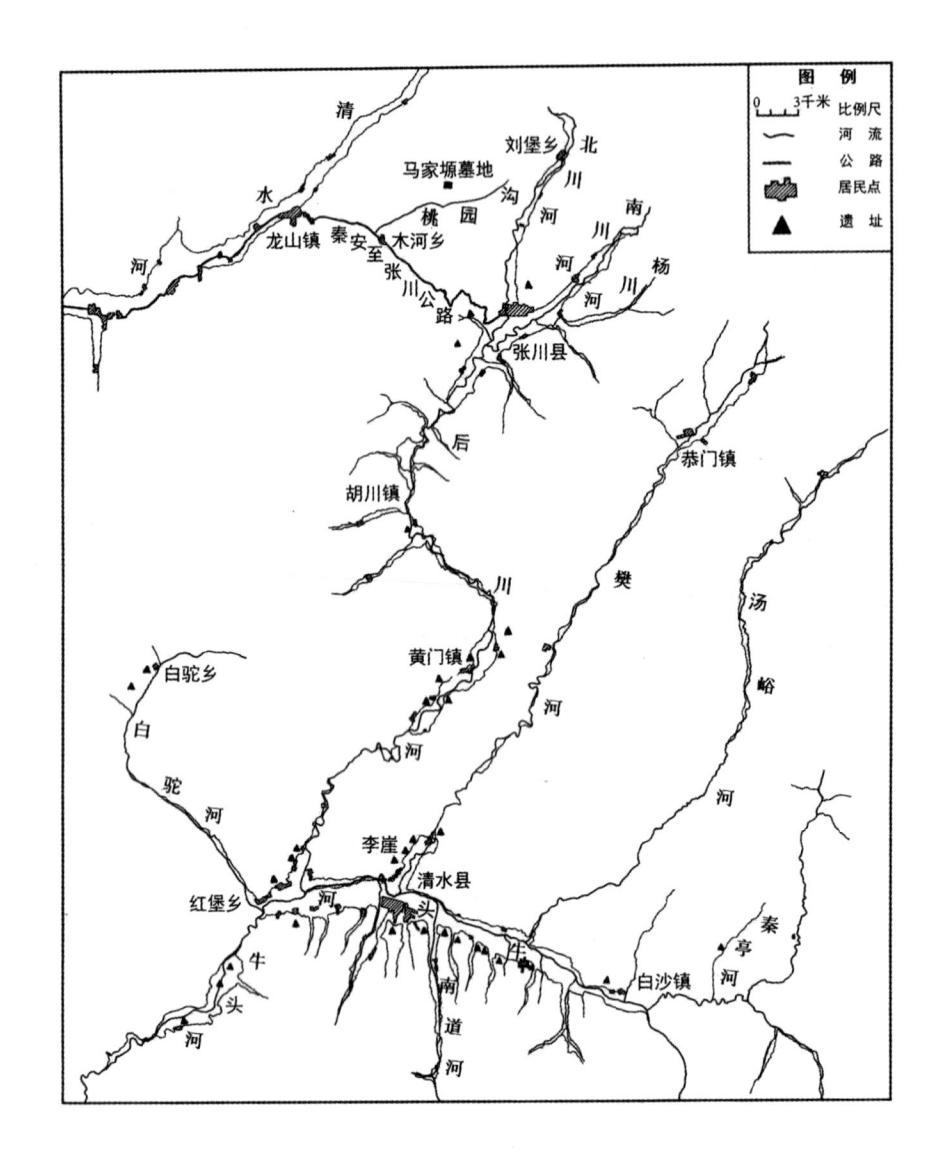

图 1-11　牛头河流域周代遗址分布图

（据梁云：《考古学上所见秦与西戎的关系》，《西部考古》第 11 辑，第 116 页。原图称"秦文化"，今据梁云《西垂有声》第 67 页乙名"周代"）

2011 年，在一级台地东北部钻探面积 20 万平方米，探明墓葬 60 余座，灰坑百余座，无夯土建筑。发掘 15 座墓，有棺椁或仅有

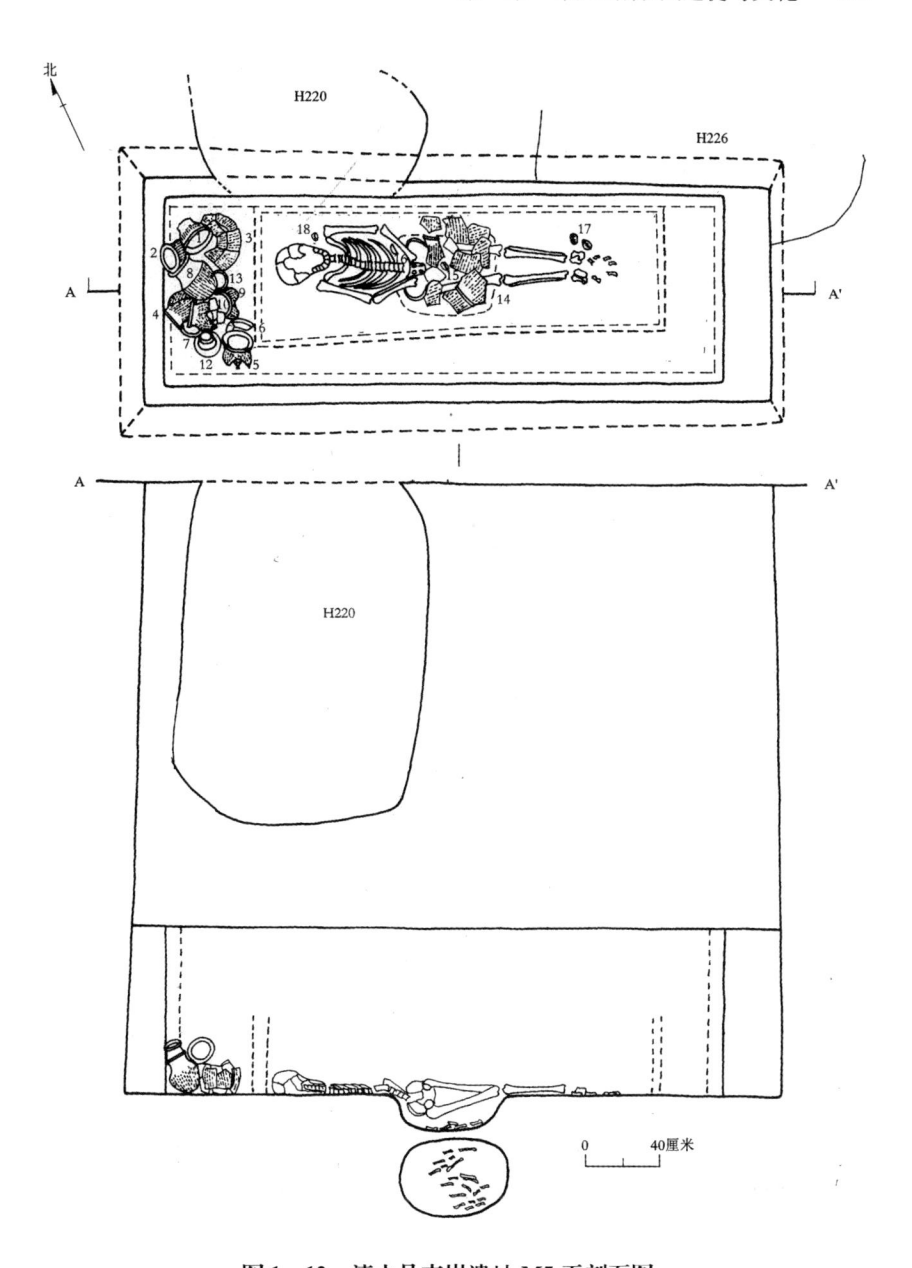

第一章 秦人的族源、迁徙与文化 113

图 1–12 清水县李崖遗址 M5 平剖面图

1、6、12. 陶簋 2、4、5、9、11、13. 陶鬲 3、7、8、10. 陶罐 14. 陶盆 15、17、18. 贝币 16. 骨镞

（据甘肃省文物考古研究所等编著：《秦与戎：秦文化与西戎文化十年考古成果展》，第84页）

图 1-13 清水县李崖遗址 M5 出土陶器

1、2. 鬲 3. 簋 4. 罐 5. 盆

（据甘肃省文物考古研究所等编著：《秦与戎：秦文化与西戎文化十年考古成果展》，第84页）

棺。随葬品除了 M22 出铜戈 1 件外，余为陶器。10 座墓东西向，头向西；有腰坑殉狗；随葬陶鬲、簋、盆、罐等，部分鬲、簋具有显著的商式风格。5 座寺洼文化墓葬：M9 二次扰乱葬（乃寺洼文化典型葬式），随葬寺洼文化的马鞍口罐、素面簋、单耳罐各 1 件，余为周式或商式风格的陶器 27 件。4 座墓东西向、头向西、有腰坑殉狗，出土寺洼文化陶罐各 1 件。墓葬的年代为西周中期前后。发掘的 40 余座灰坑及文化层中出土西周陶片，器类有鬲、簋、盆、罐等，与毛家坪遗址、西山遗址的秦文化既有相同之处，又存在差异之处（图 1-14、1-15、1-16）。

第一章 秦人的族源、迁徙与文化　115

M9随葬器物出土情况

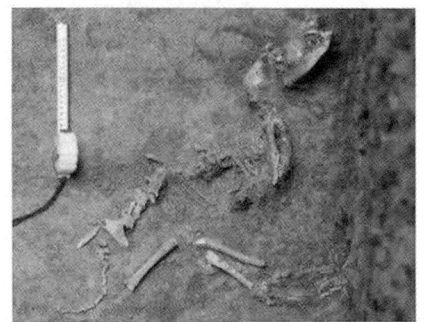

M9

M9殉狗

图 1-14　清水县李崖 M9 形制

（据甘肃省文物考古研究所编著：《甘肃重要考古发现（2000—2019）》，第 197 页）

陶鬲 　　　　　陶簋 　　　　马鞍形口陶罐

图 1-15　清水县李崖 M9 出土陶器

（据甘肃省文物考古研究所编著：《甘肃重要考古发现（2000—2019）》，第 198 页）

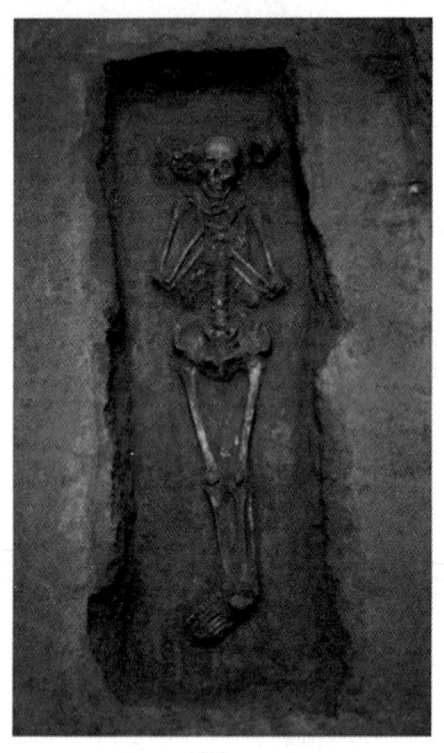

M18

陶罐

图 1−16　清水县李崖 M18 墓葬形制与出土陶器

(据甘肃省文物考古研究所编著:《甘肃重要考古发现 (2000—2019)》, 第 199 页)

　　2012 年、2016 年, 赵化成认为, 清水李崖的周代遗存集中于西周早期晚段至西周中期早段。[①] 2020 年, 侯宏伟认为, 李崖遗址的繁荣期在西周中期, 进入西周晚期就很快废弃。[②] 笔者案: 周孝王封非子, 值西周中期晚段, 清水李崖遗址的年代与非子秦邑的年

[①] 早期秦文化考古联合课题组:《2004 年早期秦文化考古项目开展以来的主要工作及收获》, 甘肃省文物考古研究所等编:《早期丝绸之路暨早期秦文化国际学术研讨会论文集》, 文物出版社 2014 年版, 第 1—8 页; 赵化成:《秦人来源与早期秦文化的考古学探索》, 蔡庆良、张志光主编:《嬴秦溯源: 秦文化特展》, 第 286—293 页。

[②] 侯红伟:《李崖遗址》, 甘肃省文物考古研究所编著:《甘肃重要考古发现 (2000—2019)》, 第 198 页。

代不符。李崖遗址目前尚未发现夯土居址及较大型的铜器墓等。所以，目前还不足以判定清水李崖遗址是非子（秦嬴）的秦邑。详细的讨论见本书第四章。

2. 汧渭之会的西周考古发现

《史记·秦本纪》曰：

> 文公元年，居西垂宫。三年，文公以兵七百人东猎。四年，至汧渭之会。曰："昔周邑我先秦嬴于此，后卒获为诸侯。"乃卜居之，占曰吉，即营邑之。①

笔者按：非子居秦的地望，在汧渭之间。秦，大名也，如同晋（国）、宋（国）、卫（国）一样。不足五十里为附庸，故秦邑的地域有限。那么，非子在广袤的汧渭之会放牧，并且拥有秦邑这个小的采邑。

《汉书·地理志》右扶风汧县：

> 汧，吴山在西，《古文》以为汧山。雍州山。北有蒲谷乡弦中谷，雍州弦蒲薮。汧水出西北，入渭。②

《水经注·渭水》曰：

> （汧水）有二源：一水出县西山，世谓之小陇山。……汧水又东会一水，水发南山西侧，俗以此山为吴山。……径隃糜县故城南……汧水东南历慈山，东南径郁夷县北，平阳故城南。……汧水又东流，注于渭北。③

---

① 《史记》卷5《秦本纪》，第230页。
② 《汉书》卷28上《地理志上》，第1547页。
③ 郦道元注，杨守敬、熊会贞疏：《水经注疏》卷19《渭水》，第1511—1515页。

汧水（今名千河）源出陇县，东南过千阳、雍县、宝鸡市陈仓区入渭，非子放牧的汧渭之会是个广大的区域，包括汧水入渭水两岸。根据地形分析，要包括雍县、陈仓区的大部分地区。

（1）宝鸡市陈仓区戴家湾遗址。清光绪二十七年（1901年），斗鸡台乡人盗掘铜器20件，今藏美国大都会博物馆。1928年，党毓琨盗掘古墓50余座，出土商周汉代铜器1500余件。1934—1937年，国立北平研究院在斗鸡台发掘，获陶器、少量铜器。1980年，出土铜器5件。20世纪80年代，宝鸡市博物馆在戴家湾战国汉代遗址区发掘。1995—1997年，中意联合考古发掘春秋战国墓22座，汉代墓16座。关于戴家湾西周墓地的性质，李学勤以为虢国，卢连成以为夨国，王光永以为姬姓贵族，高次若、刘明科以为与周公家族有关，尹盛平以为乃夨国将领塑的家族墓地。①

（2）宝鸡市渭滨区石鼓山墓地。2012—2014年，陕西省考古研究院、宝鸡市考古研究所、渭滨区博物馆在宝鸡石鼓山发掘商周时期墓葬12座，出土青铜礼器近百件。关于石鼓山墓主的身份，刘军社、王占奎等以为乃姜氏之戎，② 尹盛平等以为可能是"姜氏之戎"夨国姜太公家族的墓地。③

（3）宝鸡市金台区金河镇蒋家庙古城。2005年，宝鸡市考古研究所、北京大学考古文博学院对宝鸡市区周围出土青铜器的地点进行考古调查，在蒋家庙发现一座西周早期古城。蒋家庙遗址面积250万平方米，城墙内部面积40万平方米。北墙可见长度1240米，西墙长约150米，南墙长约800米，东墙仅残长25米。城墙始建年代不早于先周晚期，使用年代在商周之际至西周中期之间。墓葬

---

① 参见尹盛平、尹夏清《关于宝鸡市戴家湾、石鼓山商周墓地的国别与家族问题》，《考古与文物》2016年第2期，第40—45页。
② 陕西省考古研究院、宝鸡市文物旅游局、上海博物馆编：《周野鹿鸣 宝鸡石鼓山西周贵族墓出土青铜器》，上海书画出版社2014年版，第29页、第17—19页。
③ 尹盛平、尹夏清：《关于宝鸡市戴家湾、石鼓山商周墓地的国别与家族问题》，《考古与文物》2016年第2期，第40—45页。

以中小型为主，时代从商代中晚期持续到西周早中期。①

（4）宝鸡市高新区马营镇旭光村两周墓地。旭光村分布有多处新石器、西周、汉代遗址。1984年，宝鸡市博物馆在旭光村发掘1座西周墓葬。② 1984年，在旭光村发掘2座墓。2018—2020年，宝鸡市考古研究所在旭光村发现并清理墓葬近77座。其中，西周墓47座，东周墓28座，西周墓28座。西周墓系周人墓。东周墓27座为秦人墓，1座具有北方草原文化（狄文化）特征，时代为战国中晚期至秦代。③

（5）凤翔县长青镇孙家南头村周秦墓。2003年10月—2004年9月，陕西省考古研究院、宝鸡市考古研究所、凤翔县博物馆在凤翔县长青镇孙家南头村一带发现周秦墓。其中，周墓35座，春秋秦墓和车马坑91座。周墓的年代自先周晚期至西周晚期，秦墓年代多为春秋中晚期。④凤翔一带的西周墓葬反映了汧渭之会西周时期文化的状况。35座周墓中就有20座腰坑墓，其中一些殉狗或殉兽，与殷遗民墓葬特征相同（图1-17、1-18）。赵丛苍认为墓地可以区分为由周系族群和广义的殷遗民组成，其中以后者居多。⑤笔者案：墓地或许与非子时期的秦人遗存有关。

（6）宝鸡陈仓区贾家崖西周春秋墓。⑥宝鸡陈仓区贾家崖西周遗址分为3期5段，两周之际墓葬分为西周晚和春秋早2期4段。

---

① 北京大学中国考古学研究中心、宝鸡市考古研究所：《宝鸡市蒋家庙遗址考古调查报告》，《古代文明》第9卷，文物出版社2013年版，第240—266页。

② 王桂芝：《宝鸡下马营旭光西周墓清理简报》，《文博》1985年第2期，第1—3页。

③ 宝鸡市考古研究所：《陕西宝鸡旭光西周墓葬发掘简报》，《文物》2021年第9期，第4—37页；宝鸡市考古研究所编著：《宝鸡旭光墓地》，文物出版社2023年版。

④ 陕西省考古研究院等编著：《凤翔孙家南头：周秦墓葬与西汉仓储建筑遗址发掘报告》，科学出版社2015年版，第2—3、319—320页。

⑤ 赵丛苍：《孙家南头墓群周墓地分析》，《文博》2021年第1期，第45—52页。

⑥ 种建荣、张天宇等：《宝鸡贾家崖两周陶器分期研究》，山东省文物考古研究所、北京大学震旦古代文明研究中心、莒县人民政府编著：《青铜器与山东古国学术讨论会论文集》，第55—81页；陕西省考古研究院：《2013年陕西省考古研究院考古发掘调查新收获》，《考古与文物》2014年第2期，第8—9页；陕西省考古研究院商周考古研究室：《2008—2017年陕西夏商周考古综述》，《考古与文物》2018年第5期，第54页。

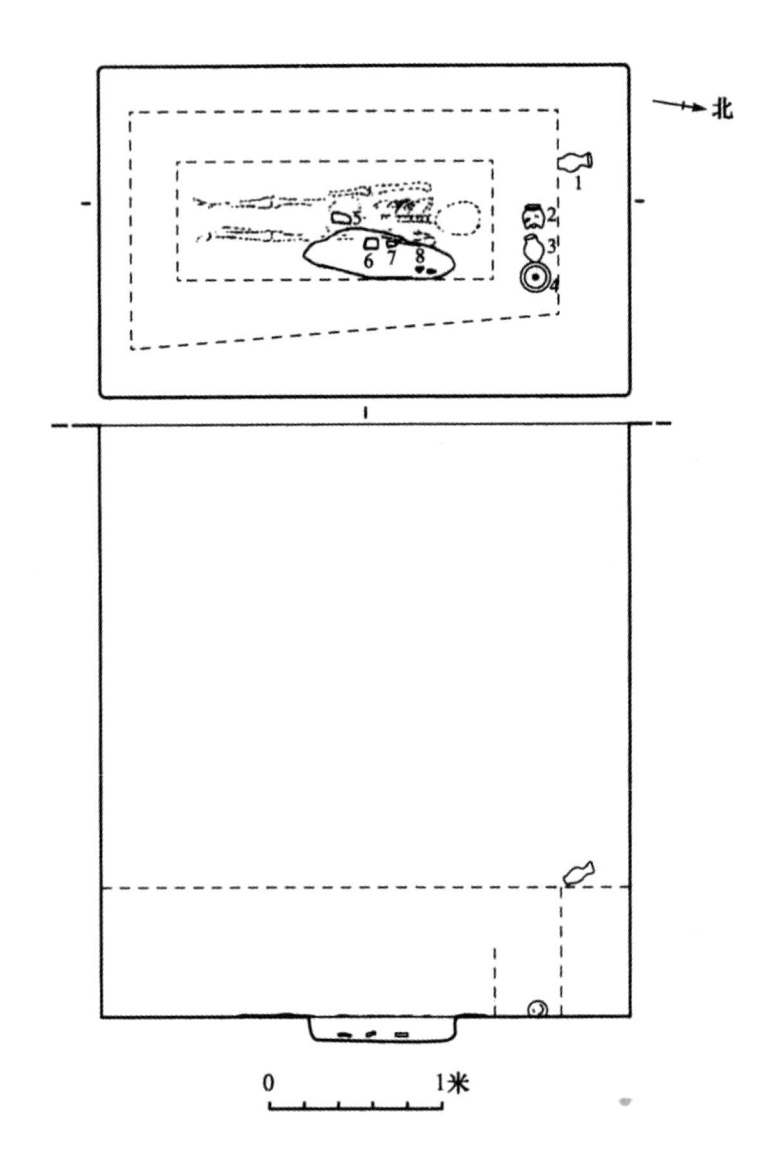

图 1-17 凤翔县孙家南头 M156 平剖面图

1. 铜觯 2. 陶簋 3. 陶罐 4. 陶鬲 5-7. 石饰 8. 蛤蜊

（据陕西省考古研究院等：《凤翔孙家南头：周秦墓葬与西汉仓储建筑遗址发掘报告》，第 39 页）

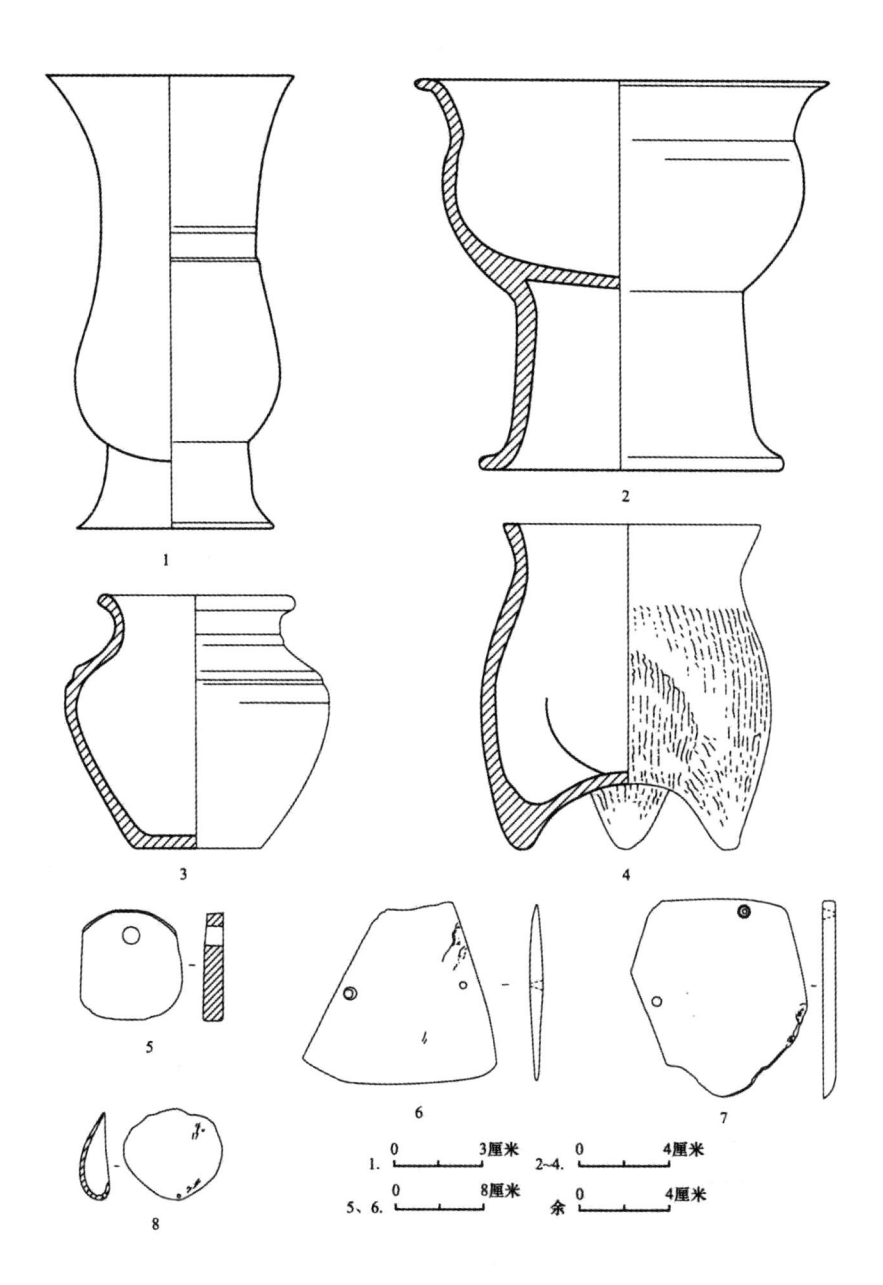

第一章 秦人的族源、迁徙与文化 121

图 1-18 凤翔县孙家南头 M156 出土铜器、陶器、石器、贝器

1. 铜觯 2. 陶簋 3. 陶罐 4. 陶鬲 5-7. 石饰 8. 蛤蜊

（据陕西省考古研究院等：《凤翔孙家南头：周秦墓葬与西汉仓储建筑遗址发掘报告》，第40页）

此处始终为平民居葬区，自然延伸延续，春秋早期属于周余民。

笔者认为，需要对汧渭之会、西垂之间的西周春秋文化进行比较，找出之间是否存在某种关联，是否足以反映如同文献描述的那样的密切关系。目前，可以比较的资料有墓葬形制与随葬品。

第六节　小结

通过以上研究，笔者得出如下结论：

1. 嬴族乃颛顼苗裔玄孙女女修之后，既非西戎，亦非东夷，而是依附于华夏的民族。嬴族商代依附于商王室，西周依附于周王室，服侍商周。

2. 商代晚期，嬴族依附于商族，中潏守西垂。西周时期，中潏后人仍然守西垂。商奄被周公迁徙至朱圉（今属甘肃省甘谷县）。或投奔周人，赵氏其一也，嬴族的非子寄托于此。

3. 秦人的构成很复杂，秦襄公立国时的秦人既包括大骆族、秦嬴族、商奄遗民、戎秦人、秦戎、戎人等，又包括停留在关中的大量周余民，周余民的构成复杂。

4. 嬴族文化本是源自商文化（嬴族商化，商奄之谓也），商代东方的嬴族文化即商文化。两周时期，甘肃地区西犬丘、朱圉的嬴族文化既有商文化因素，又有周文化因素。秦文化须以秦襄公居西垂时的文化为基础加以探讨。

5. 清水李崖遗址的周代文化只能归属于商遗民文化，却不足以断为秦文化。不能仅凭部分符合预想却得出整体的结论。类似于清水李崖的遗址在甘肃尚有发现，更说明不能贸然下结论。

6. 考古本《竹书纪年》、《国语》、清华简《系年》、《史记·秦本纪》等记载的秦族迁徙史，嬴族西迁至甘肃天水一带，实际有4次：（1）商末中潏居西垂；（2）周初商奄遗民徙居朱圉；（3）西周中期大骆居犬丘（西垂），嫡子成继之，庶子非子（秦嬴）封于秦；（4）周厉王时犬戎灭犬丘大骆之族，周宣王初年非子（秦嬴）后秦庄公得大骆地犬丘，为西垂大夫。

史实是：大骆居犬丘，卒。嫡子成立，居犬丘，庶子非子亦居犬丘。犬丘为宗邑，故秦仲继位为西垂大夫。西垂大夫本大骆、成之职位也。西垂乃其宗邑。周孝王赐非子于秦，为附庸。

嬴族之迁徙，有西垂（西犬丘）之嬴、朱圉之嬴、秦之嬴。他们属于同族，文化之本源为商文化，因时代与周人政策可能会存在差异。秦之嬴自西垂（西犬丘）之嬴分出。非子初居西垂时期，其文化与西垂（西犬丘）之嬴文化更近，西垂（西犬丘）之嬴灭后而秦之嬴代之，地域与文化的合二为一。随着西土形势告急，朱圉之嬴最终归秦之嬴。目前，已经对朱圉之嬴的文化发掘。西垂地望大体确定，具体位置需要进一步辨析，文化内涵明确。

7. 非子分封地秦邑的地望存在分歧，目前秦亭说只有汉代以后的文献记载，一些学者以为是清水李崖遗址，然而其地理（与文献记载不符）、考古学文化的时代（缺乏西周中期晚段以后的遗存，春秋初年即已废弃）、遗存的性质（缺乏城垣、宫室、贵族墓等遗存）都不支持此说。汧渭之会说拥有文献记载的优势。

8. 清华简《系年》记载的是商奄遗民迁徙史，朱圉（今属甘肃省甘谷县）乃为其初居地。商奄遗民后来成为秦人的主力，宣王给与秦人的七千人，当是其人，所谓"成秦人"者。

9. 周孝王邑非子于秦，参照西周金文、《左传》记载的分封，出于配置与需要，会赏赐非子源自不同族的人。

第 二 章

秦襄公至出子年代事迹考

司马迁主要利用《秦记》来撰写《史记·秦本纪》《秦始皇本纪》及《十二诸侯年表》《六国年表》之秦《表》，又补充了一些源自《春秋》《左传》《春秋历谱牒》等的资料。

《秦记》的记录特点是"不载日月，其文略不具"，① 并且《秦记》在西汉流传过程中存在一些传抄讹误。司马迁糅合《秦记》与补充文献时产生了一些失误。以上情况造成了《史记》秦国早期历史存在不少错误之处。对于这些错误，汉代以降学者有所怀疑与校正，只是目前仍然存在诸多问题需要作进一步深入研究。所以，笔者拟利用传世文献、出土文献与考古实物资料校订补充《史记》中的秦国早期历史记载。

第一节 秦襄公、文公年代事迹考

汉代以来，学者对于《史记·秦本纪》秦襄公、秦文公年代事迹存在诸多争议。这些争议主要包括三个方面：

一是关于秦襄公与秦文公的身份。《史记·秦本纪》载秦襄公乃秦庄公次子，秦文公乃秦襄公之子。② 王雷生先生以为秦襄公当为秦景公，乃秦庄公第三子；《国语·郑语》"取周土"的"秦景、

---

① 《史记》卷15《六国年表》，中华书局2014年点校本二十四史修订本，第836页。
② 《史记》卷5《秦本纪》，第229—230页。

襄"是《秦本纪》所载"取周土"的秦襄公、秦文公；平王东迁在周平王二十一年杀携王之后，护送平王东迁的是秦文公。[1]

二是关于秦襄公伐戎救周的立场。《秦本纪》载秦襄公救周幽之难。[2] 蒙文通先生以为秦先攻幽王，后平王命秦攻戎。[3] 王玉哲先生以为秦襄公救周，与平王、申、戎人对立。[4] 晁福林先生以为秦襄公先支持幽王，后转而支持平王。[5]

三是关于平王东迁与秦获封。（1）平王东迁与秦的关系。《周本纪》《秦本纪》载平王东迁，避戎寇。[6] 王玉哲先生以为周平王东迁乃避秦非避戎。[7] 王雷生先生以为平王是受晋、郑、秦强迫而东迁。[8]（2）秦襄公是否护送平王东迁。《秦本纪》载秦襄公以兵护送平王东迁，获封国赐土。[9] 王玉哲先生以为秦襄公是平王的敌方，护送平王东迁子虚乌有。[10] 王雷生先生以为秦文公护送平王东迁。[11]（3）秦襄公获得的土地是岐西还是岐、丰。《秦本纪》载平王赐秦襄公以岐西之地与秦文公归周以岐东。[12]《汉书·地理志》则记载秦襄公赐受岐、丰之地。[13] 汉以来学者为此争论不止。郑康

---

[1] 王雷生：《秦文公即秦襄公考辩》，《三秦论坛》1997年第3期，第35—37页。
[2] 《史记》卷5《秦本纪》，第230页。
[3] 蒙文通：《周秦少数民族研究》，《蒙文通全集》第4卷《古族甄微》，巴蜀书社2013年版，第21页。
[4] 王玉哲：《周平王东迁乃避秦非避让犬戎说》，《天津社会科学》1986年第3期，第50页。
[5] 晁福林：《论平王东迁》，《历史研究》1991年第6期，第18页。
[6] 《史记》卷4《周本纪》，第189页；《史记》卷5《秦本纪》，第230页。
[7] 王玉哲：《周平王东迁乃避秦非避让犬戎说》，《天津社会科学》1986年第3期，第49—52页。
[8] 王雷生：《平王东迁原因新论》，《人文杂志》1998年第1期，第86—90页。
[9] 《史记》卷5《秦本纪》，第230页。
[10] 王玉哲：《周平王东迁乃避秦非避让犬戎说》，《天津社会科学》1986年第3期，第51页。
[11] 王雷生：《秦文公即秦襄公考辩》，《三秦论坛》1997年第3期，第36页。
[12] 《史记》卷5《秦本纪》，第230页。
[13] 《汉书》卷28下《地理志下》，中华书局1965年点校本，第1641页。

成的观点与《汉书·地理志》同，① 孔颖达赞同郑康成说，并论证《秦本纪》不可信，② 王应麟从之，③ 王玉哲先生亦赞同此说。④ 欧阳修等据《史记》质疑郑康成说。⑤ 晁福林先生讽刺《史记·秦本纪》周赐秦襄公以岐、丰之地与秦文公归周以岐东土地属于"空头人情"。⑥ 王雷生先生以为周赐秦襄公以岐、丰之地存在赐命与实封的矛盾，秦文公归周以岐东土地是要以土地换取诸侯头衔。⑦

以上问题说明《史记·秦本纪》秦襄公、秦文公的事迹的记载很有进一步探讨的必要。我们拟利用新近公布的清华简《系年》，结合古本《竹书纪年》、《国语》等文献，来探讨《史记·秦本纪》秦襄公、秦文公记载的真相。

一 《史记·秦本纪》秦襄公、秦文公年代与事迹校正

《史记·秦本纪》秦襄公：

> 十二年，伐戎而至岐，卒。生文公。⑧

《史记·秦本纪》秦文公：

---

① 孔颖达：《毛诗正义》卷6郑康成《毛诗谱·秦谱》，阮元校刻：《十三经注疏》，上册，第368页中栏。
② 孔颖达：《毛诗正义》卷6郑康成《毛诗谱·秦谱》，阮元校刻：《十三经注疏》，上册，第368页中栏。
③ 王应麟著，翁元圻辑注：《困学纪闻》卷11《考史》，孙海通点校，中华书局2016年版，第5册，第1459页。
④ 王玉哲：《周平王东迁乃避秦非避让犬戎说》，《天津社会科学》1986年第3期，第50页。
⑤ 欧阳修：《诗本义》卷4《蒹葭》，张元济等编：《四部丛刊三编》，上海商务印书馆民国二十四年至二十五年影印本，第8页b—9页a。
⑥ 晁福林：《论平王东迁》，《历史研究》1991年第6期，第18—19页。
⑦ 王雷生：《平王东迁年代新探——周平王东迁公元前747年说》，《人文杂志》1997年第3期，第64—65页；王雷生：《秦文公即秦襄公考辨》，《三秦论坛》1997年第3期，第37页。
⑧ 《史记》卷5《秦本纪》，第230页。

(五十年)〔十二年〕文公卒,葬西山。①

《史记·秦始皇本纪》附录曰:

> 襄公立,享国(十二年)〔五十年〕。初为西畤。葬西垂。生文公。
>
> 文公立,居西垂宫。(五十年)〔十二年〕死,葬西垂。生静公。②

《史记·十二诸侯年表》秦襄公在位十二年、秦文公在位五十年。③

清华简《系年》曰:

> 曾(缯)人乃降西戎,以攻幽王,幽王及白(伯)盘乃灭,周乃亡。邦君者(诸)正乃立幽王之弟余臣于虢,是携惠王。立廿又一年,晋文侯仇乃杀惠王于虢。周亡王九年,邦君者(诸)侯焉始不朝于周,晋文侯乃逆坪(平)王于少鄂,立之于京师。三年,乃东徙,止于成周(图版九)。④

关于"周亡王九年",学者的解读并不一致。整理者以为,"应指幽王灭后九年",⑤ 若尔,平王东迁在周幽王灭后十二年。但是,这种意见受到许多学者的质疑与否定。晁福林先生以为,从周幽王

---

① 《史记》卷5《秦本纪》,第231页。( )〔 〕的用法,( )内为原文,讹误;〔 〕内为校正文,正确。下同。
② 《史记》卷6《秦始皇本纪》,第358页。
③ 《史记》卷14《十二诸侯年表》,第672、690页。
④ 清华简《系年》第2章,《清华大学藏战国竹简(贰)》下册,第138页。
⑤ 清华简《系年》第2章,《清华大学藏战国竹简(贰)》下册,第139页。

死至周携王被杀首尾十一年，掐头去尾正是九年之数。① 朱凤瀚、王晖、吉本道雅、陈剑、刘国忠、董珊、黄人二等都认为"周亡（无）王九年"指携王灭后九年，② 如此，平王东迁在周幽王灭后三十三年。

笔者认为"周亡王九年"解释为"幽王灭后九年"与简文存在诸多不合之处。

第一，如果"周亡王九年"应指"幽王灭后九年"，遂成为："周幽王与伯盘灭，诸侯立携惠王，周幽王死后九年，诸侯不朝于周。"实际上，诸侯立携惠王，自然就会朝周，不会产生诸侯不朝于周。因此，整理者的推测与简文矛盾。

第二，《史记索隐》曰："《汲冢纪年》曰：'（夏）有王与无王，用岁四百七十一年矣。'"③ "无王"是相对于"有王"而言，幽王、携惠王的统治是周"有王"状态，携惠王被杀至平王被立为周王期间正是周"无王"时期。

第三，清华简《系年》每章的叙事都是按照年代顺序叙述事件的始末，④ 因此，清华简《系年》"周无王九年"发生在携惠王二

---

① 晁福林：《清华简〈系年〉与两周之际史事的重构》，《历史研究》2013年第6期，第157、160页。

② 朱凤瀚：《清华简〈系年〉所记西周史事考》，李宗焜主编：《第四届国际汉学会议论文集 出土文献与新视野》，台北"中研院"2013年版，第457页；王晖：《春秋早期周王室王位世系变局考异——兼说清华简〈系年〉"周无王九年"》，《人文杂志》2013年第5期，第78—79页；[日]吉本道雅：《清华简系年考》，《京都大学文学部研究纪要》（2013年）第52号，第1—94页；复旦大学出土文献与古文字研究中心读书会：《〈清华（贰）〉讨论记录》，复旦大学出土文献与古文字研究中心网，2011年12月23日；刘国忠：《从清华简系年看平王东迁的相关史实》，陈致主编：《简帛·经典·古史》，上海古籍出版社2013年版，第177页；复旦大学出土文献与古文字研究中心读书会：《〈清华（贰）〉讨论记录》，复旦大学出土文献与古文字研究中心网，2011年12月23日；董珊：《从出土文献谈曾分为三》，复旦大学出土文献与古文字研究中心网，2011年12月26日；华东师范大学中文系战国简读书小组：《读〈清华大学藏战国竹简（贰）系年〉书后（一）》，简帛网，2011年12月29日。

③ 《史记》卷2《夏本纪》，第109页。

④ 廖名春先生指出清华简《系年》属于纪事本末体，许兆昌、齐丹丹详细论证了清华简《系年》乃纪事本末体。廖名春：《清华简〈系年〉管窥》，《深圳大学学报（人文社会科学版）》2012年第3期，第51页；许兆昌、齐丹丹：《试论清华简〈系年〉编纂的特点》，《古代文明》2012年第2期，第60—63页。清华简《系年》属于纪事本末体史书，各章按照年代顺序叙述事件的始末。

十一年晋文侯杀携惠王之后，即周幽王灭后二十二年至三十年间。周幽王灭后三十年，晋文侯立平王，三年后平王东迁。所以，我们认为平王三十三年东迁。造成分歧的根本原因在于《史记》晋文侯、郑武公、秦襄公、卫武公的年代，整理者为了满足《史记》的记载而采用"幽王灭后九年"，与简文文意不合。《史记·十二诸侯年表》秦襄公元年当周幽王五年，尽平王五年，① 亦与整理者采用的"幽王灭后九年"不合。为此，一些学者解释"则是平王被（申国）拥立为天王期间的事，虽未正式被众诸侯认可成为周王，然而因秦有功，对秦行使封侯还是可能的，毕竟平王最后成功成为了周王。"② 清华简《系年》曰：

> 周室既卑，坪（平）王东迁，止于成周，秦中（仲）焉东居周地，以守周之坟墓，秦以始大（图版四）。③

秦襄公在平王东迁以后仍然在世，这是整理者与一些学者所忽略的。所以，不宜以《史记》来曲解清华简《系年》，正确的作法是正视问题、解决问题。④ 清华简《系年》平王三十三年东迁时秦襄公仍在，则此时秦襄公已经在位四十年矣！

《史记·秦本纪》曰：

> 西戎犬戎与申侯伐周，杀幽王郦山下。而秦襄公将兵救周，战甚力，有功。周避犬戎难，东徙雒邑，襄公以兵送周平王。平王封襄公为诸侯，赐之岐以西之地。曰："戎无道，侵夺我岐、丰之地，秦能攻逐戎，即有其地。"与誓，封爵之。

---

① 《史记》卷14《十二诸侯年表》，第669—672页。
② 清华大学出土文献读书会：《〈清华大学藏战国竹简〉（贰）研读札记（二）》，复旦大学出土文献与古文字研究中心网，2011年12月31日。
③ 清华简《系年》第3章，《清华大学藏战国竹简（贰）》下册，第141页。
④ 笔者在本书证实《史记》秦襄公的年代讹误，同样发现《史记》晋文侯、郑武公等的年代讹误。笔者已有专文考证。

襄公于是始国，与诸侯通使聘享之礼……十二年，伐戎而至岐，卒。生文公。

　　文公元年，居西垂宫。三年，文公以兵七百人东猎。四年，至汧渭之会。曰："昔周邑我先秦嬴于此，后卒获为诸侯。"乃卜居之，占曰吉，即营邑之。十年，初为鄜畤，用三牢。十三年，初有史以纪事，民多化者。十六年，文公以兵伐戎，戎败走。于是文公遂收周余民有之，地至岐，岐以东献之周。①

　　首先，《秦记》的纪年始自秦仲（秦襄公）。《广弘明集·对傅奕废佛僧表》曰："《史记》、《竹书（纪年）》及《陶公年纪》皆云：秦无历数，周世陪臣。故隐居列之在诸国之下"、"《竹书（纪年）》云：'自秦仲之前，本无年世之纪。'"②《史记·六国年表》曰："太史公读《秦记》，至犬戎败幽王，周东徙洛邑，秦襄公始封为诸侯。"③秦国独立纪年的历史始自秦襄公，即秦襄公之时秦才开始有史官作《秦记》。《史记·秦本纪》"十三年，初有史以纪事"与《秦纪》、古本《竹书纪年》的记载相印证，此条明显属于秦襄公（仲）事迹。

　　其次，《史记·秦本纪》记载秦襄公致力于伐戎，未竟而卒，而文公在元年至十年毫无伐戎作为，既不符于周宣王以来秦人奉王命伐戎的职责，④又与当时亟需伐戎的大势不合。《史记·秦本纪》载秦文公十六年才致力于伐戎，谬误显见。应当是秦襄公完成伐戎，至文公之时无戎患，于是元年至十年不书伐戎，如此才合乎情理。

---

　　① 《史记》卷5《秦本纪》，第230页。
　　② 释道宣：《广弘明集》卷11释法琳《对傅奕废佛僧表》，《四部备要》，中华书局、中国书店1989年影印中华书局民国二十五年本，第55册，第93页上栏、下栏。
　　③ 《史记》卷15《六国年表》，第835页。
　　④ 《史记》卷5《秦本纪》，第230页。

第三，关于清华简《系年》平王东迁年代，尽管学者有平王十二年与平王三十三年之争，但至少平王十二年秦襄公仍在世。所以，《史记·秦本纪》《史记·十二诸侯年表》秦襄公尽平王五年的记载是错误的，与《史记·六国年表》"太史公读《秦记》，至犬戎败幽王，周东徙洛邑，秦襄公始封为诸侯"的记载亦相违背。《史记·秦本纪》所谓秦文公"四年"相当于周平王九年，秦文公追述秦襄公获赏国，而依据清华简《系年》秦襄公于时健在。则此秦文公"四年"并非真正的周平王九年。所以，《史记·秦本纪》之错乱显见。秦文公四年，文公追溯先代已经"获为诸侯"，《秦记》记载秦获为诸侯是秦襄公时事，此四年的确是秦文公四年事迹。所以，《史记·秦本纪》记载的秦文公元年至十年的事迹的确属于秦文公，而"十三年""十六年"的事迹则当属于秦襄公，《史记·秦本纪》记载"（襄公）十二年伐戎而至岐卒"的记载有误，秦襄公当时并没有卒。《史记·秦本纪》秦襄公十二年至"十三年"之间窜入秦文公元年至十年的事迹，当源于错简或传抄讹误。所以，《史记·秦本纪》"十三年"以后的事迹值得斟酌。周平王初期，戎人势力很大，难以赶走。《毛诗序》曰："《小戎》，美襄公也。备其兵甲，以讨西戎。西戎方强，而征伐不休。国人则矜其车甲，妇人能闵其君子焉。"① 此"十六年"已经取得伐戎的最终胜利，所以，不是相当于周平王九年，应是更后的年代。此"十三年""十六年"所处位置是周平王的"十八年""二十一年"，实际上是秦襄公的"二十五年""二十八年"。秦襄公二十五年才有史官记事，此前的秦人事迹根据周史记或他国史记。秦襄公常年在岐与戎人作战，本来是秦襄公十二年至岐伐戎至二十五年有史官记事之间存在年数与事迹的空白，后填充了秦文公元年与十年事迹后，秦襄公二十五年以后事迹遂排成为秦文公十三年以后事

---

① 孔颖达：《毛诗正义》卷6《秦风·小戎》，阮元校刻：《十三经注疏》，上册，第369页下栏—370页上栏。

迹。所以，秦襄公在位年数不少于二十八年。《史记·秦本纪》《十二诸侯年表》所记载的秦襄公在位十二年、秦文公在位五十年，① 实质是将秦襄公、秦文公在位年数混淆了，应当是秦襄公在位五十年、秦文公在位十二年。

《史记·秦本纪》记载周宣王、幽王时期，秦庄公"长男世父……让其弟襄公。襄公为太子"，后来即位。②《史记·十二诸侯年表》秦襄公元年当幽王五年，尽平王五年。③《国语·郑语》载幽王九年，郑桓公与周太史史伯问对："（郑桓）公曰：'姜、嬴其孰兴？'（史伯）对曰：'夫国大而有德者近兴，秦仲、齐侯，姜、嬴之隽也，且大，其将兴乎？'"④ 幽王九年史伯所言"将兴"的秦仲，就是《史记》幽王五年继位的秦襄公。但《国语·郑语》又曰："及平王之末，而秦、晋、齐、楚代兴，秦景、襄于是乎取周土。"韦昭《注》："'景'当为'庄'。庄公，秦仲之子、襄公之父。取周土，谓庄公有功于周，周赐之土。及平王东迁，襄公佐之，故得西周酆、镐之地，始命为诸侯。"⑤ 秦庄公值宣、幽之世，此既言"及平王之末"，则"景"不得为庄公，庄公只是奉周命伐戎，无取周地事。"景襄"当是秦襄公，⑥ 秦襄公即秦仲，其取周土的时代被描述为平王之末。周平王在位五十一年，其末当在平王二十六年以后，此时秦襄公犹在"取周土"，其在位当不少于三十三年。所以，《国语·郑语》的说法同样证明了《史记·秦本纪》

---

① 《史记》卷14《十二诸侯年表》，第672、690页。
② 《史记》卷5《秦本纪》，第229页。
③ 《史记》卷14《十二诸侯年表》，第669—672页。
④ 左丘明著，韦昭注：《国语》卷16《郑语》，上海师范大学古籍整理研究所校点，上海古籍出版社1998年版，下册，第523页。
⑤ 左丘明著，韦昭注：《国语》卷16《郑语》，下册，第524—525页。
⑥ 王玉哲先生以为"景襄"或是二字之谥，"秦景襄"或即秦襄公之正称（王玉哲：《周平王东迁乃避秦非避让犬戎说》，《天津社会科学》1986年第3期，第51页）。笔者案：无论《国语·郑语》"景襄"当作"襄公"，还是或许是秦襄公的正称，无疑确指秦襄公。在本书第三章，笔者考证春秋秦公施行双字谥号，双字谥号自秦襄公时既有。

第二章　秦襄公至出子年代事迹考　133

《十二诸侯年表》秦襄公在位十二年、秦文公在位五十年的记载,①是将秦襄公、秦文公在位年数混淆了,应当是秦襄公在位五十年、秦文公在位十二年。

总之,由清华简《系年》、对《史记·秦本纪》的校正、《国语·郑语》可以得出秦襄公在位年数以五十年为宜。所以,秦襄公的元年当幽王五年,尽平王四十三年;秦文公的元年当周平王四十四年,尽周桓王四年。

根据以上的成果,对《史记·秦本纪》秦襄公、秦文公事迹重新整理,并加以说明:

> 襄公元年,以女弟缪嬴为丰王妻。襄公二年,戎围犬丘,世父击之,为戎人所虏。岁余,复归世父。七年春,周幽王用褒姒废太子,立褒姒子为适(嫡),数欺诸侯,诸侯叛之。西戎犬戎与申侯伐周,杀幽王郦山下。而秦襄公将兵救周,战甚力,有功。十二年,伐戎而至岐,卒〔误,未卒〕。(十三年)〔二十五年〕,初有史以纪事,民多化者。(十六年)〔二十八年〕,(文)〔襄〕公以兵伐戎,戎败走。于是(文)〔襄〕公遂收周余民有之,地至岐,岐以东献之周。(十九年)〔三十一年〕得陈宝。(二十年)〔三十二年〕,法初有三族之罪。〔三十七年,晋文侯立周平王于晋。②〕(二十七年)〔三十九年〕,伐南山大梓,丰大特。〔四十年,③〕周避犬戎难,东徙雒邑,襄公以兵送周平王。平王封襄公为诸侯,赐之岐以西之地。曰:"戎无道,侵夺我岐、丰之地,秦能攻逐戎,即有其地。"与誓,封爵之。襄公于是始国,与诸侯通使聘享之礼,

---

① 《史记》卷14《十二诸侯年表》,第672、690页。
② 据清华简《系年》补。是年为周平王三十年。
③ 年代依据清华简《系年》,是年为周平王三十三年。〔　〕单独用,表示补充文字。下同。

乃用骝驹、黄牛、羝羊各（三）〔一〕，① 祠上帝西畤。②〔五十年，卒，葬西垂。③〕生文公。

文公元年，居西垂宫。三年，文公以兵七百人东猎。四年，至汧渭之会。曰："昔周邑我先秦嬴于此，后卒获为诸侯。"乃卜居之，占曰吉，即营邑之。十年，初为鄜畤，用三牢。（四十八年）〔十年〕，文公太子卒，赐谥为竫公，竫公之长子为太子，是文公孙也。（五十年）〔十二年〕文公卒，葬西山。④ 竫公子立，是为（宁）〔宪〕公。⑤

二 秦襄公伐戎的历程

依据前文对《史记·秦本纪》秦襄公、秦文公事迹重新整理的结果，秦襄公伐戎的相关事迹有：

> （襄公）七年春……西戎犬戎与申侯伐周，杀幽王郦山下。而秦襄公将兵救周，战甚力，有功。十二年，伐戎而至岐……（十三年）〔二十五年〕，初有史以纪事，民多化者。（十六年）〔二十八年〕，（文）〔襄〕公以兵伐戎，戎败走。于是（文）〔襄〕公遂收周余民有之。

关于秦襄公救周伐戎的立场，学者持不同的观点。蒙文通先生以为：

---

① 梁玉绳认为："《年表》及《封禅书》，'各三'当作'各一'。"（《史记志疑》卷4《秦本纪》，贺次君点校，中华书局1981年版，第122页）

② 梁玉绳认为："《年表》及《封禅书》……'上帝'当作'白帝'。"（《史记志疑》卷4《秦本纪》，第122页）

③ 据《史记·秦始皇本纪》补。《史记·秦始皇本纪》曰："襄公立，享国（十二年）〔五十年〕。初为西畤。葬西垂。生文公。"（《史记》卷6《秦始皇本纪》，第358页）

④ 《史记·秦始皇本纪》曰："文公立，居西垂宫。（五十年）〔十二年〕死，葬西垂。生静公。"（《史记》卷6《秦始皇本纪》，第358页）

⑤ 《史记》卷5《秦本纪》，第229—231页。

谅其实秦亦攻幽王。自犬戎既去，二王并立，而戎夺周地。携王已衰，然后平王命秦攻戎。①

王玉哲先生以为：

秦襄公很明显是站在周幽王一方，而与太子宜臼即后来的周平王处于敌对地位。②

并以为：

史称秦襄公以兵送平王，纯属子虚。③

晁福林先生以为：

《史记·秦本纪》所述襄公救周事确乎有之，率兵送平王之事亦有之。……由支持幽王和伯服，随形势变化转而支持平王。④

戎人乃秦人之世仇。《后汉书·西羌传》曰：

厉王无道，戎狄寇掠，乃入犬丘，杀秦仲之族，王命伐戎，不克。及宣王立四年，使秦仲伐戎，为戎所杀，王乃召秦仲子庄公，与兵七千人，伐戎破之，由是少却。

---

① 蒙文通：《周秦少数民族研究》，《蒙文通全集》第4卷《古族甄微》，第21页。
② 王玉哲：《周平王东迁乃避秦非避让犬戎说》，《天津社会科学》1986年第3期，第50页。
③ 王玉哲：《周平王东迁乃避秦非避让犬戎说》，《天津社会科学》1986年第3期，第51页。
④ 晁福林：《论平王东迁》，《历史研究》1991年第6期，第18页。

唐章怀太子《注》曰：

> 并见《竹书纪年》。①

《史记·秦本纪》曰：

> 秦仲立三年，周厉王无道，诸侯或叛之。西戎反王室，灭犬丘大骆之族。周宣王即位，乃以秦仲为大夫，诛西戎。西戎杀秦仲。秦仲立二十三年，死于戎。有子五人，其长者曰庄公。周宣王乃召庄公昆弟五人，与兵七千人，使伐西戎，破之。于是复予秦仲后，及其先大骆地犬丘并有之，为西垂大夫。庄公居其故西犬丘，生子三人，其长男世父。世父曰："戎杀我大父仲，我非杀戎王则不敢入邑。"遂将击戎，让其弟襄公。襄公为太子。②

秦人忠于周王室，非只忠实于周幽王一人。戎人攻杀周幽王，乱于岐、丰，秦人承周宣王以来的王命以及与戎人的世仇，怀着对戎人的刻骨铭心的仇恨，秦襄公致力于伐戎。秦襄公伐戎，自七年（周幽王十一年）春始，至二十八年（周平王二十一年）止，计二十二年。《毛诗序》曰：

> 《小戎》，美襄公也。备其兵甲，以讨西戎。西戎方强，而征伐不休。国人则矜其车甲，妇人能闵其君子焉。③

戎人势力很大，所以，戎祸不是短期可以解决。

---

① 《后汉书》卷87《西羌传》，中华书局1965年点校本，第2871—2872页。
② 《史记》卷5《秦本纪》，第229页。
③ 孔颖达：《毛诗正义》卷6《秦风·小戎》，阮元校刻：《十三经注疏》，上册，第369页下栏—370页上栏。

《左传》昭公二十六年孔颖达等《疏》曰：

> 《汲冢书纪年》云：……幽王既死，而虢公翰又立王子余臣于携。周二王并立。二十一年，携王为晋文（公）〔侯〕所杀。①

清华简《系年》曰：

> 曾（缯）人乃降西戎，以攻幽王，幽王及白（伯）盘乃灭，周乃亡。邦君者（诸）正乃立幽王之弟余臣于虢，是携惠王。立廿又一年，晋文侯仇乃杀惠王于虢（图版九）。②

携王一直居住在虢地的临时都城，天下动荡不安，没有精力与时间定都，同样可以证实自周幽王十一年至周平王二十一年戎祸延续了二十二年。

伐戎并非秦人能够独立完成的，周人参与其事并起了重要作用。

首先，周人敌忾戎人，周人势力有参与伐戎者。虢国既立携王，新政权就承担了伐戎的责任，于是率诸侯与戎人作战。《史记·卫康叔世家》曰："四十二年，犬戎杀周幽王，武公将兵往佐周平戎，甚有功。"③《后汉书·西羌传》戎人攻杀幽王，"秦襄公攻戎救周。后二年，邢侯大破北戎。"④

其次，虢国所立携王政权，与戎人讲和。虽然讲和之后，"戎

---

① 孔颖达：《春秋左传正义》卷52，阮元校刻：《十三经注疏》，中华书局1980年影印、校补世界书局本，下册，第2114页中栏。
② 清华简《系年》第2章，清华大学出土文献研究与保护中心编，李学勤主编：《清华大学藏战国竹简（贰）》下册，第138页。
③ 《史记》卷37《卫康叔世家》，第1926页。
④ 《后汉书》卷87《西羌传》，第2872页。

成不退",① 即有部分戎人仍停留在关中一带；亦有部分戎人获得利益而"虏襃姒，尽取周赂而去"。② 戎人的经济以游牧为主，决定其游动性。《后汉书·西羌传》描绘他们："所居无常，依随水草。地少五谷，以产牧为业。……其兵长在山谷，短于平地，不能持久。"③ 戎人必须迁徙，否则就会有"终岁不迁，牛马半死"④ 的后果。但是，戎人势力很大，对周王室的危害巨大，虽然一时退去，却随时会来。所以，周人、秦人对他们采用分化政策。通过和谈，使一部分戎人却走；对于不走者，则以武力驱逐。

秦襄公二十八年即周平王二十一年，秦襄公伐戎大获全胜，戎败走，收周余民有之，地至岐。于是，宣告秦人伐戎大业完成。同年，周人的大事，古本《竹书纪年》、清华简《系年》并载晋文侯杀携王于虢。周人的内讧，当缘自外患既除，各种势力为拥立不同的王位继承人而厮杀，于是有晋文侯帅诸侯攻杀携王之举。可见，周平王二十一年所发生的两件大事秦襄公伐戎大捷与晋文侯杀携王之间有着内在的关联。这场周人、秦人与戎人的战争，由于戎人的游动与周人的内讧，秦人最终取得了关中的最大利益，不仅占据了广大的岐、丰地区，而且收集了众多的周余民。

三 秦襄公获赏封国谜团之解析

关于周平王封建秦国，《史记》的记载存在诸多问题，在叙事次序、获封原因、年代、疆域等方面产生诸多谜团，长期以来困扰着汉代以来的学者。我们利用清华简《系年》，结合《国语》、古本《竹书纪年》等来解析这些谜团。

---

① 孔颖达：《毛诗正义》卷 12《小雅·节南山之什·雨无正》，阮元校刻：《十三经注疏》，上册，第 448 页上栏。
② 《史记》卷 5《周本纪》，第 188 页。
③ 《后汉书》卷 87《西羌传》，第 2869 页。
④ 王先慎：《韩非子集解》卷 3《十过》，钟哲点校，《新编诸子集成》，第 77 页。

（一）周平王东迁与秦襄公获赏封国的年代

出于正统论，司马迁对于携王的历史未加叙述而代之以平王，以平王东迁雒邑发生在平王元年，这不是真实的年代，从而影响到周平王封秦襄公建国的真实年代，进而掩盖了诸多历史真相。清华简《系年》记载了真实情况，我们需要利用新史料对秦国获封的历程加以分析。

周平王封建秦国，《史记·秦本纪》记载在平王东迁之时，《史记·十二诸侯年表》则记载在平王东迁之前。

《史记·秦本纪》曰：

> 周避犬戎难，东徙雒邑，襄公以兵送周平王。平王封襄公为诸侯，赐之岐以西之地。曰："戎无道，侵夺我岐、丰之地，秦能攻逐戎，即有其地。"与誓，封爵之。襄公于是始国，与诸侯通使聘享之礼。①

《史记·十二诸侯年表》记载，周幽王十一年（秦襄公七年），秦襄公"始列为诸侯"。周平王元年（秦襄公八年），周"东徙雒邑"。②

《史记·六国年表》曰：

> 太史公读《秦记》，至犬戎败幽王，周东徙洛邑，秦襄公始封为诸侯。③

《吕氏春秋·慎行览·疑似》曰：

---

① 《史记》卷6《秦本纪》，第230页。
② 《史记》卷14《十二诸侯年表》，第670页。
③ 《史记》卷15《六国年表》，第835页。

平王所以东徙也；秦襄、晋文之所以劳王劳而赐地也。①

所以，依据秦史《秦记》《吕氏春秋》，秦襄公在护送平王东迁后获得封国赐土乃事实。

《史记》对于平王东迁的记载过于简略，周幽王灭后，平王顺理成章东迁。关于《史记》记载的平王东迁在平王元年说，② 被汉以来学者广泛接受。个别学者怀疑此说，朱鹤龄《愚庵小集》分析当时形势，认为："大抵自犬戎发难至平王东迁必非止一、二年事。"③ 梁玉绳《史记志疑》认为平王初立于申："仓卒援立，未必即便徙都，乱定而乃至洛耳。"④ 另有鲁惠公三年说，⑤ 源自何休《公羊音训》的误记。晁福林先生以为："据古本《纪年》载，晋文侯二十一年（前760年）杀携王，若定是年平王正式东迁洛邑以定鼎郏鄏，应当是比较恰当的。"⑥ 王雷生先生认为此二十一年是幽王灭后的二十一年，结合《左传》僖公二十二年的记载，又考虑到《史记》晋文侯在位年数、《秦本纪》文公"十九年得陈宝"等因素，推平王东迁在前747年。⑦ 以上学者的研究中的一些观点颇有参考价值，反映了学者对此问题的研究不断推进。

《国语》、清华简《系年》揭示，平王东迁实际上是一个曲折漫长的历程。《国语·郑语》："及平王之末，而秦、晋、齐、楚代兴，秦景襄于是乎取周土，晋文侯于是乎定天子。"韦昭《注》：

---

① 许维遹：《吕氏春秋集释》卷22《慎行论·疑似》，梁运华整理，《新编诸子集成》，中华书局2009年版，第608页。
② 《史记》卷14《十二诸侯年表》，第670页。
③ 朱鹤龄：《愚庵小集》卷13《杂著一·读周本纪》，清康熙十年刻本，第2页a。
④ 梁玉绳：《史记志疑》卷8《十二诸侯年表》，第309页。
⑤ 沈括著，胡道静校正：《梦溪笔谈校正》卷14《艺文一》，上海古籍出版社1987年版，第501—502页；王应麟著，翁元圻注：《困学纪闻》卷7《公羊》，第983页；梁玉绳：《史记志疑》卷8《十二诸侯年表》，第308—309页。
⑥ 晁福林：《论平王东迁》，《历史研究》1991年第6期，第20页。
⑦ 王雷生：《平王东迁年代新探——周平王东迁公元前747年说》，《人文杂志》1997年第3期，第62—66页。

"'景'当为'庄'。庄公,秦仲之子、襄公之父。取周土,谓庄公有功于周,周赐之土。及平王东迁,襄公佐之,故得西周酆、镐之地,始命为诸侯。"① 秦庄公值宣、幽之世,此既言"及平王之末",则"景"不得为庄公,庄公只是奉周命伐戎,无取周地事。"景襄"即秦襄公,秦襄公取周土的时代被描述为平王之末。周平王在位五十一年,其末当在平王二十六年以后。清华简《系年》曰:

> 曾(缯)人乃降西戎,以攻幽王,幽王及白(伯)盘乃灭,周乃亡。邦君者(诸)正乃立幽王之弟余臣于虢,是携惠王。立廿又一年,晋文侯仇乃杀惠王于虢。周亡(无)王九年,邦君者(诸)侯焉始不朝于周,晋文侯乃逆坪(平)王于少鄂,立之于京师。三年,乃东徙,止于成周(图版九)。②

清华简《系年》揭示周幽王灭后的三十三年平王东迁。那么,平王三十三年为秦开国元年。周分封诸侯,举行仪式,授民授疆土,这在《左传》定公四年、清华简《封许之命》及西周金文中有明确的记载。③

《史记·周本纪》载平王东迁,避戎寇。④ 钱穆先生以为:

> 犬戎助平王杀父,乃友非敌,不必避也。⑤

---

① 左丘明著,韦昭注:《国语》卷16《郑语》,第524—525页。
② 清华简《系年》第2章,清华大学出土文献研究与保护中心编,李学勤主编:《清华大学藏战国竹简(贰)》下册,第138页。
③ 孔颖达:《春秋左传正义》卷54,阮元校刻:《十三经注疏》,下册,第2134—2135页;清华大学出土文献研究与保护中心编,李学勤主编:《清华大学藏战国竹简(伍)》下册,中西书局2015年版,第118页。
④ 《史记》卷4《周本纪》,第189页。
⑤ 钱穆:《国史大纲》(上),《钱穆先生全集》(新校本),九州出版社2011年版,第50页。

王玉哲先生以为秦襄公是平王的敌方，护送平王东迁子虚乌有，并以为周平王东迁乃避秦非避戎。①

晁福林先生以为秦襄公：

> 率兵送平王之事亦有之。……由支持幽王和伯服，随形势变化转而支持平王。②

王雷生先生认为存在"犬戎由平王之友变为敌邦，秦、晋等诸侯由敌视弑父之平王到转变态度拥立平王"的过程。③

王雷生先生所说近于事实。平王先受幽王追杀，后蒙受犬戎祸害，所以平王对晋文侯说"汝多修，扞我于艰，若汝，予嘉"。④《史记·六国年表》曰："太史公读《秦记》，至犬戎败幽王，周东徙洛邑，秦襄公始封为诸侯。"⑤《史记·秦本纪》记载秦襄公护送平王东迁获封国家与土地。《吕氏春秋》曰："平王所以东徙也；秦襄、晋文之所以劳王劳而赐地也。"⑥所以，秦襄公护送平王东迁而获得封国赐土乃事实。清华简《系年》揭示周幽王灭后的三十三年平王东迁。⑦平王东迁是大事，必宣告天下，诸侯助迁，秦襄公获赏国封土，缘于秦襄公助平王东迁。那么，平王三十三年为秦开国元年。

（二）秦襄公获赏封国的原因

《史记》记载秦襄公因护送有功而封国，但是此说存在巨大的

---

① 王玉哲：《周平王东迁乃避秦非避让犬戎说》，《天津社会科学》1986年第3期，第51页。
② 晁福林：《论平王东迁》，《历史研究》1991年第6期，第18页。
③ 王雷生：《秦文公即秦襄公考辨》，《三秦论坛》1997年第3期，第36页。
④ 孔颖达：《尚书正义》卷20《周书·文侯之命》，阮元校刻：《十三经注疏》，上册，第254页中栏。
⑤ 《史记》卷15《六国年表》，第835页。
⑥ 许维遹：《吕氏春秋集释》卷22《慎行论·疑似》，第608页。
⑦ 清华简《系年》第2章，清华大学出土文献研究与保护中心编，李学勤主编：《清华大学藏战国竹简（贰）》下册，第138页。

疑问，仅护送之功就获封关中广袤之地，实属难以想象，可谓"安有此事"？事实上，关于秦襄公获赏封国，《史记》摘录《秦记》的记载粗疏遗漏，而《吕氏春秋》的记载过于简单。综合出土文献与传世文献，我们分析秦襄公获封国主要有3个原因。

首先，秦襄公有平定戎乱、挽救周王室之大功。《史记·秦本纪》有记载，但是由于传抄讹误而错乱，利用古本《竹书纪年》、清华简《系年》对之校正为：

> 七年春，周幽王用褒姒废太子，立褒姒子为适（嫡），数欺诸侯，诸侯叛之。西戎犬戎与申侯伐周，杀幽王郦山下。而秦襄公将兵救周，战甚力，有功。十二年，伐戎而至岐，卒〔误，未卒〕。（十三年）〔二十五年〕，初有史以纪事，民多化者。（十六年）〔二十八年〕，（文）〔襄〕公以兵伐戎，戎败走。于是（文）〔襄〕公遂收周余民有之，地至岐，岐以东献之周。①

犬戎杀周幽王，戎乱持续22年，周王室受到重挫，关中诸侯国饱受蹂躏。秦襄公伐戎，自七年（周幽王十一年）春始，至二十八年（周平王二十一年）止，计二十二年。

《毛诗序》曰：

> 《小戎》，美襄公也。备其兵甲，以讨西戎。西戎方强，而征伐不休。国人则矜其车甲，妇人能闵其君子焉。②

戎人势力很大，所以，戎祸不是短期可以解决。秦襄公充当了

---

① 《史记》卷5《秦本纪》，第229—230页；程平山：《秦襄公、文公年代事迹考》，《历史研究》2013年第5期，第168页。
② 孔颖达：《毛诗正义》卷6《秦风·小戎》，阮元校刻：《十三经注疏》，上册，第369页下栏—370页上栏。

"救世主"的角色,打败与驱赶了戎人,挽救了周王室,占据了广大的岐、丰地区,收集与安抚了众多的周余民。秦襄公、晋文侯是挽救与重建周王室的两大功臣。《国语》、清华简《系年》记载晋文侯有立天子之大功,① 周平王有《文侯之命》,赐命晋文侯。② 秦襄公风头更劲,获得赏赐的疆土更多,爵位至公亦高过晋文侯。所以,说秦襄公立下"盖世功勋"实不为过。需要强调的是,秦襄公不会由大夫跃居诸侯,由幽王末年大夫到周平王末年升为诸侯是一个漫长的过程,需要多次赏赐才能达成。秦襄公祖父秦仲获封为大夫,秦襄公父亲秦庄公仍是大夫,"庄公"之号是秦襄公以后追赠的。戎人杀幽王时,秦襄公只是一个大夫,率部与戎人作战,属于虢公翰所立携王节制,初期周人、秦人与戎人作战战绩不佳,携王被迫与戎人讲和,可是"戎成不退",③ 战争仍然持续。秦襄公不得不率部与戎人作战,得到诸多襄助,扭转了战局,打败与驱赶了戎人。其间,秦襄公很可能因战功、势力以及忠于周王室而上升至卿位,才有后来的飞黄腾达。

其次,秦襄公助平王东迁。《秦记》《史记·秦本纪》有清楚的记载。《史记·秦本纪》曰:"周避犬戎难,东徙雒邑,襄公以兵送周平王。"④《吕氏春秋》曰:"平王所以东徙也;秦襄、晋文之所以劳王劳而赐地也。"⑤ 平王东迁是大事,必宣告天下,秦襄公

---

① 左丘明撰,韦昭注:《国语》卷16《郑语》,第524页;清华简《系年》第2章,清华大学出土文献研究与保护中心编,李学勤主编:《清华大学藏战国竹简(贰)》下册,第138页。

② 关于《文侯之命》的时代,汉唐治《尚书》者归于晋文侯,而《史记·晋世家》归于晋文公,司马贞《史记索隐》已辨别;关于《文侯之命》的内容,学者或认为乃对晋文侯的策命,或以为乃对晋文公的策命(参见顾颉刚、刘起釪:《尚书校释译论》,中华书局2005年版,第2113、2128—2136页;蒋善国:《尚书综述》,上海古籍出版社1988年版,第254—263页)。分析《文侯之命》的内容,"殄资泽于下民,侵戎我国家纯",王对文侯说"汝多修,扞我于艰,若汝,予嘉"与周平王、晋文侯的时代与事迹合,而不合于晋文公。所以,我们赞同其乃对晋文侯的策命。

③ 孔颖达:《毛诗正义》卷12《小雅·节南山之什·雨无正》,阮元校刻:《十三经注疏》,上册,第448页。

④ 《史记》卷6《秦本纪》,第230页。

⑤ 许维遹:《吕氏春秋集释》卷22《慎行论·疑似》,第608页。

助迁，必然给予大量人员、物资，并且护送，显示出忠诚，故有封赏。

《左传》襄公十年，瑕禽曰：

> 昔平王东迁，吾七姓从王。牲用备具，王赖之，而赐之骍旄之盟，曰："世世无失职。"若筚门闺窦其能来东底乎？且王何赖焉？

杜预《注》曰：

> 平王徙时，大臣从者有七姓，伯舆之祖皆在其中，主为王备牺牲，共祭祀。王恃其用，故与之盟，使世守其职。骍旄，赤牛也。举骍旄者，言得重盟不以犬鸡。①

这些大臣本是居于关中的旧臣，担任世职，即《史记·秦本纪》秦襄公所收"周余民"，周王室重建，需要大量人力与物力，周平王至关中，秦襄公将之归还于平王，立下大功。

第三，秦负有驱逐戎人、保护周王陵的重大责任。《史记·周本纪》曰：

> 平王立，东迁于雒邑，辟戎寇。②

《史记·秦本纪》曰：

> 周避犬戎难，东徙雒邑，襄公以兵送周平王。平王封襄公为诸侯，赐之岐以西之地。曰："戎无道，侵夺我岐、丰之地，

---

① 孔颖达：《春秋左传正义》卷31，阮元校刻：《十三经注疏》，下册，1949页上栏。
② 《史记》卷5《周本纪》，第189页。

秦能攻逐戎，即有其地。"与誓，封爵之。襄公于是始国，与诸侯通使聘享之礼。①

两周之际，关中平原是饱受戎人蹂躏之地，秦襄公打败、驱赶一些敌对的戎人，被驱赶的戎人随时会卷土重来。另外，仍然有一些戎人居住在关中，他们的态度可能随时会转变。这些戎人都是关中平原的威胁势力。清华简《系年》："周室既卑，坪（平）王东迁，止于成周。秦仲焉东居周地，以守周之坟墓，秦以始大。"（图版四）②

（三）秦襄公受封的疆土

关于秦襄公获赏封国的疆域，《史记·秦本纪》的记载引起学者争议，结合清华简《系年》、《毛诗·秦风·终南》可以辨明事实。

《史记·秦本纪》平王东迁，赐秦岐、丰之地，曰：

> 戎无道，侵夺我岐、丰之地，秦能攻逐戎，即有其地。③

《史记·秦本纪》秦人赶走戎人：

> 岐以东献之周。④

《史记》将先后次序颠倒，事实是周平王二十一年秦人赶走戎人，三十三年平王东迁。《史记·秦本纪》记载秦将"岐以东献之

---

① 《史记》卷5《秦本纪》，第230页；程平山：《秦襄公、文公年代事迹考》，《历史研究》2013年第5期，第168页。
② 清华简《系年》第3章，清华大学出土文献研究与保护中心编，李学勤主编：《清华大学藏战国竹简（贰）》下册，第141页。
③ 《史记》卷5《秦本纪》，第230页。
④ 《史记》卷5《秦本纪》，第230页。

周",不仅与班固、郑康成的观点不同,亦与其他文献矛盾,所以受到学者的质疑与批评。

《汉书·地理志》曰:

> 襄公将兵救周有功,赐受邠、酆之地,列为诸侯。[1]

《毛诗序》曰:

> 《终南》,戒襄公也,能取周地,始为诸侯,受显服,大夫美之,故作是诗,以戒劝之。[2]

《史记·匈奴列传》张守节《正义》引高诱说:

> 秦襄公救周有功,受周故地酆、鄗,列为诸侯。[3]

郑康成《毛诗谱·秦谱》曰:

> 秦仲之孙襄公,平王之初,兴兵讨西戎以救周。平王东迁王城,乃以岐、丰之地赐之,始列为诸侯。遂横有周西都宗周畿内八百里之地。其封域东至迤山,在荆岐终南惇物之野。

孔颖达《疏》曰:

> 如以郑言,横有西都八百里之地,则是全得西畿,言与《本纪》异者。案终南之山在岐之东南,大夫之戒襄公,已引

---

[1] 《汉书》卷28下《地理志下》,第1641页。
[2] 孔颖达:《毛诗正义》卷6《秦风·终南》,阮元校刻:《十三经注疏》,上册,第372页中栏。
[3] 《史记》卷110《匈奴列传》,第3487页。

终南为喻，则襄公亦得岐东，非唯自岐以西也。即如《本纪》之言，文公收周余民，又献岐东于周，则秦之东境终不过岐，而春秋之时，秦境东至于河，襄公已后更无功德之君，复是何世得之也。明襄公救周即得之矣。《本纪》之言不可信也。①

王应麟《困学纪闻》引孔《疏》，删去"襄公已后更无功德之君，复是何世得之也"。② 王玉哲先生赞扬王应麟眼光极为犀利，乃有识之论。③

一些学者因《史记》秦襄公、文公事迹错乱，怀疑郑康成说。欧阳修《诗本义》据《史记》质疑郑康成说。④ 晁福林先生讽刺《史记·秦本纪》周赐秦襄公以岐、丰之地与秦文公归周以岐东土地属于"空头人情"。⑤ 王雷生先生以为周赐秦襄公以岐、丰之地存在赐命与实封的矛盾，秦文公归周以岐东土地是要以土地换取诸侯头衔。⑥ 清华简《系年》曰："周室既卑，坪（平）王东迁，止于成周。秦仲焉东居周地，以守周之坟墓，秦以始大。"（图版四）⑦ 平王被立与东迁之时，已经基本上消除了戎乱，才能够将岐、丰之地赐秦，命秦看守岐、丰以周王陵为代表的周人墓。秦襄公二十八年（周平王二十一年）以后没有伐戎的记载，而平王东迁之年当秦襄公四十年，此后秦襄公在位仅十年，而秦文公并无伐戎事迹，若戎真盘踞岐、丰之地，仅秦人的力量非短短十年可以肃清。

---

① 孔颖达：《毛诗正义》卷6郑康成《毛诗谱·秦谱》，阮元校刻：《十三经注疏》，上册，第368页中栏。

② 王应麟著，翁元圻等注：《困学纪闻》卷11《考史》，第5册，第1459页。

③ 王玉哲：《周平王东迁乃避秦非避让犬戎说》，《天津社会科学》1986年第3期，第50页。

④ 欧阳修：《诗本义》卷4《蒹葭》，《四部丛刊三编》，第8页b—9页a。

⑤ 晁福林：《论平王东迁》，《历史研究》1991年第6期，第18—19页。

⑥ 王雷生：《平王东迁年代新探——周平王东迁公元前747年说》，《人文杂志》1997年第3期，第64—65页；王雷生：《秦文公即秦襄公考辩》，《三秦论坛》1997年第3期，第37页。

⑦ 清华简《系年》第3章，清华大学出土文献研究与保护中心编，李学勤主编：《清华大学藏战国竹简（贰）》下册，第141页。

所以，清华简《系年》的记载与汉代学者班固、郑康成的认识一致，孔颖达、王应麟亦得之，而《史记》之错误显然。

《毛诗·秦风·终南》曰：

> 终南何有？有条有梅。君子至止，锦衣狐裘，颜如渥丹，其君也哉！
>
> 终南何有？有纪有堂。君子至止，黻衣绣裳。佩玉将将，寿考不忘！

《诗序》曰：

> 《终南》，戒襄公也，能取周地，始为诸侯，受显服，大夫美之，故作是诗，以戒劝之。①

《终南》描绘秦君拥有终南，言疆土广大，因终南而赞美秦公拥有广袤疆土，非秦襄公孰能当之？

《史记·秦本纪》曰：

> 三年，文公以兵七百人东猎。四年，至汧渭之会。曰："昔周邑我先秦嬴于此，后卒获为诸侯。"乃卜居之，占曰吉。即营邑之。②

秦襄公四十年获封，秦文公四年就可以到渭、汧之会，定都于此，亦证实秦襄公受封以后秦国国土广大，而秦文公乃居国之中，岐、丰必秦襄公时获得的封土。

平王东迁与将岐、丰赐秦的重要原因是：周失岐、丰之地，秦

---

① 孔颖达：《毛诗正义》卷6《秦风·终南》，阮元校刻：《十三经注疏》，上册，第372页中栏—373页上栏。

② 《史记》卷5《秦本纪》，第230页。

人伐戎复得之。岐、丰已经在旱灾、饥馑与戎祸的多重蹂躏下变成难以居住之所，①又随时可能遭到戎人的攻击，周人无力防范，故避戎乱而东迁，将沉重的包袱转给秦人。周室东迁，平王就赐命秦襄公。秦本居西垂（今甘肃省礼县一带），周平王将岐、丰赐予秦人，秦仲东居周地，看守以周王陵为首的周人墓葬。在西安地区发现有春秋早期的秦人墓，证明春秋早期秦人势力及此。②

所以，清华简《系年》、《毛诗·秦风·终南》、《秦本纪》文公迁居汧渭之会与考古发现一致证实，除了旧居西垂之外，秦襄公获封时受赏赐岐、丰之地。

总之，出土文献与传世文献相结合，周平王三十三年东迁而封秦襄公。秦襄公获封的真实缘由是秦襄公有平定戎乱、挽救周王室、解救周余民、助平王东迁而显示的忠心。秦襄公获封时秦已拥有关中之地，这是戎人随时会加以攻击的区域。

第二节 秦宪公至秦成公年代事迹考

一 《史记》秦宪公至秦成公年代与事迹校补

秦宪公至秦成公时期，秦国都于平阳，雍大郑宫只是离宫别馆，国君亦葬于平阳。《史记·秦本纪》所载秦宪公至秦成公年代事迹简略，其间掺杂了一些秦国以外的他国年代事迹，并且后者的部分年代存在讹误，清代以来学者有所校订，尚需要进一步订正与补充。

1. 秦宪公

考索之下，《史记·秦本纪》秦宪公的记载有几处错误。《史

---

① 孔颖达：《毛诗正义》卷12《小雅·节南山之什·雨无正》，阮元校刻：《十三经注疏》，上册，第447页中栏—448页中栏；[美]李峰：《西周的灭亡——中国早期国家的地理和政治危机》（增订本），徐峰译，汤惠生校，上海古籍出版社2016年版，第257页。

② 滕铭予：《秦帝国：从封国到帝国的考古学观察》，学苑出版社2002年版，第32、36、39页。

记·秦本纪》曰：

> 静公子立，是为（宁）〔宪〕公。（宁）〔宪〕公二年，公徙居平阳。①

《史记·秦始皇本纪》附录曰：

> 静公不享国而死。生宪公。
> 宪公享国十二年，居西新邑。死，葬衙。生武公、德公、出子。②

梁玉绳《史记志疑》："'宁'字以形近致讹。"③

笔者案：《史记·秦本纪》"宁公"，《史记·秦始皇本纪》附录作"宪公"。秦公钟、秦公镈曰："秦公曰：我先祖受天命，赏宅受或（国）。剌剌邵文公、静公、宪公不坠于上。"④ 出土文献证实《史记·秦本纪》存在传抄讹误，《史记·秦本纪》"宁公"误，当作"宪公"。

《史记·秦本纪》曰：

> （宁）〔宪〕公二年，公徙居平阳。……（宁）〔宪〕公生十岁立，立十二年卒，葬西山。⑤

《史记·秦始皇本纪》附录曰：

---

① 《史记》卷5《秦本纪》，第231—232页。
② 《史记》卷6《秦始皇本纪》，第358页。
③ 梁玉绳：《史记志疑》卷4《秦本纪》，第123页。
④ 卢连成、杨满仓：《陕西宝鸡县太公庙村发现秦公钟、秦公镈》，《文物》1978年第11期，第1—5页。
⑤ 《史记》卷5《秦本纪》，第232页。

> 宪公享国十二年，居西新邑。死，葬衙。①

笔者案：《史记·秦始皇本纪》附录宪公居"西新邑"即《史记·秦本纪》居"平阳"。《史记·秦始皇本纪》附录宪公葬"衙"，《史记·秦本纪》作葬"西山"，"衙""西山"一地。

《史记·秦本纪》记载秦宪公的事迹主要是伐荡社、荡氏：

> （宁）〔宪〕公二年，公徙居平阳。遣兵伐荡社。三年，与亳战，亳王奔戎，遂灭荡社。……十二年，伐荡氏，取之。

裴骃《集解》曰：

> 徐广曰：荡音汤。社，一作"杜"。

司马贞《索隐》曰：

> 西戎之君号亳王，盖成汤之胤。其邑曰荡社。徐广云一作"汤杜"，言汤邑在杜县之界，故曰汤社也。

张守节《正义》曰：

> 《括地志》云："雍州三原县有汤陵。又有汤台，在始平县西北八里。"按：其国盖在三原始平之界矣。②

梁玉绳《史记志疑》曰：

---

① 《史记》卷6《秦始皇本纪》，第358页。
② 《史记》卷5《秦本纪》，第232—233页。

附案：《索隐》曰："西戎之君号亳王，盖成汤之胤。其邑曰荡社。徐广云：'一作汤杜'，言汤邑在杜县之界也。"余谓荡即"汤"，古字通用。西戎亳王号汤，"社"乃衍文，杜字亦非。《水经注》二十三卷引此纪作"汤"，无"社"字，可证。汤在杜县之界，后人以"杜"字注其下，混入本文而又讹为"社"耳。《周本纪》论杜中，徐广云"一作'社'"，亦讹"杜"为"社"也。《封禅书》"杜亳""社主祠"，《魏世家》惠王十六年"杜平"并讹作"社"。①

孙诒让《籀㢼述林》曰：

《史》之"荡杜"，盖即"唐杜"也。②

笔者案：《史记·秦本纪》曰：

（宁）〔宪〕公二年，公徙居平阳。遣兵伐荡社。三年，与亳战，亳王奔戎，遂灭荡社。……十二年，伐荡氏，取之。……（武公）十一年，初县杜、郑。③

"荡社"与县"杜"存在因果关系，所以"荡社"即"杜"，称"荡杜"是。

秦宪公八年事迹，《史记·秦本纪》失载，而古本《竹书纪年》、《左传》记载有差异。

《水经注·河水》曰：

---

① 梁玉绳：《史记志疑》卷4《秦本纪》，第123页。
② 孙诒让：《籀㢼述林》卷1《唐杜氏考》，雪克点校，许嘉璐主编：《孙诒让全集》，中华书局2010年版，第14页。
③ 《史记》卷5《秦本纪》，第232—233页。

《纪年》又云:"晋武公······八年,周师、虢师围魏,取芮伯万而东之。"①

《左传》桓公四年:

秋,秦师侵芮,败焉,小之也。
冬,王师、秦师围魏,执芮伯以归。②

《资治通鉴外纪·周纪二·桓王》曰:

(桓王十二年,秦宪公八年),冬,王师、秦师围魏,取芮伯而东之。③

笔者案:《水经注》引古本《竹书纪年》作"周师、虢师"、《左传》作"王师、秦师",不同也。诸国记事往往由于各种缘由而存在差异,孔子所修鲁国史书《春秋》不载此事,《左传》"王师、秦师"不知来源,古本《竹书纪年》"周师、虢师"本于晋国国史《乘》。刘恕《资治通鉴外纪》依据《左传》,而不采古本《竹书纪年》。可见,刘恕认为此事《左传》的记载更可信。笔者认为当综合之,作"周师、虢师、秦师围魏,取芮伯而东之"。

《史记·秦本纪》宪公"生子三人长男武公为太子武公弟德公同母鲁姬子"一句,久有疑问,有不同的文字句读与排序。泷川资言《史记会注考证》曰:

---

① 郦道元撰,杨守敬、熊会贞疏:《水经注疏》卷4《河水四》,段熙仲点校、陈桥驿复校,江苏古籍出版社1989年版,第324页。
② 孔颖达:《春秋左传正义》卷6,阮元校刻:《十三经注疏》,下册,第1747页中栏。
③ 刘恕:《资治通鉴外纪》卷4《周纪二·桓王》,上海涵芬楼影印明刊本,张元济等编:《四部丛刊》,上海商务印书馆民国十八年版,第9页b。

（宁公）生子三人。长男武公为太子，武公弟德公同母。鲁姬子生出子。①

中华书局1959年点校本《史记·秦本纪》曰：

生子三人，长男武公为太子。武公弟德公，同母鲁姬子。生出子。②

林剑鸣《秦史稿》曰：

一九七八年一月在陕西发现的秦公钟、镈铭文中，在历数秦公世系时，只说"文公、静公、宪公"，又有"公及王姬曰"的提法。可以证明作此铭文之"秦公"乃宪公之后的一"公"，即出子，"王姬"显系出子之母。这就证明《史记·秦本纪》中的一句应作："武公弟德公，同母，鲁姬子。□□生出子。"其中□□缺漏之两字，依铭文证明应为"王姬"。③

马非百《秦集史》曰：

宪公生子三人，长男武公为太子。武公弟德公同母。鲁姬子生出子。④

中华书局2014年修订二十四史点校本《史记·秦本纪》曰：

---

① 司马迁撰，泷川资言考证：《史记会注考证》卷5《秦本纪》，杨海峥整理，上海古籍出版社2016年版，第249页。
② 《史记》卷5《秦本纪》，中华书局1959年点校本，第181页。
③ 林剑鸣：《秦史稿》，第42页。
④ 马非伯：《秦集史》，中华书局1982年版，第11页。

（宁）〔宪〕公生十岁立，立十二年卒，葬西山。生子三人，长男武公为太子。武公弟德公，同母。鲁姬子生出子。①

或以为错简，当据文意调整为：

生子三人，长男武公为太子，武公同母弟德公，鲁姬子生出子。②

笔者认为：可以采用的方案有三。

方案一　生子三人：长男武公为太子。武公弟德公，同母。鲁姬子生出子。

方案二　生子三人：长男武公为太子，武公同母弟德公，鲁姬子生出子。

方案三　生子三人：长男武公为太子。德公，武公同母弟。鲁姬子生出子。

三个方案，含义一致，理解不同。《史记·秦始皇本纪》宪公"生武公、德公、出子"，所以方案三强调的是主语"德公"需要凸显居于句首。需要明确的是，既然文字存在传抄讹误，就不必局限于今保存文字的次序。

《史记·秦本纪》曰：

（宁）〔宪〕公生十岁立，立十二年卒，葬西山。生子三人，长男武公为太子。武公弟德公，同母。鲁姬子生出子。（宁）〔宪〕卒，大庶长弗忌、威垒、三父废太子而立出子为君。出子六年，三父等复共令人贼杀出子。出子生五岁立，立六年卒。三父等乃复立故太子武公。……二十年，武公卒，葬

---

① 《史记》卷5《秦本纪》，第232页。
② 梁万斌：《〈史记·秦本纪〉错简一则》，《秦始皇帝陵博物院》第7辑，三秦出版社2017年版，第148—151页。

雍平阳。……立其弟德公。……德公生三十三岁而立，立二年卒。①

《史记·秦始皇本纪》附录曰：

> 宪公享国十二年，居西新邑。死，葬衙。生武公、德公、出子。
> 出子享国六年，居西陵。庶长弗忌、威累、参父三人，率贼贼出子鄋衍，葬衙。武公立。
> 武公享国二十年。居平阳封宫。葬（宣）〔平〕阳聚东南。三庶长伏其罪。德公立。
> 德公享国二年。居雍大郑宫。生宣公、成公、缪公。葬〔平〕阳。初伏，以御蛊。②

笔者案：秦宪公"十岁立（生称一岁），立十二年卒"，卒时年22。"出子生五岁立，立六年卒"，出子生于秦宪公17岁，即秦宪公七年。出子立6年、秦武公立20年，秦德公立2年，"德公生三十三岁而立，立二年卒"，秦宪公卒时秦德公7岁，秦德公生于秦宪公15岁，即秦宪公五年。秦武公、秦德公属于同母兄弟，所以秦武公生不晚于秦宪公14岁，即不晚于秦宪公四年。秦公钟、秦公镈出于平阳，其文曰："秦公曰：'我先祖受天命，赏宅受或（国）。剌剌邵文公、静公、宪公不堕于上。……'公及王姬曰：'……'"③"公及王姬"，秦公及其夫人。宪公年二十二卒，长男武公，次德公、出子，出子年幼（年5岁即位，年十一卒）未即

---

① 《史记》卷5《秦本纪》，第232—235页。
② 《史记》卷6《秦始皇本纪》，第358—359页。
③ 卢连成、杨满仓：《陕西宝鸡县太公庙村发现秦公钟、秦公镈》，《文物》1978年第11期，第1—5页。

婚。秦公钟、秦公镈的秦公乃宪公之长子秦武公。学界公认此说。① 秦武公即位时年不小于 14 岁，稍后娶王姬，说明周王室对秦国地位的重视，其实是蒙荫于秦襄公、秦文公对周王室的忠心与巨大贡献。

《史记·秦本纪》失载出子二年事迹。《左传》桓公十年：

> 秋，秦人纳芮伯万于芮。②

笔者案：《史记·秦本纪》失载出子二年事迹。《左传》桓公十年："秋，秦人纳芮伯万于芮。"③ 鲁桓公十年当秦出子二年。

2. 秦武公

《史记·秦本纪》曰：

> 武公元年，伐彭戏氏，至于华山下，居平阳封宫。三年，诛三父等而夷三族，以其杀出子也。郑高渠眯杀其君昭公。十年，伐邽、冀戎，初县之。十一年，初县杜、郑。灭小虢。十（三）〔二〕年，齐人管至父、连称等杀其君襄公而立公孙无知。晋灭霍、魏、耿。齐雍廪杀无知、管至父等而立齐桓公。齐、晋为强国。十九年，晋曲沃始为晋侯。齐桓公伯于鄄。二十年，武公卒，葬雍平阳。初以人从死，从死者六十六人。有子一人，名曰白，白不立，封平阳。立其弟德公。④

《史记·秦本纪》记载秦武公时期的他国的部分年代存在讹误。《史记·秦本纪》曰：

---

① 王辉、王伟：《秦出土文献编年订补》，三秦出版社 2014 年版，第 15—17 页。
② 孔颖达：《春秋左传正义》卷 7，阮元校刻：《十三经注疏》，下册，第 1755 页上栏。
③ 孔颖达：《春秋左传正义》卷 7，阮元校刻：《十三经注疏》，下册，第 1755 页上栏。
④ 《史记》卷 5《秦本纪》，第 233—235 页。

(武公)十(三)〔二〕年，齐人管至父、连称等杀其君襄公而立公孙无知。

《史记·秦本纪》秦武公十三年，齐人杀齐襄公。梁玉绳《史记志疑》曰：

案：《左传》事在秦武公之十二年。①

笔者案：《左传》鲁庄公八年，齐人杀齐襄公，②当秦武公十二年。《史记·十二诸侯年表》在齐襄公十二年、秦武公十二年。③

《史记·秦本纪》秦武公十三年：

晋灭霍、魏、耿。

梁玉绳《史记志疑》曰：

案：晋灭三国在秦成公三年，此书于武公十三年，相隔二十四载，宋叶大庆《考古质疑》纠之矣。④

张文虎《校正史记集解索隐正义札记》曰：

"晋灭霍、魏、耿"，按《十二诸侯年表》及《晋世家》，事在晋献公十六年，当秦成公三年，疑此文错简，非记载之误。《索隐》系"曲沃"条上，则已同今本。⑤

---

① 梁玉绳：《史记志疑》卷4《秦本纪》，第124页。
② 孔颖达：《春秋左传正义》卷8，阮元校刻：《十三经注疏》，下册，第1765页下栏。
③ 《史记》卷14《十二诸侯年表》，第705页。
④ 梁玉绳：《史记志疑》卷4《秦本纪》，第124页。
⑤ 张文虎：《校正史记集解索隐正义札记》卷1《本纪·秦本纪》，中华书局1977年版，第57页。

笔者案：《左传》鲁闵公元年，晋灭霍、魏、耿，① 当秦成公三年。此当系于秦成公三年下，此处可删。

《史记·秦本纪》曰：

二十年，武公卒，葬雍平阳。

《史记·秦始皇本纪》附录曰：

武公享国二十年。居平阳封宫。葬宣阳聚东南。

梁玉绳《史记志疑》曰：

案：《纪》作"葬平阳"，岂平阳有宣阳聚乎？②

笔者案：张守节《史记正义》曰：

《帝王世纪》云：秦宁公都平阳。按：岐山县有阳平乡，乡内有平阳聚。③

《史记·秦始皇本纪》附录"葬宣阳聚"，误，当作"葬平阳聚"。

3. 秦德公

《史记·秦本纪》曰：

德公元年，初居雍城大郑宫。以牺三百牢祠鄜畤。卜居雍。"后子孙饮马于河。"梁伯、芮伯来朝。二年，初伏，以狗

---

① 孔颖达：《春秋左传正义》卷11，阮元校刻：《十三经注疏》，下册，第1786页中栏。
② 梁玉绳：《史记志疑》卷5《秦始皇本纪》，第194页。
③ 《史记》卷5《秦本纪》，第233页。

御蛊。德公生三十三岁而立，立二年卒。①

《史记·秦始皇本纪》附录曰：

德公享国二年。居雍大郑宫。生宣公、成公、缪公。葬〔平〕阳。初伏，以〔狗〕御蛊。

宣公享国十二年。居〔平〕阳宫。葬〔平〕阳。初志闰月。
成公享国四年，居雍之宫。葬〔平〕阳。齐伐山戎、孤竹。②
马非百《秦集史》曰：

德公葬阳。按《秦本纪》《始皇本纪》均言德公初居雍城大郑宫。此"阳"字上当有"平"字。平阳时属雍，并在岐州，故上文言武公葬平阳也。下仿此。③

笔者案：马非百说是。秦宣公、秦成公事迹亦讹脱"阳"字，当补。《史记·秦始皇本纪》附录秦德公葬"阳"当作葬"平阳"，脱"平"字。秦宣公居"阳宫"当作"平阳宫"，葬"阳"当作葬"平阳"，并脱"平"字。秦成公葬"阳"当作葬"平阳"。

《史记·秦本纪》秦德公：

二年，初伏，以狗御蛊。④

《史记·秦始皇本纪》附录曰：

---

① 《史记》卷5《秦本纪》，第235—236页。
② 《史记》卷6《秦始皇本纪》，第359页。
③ 马非伯：《秦集史》，第550页。
④ 《史记》卷5《秦本纪》，第235页。

德公享国二年。……初伏，以〔狗〕御蛊。①

笔者案：《史记·秦始皇本纪》附录"初伏，以御蛊"，《史记·秦本纪》作"以狗御蛊"，《十二诸侯年表》作"磔狗邑四门"，②《封禅书》作"磔狗邑四门，以御蛊菑"，③ 水泽利忠《史记会注考证校补》曰："姚古、枫、棭、三、谦、高、中彭'初伏，以狗御蛊'。"④ 笔者案：《史记·秦始皇本纪》附录当补"狗"字。

《史记·十二诸侯年表》秦表，秦德公：

二年，初作伏，祠社，磔狗邑四门。⑤

四门，平阳之城门。此乃秦德公犹都平阳之证。

4. 秦宣公

秦宣公的记载有争议之处。《史记·秦本纪》曰：

宣公……三年，郑伯、虢叔杀子颓而入惠王。⑥

梁玉绳《史记志疑》曰：

案：此宣公四年事。⑦

---

① 《史记》卷6《秦始皇本纪》，第359页。
② 《史记》卷14《十二诸侯年表》，第711页。
③ 《史记》卷28《封禅书》，第1637页。
④ 水泽利忠：《史记会注考证校补》卷6，台北广文书局1972年影印日本国史记会注考证校补刊行会昭和三十二年本，第67页。
⑤ 《史记》卷14《十二诸侯年表》，第711页。
⑥ 《史记》卷5《秦本纪》，第236页。
⑦ 梁玉绳：《史记志疑》卷5《秦始皇本纪》，第124页。

笔者案：《左传》鲁庄公二十一年，郑伯、虢叔杀子颓而入周惠王，① 当秦宣公三年。梁玉绳说误。

基于以上的成果，对《史记·秦本纪》、《史记·秦始皇本纪》附录秦宪公至秦成公年代事迹重新整理，并加以说明。

《史记·秦本纪》曰：

> （宁）〔宪〕公二年，公徙居平阳。遣兵伐荡（社）〔杜〕。三年，与亳战，亳王奔戎，遂灭荡（社）〔杜〕。四年，鲁公子翚弑其君隐公。〔八年，秦师侵芮，败焉，小之也。周师、虢师、秦师围魏，取芮伯而东之。〕十二年，伐荡氏，取之。（宁）〔宪〕公生十岁立，立十二年卒，葬西山。生子三人：长男武公为太子。（武公弟德公，同母）〔德公，武公弟同母。〕鲁姬子生出子。宁公卒，大庶长弗忌、威垒、三父废太子而立出子为君。
>
> 出子〔二年，秦人纳芮伯万于芮。〕六年，三父等复共令人贼杀出子。出子生五岁立，立六年卒。三父等乃复立故太子武公。
>
> 武公元年，伐彭戏氏，至于华山下，居平阳封宫。三年，诛三父等而夷三族，以其杀出子也。郑高渠眯杀其君昭公。十年，伐邽、冀戎，初县之。十一年，初县杜、郑。灭小虢。十（三）〔二〕年，齐人管至父、连称等杀其君襄公而立公孙无知。晋灭霍、魏、耿。（上五字删）齐雍廪杀无知、管至父等而立齐桓公。齐、晋为强国。十九年，晋曲沃始为晋侯。齐桓公伯于鄄。二十年，武公卒，葬雍平阳。初以人从死，从死者六十六人。有子一人，名曰白，白不立，封平阳。立其弟德公。

---

① 孔颖达：《春秋左传正义》卷9，阮元校刻：《十三经注疏》，下册，第1774页上、中栏。

德公元年，初居雍城大郑宫。以牺三百牢祠鄜畤。卜居雍。"后子孙饮马于河。"梁伯、芮伯来朝。二年，初伏，以狗御蛊。德公生三十三岁而立，立二年卒。生子三人：长子宣公，中子成公，少子穆公。长子宣公立。

宣公元年，卫、燕伐周，出惠王，立王子颓。三年，郑伯、虢叔杀子颓而入惠王。四年，作密畤。与晋战河阳，胜之。十二年，宣公卒。生子九人，莫立，立其弟成公。

成公元年，梁伯、芮伯来朝。齐桓公伐山戎，次于孤竹。成公立四年卒。子七人，莫立，立其弟缪公。①

《史记·秦始皇本纪》附录曰：

静公不享国而死。生宪公。

宪公享国十二年，居西新邑。死，葬衙。生武公、德公、出子。

出子享国六年，居西陵。庶长弗忌、威累、参父三人，率贼贼出子鄙衍，葬衙。武公立。

武公享国二十年。居平阳封宫。葬（宣）〔平〕阳聚东南。三庶长伏其罪。德公立。

德公享国二年。居雍大郑宫。生宣公、成公、缪公。葬〔平〕阳。初伏，以〔狗〕御蛊。

宣公享国十二年。居〔平〕阳宫。葬〔平〕阳。初志闰月。

成公享国四年，居雍之宫。葬〔平〕阳。齐伐山戎、孤竹。②

---

① 《史记》卷5《秦本纪》，第232—237页。
② 《史记》卷6《秦始皇本纪》，第358—359页。

二 秦宪公至秦成公时期秦国历史的特点

秦宪公至秦成公时期处于承上启下的重要阶段,一方面秦公继承了秦襄公、秦文公的事业致力于伐戎,另一方面秦公进一步强化了祭祀制度,《史记》记载这一时期的历史,充分体现了"国之大事,在祀与戎"。

《史记·秦本纪》曰:

> (宁)〔宪〕公二年,公徙居平阳。遣兵伐荡(社)〔杜〕。三年,与亳战,亳王奔戎,遂灭荡(社)〔杜〕。……十二年,伐荡氏,取之。……武公元年,伐彭戏氏,至于华山下。……十年,伐邽、冀戎,初县之。十一年,初县杜、郑。灭小虢。

秦宪公、武公伐灭了荡(社)〔杜〕、荡氏、彭戏氏、邽戎、冀戎、小虢,肃清了国内由于秦襄公时期延留的历史问题,并且通过设置县制来巩固对这些地区的控制。

《史记·秦本纪》曰:

> 德公元年,初居雍城大郑宫。以牺三百牢祠鄜畤。卜居雍。"后子孙饮马于河。"……二年,初伏,以狗御蛊。……宣公……四年,作密畤。

经历秦襄公、秦文公时期的休养生息,秦国积累了一定的财富,提升了国力。经过秦宪公、秦武公的征伐,秦国占领了大片戎人控制区,获得了大量财富与戎人;秦德公时期,秦国国力隆盛,这在祭祀方面得到充分体现。相对于秦襄公"用骝驹、黄牛、羝羊各(三)〔一〕,祠上帝西畤",表现出的祭祀品缺乏,秦德公竟然"以牺三百牢祠鄜畤",秦德公时期秦国经济的强盛远非开国时可比。秦宣公所作的密畤已经被考古发掘,亦充分证实其祭祀的隆盛。宝鸡陈仓区磻溪镇下站遗址是秦宣公作密畤祭青帝之所,东西宽 540 米,南北约 430 米,总面积约 23 万平方米。2020 年,中国国家博物馆、陕西省考古研究院等联合发掘,发现祭祀坑、房址以及灰坑等遗迹 68 处,出土大量马、牛、羊祭祀用牺牲、铺地砖、瓦、瓦当以及少量玉器、铁器和青铜车马器。出土汉代陶文"密"字。[1] 下站遗址的考古发现证实为秦汉时期的密畤。

此外,秦国开启对周边诸侯国的战争。《水经注·河水》曰:

《纪年》又云:"晋武公……八年,周师、虢师围魏,取芮伯万而东之。"[2]

《左传》桓公四年:

秋,秦师侵芮,败焉,小之也。
冬,王师、秦师围魏,执芮伯以归。[3]

此为秦国最终吞并芮国之开端。

《史记·秦本纪》秦宣公四年:与晋战河阳,胜之。[4]

此为秦国、晋国之间的第一战。

总之,秦宪公、秦武公伐戎,秦德公、秦宣公崇祀,延续了秦襄公、秦文公的事业,加强了秦国的国力,凝聚了秦国的人心。

---

[1] 游富祥、杨武站等:《宝鸡下站祭祀遗址应为秦宣公所建"雍五畤"之一密畤 或与祭祀青帝有关》,中国文物报社"文博中国"微信公众号 2020 年 12 月 7 日;《陕西宝鸡陈仓下站秦汉祭祀遗址》,《2020 中国重要考古发现》,文物出版社 2021 年版,第 103—106 页。

[2] 郦道元撰,杨守敬、熊会贞疏:《水经注疏》卷 4《河水四》,第 324 页。

[3] 孔颖达:《春秋左传正义》卷 6,阮元校刻:《十三经注疏》,下册,第 1747 页中栏。

[4] 《史记》卷 5《秦本纪》,第 236 页。

第三节　秦穆公年代事迹考

一　《史记》秦穆公年代与事迹校补

《史记·秦本纪》所载秦穆公年代事迹源自多种文献，甚杂乱。又其间掺杂了一些秦国以外的他国年代事迹，并且后者的部分年代存在讹误，清代以来学者予以校订，有所成绩；只是，尚存在一些未予解决的疑难问题；又学者以往的研究局限于《史记》，于秦史的考证有所疏漏。

《史记·秦本纪》秦穆公年代事迹存在一些讹误。

《史记·秦本纪》曰：

（五年）秋，缪公自将伐晋，战于河曲。①

梁玉绳《史记志疑》曰：

案：《春秋》河曲之战在鲁文十二年，乃秦康公时事，下文书之，而此忽出斯语，相隔四十余年，且战在冬十二月，非秋也。盖十一字是羡文。②

笔者案：梁玉绳说可从。五年下"秋，缪公自将伐晋，战于河曲"乃衍文。

秦穆公十一年，伊洛之戎伐周，晋国、秦国救周，《史记·秦本纪》失载。

《左传》僖公十一年：

---

① 《史记》卷5《秦本纪》，第239页。
② 梁玉绳：《史记志疑》卷4《秦本纪》，第126页。

夏，扬、拒、泉、皋、伊、雒之戎同伐京师，入王城，焚东门，王子带召之也。秦、晋伐戎以救周。秋，晋侯平戎于王。①

《史记·十二诸侯年表》秦表，秦穆公：

十一年，救王伐戎，戎去。②

笔者案：秦穆公十一年，伊洛之戎伐周，晋国、秦国救周，《史记·秦本纪》失载。《左传》僖公十一年："夏……戎同伐京师……秦、晋伐戎以救周。秋，晋侯平戎于王。"③

《史记·秦本纪》曰：

晋旱，来请粟。丕豹说缪公勿与，因其饥而伐之。缪公问公孙支，支曰："饥穰更事耳，不可不与。"问百里傒，傒曰："夷吾得罪于君，其百姓何罪？"于是用百里傒、公孙支言，卒与之粟。以船漕车转，自雍相望至绛。④

梁玉绳《史记志疑》曰：

案：此句上失书"十三年"。⑤

马非伯《秦集史》据《左传》文。⑥
笔者案：《左传》僖公十三年：

---

① 孔颖达：《春秋左传正义》卷13，阮元校刻：《十三经注疏》，下册，第1802页中栏。
② 《史记》卷14《十二诸侯年表》，第725页。
③ 孔颖达：《春秋左传正义》卷13，阮元校刻：《十三经注疏》，下册，第1802页中栏。
④ 《史记》卷5《秦本纪》，第240页。
⑤ 梁玉绳：《史记志疑》卷4《秦本纪》，第127页。
⑥ 马非伯：《秦集史》，第17页。

冬，晋荐饥，使乞籴于秦。秦伯谓子桑："与诸乎？"对曰："重施而报，君将何求？重施而不报，其民必携；携而讨焉，无众必败。"谓百里："与诸乎？"对曰："天灾流行，国家代有。救灾恤邻，道也。行道有福。"丕郑之子豹在秦，请伐晋。秦伯曰："其君是恶，其民何罪？"秦于是乎输粟于晋，自雍及绛相继，命之曰"泛舟之役"。①

《史记·秦本纪》九年下"晋旱，来请粟"，事在《左传》僖公十三年，《左传》僖公十三年当秦穆公十三年，故当书"十三年"。《史记·十二诸侯年表》系此事于晋惠公四年、秦穆公十三年。②

《史记·秦本纪》曰：

十二年，齐管仲、隰朋死。③

梁玉绳《史记志疑》曰：

案：《齐世家》在齐桓公四十一年，当鲁僖、秦穆之十五年，此误书于十二年也。是年桓公方使管仲平戎于王，隰朋平戎于晋，何以死哉？然其误从《谷梁传》来，《谷梁》于鲁僖十二年楚人灭黄《传》言管仲死耳。④

笔者案：《秦本纪》误，梁玉绳辨之甚详，可从。

《史记·秦本纪》曰：

---

① 孔颖达：《春秋左传正义》卷13，阮元校刻：《十三经注疏》，下册，第1803页上栏。
② 《史记》卷14《十二诸侯年表》，第726页。
③ 《史记》卷5《秦本纪》，第240页。
④ 梁玉绳：《史记志疑》卷4《秦本纪》，第126—127页。

十五年……使太子圉为质于秦。秦妻子圉以宗女。

笔者案:《左传》僖公十七年（秦穆十七年）:

夏,晋太子圉为质于秦,秦归河东而妻之。①

《史记·秦本纪》秦穆十五年太子圉质于秦,误,当在秦穆十七年。

《史记·秦本纪》曰:

十八年,齐桓公卒。②

梁玉绳《史记志疑》曰:

案:齐桓卒于秦穆十七年,此误。③

笔者案:《春秋》僖公十七年:

冬,十有二月乙亥,齐侯小白卒。

《左传》僖公十七年:

冬,十月乙亥,齐桓公卒。④

---

① 孔颖达:《春秋左传正义》卷14,阮元校刻:《十三经注疏》,下册,第1809页上、中栏。
② 《史记》卷5《秦本纪》,第242页。
③ 梁玉绳:《史记志疑》卷4《秦本纪》,第128页。
④ 孔颖达:《春秋左传正义》卷14,阮元校刻:《十三经注疏》,下册,第1809页上、中栏。

《春秋》《左传》齐桓公卒于秦穆十七年,当秦穆公十七年,故当书"十七年"也。

《史记·秦本纪》曰:

(穆公)二十年,秦灭梁、芮。①

梁玉绳《史记志疑》曰:

案:《表》书秦灭梁于十九年,是此误在二十年也。至芮国之灭,则不可考。《左传》桓四年《疏》曰"不知谁灭之"。无锡顾氏栋高《春秋大事表》引汲冢书,灭芮在秦穆公二年,今《竹书》无之,当是引《路史·国名纪注》也,见卷五。亦与《史》不合。

《通志·氏族略》云芮为晋所灭,又未知何据。②

马非伯《秦集史》曰:

《秦本纪》作二十年,《十二诸侯年表》作十九年,与此(《左传》)同。③

笔者案:《春秋》僖公十九年冬:

梁亡。

《左传》僖公十九年:

---

① 《史记》卷5《秦本纪》,第242页。
② 梁玉绳:《史记志疑》卷4《秦本纪》,第128页。
③ 马非伯:《秦集史》,第18页。

> 梁亡，不书其主，自取之也。初，梁伯好土功，亟城而弗处。民罢而弗堪，则曰："某寇将至，乃沟公宫。"曰："秦将袭我。"民惧而溃，秦遂取梁。①

《春秋》《左传》记录"梁亡"于鲁僖公十九年冬。秦用颛顼历，以十月为岁首，鲁僖公十九年冬已是秦穆公二十年初，故当书"二十年"，与《史记·秦本纪》合。司马迁撰《史记·秦本纪》本秦史《秦记》，故《秦记》系于秦穆公二十年；司马迁撰《十二诸侯年表》又受到战国汉代流传的年表的影响，"梁亡"仍在秦穆公十九年。然则，《史记·秦本纪》《十二诸侯年表》记录"梁亡"的年代差异，缘于史料与用正的差异。

秦穆公二十二年，秦国、晋国迁陆浑之戎于伊川，《史记·秦本纪》失载。

《左传》僖公二十二年：

> 初，平王之东迁也，辛有适伊川，见被发而祭于野者，曰："不及百年，此其戎乎！其礼先亡矣。"秋，秦、晋迁陆浑之戎于伊川。②

秦主此事，当书。《秦本纪》阙，当补。
《史记·秦本纪》曰：

> 二十五年，周王使人告难于晋、秦。秦缪公将兵助晋文公入襄王，杀王弟带。③

---

① 孔颖达：《春秋左传正义》卷14，阮元校刻：《十三经注疏》，下册，第1810页上、下栏。
② 孔颖达：《春秋左传正义》卷15，阮元校刻：《十三经注疏》，下册，第1813页中栏。
③ 《史记》卷5《秦本纪》，第242页。

梁玉绳《史记志疑》曰：

> 案：《左传》云："晋侯辞秦师而下"，《晋语》子犯云"秦将纳之，则失周矣"，是秦未尝助晋纳王也。《晋世家》与《左氏》合，此误。①

笔者案：梁玉绳说是，可从，"秦缪公将兵助晋文公入襄王，杀王弟带"可删。

笔者案：秦穆公二十八年，晋楚城濮之役，秦师助战；二十九年，秦与诸侯会盟，《史记·秦本纪》失载。

《春秋》僖公二十八年：

> 夏，四月己巳，晋侯、齐师、宋师、秦师及楚人战于城濮，楚师败绩。……
>
> 冬，公会晋侯、齐侯、宋公、蔡侯、郑伯、陈子、莒子、邾子、秦人于温。

《左传》僖公二十八年：

> 夏，四月戊辰，晋侯、宋公、齐国归父、崔夭、秦小子慭次于城濮。……楚师败绩。②

《春秋》僖公二十九年：

> 夏，六月，会王人、晋人、宋人、齐人、陈人、蔡人、秦人，盟于翟泉。

---

① 梁玉绳：《史记志疑》卷4《秦本纪》，第128页。
② 孔颖达：《春秋左传正义》卷15，阮元校刻：《十三经注疏》，下册，第1823页中栏—1825页中栏。

《左传》僖公二十九年：

> 夏，公会王子虎、晋狐偃、宋公孙固、齐国归父、陈辕涛涂、秦小子憖，盟于翟泉，寻践土之盟，且谋伐郑也。卿不书，罪之也。在礼，卿不会公、侯，会伯、子、男可也。①

《史记·秦本纪》曰：

> 三十四年，楚太子商臣弑其父成王代立。缪公于是复使孟明视等将兵伐晋，战于彭衙。秦不利，引兵归。②

梁玉绳《史记志疑》曰：

> 案：《年表》依《春秋》书彭衙之战于三十五年，此在三十四年，误。又是役也，秦师败绩，何云不利引归？必秦史讳之，史公仍其误耳。③

笔者案：此司马迁之误，非秦史之讳。"秦不利，引兵归"，误，当作"秦师败绩"。

《史记·秦本纪》曰：

> 三十四年……戎王使由余于秦。……因与由余曲席而坐，传器而食，问其地形与其兵势尽警，而后令内史廖以女乐二八遗戎王。戎王受而说之，终年不还。于是秦乃归由余。由余数谏不听，缪公又数使人间要由余，由余遂去，降秦。缪公以客

---

① 孔颖达：《春秋左传正义》卷16，阮元校刻：《十三经注疏》，下册，第1830页上、中栏。
② 《史记》卷5《秦本纪》，第244—245页。
③ 梁玉绳：《史记志疑》卷4《秦本纪》，第130页。

礼礼之，问伐戎之形。①

李笠《广史记订补》曰：

　　问其地形与其兵势尽察。笠按十字疑误衍。其时戎王未受女乐，由余未降秦，由余贤者，安肯以曲席傅器之私惠，而持其国之地形兵势卖人哉！使由余不贤，有意降秦，则女乐之受，焉能数谏？穆公亦何庸数使人间方得之哉！《韩子·十过篇》于"由余之秦"后，有"穆公问其兵势与地形，既以得之"云云，盖后人取之而妄缀于此耳！②

笔者案：《韩非子·十过》曰：

　　由余归，因谏戎王，戎王弗听，由余遂去之秦。秦穆公迎而拜之上卿，问其兵势与其地形。③

《史记·秦本纪》次序有误，当以《韩非子·十过》所载为正。

《史记·秦本纪》曰：

　　三十六年……于是缪公乃自茅津渡河，封殽中尸，为发丧，哭之三日。乃誓于军曰："嗟士卒！听无哗，余誓告汝。古之人谋黄发番番，则无所过。"④

---

① 《史记》卷5《秦本纪》，第244—246页。
② 李笠著，李继芬整理：《广史记订补》卷2《秦本纪》，复旦大学出版社2001年版，第31—32页。
③ 王先慎：《韩非子集解》卷3《十过》，《新编诸子集成》，第77页。
④ 《史记》卷5《秦本纪》，第246页。

梁玉绳《史记志疑》曰：

> 案：《秦誓·书序》谓败崤还归而作，先儒多从之，而史公系于封殽尸之后，《前编》依以为说。《考古质疑》谓《史》误。《四书释地》又续曰："王伯厚亦莫能折衷，但云二书各不同。以《左传》考之，誓当作于僖三十三年夏，秦伯素服郊次乡师而哭之日，不作于文三年夏封殽尸将霸西戎之时，盖霸西戎则其志业遂矣，岂复作悔痛之词哉。"①

笔者案：此司马迁之误也。

秦穆公三十七年，晋伐秦，《史记·秦本纪》失载。《左传》文公四年：

> 秋，晋侯伐秦，围邧、新城，以报王官之役。②

秦穆公三十八年，秦师入鄀，《史记·秦本纪》失载。《左传》文公五年：

> 初，鄀叛楚即秦，又贰于楚。夏，秦人入鄀。③

根据诅楚文的记载，秦穆公与楚成王联姻、结盟：

> 昔我先君穆公及楚成王，是僇力同心，两邦若壹。绊以婚姻，袗以斋盟。曰枼（世）万子孙毋相为不利。④

---

① 梁玉绳：《史记志疑》卷4《秦本纪》，第131页。
② 孔颖达：《春秋左传正义》卷19，阮元校刻：《十三经注疏》，下册，第1840页下栏。
③ 孔颖达：《春秋左传正义》卷15，阮元校刻：《十三经注疏》，下册，第1843页上栏。
④ 郭沫若：《诅楚文研究》，《郭沫若全集·考古编》第9卷，科学出版社1982年第3版，第296页。

秦穆公与楚成王联姻、结盟的具体年代不明，或谓在晋楚城濮之役之后。

基于以上的成果，对《史记·秦本纪》、《史记·秦始皇本纪》附录秦穆公年代事迹重新整理，并加以说明。

《史记·秦本纪》曰：

> 缪公任好元年，自将伐茅津，胜之。四年，迎妇于晋，晋太子申生姊也。其岁，齐桓公伐楚，至邵陵。
>
> 五年，晋献公灭虞、虢，虏虞君与其大夫百里傒，以璧马赂于虞故也。既虏百里傒，以为秦缪公夫人媵于秦。百里傒亡秦走宛，楚鄙人执之。缪公闻百里傒贤，欲重赎之，恐楚人不与，乃使人谓楚曰："吾媵臣百里傒在焉，请以五羖羊皮赎之。"楚人遂许与之。当是时，百里傒年已七十余。缪公释其囚，与语国事。谢曰："臣亡国之臣，何足问！"缪公曰："虞君不用子，故亡，非子罪也。"固问，语三日，缪公大说，授之国政，号曰五羖大夫。百里傒让曰："臣不及臣友蹇叔，蹇叔贤而世莫知。臣常游困于齐而乞食铚人，蹇叔收臣。臣因而欲事齐君无知，蹇叔止臣，臣得脱齐难，遂之周。周王子颓好牛，臣以养牛干之。及颓欲用臣，蹇叔止臣，臣去，得不诛。事虞君，蹇叔止臣。臣知虞君不用臣，臣诚私利禄爵，且留。再用其言，得脱，一不用，及虞君难：是以知其贤。"于是缪公使人厚币迎蹇叔，以为上大夫。
>
> 秋，缪公自将伐晋，战于河曲。（衍文）晋骊姬作乱，太子申生死新城，重耳、夷吾出奔。
>
> 九年，齐桓公会诸侯于葵丘。晋献公卒。立骊姬子奚齐，其臣里克杀奚齐。荀息立卓子，克又杀卓子及荀息。夷吾使人请秦，求入晋。于是缪公许之，使百里傒将兵送夷吾。夷吾谓曰："诚得立，请割晋之河西八城与秦。"及至，已立，而使丕郑谢秦，背约不与河西城，而杀里克。丕郑闻之，恐，因与缪

公谋曰:"晋人不欲夷吾,实欲重耳。今背秦约而杀里克,皆吕甥、郤芮之计也。愿君以利急召吕、郤,吕、郤至,则更入重耳便。"缪公许之,使人与丕郑归,召吕、郤。吕、郤等疑丕郑有间,乃言夷吾杀丕郑。

丕郑子丕豹奔秦,说缪公曰:"晋君无道,百姓不亲,可伐也。"缪公曰:"百姓苟不便,何故能诛其大臣?能诛其大臣,此其调也。"不听,而阴用豹。

〔十一年,扬、拒、泉、皋、伊、雒之戎同伐京师,入王城,焚东门,王子带召之也。秦、晋伐戎以救周。〕

〔十三年,〕晋旱,来请粟。丕豹说缪公勿与,因其饥而伐之。缪公问公孙支,支曰:"饥穰更事耳,不可不与。"问百里傒,傒曰:"夷吾得罪于君,其百姓何罪?"

于是用百里傒、公孙支言,卒与之粟。以船漕车转,自雍相望至绛。十(二)〔五〕年,齐管仲、隰朋死。

十四年,秦饥,请粟于晋。晋君谋之群臣。虢射曰:"因其饥伐之,可有大功。"晋君从之。

十五年,兴兵将攻秦。缪公发兵,使丕豹将,自往击之。九月壬戌,与晋惠公夷吾合战于韩地。晋君弃其军,与秦争利,还而马鸷。缪公与麾下驰追之,不能得晋君,反为晋军所围。晋击缪公,缪公伤。于是岐下食善马者三百人驰冒晋军,晋军解围,遂脱缪公而反生得晋君。初,缪公亡善马,岐下野人共得而食之者三百余人,吏逐得,欲法之。缪公曰:"君子不以畜产害人。吾闻食善马肉不饮酒,伤人。"乃皆赐酒而赦之。

三百人者闻秦击晋,皆求从,从而见缪公窘,亦皆推锋争死,以报食马之德。于是缪公虏晋君以归,令于国,"齐宿,吾将以晋君祠上帝。"周天子闻之,曰"晋我同姓",为请晋君。夷吾姊亦为缪公夫人,夫人闻之,乃衰绖跣,曰:"妾兄弟不能相救,以辱君命。"缪公曰:"我得晋君以为功,今天子为请，夫人是忧。"乃与晋君盟，许归之，更舍上舍，而馈之七牢。十一月，归晋君夷吾，夷吾献其河西地。〔十七年，〕使太子圉为质于秦。秦妻子圉以宗女。是时秦地东至河。

十（八）〔七〕年，齐桓公卒。

（二十）〔十九〕年，秦灭梁、芮。

二十二年，晋公子圉闻晋君病，曰："梁，我母家也，而秦灭之。我兄弟多，即君百岁后，秦必留我，而晋轻，亦更立他子。"子圉乃亡归晋。〔秦、晋陆浑之戎于伊川。〕

二十三年，晋惠公卒，子圉立为君。秦怨圉亡去，乃迎晋公子重耳于楚，而妻以故子圉妻。重耳初谢，后乃受。缪公益礼厚遇之。

二十四年春，秦使人告晋大臣，欲入重耳。晋许之，于是使人送重耳。二月，重耳立为晋君，是为文公。文公使人杀子圉。子圉是为怀公。其秋，周襄王弟带以翟伐王，王出居郑。

二十五年，周王使人告难于晋、秦。秦缪公将兵助晋文公入襄王，杀王弟带。（十六字删）

二十八年，晋文公败楚于城濮。〔秦小子憖率秦师助晋。二十九年，秦小子憖会会王子虎、晋狐偃盟于翟泉。〕

三十年，缪公助晋文公围郑。郑使人言缪公曰："亡郑厚晋，于晋而得矣，而秦未有利。晋之强，秦之忧也。"缪公乃罢兵归。晋亦罢。

三十二年冬，晋文公卒。郑人有卖郑于秦曰："我主其城门，郑可袭也。"缪公问蹇叔、百里傒，对曰："径数国千里而袭人，希有得利者。且人卖郑，庸知我国人不有以我情告郑者乎？不可。"缪公曰："子不知也，吾已决矣。"遂发兵，使百里傒子孟明视，蹇叔子西乞术及白乙丙将兵。行日，百里傒、蹇叔二人哭之。缪公闻，怒曰："孤发兵而子沮哭吾军，何也？"二老曰："臣非敢沮君军。军行，臣子与往；臣老，迟还恐不相见，故哭耳。"二老退，谓其子曰："汝军即败，必于殽陋矣。"

三十三年春，秦兵遂东，更晋地，过周北门。周王孙满曰："秦师无礼，不败何待！"兵至滑，郑贩卖贾人弦高，持十二牛将卖之周，见秦兵，恐死虏，因献其牛，曰："闻大国将诛郑，郑君谨修守御备，使臣以牛十二劳军士。"秦三将军相谓曰："将袭郑，郑今已觉之，往无及已。"灭滑。滑，晋之边邑也。当是时，晋文公丧尚未葬。太子襄公怒曰："秦侮我孤，因丧破我滑。"遂墨衰绖，发兵遮秦兵于殽，击之，大破秦军，无一人得脱者。虏秦三将以归。文公夫人，秦女也，为秦三囚将请曰："缪公之怨此三人入于骨髓，愿令此三人归，令我君得自快烹之。"晋君许之，归秦三将。三将至，缪公素服郊迎，向三人哭曰："孤以不用百里傒、蹇叔言以辱三子，三子何罪乎？子其悉心雪耻，毋怠。"遂复三人官秩如故，愈益厚之。

三十四年，楚太子商臣弑其父成王代立。缪公于是复使孟明视等将兵伐晋，战于彭衙。（秦不利，引兵归）〔秦师败绩〕。戎王使由余于秦。由余，其先晋人也，亡入戎，能晋言。闻缪公贤，故使由余观秦。秦缪公示以宫室、积聚。由余曰："使鬼为之，则劳神矣。使人为之，亦苦民矣。"缪公怪之，问曰："中国以诗书礼乐法度为政，然尚时乱，今戎夷无此，何以为治，不亦难乎？"由余笑曰："此乃中国所以乱也。夫自上圣黄帝作为礼乐法度，身以先之，仅以小治。及其后世，日以骄淫。阻法度之威，以责督于下，下罢极则以仁义怨望于上，上下交争怨而相篡弑，至于灭宗，皆以此类也。夫戎夷不然。上含淳德以遇其下，下怀忠信以事其上，一国之政犹一身之治，不知所以治，此真圣人之治也。"于是缪公退而问内史廖曰："孤闻邻国有圣人，敌国之忧也。今由余贤，寡人之害，将奈之何？"内史廖曰："戎王处辟匿，未闻中国之声。君试遗其女乐，以夺其志；为由余请，以疏其间；留而莫遣，以失其期。戎王怪之，必疑由余。君臣有间，乃可虏也。且戎王好乐，必怠于政。"缪公曰："善。"因与由余曲席而坐，传器而食，问其地形与其兵势尽察，而后令内史廖以女乐二八遗戎王。戎王受而说之，终年不还。于是秦乃归由余。由余数谏不听，缪公又数使人间要由余，由余遂去降秦。缪公以客礼礼之，问伐戎之形。

三十六年，缪公复益厚孟明等，使将兵伐晋，渡河焚船，大败晋人，取王官及鄗，以报殽之役。晋人皆城守不敢出。于是缪公乃自茅津渡河，封殽中尸，为发丧，哭之三日。乃誓于军曰："嗟士卒！听无哗，余誓告汝。古之人谋黄发番番，则无所过。"以申思不用蹇叔、百里傒之谋，故作此誓，令后世以记余过。君子闻之，皆为垂涕，曰："嗟乎！秦缪公之与人周也，卒得孟明之庆。"

三十七年，秦用由余谋伐戎王，益国十二，开地千里，遂霸西戎。天子使召公过贺缪公以金鼓。〔晋侯伐秦，围邧、新城，以报王官之役。〕

〔三十八年，初，鄀叛楚即秦，又贰于楚。夏，秦人入鄀。〕

三十九年，缪公卒，葬雍。从死者百七十七人，秦之良臣子舆氏三人名曰奄息、仲行、针虎，亦在从死之中。秦人哀之，为作歌《黄鸟》之诗。君子曰："秦缪公广地益国，东服强晋，西霸戎夷，然不为诸侯盟主，亦宜哉。死而弃民，收其良臣而从死。且先王崩，尚犹遗德垂法，况夺之善人良臣百姓所哀者乎？是以知秦不能复东征也。"缪公子四十人，其太子䓨代立，是为康公。（鄀叛楚即秦，又贰于楚。秦人入鄀。）①

《史记·秦始皇本纪》附录曰：

---

① 《史记》卷5《秦本纪》，第237—247页。

缪公享国三十九年。天子致霸。葬雍。缪公学著人。生康公。①

二 秦穆公时期秦国历史的特点

《史记》记载的秦穆公时期的秦国历史的特点是秦晋争锋、伐戎。伐戎是继承秦国以往的事业，秦晋争锋对于秦国而言则是新的内容。

秦穆公时期，秦晋的争锋经历了三个阶段。第一阶段秦穆公九年至十五年，秦国打败晋国，取得疆土上的好处。第二阶段，秦穆公二十二年至三十年，秦国为晋国做出牺牲，成为小弟。第三阶段，秦穆公三十二年至三十六年，秦国数次惨败于晋国，实力大损，丢尽颜面。

可以说，秦穆公时期秦晋的争锋以秦国的惨败而收场，秦国缺乏大计，扶植了一个强有力的对手与国家：晋文公与晋国，最终落得惨淡收场。秦国君臣缺乏足够的眼光，看不到晋国主盟中原的必然，秦穆公以其一生的绝大部分时间服务于对手。晋文公历经世事，久经磨炼，又负有重新振兴晋国与华夏的历史使命，秦穆公焉能可比，其小弟角色是注定的悲剧。后世秦人避讳，只是歌颂他的伐戎事迹，不敢评论他错过百年难遇的好时机。

《史记·秦本纪》曰：

> 缪公任好元年，自将伐茅津，胜之。……三十四年……戎王使由余于秦。……令内史廖以女乐二八遗戎王。戎王受而说之，终年不还。于是秦乃归由余。由余数谏不听，缪公又数使人间要由余，由余遂去降秦。缪公以客礼礼之，问伐戎之形。……三十七年，秦用由余谋伐戎王，益国十二，开地千里，遂霸西戎。天子使召公过贺缪公以金鼓。

---

① 《史记》卷6《秦始皇本纪》，第359页。

《史记·秦本纪》秦孝公曰：

> 昔我缪公自岐雍之间，修德行武，东平晋乱，以河为界，西霸戎翟，广地千里，天子致伯，诸侯毕贺，为后世开业，甚光美。会往者厉、躁、简公、出子之不宁，国家内忧，未遑外事，三晋攻夺我先君河西地，诸侯卑秦、丑莫大焉。献公即位，镇抚边境，徙治栎阳，且欲东伐，复缪公之故地，修缪公之政令。①

伐戎是秦穆公时期秦国最成功的事业，得到天子庆贺的荣誉，令后世子孙敬仰追慕。元年伐戎与三十七年伐戎相距三十五年，伐戎成为秦穆公最后的辉煌。

秦失去争夺中原的机遇，最终还是在西北地区伐戎得到补偿，为数百年后的最终胜利奠定了坚实的基础。"失之东隅，收之桑榆"，其秦穆公及秦国之谓乎！

第四节　秦康公至秦景公年代事迹考

一　《史记》秦康公至秦景公年代与事迹校补

《史记·秦本纪》所载秦康公至秦景公年代事迹源自多种文献，甚杂乱。其间又掺杂了一些秦国以外的他国年代事迹，并且后者的部分年代存在讹误，清代以来学者虽有所校订，但仍存在不少疏漏之处，所以需要进一步校订补充。

秦康公、秦共公、秦桓公、秦景公年代事迹的记载存有讹误或传抄错误、失载。

1. 秦康公

《史记·秦本纪》曰：

---

① 《史记》卷5《秦本纪》，第255—256页。

（康公）四年，晋伐秦，取少梁。①

笔者案：《左传》文公十年：

十年，春，晋人伐秦，取少梁。夏，秦伯伐晋，取北征。②

《史记·秦本纪》于"夏，秦伯伐晋，取北征"失载。
《史记·秦本纪》曰：

（康公）六年，秦伐晋，取羁马。战于河曲，大败晋军。③

梁玉绳《史记志疑》曰：

案：文十二年《左传》云"战交绥，秦师夜遁"，此以为"大败晋军"，妄矣。《年表》及《晋世家》言大战亦非。杜注古名退军为绥。秦、晋两退，故曰交绥。④

笔者案：《左传》文公十二年：

秦师夜遁。复侵晋，入瑕。⑤

《史记·秦本纪》秦康公六年"大败晋军"，误，当作"秦军大败"。

---

① 《史记》卷5《秦本纪》，第248页。
② 孔颖达：《春秋左传正义》卷19上，阮元校刻：《十三经注疏》，下册，第1848页上栏。
③ 《史记》卷5《秦本纪》，第248页。
④ 梁玉绳：《史记志疑》卷4《秦本纪》，第133页。
⑤ 孔颖达：《春秋左传正义》卷19下，阮元校刻：《十三经注疏》，下册，第1852页上栏。

《史记·秦本纪》曰：

（康公）六年……晋人患随会在秦为乱，乃使魏雠余详反，合谋会，诈而得会，会遂归晋。①

笔者案：《左传》文公十三年：

晋人患秦之用士会也，夏，六卿相见于诸浮。……乃使魏寿余伪以魏叛者，以诱士会。……秦人归其（士会）帑。②

事在鲁文公十三年，当秦康公七年。《史记·秦本纪》秦康公六年，误，当在秦康公七年。

2. 秦共公

秦共公元年、二年事迹，《史记·秦本纪》失载。

《春秋》宣公元年：

冬，晋赵穿帅师侵崇。

《左传》宣公元年：

晋欲求成于秦。赵穿曰："我侵崇，秦急崇，必救之。吾以求成焉。"冬，赵穿侵崇。秦弗与成。③

《春秋》宣公二年：

---

① 《史记》卷5《秦本纪》，第248页。
② 孔颖达：《春秋左传正义》卷19下，阮元校刻：《十三经注疏》，下册，第1852页中、下栏。
③ 孔颖达：《春秋左传正义》卷21，阮元校刻：《十三经注疏》，下册，第1865页中栏—1866页上栏。

春……秦师伐晋。

《左传》宣公二年：

春……秦师伐晋，以报崇也，遂围焦。夏，晋赵盾救焦。①

《史记·秦本纪》曰：

共公立五年卒，子桓公立。②

《史记·秦始皇本纪》附录曰：

共公享国五年，居雍高寝。葬康公南。生桓公。③

梁玉绳《史记志疑》曰：

案：《年表》及《秦记》并作"五年"。考秦共四年当鲁宣四年，而《春秋》宣四年书"秦伯稻卒"，则共公不得有五年也，《史》误以秦桓元年为共公五年耳。④

马非伯《秦集史》据《左传》宣公四年，以为秦共公在位四年，曰：

梁玉绳《古今人表考》云：案《史》谓共公在位五年。

---

① 孔颖达：《春秋左传正义》卷21，阮元校刻：《十三经注疏》，下册，第1866页上、下栏。
② 《史记》卷5《秦本纪》，第249页。
③ 《史记》卷6《秦始皇本纪》，第360页。
④ 梁玉绳：《史记志疑》卷4《秦本纪》，第134页。

考《春秋·文公十八年》书秦伯罃卒。《宣四年》书秦伯稻卒。则共公只四年,不得云五年也。①

笔者案：秦康公卒于鲁文公十八年春,《春秋》记作"(春,)秦伯罃卒"。②秦共公卒于鲁宣公四年春,《春秋》记作"(春,)秦伯稻卒"。③《秦记》用秦历（颛顼历）,以十月为岁首。秦共公于鲁文公十八年十月即位,至鲁宣公四年春卒,在位五年。《史记·秦本纪》、《秦始皇本纪》附录、《十二诸侯年表》并载秦共公在位五年,显示了诸国历法对于计算国君在位年数的差异。目前,宜以《史记》所据《秦记》为先。兹可以作进一步研究。

3. 秦桓公
《史记·秦本纪》曰：

桓公三年,晋败我一将。④

笔者案：此叙事不明。《左传》宣公八年：

八年,春,白狄及晋平。夏,会晋伐秦。晋人获秦谍,杀诸绛市,六日而苏。⑤

《史记·秦本纪》曰：

桓公三年,晋败我一将。（十）〔七〕年,楚庄王服郑,北败晋兵于河上。当是之时,楚霸,为会盟合诸侯。⑥

---

① 马非伯：《秦集史》,第 26 页。
② 孔颖达：《春秋左传正义》卷 20,阮元校刻：《十三经注疏》,下册,第 1860 页下栏。
③ 孔颖达：《春秋左传正义》卷 21,阮元校刻：《十三经注疏》,下册,第 1869 页上栏。
④ 《史记》卷 5《秦本纪》,第 249 页。
⑤ 孔颖达：《春秋左传正义》卷 22,阮元校刻：《十三经注疏》,下册,第 1873 页下栏。
⑥ 《史记》卷 5《秦本纪》,第 249 页。

梁玉绳《史记志疑》曰：

> 附案：十年乃"七年"之讹。①

笔者案：《左传》鲁宣公十一年，楚庄王服郑。十二年，楚庄王再服郑，败晋兵于河上，②鲁宣公十二年当秦桓公七年。《史记·十二诸侯年表》在秦桓公七年。③

秦桓公十年，秦伐晋，《史记·秦本纪》失载。《左传》宣公十五年：

> 秋，七月，秦桓公伐晋，次于辅氏。壬午，晋侯治兵于稷，以略狄土，立黎侯而还。及雒，魏颗败秦师于辅氏，获杜回，秦之力人也。④

秦桓公二十二年，秦伐晋，《史记·秦本纪》失载。《左传》成公九年：

> 冬，十一月……秦人、白狄伐晋，诸侯贰故也。⑤

《史记·秦本纪》曰：

> 桓公立二十七年卒，子景公立。⑥

---

① 梁玉绳：《史记志疑》卷4《秦本纪》，第134页。
② 孔颖达：《春秋左传正义》卷22，阮元校刻：《十三经注疏》，下册，第1875页下栏；《春秋左传正义》卷23，阮元校刻：《十三经注疏》，下册，第1878页上栏—第1882页下栏。
③ 《史记》卷14《十二诸侯年表》，第756页。
④ 孔颖达：《春秋左传正义》卷24，阮元校刻：《十三经注疏》，下册，第1888页上栏。
⑤ 孔颖达：《春秋左传正义》卷27，阮元校刻：《十三经注疏》，下册，第1906页上栏。
⑥ 《史记》卷5《秦本纪》，第249页。

《史记·秦始皇本纪》附录曰：

> 桓公享国二十七年。居雍太寝。葬义里丘北。生景公。①

梁玉绳《史记志疑》曰：

> 案：《史》误减桓之一年以益共公，故作"二十七"，其实二十八年也。《纪》、《表》俱误。②

马非伯《秦集史》作"享国二十八年"，曰：

> 《纪》、《表》及《秦记》皆作二十七年。此据《春秋经》文。③

笔者案：秦共公卒于鲁宣公四年春，《春秋》记作"（春，）秦伯稻卒"。④秦桓公卒于鲁成公十四年冬，《春秋》记作"（冬，）秦伯卒。"⑤《秦记》用秦历（颛顼历），以十月为岁首。《史记·秦本纪》、《秦始皇本纪》附录、《十二诸侯年表》据《秦记》并载秦共公在位五年、秦桓公在位二十七年，而《春秋》载秦共公在位四年、秦桓公在位二十八年，当两存之。目前，宜以《史记》所据《秦记》为先。兹可以作进一步研究。

马非伯《秦集史》曰：

> "义里丘"似是"义丘里"之误。⑥

---

① 《史记》卷6《秦始皇本纪》，第360页。
② 梁玉绳：《史记志疑》卷4《秦本纪》，第134页。
③ 马非伯：《秦集史》，第28页。
④ 孔颖达：《春秋左传正义》卷21，阮元校刻：《十三经注疏》，下册，第1869页上栏。
⑤ 孔颖达：《春秋左传正义》卷27，阮元校刻：《十三经注疏》，下册，第1913页中栏。
⑥ 马非伯：《秦集史》，第28页。

4. 秦景公

秦景公十三年，秦伐晋；十四年，晋伐秦；《史记·秦本纪》失载。

《左传》襄公九年：

> 秦景公使士雃乞师于楚，将以伐晋，楚子许之。……秋，楚子师于武城，以为秦援。
> 秦人侵晋。晋饥，弗能报也。①

《春秋》襄公十年：

> 夏……晋师伐秦。

《左传》襄公十年：

> 六月……晋荀䓨伐秦，报其侵也。②

《史记·秦本纪》曰：

> 二十七年，景公如晋，与平公盟，已而背之。③

梁玉绳《史记志疑》曰：

> 案：《左氏》襄二十六年《经》文前《传》曰，"会于夷

---

① 孔颖达：《春秋左传正义》卷30，阮元校刻：《十三经注疏》，下册，第1942页中、下栏。
② 孔颖达：《春秋左传正义》卷31，阮元校刻：《十三经注疏》，下册，第1946页中栏—1948页上栏。
③ 《史记》卷5《秦本纪》，第250页。

仪之岁，秦、晋为成，晋韩起如秦莅盟，秦伯车如晋莅盟。成而不结。"杜《注》云"在二十四年，而特跳此者，传写失之"。鲁襄二十四年，当秦景二十八年，乃《年表》既误书此事于二十九年，而《纪》又误在二十七年。且是盟也伯车如晋，非秦景自行，《纪》、《表》皆言"景公如晋"，岂史公亦谬以伯车为景公名耶？成而不结，故后二年伯车如晋修成，秦未尝背晋，此又《纪》之误。①

马非伯《秦集史》作"二十八年"，曰：

　　案此事《秦本纪》误在二十七年，《十二诸侯年表》则列于二十九年。考《左》襄二十六年《经》文前《传》曰："会于夷仪之岁，秦、晋为成，晋韩起如秦莅盟，伯车如晋莅盟。成而不结。"杜《注》云"在二十四年。即景公二十八年也。又此盟也，伯车如晋，非景公自行。《纪》、《表》皆言"景公如晋"，亦与《左传》不合。②

梁玉绳《史记志疑》以为在二十八年，马非伯实据梁玉绳说。笔者案：《春秋》襄公二十五年：

　　夏……公会晋侯、宋公、卫侯、郑伯、曹伯、莒子、邾子、滕子、薛伯、杞伯、小邾子于夷仪。

《左传》襄公二十五年：

　　会于夷仪之岁，齐人城郏。其五月，秦、晋为成，晋韩起

---

① 梁玉绳：《史记志疑》卷4《秦本纪》，第135页。
② 马非伯：《秦集史》，第32页。

如秦涖盟，秦伯车如晋涖盟。成而不结。①

此追溯前事，如杜预《注》实际在鲁襄公二十四年。鲁襄公二十五年当秦景公二十九年（前548年）。

《史记·秦始皇本纪》附录曰：

> 景公享国四十年。居雍高寝，葬丘里南。生毕公。②

钱穆《史记地名考》曰：

> 上云桓公"居雍太寝，葬义里丘北"，此云景公"居雍高寝，葬丘里南"，疑当作"义里丘南"而讹脱。③

笔者案：依据考古发现，秦景公葬于秦桓公之西北（详见本书第五章），故钱穆的推测不成立。

《史记·秦始皇本纪》附录曰：

> 景公……生毕公。④

梁玉绳《史记志疑》曰：

> 按：《谥法》无"毕"，当以《春秋》作"哀公"，《秦纪》不误。此与《十二侯表》称"襄公"，《吴越春秋·阖闾内传》称"柏公"同误。《索隐》于《秦纪》引此作"珲"，

---

① 孔颖达：《春秋左传正义》卷36，阮元校刻：《十三经注疏》，下册，第1982页下栏。
② 《史记》卷6《秦始皇本纪》，第360页。
③ 钱穆：《史记地名考》，《钱穆先生全集》（新校本），九州出版社2011年版，第310页。
④ 《史记》卷6《秦始皇本纪》，第360页。

尤妄。①

笔者案：梁玉绳说可参，犹未能定也。

基于以上的成果，对《史记·秦本纪》秦康公至秦景公年代事迹重新整理，并加以说明。

《史记·秦本纪》曰：

> 康公元年。往岁缪公之卒，晋襄公亦卒；襄公之弟名雍，秦出也，在秦。晋赵盾欲立之，使随会来迎雍，秦以兵送至令狐。晋立襄公子而反击秦师，秦师败，随会来奔。
>
> 二年，秦伐晋，取武城，报令狐之役。四年，晋伐秦，取少梁。六年，秦伐晋，取羁马。
>
> 战于河曲，（大败晋军）〔秦军大败〕。〔七年，〕晋人患随会在秦为乱，乃使魏雠余详反，合谋会，诈而得会，会遂归晋。康公立十二年卒，子共公立。
>
> 共公二年，晋赵穿弑其君灵公。〔晋赵穿帅师侵崇。秦师伐晋，以报崇也，遂围焦。夏，晋赵盾救焦。〕三年，楚庄王强，北兵至雒，问周鼎。共公立五年卒，子桓公立。
>
> 桓公三年，〔白狄及晋平。夏，会晋伐秦。〕晋败我一将。（十）〔七〕年，楚庄王服郑，北败晋兵于河上。当是之时，楚霸，为会盟合诸侯。〔十年，秦伐晋，败于辅氏。二十二年，秦人、白狄伐晋。〕二十四年，晋厉公初立，与秦桓公夹河而盟。归而秦倍盟，与翟合谋击晋。二十六年，晋率诸侯伐秦，秦军败走，追至泾而还。桓公立二十七年卒，子景公立。
>
> 景公四年，晋栾书弑其君厉公。〔十三年，秦使士雃乞师于楚，将以伐晋，楚许之。秦人侵晋。晋饥，弗能报也。

---

① 梁玉绳：《史记志疑》卷5《秦始皇本纪》，第194页。

十四年，晋荀䓨伐秦，报秦侵也。〕十五年，救郑，败晋兵于栎。是时晋悼公为盟主。十八年，晋悼公强，数会诸侯，率以伐秦，败秦军。秦军走，晋兵追之，遂渡泾，至棫林而还。二十（七）〔九〕年，景公如晋，与平公盟，已而背之。三十六年，楚公子围弑其君而自立，是为灵王。景公母弟后子针有宠，景公母弟富，或谮之，恐诛，乃奔晋，车重千乘。晋平公曰："后子富如此，何以自亡？"对曰："秦公无道，畏诛，欲待其后世乃归。"三十九年，楚灵王强，会诸侯于申，为盟主，杀齐庆封。景公立四十年卒，子哀公立。后子复来归秦。①

《史记·秦始皇本纪》附录曰：

> 康公享国十二年。居雍高寝。葬竘社。生共公。
> 共公享国五年，居雍高寝。葬康公南。生桓公。
> 桓公享国二十七年。居雍太寝。葬义里丘北。生景公。
> 景公享国四十年。居雍高寝，葬丘里南。生毕公。②

二 秦康公至秦景公时期秦国历史的特点

秦康公至秦景公时期，秦国继承了秦穆公时期秦晋争锋的事业，秦晋争锋成为这一时期的主旋律。

秦晋争锋，仍是以秦国的惨败而收场。更为严峻的是，晋国数次联盟东方诸侯大败秦国。其实，这些都是必然的结局。秦国作为商遗民之国，处于西北隅，被中原诸国嫌弃，秦国不能取代晋国的地位，只能谋求联合楚国夹击晋国。

---

① 《史记》卷5《秦本纪》，第248—250页。
② 《史记》卷6《秦始皇本纪》，第360页。

第五节　秦哀公至出子年代事迹考

一　《史记》秦哀公至出子年代与事迹校补

《史记·秦本纪》所载秦哀公至出子年代事迹源自多种文献，甚杂乱。又其间掺杂了一些秦国以外的他国年代事迹，并且后者的部分年代存在讹误，清代以来学者有所校订。

秦哀公至出子的年代事迹记载存有讹误或传抄错误，《史记·秦本纪》有不少不载而见于《十二诸侯年表》《六国年表》者，学者疑问一些记载的正确性。

1. 秦哀公

《史记·秦本纪》曰：

> （秦哀公）十〔四〕年，楚平王来求秦女为太子建妻。至国，女好而自娶之。①

梁玉绳《史记志疑》曰：

> 案：《年表》及《楚世家》在平王二年，为秦哀公十年，此在十一年，并误。考《左传》在鲁昭十九年，为秦哀十四年也。②

笔者案：《左传》昭公十九年：

> 楚子之在蔡也，郹阳封人之女奔之，生大子建。及即位，使伍奢为之师，费无极为少师，无宠焉，欲谮诸王，曰："建

---

① 《史记》卷5《秦本纪》，第250页。
② 梁玉绳：《史记志疑》卷4《秦本纪》，第135页。

可室矣。"王为之聘于秦，无极与逆，劝王取之。

正月，楚夫人嬴氏至自秦。……（夏，）令尹子瑕聘于秦，拜夫人也。①

事在鲁昭公十九年夏，当秦哀公十四年。

2. 秦惠公

《史记·秦本纪》曰：

（秦惠公）五年，晋卿中行、范氏反晋，晋使智氏、赵简子攻之，范、中行氏（亡奔齐）〔奔朝歌〕。②

梁玉绳《史记志疑》曰：

案：此所书有三误，事在秦惠公四年，非五年事，一也。伐范、中行者知、韩、魏三家，赵简子已奔晋阳，并不与攻范、中行氏，二也。范、中行之奔齐在秦悼公二年，首尾相去八岁，是时但奔朝歌耳，三也。③

笔者案：《左传》定公十三年：

晋赵鞅谓邯郸午……遂杀午。赵稷、涉宾以邯郸叛。夏，六月，上军司马籍秦围邯郸。邯郸午，荀寅之甥也；荀寅，范吉射之姻也，而相与睦，故不与围邯郸，将作乱。……秋七月，范氏、中行氏伐赵氏之宫，赵鞅奔晋阳，晋人围之。……冬十一月，荀跞、韩不信、魏曼多奉公以伐范氏、中行氏，弗

---

① 孔颖达：《春秋左传正义》卷48，阮元校刻：《十三经注疏》，下册，第2087页上、中栏。
② 《史记》卷5《秦本纪》，第251页。
③ 梁玉绳：《史记志疑》卷4《秦本纪》，第136页。

克。二子将伐公。……遂伐公。国人助公，二子败，从而伐之。丁未，荀寅、士吉射奔朝歌。①

事在鲁定公十三年冬十一月，秦历（颛顼历）以十月为岁首，当秦惠公五年。"亡奔齐"当作"奔朝歌"。

《史记·秦本纪》曰：

惠公立十年卒，子悼公立。②

梁玉绳《史记志疑》曰：

案：此与《秦记》及《侯表》皆以为十年，然考《春秋》哀三年书"秦惠公卒"，鲁哀三年当秦惠九年，则秦惠无十年明矣，《史》皆误。③

笔者案：《春秋》哀公三年：

冬，十月癸卯，秦伯卒。

《春秋》哀公四年：

春……葬秦惠公。④

《史记·秦始皇本纪》附录曰：

---

① 孔颖达：《春秋左传正义》卷56，阮元校刻：《十三经注疏》，下册，第2150页上、下栏。
② 《史记》卷5《秦本纪》，第251页。
③ 梁玉绳：《史记志疑》卷4《秦本纪》，第136页。
④ 孔颖达：《春秋左传正义》卷57，阮元校刻：《十三经注疏》，下册，第2157页下栏—2158页中栏。

夷公不享国。死，葬左宫。生惠公。

惠公享国十年。葬车里（康景）。生悼公。①
事在鲁哀公三年冬十月，秦历（颛顼历）以十月为岁首，为秦惠公十年。
《史记·秦始皇本纪》附录曰：

惠公享国十年。葬车里（康景）。生悼公。②

梁玉绳《史记志疑》曰：

（凌稚隆）《评林》曰："'康景'二字疑衍，或下有阙文。"③

张文虎以为：

上文康公葬竘社，景公葬丘里南，疑车里在康景二墓间，脱"间"字。④

笔者案：依据考古发现（详见本书第五章），张文虎说误。此可存疑。

3. 秦悼公
《史记·秦本纪》曰：

---

① 《史记》卷6《秦始皇本纪》，第360页。
② 《史记》卷6《秦始皇本纪》，第360页。
③ 梁玉绳：《史记志疑》卷5《秦始皇本纪》，第195页。
④ 张文虎：《校正史记集解索隐正义札记》卷1《本纪·秦本纪》，第79页。

第二章 秦襄公至出子年代事迹考　199

（秦悼公）六年，吴败齐师。齐人弑悼公，立其子简公。①

梁玉绳《史记志疑》曰：

案：哀十年《左传》乃齐败吴师也，此误。②

张文虎《校正史记集解索隐正义札记》曰：

《志疑》云哀十年《左传》乃齐败吴师。案：《吴》《齐世家》并与《左》同，疑此"吴""齐"互误。③

笔者案：《左传》哀公十年：

十年，春……公会吴子、邾子、郯子伐齐南鄙，师于鄎。齐人弑悼公，赴于师。吴子三日哭于军门之外。徐承帅舟师将自海入齐，齐人败之，吴师乃还。④

《史记·秦本纪》"吴败齐师"，当作"齐败吴师"，并在"齐人弑悼公"之后。然则，此句当作"（秦悼公）六年，齐人弑悼公，立其子简公。（吴败齐师）〔齐败吴师〕"。

《史记·秦本纪》曰：

（秦悼公）十二年，齐田常弑简公，立其弟平公，常相之。⑤

---

① 《史记》卷5《秦本纪》，第251页。
② 梁玉绳：《史记志疑》卷4《秦本纪》，第136页。
③ 张文虎：《校正史记集解索隐正义札记》卷1《本纪·秦本纪》，第60页。
④ 孔颖达：《春秋左传正义》卷58，阮元校刻：《十三经注疏》，下册，第2165页下栏。
⑤ 《史记》卷5《秦本纪》，第251页。

梁玉绳《史记志疑》曰：

> 案：事在秦悼十年，此误书于十二年也。①

笔者案：《史记·十二诸侯年表》齐表：

> 齐简公四年，田常杀简公，立其弟骜，〔是〕为平公。②

事在齐简公四年，当秦悼公十年。
《史记·秦本纪》曰：

> 秦悼公立十四年卒，子厉共公立。孔子以悼公十二年卒。③

梁玉绳《史记志疑》曰：

> 案：悼公享国十五年，《秦记》可证，史谬加惠公在位九年为十年，遂减悼公十五年为十四年，此与《表》同误。④

笔者案：《左传》哀公十七年、十八年不载秦悼公卒葬。《史记·六国年表》秦悼公尽十四年。《史记·秦始皇本纪》附录曰：

> 悼公享国十五年。葬僖公西。城雍。生剌龚公。⑤

---

① 梁玉绳：《史记志疑》卷4《秦本纪》，第136页。
② 《史记》卷14《十二诸侯年表》，第817—818页。
③ 《史记》卷5《秦本纪》，第251页。
④ 梁玉绳：《史记志疑》卷4《秦本纪》，第136—137页。
⑤ 《史记》卷6《秦始皇本纪》，第360页。

《史记·秦始皇本纪》附录作十五年,以秦历(颛顼历)计也。《史记·秦本纪》《六国年表》据战国汉代流传的年表作"十四年",以周历计也。

4. 秦厉共公

《史记·六国年表》秦《表》曰:

> 秦厉共公六年,(繇)〔䌛〕诸乞援。①

梁玉绳《史记志疑》曰:

> 附案:《史诠》谓"䌛诸"乃"绵诸"之讹,是也。后此二十年"与绵诸战",又《匈奴传》"陇西有绵诸",盖戎国,即《汉志》天水郡绵诸道。②

《史记》中华书局 2014 年修订二十四史点校本据梁玉绳说改。③

笔者案:䌛诸"当作"绵诸"。或为音转之故。

《史记·六国年表》秦表:

> 秦厉共公七年,彗星见。④

《史记·秦始皇本纪》附录曰:

> 剌龚公……其(十)〔七〕年,彗星见。⑤

---

① 《史记》卷 15《六国年表》,中华书局 1959 年版,第 689—690 页。
② 梁玉绳:《史记志疑》卷 9《六国年表》,第 390 页。
③ 《史记》卷 15《六国年表》,第 839、909 页。
④ 《史记》卷 15《六国年表》,第 840 页。
⑤ 《史记》卷 6《秦始皇本纪》,第 361 页。

梁玉绳《史记志疑》曰：

> 案：《秦纪》无之。《始皇纪》末《秦记》云"其十年，彗星见"，与《表》合，疑因十年彗见而误重也。①

笔者案："七""十"形近讹误。后有十年事迹，此当为七年。《史记·六国年表》秦表：

> 秦厉共公十年，庶长将兵拔魏城。②

梁玉绳《史记志疑》曰：

> 附案：魏城秦地，不可言拔，《集解》各本讹刻"音義"。"拔"一作"捕"，亦误。
> 当为"补"，若后年"补庞戏城"、"补庞"矣。③

笔者案："庶长将兵拔魏城"语义无异议，梁玉绳说误。魏城属三晋之魏国。

《史记·秦始皇本纪》附录曰：

> 刺龚公享国三十四年。葬入里。生躁公、怀公。

裴骃《集解》曰：

> 徐广曰："一作'人'。"④

---

① 梁玉绳：《史记志疑》卷9《六国年表》，第391页。
② 《史记》卷15《六国年表》，第841页。
③ 梁玉绳：《史记志疑》卷9《六国年表》，第391页。
④ 《史记》卷6《秦始皇本纪》，第361页。

梁玉绳《史记志疑》曰：

> 徐广曰："一作'人'。"疑是也。①

笔者案：当两存之。

5. 秦躁公

《史记·秦本纪》曰：

> （躁公）十三年，义渠来伐，至渭南。②

梁玉绳《史记志疑》曰：

> 卢学士曰：渭南，《六国表》作"渭阳"。水北曰阳，若据《表》则"渭南"为非矣。③

笔者案：《史记·六国年表》秦表：

> 秦躁公十三年，义渠伐秦，侵至渭阳。④

《后汉书·西羌传》曰：

> 至（周）贞王二十五年，秦伐义渠，虏其王。后十四年，义渠侵秦，至渭阴。⑤

---

① 梁玉绳：《史记志疑》卷5《秦始皇本纪》，第195页。
② 《史记》卷5《秦本纪》，第252页。
③ 梁玉绳：《史记志疑》卷4《秦本纪》，第137页。
④ 《史记》卷15《六国年表》，第852页。
⑤ 《后汉书》卷87《西羌传》，第2874页。

《史记·秦本纪》作"渭南",《六国年表》作"渭阳",《后汉书·西羌传》作"渭阴"。作"渭南""渭阴"为是。

《史记·秦始皇本纪》附录曰:

> 躁公享国十四年。居受寝。葬悼公南。其元年,彗星见。

裴骃《集解》曰:

> 徐广曰:"年表云星昼见。"①

笔者案:"彗星见""星昼见"语义不同,当两存之。

6. 秦怀公

《史记·秦始皇本纪》附录曰:

> 怀公从晋来,享国四年。葬栎圉氏。生(灵)〔简〕公。诸臣围怀公,怀公自杀。
>
> 肃灵公,昭子子也。居泾阳。享国十年。葬悼公西。生简公。②

梁玉绳《史记志疑》曰:

> 案:以下文"陵圉"、"嚣圉"、"弟圉"例之,则此"氏"字疑衍。③

笔者案:梁玉绳说是,可从。

梁玉绳《史记志疑》曰:

---

① 《史记》卷6《秦始皇本纪》,第361页。
② 《史记》卷6《秦始皇本纪》,第361页。
③ 梁玉绳:《史记志疑》卷5《秦始皇本纪》,第195页。

案：此与表并言怀公生灵公，必是"生昭子"之误。《秦本纪》明言"灵公，怀公孙"，表亦言怀公太子之子为灵公，即此《纪》下文固云"灵公，昭子子也"。①

笔者案：梁玉绳说可参，然昭子未即位，怀公生简公、昭子，故当作"生简公"为是。

《史记·六国年表》秦《表》曰：

秦怀公元年，生灵公。②

梁玉绳《史记志疑》曰：

案：灵乃怀之孙，此仍《秦记》之误，说在《始皇纪》中。③

笔者案：此不言何人生秦灵公，梁玉绳以为读作"怀公生灵公"，非是。秦怀公之子昭子生秦灵公。

7. 秦灵公

《史记·秦本纪》曰：

灵公六年，晋城少梁，秦击之。④

梁玉绳《史记志疑》曰：

附案：《六国表》战在七年。《大事记》云"出师在六年，

---

① 梁玉绳：《史记志疑》卷5《秦始皇本纪》，第195页。
② 《史记》卷15《六国年表》，第852页。
③ 梁玉绳：《史记志疑》卷9《六国年表》，第396页。
④ 《史记》卷5《秦本纪》，第253页。

而战在七年"。①

笔者案：《史记·六国年表》秦《表》曰：

秦灵公七年，与魏战少梁。②

秦魏（晋）少梁之役，《秦本纪》系于灵公六年，《六国年表》则系于灵公七年，而《大事记》曲说。

《史记·秦本纪》曰：

十（三）（衍）年，城籍姑。灵公卒，子献公不得立，立灵公季父悼子，是为简公。
简公，昭子之弟而怀公子也。③

梁玉绳《史记志疑》曰：

案：灵公在位止十年，即卒于城籍姑之岁也，安得十三年乎？"三"字衍。④

笔者案：《史记·六国年表》秦《表》曰：

灵公十年，补庞，城籍姑。灵公卒，立其季父悼子，是为简公。⑤

---

① 梁玉绳：《史记志疑》卷4《秦本纪》，第137页。
② 《史记》卷15《六国年表》，第855页。
③ 《史记》卷5《秦本纪》，第253页。
④ 梁玉绳：《史记志疑》卷4《秦本纪》，第137页。
⑤ 《史记》卷15《六国年表》，第856页。

《史记·秦始皇本纪》附录曰:

> 肃灵公,昭子子也。居泾阳。享国十年,葬悼公西。生简公。①

钱穆《先秦诸子系年》曰:

> 《秦始皇本纪》"肃灵公享国十年",《索隐》云:"《纪年》及《系本》无肃字。
> 句立十年,读《表》同。句《纪》十二年。句"然今《秦纪》作灵公十三年,三说相歧。
> 余考《秦纪》灵公前怀公为诸臣所围,自杀。灵公承之,盖亦不逾年而改元,故前后共得十一年。《年表》则于怀公四年见杀之明年,再书灵公元年,故为十年。今《秦纪》作十三年,《索隐》引《秦纪》作十二年,皆为十一年之字讹。②

灵公逾年而改元,当在位"十年"。钱穆说不可从。

《史记·秦本纪》"十三年,城籍姑。灵公卒","三"字衍,当删。

梁玉绳《史记志疑》曰:

> 案:《纪》《表》皆作"灵公",小司马言"《纪年》《世本》无'肃'字",则此为误增,当衍之。③

笔者案:"肃灵"乃双谥(详见本书第三章),梁玉绳说不

---

① 《史记》卷6《秦始皇本纪》,第361页。

② 钱穆:《自序》,《先秦诸子系年》,《钱穆先生全集》(新校本),九州出版社2011年版,第16—17页。

③ 梁玉绳:《史记志疑》卷5《秦始皇本纪》,第196页。

可从。

梁玉绳《史记志疑》曰：

> 案：简公者灵公之季父，怀公之子，厉共公之孙，此以简公为灵公所生，大误，亦犹《十二侯表》以简公为惠公子、《索隐》以简公为厉共公子也。①

笔者案：梁玉绳说是，可从。"生简公"三字衍。
《史记·秦本纪》曰：

> 简公六年，令吏初带剑。堑洛。城重泉。②

笔者案：《史记·六国年表》秦《表》曰：

> 秦简公六年，初令吏带剑。七年，堑洛。城重泉。③

《秦本纪》"初"字失序，乃传抄讹误。
《史记·秦始皇本纪》附录曰：

> 简公从晋来。享国十五年。葬僖公西。生惠公。其七年，百姓初带剑。④

梁玉绳《史记志疑》曰：

---

① 梁玉绳：《史记志疑》卷5《秦始皇本纪》，第196页。
② 《史记》卷5《秦本纪》，第253页。
③ 《史记》卷15《六国年表》，第858页。
④ 《史记》卷6《秦始皇本纪》，第361页。

案：《纪》、《表》并在简公六年。①

笔者案：《史记·秦本纪》"简公六年，令吏初带剑。堑洛。城重泉"，误，当作"简公七年"。

《史记·秦本纪》曰：

（简公）十六年卒，子惠公立。

司马贞《史记索隐》曰：

《纪年》云简公九年卒，次敬公立，十二年卒，乃立惠公。②

又曰：

王劭按：《纪年》云"简公后次敬公，敬公立十三年，乃至惠公"，词即难凭，时参异说。③

梁玉绳《史记志疑》曰：

案：《表》及《秦记》皆作简公在位十五年，是也，此言十六年误。但《索隐》引《纪年》云"简公九年卒，次敬公立十二年，《秦记》引作"十三年"。乃立惠公"。与《史》不同，所谓"词即难凭，时参异说"者矣。④

---

① 梁玉绳：《史记志疑》卷5《秦始皇本纪》，第196页。
② 《史记》卷5《秦本纪》，第253页。
③ 《史记》卷6《秦始皇本纪》，第362页。
④ 梁玉绳：《史记志疑》卷4《秦本纪》，第138页。

笔者案：《史记·六国年表》秦表，秦简公尽十五年。①
《史记·秦始皇本纪》附录曰：

简公从晋来。享国十五年。②

秦简公在位年数，《秦本纪》作十六年，《史记·秦始皇本纪》附录作十五年，《六国年表》亦作十五年，疑《秦本纪》经过后世所改。至于古本《竹书纪年》所引，恐有讹误或错简，当以《秦记》为正。

8. 秦惠公
《史记·六国年表》秦《表》曰：

秦惠公五年，伐（繇）〔绵〕诸。③

梁玉绳《史记志疑》曰：

附案：此亦"绵诸"之讹也。④

笔者案："繇诸"当即"绵诸"。
《史记·六国年表》秦《表》曰：

秦惠公十年，与晋战武城。县陕。⑤

梁玉绳《史记志疑》曰：

---

① 《史记》卷15《六国年表》，第860页。
② 《史记》卷6《秦始皇本纪》，第361页。
③ 《史记》卷15《六国年表》，中华书局1959年版，第711—712页。
④ 梁玉绳：《史记志疑》卷9《六国年表》，第404页。
⑤ 《史记》卷15《六国年表》，第863页。

案：秦惠文王后元年使张仪取陕，则此言县陕误矣，抑岂中间仍归于晋而秦复取之欤？《秦纪》言孝公初立有东围陕城之语，若陕归晋疑在是时。①

笔者案：此时"县陕"，后为晋取。
《史记·魏世家》曰：

（文侯）三十六年，秦侵我阴晋。②

《史记·六国年表》魏《表》曰：

魏文侯三十六年，秦侵阴晋。③

梁玉绳《史记志疑》曰：

魏文侯三十六，秦侵晋。（金陵本作"秦侵阴晋。"）
附案：《魏世家》作"秦侵我阴晋"，《史诠》谓今本《年表》缺"我阴"二字，是也。至《索隐》于《世家》引《表》作"齐侵阴晋"，误，而所引《世家》文作"三十五年秦复侵我阴晋"，亦误。④

笔者案：梁玉绳说是。
《史记·秦本纪》曰：

---

① 梁玉绳：《史记志疑》卷9《六国年表》，第405页。
② 《史记》卷44《魏世家》，第2226页。
③ 《史记》卷15《六国年表》，第863页。
④ 梁玉绳：《史记志疑》卷9《六国年表》，第405页。

惠公十二年，子出子生。①

梁玉绳《史记志疑》曰：

案：《表》谓十一年生，未知孰是。但秦之先已有出子矣，不应复以称惠公太子，《表》及《秦记》并称为出公，是也。《世本》作"少主"，《吕氏春秋》作"小主"。②

《史记·秦始皇本纪》附录曰：

惠公享国十三年，葬陵圉。生出公。出公享国二年。

司马贞《史记索隐》曰：

《系本》谓"少主"。③

笔者案：《史记·六国年表》秦《表》曰：

秦惠公十一年，太子生。④

出子生于秦惠公十一年或十二年。

基于以上的成果，对《史记·秦本纪》秦哀公至秦献公年代事迹重新整理，补以《十二诸侯年表》《六国年表》，并加以说明。

《史记·秦本纪》曰：

---

① 《史记》卷5《秦本纪》，第254页。
② 梁玉绳：《史记志疑》卷4《秦本纪》，第138页。
③ 《史记》卷6《秦始皇本纪》，第362页。
④ 《史记》卷15《六国年表》，第863页。

哀公八年，楚公子弃疾弑灵王而自立，是为平王。十（一）〔四〕年，楚平王来求秦女为太子建妻。至国，女好而自娶之。十五年，楚平王欲诛建，建亡；伍子胥奔吴。

晋公室卑而六卿强，欲内相攻，是以久秦晋不相攻。三十一年，吴王阖闾与伍子胥伐楚，楚王亡奔随，吴遂入郢。楚大夫申包胥来告急，七日不食，日夜哭泣。于是秦乃发五百乘救楚，败吴师。吴师归，楚昭王乃得复入郢。哀公立三十六年卒。太子夷公，夷公蚤死，不得立，立夷公子，是为惠公。

惠公元年，孔子行鲁相事。五年，晋卿中行、范氏反晋，晋使智氏、赵简子攻之，范、中行氏（亡奔齐）〔奔朝歌〕。惠公立十年卒，子悼公立。

悼公二年，齐臣田乞弑其君孺子，立其兄阳生，是为悼公。六年，（吴败齐师）〔齐败吴师〕。齐人弑悼公，立其子简公。九年，晋定公与吴王夫差盟，争长于黄池，卒先吴。吴强，陵中国。十（二）（衍）年，齐田常弑简公，立其弟平公，常相之。十三年，楚灭陈。秦悼公立十（四）〔五〕年卒，子厉共公立。孔子以悼公十二年卒。

厉共公二年，蜀人来赂。〔五年，楚人来赂。六年，义渠来赂。绵诸乞援。七年，彗星见。楚王子英奔秦。十年，庶长将兵拔魏城。十四年，晋人、楚人来赂。①〕十六年，堑河旁。以兵二万伐大荔，取其王城。〔二十年，公将师与绵诸战。②〕二十一年，初县频阳。晋取武成。二十四年，晋乱，杀智伯，分其国与赵、韩、魏。二十五年，智开与邑人来奔。〔二十六年，左庶长城南郑。二十八年，越人来迎女。二十九年，晋大夫智宽率其邑人来奔。③〕三十三年，伐义渠，虏其王。三十四年，日食。厉共公卒，子躁公立。

---

① 《史记》卷15《六国年表》，第839—842页。
② 《史记》卷15《六国年表》，第843页。
③ 《史记》卷15《六国年表》，第847—849页。

躁公二年，南郑反。〔八年，六月雨雪。日月蚀。①〕十三年，义渠来伐，至渭南。十四年，躁公卒，立其弟怀公。

怀公〔元年，（昭子）生灵公。②〕四年，庶长晁与大臣围怀公，怀公自杀。怀公太子曰昭子，蚤死，大臣乃立太子昭子之子，是为灵公。灵公，怀公孙也。

灵公〔三年，作上、下畤。③〕六年，晋城少梁，秦击之。〔城堑河濒。初以君主妻河。④〕十（三）〔衍〕年，城籍姑。灵公卒，子献公不得立，立灵公季父悼子，是为简公。简公，昭子之弟而怀公子也。

简公〔二年，与晋战，败郑下。⑤〕（六）〔七〕年，令吏初带剑。堑洛。城重泉。〔初租禾。魏伐秦，筑临晋、元里。十四年，伐魏，至阳狐。⑥〕十六年卒，子惠公立。

〔秦惠公五年，伐绵诸。十年，与晋战武城。县陕。十一年，秦侵阴晋。⑦〕惠公十二年，子出子生。十三年，伐蜀，取南郑。惠公卒，出子立。出子二年，庶长改迎灵公之子献公于河西而立之。杀出子及其母，沈之渊旁。秦以往者数易君，君臣乖乱，故晋复强，夺秦河西地。⑧

《史记·秦始皇本纪》附录曰：

毕公享国三十六年。葬车里北。生夷公。

夷公不享国。死，葬左宫。生惠公。

---

① 《史记》卷15《六国年表》，第851页。
② 《史记》卷15《六国年表》，第852页。
③ 《史记》卷15《六国年表》，第854页。
④ 《史记》卷15《六国年表》，第855页。
⑤ 《史记》卷15《六国年表》，第857页。
⑥ 《史记》卷15《六国年表》，第858—860页。
⑦ 《史记》卷15《六国年表》，第861—863页。
⑧ 《史记》卷5《秦本纪》，第250—254页。

惠公享国十年。葬车里（康景）。生悼公。

悼公享国十五年。葬僖公西。城雍。生剌龚公。

剌龚公享国三十四年。葬入里。生躁公、怀公。其（十）〔七〕年，彗星见。

躁公享国十四年。居受寝。葬悼公南。其元年，彗星见。

怀公从晋来，享国四年。葬栎圉氏。生（灵）〔简〕公，诸臣围怀公，怀公自杀。

肃灵公，昭子子也。居泾阳。享国十年。葬悼公西。生简公。（后三字衍）简公从晋来。享国十五年。葬僖公西。生惠公。其七年，百姓初带剑。

惠公享国十三年。葬陵圉。生出公。

出公享国二年。出公自杀，葬雍。

献公享国二十三年。葬嚣圉。生孝公。①

二　秦哀公至出子时期秦国历史的特点

《史记·秦本纪》对于秦哀公、秦惠公、秦悼公的秦国国内事迹缺乏记载，所以秦哀公、秦惠公、秦悼公年代事迹不明。随后的秦厉公、秦躁公、秦怀公、秦灵公、秦简公、秦惠公、出子的统治总体处于弱势。第一，国君的争夺，秦怀公、出子死于是。第二，国内戎乱。秦厉共公六年，绵诸乞援。秦厉共公十六年，伐大荔，取其王城。公将师与绵诸战。三十三年，伐义渠，虏其王。秦惠公五年，伐绵诸。第三，对晋战争的失败。秦厉共公二十一年，晋取武成。秦灵公六年，晋城少梁，秦击之。秦简公二年，与晋战，败郑下。七年，魏伐秦，筑临晋、元里。十四年，伐魏，至阳狐。秦惠公十年，与晋战武城。县陕。秦以往者数易君，君臣乖乱，故晋复强，夺秦河西地。

《史记·秦本纪》秦孝公曰：

---

① 《史记》卷6《秦始皇本纪》，第360—362页。

> 会往者厉、躁、简公、出子之不宁，国家内忧，未遑外事，三晋攻夺我先君河西地，诸侯卑秦、丑莫大焉。献公即位，镇抚边境，徙治栎阳，且欲东伐，复缪公之故地，修缪公之政令。寡人思念先君之意，常痛于心。宾客群臣有能出奇计强秦者，吾且尊官，与之分土。①

秦厉公至出子时期，秦处于内乱时期，至秦献公力图改变这种局面，至于秦孝公则谋求更大的改变。

第六节　小结

由于错简或传抄讹误，《史记》秦襄公、秦文公的年代与事迹错乱。长期以来，学者对于秦襄公、秦文公的事迹间的先后顺序与因果关系困惑不解。利用清华简《系年》、古本《竹书纪年》等校正《史记·秦本纪》所载，可知：秦襄公在位五十年，秦文公在位十二年。周幽王十一年，秦襄公伐戎。周平王二十一年，秦襄公赶走戎人。秦襄公伐戎先后经历了二十二年。周平王三十三年，秦襄公帮助周平王东迁，获赏封国，得到岐、丰之地。周平王四十七年，秦文公迁都汧。秦襄公既有强壮的军队，收集众多的周余民，又设置史官，颁布法令，大兴宗教，国家之体完备。秦既受封岐、丰之地，国土广袤，秦文公遂由西垂迁居汧渭之会。这才是秦襄公伐戎，秦襄公、秦文公营建秦国之真相。

秦宪公至出子的年代事迹存在少量讹误或传抄错误、失载，予以校补。

1. 秦宪公至秦成公的年代事迹记载存在讹误或传抄错误、失载。《史记·秦本纪》"宁公"当作"宪公"。《史记·秦始皇本纪》附录秦宪公居"西新邑"即《史记·秦本纪》居"平阳"。

---

① 《史记》卷5《秦本纪》，第256页。

《史记·秦始皇本纪》附录秦宣公居"阳宫"当作"平阳宫",葬"阳"当作葬"平阳",并脱"平"字。《史记·秦始皇本纪》附录秦宪公葬"衙",《史记·秦本纪》作葬"西山",而"衙""西山"一地。《史记·秦始皇本纪》附录秦宣公葬"阳"当作葬"平阳",秦成公葬"阳"当作葬"平阳"。"荡社"与县"杜"存在因果关系,所以"荡社"即"杜",称"荡社"是。秦宪公八年事迹,《史记·秦本纪》失载,《水经注》引古本《竹书纪年》作"周师、虢师"围魏、《左传》作"王师、秦师"围魏,当作"周师、虢师、秦师"。《史记·秦本纪》宪公"生子三人长男武公为太子武公弟德公同母鲁姬子"一句,久有疑问,有不同的文字句读与排序。笔者认为:可以采用的方案有三。三个方案,含义一致,理解不同。《史记·秦始皇本纪》附录秦宪公"生武公、德公、出子",所以方案三强调的是主语"德公"需要凸显居于句首。需要明确的是,既然文字存在传抄讹误,就不必局限于今保存文字的次序。《史记·秦本纪》秦武公十三年,齐人杀齐襄公,误,当在秦武公十二年。《史记·秦本纪》秦武公十三年,晋灭霍、魏、耿,误,当秦成公三年。《史记·秦始皇本纪》附录"葬宣阳聚",误,当作"葬平阳聚"。《史记·秦始皇本纪》附录秦德公葬"阳"当作葬"平阳",脱"平"字。秦宣公居"阳宫"当作"平阳宫",葬"阳"当作葬"平阳",并脱"平"字。秦成公葬"阳"当作葬"平阳"。《史记·秦始皇本纪》附录"初伏,以御蛊",《史记·秦本纪》作"以狗御蛊",《十二诸侯年表》作"磔狗邑四门",《封禅书》作"磔狗邑四门,以御蛊灾",水泽利忠《史记会注考证校补》载他本作"初伏,以狗御蛊",《史记·秦始皇本纪》附录当补"狗"字。

2. 秦穆公的年代事迹记载存在讹误或传抄错误、失载。《史记·秦本纪》五年下"秋,缪公自将伐晋,战于河曲"乃衍文。《史记·秦本纪》九年下"晋旱,来请粟",事在《左传》僖公十三年,当秦穆公十三年,故当书"十三年"。《史记·秦本纪》秦穆公十二年，齐管仲、隰朋死，误，当在秦穆公十五年。《史记·秦本纪》"十八年，齐桓公卒"，《春秋》齐桓公卒于秦穆十七年冬十二月，周正也；《左传》齐桓公卒于秦穆十七年冬十月，夏正也；秦用颛顼历，以十月为岁首，当秦穆公十八年，故当书"十八年"也。《史记·秦本纪》"（穆公）二十年，秦灭梁、芮"，《春秋》《左传》在僖公十九年，当秦穆公十九年，故当书"十九年"。《史记·秦本纪》秦穆公二十五年，"秦缪公将兵助晋文公入襄王，杀王弟带"可删。《史记·秦本纪》秦穆公三十四年，"秦不利，引兵归"，误，当作"秦师败绩"。

3. 秦康公至秦景公的年代事迹记载存在讹误或传抄错误、失载。《史记·秦本纪》秦康公四年"大败晋军"，误，当作"秦军大败"。《史记·秦本纪》、《秦始皇本纪》附录、《十二诸侯年表》据《秦记》并载秦共公在位五年；而《春秋》文公十八年载秦伯罃卒、宣公四年春载秦伯稻卒，秦伯稻在位四年。当两存之。目前，宜以《史记》所据《秦记》为先。《史记·秦本纪》、《秦始皇本纪》附录、《十二诸侯年表》据《秦记》并载秦共公在位五年、秦桓公在位二十七年；而《春秋》宣公四年春载秦伯稻卒，成公十四年载秦伯卒，秦伯稻在位二十八年。当两存之。目前，宜以《史记》所据《秦记》为先。《史记·秦本纪》秦桓公十年，楚庄王再服郑，败晋兵于河上，误，当在秦桓公七年。《史记·秦本纪》秦景公"二十七年，景公如晋，与平公盟，已而背之"，误，当秦景公二十九年。

4. 秦哀公至出子的年代事迹记载存在讹误或传抄错误，学者疑问一些记载的正确性。《史记·秦本纪》秦哀公十一年楚平王求秦女，误，当在秦哀公十四年。秦惠公五年，晋卿中行、范氏"亡奔齐"，误，当作"奔朝歌"。秦悼公六年"吴败齐师"，误，当作"齐败吴师"，并在"齐人弑悼公"之后。秦悼公十二年，齐田常弑简公，误，当在十年。灵公"十三年，城籍姑。灵公卒"，"三"字衍，当删。"简公六年，令吏初带剑。堑洛。城重泉"，误，当作

"简公七年"。另外，一些秦公年代疑问出于周历与秦历的差别。

秦宪公至秦成公时期处于承上启下的重要阶段，一方面秦公继承了秦襄公、秦文公的事业致力于伐戎，另一方面秦公进一步强化了祭祀制度，充分体现了"国之大事，在祀与戎"。秦宪公、武公伐灭了荡（社）〔杜〕、荡氏、彭戏氏、邽戎、冀戎、小虢，肃清了国内由于秦襄公时期延留的历史问题，并且通过设置县制来巩固对这些地区的控制。经历秦襄公、秦文公时期的休养生息，秦国积累了一定的财富；经过秦宪公、秦武公的征伐，秦国占领了大片戎人控制区，获得了大量财富与戎人；秦德公时期，秦国国力隆盛。相对于秦襄公"用骝驹、黄牛、羝羊各（三）〔一〕，祠上帝西畤"，秦德公竟然"以牺三百牢祠鄜畤"，秦德公时期秦国经济的强盛远非开国时可比。秦宣公所作的密畤已经被考古发掘，亦充分证实其祭祀的隆盛。总之，秦宪公、秦武公伐戎，秦德公、秦宣公崇祀，延续了秦襄公、秦文公的事业，加强了秦国的国力，凝聚了秦国的人心。

《史记》记载的秦穆公时期的秦国历史的特点是秦晋争锋、伐戎。伐戎是继承秦国以往的事业，秦晋争锋对于秦国而言则是新的内容。秦穆公时期秦晋的争锋以秦国的惨败而收场，秦国缺乏大计，扶植了一个强有力的对手与国家：晋文公与晋国。秦国君臣缺乏足够的眼光，看不到晋国主盟中原的必然，秦穆公以其一生的绝大部分时间服务于对手。伐戎是秦穆公时期秦国最成功的事业，并且得到天子庆贺的荣誉。秦失去争夺中原的机遇，最终还是在西北地区伐戎得到补偿，为数百年后的最终胜利奠定了坚实的基础。"失之东隅，收之桑榆"，其秦穆公及秦国之谓乎！

秦康公至秦景公时期，秦公继承了秦穆公时期秦晋争锋的事业，秦晋争锋成为这一时期的主旋律。秦晋争锋，仍是以秦国的惨败而收场。更为严峻的是，晋国数次联盟东方诸侯大败秦国。秦国作为商遗民之国，处于西北隅，被中原诸国嫌弃，秦国不能取代晋国的地位，只能谋求联合楚国夹击晋国。

秦哀公、秦惠公、秦悼公年代事迹不明。随后的秦厉公、秦躁公、秦怀公、秦灵公、秦简公、秦惠公、出子的统治总体处于弱势。秦国国君的争夺、国内戎乱、对晋战争的失败,晋夺秦河西地。秦厉公至出子时期,秦处于内乱时期,至秦献公力图改变这种局面,至于秦孝公则谋求更大的改变。

秦国早期历史记载的主要内容是祭祀与战争,这是秦国史书《秦记》的特点之一,充分印证了"国之大事,在祀与戎"。司马迁撰写《史记·秦本纪》时的思想是复杂的,他杂糅一些文献,却没有能够改变这个主题。

第 三 章

秦国早期制度

秦国的封建与秦国制度的建设是秦国历史上划时代的大事，不仅对秦国的发展有着深远的影响，而且还决定着春秋时期的天下格局。历代学者重视这段历史，但是以往的研究存在史料方面的不足，主要表现在以下三个方面。

第一，学者以往主要是依据《史记·秦本纪》来论述的。[1] 事实上，《史记·秦本纪》记载的秦襄公、秦文公事迹存在讹误，自汉以来学者早有怀疑者，今人利用古本《竹书纪年》、清华简《系年》对之校正，原来是错简或传抄讹误的缘故，《史记·秦本纪》记载的秦襄公、秦文公年代事迹存在错乱。[2] 按照《史记·秦本纪》，秦襄公获封，营建秦国的大业主要是由秦文公完成的。利用出土文献古本《竹书纪年》、清华简《系年》校正《史记·秦本纪》，历史的真相是：秦国的初期营建是由秦襄公、秦文公共同完成的。秦襄公担负建国的重大责任，他建设了礼乐、军队、刑法、宗教、职官等制度，于是乎国家机器完备；秦文公则选定新都，又大兴宗教。

第二，由于《史记·秦本纪》的问题与不足，影响到学者对《诗经·秦风》、石鼓文等相关文献的年代事迹产生诸多争议，从而

---

[1] 林剑鸣：《秦史稿》，第 35—39 页；马非伯：《秦集史》上册，第 5—8 页；祝中熹：《论秦襄公》，《秦史求知录》上册，上海古籍出版社 2012 年版，第 105—120 页；《论秦文公》，《秦史求知录》上册，第 121—132 页；雍际春：《秦早期历史研究》，中国社会科学出版社 2017 年版，第 238—267 页，等等。

[2] 程平山：《秦襄公、文公年代事迹考》，《历史研究》2013 年第 5 期，第 168 页。

影响学者对秦襄公、秦文公营建秦国的事迹产生诸多误解。此亦需要我们重新认识、重新利用《诗经·秦风》、石鼓文。

第三，学者以往的研究没有对秦襄公至出子时期的秦国制度建设形成专题研究，而是散见于秦国历史与考古的研究。① 所以，此方面的研究处于薄弱状态，存在诸多的疑问。我们拟强化此方面的研究。

总之，秦襄公至出子时期的秦国制度建设需要专题研究。所以，我们拟利用出土文献、传世文献与考古实物，探讨考察秦襄公至出子时期的秦国制度建设的历程。

第一节 秦国的宗法制度

宗法制度是以父权、族权为特征的一种宗族、家族制度。②清华简《系年》曰：

> 成王伐商盖，杀飞廉，西迁商盖之民于邾（朱）圉，以御奴虘之戎，是秦之先，世作周㖞。周室既卑，平王东迁，止于成周，秦仲焉东居周地，以守周之坟墓，秦以始大。③

秦族本是来自东方的嬴姓，深受商文化的影响。西周晚期至春秋时期，作为商遗民，秦族仍然保持着一些商代的习俗，秦文化仍然保留一些商文化的特色。

1. 君位继承制度

关于秦国君位继承制度，学者以往的研究较为薄弱。《公羊传》

---

① 林剑鸣：《秦史稿》，第80—87、98—99页；等等。实际上，《秦史稿》属于开创之作。笔者仔细研读《秦史稿》后，发现由于多种原因，此书存在许多需要修订之处，文字存在一些明显的笔误。

② 钱宗范：《周代宗法制度研究》，广西师范大学出版社1989年版，第1页。

③ 清华简《系年》第3章，清华大学出土文献研究与保护中心编，李学勤主编：《清华大学藏战国竹简（贰）》下册，第141页。"是秦先人"当作"是秦之先"。

出于敌忾，将秦国夷化。

《春秋》昭公五年：

> 秦伯卒。

《公羊传》曰：

> 何以不名？秦者，夷也，匿嫡之名也。其名何？嫡得之也。

何休《注》曰：

> 嫡子生，不以名，令于四竟，择勇猛者而立之。①

笔者案：《春秋》阙秦伯之名，误也。《公羊传》出于敌忾肆意解释，陋识也。何休的注释属于脱离史实的臆解。

林剑鸣《秦史稿》深受《公羊传》的影响，接受了其观点。他不仅惑于少数的继位变动，而且将兄传弟亦归为非常，否定秦君继位制度存在规律，以为"嫡长子继承制的不确立，反映秦国没有严格的宗法制"。②

实际上，《史记》记载的秦国君位继承，或传位于子，或传位于弟，仅有数例属于例外。这些事例是由于意外事件的发生，秦国君位传位的执行受到干扰（世父为秦仲报仇，让太子位于秦襄公；三父废太子秦武公位而立出子；秦灵公子秦献公不得立，立秦灵公季父秦简公）。相对于西周时期周王的父死子继制度（亦存在1例非常），秦国继位很突出地存在大量的兄终弟及。秦公属于商遗民，

---

① 徐彦：《春秋公羊传注疏》卷22，阮元校刻：《十三经注疏》，下册，第2318页中栏。
② 林剑鸣：《秦史稿》，第98—99页。

这就启示秦国国君继位受到商人继位制度的影响。

商人继位制度奉行父死子继，兄终弟及，故 17 世 31 王。据古本《竹书纪年》《史记·殷本纪》，商 17 世 31 帝，除大丁为 30 帝。①

《国语·晋语四》曰：

> 商之飨国三十一王。②

上博简《容成氏》曰：

> 汤王天下，三十又一世而纣作。③

《世经》（《汉书·律历志下》引）曰：

> 凡殷世继嗣三十一王，六百二十九岁。④

《初学记·帝王部 总叙帝王》曰：

> 皇甫谧云："商之享国也三十一王，是见居位者实三十王。而言三十一者，兼数太子丁也。"⑤

周代宗法制度的重要内容之一是立嫡长子，君位由嫡长子继

---

① 《史记》卷 3《殷本纪》，中华书局 2014 年点校本二十四史修订本，第 120—140 页。
② 左丘明著，韦昭注：《国语》卷 10《晋语四》，上海师范大学古籍整理研究所校点，上海古籍出版社 1998 年版，下册，第 342 页。
③ 陈剑：《上博简容成氏的竹简拼合与编连问题小议》，《上博馆藏战国楚竹书研究续编》，上海书店出版社 2004 年版，第 331 页。
④ 《汉书》卷 21 下《律历志下》，中华书局 1962 年点校本，第 1014 页。
⑤ 徐坚等撰：《初学记》卷 9《帝王部·总叙帝王》，司义祖点校，中华书局 2004 年版，第 199 页。

承，违背者被认为非礼。① 《国语·周语》周宣王立鲁庶子戏，樊仲山父谏曰：

> 夫下事上，少事长，所以为顺也。今天子立诸侯而建其少，是教逆也。若鲁从之而诸侯效之，王命将有所壅。

韦昭《注》曰：

> 言先王立长之命，将壅塞不行也。②

《左传》桓公十八年：

> 并后，匹嫡，两政，耦国，乱之本也。

杜预《注》曰：

> 妾如后，庶如嫡，臣擅命，都如国。③

《公羊传》隐公元年：

> 立适（嫡）以长不以贤，立子以贵不以长。

何休《解诂》曰：

> 适（嫡）谓适（嫡）夫人之子，尊无与敌，故以齿。子

---

① 钱宗范：《周代宗法制度研究》，第95—97页。
② 左丘明著，韦昭注：《国语》卷1《周语上》，第22—23页。
③ 孔颖达：《春秋左传正义》卷7，阮元校刻：《十三经注疏》，下册，第1759页下栏。

谓左右媵及侄娣之子，位有贵贱，又防其同时而生，故以贵也。①

秦襄公立国之前，秦人奉行嫡长子优先继承制度。
《史记·秦本纪》曰：

> 非子居犬丘，好马及畜，善养息之。犬丘人言之周孝王，孝王召使主马于汧渭之间，马大蕃息。孝王欲以为大骆适（嫡）嗣。申侯之女为大骆妻，生子成为适（嫡）。申侯乃言孝王曰："昔我先郦山之女，为戎胥轩妻，生中潏，以亲故归周，保西垂，西垂以其故和睦。今我复与大骆妻，生适（嫡）子成。申骆重婚，西戎皆服，所以为王。王其图之。"于是孝王曰："昔伯翳为舜主畜，畜多息，故有土，赐姓嬴。今其后世亦为朕息马，朕其分土为附庸。"邑之秦，使复续嬴氏祀，号曰秦嬴。亦不废申侯之女子为骆适（嫡）者，以和西戎。②

周孝王时，秦人奉行嫡长子继承制，适（嫡）子成在继位上享有优先权，即使是周王无权改变。
《史记·秦本纪》曰：

> 秦嬴生秦侯。秦侯立十年，卒。生公伯。公伯立三年，卒。生秦仲。
>
> 秦仲立三年，周厉王无道，诸侯或叛之。西戎反王室，灭犬丘大骆之族。周宣王即位，乃以秦仲为大夫，诛西戎。西戎杀秦仲。秦仲立二十三年，死于戎。有子五人，其长者曰庄公。周宣王乃召庄公昆弟五人，与兵七千人，使伐西戎，破

---

① 徐彦：《春秋公羊传注疏》卷1，阮元校刻：《十三经注疏》，下册，第2197页中栏。
② 《史记》卷5《秦本纪》，第227—228页。

之。于是复予秦仲后,及其先大骆地犬丘并有之,为西垂大夫。

庄公居其故西犬丘,生子三人,其长男世父。世父曰:"戎杀我大父仲,我非杀戎王则不敢入邑。"遂将击戎,让其弟襄公。襄公为太子。①

非子(秦嬴)以后的继承情况:公伯、秦庄公皆嫡长子;嫡长子世父让位次子秦襄公,"世父"犹如"世子";秦侯不明;秦仲为次子,因某种未知机缘而嗣位。总之,此时期秦人施行嫡长子继承制。

表3-1　　　　　西周中晚期周王、秦君世系年代对照

	1	2	3	4	5	6
周王	周孝王16	周夷王15	周厉王51	周宣王46	周幽王11	周平王51
秦君	非子(秦嬴)	秦侯10	公伯3　秦仲23	秦庄公44	秦襄公50	秦文公12

统计《史记·秦本纪》春秋时期秦公14世17公,有2个秦公未享国。秦武公之世、秦宣公之世兄终弟及显著。作为商遗民,秦国统治者上层奉行父死子继、兄终弟及的君位继承制度。

《史记·秦本纪》曰:

(襄公)生文公。

(四十八年)〔十年〕,文公太子卒,赐谥为竫公,竫公之长子为太子,是文公孙也。(五十年)〔十二年〕文公卒,葬西山。② 竫公子立,是为(宁)〔宪〕公。……

---

① 《史记》卷5《秦本纪》,第229页。
② 《史记·秦始皇本纪》附录曰:"文公立,居西垂宫。(五十年)〔十二年〕死,葬西垂。生静公。"(《史记》卷6《秦始皇本纪》,第358页)( )〔 〕的用法,( )内为原文,讹误;〔 〕内为校正文,正确。下同。

（宁）〔宪〕公生十岁立，立十二年卒，葬西山。生子三人，长男武公为太子。武公弟德公，同母。鲁姬子生出子。宁公卒，大庶长弗忌、威垒、三父废太子而立出子为君。……

出子六年，三父等复共令人贼杀出子。出子生五岁立，立六年卒。三父等乃复立故太子武公。……二十年，武公卒，葬雍平阳。初以人从死，从死者六十六人。有子一人，名曰白，白不立，封平阳。立其弟德公。……

二年，初伏，以狗御蛊。德公生三十三岁而立，立二年卒。生子三人：长子宣公，中子成公，少子穆公。长子宣公立。……

十二年，宣公卒。生子九人，莫立，立其弟成公。……

成公立四年卒。子七人，莫立，立其弟缪公。……

三十九年，缪公卒，葬雍。……缪公子四十人，其太子罃代立，是为康公。……

康公立十二年卒，子共公立。……

共公立五年卒，子桓公立。……

桓公立二十七年卒，子景公立。……

景公立四十年卒，子哀公立。后子复来归秦。……

哀公立三十六年卒。太子夷公，夷公蚤死，不得立，立夷公子，是为惠公。……

惠公立十年卒，子悼公立。……

秦悼公立十四年卒，子厉共公立。

三十四年，日食。厉共公卒，子躁公立。

十四年，躁公卒，立其弟怀公。

怀公四年，庶长晁与大臣围怀公，怀公自杀。怀公太子曰昭子，蚤死，大臣乃立太子昭子之子，是为灵公。灵公，怀公孙也。

十（三）（衍）年，城籍姑。灵公卒，子献公不得立，立灵公季父悼子，是为简公。

简公，昭子之弟而怀公子也。

十六年卒，子惠公立。

十三年，伐蜀，取南郑。惠公卒，出子立。

二十四年，献公卒，子孝公立，年已二十一岁矣。①

《史记·秦始皇本纪》附录曰：

襄公立，享国（十二）〔五十〕年。初为西畤。葬西垂。生文公。

文公立，居西垂宫。（五十）〔十二〕年死，葬西垂。生静公。

静公不享国而死。生宪公。

宪公享国十二年，居西新邑。死，葬衙。生武公、德公、出子。

出子享国六年。居西陵。庶长弗忌、威累、参父三人，率贼贼出子鄫衍，葬衙。武公立。

武公享国二十年。居平阳封宫。葬（宣）〔平〕阳聚东南。三庶长伏其罪。德公立。

德公享国二年。居雍大郑宫。生宣公、成公、缪公。葬〔平〕阳。初伏，以御蛊。

宣公享国十二年。居〔平〕阳宫。葬〔平〕阳。初志闰月。

成公享国四年。居雍之宫。葬〔平〕阳。齐伐山戎、孤竹。

缪公享国三十九年。天子致霸。葬雍。缪公学著人。生康公。

康公享国十二年。居雍高寝。葬竘社。生共公。

---

① 《史记》卷5《秦本纪》，第230—254页。

共公享国五年。居雍高寝。葬康公南。生桓公。

桓公享国二十七年。居雍太寝。葬义里丘北。生景公。

景公享国四十年。居雍高寝,葬丘里南。生毕公。

毕公享国三十六年。葬车里北。生夷公。

夷公不享国。死,葬左宫。生惠公。

惠公享国十年。葬车里(康景)。生悼公。

悼公享国十五年。葬僖公西。城雍。生剌龚公。

剌龚公享国三十四年。葬入里。生躁公、怀公。其十年,彗星见。

躁公享国十四年。居受寝。葬悼公南。其元年,彗星见。

怀公从晋来,享国四年。葬栎圉氏。生灵公,诸臣围怀公,怀公自杀。

肃灵公,昭子子也。居泾阳。享国十年,葬悼公西。生简公。

简公从晋来。享国十五年。葬僖公西。生惠公。其七年,百姓初带剑。

惠公享国十三年。葬陵圉。生出公。

出公享国二年。出公自杀,葬雍。

献公享国二十三年。葬嚣圉。生孝公。①

大丁,殷墟卜辞作"大丁",② 后曰妣戊。

> 翌乙酉,屮(侑)伐于五示:上甲、咸、大丁、大甲、且(祖)乙。③

---

① 《史记》卷6《秦始皇本纪》,第358—362页。〔 〕单独使用,表示补充。下同。

② 陈梦家:《殷虚卜辞综述》,《陈梦家著作集》,中华书局1988年版(2016年重印),第423页;于省吾主编:《甲骨文字诂林》第4册,中华书局1996年版,第3526、3536—3537、3547页。

③ 郭沫若主编:《甲骨文合集》第1册,第59页,片248正。

贞：御自唐、大甲、大丁、且（祖）乙百羌、百宰。①
丙子卜：酻升岁伐十五、十牢，勿大丁。②
戊戌卜，贞：王宾大丁奭妣戊翌日，亡尤。③

《孟子·万章上》曰：

伊尹相汤以王于天下，汤崩，太丁未立，外丙二年，仲壬四年。④

《史记·殷本纪》曰：

汤崩，太子太丁未立而卒，于是乃立太丁之弟外丙，是为帝外丙。帝外丙即位（三）〔二〕年崩。⑤

商汤太子大（太）丁未即位而卒，却被视为正式国君，载在祀典。

表3-2　　　　　　　春秋时期秦公世系与年代

1	2	3	4	5	6	7	8	9	10	11
襄公50 在公位11	文公12	静公0	宪公12	武公20 德公2 出子6	宣公12 成公4 穆公39	康公12	共公5	桓公27	景公40	毕公36

---

① 郭沫若主编：《甲骨文合集》第1册，第77页，片300。
② 中国社会科学院考古研究所编：《小屯南地甲骨》上册第2分册，中华书局1983年版，第760页，片4318。
③ 郭沫若主编：《甲骨文合集》第12册，页4511，片36196丙。
④ 孙奭：《孟子注疏》卷9下《万章章句上》，阮元校刻：《十三经注疏》，下册，第2738页上栏。殷墟卜辞大丁与成汤一起享受正式祭祀（参见陈梦家《殷墟卜辞综述》，第373—374页）。
⑤ 《史记》卷3《殷本纪》，第128页。

续表

12	13	14	15	16	17	18	19	20	21
夷公0	惠公10	悼公12	剌龚公34	躁公14 怀公4	肃灵公（昭子子）10	简公15	惠公13	出公0	献公23

秦文公太子未即位而卒，却被视为正式国君，载在祀典，谥号"静公"。[①] 秦哀公太子早卒而未即位，亦被视为正式国君，载在祀典，谥号"夷公"。[②] 秦怀公太子昭子早卒而未即位，秦怀公卒，大臣立太子昭子之子，是为秦灵公。[③]

秦人的宗法制度，嫡长子在同辈兄弟中具有继承国君地位的优先权，国君死后，可以传位于兄弟或子孙，这和商人的制度无别。

2. 谥法

秦庄公之前，秦人微弱，秦君唯有姓名，未有谥号。秦襄公立国，秦庄公之后皆有谥号，学者多认为秦庄公乃追谥。

秦庄公至秦献公之谥号，多与周人谥号同，明显出自周人谥法。庄公、襄公、文公、静公、宪公、武公、德公、宣公、成公、穆公、康公、共公、桓公、景公、毕公、夷公、悼公、躁公、怀公、灵公、简公、献公皆常见于周王、周诸侯谥号。

一些未享国的太子亦有谥号，如"昭子"之称谓。

其有异者乃"出子""出公"之称谓，在位时间短暂。晋国亦有出公，在位20余年。

《左传》《国语》《史记》记载秦公为单字谥，根据出土文献古本《竹书纪年》、清华简《系年》、金文，秦公谥法施行的是双字谥号（多字谥号）。

[①]《史记》卷5《秦本纪》，第230—231页；卢连成、杨满仓：《陕西宝鸡县太公庙村发现秦公钟、秦公镈》，《文物》1978年第11期，第1—5页。《秦公钟》铭作"文公、静公"，与《史记》合。

[②]《史记》卷5《秦本纪》，第251页。

[③]《史记》卷5《秦本纪》，第253页。

《史记·秦本纪》曰：

　　桓公立二十七年卒，子景公立。……
　　景公立四十年卒，子哀公立。后子复来归秦。……
　　哀公立三十六年卒。太子夷公，夷公蚤死，不得立，立夷公子，是为惠公。……
　　惠公立十年卒，子悼公立。……
　　秦悼公立十四年卒，子厉共公立。
　　三十四年，日食。厉共公卒，子躁公立。
　　十四年，躁公卒，立其弟怀公。
　　怀公四年，庶长晁与大臣围怀公，怀公自杀。怀公太子曰昭子，蚤死，大臣乃立太子昭子之子，是为灵公。灵公，怀公孙也。①

《史记·秦始皇本纪》附录曰：

　　景公享国四十年。居雍高寝，葬丘里南。生毕公。（《索隐》："一作'僖公'。《世本》云名后伯车。"）
　　毕公享国三十六年。葬车里北。生夷公。（《集解》徐广曰："《春秋》作'哀公'。"）
　　夷公不享国。死，葬左宫。生惠公。
　　惠公享国十年。葬车里（康景）。生悼公。
　　悼公享国十五年。葬僖公西。城雍。生剌龚公。
　　剌龚公享国三十四年。葬入里。生躁公、怀公。其十年，彗星见。
　　躁公享国十四年。居受寝。葬悼公南。其元年，彗星见。
　　怀公从晋来，享国四年，葬栎圉氏。生灵公，诸臣围怀

---

① 《史记》卷5《秦本纪》，第249—253页。

公，怀公自杀。

　　肃灵公，昭子子也。居泾阳。享国十年，葬悼公西。生简公，简公从晋来。①

秦景公，又谥僖公。秦毕公，又谥哀公。

《史记·秦本纪》秦厉共公，即《史记·秦始皇本纪》附录秦刺龚公。

《史记·秦本纪》秦灵公，即《史记·秦始皇本纪》附录秦肃灵公。

《国语·郑语》曰：

　　及平王之末，而秦、晋、齐、楚代兴，秦景襄于是乎取周土。

韦昭《注》曰：

　　"景"当为"庄"。庄公，秦仲之子、襄公之父。取周土，谓庄公有功于周，周赐之土。及平王东迁，襄公佐之，故得西周酆、镐之地，始命为诸侯。②

王玉哲先生以为"景襄"或是二字之谥，"秦景襄"或即秦襄公之正称。③ 王氏未加详细论证，所以其推测尚缺乏证据。

笔者认为，秦庄公值宣、幽之世，此既言"及平王之末"，则"景"不得为秦庄公，秦庄公只是奉周命伐戎，无取周地事。"景襄"当是秦襄公，秦襄公即秦仲，其取周土的时代被描述为周平王

---

① 《史记》卷6《秦始皇本纪》，第360—361页。
② 左丘明著，韦昭注：《国语》卷16《郑语》，下册，第524—525页。
③ 王玉哲：《周平王东迁乃避秦非避让犬戎说》，《天津社会科学》1986年第3期，第51页。

之末。无论《国语·郑语》"景襄"当作"襄公"，还是或许是秦襄公的正称，无疑确指秦襄公。笔者案：在明确秦公存在双字谥号的情况下，笔者重新判断"景襄"即秦襄公，是秦襄公的双字谥号。那么，双字谥号自秦襄公时既有。

第二节　秦国的宗庙制度

《史记·秦始皇本纪》附录曰：

> 康公享国十二年。居雍高寝。葬竘社。生共公。
> 共公享国五年。居雍高寝。葬康公南。生桓公。
> 景公享国四十年。居雍高寝，葬丘里南。生毕公。①

秦国的宗庙制度有秦都雍城的考古实物资料，一些学者有过研究。

雍城第二期，处于后来的雍城的中部，即今马家庄一带，中心区面积3平方公里。主要遗存有马家庄秦宗庙遗址（马家庄一号建筑遗址）、几处大型建筑遗址、高台建筑和"市场"等。马家庄秦宗庙遗址坐北朝南，由祖庙、昭庙、穆庙、中庭、围墙、门塾等组成，为全封闭式的建筑群。复原南北84米，东西90米（图3-1）。②

《礼记·王制》记载周代庙制：

> 天子七庙，三昭三穆，与大祖之庙而七；诸侯五庙，二昭

---

① 《史记》卷6《秦始皇本纪》，第360页。
② 陕西省雍城考古队：《凤翔马家庄一号建筑群遗址发掘简报》，《文物》1985年第2期，第1—29页；雍城考古队 尚志儒、赵丛苍：《〈凤翔马家庄一号建筑群遗址发掘简报〉补正》，《文博》1986年第1期，第11—15页；韩伟：《马家庄秦宗庙建筑制度研究》，《文物》1985年第2期，第30—38页；《秦宫朝寝钻探图释》，原载《考古与文物》1985年第2期，收入《磨砚书稿：韩伟考古文集》，科学出版社2001年版，第29—33页。

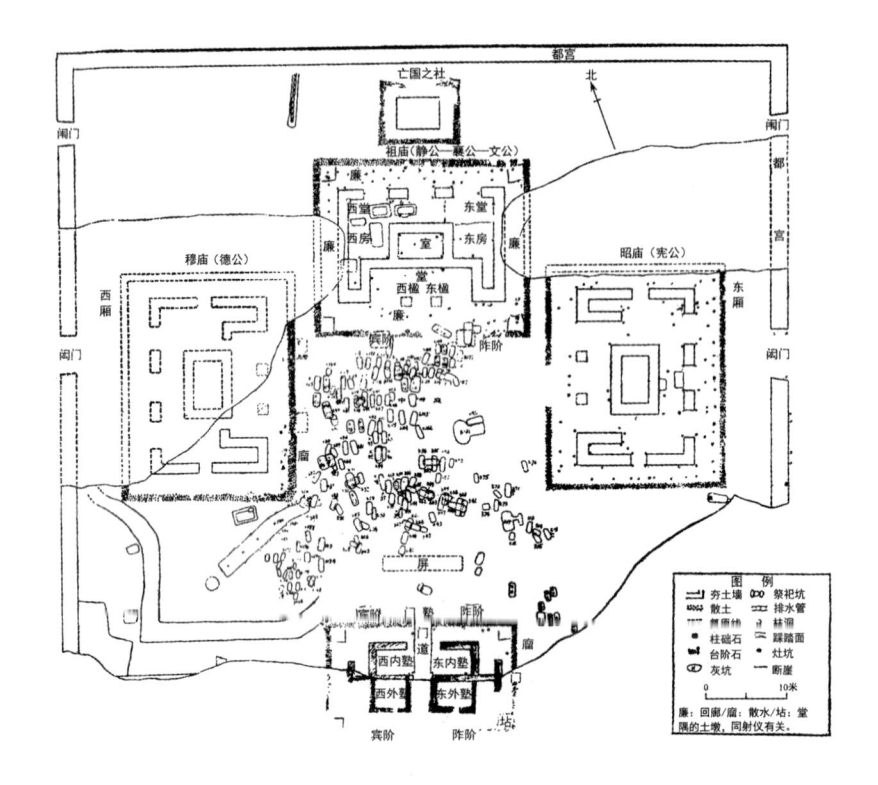

图 3-1　雍城马家庄秦宗庙建筑遗址平面图

(据王学理主编:《秦物质文化通览》,科学出版社 2015 年版,第 167 页)

二穆,与大祖之庙而五;大夫三庙,一昭一穆,与大祖之庙而三;士一庙;庶人祭于寝。①

据《史记·秦始皇本纪》载,二世元年(前 209 年),廷议尊始皇庙:

> 二世下诏,增始皇寝庙牺牲及山川百祀之礼。令群臣议尊始皇庙。群臣皆顿首言曰:"古者天子七庙,诸侯五,大夫三,

---

① 孔颖达:《礼记正义》卷 12《王制》,阮元校刻:《十三经注疏》,中华书局 1980 年影印、校补世界书局本,上册,第 1335 页中栏。

第三章　秦国早期制度　237

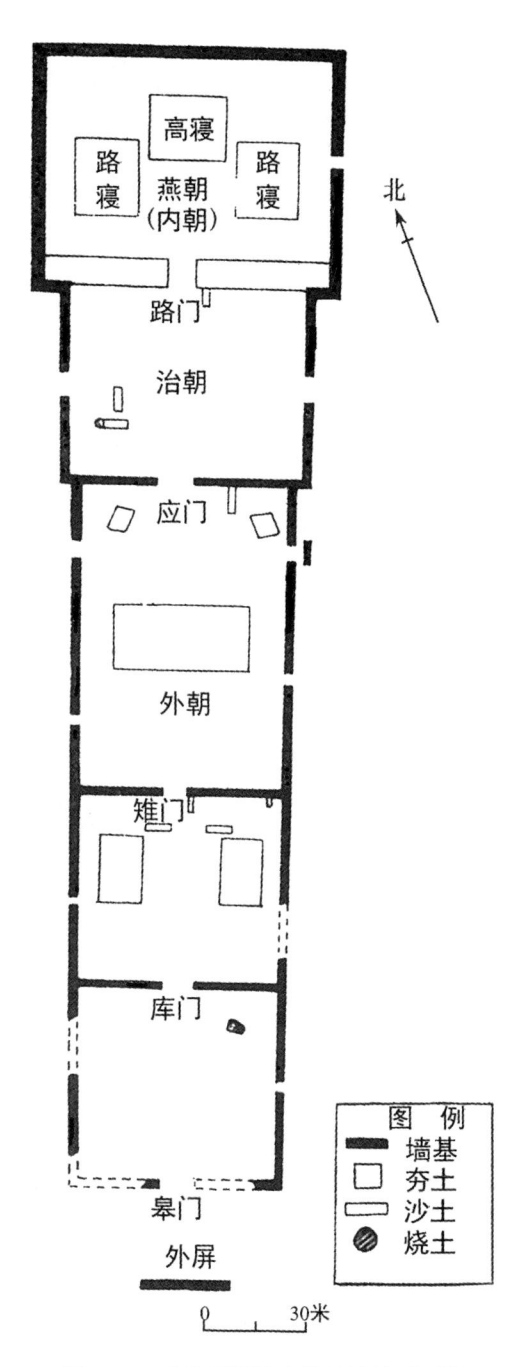

图 3-2　雍城后期朝寝建筑遗址平面图

（据王学理主编：《秦物质文化通览》，第 166 页）

虽万世世不轶毁。今始皇为极庙，四海之内皆献贡职，增牺牲，礼咸备，毋以加。先王庙或在西雍，或在咸阳。天子仪当独奉酌祠始皇庙。自襄公以下轶毁，所置凡七庙，群臣以礼进祠，以尊始皇为帝者祖庙。皇帝复自称'朕'。"①

实际上，秦国早期文化受商文化影响至深，在庙制方打上商制的烙印。马家庄秦宗庙遗址三庙，沿用商代王五庙、诸侯三庙之制。韩伟《关于秦人族属及文化渊源管见》认为，秦公陵园制度亦反映了殷周文化因素，采用殷周以来的陵寝制度。秦人宗庙直接承袭了殷人的天子五庙制度，以诸侯的身份建立了三庙：太祖庙一、昭一、穆一。秦人宫寝制度亦是如此。②

第三节 秦公的婚姻制度

一 秦襄公建国前秦人的婚姻制度

秦先公至秦襄公时期，秦族上层与戎人相互通婚。
《史记·秦本纪》申侯对周孝王言：

> 昔我先郦山之女，为戎胥轩妻，生中潏，以亲故归周，保西垂，西垂以其故和睦。今我复与大骆妻，生适（嫡）子成。申骆重婚，西戎皆服，所以为王。王其图之。③

大骆乃非子（秦嬴）之父，与申国（出自姜戎）通婚，生适（嫡）子成。

《不其簋》"皇祖公伯"即庄公的祖父公伯，他的配偶"孟

---

① 《史记》卷6《秦始皇本纪》，第338页。
② 韩伟：《关于秦人族属及文化渊源管见》，原载《文物》1986年第4期，第23—28页；收入《磨砚书稿——韩伟考古文集》，第10—16页。
③ 《史记》卷5《秦本纪》，第228页。

姬",李学勤以为是姬姓的鲁国女子,此是同铭的不其簋盖发现于故鲁疆域内的滕县的原因。① 那么,不其簋、不其簋盖证实证明秦族上层与周人上层之间通婚。

《史记·秦本纪》曰:

> 襄公元年,以女弟缪嬴为丰王妻。②

丰王乃戎人称王者,与秦上层通婚。那么,秦襄公的夫人中可有戎人女子。

二 秦襄公建国后秦公的婚姻制度

秦襄公建国后,秦公与周人姬姓贵族女子通婚。

《史记·秦本纪》曰:

> (宁)〔宪〕公生十岁立,立十二年卒,葬西山。生子三人,长男武公为太子。
> 武公弟德公,同母。鲁姬子生出子。③

此证明秦宪公与鲁国贵族女子婚姻。

秦国金文记载秦公的配偶王姬,秦子的配偶姬。

秦武公镈铭曰:

> 秦公曰:我先祖受天命,赏宅受或(国)。剌剌(烈烈)卲文公、静公、宪公不坠于上,卲合皇天,以虩事蛮方。公及王姬曰:余小子,余夙夕虔敬朕祀,以受多福,克明又

---

① 李学勤:《补论不其簋的器主和年代》,徐卫民等主编:《早期秦文化研究》,三秦出版社2006年版,第7—12页。
② 《史记》卷5《秦本纪》,第229页。
③ 《史记》卷5《秦本纪》,第232—233页。

（厌）心。①

笔者案："公及王姬"者，秦公及其夫人也。秦宪公年22卒，长男秦武公、次秦德公、出子，出子年幼（年五岁即位，年十一卒）未即婚。秦公钟、秦公镈中的秦公乃秦武公。②

珍秦斋藏秦子簋盖1件，铸铭：

> 時。又夔孔甲，保其宫外。温恭穆〔穆〕，秉德受命屯鲁，义其士女。秦子之光，邵于婚（闻）四方，子子孙孙，秦子、姬甬（用）享。③

笔者案：秦子身份高贵，乃秦太子，与姬姓通婚。秦子器主人是秦德公太子秦宣公，制作年代为秦德公元年、二年（周釐王五年至周惠王元年，前677—前676年）。④

秦晋互婚。《史记·秦本纪》曰：

> （穆公）四年，迎妇于晋，晋太子申生姊也。⑤

《史记·十二诸侯年表》秦表，秦穆公：

> 四年，迎妇于晋。⑥

---

① 卢连成、杨满仓：《陕西宝鸡县太公庙村发现秦公钟、秦公镈》，《文物》1978年第11期，第1—5页；中国社会科学院考古研究所编：《殷周金文集成》（修订增补本）第1册，中华书局2007年版，第307页。

② 王辉、王伟：《秦出土文献编年订补》，三秦出版社2014年版，第15—17页。

③ 萧春源：《珍秦斋藏金——秦铜器篇》，澳门基金会2006年版，第5—6页、第26—35页图版2。

④ 程平山：《秦子器主考》，《文物》2014年第10期，第49—54页。

⑤ 《史记》卷5《秦本纪》，第237页。

⑥ 《史记》卷14《十二诸侯年表》，第721页。

《左传》僖公十五年：

> 晋侯之入也，秦穆姬属贾君焉，且曰："尽纳群公子。"晋侯烝于贾君，又不纳群公子，是以穆姬怨之。……初，晋献公筮嫁伯姬于秦，遇归妹☳☱之睽☲☱。①

《左传》僖公十七年：

> 夏，晋太子圉为质于秦，秦归河东而妻之。②

《史记·秦本纪》穆公十五年，曰：

> 十一月，归晋君夷吾，夷吾献其河西地，使太子圉为质于秦。秦妻子圉以宗女。③

太子圉即晋怀公，后逃奔晋国，于是秦人又将包括怀嬴在内的宗女五人嫁给重耳。晋灵公母、晋襄公夫人乃穆嬴。④

由于争霸，秦晋之好遭到破坏。秦国又与楚国、越国联姻。

根据《诅楚文》的记载，秦穆公与楚成王联姻、结盟：

> 昔我先君穆公及楚成王，是僇力同心，两邦若壹。绊以婚姻，衿以斋盟。曰枼（世）万子孙毋相为不利。⑤

---

① 孔颖达：《春秋左传正义》卷14，阮元校刻：《十三经注疏》，下册，第1805页下栏—1807页上栏。
② 孔颖达：《春秋左传正义》卷14，阮元校刻：《十三经注疏》，下册，第1809页上、中栏。
③ 《史记》卷5《秦本纪》，第241页。
④ 孔颖达：《春秋左传正义》卷19上，阮元校刻：《十三经注疏》，下册，第1845页下栏；《史记》卷5《秦本纪》，第242页；《史记》卷39《晋世家》，第2003—2004页；等等。
⑤ 郭沫若：《诅楚文研究》，《郭沫若全集·考古编》第9卷，科学出版社1982年第3版，第296页。

秦穆公与楚成王联姻、结盟的具体年代不明，或谓在晋楚城濮之役之后。

《左传》襄公十二年（秦景公十六年）：

> 秦嬴归于楚。楚司马子庚聘于秦，为夫人宁，礼也。

杜预《注》曰：

> （秦嬴），秦景公妹，为楚共王夫人。①

《史记·秦本纪》曰：

> （秦哀公）十四年，楚平王来求秦女为太子建妻。至国，女好而自娶之。②

《史记·六国年表》秦《表》曰：

> （厉共公）二十八年，越人来迎女。③

秦又与越国宗室通婚。于是建立秦、楚、越政治联姻。

第四节　秦国的职官制度

《史记》等文献记载关于秦国早期职官制度的史料偏少，故秦国早期职官的细节并不清楚。《史记》记载秦襄公、秦文公、秦穆公时有史官太史、内史，石鼓文记载秦文公时有虞人、大祝；《史

---

① 孔颖达：《春秋左传正义》卷31，阮元校刻：《十三经注疏》，下册，第1952页上栏。
② 《史记》卷5《秦本纪》，第250页。
③ 《史记》卷15《六国年表》，第849页。

记》记载有大庶长、庶长、左庶长等。《汉书·百官志》阐述了秦官与周官、汉官的关系,但是职官设立的时代与沿革不明,目前尚不能直接使用,而需要附加以考证说明。笔者利用《史记》、石鼓文、《汉书·百官志》等考察秦国早期职官制度。

一 执政官

1. 大庶长、庶长、左庶长

《史记·秦本纪》曰:

> (宁)〔宪〕公卒,大庶长弗忌、威垒、三父废太子而立出子为君。①

《史记·秦始皇本纪》附录曰:

> 出子享国六年,居西陵。庶长弗忌、威累、参父三人,率贼贼出子鄙衍,葬衙。武公立。武公享国二十年。……三庶长伏其罪。②

《左传》襄公十一年(秦景公十五年):

> (冬,)秦庶长鲍、庶长武帅师伐晋以救郑。③

《史记·十二诸侯年表》秦《表》,秦景公十五年:

> 我使庶长鲍伐晋救郑,败之栎。④

---

① 《史记》卷5《秦本纪》,第232页。
② 《史记》卷6《秦始皇本纪》,第359页。
③ 孔颖达:《春秋左传正义》卷31,阮元校刻:《十三经注疏》,下册,第1951页中栏。
④ 《史记》卷14《十二诸侯年表》,第772页。

《左传》襄公十二年（秦景公十六年）：

　　冬，楚子囊、秦庶长无地伐宋师于杨梁，以报晋之取郑也。①

《史记·六国年表》秦《表》曰：

　　秦厉共公十年，庶长将兵拔魏城。
　　秦厉共公二十六年，左庶长城南郑。②

《史记·秦本纪》曰：

　　怀公四年，庶长晁与大臣围怀公，怀公自杀。③

《史记·六国年表》秦《表》曰：

　　怀公四年，庶长晁杀怀公。太子蚤死，大臣立太子之子为灵公。④

《史记·秦本纪》曰：

　　出子二年，庶长改迎灵公之子献公于西而立之。杀出子及其母，沈之渊旁。⑤

---

① 孔颖达：《春秋左传正义》卷31，阮元校刻：《十三经注疏》，下册，第1951页下栏—1952页上栏。
② 《史记》卷15《六国年表》，第841、847页。
③ 《史记》卷5《秦本纪》，第253页。
④ 《史记》卷15《六国年表》，第853页。
⑤ 《史记》卷5《秦本纪》，第254页。

《史记·六国年表》秦《表》曰：

> 秦出公子二年，庶长改迎灵公太子，立为献公。诛出公。①

裴骃《史记集解》曰：

> 《汉书》曰："商君为法于秦，战斩一首赐爵一级，欲为官者五十石。其爵名：……十左庶长，十一右庶长……十七驷车庶长，十八大庶长，十九关内侯，二十彻侯。"②

笔者案：庶长为秦所独有之职官。据《史记·秦本纪》、《史记·秦始皇本纪》附录，大庶长为执政官，处于卿位。废立秦君的庶长晁、庶长改，当为大庶长。据此，庶长，或为大庶长之省称。又有左庶长，则有右庶长。所以，庶长细分为大庶长、左庶长、右庶长等，如同三军的长官。商鞅所立二十等爵中，十左庶长，十一右庶长，十七驷车庶长，十八大庶长，十九关内侯，二十彻侯；彻侯、关内侯爵位高者，而大庶长实掌军权，位极人臣。商鞅所立二十等爵，汉以来学者诠释研究。③

《史记·秦本纪》曰：

> （穆公）三十二年冬……使百里傒子孟明视，蹇叔子西乞术及白乙丙将兵。……三十三年春，秦兵遂东……秦三将军相谓曰："将袭郑，郑今已觉之，往无及已。"④

---

① 《史记》卷15《六国年表》，第864页。
② 《史记》卷5《秦本纪》，第259页。
③ [日]西嶋定生：《中国古代帝国的形成与结构：二十等爵制研究》，武尚清译，中华书局2004年版。
④ 《史记》卷5《秦本纪》，第242—243页。

笔者案：三人将秦兵，乃任庶长之职，《史记·秦本纪》释为"将军"，属于后世学者对于"大庶长"的泛称。

《商君书·境内》曰：

> 故客卿相论盈，就正卿，就为大庶长。①

《汉书·百官公卿表》曰：

> 爵：一级曰公士，二上造，三簪袅，四不更，五大夫，六官大夫，七公大夫，八公乘，九五大夫，十左庶长，十一右庶长，十二左更，十三中更，十四右更，十五少上造，十六大上造，十七驷车庶长，十八大庶长，十九关内侯，二十彻侯。皆秦制，以赏功劳。②

卫宏《汉旧仪》曰：

> 左庶长十爵，右庶长十一爵……驷车庶长十七爵，大庶长十八爵。③

《续汉书·百官志》关内侯条，刘劭《爵制》曰：

> 自左庶长已上至大庶长，皆卿大夫，皆军将也。所将皆庶人、更卒也。故以庶更为名。大庶长即大将军也，左右庶长即左右偏裨将军也。④

---

① 蒋礼鸿：《商君书锥指》卷5《境内》，《新编诸子集成》，中华书局1986年版，第118页。
② 《汉书》卷19上《百官公卿表上》，第739—740页。
③ 卫宏：《汉旧仪》卷下，孙星衍辑：《平津馆丛书》，清嘉庆十一年刻本，第9页a、b。
④ 《续汉书·百官志五》，《后汉书》，第3632页。

《汉书·百官公卿表》颜师古《注》曰：

庶长，言为众列之长也。
驷车庶长，言乘驷马之车，而为众长也。
大庶长，又更尊也。①

林剑鸣以为：

庶长……原为武官，因秦国系在不断同外部进行武装斗争中扩展的领地，所以新拓出的土地即由统兵武官管理，他们要管理庶民，故称为"庶长"（《续汉书·百官志》刘昭注）。②

杨宽《战国史料编年辑证》曰：

庶长原为庶民之长，征调庶民而统率作战，原为军职，经商鞅变法而成为爵名，并以斩首作为授爵之依据。③

杨曙明《雍秦文化》释为"黎庶之长""帮助国君管理除贵族之外的众多平民"，④与林剑鸣说近同。

佐竹靖彦《出子出公考》不赞同林剑鸣说，而以为"庶长"乃"庶出王族之长"。⑤

胡大贵以为秦官庶长似源自周制，周有"庶尹""庶正"之官，"尹""正""长"同义，故"庶尹""庶正"可称"庶长"。⑥

---

① 《汉书》卷19上《百官公卿表上》，第740页。
② 林剑鸣：《秦史稿》，第84页。
③ 杨宽：《战国史料编年辑证》，上海人民出版社2016年版，第324页。
④ 杨曙明：《雍秦文化》，中国文史出版社2015年版，第20页。
⑤ [日]佐竹靖彦：《出子出公考》，《佐竹靖彦史学论集》，中华书局2006年版，第121—138页。
⑥ 胡大贵：《庶长考》，《四川师范大学学报》1990年第4期，第61页。

笔者案："庶尹""庶正"属于集合名词，指代百官，与"庶长"有别。至于"庶长"一职的由来目前资料并不清楚，总的看来它是秦国特设的职官。

笔者案：庶长之义，刘劭、林剑鸣、佐竹靖彦等的解释明显与史实不符。笔者认为，"庶"，"众"也。《毛诗·大雅·云汉》郑康成《笺》："庶正，众官之长也。"① 颜师古的解释"庶长，言为众列之长也"亦是本于"众"义，只是局限于二十爵。根据春秋初期秦国国史记录（《史记·秦本纪》本于《秦记》），大庶长乃众官（百官）之长，总理行政、军事等事务。庶长非庶民或庶出之长，而是百官之长。

杨宽《战国史料编年辑证》曰：

> 秦爵二十等，自第十级左庶长，至第十八级大庶长，皆属庶长一等，相当于别国之卿。大良造为第十六级，亦属庶长一等。此时大良造不仅为秦最高爵位，并为最高官职。此时卫鞅由左庶长而升为大良造，相当于别国之相。此一官爵之全称为"大良造庶长"。十六年大良造鞅矛镦，铭文作"十六年大良造庶长鞅之造，雍，矛"（著录于《双剑誃吉金图录》卷下、《衡斋金石识小录》卷下、《三代吉金文存》卷二十），即鞅于孝公十六年督造。其后，秦惠文王四年有大良造庶长游出命封右庶长歜宗邑之《瓦书》。十三年商鞅戟，铭文作"十三年大良造鞅之造戟"（《贞松堂集古遗文》卷十二、《三代吉金文存》卷二十，现藏上海博物馆）。盖大良造乃通称。《东周策》第十五章"右行秦谓大梁造"，"梁"、"良"声同通假。②

杨宽《战国史料编年辑证》曰：

---

① 孔颖达：《毛诗正义》卷18《大雅·荡之什·云汉》，阮元校刻：《十三经注疏》，中华书局1980年影印、校补世界书局本，上册，第562页下栏。
② 杨宽：《战国史料编年辑证》，上海人民出版社2016年版，第361页。

秦爵自第十级左庶长至十八级大庶长，皆属庶长一等，相当于别国之卿。大良造为第十六级，亦属庶长一等，故全称为"大良造庶长"，简称为大良造。是时秦尚未设相位，盖以大良造庶长执政。①

杜正胜认为大上造、少上造等省"庶长"二字。②

2. 不更

《左传》成公十三年：

> 秦桓公既与晋厉公为令狐之盟，而又召狄与楚，欲道以伐晋，诸侯是以睦于晋。……五月丁亥，晋师以诸侯之师及秦师战于麻隧。秦师败绩，获秦成差及不更女父。

杜预《注》曰：

> 不更，秦爵。③

笔者案：不更当是庶长的属官。后位于二十爵中的第四等，相当于士。

二 宗庙礼仪官

宗庙礼仪之官，唐虞谓秩宗，周谓之宗伯，秦曰奉常。秦国诅楚文有"宗祝"即宗伯、太祝，④ 是秦国早期犹存"宗伯"之名，后世方为奉常。

---

① 杨宽：《战国史料编年辑证》，第379页。
② 杜正胜：《编户齐民：传统政治社会结构之形成》，台北联经出版事业公司1990年版，第29页。
③ 孔颖达：《春秋左传正义》卷27，阮元校刻：《十三经注疏》，下册，第1912页下栏。
④ 郭沫若：《诅楚文研究》，《郭沫若全集·考古编》第9卷，第295、299—300页。

1. 宗伯

秦国宗伯源自周官。《逸周书·克殷解》曰：

> （武王）乃命宗祝崇宾，飨祷之于军。乃班。

孔晁《注》曰：

> 宗祝，主祀。①

《左传》定公四年记载周初分封鲁国：

> 分之土田陪敦、祝、宗、卜、史，备物、典策，官司、彝器；因商奄之民，命以伯禽而封于少皞之虚。

杜预《注》曰：

> 太祝、宗人、太卜、太史，凡四官。典策，《春秋》之制。②

《国语·周语中》"宗祝执祀"，韦昭《注》曰：

> 宗，宗伯；祝，太祝也。③

"祝宗"与"宗祝"相同，包含"宗伯""太祝"二职。

---

① 黄怀信等撰，黄怀信修订，李学勤审定：《逸周书汇校集注》（修订本）卷4《克殷解》，上海古籍出版社2007年版，第360页。
② 孔颖达：《春秋左传正义》卷54，阮元校刻：《十三经注疏》，下册，第2134页中、下栏。
③ 左丘明撰，韦昭注：《国语》卷2《周语中》，第71—72页。

诅楚文曰：

> 有秦嗣王，敢用吉玉瑄璧，使其宗祝邵䵞布忠，告于丕显大神巫咸，以底楚王熊相之多罪。

郭沫若以为"宗祝当如《周官》的大祝、小祝"，① 误，"宗祝"是"宗伯""太祝"之合称。

春秋时期，晋国、齐国、卫国等皆有"祝宗"之职。《左传》庄公三十二年：

> 神居莘六月。虢公使祝应、宗区、史嚚享焉。神赐之土田。

杜预《注》曰：

> 祝，大祝。宗，宗人。史，大史。应、区、嚚皆名。②

笔者案：祝、宗、史的分职甚明。

《礼记·乐记》曰：

> 乐师辨乎声诗，故北面而弦；宗祝辨乎宗庙之礼，故后尸。③

《周礼·春官宗伯》曰：

---

① 郭沫若：《诅楚文研究》，《郭沫若全集·考古编》第9卷，第299—300、327页。
② 孔颖达：《春秋左传正义》卷10，阮元校刻：《十三经注疏》，下册，第1783页下栏。
③ 孔颖达：《礼记正义》卷38《乐记》，阮元校刻：《十三经注疏》，上册，第1538页上栏。

乃立春官宗伯，使帅其属而掌邦礼，以佐王和邦国。礼官之属：大宗伯，卿一人。小宗伯，中大夫二人。

郑康成《注》曰：

唐虞历三代以宗官典国之礼与其祭祀，汉之大常是也。①

《周礼·春官宗伯》曰：

大宗伯之职，掌建邦之天神、人鬼、地示之礼，以佐王建保邦国。……
小宗伯之职，掌建国之神位，右社稷，左宗庙。②

宗伯有太祝、太宰、太史、太卜等属官。
《汉书·百官公卿表》曰：

奉常，秦官，掌宗庙礼仪，有丞。景帝中六年更名太常。属官有太乐、太祝、太宰、太史、太卜、太医六令丞，又均官、都水两长丞，又诸庙寝园食官令长丞，有雍太宰、太祝令丞，五畤各一尉。又博士及诸陵县皆属焉。③

笔者案：秦汉的奉常一职源自西周、秦国早期的宗伯，其职责与结构近同。

---

① 孔颖达：《周礼注疏》卷17《春官宗伯》，阮元校刻：《十三经注疏》，上册，第752页中、下栏。
② 孔颖达：《周礼注疏》卷18—19《春官宗伯》，阮元校刻：《十三经注疏》，上册，第757页上栏、766页上栏。
③ 《汉书》卷19上《百官公卿表上》，第726页。

2. 太乐

秦出土文字尚未见"太乐"一职,而有"左乐",与"乐府"并列,或谓"左乐"乃"太乐"属官。又秦出土文字有"外乐",或以为乃"太乐"属官。①

3. 大祝

西周职官有太祝。② 西周禽簋记载伯禽担任祝,③ 长由盉、申簋盖有大祝。④

大祝掌管祭祀中的祈福祥。《国语·楚语下》曰:

> 是使制神之处位次主,而为之牲器时服,而后使先圣之后有光烈,而能知山川之号、高祖之主、宗庙之事、昭穆之世、齐敬之勤、礼节之宜、威仪之则、容貌之崇、忠信之质、禋絜之服,而敬恭明神者,以为之祝。使名姓之后,能知四时之生、牺牲之物、玉帛之类、采服之仪、彝器之量、次主之度、屏摄之位、坛场之所、上下之神、氏姓之出,而心率旧典者为之宗。

韦昭《注》曰:

> 祝,太祝,掌祈福祥。……宗,宗伯,掌祭祀之礼。⑤

《周礼·春官宗伯》曰:

---

① 刘瑞:《秦封泥集存》,中国社会科学出版社2020年版,第218—224页;《秦封泥集释》,上海古籍出版社2021年版,第247—251页;李超:《秦封泥与官制研究》,《秦封泥与秦文化研究书系》,陕西师范大学出版社2021年版,第78—83页。
② 张亚初、刘雨:《西周金文官制研究》,中华书局1986年版,第36—37页。
③ 中国社会科学院考古研究所编:《殷周金文集成》(修订增补本)第3册,第2216页,器4041。
④ 中国社会科学院考古研究所编:《殷周金文集成》(修订增补本)第6册,第4972页,器9455;第3册,第2597页,器4267。
⑤ 左丘明撰,韦昭注:《国语》卷18《楚语下》,第559—562页。

> 大祝掌六祝之辞，以事鬼神示，祈福样求永贞。①

又曰：

> 大祝，下大夫二人，上士四人。小祝，中士八人，下士十有六人。②

其情况与西周太祝地位较高的情况不符。

春秋初期太祝的职责地位当与西周晚期时差别不大。

秦职官太祝源自周职官太祝。秦国石鼓文《吴（虞）人》曰：

> □□大祝（图3-3）。③

秦职官太祝又延续至秦代。秦封泥有"祝印"。④

《史记·封禅书》曰：

> 诸此祠皆太祝常主，以岁时奉祠之。⑤

4. 太宰

秦代有"太宰"一职，秦封泥有"大宰""泰宰"，⑥ 负责祭祀备牲。秦国"太宰"之名虽然源自西周"太宰"一职，但是职能

---

① 孔颖达：《周礼注疏》卷25《春官宗伯》，阮元校刻：《十三经注疏》，中华书局1980年影印、校补世界书局本，上册，第808页下栏。

② 孔颖达：《周礼注疏》卷17《春官宗伯》，阮元校刻：《十三经注疏》，上册，第755页中栏。

③ 郭沫若：《石鼓文研究》，《郭沫若全集·考古编》第9卷，第70页。

④ 周晓陆、路东之编著：《秦封泥集》，三秦出版社2000年版，第20页；中国社会科学院考古研究所汉长安城工作队：《西安相家巷遗址秦封泥的发掘》，《考古学报》2001年第4期，第524—525页；刘瑞：《秦封泥集存》，第19—21页；《秦封泥集释》，第29—32页。

⑤ 《史记》卷28《封禅书》，第1656页。

⑥ 刘瑞：《秦封泥集存》，第23—25页；《秦封泥集释》，第34—37页。

发生很大变化。

5. 太史、内史

西周史官是以太史、内史为核心的群体,[①] 春秋时期秦国继承了这一制度。

（1）太史

商代已经出现了太史。西周仍设置太史,东周之时,各国设太史。

张亚初、刘雨《西周金文官制研究》总结为：

> 太史掌管西周王国的文书起草,策命诸侯卿大夫,记载国家之大事,编著史册,管理天文、历法、祭祀之事,并掌管图书典籍。他是一种兼管神职与人事,观察记载社会动态和自然现象的职官。[②]

笔者案：太史负责的事务很庞杂,亦很重要。春秋初期的太史的职责地位当与西周晚期时差别不大。

《周礼·春官宗伯》曰：

> 大史掌建邦之六典,以逆邦国之治。[③]

又曰：

> 大史,下大夫二人,上士四人。小史,中士八人,下士十

[①] 参见许兆昌《周代史官文化——前轴心期核心文化形态研究》,吉林大学出版社2001年版,第38—46页。

[②] 张亚初、刘雨：《西周金文官制研究》,第27页；许兆昌《周代史官文化——前轴心期核心文化形态研究》总结为15点（第38—46页）。

[③] 孔颖达：《周礼注疏》卷25《春官宗伯》,阮元校刻：《十三经注疏》,上册,第817页下栏。

有六人；府四人，史八人，胥四人，徒四十人。①

其情况与西周太史地位很高的情况不符。
《广弘明集·对傅奕废佛僧事》曰：

> 《史记》、《竹书（纪年）》及《陶公年纪》皆云：秦无历数，周世陪臣。故隐居列之在诸国之下。

又言：

> 《竹书（纪年）》云："自秦仲之前，本无年世之纪。"②

《史记·秦本纪》曰：

> （襄公）十三年〔二十五年〕，初有史以纪事。民多化者。③

《秦记》乃秦春秋，即秦襄公之时秦开始有了史官作《秦记》。秦襄公二十五年，值周平王十八年，秦尚处于伐戎之时，因需而设也。
《史记·封禅书》秦文公时有史敦。④
《汉书·郊祀志上》曰：

> 文公问史敦。

---

① 孔颖达：《周礼注疏》卷17《春官宗伯》，阮元校刻：《十三经注疏》，上册，第755页中栏。
② 释道宣：《广弘明集》卷11释法琳《对傅奕废佛僧表》，《四部备要》第55册，中华书局、中国书店1989年影印中华书局民国二十五年本，第93页上、下栏。
③ 《史记》卷5《秦本纪》，第230页。
④ 《史记》卷28《封禅书》，第1634页。

图 3-3　石鼓文《吴（虞）人》大祝

［据二玄社《中国法书选》第 2 册（《石鼓文》中权本），第 38 页）］

颜师古《注》曰：

> 秦之太史。敦其名也。①

秦职官太史源自商职官、周职官太史。② 秦职官太史又延续至秦代。秦封泥有"大史""泰史"，③ 泰、大（太）通用，即"太史"。

（2）内史

《周礼·春官宗伯·内史》曰：

> 内史掌王之八枋之灋，以诏王治。一曰爵，二曰禄，三曰废，四曰置，五曰杀，六曰生，七曰予，八曰夺。执国法及国令之贰，以考政事，以逆会计。掌叙事之灋，受纳访以诏王听治。凡命诸侯及孤卿大夫，则策命之。凡四方之事书，内史读之。王制禄，则赞为之以方出之。赏赐亦如之。内史掌书王命，遂贰之。④

春秋时期，周王室的内史延续旧的职能。秦国设置内史一职，职能仍是为国君出策谋、掌机要，与周室内史无别。《韩非子·十过》穆公与内史廖谋：

> 由余出，公乃召内史廖而告之，曰："寡人闻邻国有圣人，敌国之忧也。今由余，圣人也，寡人患之，吾将奈何？"内史廖曰："臣闻戎王之居，僻陋而道远，未闻中国之声，君其遗

---

① 《汉书》卷25上《郊祀志上》，第1194—1195页。
② 张亚初、刘雨：《西周金文官制研究》，第26—27页。
③ 周晓陆、刘瑞、李凯，汤超：《在京新见秦封泥中的中央职官内容——纪念相家巷秦封泥发现十周年》，《考古与文物》2005年第5期，第4—5页；刘瑞：《秦封泥集存》，第25—27页；《秦封泥集释》，第38—40页。
④ 孔颖达：《周礼注疏》卷26《春官宗伯》，阮元校刻：《十三经注疏》，上册，第820页上、中栏。

之女乐，以乱其政，而后为由余请期，以疏其谏，彼君臣有间，而后可图也。"君曰："诺。"乃使史廖以女乐二八遗戎王，因为由余请期，戎王许诺。①

《史记·秦本纪》曰：

> 缪公退而问内史廖曰："孤闻邻国有圣人，敌国之忧也。今由余贤，寡人之害，将奈之何？"内史廖曰："戎王处辟匿，未闻中国之声。君试遗其女乐，以夺其志；为由余请，以疏其间；留而莫遣，以失其期。戎王怪之，必疑由余。君臣有间，乃可虏也。且戎王好乐，必怠于政。"②

笔者案：《韩非子·十过》载秦穆公与内史廖谋，以降戎王的贤臣由余。《史记·秦本纪》亦载此事，当本《韩非子》等。

战国时期秦国内史的职能发生了变化，负责行政、财政等事务。③《汉书·百官公卿表》曰：

> 内史，周官，秦因之，掌治京师。④

秦金文有秦惠文王"王八年内史操戈"。⑤ 秦封泥有"内史之印"。⑥ 睡虎地秦简、里耶秦简有"内史"。⑦

太史、内史的设置及西周文字的沿用，都证实秦史官制度源于

---

① 王先慎：《韩非子集解》卷3《十过》，钟哲点校，《新编诸子集成》，第76—77页。
② 《史记》卷5《秦本纪》，第245页。
③ 杨振红：《从秦"邦"、"内史"的演变看战国秦汉时期郡县制的发展》，《中国史研究》2013年第4期，第49—68页。
④ 《汉书》卷19上《百官公卿表上》，第736页。
⑤ 萧春源：《珍秦斋藏金——秦铜器篇》，第54—57页。
⑥ 周晓陆、路东之：《秦封泥集》，第180页。
⑦ 睡虎地秦墓竹简整理小组：《睡虎地秦墓竹简》，文物出版社1990年版，第46页。

西周史官。太史、大祝、大卜都充分证实此方面秦国职官的一部分直接承袭了西周文化。

6. 太卜

殷墟卜辞有"多卜"。①

《周礼·春官宗伯》曰：

> 大卜掌三兆之灋，一曰玉兆，二曰瓦兆，三曰原兆。其经兆之体皆百有二十，其颂皆千有二百。掌三易之灋，一曰《连山》，二曰《归藏》，三曰《周易》。②

又曰：

> 大卜，下大夫二人。卜师，上士四人。卜人，中士八人，下士十有六人。府二人，史二人，胥四人，徒四十人。

郑康成《注》曰：

> 问龟曰卜。大卜，卜筮官之长。③

《左传》僖公十五年（秦穆公）：

> 秦伯伐晋，卜徒父筮之，吉。

杜预《注》曰：

---

① 参见陈梦家《殷虚卜辞综述》，第518—519页。
② 孔颖达：《周礼注疏》卷24《春官宗伯》，阮元校刻：《十三经注疏》，上册，第802页中、下栏。
③ 孔颖达：《周礼注疏》卷17《春官宗伯》，阮元校刻：《十三经注疏》，上册，第755页上栏。

徒父，秦之掌龟卜者。卜人而用筮，不能通三易之占，故据其所见杂占而言之。①

笔者案：秦人沿用商人对龟卜占验之制，设立太卜，对君国大事以龟筮占卜吉凶。同时期，晋国亦用龟筮占验。

《史记·李斯列传》秦二世时有"太卜"之官。② 秦封泥有"泰卜"，③ 泰、大（太）通用，即"太卜"。

7. 太医

《左传》成公十年：

> （晋）公疾病，求医于秦。秦伯使医缓为之。……（晋）公曰："良医也。"厚为之礼而归之。④

《左传》昭公元年：

> 晋侯求医于秦，秦伯使医和视之。⑤

秦封泥有"大医""泰医"，⑥ 泰、大（太）通用，即"太医"。《周礼·天官冢宰下·医师》曰：

---

① 孔颖达：《春秋左传正义》卷14，阮元校刻：《十三经注疏》，下册，第1805页下栏。
② 《史记》卷87《李斯列传》，第3107页。
③ 陈晓捷、周晓陆：《新见秦封泥五十例考略——为秦封泥发现十周年而作》，西安碑林博物馆编：《碑林集刊》第11辑，陕西人民美术出版社2005年版，第312页；刘瑞：《秦封泥集存》，第28页；《秦封泥集释》，第40页。
④ 孔颖达：《春秋左传正义》卷26，阮元校刻：《十三经注疏》，下册，第1906页下栏。
⑤ 孔颖达：《春秋左传正义》卷41，阮元校刻：《十三经注疏》，下册，第2024页下栏。
⑥ 周晓陆、刘瑞、李凯、汤超：《在京新见秦封泥中的中央职官内容——纪念相家巷秦封泥发现十周年》，《考古与文物》2005年第5期，第5页；中国社会科学院考古研究所汉长安城工作队：《西安相家巷遗址秦封泥的发掘》，《考古学报》2001年第4期，第532页；刘庆柱、李毓芳：《西安相家巷遗址秦封泥考略》，《考古学报》2001年第4期，第428页；刘瑞：《秦封泥集存》，第28—33页；《秦封泥集释》，第41—46页。

> 医师掌医之政令，聚毒药以共医事。凡邦之有疾病者、疕疡者造焉，则使医分而治之。①

笔者案：秦之太医，《周礼》之医师，归属不同。

三 经济官

1. 吴（虞）人

《史记·五帝本纪》曰：

> 舜曰："谁能驯予上下草木鸟兽？"皆曰益可。于是以益为朕虞。益拜稽首，让于诸臣朱虎、熊罴。舜曰："往矣，汝谐。"遂以朱虎、熊罴为佐。

裴骃《集解》曰：

> 马融曰："上谓原，下谓隰。""虞，掌山泽之官名。"

司马贞《索隐》曰：

> 即高辛氏之子伯虎、仲熊也。

张守节《正义》曰：

> 孔安国云："朱虎，熊罴，二臣名。垂、益所让四人，皆在元凯之中也。"为益之佐也。②

---

① 孔颖达：《周礼注疏》卷5《天官冢宰》，阮元校刻：《十三经注疏》，上册，第666页下栏。
② 《史记》卷1《五帝本纪》，第46—48页。

此可与《秦本纪》联系考虑。《史记·秦本纪》曰:

> 秦之先,帝颛顼之苗裔孙曰女修。女修织,玄鸟陨卵,女修吞之,生子大业。大业取少典之子,曰女华。女华生大费,与禹平水土。已成,帝锡玄圭。禹受曰:"非予能成,亦大费为辅。"帝舜曰:"咨尔费,赞禹功,其赐尔皂游。尔后嗣将大出。"乃妻之姚姓之玉女。大费拜受,佐舜调驯鸟兽,鸟兽多驯服,是为柏翳。舜赐姓嬴氏。

张守节《正义》曰:

> 《列女传》云:"陶子生五岁而佐禹。"曹大家《注》云:"陶子者,皋陶之子伯益也。"按此即知大业是皋陶。

司马贞《索隐》曰:

> 扶味反,一音秘。寻费后以为氏,则扶味反为得。此则秦、赵之祖,嬴姓之先,一名伯翳,《尚书》谓之"伯益",《系本》、《汉书》谓之"伯益"是也。寻检《史记》上下诸文,伯翳与伯益是一人不疑。而《陈杞系家》即叙伯翳与伯益为二,未知太史公疑而未决邪?抑亦谬误尔?[①]

《国语·周语中》韦昭《注》、《左传》昭公二十年杜预《注》曰:

> 虞人,掌山泽之官。[②]

[①] 《史记》卷5《秦本纪》,第223—224页。
[②] 左丘明撰,韦昭注:《国语》卷2《周语中》,第72页;孔颖达:《春秋左传正义》卷49,阮元校刻:《十三经注疏》,下册,第2093页中栏。

石鼓诗《吴(虞)人》曰:

吴(虞)人怜亟,朝夕敬□(图3-4)。①

图3-4 石鼓文《吴(虞)人》吴(虞)人
[据二玄社《中国法书选》第2册(《石鼓文》中权本),第37页]

---

① 郭沫若:《石鼓文研究》,《郭沫若全集·考古编》第9卷,第70页。

虞人掌管苑囿、狩猎，为祭祀提供满意的祭品。秦职官的虞人源自周代职官的虞人。

笔者案：虞职守山泽，乃秦祖所司。金文作𠒇。秦人好狩猎、祭祀（亦商之旧俗），秦国尤其重视此职。

四 外交官

1. 行人

周代诸国皆有"行人"之类的职务。《周礼》有大行人、小行人。

《周礼·秋官司寇·大行人》曰：

> 大行人掌大宾之礼及大客之仪，以亲诸侯。

郑玄《注》曰：

> 大宾，要服以内诸侯；大客谓其孤卿。

《周礼·秋官·小行人》曰：

> 小行人掌邦国宾客之礼籍，以待四方之使者。①

《左传》文公十二年：

> 秦行人夜戒晋师曰："两君之士皆未憖也，明日请相见也。"②

---

① 孔颖达：《周礼注疏》卷37《秋官司寇》，阮元校刻：《十三经注疏》，上册，第890页上栏、893页中栏。
② 孔颖达：《春秋左传正义》卷19下，阮元校刻：《十三经注疏》，下册，第1852页上栏。

春秋诸国皆有行人。《周礼》有大行人、小行人。

另外，秦有典客、属邦之职（属官有"大行"或"泰行"等），处理蛮夷事务，设置年代不明，暂不论及。

秦国早期的秦人职官的详细情况不明，从保存的情况看有周制（宗伯及属官太祝、太史、内史、太卜、太医，虞人，行人等）、秦制（大庶长、庶长、左庶长等）。

第五节　秦国的封建制度与县制

一　封建制度

依据传世文献、出土文献记载，西周时期非子获封为附庸与春秋初期秦襄公获封为诸侯皆行商周时期封建之制；春秋时期的秦国实行封建制度，秦公室、卿、大夫都遵循此制。

《史记·秦本纪》曰：

> 孝王曰："昔伯翳为舜主畜，畜多息，故有土，赐姓嬴。今其后世亦为朕息马，朕其分土为附庸。"邑之秦，使复续嬴氏祀，号曰秦嬴。[1]

《史记·秦本纪》曰：

> 文公元年，居西垂宫。三年，文公以兵七百人东猎。四年，至汧渭之会。曰："昔周邑我先秦嬴于此，后卒获为诸侯。"[2]

《史记·秦本纪》曰：

---

[1]《史记》卷5《秦本纪》，第228页。
[2]《史记》卷5《秦本纪》，第230页。

平王封襄公为诸侯，赐之岐以西之地。曰："戎无道，侵夺我岐、丰之地，秦能攻逐戎，即有其地。"与誓，封爵之。襄公于是始国，与诸侯通使聘享之礼，乃用駵驹、黄牛、羝羊各（三）〔一〕，祠上帝西畤。①

《史记·秦本纪》曰：

（秦武公）有子一人，名曰白，白不立，封平阳。②

林剑鸣《秦史稿》以为平阳为秦国都邑，不可能分封，进一步否定秦国实行分封制。③ 杨宽以战国秦国至秦代的分封为考察对象，认为秦始终存在分封制。④ 笔者案：白封平阳既然为事实，那么所封只是规模有限的采邑，这与西郑为周都而郑桓公封于西郑一样。所以，林剑鸣先生的判断是不妥当的，秦国君、卿、大夫的存在，必然是封建制度。林氏推测此时秦国土地由国君直接控制，若然，后世商鞅无需变法。所以，林剑鸣先生的见解有矛盾之处。

二　县制

秦国对征服占领土地实行县制。《史记·秦本纪》曰：

（宁）〔宪〕公二年，公徙居平阳。遣兵伐荡（社）〔杜〕。三年，与亳战，亳王奔戎，遂灭荡（社）〔杜〕。……十二年，伐荡氏，取之。……武公元年，伐彭戏氏，至于华山下，居平阳封宫。……十年，伐邽、冀戎，初县之。十一

---

① 《史记》卷5《秦本纪》，第230页。
② 《史记》卷5《秦本纪》，第235页。
③ 林剑鸣：《秦史稿》，第80—82页。
④ 杨宽：《论秦汉的分封制》，原载《中华文史论丛》1980年第1辑，收入氏著《古史探微》，《杨宽著作集》，上海人民出版社2016年版，第139—156页。

年，初县杜、郑。①

《史记·秦本纪》曰：

（秦厉共公）二十一年，初县频阳。②

《史记·六国年表》秦《表》曰：

秦惠公十年，与晋战武城。县陕。③

《史记·六国年表》秦《表》曰：

秦献公六年，初县蒲、蓝田、善明氏。④

《史记·魏世家》曰：

（武侯十三年）〔武侯二十二年〕，秦献公县栎阳。⑤

《史记·六国年表》秦《表》曰：

秦献公十一年，县栎阳。⑥

梁玉绳《史记志疑》曰：

---

① 《史记》卷5《秦本纪》，第232—233页。
② 《史记》卷5《秦本纪》，第252页。
③ 《史记》卷15《六国年表》，第863页。
④ 《史记》卷15《六国年表》，第865页。
⑤ 《史记》卷44《魏世家》，第2227页。
⑥ 《史记》卷15《六国年表》，第866—867页。

案：献公徙都栎阳，不应以为县。疑"县"字乃"徙"之误。盖二年城之，至是始徙居耳。《魏世家》同误。①

笔者案：秦国对于征服的戎人居住地实行县制，达到有效统治的目的。

《国语》记载秦穆公九年，秦穆公使公子絷吊公子夷吾于梁。晋惠公言于秦公子絷：

> 亡人苟入扫宗庙，定社稷，亡人何国之与有？君实有郡县，且入河外列城五。②

学界以为此乃秦国较早施行郡县制的证明。学者或以为西周时期已经存在县制。

第六节　秦国的土地制度

1. 井田制

《史记·商君列传》曰：

> 为田开阡陌封疆，而赋税平。③

《战国策·秦策三》曰：

> 夫商君为孝公平权衡，正度量，调轻重，决裂阡陌，教民耕战。④

---

① 梁玉绳：《史记志疑》卷9《六国年表》，贺次君点校，中华书局1981年版，第409页。
② 左丘明著，韦昭注：《国语》卷8《晋语二》，第311页。
③ 《史记》卷68《商君列传》，第2712页。
④ 刘向集录：《战国策》卷6《秦策三》，上海古籍出版社1998年第2版，第216页。

《汉书·食货志》董仲舒曰：

> 秦用商鞅之法，改帝王之制，除井田，民得卖买，富者田连阡陌，贫者亡立锥之地。①

笔者案：秦国早期施行井田制，亦是沿用周制。至商鞅变法废除井田制，最大限度地利用土地，提供更多的粮食。

井田制乃西周土地制度，春秋战国时期先在东方国家逐渐瓦解，后在秦国废除。对于井田制，《孟子》《周礼》做过较为详细的描述。

《周礼·地官司徒·小司徒》曰：

> 乃经土地而井牧其田野：九夫为井，四井为邑，四邑为丘，四丘为甸，四甸为县，四县为都，以任地事而令贡赋，凡税敛之事。②

《孟子·滕文公上》曰：

> 夏后氏五十而贡，殷人七十而助，周人百亩而彻，其实皆什一也。……方里而井，井九百亩，其中为公田，八家皆私百亩，同养公田。公事毕，然后敢治私事。③

对于井田制的真实性，学界有所争议，赞同者较多。问题是对

---

① 《汉书》卷24上《食货志上》，第1137页。
② 孔颖达：《周礼注疏》卷11《地官司徒》，阮元校刻：《十三经注疏》，上册，第711页下栏。
③ 孙奭：《孟子注疏》卷5《万章上》，阮元校刻：《十三经注疏》，下册，第2702页中栏—2703页上栏。

井田制的细节缺乏全面描述。①

2. 土地税

《史记·六国年表》秦表，秦简公七年（前408年）：

> 初租禾。②

徐中舒以为即实物地租。③

崔瑞德、鲁惟一《剑桥中国秦汉史》曰：

> 史籍记载，公元前408年开始征粮税；这段记载很重要，因为它标志着秦的农民可能从为所依附的封建主服劳役转为以实物缴纳土地税（可能最后直接缴给国家政府）。
> 在此以前，其他国家已经有了类似的发展。④

笔者案：秦国早期施行服劳役，至秦简公时"初租禾"方转为实物地租。

第七节　秦国的礼乐制度

礼为周代国家立国立政之本，秦国的制度决定其与周王室与周文化的关系，反映秦人与周人的密切程度。

《左传》襄公二十九年：

---

① 李庆东：《建国以来井田制研究述评》，《史学集刊》1989年第1期，第9—13页；[日] 佐竹靖彦：《日本学术界井田制研究状况》，《北大史学》第6辑，北京大学出版社1999年版，第240—252页。
② 《史记》卷15《六国年表》，第858页。
③ 徐中舒：《先秦史论稿》，第210页。
④ [美] 崔瑞德、[美] 鲁惟一编：《剑桥中国秦汉史》，杨品泉等译，中国社会科学出版社1992年版，第47页。

为之歌秦。(吴公子札)曰:"此之谓夏声。夫能夏则大,大之至也。其周之旧乎。"

杜预《注》曰:

> 秦本在西戎汧、陇之西,秦仲始有车马礼乐,去戎狄之音,而有诸夏之声,故谓之夏声。及襄公佐周平王东迁而受其地,故曰"周之旧"。①

依据吴公子札的评论,秦人上层接受了周文化的礼乐制度。《史记·秦始皇本纪》附录曰:

> 襄公……葬西垂。生文公。文公立,居西垂宫。……葬西(垂)〔山〕。②

礼县大堡子山秦公墓的墓主,多数学者认为是秦襄公或秦文公。③ 墓葬出土的青铜礼器鼎、簋、壶等、青铜乐器编钟、编镈等,皆与周文化无别,其用字亦周金文。④ 韩伟《关于秦人族属及文化渊源管见》认为文化继承关系上,秦公钟、秦公簋等器物的铭文,与周代的铜器铭文比较,在形、音、义等方面都是一致的。⑤ 考古发现已经充分证明,西周晚期至春秋早期的秦国的礼乐制度主要源自周文化,秦公与周王室保持密切的关系。

《诗序》曰:

---

① 孔颖达:《春秋左传正义》卷9,阮元校刻:《十三经注疏》,下册,第2007页上栏。
② 《史记》卷6《秦始皇本纪》,第358页。
③ 戴春阳:《礼县大堡子山秦公墓地及有关问题》,《文物》2000年第5期,第79页;祝中熹:《礼县大堡子山秦陵墓主再探》,《文物》2004年第8期,第67—71页,等等。
④ 国家文物局编:《秦韵——大堡子山出土文物集粹》,文物出版社2015年版。
⑤ 韩伟:《关于秦人族属及文化渊源管见》,原载《文物》1986年第4期,第23—28页;收入《磨砚书稿——韩伟考古文集》,第10—16页。

《蒹葭》，刺襄公也。未能用周礼，将无以固其国焉。

郑康成《笺》曰：

秦处周之旧土，其人被周之德教日久矣，今襄公新为诸侯，未习周之礼法，故国人未服焉。[1]

秦襄公破戎尊周而获封国，在西土处于"神"的地位，故《诗序》说"刺襄公"不可信。近人多将《蒹葭》视作爱情诗，[2]较之《诗序》说更为可信。

《吕氏春秋·音初》曰：

殷整甲徙宅西河，犹思故处，实始作为西音。长公（周昭王臣辛余靡）继是音，以处西山。秦缪公取风焉，实始作为秦音。[3]

殷人的音乐传给周人，又为秦人音乐所本。

《史记·秦本纪》曰：

三十四年，……戎王使由余于秦。由余，其先晋人也，亡入戎，能晋言。闻缪公贤，故使由余观秦。秦缪公示以宫室、积聚。由余曰："使鬼为之，则劳神矣。使人为之，亦苦民矣。"缪公怪之，问曰："中国以诗书礼乐法度为政，然尚时

---

[1] 孔颖达：《毛诗正义》卷6《秦风·蒹葭》，阮元校刻：《十三经注疏》，上册，第372页上栏。
[2] 参见赵逵夫主编，赵逵夫、韩高年撰《先秦文学编年史》中册，商务印书馆2010年版，第438页。
[3] 吕不韦撰，高诱注，许维遹集释：《吕氏春秋集释》卷6《季夏纪·音初》，梁运华整理，《新编诸子集成》，中华书局2009年版，第141页。

乱，今戎夷无此，何以为治，不亦难乎？"①

笔者案：这表明秦国以中国礼乐法度为政，而秦国属于中国的一部分。

秦国的官爵制度亦如同周制。

《韩非子·十过》曰：

> 由余归，因谏戎王，戎王弗听，由余遂去之秦。秦穆公迎而拜之上卿，问其兵势与其地形。②

笔者案：秦穆公使由余任上卿，证明秦有上卿之官爵。

《左传》文公六年：

> 赵孟曰："……先君是以爱其子，而仕诸秦，为亚卿焉……"使先蔑、士会如秦逆公子雍。③

笔者案：亚卿即中卿，证明秦卿分为上卿、中卿、下卿，实际是周礼的规定。

《左传》襄公十一年：

> 秦右大夫詹帅师从楚子。④

《史记·秦本纪》曰：

---

① 《史记》卷5《秦本纪》，第244—245页。
② 王先慎：《韩非子集解》卷3《十过》，第77页。
③ 孔颖达：《春秋左传正义》卷19上，阮元校刻：《十三经注疏》，下册，第1844页下栏。
④ 孔颖达：《春秋左传正义》卷31，阮元校刻：《十三经注疏》，下册，第1950页下栏。

> 五年，晋献公灭虞、虢，虏虞君与其大夫百里傒，以璧马赂于虞故也。既虏百里傒，以为秦缪公夫人媵于秦。……固问，语三日，缪公大说，授之国政，号曰五羖大夫。……缪公使人厚币迎蹇叔，以为上大夫。①

笔者案：晋有"中大夫"。那么，秦大夫分为左大夫、中大夫、右大夫，秦以右为上，上大夫即右大夫。

《左传》成公二年：

> 十一月，公及楚公子婴齐、蔡侯、许男、秦右大夫说、宋华元、陈公孙宁、卫孙良夫、郑公子去疾及齐国之大夫盟于蜀。②

《左传》襄公十一年：

> 秦右大夫詹帅师从楚子。③

笔者案：犹如秦卿分为上卿、中卿、下卿，秦大夫亦分为右大夫、中大夫、左大夫，秦以右为上，上大夫即右大夫。卿、大夫各分为三个级别，都是周礼的规定。

《左传》文公元年：

> 殽之役，晋人既归秦师，秦大夫及左右皆言于秦伯曰："是败也，孟明之罪也，必杀之。"④

---

① 《史记》卷5《秦本纪》，第238页。
② 孔颖达：《春秋左传正义》卷25，阮元校刻：《十三经注疏》，下册，第1897页中栏。
③ 孔颖达：《春秋左传正义》卷31，阮元校刻：《十三经注疏》，下册，第1950页下栏。
④ 孔颖达：《春秋左传正义》卷18，阮元校刻：《十三经注疏》，下册，第1837页下栏。

笔者案：此乃泛称，包括卿、大夫。

第八节　秦国的宗教祭祀制度

一　宗教

秦襄公、秦文公、秦宣公时期的宗教设置有陈宝祠、牛神祠、西畤、鄜畤、密畤，反映了秦人对所处世界与神灵的认知，体现了秦公利用宗教加强对各阶层思想的控制。

（一）设陈宝祠

《史记·秦本纪》秦襄公：

> （十九）〔三十一〕年，得陈宝。①

《史记·封禅书》曰：

> （文）〔襄〕公获若石云，于陈仓北阪城祠之。其神或岁不至，或岁数来，来也常以夜，光辉若流星，从东南来，集于祠城，则若雄鸡，其声殷云，野鸡夜雊。以一牢祠，命曰陈宝。

裴骃《集解》曰：

> 韦昭曰："在陈仓县，宝而祠之，故曰陈宝。"②

陈宝为何物呢？学者主要有3种观点。
1. 若石。《汉书·郊祀志》颜师古《注》曰："苏林曰：'质

---

① 《史记》卷5《秦本纪》，第230页。
② 《史记》卷28《封禅书》，第1635—1636页。

如石，似肝。'"①

2. 流星、陨石。《晋书·天文志》："流星之类，有音如炬火下地，野雉鸣，天保也；所坠国安，有喜。"② 陈宝即天保也。马非伯《秦集史》以为陈宝即陨石也。③ 陈宝的传说与古人对流星神的崇拜有关。

3. 玉名。《尚书·顾命》曰："越玉五重：陈宝、赤刀，大训、弘璧、琬、琰，在西序；大玉、夷玉、天球、河图，在东序。"④ 王国维《陈宝说》曰："秦所得陈宝，其质在玉石间，盖汉益州金马碧鸡之比，秦人殆以为《周书·顾命》之陈宝，故以名之。是陈宝亦玉名也。"⑤

笔者认为，诸说之中以流星、陨石说较为可信，与陈宝的神秘性符合。

（二）伐南山大梓，丰大特

《史记·秦本纪》秦襄公：

> （二十七）〔三十九〕年，伐南山大梓，丰大特。

裴骃《集解》曰：

> 徐广曰："今武都故道有怒特祠，图大牛，上生树本，有牛从木中出，后见丰水之中。"

张守节《正义》曰：

---

① 《汉书》卷25上《郊祀志上》，第1195页。
② 房玄龄等：《晋书》卷12《天文志中》，中华书局1974年版，第328页。
③ 马非伯：《秦集史》上册，第7—8页。
④ 孔颖达：《尚书正义》卷18，阮元校刻：《十三经注疏》，中华书局1980年影印、校补世界书局本，上册，第239页上栏。
⑤ 王国维：《观堂集林》卷1《陈宝说》，谢维扬、房鑫亮主编，胡逢祥分卷主编：《王国维全集》第14卷，浙江教育出版社、广东教育出版社2010年版，第231页。

《括地志》云："大梓树在岐州陈仓县南十里仓山上。《录异传》云……武都郡立怒特祠，是大梓牛神也。"按：今俗画青牛障是。①

笔者案：大梓牛神祠乃祈求对牛的保护之所，反映秦国对牛的高度重视，亦说明牛在秦国经济中占有重要地位。

（三）作西畤、鄜畤、密畤、上畤、下畤

关于畤的本义及演变，在文献的记载是可辨的。《毛诗·王风·君子于役》曰：

君子于役，不知其期，曷至哉？鸡栖于埘，日之夕矣，羊牛下来。②

《说文解字》卷十三下土部埘字：

埘，鸡栖于垣为埘。从土，时声。③

《说文解字》卷十三下田部畤字：

畤，天地五帝所基止祭地也。从田，寺声。右扶风雝有五畤，好畤、鄜畤皆黄帝时筑，或云秦文公立。④

埘即畤，本禽兽止息之所。西土乃畜牧之胜地，畤与秦人生

---

① 《史记》卷5《秦本纪》，第230—232页。
② 孔颖达：《毛诗正义》卷4《国风·王风·君子于役》，阮元校刻：《十三经注疏》，上册，第331页上栏。
③ 许慎撰，段玉裁注：《说文解字注》卷13下，中华书局2013年影印经韵楼本，第695页上栏。
④ 许慎撰，段玉裁注：《说文解字注》卷13下，第703页下栏。

产、生活密切相关，是秦人宗教祭祀活动场所。畤本是游牧民族的祭祀崇拜设置，被秦人吸纳。畤随着秦都的迁徙而兴建，秦襄公居西垂作西畤，秦文公居汧渭之会作鄜畤，秦宣公居雍作密畤，秦灵公作上畤（前422年），秦献公迁都栎阳作畦畤，自甘肃省礼县至关中遍布秦畤。

徐中舒先生认为：

> 秦国诸畤，出于当地传说，其初均为民间祠祀，所祭之神为杂合体，其与五行配合而成为五帝乃后来之事。畤为峙立之意，民间所祭杂神，可能在田中立石以祭，属原始拜物教。[1]

1. 西畤
《史记·秦本纪》曰：

> 襄公于是始国，与诸侯通使聘享之礼，乃用䮽驹、黄牛、羝羊各（三）〔一〕祠上帝西畤。

裴骃《集解》曰：

> 徐广曰："年表云立西畤，祠白帝。"

司马贞《索隐》曰：

> 襄公始列为诸侯，自以居西，西，县名，故作西畤，祠白帝。畤，止也，言神灵之所依止也。亦音市，谓为坛以祭天也。[2]

---

[1] 缪文远：《七国考订补》，上海古籍出版社1987年版，第535—536页。
[2] 《史记》卷5《秦本纪》，第230页。

《史记·封禅书》曰：

> 秦襄公既侯，居西垂，自以为主少暤之神，作西畤，祠白帝。其牲用骝驹、黄牛、羝羊各一云。

司马贞《索隐》曰：

> 赤马黑鬣曰骝也。羝，牡羊。①

商人祭祀东方用黄色之牲，包括黄牛。②

西畤，因西垂（西犬丘）而得名。甘肃礼县鸾亭山遗址乃汉代祭天遗存，③ 或以为属西畤的一部分。④

对于秦襄公作西畤，司马迁的考虑是复杂的。《史记·六国年表》曰：

> 秦襄公始封为诸侯，作西畤用事上帝，僭端见矣。《礼》曰："天子祭天地，诸侯祭其域内名山大川。"今秦杂戎翟之俗，先暴戾，后仁义，位在藩臣而胪于郊祀，君子惧焉。⑤

司马迁的观念出于正统论，符合于西周时期，却与春秋之时周王室衰弱的大势不合。周王室财力匮乏，天子不能履行其任，诸侯有神灵庇佑的需求，于是行焉。秦襄公、秦文公之时，周秦关系处

---

① 《史记》卷28《封禅书》，第1634—1635页。
② 肖春林：《殷代的四方崇拜及相关问题》，《考古与文物》1999年第1期，第44—48页。
③ 早期秦文化联合发掘队：《2004年甘肃礼县鸾亭山遗址发掘主要收获》，《中国历史文物》2005年第5期，第4—14页；侯红伟：《鸾亭山遗址》，甘肃省文物考古研究所编著：《甘肃重要考古发现（2000—2019）》，文物出版社2020年版，第230—235页。
④ 梁云：《对鸾亭山祭祀遗址的初步认识》，《中国历史文物》2005年第5期，第15—31页；汪受宽：《礼县鸾亭山西畤遗址的文献解读》，《天水师范学院学报》2013年第1期，第1—8页。
⑤ 《史记》卷15《六国年表》，第835页。

于很好时期，秦公尽显忠心，秦襄公作西畤与秦文公作鄜畤必定都在许可范围之内，决不会如司马迁所议。秦本嬴姓，出自少暤，故主少暤之神。于是作西畤，祠白帝（少暤），乃秦人尊崇先祖少暤。所以，秦襄公在自己的封域内尊崇本族神无可厚非。秦襄公作西畤属于开创，意义重大，为后世仿效。

2. 鄜畤

秦文公十年，作鄜畤。《史记·秦本纪》曰：

（文公）十年，初为鄜畤，用三牢。

裴骃《集解》曰：

徐广曰："鄜县属冯翊。"

司马贞《索隐》曰：

音敷，亦县名。于鄜地作畤，曰鄜畤。故《封禅书》曰"秦文公梦黄蛇自天下属地，其口止于鄜衍"，史敦以为神，故立畤也。

张守节《正义》曰：

《括地志》云："三畤原在岐州雍县南二十里。《封禅书》云秦文公作鄜畤，襄公作西畤，灵公作吴阳上畤，并此原上，因名也。"①

《史记·封禅书》曰：

---

① 《史记》卷5《秦本纪》，第230—231页。

文公梦黄蛇自天下属地，其口止于鄜衍。文公问史敦，敦曰："此上帝之征，君其祠之。"于是作鄜畤，用三牲郊祭白帝焉。①

陈平认为：

按：《集解》、《索隐》二注皆不确。汉冯翊郡鄜县在今陕北洛川县附近，与陈仓隔远，绝非文公时秦势力所能及。故鄜畤之鄜非县名，也不在汉冯翊郡鄜县，而应就在陈仓近侧。《正义》引《括地志》将鄜畤置于岐州雍县南10公里之三畤原，庶几近之。②

李仲操、田亚岐以为鄜畤在今凤翔县长青乡一带。③
笔者案：鄜畤在雍县，在今陕西省凤翔县。
3. 密畤
秦宣公四年，作密畤。《史记·秦本纪》秦宣公：

四年，作密畤。④

《史记·十二诸侯年表》秦表，秦宣公：

四年，作密畤。⑤

《史记·封禅书》曰：

---

① 《史记》卷28《封禅书》，第1634页。
② 陈平：《关陇文化与嬴秦文明》，第263—264页。
③ 李仲操：《羽阳宫鼎铭考辨》，《文博》1986年第6期，第50—55页；田亚岐：《秦汉畤畤研究》，《考古与文物》1993年第3期，第104—110页。
④ 《史记》卷5《秦本纪》，第236页。
⑤ 《史记》卷14《十二诸侯年表》，第713页。

其后四年，秦宣公作密畤于渭南，祭青帝。①

　　宝鸡市陈仓区磻溪镇下站遗址地处秦岭北麓渭河南岸的台原之上，东西两侧均为河谷，台地南北狭长，长约4.3千米，北缘距渭河河道仅800余米。遗址位于台原中部偏北，距台地北缘约1.9千米，距秦岭山脉约2.4千米，东西宽540米，南北约430米，总面积约23万平方米。2020年，中国国家博物馆、陕西省考古研究院、宝鸡市考古研究所、陈仓区博物馆联合发掘，发现祭祀坑、房址以及灰坑等遗迹68处，出土大量牺牲马牛羊、铺地砖、瓦、瓦当以及少量玉器、铁器和青铜车马器。祭祀坑主要有A型长条形、B型长方形。A型，南北平行排列的长条形祭祀坑，7座。主要埋牛，1—2米一头。此外，坑内隔一段距离还放置一只羊，牛与羊迭放，多数被牛压住，骨骼不全。B型，东西向长方形竖穴土坑，45座，依据坑的尺寸和埋藏牺牲可细分为三类。Ba型，36座，平面东西向长方形，略偏东北西南向，竖穴土坑，口小底大，长1.8—2.2米，宽1.6—1.9米，深1.7米。坑底埋马四匹，马头向东，排列较为整齐，多数侧卧，多数坑四马存在互相迭压关系。马的年龄均不超过2岁。Bb型，2座，平面东西向长方形，略偏西北东南向，竖穴土坑，口底一致，长约1.7米，宽约1.2米，深1.2—1.3米。坑底埋羊四只，骨骼保存较差，摆放杂乱，个体间互相迭压。为幼年个体。Bc型，7座，平面呈东西向长方形，略偏西北东南向，竖穴土坑，口大底小，长约3.0米，宽约2.4米，深1.9—2.2米。坑底埋牛四头，骨骼保存较差，头向西，侧卧，个体间有迭压。牛的年龄不超过3岁。Bc型坑打破Ba型坑，二者共同打破A型坑，A型坑年代最早。下站遗址的祭祀坑与血池、吴山祭祀遗址大同小异，都是畤祭祀遗存。从祭祀坑和砖瓦等遗物分析，下站遗址至少从东周持续使用至西汉，汉承秦制。出土汉代陶文"密"字（图

---

① 《史记》卷28《封禅书》，第1637页。

版一〇)。① 下站遗址的考古发现证实为秦汉时期的密畤。

4. 上畤、下畤

《史记·六国年表》秦《表》曰:

秦灵公三年,作上、下畤。②

《史记·封禅书》曰:

秦灵公作吴阳上畤,祭黄帝;作下畤,祭炎帝。

司马贞《索隐》曰:

吴阳,地名,盖在岳之南。又上云"雍旁有故吴阳武畤",今盖因武畤又作上、下畤以祭黄帝、炎帝。③

二 祭祀

1. 祭牲

《史记·秦本纪》曰:

襄公于是始国,与诸侯通使聘享之礼,乃用骝驹、黄牛、羝羊各(三)〔一〕,祠上帝西畤。

裴骃《集解》曰:

---

① 游富祥、杨武站等:《宝鸡下站祭祀遗址应为秦宣公所建"雍五畤"之一密畤 或与祭祀青帝有关》,中国文物报社"文博中国"微信公众号 2020 年 12 月 7 日;《陕西宝鸡陈仓下站秦汉祭祀遗址》,《2020 中国重要考古发现》,文物出版社 2021 年版,第 103—106 页。
② 《史记》卷 15《六国年表》,第 854 页。
③ 《史记》卷 28《封禅书》,第 1641 页。

徐广曰:"《年表》云'立西畤,祠白帝。'"

司马贞《索隐》曰:

> 襄公始列为诸侯,自以居西,西,县名,故作西畤,祠白帝。畤,止也,言神灵之所依止也。亦音市,谓为坛以祭天也。①

《史记·封禅书》曰:

> 秦襄公既侯,居西垂,自以为主少皞之神,作西畤,祠白帝。其牲用駵驹、黄牛、羝羊各一云。

司马贞《索隐》曰:

> 赤马黑鬣曰駵也。羝,牡羊。②

商人祭祀东方用黄色之牲,包括黄牛。③

《史记·秦本纪》曰:

> (文公)十年,初为鄜畤,用三牢。④

《史记·封禅书》曰:

> 文公梦黄蛇自天下属地,其口止于鄜衍。文公问史敦,敦

---

① 《史记》卷5《秦本纪》,第230页。
② 《史记》卷28《封禅书》,第1634—1635页。
③ 肖春林:《殷代的四方崇拜及相关问题》,《考古与文物》1999年第1期,第44—48页。
④ 《史记》卷5《秦本纪》,第230页。

曰："此上帝之征，君其祠之。"于是作鄜畤，用三牲郊祭白帝焉。①

《史记·秦本纪》曰：

德公元年，初居雍城大郑宫。以牺三百牢祠鄜畤。卜居雍。②

2. 以狗御蛊
《史记·秦本纪》曰：

德公……二年，初伏，以狗御蛊。

张守节《正义》曰：

伏者，隐伏避盛暑也。……蛊者，热毒恶气为伤害人，故磔狗以御之。……按：磔，禳也。狗，阳畜也。以狗张磔于郭四门，禳却热毒气也。③

《史记·秦始皇本纪》附录曰：

德公享国二年。居雍大郑宫。生宣公、成公、缪公。葬〔平〕阳。初伏，以御蛊。④

《史记·十二诸侯年表》秦《表》曰：

---

① 《史记》卷28《封禅书》，第1634页。
② 《史记》卷5《秦本纪》，第235页。
③ 《史记》卷5《秦本纪》，第235页。
④ 《史记》卷6《秦始皇本纪》，第359页。

德公二年，初作伏，祠社，磔狗邑四门。①

3. 以君主妻河

《史记·六国年表》秦《表》曰：

> 秦灵公八年，城堑河濒。初以君主妻河。

司马贞《索隐》曰：

> 谓初以此年取他女为君主，君主犹公主也。妻河，谓嫁之河伯，故魏俗犹为河伯取妇，盖其遗风。殊异其事，故云"初"。②

笔者案：商人有祭祀河（今黄河）之俗，秦人因之。魏国亦有为河伯娶妇之俗，西门豹废除之。

第九节　秦国的军事制度

随着伐戎的胜利，秦人的兵力不断强大。此在《毛诗·秦风》有充分反映，而考古实物资料亦甚丰富，可以互相印证。《秦风》之《小戎》《驷驖》等反映了秦人尚武，其兵车装备甚精美。

一　军队的统治权

军队的统治权即军队的最高统治者及其辅佐的权力。

秦国国君作为国家最高统治者，拥有军队的最高统治权。其下

---

① 《史记》卷14《十二诸侯年表》，第711页。
② 《史记》卷15《六国年表》，第855页。

有太子，再下有各级高级军事长官（大庶长、庶长、左庶长等）。

庶长奉国君的命令可以统帅军队作战、组织军事活动。

《左传》襄公十一年（秦景公十五年）：

> （冬，）秦庶长鲍、庶长武帅师伐晋以救郑。①

《史记·六国年表》秦《表》曰：

> 秦厉共公十年，庶长将兵拔魏城。

秦厉共公二十六年，左庶长城南郑。②

珍秦斋藏秦伯丧戈、秦伯丧矛，时代属于春秋早期。秦伯丧戈曰：

> 秦政（正）白（伯）丧，戮政西旁（方），乍（作）遣（造）元戈乔黄，灶（肇）尃（抚）东方，市鈇用逸宜（图3-5）。③

秦伯丧矛铭曰：

> 又（有）嗣（司）白（伯）丧之车矛（图3-6）。④

---

① 孔颖达：《春秋左传正义》卷31，阮元校刻：《十三经注疏》，下册，第1951页中栏。
② 《史记》卷15《六国年表》，第841、847页。
③ 萧春源：《珍秦斋藏金——秦铜器篇》，第40—43页；董珊：《珍秦斋藏秦伯丧戈、矛考释》，原刊《故宫博物院院刊》2006年第6期，第105—116页，收入《珍秦斋藏金——秦铜器篇》，第159—168页。
④ 萧春源：《珍秦斋藏金——秦铜器篇》，第44—47页；董珊：《珍秦斋藏秦伯丧戈、矛考释》，《珍秦斋藏金——秦铜器篇》，第159—168页。

图 3-5　珍秦斋藏秦伯丧戈

（据萧春源：《珍秦斋藏金——秦铜器篇》，第 41—42 页）

290　秦国早期历史之重构

图 3-6　珍秦斋藏秦伯丧矛

（据萧春源：《珍秦斋藏金——秦铜器篇》，第45—46页）

第三章 秦国早期制度　291

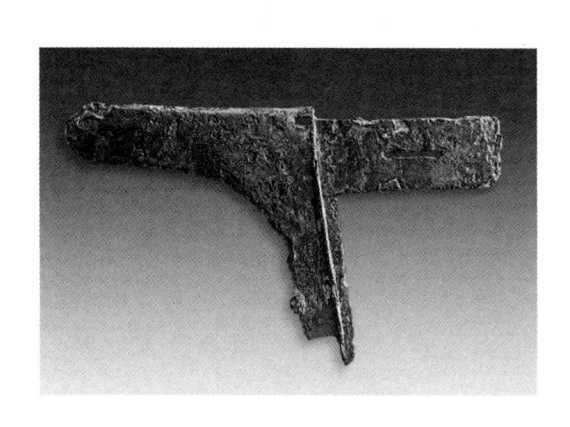

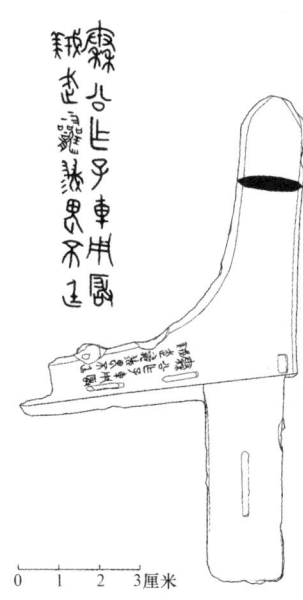

秦公作子车用。严辥武灵，戮畏不廷。

图3-7　秦公作子车用戈

（据早期秦文化联合考古队：《甘肃甘谷毛家坪春秋秦墓（M2059）及车马坑（K201）发掘简报》，《文物》2022年第3期，第14页；董珊：《秦子车戈考释与秦伯丧戈矛再释》，《国学学刊》2019年第3期，第40页；《秦汉铭刻丛考》，上海古籍出版社2020年版，第47、58—59页）

据"秦政（正）"，伯丧是秦国执政大夫，他孔武有力，"戮政西旁（方）""灶（肇）専（抚）东方"，是高级军事长官，即大庶长。大庶长是高级军事长官，权力很大，甚至可以主导废立国君的事务。学者或以为伯丧是《史记·秦本纪》"大庶长弗忌"。[①]

甘谷毛家坪 M2059 有车马坑 K201，随葬 5 鼎、4 簋，车马坑 K201 有三车。墓葬年代推测为春秋中晚期之际。[②] 所出土的秦公作子车戈曰：

> 秦公作子车用，严猷武灵，戮畏不廷（图 3-7）。[③]

M2059 墓主人属于子车氏，陪葬五鼎四簋，属于大夫级别，乃高级军事贵族，当属于庶长之列。秦国国君赋予他"严猷武灵，戮畏不廷"的权利。

二 军队的建制

秦子器为春秋早期器。[④]

秦子作造公族元用，左右师鈇用遗宜。（陈介祺旧藏"秦子戈"戈 1 件、[⑤] 容庚旧藏"秦子矛"戈 1 件、[⑥] 香港私藏秦子戈 1 件[⑦]）

秦子作造中辟元用，左右师鈇用遗宜。（北京故宫博物院收藏

---

① 董珊：《珍秦斋藏秦伯丧戈、矛考释》，《珍秦斋藏金——秦铜器篇》，第 159—168 页。
② 早期秦文化联合考古队：《2014 年甘谷毛家坪遗址发掘丰富了周代秦文化内涵》，《中国文物报》2014 年 11 月 14 日第 1 版；早期秦文化联合考古队：《甘肃甘谷毛家坪春秋秦墓（M2059）及车马坑（K201）发掘简报》，《文物》2022 年第 3 期，第 4—40 页。
③ 董珊：《秦子车戈考释与秦伯丧戈矛再释》，《国学学刊》2019 年第 3 期，第 40—49 页。
④ 参见程平山《秦子器主考》，《文物》2014 年第 10 期，第 49—54 页。
⑤ 中国社会科学院考古研究所编：《殷周金文集成（修订增补本）》第 7 册，第 6116 页，第 11353 器。"市"，或释为"师""苒"等，尚无定论。
⑥ 中国社会科学院考古研究所编：《殷周金文集成（修订增补本）》第 8 册，第 6318 页，第 11547 器。
⑦ 张光裕：《新见〈秦子戈〉二器跋》，《屈万里先生百岁诞辰国际学术研讨会论文集》，"台北市行政院文建会"2006 年版，第 261—262 页。

"秦子戈"戈1件①)

秦子作造左辟元用，左右师鈦用遗宜。(澳门珍秦斋藏秦子戈1件、② 香港私藏秦子戈1件③)

依据秦子器，春秋早期秦国军队已经拥有三军，远超过同时期的晋国。依据金文，秦国军队有中辟（中军）、左辟（左军），可以推出有右辟（右军）。中辟（中军）应以公族为核心。

《左传》僖公三十三年：

> 夏，四月辛巳，败秦师于殽，获百里孟明视、西乙术、白乙丙以归。遂墨以葬文公，晋于是始墨。文嬴请三帅，曰："彼实构吾二君，寡君若得而食之，不厌，君何辱讨焉？使归就戮于秦，以逞寡君之志，若何？"公许之。④

《吴子·图国》曰：

> 秦缪置陷陈三万，以服邻敌。⑤

南宋陈傅良《历代兵制》曰：

> 至春秋，缪公霸西戎始作三军。殽之役，三帅车三百乘。置陷阵。

---

① 中国社会科学院考古研究所编：《殷周金文集成》（修订增补本）第7册，第6115页，第11352器。

② 王辉、萧春源：《新见铜器铭文考跋二则》，原载《考古与文物》2003年第2期，改名《珍秦斋藏秦子戈考跋》，收入《珍秦斋藏金——秦铜器篇》，第153—157页。

③ 张光裕：《新见〈秦子戈〉二器跋》，《屈万里先生百岁诞辰国际学术研讨会论文集》，第261—262页。

④ 孔颖达：《春秋左传正义》卷17，阮元校刻：《十三经注疏》，下册，第1833页中栏。

⑤ 吴起：《吴子》卷上《图国》，张元济辑：《续古逸丛书》，民国十二年至二十五年上海商务印书馆影印宋刻《武经七书》本，第3页a。

《吴子》秦置陷阵三万。①

陈傅良以为秦穆公时秦国设置三军，后世学者亦多据《左传》僖公三十三年以为然，其实早有之。

三　兵种

《左传》僖公三十三年：

> 三十三年，春，秦师过周北门，左右免胄而下，超乘者三百乘。②

《史记·秦本纪》曰：

> （秦哀公）三十一年，吴王阖闾与伍子胥伐楚，楚王亡奔随，吴遂入郢。楚大夫申包胥来告急，七日不食，日夜哭泣。于是秦乃发五百乘救楚，败吴师。③

《韩非子·十过》曰：

> （秦穆）公因起卒，革车五百乘，畴骑二千，步卒五万，辅重耳入之于晋，立为晋君。④

笔者案：秦国兵种有革车（车兵）、畴骑（骑兵）、步卒（徒兵）。或以为《韩非子·十过》以战国兵制说春秋故事。⑤ 笔者认

---

① 陈傅良：《历代兵制》卷1，钱熙祚辑：《守山阁丛书》，清道光二十四年金山钱氏刻本，第6页a。
② 孔颖达：《春秋左传正义》卷17，阮元校刻：《十三经注疏》，下册，第1832页下栏—1833页上栏。
③ 《史记》卷5《秦本纪》，第250—251页。
④ 王先慎：《韩非子集解》卷3《十过》，第82页。
⑤ 杜正胜：《编户齐民：传统政治社会结构之形成》，第71页。

为，西周以来秦近戎狄，彼此文化颇多交流。戎狄之骑射，秦早接触之，有所接纳不足为奇；又秦征服接纳广大戎人，由他们组成畴骑（骑兵），是完全可行的。

四 武器装备

《毛诗·秦风·小戎》曰：

小戎俴收，五楘梁辀，游环胁驱，阴靷鋈续，文茵畅毂，驾我骐馵。

言念君子，温其如玉；在其板屋，乱我心曲。

四牡孔阜，六辔在手。骐駵是中，騧骊是骖。龙盾之合，鋈以觼軜。

言念君子，温其在邑。方何为期？胡然我念之？

俴驷孔群，厹矛鋈錞，蒙伐有苑。虎韔镂膺，交韔二弓，竹闭绲縢。

言念君子，载寝载兴；厌厌良人，秩秩德音。①

毛《传》曰：

小戎，兵车也（图版一一，图3-8）。

《诗序》曰：

《小戎》，美襄公也。备其兵甲以讨西戎，西戎方强而征伐不休。国人则矜其车甲，妇人能闵其君子焉。②

---

① 孔颖达：《毛诗正义》卷6《秦风·小戎》，阮元校刻：《十三经注疏》，上册，第370页上、中、下栏。

② 孔颖达：《毛诗正义》卷6《秦风·小戎》，阮元校刻：《十三经注疏》，上册，第369页下栏—370页上栏。

图3-8 小戎图

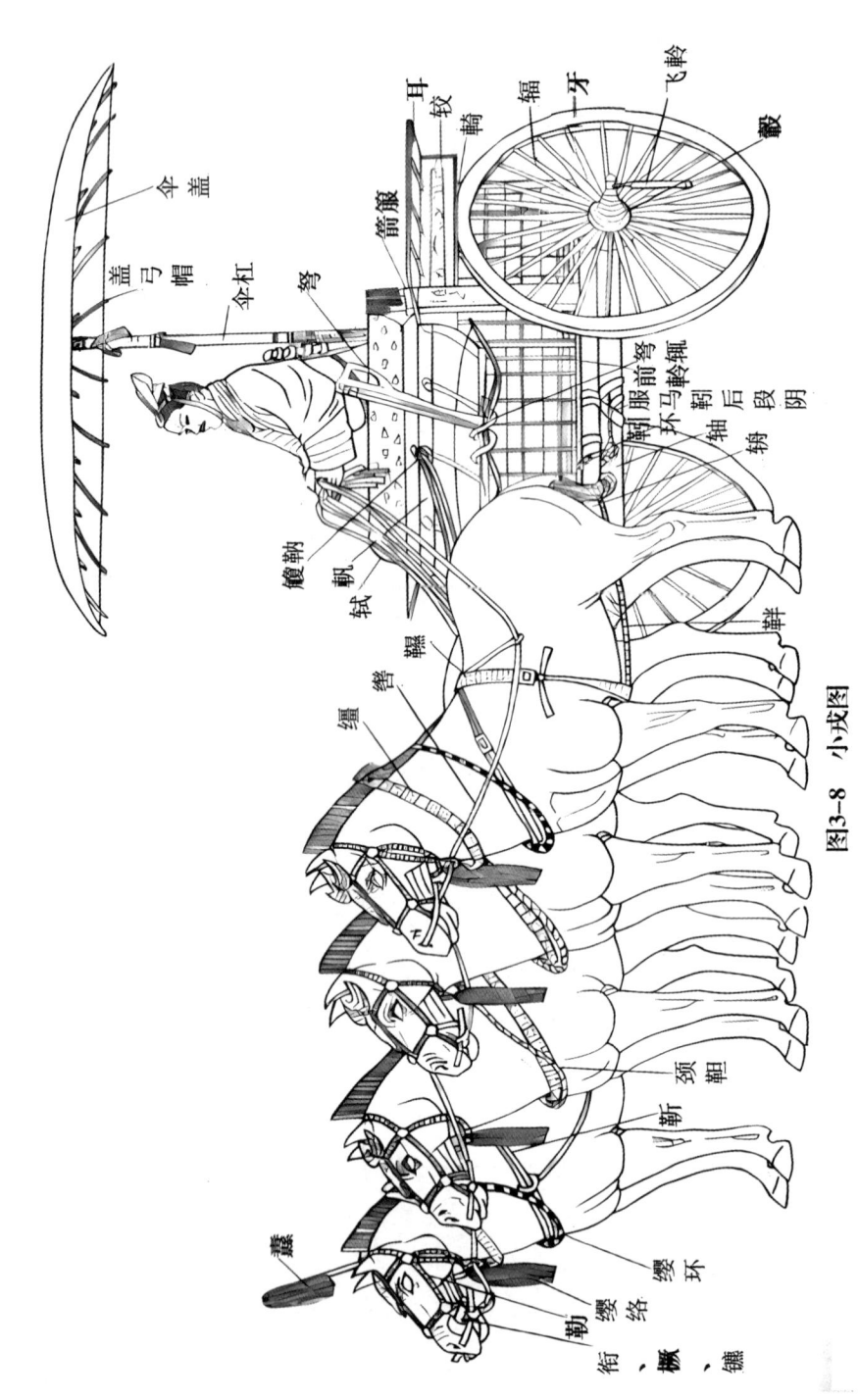

(秦始皇陵一号铜车马各部位名称,据秦始皇兵马俑博物馆、陕西省考古研究所:《秦始皇陵铜车马发掘报告》,第328页)

既克西戎，秦襄公立国，有田狩之乐。《毛诗·秦风·驷驖》曰：

> 驷驖孔阜，六辔在手。公之媚子，从公于狩。
> 奉时辰牡，辰牡孔硕。公曰："左之！"舍拔则获。
> 游于北园，四马既闲。輶车鸾镳，载猃歇骄。①

《诗序》曰：

> 《驷驖》，美襄公也。始命有田狩之事，园囿之乐焉。②

《毛诗·秦风·车邻》曰：

> 有车邻邻，有马白颠。未见君子，寺人之令。③

《诗序》曰：

> 《车邻》，美秦仲也。秦仲始大，有车马、礼乐、侍御之好焉。

毛《传》曰：

> 邻邻，众车声也。④

---

① 孔颖达：《毛诗正义》卷6《秦风·驷驖》，阮元校刻：《十三经注疏》，上册，第369页中、下栏。
② 孔颖达：《毛诗正义》卷6《秦风·驷驖》，阮元校刻：《十三经注疏》，上册，第369页上栏。
③ 孔颖达：《毛诗正义》卷6《秦风·车邻》，阮元校刻：《十三经注疏》，上册，第368页下栏。
④ 孔颖达：《毛诗正义》卷6《秦风·车邻》，阮元校刻：《十三经注疏》，上册，第368页下栏。

《史记·秦本纪》有周宣王时大夫秦仲，《国语·郑语》、清华简《系年》有周幽王、周平王时秦仲（秦襄公）。非子始为附庸，秦仲、秦庄公为大夫耳，秦襄公时秦始大。《国语·郑语》载周幽王九年，郑桓公与周太史史伯问对："（郑桓）公曰：'姜、嬴其孰兴？'（史伯）对曰：'夫国大而有德者近兴，秦仲、齐侯，姜、嬴之隽也，且大，其将兴乎？'"① 史伯所言"且大""将兴"的秦仲，就是《史记》幽王五年继位的秦襄公。《史记·秦本纪》："秦仲立二十三年，死于戎。有子五人，其长者曰庄公。周宣王乃召庄公昆弟五人，与兵七千人，使伐西戎，破之。于是复予秦仲后，及其先大骆地犬丘并有之，为西垂大夫。庄公居其故西犬丘，生子三人，其长男世父。世父曰：'戎杀我大父仲，我非杀戎王则不敢入邑。'遂将击戎，让其弟襄公。襄公为太子。庄公立四十四年，卒，太子襄公代立。"② 秦襄公排行第二，按照周代男子"伯、仲、叔、季"排行称谓习俗，故可称"秦仲"。这样，《国语·郑语》将秦襄公称作"秦仲"是有其根源与依据的。清华简《系年》："周室既卑，坪（平）王东迁，止于成周，秦中（仲）焉东居周地，以守周之坟墓，秦以始大。"③ 清华简《系年》秦仲（襄公）时"秦以始大"，与《国语·郑语》周幽王九年史伯所言秦仲（襄公）"且大""将兴"一致。《诗序》"秦仲始大，有车马、礼乐、侍御之好焉"，"始大"的秦仲实际是秦襄公，并非大夫秦仲。

石鼓文，十篇，记载秦公田泘。石鼓文乃春秋时代作品，④ 石

---

① 左丘明撰，韦昭注：《国语》卷 16《郑语》，第 523 页。
② 《史记》卷 5《秦本纪》，第 229 页。
③ 清华简《系年》第 3 章，清华大学出土文献研究与保护中心编，李学勤主编：《清华大学藏战国竹简（贰）》下册，第 141 页。
④ 裘锡圭：《文字学概要》（修订本），商务印书馆，2013 年版，第 65 页。

鼓文的创作时代以持秦文公者最多，① 笔者重新考证。②《史记·秦本纪》记载秦文公四年（周平王四十七年）至汧渭之会而营建都城。石鼓文《田车》《吾车（车工）》《銮车》《而师》描绘规模盛大的田猎。石鼓文《田车》曰：

> 田车孔安，鋚勒馬＝（馬馬），四（駟）介既简。左骖旙＝（旙旙），右骖騝＝（騝騝），遲（吾）以隮（隮）于邍（原）。遲（吾）戎止陕，宫车其写。秀弓寺（待）射，麋豕孔庶，麀鹿雉兔。其趡又（有）旃，其□奔亦（舍）。□出各亚，□□昊□（初？），执而勿射。多庶趌＝（趌趌），君子酉（攸）乐。③

石鼓文《吾车（车工）》曰：

> 遲（吾）车既工，遲（吾）马既同，遲（吾）车既好，遲（吾）马既驕。君子员（云）邋（猎），员（云）邋（猎）员（云）旙（游）。麀鹿速＝（速速），君子之求。犉＝（犉犉）

---

① 程廷祚：《青溪集》卷4《石鼓文辨》，宋效勇校点，《安徽古籍丛书》第3辑，黄山书社2004年版，第92页；孙志祖：《读书脞录》卷7《石鼓》，清嘉庆间刻本，第1页b—3页a；朱骏声：《经传室文集》卷10《石鼓考》，《求恕斋丛书》，民国间刘承干刻本，第5页a、b；刘心源：《奇觚室乐石文述》2《周刻石·石鼓文》，清光绪二十五年写刻本，第45页b—46页a；震钧：《天咫偶闻》卷4《北城》，北京古籍出版社1982年版，第74页；罗振玉：《秦公敦跋》，《松翁近稿》，《罗振玉学术论著集》第10集，上海古籍出版社2013年版，上册，第49页；马叙伦：《石鼓为秦文公时物考》，初刊《国立北平图书馆馆刊》第7卷第2号（1933年），修订后收入氏著《石鼓疏记》，民国二十四年上海商务印书馆石印本，第28页a—29页b；杨寿祺：《石鼓时代研究》，《考古社刊》1935年第3期，第94—96页；许庄：《石鼓为秦文公旧物考》，《文史杂志》1945年3、4期，第80—81页；《石鼓为秦文公旧物考》，《石鼓考缀》，民国三十六年贵阳许学寄石印本，第1页b—3页b；等等。

② 程平山：《〈诗经·秦风〉〈石鼓诗〉年代背景主旨新考》，上海古籍出版社2023年版。

③ 郭沫若：《石鼓文研究》，《郭沫若全集·考古编》第9卷，第63—64页。本书《石鼓诗》释文以郭沫若所释为主，尚参考董珊（《石鼓文考证》，刘钊主编：《出土文献与古文字研究》第3辑，复旦大学出版社2010年版，第117—136页）、王辉等（《秦出土文献编年订补》，三秦出版社2014年版，第28—31页）学者的意见。

角弓，弓兹以寺（持）。遄（吾）殹其特，其来趩趩。趩=（趩趩）兟=（兟兟），即遨（御）实时（坺）。麀鹿趚=（趚趚），其来亦次。遄（吾）殹其朴，其来遗=（遗遗），射其猏（豜）蜀（独）。①

石鼓文《銮车（奉敕）》曰：

□□銮车，奉敕真□，□弓孔硕，彤矢□□。四马其写，六辔骜（沃）箬（若）。徒驭孔庶，廊□宣搏。昔（轻）车䡔（载）行，□徒如章，邋（原）漯（隰）阴阳。趚趚奔（六）马，射之㹊=（㹊㹊，秩秩）。趄□如虎，兽（狩）鹿如□。□□多贤，迪（陈）禽□□，遄（吾）只（获）允异。②

石鼓文《而师》曰：

□□而师，弓矢孔庶。③

笔者案：石鼓文记载猎车、角弓、彤矢等武器设备，以及参与狩猎的"□徒"。

礼县大堡子山秦公墓 M2 随葬兵器。车马坑 K1 殉车 4 排，每排 3 乘，计 12 乘。辕东舆西，每车两服两骖，计 4 匹马。④ 1993 年 9 月 11 日，自秦公墓地盗掘出纯金器 17 件（金箔、金珠等）、铜矛 4 件、铜短剑柄 3 件、铜镞 41 枚、铜马口衔 1 件、车辖、軎 2

---

① 郭沫若：《石鼓文研究》，《郭沫若全集·考古编》第 9 卷，第 60—61 页。
② 郭沫若：《石鼓文研究》，《郭沫若全集·考古编》第 9 卷，第 66 页。
③ 郭沫若：《石鼓文研究》，《郭沫若全集·考古编》第 9 卷，第 50 页。
④ 戴春阳：《礼县大堡子山秦公墓地及有关问题》，《文物》2000 年第 5 期，第 75 页；戴春阳：《礼县大堡子山秦国墓地发掘散记》，《甘肃文物工作五十年》，甘肃文化出版社 1999 年版，第 232—240 页。

件、玉璧1件、石剑柄1件。① 1993年10月2日，盗挖秦公墓地车马坑出铜马口衔1件、铜铃1件、纯金大马头饰件2件、纯金车马缰绳等。②

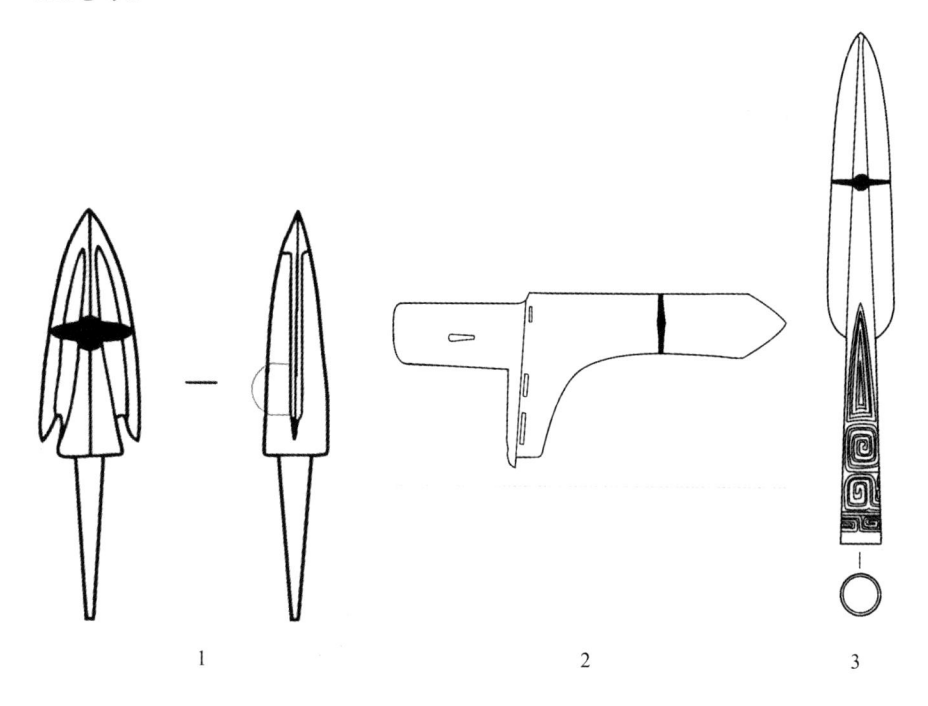

图3-9 礼县大堡子山K32出土兵器

1. 铜镞（K32：25-1） 2. 戈（K32：27） 3. 矛（K32：5）

（据秦文化与西戎文化联合考古队：《甘肃礼县大堡子山秦墓及附葬车马坑发掘简报》，《文物》2018年第1期，第22页）

2015—2016年，在M3旁及北边发掘附葬墓（M30、M31、M32）。③ M32随葬三鼎二簋，有车马坑K32，是完整的两周之际秦

---

① 1994年《礼县公安局治安处罚决定》礼公治字12号；马建营：《秦西垂陵园的发现经过》，《秦西垂史地考述》，敦煌文艺出版社2010年版，第20页；祝中熹：《礼县大堡子山秦陵墓主再探》，《文物》2004年第8期，第66页。

② 甘肃省公安厅：1993年12月1日《关于对礼县大堡子山4起盗挖古墓倒贩文物线索立为项目并案侦查的实施方案》；马建营：《秦西垂陵园的发现经过》，《秦西垂史地考述》，第21页。

③ 秦文化与西戎文化联合考古队：《甘肃礼县大堡子山秦墓及附葬车马坑发掘简报》，《文物》2018年第1期，第4—25页。

人车马坑。K32 坑内放置两辆车，从东向西依次编号为1、2号车，均为双轮独辀车，左右服马各一匹。出土镞27件、戈2件、矛1件等（图3-9）。

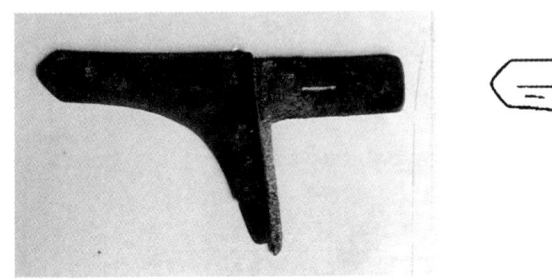

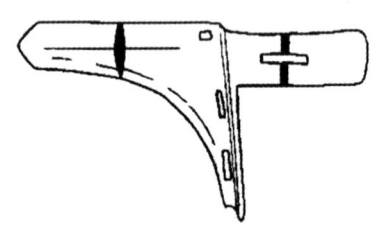

1. 戈（98LDM3:12）

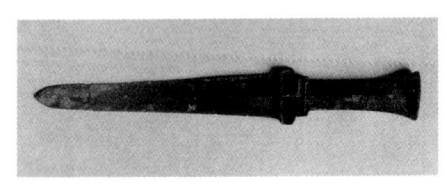

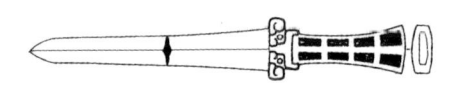

2. 剑（98LDM3:13）

图 3-10　礼县圆顶山春秋早期秦墓 98LDM3 随葬兵器铜戈、剑

（据甘肃省文物考古研究所等：《礼县圆顶山春秋秦墓》，《文物》2002 年第 2 期，第 15—17 页）

礼县圆顶山春秋早期秦墓 98LDM3 随葬兵器铜戈 1 件、铜剑 1 件（图 3-10）。有车马坑（98LDK1），葬 5 乘（从东到西编号 1 号—5 号），1、3、4 号车四马，2、5 号车两马。2 号车被盗，仍出铜镞囊一（已朽），出 90 件铜镞（图版一二）。① 礼县圆顶山春秋中晚期秦墓 98LDM2 随葬兵器戈、剑。②

甘肃省甘谷县毛家坪春秋秦墓 M2059 出土铜戈、矛等兵器，附

---

① 甘肃省文物考古研究所、礼县博物馆：《礼县圆顶山春秋秦墓》，《文物》2002 年第 2 期，第 4—30 页。

② 甘肃省文物考古研究所、礼县博物馆：《甘肃礼县圆顶山 98LDM2、2000LDM4 春秋秦墓》，《文物》2005 年第 2 期，第 4—27 页。

属车马坑 K201 内置三车 10 马。均为木制双轮独辀车。1 号车驾 4 马；2 号车驾 2 马，披皮甲胄，舆内有胄、身甲、箭箙、镞、铜铲形器，舆前置 1 弓、3 戈、2 矛。3 号车驾 4 马，舆前有弓、箭遗痕。① M2058 附属车马坑 K203，长 10 米、宽 3.3 米、深约 4.5 米，内置三车 10 马。1 号车驾 4 马。2 号车驾 2 马，披皮甲胄，舆内外武器有箭矢 1 捆、铜戈 2、弓 2、曲内戈 1、短矛 1，舆内出有凿、锛、削刀等工具。3 号车驾 4 马，舆前有弓、镞、策、笞。② 秦子器为春秋早期器。

秦子作造公族元用，左右师鲑用遗宜。（陈介祺旧藏"秦子戈"戈 1 件；③ 容庚旧藏"秦子矛"戈 1 件；④ 香港私藏秦子戈 1 件，⑤ 图 3-13）

秦子作造中辟元用，左右师鲑用遗宜。（北京故宫博物院收藏"秦子戈"戈 1 件，⑥（图 3-11）

秦子作造左辟元用，左右师鲑用遗宜。（澳门珍秦斋藏秦子戈 1 件，⑦ 图 3-12；香港私藏秦子戈 1 件，⑧ 图 3-13）

秦子元用。（陕西历史博物馆藏秦子戈 1 件⑨）

---

① 早期秦文化联合考古队：《甘肃甘谷毛家坪春秋秦墓（M2059）及车马坑（K201）发掘简报》，《文物》2022 年第 3 期，第 4—40 页。

② 早期秦文化联合考古队：《2014 年甘谷毛家坪遗址发掘丰富了周代秦文化内涵》，《中国文物报》2014 年 11 月 14 日第 1 版。

③ 中国社会科学院考古研究所编：《殷周金文集成》（修订增补本）第 7 册，第 6116 页，第 11353 器。

④ 中国社会科学院考古研究所编：《殷周金文集成》（修订增补本）第 8 册，第 6318 页，第 11547 器。

⑤ 张光裕：《新见〈秦子戈〉二器跋》，《屈万里先生百岁诞辰国际学术研讨会论文集》，第 261—262 页。

⑥ 中国社会科学院考古研究所编：《殷周金文集成》（修订增补本）第 7 册，第 6115 页，第 11352 器。

⑦ 王辉、萧春源：《新见铜器铭文考跋二则》，原载《考古与文物》2003 年第 2 期，改名《珍秦斋藏秦子戈考跋》，收入《珍秦斋藏金——秦铜器篇》，第 153—157 页。

⑧ 张光裕：《新见〈秦子戈〉二器跋》，《屈万里先生百岁诞辰国际学术研讨会论文集》，第 261—262 页。

⑨ 吴镇烽：《秦兵新发现》，广东炎黄文化研究会等合编：《容庚先生百年诞辰纪念文集（古文字研究专号）》，广东人民出版社 1998 年版，第 563—572 页。

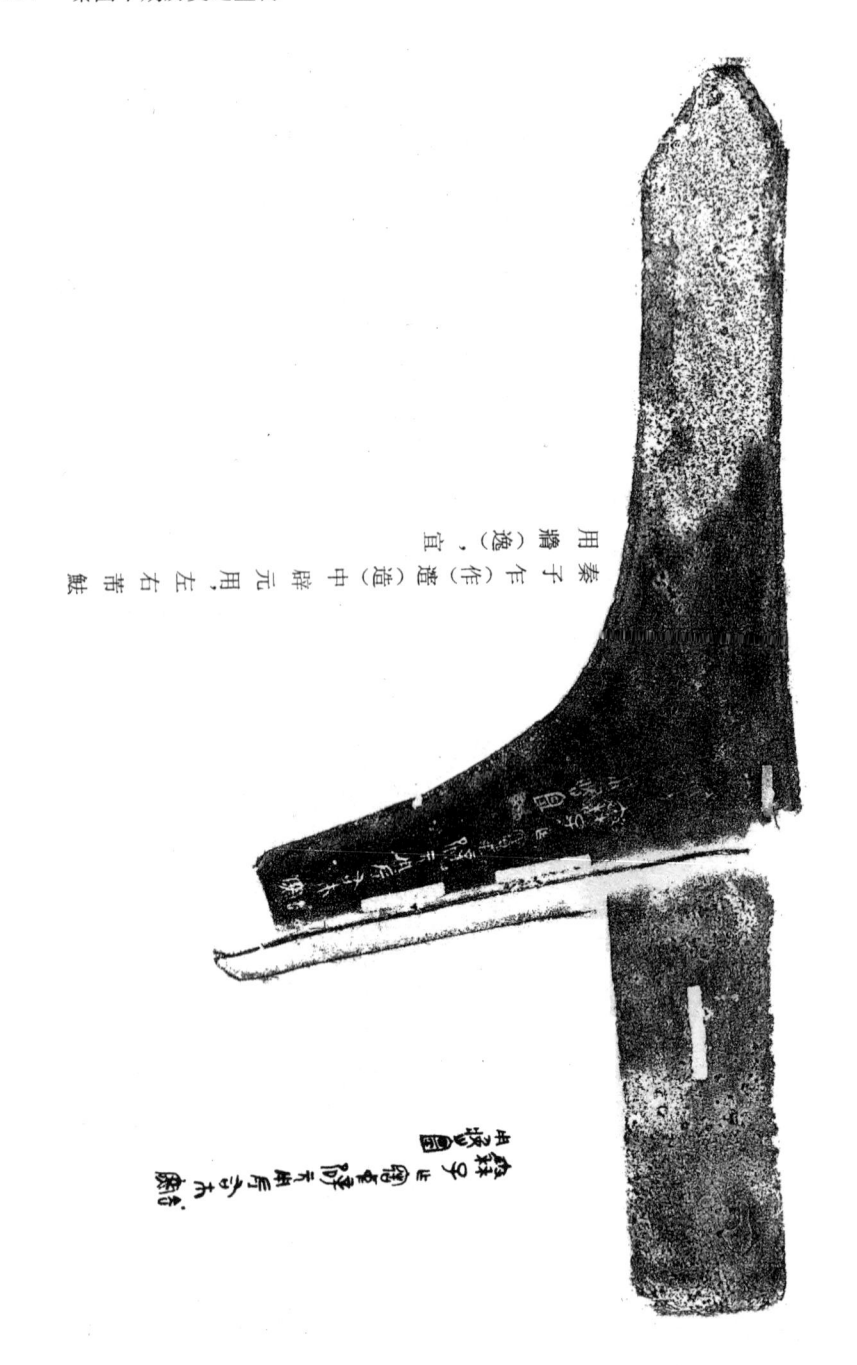

秦子作(造)篹(簋),以(邁)(造)中(辥)元用,左右苚(膺)𣪘。

秦子𠭯(拜)𢎠,□(皇)□若□□

图 3-11 北京故宫博物院藏秦子戈

(据中国社会科学院考古研究所编:《殷周金文集成》(修订增补本)第 7 册,第 6115 页)

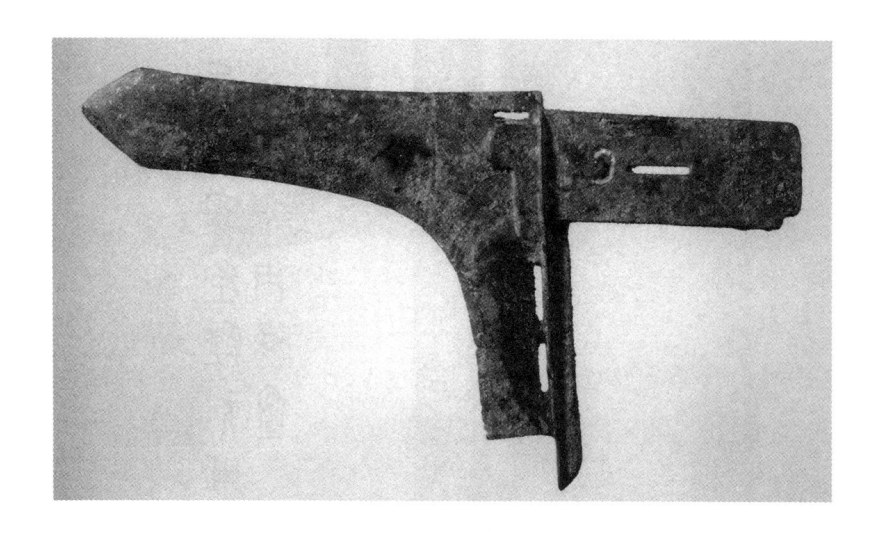

秦子作造左辟元用，左右师鲉用遗宜。

图 3-12　珍秦斋藏秦子戈

（据萧春源：《珍秦斋藏金——秦铜器篇》，第 36—38 页）

306 秦国早期历史之重构

秦子作造左辟元用,左右师鈦用逌宜。

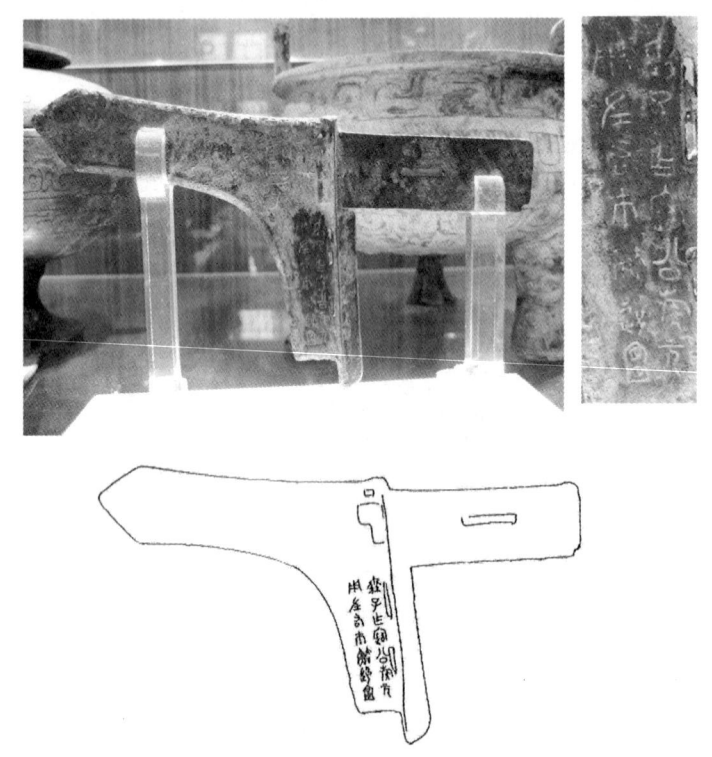

秦子作造公族元用,左右师鈦用逌宜。

图 3-13 香港私藏秦子戈

（据张光裕:《新见〈秦子戈〉二器跋》,《屈万里先生百岁诞辰国际学术研讨会论文集》第 268 页,张光裕先生提供照片）

秦子负责督造公族、中辟（中军）、左辟（左军）的武器，权力很大。

第十节　秦国的刑法制度

作为国家重要机器的刑法，历来被古代社会的统治阶级所重视。

《史记·秦本纪》秦襄公：

> （二十）〔三十二〕年，法初有三族之罪。①

《史记·秦本纪》曰：

> 出子六年，三父等复共令人贼杀出子。出子生五岁立，立六年卒。三父等乃复立故太子武公。②

《史记·十二诸侯年表》秦《表》，出子：

> 六年，三父杀出子，立其兄武公。③

《史记·秦本纪》秦武公：

> 三年，诛三父等而夷三族，以其杀出子也。④

《史记·秦本纪》曰：

---

① 《史记》卷5《秦本纪》，第230页。
② 《史记》卷5《秦本纪》，第232—233页。
③ 《史记》卷14《十二诸侯年表》，第699—700页。
④ 《史记》卷5《秦本纪》，第233页。

子婴遂刺杀（赵）高于斋宫，三族高家以徇咸阳。①

《史记·六国年表》曰：

子婴立，刺杀高，夷三族。②

裴骃《史记集解》曰：

张晏曰："父母、兄弟、妻子也。"如淳曰："父族、母族、妻族也．'"③

徐中舒认为：

是父系、母系区分不严的时代的规定，后来诛灭九族算上下多少代则是只算父系以后推衍的。④

三族（父族、母族、妻族）之罪乃刑法的代表，三族之罪始见于秦襄公时，至秦武公三年已经实施其法，至于秦末，汉承其法。
《汉书·刑法志》曰：

陵夷至于战国，韩任申子，秦用商鞅，连相坐之法，造参夷之诛。

颜师古《注》曰：

---

① 《史记》卷5《秦本纪》，第348页。
② 《史记》卷15《六国年表》，第908页。
③ 《史记》卷5《秦本纪》，第232页。
④ 徐中舒：《先秦史论稿》，第210页。

参夷，夷三族。①

《史记·高祖本纪》曰：

> 九年，赵相贯高等事发觉，夷三族。……十一年，……春，淮阴侯韩信谋反关中，夷三族。夏，梁王彭越谋反，废迁蜀；复欲反，遂夷三族。②

汉文帝、周勃、陈平议论三族连坐律。周勃、陈平奏言：

> 至高后元年，乃除三族罪、袄言令。孝文二年，又诏丞相、太尉、御史："法者，治之正，所以禁暴而卫善人也。今犯法者已论，而使无罪之父母妻子同产坐之及收，朕甚弗取。其议。"左右丞相周勃、陈平奏言："父母妻子同产相坐及收，所以累其心，使重犯法也。收之之道，所由来久矣。臣之愚计，以为如其故便。"文帝复曰："朕闻之，法正则民悫，罪当则民从。且夫牧民而道之以善者，吏也；既不能道，又以不正之法罪之，是法反害于民，为暴者也。朕未见其便，宜孰计之。"平、勃乃曰："陛下幸加大惠于天下，使有罪不收，无罪不相坐，甚盛德，臣等所不及也。臣等谨奉诏，尽除收律、相坐法。"其后，新垣平谋为逆，复行三族之诛。③

笔者案："父母妻子同产"指父母、妻子、兄弟。

《二年律令》、荆州胡家草场汉律：

> 及谋反者，皆要（腰）斩。其父母、妻子、同产，无少长

---

① 《汉书》卷23《刑法志》，第1096页。
② 《史记》卷8《高祖本纪》，第486、488—489页。
③ 《汉书》卷23《刑法志》，第1104—1105页。

皆弃市。(《二年律令》简 1 - 2)①

及谋反者,父母、妻子、同产无少长,皆弃市。(《选粹》简 21 - 22)②

三族之法,春秋时期亦见于楚国、齐国。

《史记·楚世家》曰:

灵王于是独傍偟山中,野人莫敢入王。王行遇其故鋗人,谓曰:"为我求食,我已不食三日矣。"鋗人曰:"新王下法,有敢饟王从王者,罪及三族,且又无所得食。"③

《孔子家语·七十二弟子解》曰:

(宰予)仕齐为临菑大夫,与田常为乱,夷其三族。④

三族之法见于秦、楚、齐。嬴秦,商遗民;楚、齐,皆商之旧地。三族之法传自商代。

《左传》昭公二十年:

齐侯将饮酒,徧赐大夫曰:"二三子之教也。"苑何忌辞,曰:"与于青之赏,必及于其罚。在《康诰》曰:'父子兄弟,罪不相及',况在群臣?臣敢贪君赐以干先王?"⑤

---

① 张家山汉简《二年律令·贼律》,陈伟、工藤元男主编:《二年律令与奏谳书:张家山二四七号汉墓出土法律文献释读》,上海古籍出版社 2007 年版,第 88 页。
② 荆州博物馆、武汉大学简帛研究中心编,李志芳、李天虹主编:《荆州胡家草场西汉简牍选粹》,文物出版社 2021 年版,第 192 页。
③ 《史记》卷 40《楚世家》,第 2060 页。
④ 王肃注,太宰纯增注:《孔子家语》卷 9《七十二弟子解》,宋立林校点,上海古籍出版社 2019 年版,第 303 页。
⑤ 孔颖达:《春秋左传正义》卷 49,阮元校刻:《十三经注疏》,下册,第 2092 页上栏。

"父子兄弟，罪不相及"当是周制。管蔡之乱，不及蔡胡；齐哀公被烹，不及后人；是其证也。

笔者案：秦国之法"三族之罪"（"夷三族"）传承自商。

第十一节 小结

秦襄公处于变乱的大时代，他抓住时机，成功地由一边邑大夫跃为大国国君，成为时代的天骄。秦襄公本是两周之际的挽救时局的大英雄，然而由于司马迁《史记·秦本纪》利用错乱的《秦记》，秦襄公被描绘成一个并不十分出色的国君。幸而有了清华简《系年》的出现，我们不仅获得新史料，而且借以读懂《国语》、古本《竹书纪年》记载的相关史料，纠正了《史记·秦本纪》所据错乱的《秦记》的讹误。

秦襄公因平定戎乱而挽救周王室之大功、护送周平王东迁以及担负保护周王陵的重大责任而获赏封国。秦襄公获赏封国以后，着手营建秦国。终秦襄公一世，完成了军队、刑法、宗教、史官等方面的建设。秦文公则完成定新都汧渭之会，继续完善宗教。于是，秦国军政制度大备，国家走上了正常发展道路。秦襄公、秦文公采取了多文化兼容与多民族融合的政策，秦族、周余民与戎人在大战之后和平共处，达到休养生息的效果。

秦襄公、秦文公营建秦国意义重大，秦国走向兴盛。立国伊始，秦已为大国，与晋国、齐国、楚国并列，主导春秋格局。秦襄公、秦文公奠定了秦国春秋时期的疆土，又完备国家制度，为后世繁荣昌盛打下良好基础。

1. 秦国的宗法制度。作为商遗民，秦国统治者上层奉行父死子继、兄终弟及的君位继承制度。统计《史记·秦本纪》春秋时期秦公 14 世 17 公，有 2 个秦公未享国。秦武公之世、秦宣公之世兄终弟及显著。商汤太子大（太）丁未即位而卒，却被视为正式国君，载在祀典。秦文公太子未即位而卒，却被视为正式国君，载在祀典，谥号"静公"。秦哀公太子早卒而未即位，亦被视为正式国君，载在祀典，谥号"夷公"。秦怀公太子昭子早卒而未即位，秦怀公卒，大臣立太子昭子之子，是为秦灵公。秦人仍是传承商人的君位继承制度。秦人的宗法制度，嫡长子在同辈兄弟中具有继承国君地位的优先权，国君死后，可以传位于兄弟或子孙，这和商人的制度无别。

2. 秦国的宗庙制度。雍城马家庄秦宗庙遗址三庙，沿用商代王五庙、诸侯三庙之制。

3. 秦公的婚姻制度。秦先公至秦襄公时期，秦族上层与戎人相互通婚。大骆乃非子（秦嬴）之父，与申国（出自姜戎）通婚，生适（嫡）子成。秦襄公女弟缪嬴为丰王妻，丰王乃戎人称王者，与秦上层通婚。那么，秦襄公的夫人中可有戎人女子。秦襄公建国后，秦公与周人姬姓贵族女子通婚。秦武公镈记载秦公的配偶王姬，珍秦斋藏秦子簋盖记载秦子的配偶姬。《史记·秦本纪》（宁）〔宪〕公鲁姬子生出子。秦晋互婚，《史记·秦本纪》秦穆公四年，妻晋太子申生姊；穆公十五年，妻晋太子圉以宗女。由于争霸，秦晋之好遭到破坏，秦国又与楚国、越国建立政治联姻。根据诅楚文的记载，秦穆公与楚成王联姻、结盟。

4. 秦国的职官制度。关于秦国早期职官制度的史料偏少，故秦国早期职官的详细情况不明。《秦记》《左传》《史记》记载有执政官大庶长、庶长、左庶长等，《史记》记载秦襄公、秦文公、秦穆公时有史官太史、内史，石鼓文记载秦文公时有宗教官大祝、经济官虞人，诅楚文等记载宗祝等。从保存的情况看有周制（宗伯及属官太祝、太史、内史、太卜、太医，虞人，行人等）、秦制（大庶长、庶长、左庶长等）。

5. 秦国的封建制度与县制。秦国实行封建制度，公族、卿、大夫皆有采邑。对于新征服的戎人居住的区域施行县制。

6. 秦国早期施行井田制，亦是沿用周制。至商鞅变法废除井田制，最大限度地利用土地，提供更多的粮食。秦国早期施行服劳役，至秦简公时"初租禾"方转为实物地租。

7. 秦国的礼乐制度。秦人上层接受了周文化的车马礼乐制度。礼县大堡子山秦公墓的墓主，多数学者认为是秦襄公或秦文公。墓葬出土的青铜礼器鼎、簋、壶等、青铜乐器编钟、编镈等，皆与周文化无别，其用字亦周金文，证明西周晚期至春秋早期的秦国的礼乐制度主要源自周文化，秦公与周王室保持密切的关系。

8. 秦国的宗教祭祀制度。秦襄公、秦文公、秦宣公时期的宗教设置有陈宝祠、牛神祠、西畤、鄜畤、密畤，反映了秦人对所处世界与神灵的认知，体现了秦公利用宗教加强对各阶层思想的控制。宝鸡下站遗址乃密畤，以牛、马、羊祭祀青帝。秦人的祭祀制度中的祭祀用牲与商人接近。

9. 秦国的军事制度。随着伐戎的胜利，秦人的兵力不断强大。此在《毛诗·秦风》有充分反映，而考古实物资料亦甚丰富，可以互相印证。秦国国君作为国家最高统治者，拥有军队的最高统治权。其下有太子，再下有各级高级军事长官（大庶长、庶长、左庶长等）。庶长奉国君的命令可以统帅军队作战、组织军事活动。依据秦子器，春秋早期秦国军队已经拥有三军，远超过同时期的晋国。依据金文，秦国军队有中辟（中军）、左辟（左军），可以推出有右辟（右军）。中辟（中军）应以公族为核心。秦国兵种有革车（车兵）、畴骑（骑兵）、步卒（徒兵）。《秦风》之《小戎》《驷驖》等反映了秦人尚武，其兵车装备甚精美。既克西戎，秦襄公立国，有田狩之乐。礼县大堡子山秦公墓 M2 随葬兵器。车马坑 K1 殉车 4 排，每排 3 乘，计 12 乘。辕东舆西，每车两服两骖，计 4 匹马。在 M3 旁及北边发掘附葬墓（M30、M31、M32）。M32 随葬三鼎二簋，有车马坑 K32，是完整的两周之际秦人车马坑。K32 坑内放置两辆车，从东向西依次编号为 1、2 号车，均为双轮独辀车，左右服马各一匹。出土镞 27 件、戈 2 件、矛 1 件等。礼县圆顶山春秋早期秦墓 98LDM3 随葬兵器铜戈 1 件、铜剑 1 件。有车马坑（98LDK1），葬 5 乘（从东到西编号 1 号—5 号），1、3、4 号车四马，2、5号车两马。2号车被盗，仍出铜镞囊一（已朽），出90件铜镞。甘肃甘谷毛家坪春秋秦墓M2059出土铜戈、矛等兵器，车马坑K201出土兵车，有铜戈、矛、镞等武器。秦子器是春秋早期器，秦子负责督造公族、中辟（中军）、左辟（左军）的武器，权力很大。

10. 秦国的刑法制度。三族（父母、妻子、兄弟）之罪乃刑法的代表，三族之罪始见于秦襄公时，至秦武公三年已经实施其法。夷三族见于秦国、齐国、楚国；嬴秦族，商遗民；楚、齐，皆商之旧地，夷三族源自商代刑法。

第四章

秦始封地与秦国早期都城

秦国、秦代发端于非子获封的秦邑。秦自秦襄公建国至秦二世三年秦亡，文献记载的秦国都城有：西垂（西犬丘）、秦文公所都汧渭之会（汧渭之间，二水交汇处）、平阳、雍城、泾阳、栎阳、咸阳。其中，西垂（西犬丘）在甘肃省礼县；秦文公所都汧渭之会（汧渭之间）、平阳、雍城在非子牧马汧渭之会之所，在关中西部；泾阳、栎阳、咸阳在关中东部；秦人自西至东迁徙之迹固显，而秦国都汧渭之会（秦文公至秦孝公都此）、栎阳（秦献公至秦孝公）、咸阳（秦孝公以下都此）时期的历史实际占据秦国历史时期的绝大部分。汧渭之会者，秦人建国、营国，居国之中；栎阳、咸阳者，秦人角逐天下，居天下之中。秦国都城密切反映秦国历史时期的策略。西垂、汧渭之会（包括秦文公所都汧渭之会、平阳、雍城）为秦国早期都城。

目前，学者对于秦邑、西垂（西犬丘）、秦文公所都汧渭之会存在很大的争议。平阳的范围尚未确定，而雍城处于发掘中，属于探索对象。所以，秦始封地与秦国早期都城的研究未来有一个长期的过程，目前的研究正处于十分关键的阶段。

第一节 非子获封的秦邑

《史记·秦本纪》曰：

非子居犬丘，好马及畜，善养息之。犬丘人言之周孝王，孝王召使主马于汧渭之间，马大蕃息。孝王欲以为大骆适（嫡）嗣。申侯之女为大骆妻，生子成为适（嫡）。申侯乃言孝王曰："昔我先郦山之女，为戎胥轩妻，生中潏，以亲故归周，保西垂，西垂以其故和睦。今我复与大骆妻，生适（嫡）子成。申骆重婚，西戎皆服，所以为王。王其图之。"于是孝王曰："昔伯翳为舜主畜，畜多息，故有土，赐姓嬴。今其后世亦为朕息马，朕其分土为附庸。"邑之秦，使复续嬴氏祀，号曰秦嬴。亦不废申侯之女子为骆适（嫡）者，以和西戎。

秦嬴生秦侯。秦侯立十年，卒。生公伯。公伯立三年，卒。生秦仲。

秦仲立三年，周厉王无道，诸侯或叛之。西戎反王室，灭犬丘大骆之族。周宣王即位，乃以秦仲为大夫，诛西戎。西戎杀秦仲。秦仲立二十三年，死于戎。有子五人，其长者曰庄公。周宣王乃召庄公昆弟五人，与兵七千人，使伐西戎，破之。于是复予秦仲后，及其先大骆地犬丘并有之，为西垂大夫。①

周孝王封非子于秦邑，有其诸多内涵。
第一，非子获封的秦邑是可以传于子孙的"赏宅""赏邑"。秦公钟、秦公镈曰：

秦公曰：我先祖受天命，赏宅受或（国）。剌剌（烈烈）卲文公、静公、宪公不坠于上。②

笔者案："赏宅"即非子获秦邑，"受或（国）"即秦襄公获

---

① 《史记》卷5《秦本纪》，中华书局2014年点校本二十四史修订本，第227—229页。
② 卢连成、杨满仓：《陕西宝鸡县太公庙村发现秦公钟、秦公镈》，《文物》1978年第11期，第1—5页。

封国。

周孝王封非子于秦邑，号秦嬴，其后秦侯、公伯、秦仲、秦庄公继之，及西戎灭犬丘大骆之族，秦仲、秦庄公又继承犬丘，并有秦邑、犬丘之地。相对于秦襄公获赏封国，非子（秦嬴）获得的秦邑只是有限的城市与村落。

《晏子春秋·外篇七》曰：

> 景公谓晏子曰："昔吾先君桓公，予管仲狐与谷，其县十七，著之于帛，申之以策，通之诸侯，以为其子孙赏邑。"①

与此类似，非子获封的秦邑，是传之子孙的"赏邑"，所以经过"著之于帛，申之以策"的过程。

第二，《史记·秦本纪》"分土为附庸"，表明了秦邑的性质是低于封国的附庸。

《礼记·王制》曰：

> 天子之田方千里，公侯田方百里，伯七十里，子、男五十里。不能五十里者，不合于天子，附于诸侯，曰附庸。

郑康成《注》曰：

> 小城曰附庸。附庸者以国事附于大国，未能以其名通也。②

《孟子·万章下》孟子曰：

---

① 吴则虞：《晏子春秋集释》卷7《外篇七》，《新编诸子集成》，中华书局1982年版，第485页。

② 孔颖达：《礼记正义》卷11《王制》，阮元校刻：《十三经注疏》，中华书局1980年影印、校补世界书局本，上册，第1322页上栏。

> 天子之制，地方千里，公侯皆方百里，伯七十里，子、男五十里，凡四等。不能五十里，不达于天子，附于诸侯，曰附庸。①

五年琱生簋作"附庸土田"，2 件五年琱生尊作"仆庸土田"，《毛诗·鲁颂·閟宫》作"土田附庸"，《左传》定公四年作"土田倍敦"。李学勤以为"土田"乃封地，"附庸"乃依附的小城。②
笔者案："倍敦"即"陪庸"，即"陪臣"。
《广弘明集·对傅奕废佛僧表》曰：

> 《史记》、《竹书（纪年）》及《陶公年纪》皆云：秦无历数，周世陪臣。故隐居列之在诸国之下。……《竹书（纪年）》云："自秦仲之前，本无年世之纪。"③

笔者案：此描述的是非子获封秦邑至秦庄公时的情形，"秦无历数""无年世之纪"是没有国史记载的资格，只能"隐居列之在诸国之下"，缘于其地位仅仅是"周世陪臣"，即附庸。附庸属于国家形态。

第三，非子的封邑规模有限。

《礼记·王制》曰：

> 天子之田方千里，公侯田方百里，伯七十里，子、男五十

---

① 孙奭：《孟子注疏》卷 10 上《万章下》，阮元校刻：《十三经注疏》，中华书局 1980 年影印、校补世界书局本，下册，第 2741 页中栏。
② 李学勤：《琱生诸器铭文联读研究》，原载《文物》2007 年第 8 期，第 71—75 页；收入《李学勤文集》第 15 卷，江西教育出版社 2023 年版，第 336—345 页。
③ 释道宣：《广弘明集》卷 11 释法琳《对傅奕废佛僧表》，《四部备要》，中华书局、中国书店 1989 年影印中华书局民国二十五年本，第 55 册，第 93 页上栏、下栏。

里。不能五十里者，不合于天子，附于诸侯，曰附庸。①

《孟子·万章下》孟子曰：

> 天子之制，地方千里，公侯皆方百里，伯七十里，子、男五十里，凡四等。不能五十里，不达于天子，附于诸侯，曰附庸。……小国地方五十里，君十卿禄，卿禄二大夫，大夫倍上士，上士倍中士，中士倍下士，下士与庶人在官者同禄，禄足以代其耕也。耕者之所获，一夫百亩；百亩之粪，上农夫食九人，上次食八人，中食七人，中次食六人，下食五人。庶人在官者，其禄以是为差。②

《春秋繁露·爵国》曰：

> 《春秋》曰："荆。"《传》曰："氏不若人，人不若名，名不若字。"凡四等，命曰附庸，三代共之。然则其地列奈何？曰：天子邦圻千里，公、侯百里，伯七十里，子、男五十里，附庸：字者方三十里，名者方二十里，人氏者方十五里。③

笔者案：附庸的封地以三十里、二十里、十五里为次，此说可以参考。

非子的封邑很有限，"不能五十里"，即使后来拥有秦邑、西垂邑，仍然不足以达到封国的土地要求，可见秦邑很小。《汉书·地理志》记载非子之秦邑在陇西秦亭，亭是十里。所以，综合多方面

---

① 孔颖达：《礼记正义》卷11《王制》，阮元校刻：《十三经注疏》，中华书局1980年影印、校补世界书局本，上册，第1322页上栏。
② 孙奭：《孟子注疏》卷10上《万章下》，阮元校刻：《十三经注疏》，中华书局1980年影印、校补世界书局本，下册，第2741页中、下栏。
③ 苏舆：《春秋繁露义证》，钟哲点校，《新编诸子集成》，中华书局1992年版，第234—235页。

因素估算，非子的封邑约二十里。

第四，非子处于下级贵族，拥有礼器，享有政治地位。

《礼记·王制》曰：

天子之元士视附庸。

郑康成《注》曰：

小城曰附庸。附庸者以国事附于大国，未能以其名通也。视犹比也。元，善也，善士谓命士也。①

笔者案："天子之元士视附庸"，非子为附庸，地位如同天子的元士。

总之，非子获封的秦邑属于可以传于后世子孙的"赏宅"（"赏邑"），是土地很小的附庸，非子的地位可以享受三鼎二簋之礼。

非子之秦邑地望，古今学者主要有2种观点：陇西秦亭秦谷、汧渭之会秦邑。

1. 陇西秦亭秦谷

《汉书·地理志》记载非子之秦邑在陇西秦亭秦谷，今人天水故秦城说、张家川瓦泉镇说亦从属之。

（1）陇西秦亭秦谷

陇西秦亭秦谷说始见于《汉书·地理志》，郑康成《毛诗谱·秦谱》、皇甫谧《帝王世纪》、司马彪《续汉书·郡国志》、徐广《史记音义》、郦道元《水经注》、李泰《括地志》、李吉甫《元和郡县图志》、乐史《太平寰宇记》、顾祖禹《读史方舆纪要》等沿

---

① 孔颖达：《礼记正义》卷11《王制》，阮元校刻：《十三经注疏》，中华书局1980年影印、校补世界书局本，上册，第1322页上栏。

用此说。

《汉书·地理志》曰：

> 非子，为周孝王养马汧、渭之间。孝王曰："昔伯益知禽兽，子孙不绝。"乃封为附庸，邑之于秦，今陇西秦亭秦谷是也。①

郑康成《毛诗谱·秦谱》曰：

> 秦者，陇西谷名。于《禹贡》近雍州鸟鼠之山。尧时有伯翳者，实皋陶之子，佐禹治水。水土既平，舜命作虞官，掌上下草木鸟兽，赐姓曰嬴。历夏商兴衰，亦世有人焉。
>
> 周孝王使其末孙非子养马于汧渭之间，孝王为伯翳能知禽兽之言子孙不绝，故封非子为附庸，邑之于秦谷。②

皇甫谧《帝王世纪》（《太平御览》卷一五五引）曰：

> 秦非子始封于秦，故《秦本纪》称：周孝王曰："朕分之土，邑秦。"本陇西秦谷亭是也。③

司马彪《续汉书·郡国志五》汉阳郡：

> 有秦亭。

---

① 《汉书》卷28下《地理志下》，中华书局1962年点校本，第1641页。
② 孔颖达：《毛诗正义》卷6，阮元校刻：《十三经注疏》，中华书局1980年影印、校补世界书局本，上册，第368页上栏。
③ 李昉等：《太平御览》卷155《州郡部一·叙京都上》，中华书局1960年缩印上海涵芬楼影宋本，第755页上栏。

刘昭《补注》曰：

> 秦之先封起于此。①

《史记·秦本纪》裴骃《集解》曰：

> 徐广曰：今天水陇西县秦亭也。②

郦道元《水经注·渭水》曰：

> 径清水县故城东，王莽之识睦县矣。其水西南合东亭川，自下亦通谓之清水矣。又径清水城南，又西与秦水合。水出东北大陇山秦谷，二源双导，历三泉，合成一水而历秦川。川有故秦亭，非子所封也。秦之为号始自是矣。③

笔者案：早期秦文化联合考古队据此以为，郦道元所记秦亭在牛头河流域。④

《史记·秦本纪》张守节《正义》曰：

> 《括地志》云：秦州清水县本名秦，嬴姓邑。《十三州志》云秦亭秦谷是也。周太史儋云"始周与秦国合而别"，故天子邑之秦。⑤

---

① 《续汉书·郡国志五》汉阳郡，《后汉书》，中华书局1965年点校本，第3517—3518页。
② 《史记》卷5《秦本纪》，第228页。
③ 郦道元注，杨守敬、熊会贞疏：《水经注疏》卷17《渭水》，段熙仲点校，陈桥驿复校，江苏古籍出版社1989年版，第1496—1497页。
④ 早期秦文化联合考古队：《牛头河流域考古调查》，《中国历史文物》2010年第3期，第4—23页。
⑤ 《史记》卷5《秦本纪》，第228—229页。

《元和郡县图志·陇右道》秦州：

> 孝王使非子主马汧、渭之间，马大蕃息，孝王邑诸秦，使为附庸，今天水陇西县秦亭秦谷是也。①

顾祖禹《读史方舆纪要·秦州·清水县》曰：

> 清水故城，在县西。《括地志》：县本秦城，非子始封。汉置县于此，后皆因之。②

《（乾隆）甘肃通志·山川·直隶秦州》曰：

> 亭乐山在（清水）县东三十里，有秦亭遗迹，即非子始封处。③

在今甘肃省清水县城以东十多公里的秦亭。

顾颉刚《从古籍中探索我国的西部民族——羌族》以为：

> 秦的始封，是周孝王封非子为附庸而邑之秦，地在今甘肃天水县的秦亭。④

---

① 李吉甫：《元和郡县图志》卷39《陇右道上·秦州》，贺次君点校，《中国古代地理总志丛刊》，中华书局1983年版，第979页。
② 顾祖禹：《读史方舆纪要》卷59《陕西八·秦州·清水县》，贺次君、施和金点校，《中国古代地理总志丛刊》，中华书局2005年版，第2845页。
③ 许容修、李迪纂：《（乾隆）甘肃通志》卷6《山川二·直隶秦州》，《景印文渊阁四库全书》第557册，台湾商务印书馆1986年影印"台北故宫博物院"藏本，第244页。
④ 顾颉刚：《从古籍中探索我国的西部民族——羌族》，原载《社会科学战线》1980年第1期，收入《昆仑传说与姜戎文化》，易名《三千多年来的姜戎》，《顾颉刚古史论文集》卷6，《顾颉刚全集》第6册，第222页；《鸟夷族的图腾崇拜及其氏族集团的兴亡——周公东征史事考证四之七》，西安半坡博物馆编：《史前研究（2000）》，第151页；《周公东征和东方各族的迁徙》，《文史》第27辑（1986年），第1—14页。此文写于1961—1964年。

林剑鸣《秦史稿》定在"今天的甘肃省清水的秦亭附近"。①段连勤、曲英杰、张天恩等亦持甘肃省清水县说。②

1987年，赵化成以为，清水县秦亭地势狭窄，两岸无发育良好的台地，更无早期遗存。此处为非子封邑之说当系误传，应予以否定。清水县城在今县城西数里处，地势开阔，有发育较好的台地，发现有周代遗存。此地段包括古秦水，非子封邑在此似有可能。③2005年10—11月、2008年4—5月，早期秦文化联合考古队对牛头河流域考古调查（图4-1），以为李崖遗址作为非子封邑的可能性较大。④2010年7—10月、2011年8—11月，早期秦文化联合考古队对李崖遗址进行钻探与发掘，确定了北魏清水郡城，李崖遗址是否为秦邑还不能肯定，有必要继续工作。⑤

2010年，通过调查、钻探和发掘，结合文献记载，确定白土崖古城为北魏清水郡城。二级台地西南部为白土崖古城，内外钻探20万平方米，无西周时期的重要遗迹。在一级台地中部钻探，面积约5万平方米，发现10多座土坑竖穴墓及数十座灰坑。发掘了4座西周时期竖穴土坑墓。2011年，在一级台地东北部钻探20万平方米，探明竖穴土坑墓60余座，灰坑百余座，无夯土建筑。2010—2011年，发掘14座西周墓葬、5座寺洼文化墓葬。14座西周墓葬均为土坑竖穴，有棺椁或仅有棺。东西向，头向西，多仰身直肢葬。均

---

① 林剑鸣：《秦史稿》，第26页。
② 段连勤：《关于夷族的西迁和秦嬴的起源地、族属问题》，《先秦史论文集》（《人文杂志》专刊），第170页；曲英杰：《先秦都城复原研究》，黑龙江人民出版社1991年版，第160页；张天恩：《礼县等地所见早期秦文化遗存有关问题刍论》，原载《文博》2001年第3期，收入氏著《周秦文化研究论集》，第231页。
③ 赵化成：《寻找秦文化渊源的新线索》，《文博》1987年第1期。
④ 早期秦文化联合考古队：《牛头河流域考古调查》，《中国历史文物》2010年第3期；梁云：《非子封邑的考古学探索》，《中国历史文物》2010年第3期。
⑤ 赵化成等：《甘肃清水李崖遗址考古发掘获重大突破——为寻找秦先祖非子封邑提供新线索》，《中国文物报》2012年1月20日第8版；侯红伟、汪天凤：《探寻秦人的足迹——李崖遗址》，《甘肃日报》2020年5月6日第8版；早期秦文化与西戎文化联合考古队等：《甘肃清水李崖周代墓葬发掘简报》，秦始皇帝陵博物馆：《国际视野下的秦始皇陵及秦俑学研究学术研讨会论文集》，西安地图出版社2021年版，第1—34页。

有腰坑、殉狗。随葬陶鬲、簋、盆、罐，部分鬲、簋具有显著的商式风格。5座寺洼文化墓葬：M9二次扰乱葬（乃寺洼文化典型葬式）。随葬陶器30件，有寺洼文化的马鞍口罐、素面簋、单耳罐各1件，余为周式或商式风格的鬲、簋、盆、罐等27件。4座墓东西向（西偏北）、头向西、有腰坑殉狗，出土寺洼文化陶罐各1件。仅M22出土一件铜戈。①

分析清水李崖遗址的考古遗存以及学者的研究成果，笔者认为目前已经可以确定若干事实。

第一，年代的疑问。2012年、2016年，赵化成认为清水李崖的周代遗存集中于西周早期晚段至西周中期早段。② 笔者案：周孝王封非子，值西周中期晚段，与赵化成认为的清水李崖的时代不合。梁云以为清水李崖遗址的周代遗存始于西周中期前段，至于西周中期后段或更晚，解释为非子受封以前秦地已经是秦人的据点，周封非子属于对既成事实的认可。③ 所以，他的推测性的认识包含了许多不确定成分。笔者认为，非子的秦邑是方二十里左右的土地，这么大的土地绝非处于庶子地位的非子能够提前拥有的，必须是来自周天子的赏赐。那么，清水李崖遗址的年代与非子所封秦邑并不吻合。

第二，文化的疑问。清水李崖的西周文化属于商遗民文化（陶器、墓葬），是殷墟文化的延续；礼县西山、大堡子山的嬴秦文化是周文化（陶器的组合、形制）与殷商遗俗（墓葬的腰坑、殉牲、殉人等）的复合；二者之间存在较大的差别。梁云将它们

---

① 赵化成等：《甘肃清水李崖遗址考古发掘获重大突破——为寻找秦先祖非子封邑提供新线索》，《中国文物报》2012年1月20日第8版；侯红伟：《李崖遗址》，甘肃省文物考古研究所编著：《甘肃重要考古发现（2000—2019）》，第194—199页。

② 早期秦文化考古联合课题组：《2004年早期秦文化考古项目开展以来的主要工作及收获》，甘肃省文物考古研究所等编：《早期丝绸之路暨早期秦文化国际学术研讨会论文集》，文物出版社2014年版，第1—8页；赵化成：《秦人来源与早期秦文化的考古学探索》，蔡庆良、张志光主编：《嬴秦溯源：秦文化特展》，台北"故宫"2016年版，第286—293页。

③ 梁云：《非子封邑的考古学探索》，《中国历史文物》2010年第3期，第24—31页；《早期秦文化探索》，第306页。

区别为"西山型""李崖型",主张"李崖型"转变为"西山型"。① 笔者案:清水李崖遗址内并不存在"李崖型"转变为"西山型",梁云的推测缺乏实证,属于一厢情愿的想象。非子的后人秦仲、秦庄公、秦襄公,他们居西垂的嬴秦文化乃是沿袭当地文化。

第三,民族关系的疑问。清水李崖遗址既发现商遗民墓葬,又发现西戎墓葬,处于民族关系融洽状态。这种情况与嬴秦与西戎的严重对立状态极其不协调。清水李崖遗址更像是处于与世无争、世外桃源的环境之中,而与嬴秦、西戎间的生死相搏不相涉,所以清水李崖遗址与非子及其后人所处环境及应当具备的心态极其不符。

第四,遗存的不足。李崖遗址面积约 100 万平方米,一级台地面积约 50 万平方米,二级台地(西南部为白土崖古城)面积在 50 万平方米以上,都经过大规模的钻探。2010 年,二级台地白土崖古城内外钻探面积约 20 万平方米,无西周时期的重要遗迹。在一级台地中部钻探,面积约 5 万平方米,发现 10 多座土坑竖穴墓及数十座灰坑。2011 年,在一级台地东北部钻探,面积约 20 万平方米,探明竖穴土坑墓 60 余座,灰坑百余座,无夯土建筑迹象。目前一级台地、二级台地钻探、发掘面积近半,尚未发现夯土居址及较大型的铜器墓等。所以,目前还不足以判定清水李崖遗址是非子(秦嬴)的秦邑。

第五,制度的否定。李崖遗址的年代为西周中期或更早。先是简讯称李崖遗址的"繁荣期在西周时期,进入东周则很快废弃",② 后又总结李崖"遗址的繁荣期在西周中期,进入西周晚期就很快废

---

① 梁云:《早期秦文化探索》,第 146—160 页。
② 赵化成等:《甘肃清水李崖遗址考古发掘获重大突破——为寻找秦先祖非子封邑提供新线索》,《中国文物报》2012 年 1 月 20 日第 8 版。

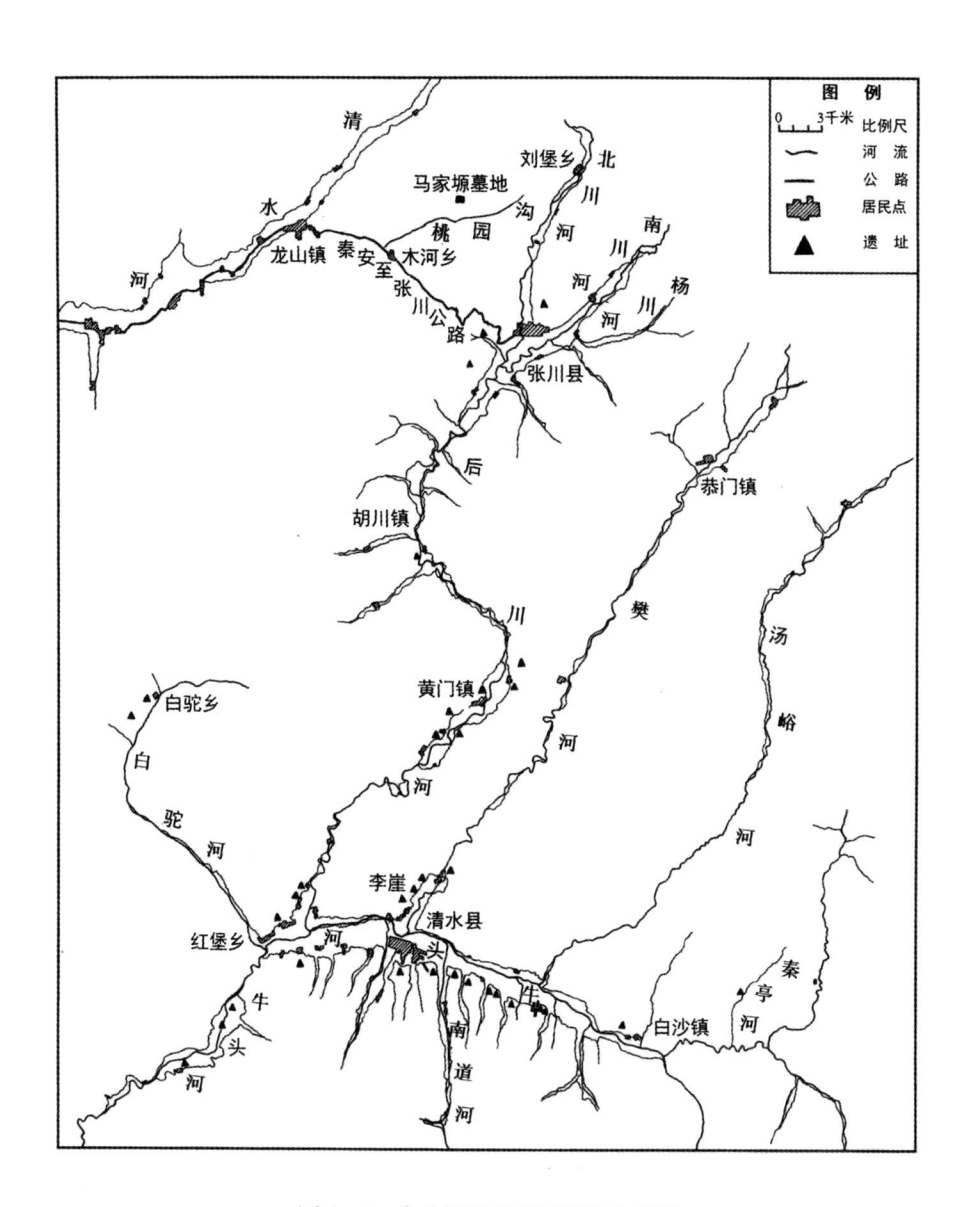

图 4-1　牛头河流域周代遗址分布图

（据梁云：《考古学上所见秦与西戎的关系》，《西部考古》第 11 辑，第 116 页。原图称"秦文化"，今据梁云《西垂有声》第 67 页乙名"周代"）

弃"，^① 又与周代都邑制度不符。秦邑乃秦人的"赏宅"（"赏邑"），乃传于后世子孙。此类都邑又称为"宗邑"，地位崇高，断无轻易放弃之理，必然延续至后世，为子孙所顶礼膜拜。所以，清水李崖遗址不是非子的秦邑。

第六，地理的否定。春秋战国以后，清水李崖一带为戎人所环绕，附近地带乃绵诸所居。很难想象，处于强势的秦人让绵诸占据秦邑这么重要的城市。所以，清水李崖不是秦邑。

总之，清水县城以东、以西都没有发现与非子的秦邑相符合的遗存。

陇西秦亭秦谷说始见于《汉书·地理志》，目前尚未能追溯至先秦，文献记载时代较晚，尤其是与先秦考古与先秦制度存在诸多矛盾。所以，此说属于后世学者的推测，可靠程度很低。

（2）天水故秦城

高亨《诗经今注》以为：

> 西周孝王封他的臣非子于秦（即今甘肃天水县的故秦城）。[2]

（3）张家川瓦泉镇

徐日辉、徐卫民等以为在甘肃省张家川瓦泉镇一带。[3] 王学理以为在甘肃省清水张家川。[4] 2002年，张天恩、刘明科等实地考察，以夯土时代晚、水位太高等缘由否定之。[5] 2008年，考古调查否定之。[6]

---

[1] 侯红伟：《李崖遗址》，甘肃省文物考古研究所编著：《甘肃重要考古发现（2000—2019）》，第198页。

[2] 高亨：《诗经简述》，《诗经今注》，上海古籍出版社1980年版，第8页。

[3] 徐日辉：《秦建国前活动地考察》，秦始皇兵马俑博物馆编：《秦俑秦文化研究——秦俑学术第五届学术讨论会论文集》，第457—465页；《甘肃东部秦早期文化的新认识》，《考古与文物》2001年第3期，第53—58页；《秦早期发展史》，第82—85页；徐卫民：《秦都城研究》，第48—49页。

[4] 王学理：《东西两犬丘与秦人入陇》，《考古与文物》2006年第4期，第60—65页。

[5] 王学理主编：《秦物质文化通览》，科学出版社2015年版，第138页。

[6] 梁云：《非子封邑的考古学探索》，《中国历史文物》2010年第3期，第29页。

2. 汧渭之会秦邑

《史记·秦本纪》曰：

> 文公元年，居西垂宫。三年，文公以兵七百人东猎。四年，至汧渭之会。曰："昔周邑我先秦嬴于此，后卒获为诸侯。"乃卜居之，占曰吉，即营邑之。①

1978年，在陕西宝鸡县杨家沟公社太公庙大队发现秦公钟、秦公镈。其铭曰：

> 秦公曰：我先祖受天命，赏宅受或（国）。②

秦公钟铭文中"赏宅"，或以为指"非子邑秦"。③

一些学者根据《史记·秦本纪》周孝王邑非子于汧渭之会，以为秦邑在陇山以东宝鸡地区的汧渭之会。《史记·秦本纪》正义：

> 《括地志》云："郿县故城在岐州郿县东北十五里。毛苌云'郿，地名也。'秦文公东猎汧渭之会，卜居之，乃营邑焉，即此城也。"④

《元和郡县图志·关内道二》陇州汧源县：

> 本汉汧县地，属右扶风。在汧水之北，后魏改为汧阴县，隋改为汧源县。……

---

① 《史记》卷5《秦本纪》，第230页。
② 卢连成、杨满仓：《陕西宝鸡县太公庙村发现秦公钟、秦公镈》，《文物》1978年第11期，第1—5页。
③ 卢连成、杨满仓：《陕西宝鸡县太公庙村发现秦公钟、秦公镈》，《文物》1978年第11期，第1—5页。
④ 《史记》卷5《秦本纪》，第231页。

秦城，在州东南二十五里。秦非子养马汧、渭之间，有功，周孝王命为大夫。①

徐复《秦会要订补》曰：

案《汉书·地理志》："非子为周孝王养马汧、渭间，封为附庸，邑之于秦。今陇西秦亭、秦谷是也。"其说非是。据《秦本纪》：文公至汧、渭之会云云，即知非子所邑之秦，实在汧、渭之会，并不在陇西。又王国维《秦都邑考》，亦以秦在陇坻以西，其误与班《志》同。②

钱穆《史记地名考》曰：

非子邑秦，在汧、渭之会。汧水在今宝鸡县东入渭。《元和志》："秦城在陇州东南二十五里"，是也。详"汧"字条。旧说天水秦亭，误。③

张光远、李零等亦以为非子邑秦不在甘肃清水一带而在汧渭之会，在今宝鸡市陈仓。④高次若、祝中熹亦以为非子邑秦在汧渭之会，在今宝鸡市陈仓。⑤

---

① 李吉甫：《元和郡县图志》卷2《关内道二·陇州》，第45页。
② 孙楷撰，徐复订补：《秦会要订补》（修订本），中华书局1959年版，第359页。
③ 钱穆：《史记地名考》，《钱穆先生全集》（新校本），九州出版社2011年版，第295页。
④ 张光远：《先秦石鼓存诗考》，张光远、台北"中华大典编印会"合作1966年版；《西周文化继承者秦国文化与史籀作石鼓考》，《"故宫"季刊》第14卷第2期（1979年），第77—116页；李零：《〈史记〉中所见秦早期都邑葬地》，《文史》第20辑，中华书局1983年版，第17页。
⑤ 祝中熹：《秦人早期都邑考》，原载《陇右文博》1996年创刊号，收入氏著《秦史求知录》，下册，上海古籍出版社2012年版，第358—360页；《地域名"秦"说略》，原载《秦文化论丛》第7辑（1999年），收入氏著《秦史求知录》，下册，第363—378页；《早期秦史》，敦煌文艺出版社2004年版，第80—82页；高次若、刘明科：《关于千渭之会都邑及其相关问题》，《周秦文化研究》，陕西人民出版社1998年版，第582—590页；《再论汧渭之会及其相关问题》，《秦都咸阳与秦文化研究》，陕西人民教育出版社2003年版，第518—529页；等等。

一些学者对此持否定态度。此处出土众多的夨国铜器,卢连成、尹盛平考证陇县、千阳、宝鸡一带西周早期至晚期属于夨国,①刘启益以为与太伯、虞仲奔吴有关。② 虢镇、阳平镇一带属于西虢。梁云以为,汧渭之会缺乏西周时期的秦文化。③

据《史记·秦本纪》汧渭之会乃放牧处,而秦邑为封地。

《元和郡县图志》存二说。《元和郡县图志·陇右道》秦州主张在陇西县秦亭秦谷:

> 孝王使非子主马于汧、渭之间,马大蕃息,孝王邑诸秦,使为附庸,今天水陇西县秦亭秦谷是也。④

《元和郡县图志·关内道二》陇州汧源县则赞成在汧渭之会:

> 秦城,在州东南二十五里。秦非子养马汧、渭之间,有功,周孝王命为大夫。⑤

江永《春秋地理考实》曰:

> 岂非子始食邑于汧渭此,复封之清水。⑥

笔者案:《说文解字》卷七上禾部秦字:

---

① 卢连成、尹盛平:《古夨国遗址、墓地调查记》,《文物》1982年第2期,第48—57页。
② 刘启益:《西周夨国铜器的新发现与有关的历史地理问题》,《考古与文物》1982年第2期,第42—47页。
③ 梁云:《非子封邑的考古学探索》,《中国历史文物》2010年第3期,第24—31页;梁云:《早期秦文化探索》,第302—304页。
④ 李吉甫:《元和郡县图志》卷39《陇右道上·秦州》,第979页。
⑤ 李吉甫:《元和郡县图志》卷2《关内道二·陇州》,第45页。
⑥ 江永:《春秋地理考实》卷1,阮元辑:《皇清经解》卷253,清道光九年广东学海堂刊本,第12页b。

> 秦，伯益之后所封国。地宜禾。从禾，春省。一日：秦，禾名。𥠘，籀文秦，从秝。①

许慎《说文解字》"伯益之后所封国"，即非子邑秦。

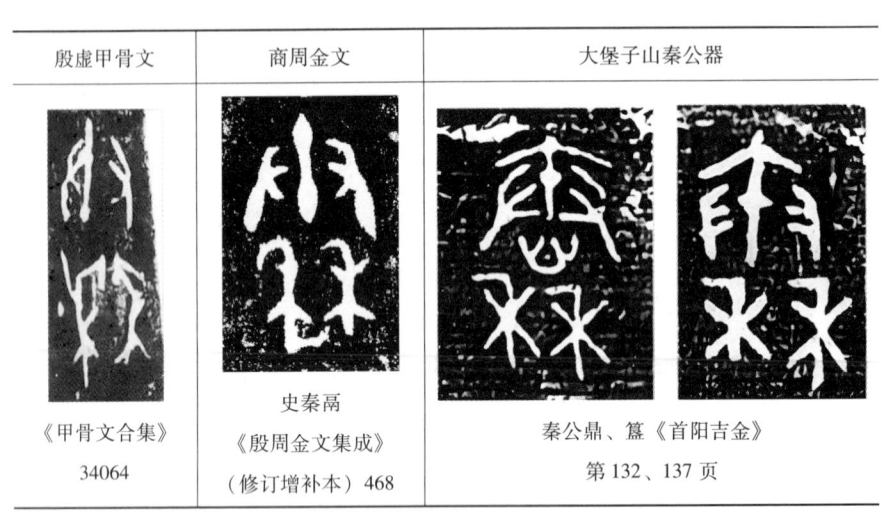

殷虚甲骨文	商周金文	大堡子山秦公器
《甲骨文合集》 34064	史秦鬲 《殷周金文集成》 （修订增补本）468	秦公鼎、簋《首阳吉金》 第132、137页

图4-2 甲骨文、金文"秦"字字形分析

殷墟甲骨文、商周金文中的"秦"字作双手持杵舂禾之形（图4-2）。大堡子山秦公墓出土秦公器之"秦"字亦作从禾，或春省。秦字本义应是加工粮食或加工粮食之所（加工粮食以酿酒为先，故金文有"秦饮"之名），后来衍生出地名。因此，判断非子封秦的地望，需要考虑宜于农耕之所。今宝鸡、凤翔一带的汧渭之会既有广壤，又多水泽，在西周春秋时适于农耕、畜牧（见郑牧马受簋，图版一四）。

㺇方鼎曰：

> 隹（唯）周公于征伐东夷丰白（伯）、溥古，咸捷。公

---

① 许慎撰，段玉裁注：《说文解字注》卷7上，第330页上栏。

归，禷于周庙。戊辰，酓（饮）秦酓（饮）。（图版二）①

酓（饮）秦酓（饮）是秦地的饮料，这种饮料即酒，秦酓（饮）即秦地的酒，这和商人善酒符合。㝬方鼎出土于宝鸡，秦地即后世非子所封之邑。或以为此秦地在山东，不足为据也，古地名重复者甚多，未可执一。

2003年10月至2004年9月，陕西省考古研究院、宝鸡市考古研究所、凤翔县博物馆在凤翔县长青镇孙家南头村一带发现周秦墓（图版一三）。其中，周墓35座，春秋秦墓和车马坑91座。

周墓的年代自先周晚期至西周晚期，秦墓年代多为春秋中晚期。②

凤翔一带的西周墓葬反映了汧渭之会西周时期文化的状况。35座周墓中就有20座腰坑墓，其中一些殉狗或殉兽，与商遗民墓葬特征相同。赵丛苍认为墓地可以区分为由周系族群和广义的殷遗民组成，其中以后者居多。③凤翔一带的西周墓葬反映了汧渭之会西周时期文化的状况。一些墓地的腰坑墓或许与非子时期的秦人遗存有关。

所以，秦邑的地望需要进一步探索。目前，甘肃地区的考古工作未能取得预期的效果，而汧渭之会拥有文献记载的优势。

第二节　犬丘（西垂）

犬丘乃秦人故居，文献记载至少可追溯至大骆之时。

《史记·秦本纪》曰：

---

① 中国社会科学院考古研究所编：《殷周金文集成》（修订增补本）第2册，第1409页。
② 陕西省考古研究院等：《凤翔孙家南头：周秦墓葬与西汉仓储建筑遗址发掘报告》，科学出版社2015年版，第2—3、319—320页。
③ 赵丛苍：《孙家南头墓群周墓地分析》，《文博》2021年第1期，第45—52页。

非子居犬丘，好马及畜，善养息之。犬丘人言之周孝王，孝王召使主马于汧渭之间，马大蕃息。孝王欲以为大骆适（嫡）嗣。申侯之女为大骆妻，生子成为适（嫡）。申侯乃言孝王曰："昔我先郦山之女，为戎胥轩妻，生中潏，以亲故归周，保西垂，西垂以其故和睦。今我复与大骆妻，生适（嫡）子成。申骆重婚，西戎皆服，所以为王。王其图之。"于是孝王曰："昔伯翳为舜主畜，畜多息，故有土，赐姓嬴。今其后世亦为朕息马，朕其分土为附庸。"邑之秦，使复续嬴氏祀，号曰秦嬴。亦不废申侯之女子为骆适（嫡）者，以和西戎。

秦嬴生秦侯。秦侯立十年，卒。生公伯。公伯立三年，卒。生秦仲。

秦仲立三年，周厉王无道，诸侯或叛之。西戎反王室，灭犬丘大骆之族。周宣王即位，乃以秦仲为大夫，诛西戎。西戎杀秦仲。秦仲立二十三年，死于戎。有子五人，其长者曰庄公。周宣王乃召庄公昆弟五人，与兵七千人，使伐西戎，破之。于是复予秦仲后，及其先大骆地犬丘并有之，为西垂大夫。[①]

笔者案：大骆居西垂（西犬丘），非子从居，后为周孝王牧马而邑于秦。大骆嫡子成继之，居犬丘。及戎灭成之后人，非子后人秦庄公继之，居犬丘。

非子居犬丘的地望，秦人犬丘所在，古今学者主要有二说。

1. 陕西兴平之犬丘

出土陶文有"废丘□"等。[②] 秦更名废丘。秦有"废丘""废

[①]《史记》卷5《秦本纪》，第227—229页。
[②] 陈晓捷：《临潼新丰镇刘寨村秦遗址出土陶文》，《考古与文物》1996年第4期，第1—7页。

第四章　秦始封地与秦国早期都城　　335

丘丞印"封泥、① "废丘□"陶文、② "废丘左尉"印、③ 废丘鼎等。④ 秦有"槐里市久"陶文。⑤ 张家山汉简《二年律令·秩律》有"槐里"县。⑥

《汉书·地理志》右扶风槐里县班固自《注》曰：

周曰犬丘，懿王都之。秦更名废丘。高祖三年更名。⑦

《续汉书·郡国志一》右扶风曰：

槐里，周曰犬丘。高帝改。

刘昭《补注》曰：

又名废丘，周懿王、章邯所都。⑧

皇甫谧《帝王世纪》（《太平寰宇记·关西道一》雍州长安县引）曰：

---

① 周晓陆、路东之编著：《秦封泥集》，第278—279页，封泥2·3·10、11；中国社会科学院考古研究所汉长安城工作队：《西安相家巷遗址秦封泥的发掘》，《考古学报》2001年第4期，第509—540页；刘庆柱、李毓芳：《西安相家巷遗址秦封泥考略》，《考古学报》2001年第4期，第427—452页；傅嘉仪编著：《秦封泥汇考》，第193—194页，封泥1293—1306。
② 陈晓捷：《临潼新丰镇刘寨村秦遗址出土陶文》，《考古与文物》1996年第4期，第2—3页。
③ 故宫研究室玺印组编，罗福颐主编：《秦汉南北朝官印征存》，文物出版社1987年版，第7页，玺印36。
④ 容庚：《秦汉金文录》，民国二十年中央研究院历史语言研究所石印本；收入《容庚学术著作全集》第6册，中华书局2011年版，第157页。
⑤ 陈直：《关中秦汉陶录》，中华书局2006年版，第60—61页；高明编著：《古陶文汇编》，中华书局1990年版，第486页，陶文5.332。
⑥ 陈伟、工藤元男主编：《二年律令与奏谳书：张家山二四七号汉墓出土法律文献释读》，上海古籍出版社2007年版，第260页，简244。
⑦ 《汉书》卷28上《地理志上》，第1546页。
⑧ 《续汉书·郡国志一》，《后汉书》，第3406页。

周懿王二年，王室大衰，自镐徙都〔犬丘〕。生非子，因居犬丘，今槐里是也。①

《史记·秦本纪》裴骃《集解》"犬丘"曰：

徐广曰："今槐里也。"②

郦道元《水经注·渭水》曰：

渭水又东径槐里县故城南。县，古犬邱邑也。周懿王都之。秦以为废邱，亦曰舒邱。中平元年，灵帝封左中郎将皇甫嵩为侯国。③

《史记·秦本纪》张守节《正义》曰：

《括地志》云："犬丘故城一名槐里，亦曰废丘，在雍州始平县东南十里。《地理志》云：扶风、槐里县，周曰犬丘，懿王都之。秦更名废丘。高祖三年更名槐里也。"④

《元和郡县图志·关内道二》京兆府兴平县：

槐里城，周曰犬丘，秦改名废丘。周懿王所都。项羽封章邯为雍王，都废邱，亦此城也。⑤

---

① 乐史：《太平寰宇记》卷25《关西道一》，第535页。"生非子"衍文。
② 《史记》卷5《秦本纪》，第228页。
③ 郦道元注，杨守敬、熊会贞疏：《水经注疏》卷19《渭水》，第1553—1554页。
④ 《史记》卷5《秦本纪》，第228页。
⑤ 李吉甫：《元和郡县图志》卷2《关内道二》，第26页。

《太平寰宇记·关西道一》雍州长安县曰：

犬丘城。《三辅决录》云："汉平陵县犬丘城，一名槐里城，亦名废丘。"皇甫谧《帝王世纪》："周懿王二年，王室大衰，自镐徙都。生非子，因居犬丘，今槐里是也。"①

《太平寰宇记·关西道三》兴平县曰：

犬丘城，一名槐里城，一名废丘城，今在县东南一十里。秦仲之子庄公伐西戎，复其地，为西垂大夫，即此。周懿王所都。项羽封章邯为雍王，都废丘，亦此城。魏黄初元年，于故城置扶风郡。至晋泰始中，郡徙理郿，改此城为始平国。领槐里县。后魏真君七年，自此城徙槐里县于今县理西二十五里槐里故城，此城遂废。②

《大明一统志·陕西布政司·西安府·建置沿革》、《（乾隆）大清一统志·西安府·建置沿革》皆记载兴平县有犬丘城或槐里城。③

史念海《西周与春秋时期华族与非华族的杂居及其地理分布》曰：

李贤注《后汉书》，释戎狄所居之犬丘时说："犬丘，县名，秦曰废丘，汉曰槐里。"据其所释，则在今陕西兴平县。

---

① 乐史：《太平寰宇记》卷25《关西道一》，第535页。"生非子"衍文。
② 乐史：《太平寰宇记》卷27《关西道三》，第578页。
③ 李贤等：《大明一统志》卷32《陕西布政司·西安府·建置沿革》，明天顺五年御制序刊本，第3页a；和珅等修纂：《（乾隆）大清一统志》卷178《西安府·建置沿革》，《景印文渊阁四库全书》第478册，台湾商务印书馆1986年影印"台北故宫博物院"藏本，第7页。

其地距丰镐，近在咫尺。若犬丘有警，丰镐自难得安谧。①

王恢《史记本纪地理图考》曰：

> 王观堂《秦都邑考》："懿王所居之犬丘为东犬丘，大骆非子所居之犬丘为西犬丘。"观堂误也。造父以善御幸于缪王，而非子禄造父之宠，以侍御之裔，得以附畿养马，设不近在槐里，犬丘人何能言之孝王？孝王乃使主马汧渭之间，因在犬丘之西，故曰西犬丘也（斯地沿用故名，别以方位，不胜举）。其后西戎反王室，随之灭犬丘戎大骆之族，复房世父，犬丘废矣，故称废丘也。②

笔者案：王恢之说亦辨。其说存在值得考虑的成分，但是整体不合理。

犬丘故城在今陕西省兴平市。

一些学者认为秦人曾居陕西省兴平市之犬丘。③

（2）甘肃礼县之西犬丘

甘肃省礼县之西犬丘，又名西垂。秦曰西县。

西安相家巷有"西丞之印""西共""西共丞印""西盐"秦封泥。④秦昭王廿年相邦冉戈："廿年相邦冉造，西工师□，丞叟

---

① 史念海：《西周与春秋时期华族与非华族的杂居及其地理分布》，《河山集》七集，《史念海全集》第5卷，人民出版社2013年版，第560页。

② 王恢：《史记本纪地理图考·秦本纪·非子始居关中》，台北"国立编译馆"1990年版；张新科、赵光勇编：《秦本纪》，赵光勇等主编：《史记研究集成·十二本纪》，西北大学出版社2019年版，第37页。

③ 史党社、任建库：《槐里犬丘与秦人早期历史相关的一点线索》，《文博》2002年第6期，第66—71页；王学理：《东西两犬丘与秦人入陇》，《考古与文物》2006年第4期，第60—65页。

④ 中国社会科学院考古研究所汉长安城工作队：《西安相家巷遗址秦封泥的发掘》，《考古学报》2001年第4期，第527、531页；刘庆柱、李毓芳：《西安相家巷遗址秦封泥考略》，《考古学报》2001年第4期，第444页；傅嘉仪编著：《秦封泥汇》，第61页，封泥409—410。

(?)，隶臣□。"① 西县故城在今甘肃省礼县东北、天水市西南。《汉书·地理志》陇西郡有西县。班固自《注》曰：

> 《禹贡》嶓冢山，西汉所出，南入广汉白水，东南至江州入江。过郡四，行二千七百六十里。莽曰西治。②

《续汉书·郡国志五》凉州汉阳郡：

> 西，故属陇西。有嶓冢山，西汉水。

刘昭《注》曰：

> 《史记》曰："申命和仲居西土。"徐广曰："今之西县。"郑玄曰："西在陇西〔之〕西，今谓之（人）〔八〕充山。"③

郦道元《水经注·漾水》记载秦庄公为西垂大夫，地在汉代西县故城：

> 西汉水又西南，合杨廉川水，水出西谷，众川泻流，合成一川。东南流，径西县故城北。秦庄公伐西戎，破之。周宣王与其先大骆犬邱之地，为西垂大夫，亦西垂宫也，王莽之西治矣。④

---

① 李学勤：《湖南战国兵器铭文选释》，原载《古文字研究》第12辑，中华书局1985年版，第332—333页；收入《李学勤文集》第13卷，第131—139页。
② 《汉书》卷28下《地理志下》，第1610页。
③ 《续汉书·郡国志五》，《后汉书》，第3517—3518页。
④ 郦道元注，杨守敬、熊会贞疏：《水经注疏》卷20《漾水》，第1686页。

笔者案：汉代陇西郡西县，今甘肃省天水市西南一带，礼县属之。

《史记·绛侯周勃世家》张守节《正义》曰：

《括地志》云："西县故城在秦州上邽县西南九十里，本汉西县地。"①

《史记·秦本纪》张守节《正义》曰：

西者，秦州西县，秦之旧地。时献公在西县，故迎立之。②

《（乾隆）大清一统志》曰：

西县故城，在州西南。③

王国维《秦都邑考》考证庄公、襄公、文公所居的西垂在汉代陇西郡西县：

案：西垂之义，本谓西界。《史记·秦本纪》："中潏，在西戎，保西垂。"又申侯谓孝王曰："昔我先郦山之女，为戎胥轩妻，生中潏，以亲故归周，保西垂，西垂以其故和睦。"又云庄公"为西垂大夫"。以语意观之，西垂殆泛指西土，非一地之名。然《封禅书》言："秦襄公既侯，居西垂。"《本纪》亦云："文公元年，居西垂宫。"则又似特有西垂一地。《水经·漾水注》以汉陇西郡之西县当之，其地距秦亭不远，使西

---

① 《史记》卷57《绛侯周勃世家》，第2513页。
② 《史记》卷5《秦本纪》，第254页。
③ 和珅等修纂：《（乾隆）大清一统志》卷210《秦州·古迹》，《景印文渊阁四库全书》第478册，第688页。

垂而系地名，则郦说无以易矣。

唯犬丘一地，徐广曰："今槐里也。"案：槐里之名犬丘，班固《汉书·地理志》、宋衷《世本注》均有此说，此乃周地之犬丘，非秦大骆、非子所居之犬丘也。《本纪》云："非子居犬丘。"又云："大骆地犬丘。"夫槐里之犬丘，为懿王所都，而大骆与孝王同时，仅更一传，不容为大骆所有。此可疑者一也。又云，宣公子庄公以其先大骆地犬丘为西垂大夫：若西垂泛指西界，则槐里尚在雍、岐之东，不得云西垂，若以西垂为汉之西县，则槐里与西县相距甚远。此可疑者二也。且秦自襄公后始有岐西之地，厥后文公居汧、渭之会，宁公居平阳，德公居雍，皆在槐里以西，无缘大骆、庄公之时已居槐里。此可疑者三也。

案：《本纪》又云"庄公居其故西犬丘"，此西犬丘实对东犬丘之槐里言。《史记》之文，本自明白，但其余"犬丘"字上均略去"西"字，余疑犬丘、西垂本一地，自庄公居犬丘，号西垂大夫，后人因名"西犬丘"为"西垂"耳。然则大骆之起，远在陇西，非子邑秦，已稍近中国。庄公复得大骆故地，则又西徙。逮襄公伐戎至岐，文公始逾陇而居汧、渭之会。其未逾陇以前，殆与诸戎无异，自徐广以犬丘为槐里，《正义》仍之，遂若秦之初起已在周畿内者，殊失实也。此稿既成。检杨氏守敬《春秋列国图》，图西犬丘于汉陇西郡西县地，其意正与余合。[①]

杨宽《西周列国考》赞成王国维说。[②]
笔者案：《史记·秦本纪》、《秦始皇本纪》附录载秦襄公葬西

[①] 王国维：《秦都邑考》，《观堂集林》卷12，谢维扬、房鑫亮主编，谢维扬等分卷主编：《王国维全集》第8卷，谢维扬等点校，浙江教育出版社、广东教育出版社2010年版，第353—354页。

[②] 杨宽：《西周列国考》，《古史探微》，《杨宽著作集》，第190页。

垂、秦文公居西垂，西垂乃秦人故居。

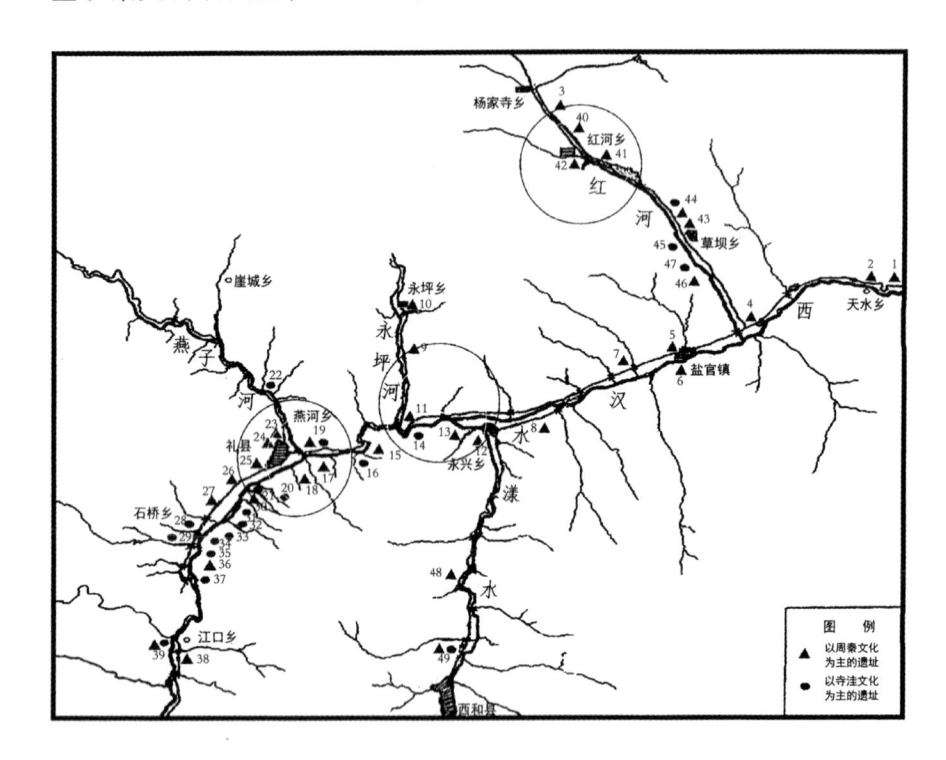

图 4-3　西汉水上游西周至春秋早期文化遗存调查分布图

（据甘肃省文物考古研究所等：《秦与戎：秦文化与西戎文化十年考古成果展》，文物出版社 2021 年版，第 110 页）

《史记·秦始皇本纪》附录曰：

　　襄公……葬西垂。生文公。[1]

《史记·秦本纪》曰：

　　文公元年，居西垂宫。[2]

---

[1] 《史记》卷 6《秦始皇本纪》，第 358 页。
[2] 《史记》卷 5《秦本纪》，第 230 页。

《史记·秦始皇本纪》附录曰：

> 文公立，居西垂宫。①

大堡子山位于礼县以东13公里的永坪乡赵坪村，处于西汉水与永坪河交汇处的西汉水北岸（图版一六之一，图4-4）。大堡子山为一土山包，秦公墓地坐落于山南麓缓坡。

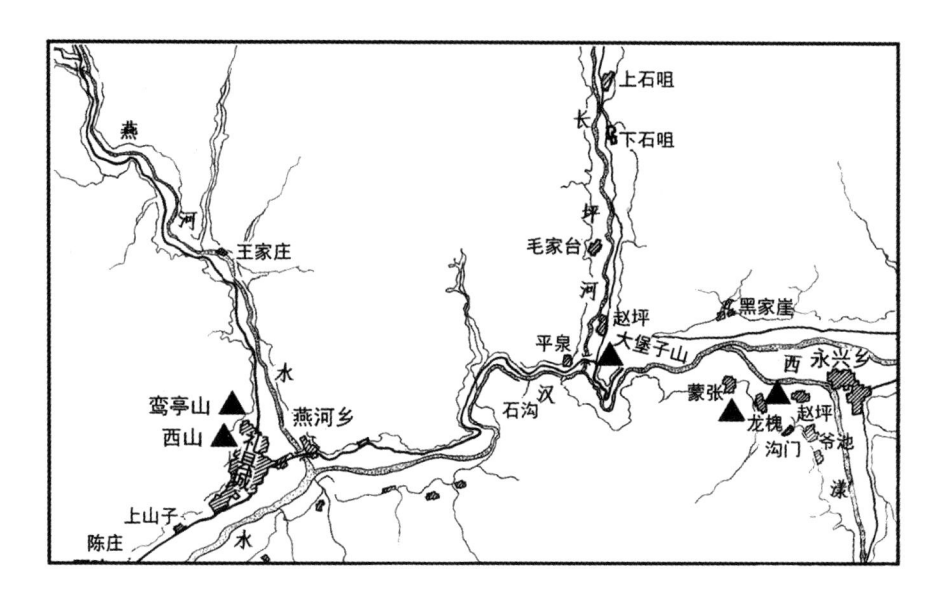

图4-4 礼县大堡子山位置示意图

（据早期秦文化考古联合课题组：《甘肃礼县大堡子山早期秦文化遗址》，《考古》2007年第7期，第39页）

大堡子山城北垣长约250米，西垣约1300米，南垣约870米，东垣约2600米。城址面积约55万平方米。城墙为夯土版筑，均位于山体边缘，山体大面积滑坡导致许多地段无存，北城墙一段保存最为完整（图版一六之二）。城墙始建于春秋早期。

---

① 《史记》卷6《秦始皇本纪》，第358页。

大堡子山城内东北部的平缓区域被徐礼公路正中南北穿过，公路以北秦公墓附近 7 万平方米的范围内，遗迹集中，在此中心，东西长约 250 米、南北宽约 140 米之内，自北向南分布着南北并列的东西向中字形大墓 M2、M3。① 其南端有丛葬的 2 座东西向瓦刀形车马坑，发掘了 K1（图 4 - 5）。它们的东面 30—40 米即为东城垣，西面和北面的断崖上，可见一些灰坑和小型墓葬。在北城外的山坡上，面积约 9 万平方米，有规律地分布着不下三四百座中小型墓葬，多被严重盗扰，较大的数座墓被盗出成组的青铜器。已发掘 10 座是劫余幸存的完整墓。②

西山古城位于礼县县城西侧，西汉水北岸的山地上。遗址东、南两面俯视燕子河与西汉水交汇的宽阔谷地，西面与山体相连，北隔刘家沟与鸢亭山相望。西山古城坐落于东西走向的山体上，依山势呈不规则的长条形，西、北两面残长约 180 米、1000 米，东、南两面残长约 100 米、600 米，总面积约 8.7 万平方米（图版一七，图 4 - 6）。③

城内雷神庙台地面积 4 万平方米，发现夯土台基、车马坑、陶水管道。车马坑断面暴露大量马骨，盗掘时出土大量漆皮、小件铜器。

2005 年 3—7 月，在雷神庙以西、遗址区的东北部发掘。④ 西周遗存主要有 6 座墓葬和少量灰坑。东周遗存有灰坑 170 余座、墓

---

① 早期秦文化考古联合课题组：《甘肃礼县大堡子山早期秦文化遗址》，《考古》2007 年第 7 期，第 39 页；早期秦文化联合考古队：《甘肃礼县三座周代城址调查报告》，《古代文明》第 7 卷，文物出版社 2008 年版，第 335—339 页；侯红伟：《大堡子山遗址》，甘肃省文物考古研究所编著：《甘肃重要考古发现（2000—2019）》，文物出版社 2020 年版，第 208—215 页。
② 戴春阳：《礼县大堡子山秦公墓地及有关问题》，《文物》2000 年第 5 期，第 74、76 页；早期秦文化考古联合课题组：《甘肃礼县大堡子山早期秦文化遗址》，《考古》2007 年第 7 期，第 43—44 页。1994 年发掘 9 座，2006 年发掘 1 座。
③ 早期秦文化联合考古队：《甘肃礼县三座周代城址调查报告》，《古代文明》第 7 卷，第 324—335 页、图版七。
④ 赵丛苍、王志友、侯红伟：《甘肃礼县西山遗址发掘取得重要收获》，《中国文物报》2008 年 4 月 4 日第 2 版；侯红伟：《西山遗址》，甘肃省文物考古研究所编著：《甘肃重要考古发现（2000—2019）》，第 222—229 页。

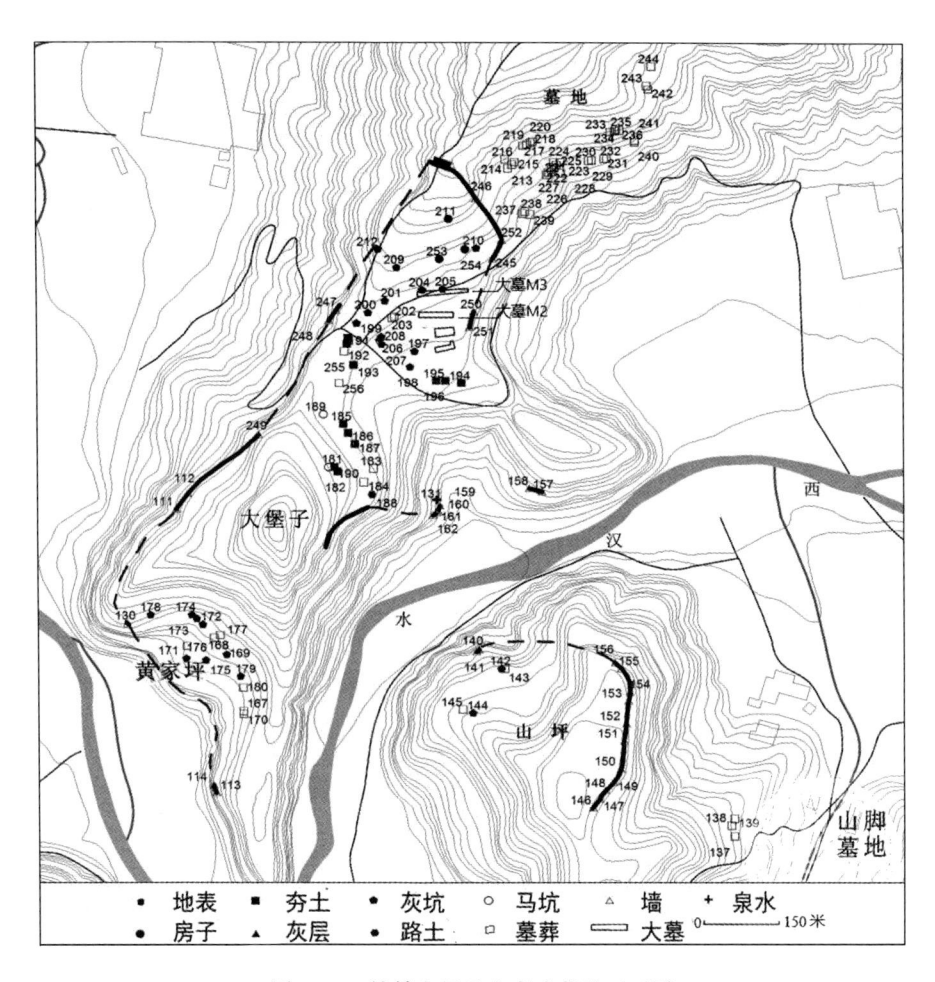

第四章　秦始封地与秦国早期都城　　345

图 4-5　礼县大堡子山秦公墓地平面图

（据早期秦文化联合考古队：《甘肃礼县三座周代城址调查报告》，《古代文明》第 7 卷，第 340 页。添加"大墓 M2""大墓 M3"识别文字）

葬 28 座、动物坑 10 座、房屋基址 5 座。陶器有鬲、豆、罐、盂、三足瓮等。墓葬皆为长方形竖穴土坑墓。西周墓葬地势较高处的 3 座墓葬，形制较大，墓向为东西向，墓主仰身直肢，有殉人和腰坑，随葬品丰富；地势低处的 3 座墓葬，墓向为南北向，墓主屈肢葬，随葬品较少。规模最大的 M2003，长 5.05 米，宽 2.6 米，深 11.1 米。有椁棺。墓主为一成年男性，头西面北，仰身直肢，双手

346　秦国早期历史之重构

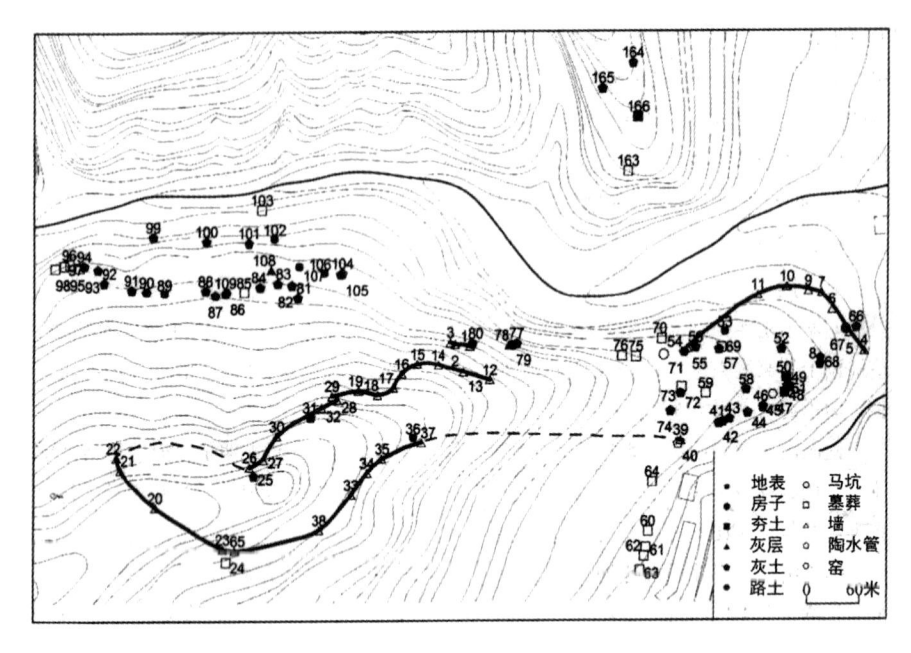

图 4-6　礼县西山古城遗存分布示意图

（据早期秦文化联合考古队：《甘肃礼县三座周代城址调查报告》，《古代文明》第 7 卷，第 327 页）

放于腹部。鼻根底部有一铜镞插入头骨，表明墓主死于非常。随葬品铜器有鼎 3 件、簋 2 件、短剑 1 件、戈 1 件、铜鱼 16 件，玉器有璧、圭、璋、戈、玦、管，陶器有鬲、盂、甗、罐等。椁底有腰坑，内殉 1 狗。南、北二层台东侧有 2 个壁龛，北龛内有一殉人，30 岁的女性，东首面北，侧身屈肢；南龛内有一殉人，十五六岁的女性，西首面北，侧身直肢；其南侧有一殉狗。根据随葬品分析，M2003 年代在西周晚期（图 4-7）。东周秦人墓的年代在春秋早期至战国中期。较大墓有棺有椁，小型墓有一棺。多随葬陶器，较大墓有 1—2 件铜器或数件石圭。多为东西向的屈肢葬，直肢葬的一座墓发现殉人 3 个。发现马坑 7 座、牛坑 1 座、狗及其他动物坑 3 座。K404—K407 各埋 1 马，作俯身状，口含铜衔，两侧有骨镳，马身下铺芦席，尾部置铜鱼。马坑旁圆坑 K408 有羊头、马肢骨与牛肢骨。马坑、牛坑有专门的地域，埋置讲究，与祭祀活动有关。

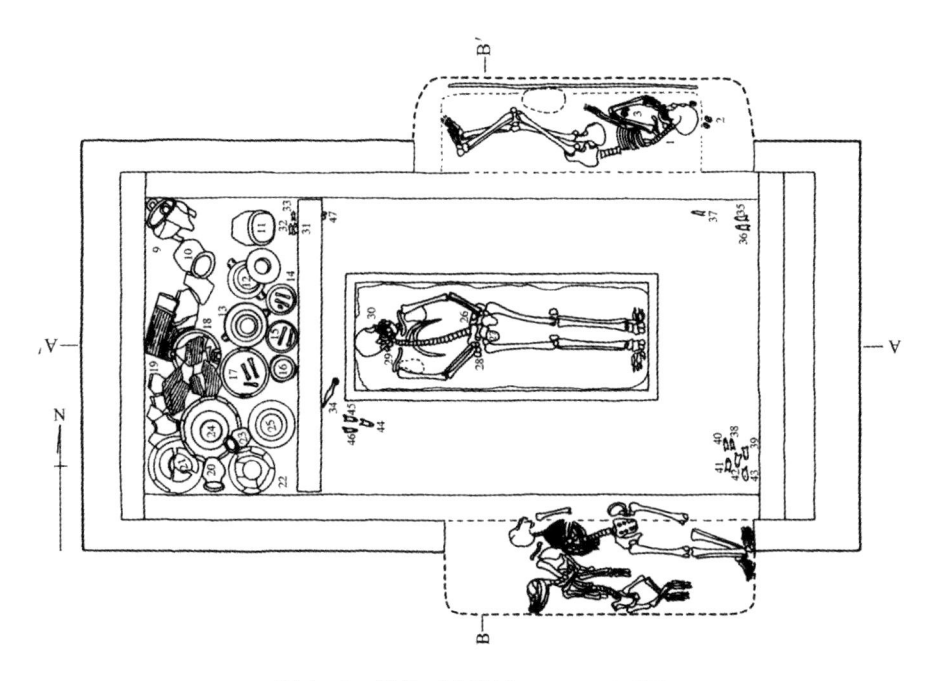

图 4-7　礼县西山遗址 M2003 平面图

（据梁云：《早期秦文化探索》，第 215 页）

或以为西山坪遗址为犬丘。① 或推定 M2003 可能是秦仲之墓；或以为秦仲乃大夫，当随葬五鼎四簋，M2003 非秦仲墓。②

关于西垂（西犬丘）的地望（图 4-8），学界有不同观点。

1. 天水西南。徐中舒《先秦史论稿》以为：

> 犬丘有二，一在今咸阳西，《汉书·地理志》所谓扶风槐

---

① 郭军涛、刘文科：《西汉水上游地区秦早期都邑考》，《四川文物》2010 年第 3 期，第 51—56 页。
② 侯红伟：《礼县秦文化遗存及相关问题探讨》，雍际春等主编：《秦文化探研——甘肃秦文化研究会第二次学术研讨会论文集》，甘肃人民出版社 2015 年版，第 233—241 页。

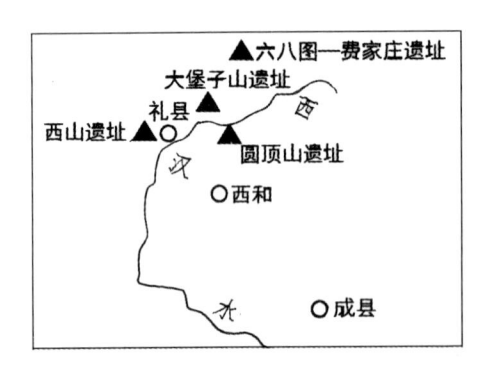

图4-8 礼县大堡子山附近重要遗址示意图

里县，周懿王曾都此。一在今天水西南，《史记集解》徐广所谓天水陇西县秦亭，又称西垂犬丘。大约这两地秦人都曾住过，民族迁徙，地名也随之而迁。①

段连勤以为，中潏至非子居犬丘（西垂），在天水市西南之西犬丘，非子邑秦在清水县。②

笔者案：天水陇西县秦亭说出于误会。

2. 陇西郡西县。蒙文通认为西犬丘在汉代陇西郡西县，③ 即今礼县。

3. 礼县盐官镇。1983年，徐日辉以为西垂（西犬丘）在礼县盐官镇东南。④ 1987年，赵化成以为西犬丘古城在礼县盐官堡。⑤ 何清谷、雍际春亦持此说。⑥

---

① 徐中舒：《先秦史论稿》，第207页。
② 段连勤：《关于夷族的西迁和秦嬴的起源地、族属问题》，《先秦史论文集》，《人文杂志》专刊，第170页。
③ 蒙文通：《秦之社会》，《史学季刊》1940年第1卷第1期，第11—24页。
④ 徐日辉：《新版〈辞海〉中"西垂"、"西犬丘"释文疏证》，《西北史地》1983年第2期，第64—67页。
⑤ 赵化成：《寻找秦文化渊源的新线索》，《文博》1987年第1期，第1—8页。
⑥ 何清谷：《嬴秦族西迁考》，《考古与文物》1991年第5期，第70—77页；雍际春：《秦人早期都邑西垂考》，《天水行政学院学报》2000年第4期，第45—48页。

4. 礼县红河镇。1985 年，康世荣以为在礼县红河谷（红河镇）的岳家庄、费家庄一带。① 2006 年，田有前以为六八图—费家庄一带最有可能是西犬丘所在。② 2016 年以来，对礼县红河镇六八图遗址进行发掘，发现 500 余座墓葬，发掘了其中的 32 座，时代为战国晚期至秦。没有发现大型墓葬与建筑遗迹。发掘者认为可以排除六八图遗址作为早期秦都、存在秦先公大墓的可能。③

5. 大堡子山遗址。《史记》记载秦襄公、秦文公葬西垂，一些学者根据大堡子山秦公墓，认为大堡子山墓地是西垂（西犬丘）陵区。④ 梁云则以为大堡子山古城是秦宪公所居"西新邑"，"秦子"是出子，M2 为秦宪公之墓，M3 为其夫人墓；⑤ 早期秦文化联合考古队中的一些人员赞成此说。⑥

6. 大堡子山的汉水北岸。1995 年，王世平以为在大堡子山墓地不远处的汉水北岸。⑦

7. 礼县永兴镇。1996 年，祝中熹以为西垂在礼县永兴、长道一带。⑧ 2000 年，徐卫民以为在永兴乡（永兴镇）附近。⑨ 2001 年，张天恩以为永兴乡（永兴镇）圆顶山（赵坪）遗址是西犬丘，

---

① 康世荣：《秦都邑西垂故址探源》，原载《礼县史志资料》1985 年第 6 期，收入《秦西垂文化论集》，文物出版社 2005 年版，第 335—338 页。
② 田有前：《"南岈北岈"考》，《陇右文博》2006 年第 1 期，第 45 页。
③ 侯红伟：《六八图遗址》，甘肃省文物考古研究所编著：《甘肃重要考古发现（2000—2019）》，第 216—221 页。
④ 陈昭容：《论甘肃礼县大堡子山秦公墓地及文物》，《秦系文字研究》，台北乐学书局有限公司 2003 年版，第 149—169 页；王辉：《也谈礼县大堡子山秦公墓地及其铜器》，《考古与文物》1998 年第 5 期，第 88—93 页；等等。
⑤ 梁云：《"秦子"诸器的年代及有关问题》，《古代文明》第 5 卷，文物出版社 2006 年版，第 301—312 页。
⑥ 早期秦文化联合考古队：《甘肃礼县三座周代城址调查报告》，《古代文明》第 7 卷，第 355 页；王辉、赵化成：《十年来早期秦文化和西戎文化考古的主要收获及展望》，甘肃省文物考古研究所等：《秦与戎：秦文化与西戎文化十年考古成果展》，第 14 页。
⑦ 王世平：《也谈秦早期都邑犬丘》，《陕西历史博物馆馆刊》第 2 辑，三秦出版社 1995 年版，第 121—130 页。
⑧ 祝中熹：《秦人早期都邑考》，原载《陇右文博》1996 年创刊号，收入氏著《秦史求知录》，下册，第 356 页。
⑨ 徐卫民：《秦都城研究》，第 45—46 页。

而大堡子山墓地为西山陵区。① 2003 年，徐日辉以为在礼县东北的盐官镇至大堡子山、永兴乡一带。② 2015 年以来，对圆顶山（赵坪）遗址全面钻探，没有发现大型墓葬与建筑遗迹。发掘者认为是西犬丘的可能性微乎其微。

8. 礼县西山古城。2007 年、2021 年早期秦文化联合考古队以为西山古城很可能是秦都邑西犬丘，大堡子山及山坪城址可能是秦人迁离犬丘后另建的都邑。③ 或以为礼县西山古城是秦都邑西犬丘。④ 笔者案：西山古城始建年代为西周中晚期，面积只有 8.7 万平方米。

笔者案：大堡子山古城有春秋初期的国君秦公及夫人墓葬，证实了它的地位高级。在本书第五章，笔者论证大堡子山 M2、M3 墓主人身份为秦襄公及夫人墓，葬于周平王四十三年或稍前。大堡子山古城面积 55 万平方米，就规模而言，其建于秦襄公获封为诸侯以后较为合理，并不能排除西周时期已经有所营建，而春秋时期进一步修建。所以，大堡子山古城的营建时代处于两周之际。

西山古城的发现证明，其始建年代为西周中晚期。城址的面积 8.7 万平方米，已经是规模可观的边邑。M2003 随葬三鼎二簋，墓主人身份属于下大夫、元士级别的一男性贵族，卒于同西戎的战争中。西山古城的时代与军事性质证明它属于《史记·秦本纪》描述的秦人与西戎恶战的西垂。

大堡子山古城、西山古城的年代与内涵，充分证明它们属于西周时期的西垂。西垂属于军事设置，需要很多不同功能的邑聚为之

---

① 张天恩：《礼县等地所见早期秦文化遗存有关问题刍论》，原载《文博》2001 年第 3 期，收入氏著《周秦文化研究论集》，第 228—230 页。
② 徐日辉：《秦早期发展史》，中国科学文化出版社 2003 年版，第 106 页。
③ 早期秦文化联合考古队：《甘肃礼县三座周代城址调查报告》，《古代文明》第 7 卷，第 355 页；王辉、赵化成：《十年来早期秦文化和西戎文化考古的主要收获及展望》，甘肃省文物考古研究所等：《秦与戎：秦文化与西戎文化十年考古成果展》，第 14 页。
④ 郭军涛、刘文科：《西汉水上游地区秦早期都邑考》，《四川文物》2010 年第 3 期，第 51—56 页；

服务。西垂乃大名，包括很多邑，即合而为之，数处组成。所以，应当考察本地区的秦文化分布区域，辨别区域内聚落的等级与功用。

第三节　秦文公所都汧渭之会

秦襄公时都居西垂（今甘肃省礼县），对于广大的国土而言，过于偏于一隅。定新都应是襄公时已经确定的大计。秦襄公过世，"三年丧毕"，秦文公三年，率领七百人物色新都。

《史记·秦本纪》曰：

> 非子居犬丘，好马及畜，善养息之。犬丘人言之周孝王，孝王召使主马于汧、渭之间。[1]

《史记·秦本纪》曰：

> 文公元年，居西垂宫。三年，文公以兵七百人东猎。四年，至汧渭之会。曰："昔周邑我先秦嬴于此，后卒获为诸侯。"乃卜居之，占曰吉，即营邑之。[2]

《史记·封禅书》曰：

> 秦文公东猎汧渭之间，卜居之而吉。[3]

《史记·六国年表》曰：

---

[1]　《史记》卷5《秦本纪》，第227—228页。
[2]　《史记》卷5《秦本纪》，第230页。
[3]　《史记》卷28《封禅书》，第1634页。

及文公踰陇，攘夷狄，尊陈宝，营岐雍之间。①

关于秦文公所都汧渭之会的地望，学者意见不一，主要有6种观点。

1. 扶风眉县

皇甫谧《帝王世纪》(《太平御览》卷一五五引)曰：

> 襄公始受丰之地，列为诸侯。文公徙汧，故《秦本纪》曰："〔文〕公（事）〔东〕猎，至汧，乃卜居之。"今扶风郿县是也。②

《史记·秦本纪》张守节《正义》曰：

> 《括地志》云："郿县故城在岐州郿县东北十五里。毛苌云'郿，地名也'。秦文公东猎汧渭之会，卜居之，乃营邑焉，即此城也。"③

《史记·封禅书》曰：

> 秦文公东猎汧渭之间，卜居之而吉。

张守节《正义》曰：

> 《括地志》云："郿县故城在岐州郿县东北十五里，即此城也。④

---

① 《史记》卷15《六国年表》，第835页。
② 李昉等：《太平御览》卷155《州郡部一·叙京都上》，第755页上栏。
③ 《史记》卷5《秦本纪》，第231页。
④ 《史记》卷28《封禅书》，第1634—1635页。

林剑鸣《秦史稿》定在"今陕西眉县附近",① 黄灼耀以为在郿县。②

笔者案：扶风、眉县地理位置偏东，不属汧渭之间。所以，此说不可信。

2. 槐里

《毛诗谱·秦谱》孔颖达《疏》曰：

> 非子别居于犬丘。……徐广云：犬丘，今槐里县也。……文公还居非子旧墟，在汧渭之间，即槐里是也。③

笔者案：槐里在陕西省兴平县，远离汧渭之间。所以，此说罕有学者考虑。

3. 汧县、陇县

《水经注·渭水》曰：

> 《尔雅·释水》曰：水决之泽为汧。汧之为名，实兼斯举。水有二源，一水出县西山，世谓之小陇山，岩障高险，不通轨辙。……其水东北流，历涧，注以成渊，潭涨不测。出五色鱼，俗以为灵，而莫敢采捕，因谓是水为龙鱼水，自下亦通谓之龙鱼川。川水东径汧县故城北，《史记》，秦文公东猎汧田，因遂都其地，是也。

杨守敬、熊会贞《疏》曰：

> 会贞按：《史记》无猎汧田之说。据《秦本纪》文公三年，东猎；四年，至汧、渭之会，即营邑之。《封禅书》亦云，

---

① 林剑鸣：《秦史稿》，第38页。
② 黄灼耀：《秦人早期史迹初探》，《学术研究》1980年第6期，第73页。
③ 孔颖达：《毛诗正义》卷6《秦风·秦谱》，阮元校刻：《十三经注疏》，上册，第368页中栏。

文公东猎汧、渭之间，卜，居之而吉。此"田"字当是"渭"字之脱烂。①

《史记·封禅书》曰：

秦文公东猎汧渭之间，卜居之而吉。

司马贞《索隐》曰：

按：《地理志》汧水出汧县西北，入渭。皇甫谧云"文公徙都汧"者也。②

《史记·秦本纪》张守节《正义》曰：

《括地志》云："故汧城在陇州汧源县东南三里。《帝王世纪》云秦襄公二年徙都汧，即此城。"③

笔者案：《秦记》《秦本纪》秦襄公居西垂，担负防卫戎人的责任，又系大夫，焉能记为"秦襄公二年徙都汧"？张守节《史记正义》引《帝王世纪》的记载存在文字与史实的讹误，当是传抄讹误所致。所以，《史记·秦本纪》正义引《括地志》"秦襄公二年徙都汧"，误，当为秦文公四年事。李零认为"秦襄公二年徙都汧"说靠不住，④ 曲英杰认为皇甫谧之说有误。⑤ 林剑鸣《秦史稿》、徐卫民《秦都城研究》等皆采秦襄公迁汧邑说，⑥ 误。

---

① 郦道元注，杨守敬、熊会贞疏：《水经注疏》17《渭水上》，第1511—1512页。
② 《史记》卷28《封禅书》，第1634—1635页。
③ 《史记》卷5《秦本纪》，第230页。
④ 李零：《〈史记〉中所见秦早期都邑葬地》，《文史》第20辑，第19页。
⑤ 曲英杰：《先秦都城复原研究》，第164—165页。
⑥ 林剑鸣：《秦史稿》，第28页；徐卫民：《秦都城研究》，第53—55页。

《元和郡县图志·关内道二·陇州》曰：

　　《禹贡》雍州之域。秦文公所都。汉为汧县，属右扶风。①

《太平寰宇记·关内道八·陇州》曰：

　　陇州，周为岐、陇之地。春秋时属秦国，文公曾都于此，今郡南三里汧水南故汧城是也。②

《（乾隆）大清一统志·凤翔府二·古迹》曰：

　　汧县故城，在陇州南。汉置。③

　　马非伯《秦集史·都邑表》据《一统志》。④
　　曲英杰《先秦都城复原研究》以为，秦文公所营汧邑距非子的秦邑（今甘肃省清水县）不远，在今陕西省陇县。⑤
　　笔者案：曲英杰以清远为非子的秦邑，汧邑、清远二地远隔，与"昔周邑我先秦嬴于此"存在距离上的很大差异。又秦文公所迁徙为"汧渭之间"，地望当由汧水、渭水的位置来确定，而非由汧邑的位置来确定。所以，他的解释很不妥。
　　陕西陇县城东南5公里的汧河南岸的边家庄一带发现30多座春秋墓葬，时代属春秋早中期，其中8座墓各自出土5鼎4簋，3座墓各自出土3鼎2簋，证明边家庄墓地是一处高规格的贵

---

① 李吉甫：《元和郡县图志》卷2《关内道二·陇州》，第44页。
② 乐史：《太平寰宇记》卷32《关内道八·陇州》，第684页。
③ 和珅等修纂：《（乾隆）大清一统志》卷184《凤翔府二》，《景印文渊阁四库全书》第478册，第191页下栏。
④ 马非伯：《秦集史》，下册，第874页。
⑤ 曲英杰：《先秦都城复原研究》，第164页。

族墓地。① 边家庄墓地东南 3 里即磨儿原古城，时代为春秋早期（图 4-9）。② 张天恩根据陇县东南春秋时期边家庄墓地及磨儿原古城，推测磨儿原古城乃秦襄公二年所迁的汧邑。③ 王学理等亦持此说。④ 祝中熹等以为在陕西陇县东南。⑤

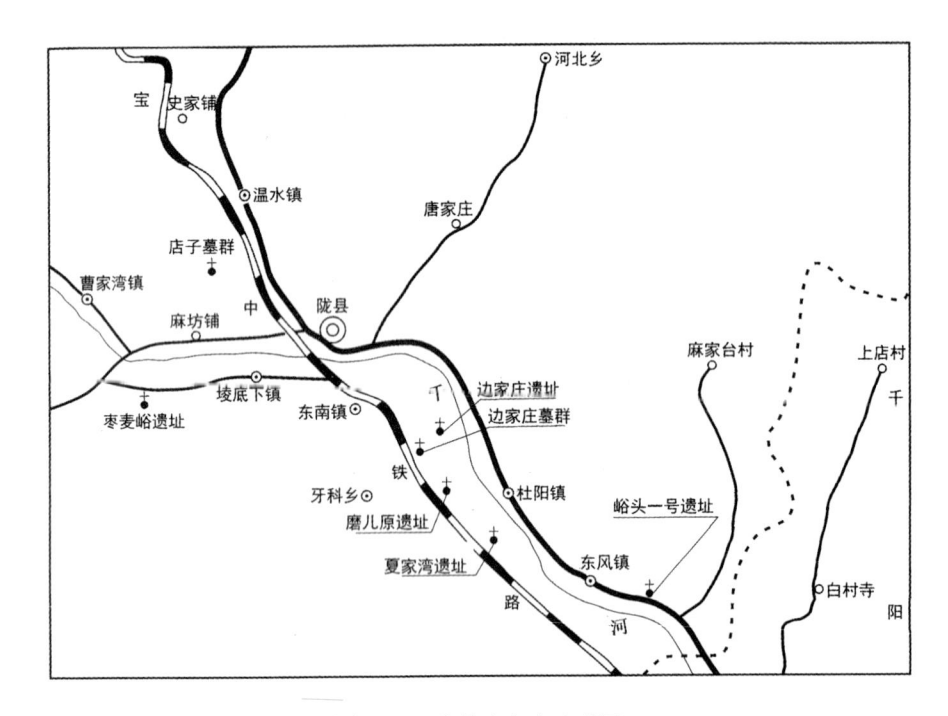

图 4-9 陇县边家庄地形图

（据王学理主编：《秦物质文化通览》，第 141 页）

---

① 尹盛平、张天恩：《陕西陇县边家庄一号春秋秦墓》，《考古与文物》1986 年第 6 期，第 15—22 页；肖琦：《陕西陇县边家庄出土春秋铜器》，《文博》1989 年第 3 期，第 79—81 页；陕西省考古研究所宝鸡工作站、宝鸡市考古研究所：《陕西陇县边家庄五号春秋墓发掘简报》，《文物》1988 年第 11 期，第 14—23 页；张天恩：《边家庄春秋墓地与汧邑地望》，原载《文博》1990 年第 5 期，第 227—231 页，收入氏著《周秦文化研究论集》，第 256—271 页。

② 张天恩：《边家庄春秋墓地与汧邑地望》，《周秦文化研究论集》，第 256—271 页；陕西省考古研究所：《陇县店子秦墓》，三秦出版社 1998 年版，第 160—161 页。

③ 张天恩：《边家庄春秋墓地与汧邑地望》，《周秦文化研究论集》，第 256—271 页。

④ 王学理等：《秦物质文化史》，三秦出版社 1994 年版，第 65—68 页；

⑤ 祝中熹：《秦人早期都邑考》，《秦史求知录》，第 358—361 页；《汧渭之间与汧渭之会——兼议对〈史记〉的态度》，《秦史求知录》，第 421—436 页。

笔者案：《史记·秦本纪》正义引《括地志》"秦襄公二年徙都汧"，误，当为秦文公四年事。汧县、陇县在汧水上游，地理位置偏僻，明显不妥。陇县边家庄春秋贵族墓 8 座墓各出 5 鼎 4 簋，3 座墓各出 3 鼎 2 簋。分析 M1、M5 墓主人的葬式为仰身直肢葬，M5 墓主头向北，二墓皆无腰坑、殉狗、殉人，墓主乃周余民，磨儿原古城、边家庄春秋墓地当是周余民居葬之所。所以，磨儿原古城不是秦文公所迁"汧渭之间"。

4. 宝鸡市陈仓城

《史记·封禅书》曰：

> 秦文公东猎汧、渭之间，卜居之而吉。……后九年，文公获若石云，于陈仓北阪城祠之。①

李吉甫《元和郡县图志》曰：

> 陈仓故城，在今县东二十里，即秦文公所筑。《魏略》云："太和中将军郝昭筑陈仓城。……"按今城有上下二城相连，上城是秦文公筑，下城是郝昭筑。②

秦文公所筑城在今宝鸡市东 10 余公里卧龙岗西北之陈仓故城，即《史记·封禅书》"陈仓北阪城"。

张光远将秦文公所都汧渭之会定在汧河与渭河西夹角的古陈仓。③

李零以为：

---

① 《史记》卷 28《封禅书》，第 1634—1635 页。
② 李吉甫：《元和郡县图志》卷 2《关内道二·京兆府·宝鸡县》，第 42—43 页。
③ 张光远：《先秦石鼓存诗考》；《西周文化继承者秦国文化与史籀作石鼓考》，《"故宫"季刊》第 14 卷第 2 期（1979 年），第 77—116 页。

非子所邑之秦，既与文公所筑城邑为一城或者相近，则其地亦当在陈仓附近。①

高次若、王雷生、陈平先生等认为秦文公所都汧渭之会在宝鸡市陈仓故城，② 杨东晨认为在陈仓故城及其附近区域。③

5. 宝鸡市魏家崖遗址、陈家崖遗址

1998年，蒋五宝以为秦文公所都汧渭之会在宝鸡市魏家崖遗址。④ 2000年，徐卫民论证亦以为秦文公所都汧渭之会在魏家崖遗址。⑤ 2008—2009年，梁云等对王家水库以南的汧渭交界处两岸进行调查。大部分遗址的面积不大，在5万平方米左右，唯陈家崖面积20万平方米。陈家崖遗址发现灰坑、墓葬、夯土基址等，出土春秋早期鬲足、筒瓦、刀范等。梁云以为汧渭之会在汧河和渭河的东夹角地带的陈家崖。⑥ 2011年，陈家崖遗址旁的魏家崖遗址发现铜器墓，出土五鼎、簋、壶、盉等。此外，魏家崖遗址出土金铺首、金虎等。2015年，王学理主编《秦物质文化通览》认为，金器、青铜器和陶片的时代在春秋晚期或者更晚一些。⑦ 2020年，梁云将宝鸡市魏家崖遗址、陈家崖遗址视为一体，以为乃汧渭之会。⑧ 笔者案：魏家崖遗址在汧水以东，亦属于狭义的、小范围的

---

① 李零：《〈史记〉中所见秦早期都邑葬地》，《文史》第20辑，第18页。
② 高次若、刘明科：《关于千渭之会都邑及其相关问题》，《周秦文化研究》编委会编：《周秦文化研究》，陕西人民出版社1998年版，第582—590页；刘明科、高次若、杨曙明：《戴家湾寻古纪事》，文物出版社2019年版，第31—41、168—180、191—194页；王雷生：《秦文公建都"汧渭之会"及其意义——兼考非子秦邑所在》，《人文杂志》2001年第6期，第112—118页；陈平：《关陇文化与嬴秦文明》，凤凰出版社2004年版，第262—263页。
③ 杨东晨：《秦人秘史》，陕西人民教育出版社1991年版，第144页。
④ 蒋五宝：《"汧渭之会"遗址具体地点再探》，《宝鸡文理学院学报》1998年第2期，第55—58页。
⑤ 徐卫民：《秦都城研究》，第61页；徐卫民、刘幼臻：《秦都邑宫苑研究》，王子今主编：《秦史与秦文化研究丛书》，西北大学出版社2021年版，第43—45页。
⑥ 梁云：《鄜畤、陈宝祠与汧渭之会考》，《秦始皇帝陵博物馆》（总1辑），三秦出版社2011年版，第79—82页。
⑦ 王学理主编：《秦物质文化通览》，第144页。
⑧ 梁云：《西垂有声》，生活·读书·新知三联书店2020年版，第94—99页。

汧渭之会。

2023年10月17日，笔者在张天恩、辛怡华先生的陪同下参观魏家崖遗址，观看本年发掘的铜器与陶器。器物时代或谓属于两周之际，是否可以早至秦文公时期尚需斟酌。2022—2024年，发现城垣、壕沟、五鼎贵族墓、车马坑、夯土基址等。①

6. 凤翔县孙家南头村一带

孙家南头村位于汧河下游东岸，墓地东300米处台原上为秦汉时期的蕲年宫遗址。墓地东距凤翔秦公陵园11公里。2003年10月至2004年9月，陕西省考古研究院、宝鸡市考古研究所、凤翔县博物馆在凤翔县长青镇孙家南头村一带发现周秦墓。其中，周墓35座，春秋秦墓和车马坑91座。周墓的年代自先周晚期至西周晚期，秦墓年代多为春秋中晚期。②秦墓中出土完整陶器的有26座，其中属于春秋早期的有4座（M43、M56、M121、M168，属于C类墓，随葬陶器为主），属于春秋中期的有8座，属于春秋晚期的有14座。焦南峰、田亚岐、杨曙明根据考古发现秦墓认为秦文公都居汧邑（汧渭之会）的地望在凤翔县长青镇孙家南头村一带。③

笔者案：孙家南头村一带在汧水（今千河）北，属于广义的、大范围的汧渭之会。秦文公都居汧邑，地点明确，地域有限，适应于狭义的汧渭之会，即汧水入渭水的夹角处。所以，孙家南头村一带充其量视为附属之邑。孙家南头村一带属于春秋早期的墓葬级别低，数量小，并且缺乏这一时期的重要遗存。

---

① 梁云、何鑫：《秦都邑"汧渭之会"找到了》，"文物陕西"公众号2024年11月29日。
② 陕西省考古研究院等编著：《凤翔孙家南头：周秦墓葬与西汉仓储建筑遗址发掘报告》，科学出版社2015年版，第2—3、319—320页。
③ 焦南峰、田亚岐：《寻找"汧渭之会"的新线索》，《中国文物报》2004年3月5日第7版；杨曙明：《"汧渭之会"新考证》，《宝鸡社会科学》2004年第4期，第45—46页；《"秦邑"与"汧渭之会"考》，《中国文物报》2014年3月28日第6版；《雍秦文化》，中国文史出版社2015年版，第95—100页；《陈宝、陈宝祠、陈仓城与汧渭之会考》，《宝鸡社会科学》2017年第2期，第49—51页。

证实当时此处不是重要的区域。因此，目前资料远不足以得出此处属于秦文公都居汧邑（汧渭之会）范围的结论。所以，此说不可靠。

总之，秦文公所都汧渭之会的地望，以上6说中只有宝鸡市陈仓故城及魏家崖遗址值得考虑。

笔者案：关于秦文公所都汧渭之会的地望以及与石鼓文的关系有以下可以明确之处。

第一，秦文公所都汧渭之会在西垂（甘肃省礼县大堡子山一带）之东，秦文公三年东猎，四年方至此，证实是距离礼县较远的地带。并且，此时秦文公担负营建秦国的重任，东猎的目的在于寻找一个新的都城，以适应秦拥有关中、西垂广大疆域的需要。所以，秦文公所迁徙的新都必在关中之交通要冲。汧渭之会通融东西，正符合理想都邑之所也，所谓"择国之中"者也。

第二，《史记·秦本纪》《封禅书》描绘的秦文公都居汧渭之间（汧渭之会）；皇甫谧《帝王世纪》以为秦文公迁徙至汧，汧为都名，其地望在扶风郿县；而汉代的汧县在今甘肃省陇县，二说都不能满足秦文公都居汧渭之间（汧渭之会）的地望。所以，皇甫谧《帝王世纪》"文公徙汧"之"汧"属于水名，不是邑名。虽然秦文公都居汧渭之间（汧渭之会）应是一个范围有限的地方，似乎缺乏具体的名称，而《史记》记载秦文公在古代的陈仓（今属宝鸡市陈仓区）一带活动。

第三，秦文公选择新都汧渭之会出于对祖先非子的尊崇。《史记·秦本纪》曰：

> 非子居犬丘，好马及畜，善养息之。犬丘人言之周孝王，孝王召使主马于汧、渭之间。①

---

① 《史记》卷5《秦本纪》，第227—228页。

《史记·秦本纪》曰：

> 文公元年，居西垂宫。三年，文公以兵七百人东猎。四年，至汧、渭之会。曰："昔周邑我先秦嬴于此，后卒获为诸侯。"乃卜居之，占曰吉，即营邑之。①

秦文公所言，表达了对先祖非子的崇拜，对宗邑的尊崇，犹如商汤居亳。《史记·殷本纪》曰："汤始居亳，从先王居。"②汧渭之会乃秦祖所居，秦文公尊而定居于此。汧渭之会属于汧渭之间，三代定都常在两水之间，即两水交汇之处，如夏都二里头遗址在伊水、洛水间，周都丰镐遗址在丰水、镐水间。秦文公至汧渭之会，即非子牧马之所，其地必然广大，断非一隅之地。虽然秦文公初居的只是非子牧马汧渭之会之所的一部分，而后世所居平阳、雍皆属于非子牧马汧渭之会之所也。《史记·秦本纪》曰：

> （宁）〔宪〕公二年，公徙居平阳。遣兵伐荡社。③

秦建国后，秦文公、宪公曾居秦文公所都汧渭之会（陈仓故城一带）。

第四，石鼓文记载秦公田汧，《秦记》《史记》仅记载秦文公田汧。所以，秦文公田汧成为优选，即秦文公之时成为石鼓文创作年代的首先考虑的对象。石鼓文乃春秋时代作品，④其创作时代以

---

① 《史记》卷5《秦本纪》，第230页。
② 《史记》卷3《殷本纪》，第121页。
③ 《史记》卷5《秦本纪》，第232页。
④ 裘锡圭：《文字学概要》（修订本），商务印书馆2013年版，第65页。

持秦文公者最多，① 笔者重新考定。②《史记·秦本纪》记载秦文公四年（周平王四十七年）至汧渭之会而营建都城。

第五，秦文公、宪公居汧渭之会，并葬于附近。秦宪公之后的秦国国君都是奉行葬于国都附近，③ 秦文公应葬在汧渭之会的国都附近。秦文公葬地，《史记·秦本纪》作西山，而《史记·秦始皇本纪》附录作西垂，综合秦文公迁都汧渭之会，及秦宪公葬西山，秦文公葬地当以西山为是。《史记·秦本纪》曰："（宁）〔宪〕公生十岁立，立十二年卒，葬西山。"张守节《正义》曰："《括地志》云：'秦（宁）〔宪〕公墓在岐州陈仓县西北三十七里秦陵山。《帝王世纪》云秦（宁）〔宪〕公葬西山大麓，故号秦陵山也。'按：文公亦葬西山，盖秦陵山也。"④《史记·秦本纪》曰："文公卒，葬西山。"裴骃《集解》曰："徐广曰：'皇甫谧云葬于西山，在今陇西之西县。'"⑤ 皇甫谧说误。李零先生力主秦文公葬秦陵山，在今陕西省宝鸡市。⑥

总之，秦文公、秦宪公居秦文公所都汧渭之会，并葬于其附近的西山（秦陵山），石鼓亦出于秦文公所都汧渭之会。以秦都宝鸡、

---

① 程廷祚：《青溪集》卷4《石鼓文辨》，宋效勇校点，《安徽古籍丛书》第3辑，黄山书社2004年版，第92页；孙志祖：《读书脞录》卷7《石鼓》，清嘉庆间刻本，第1页b—3页a；朱骏声：《经传室文集》卷10《石鼓考》，《求恕斋丛书》，民国间刘承干刻本，第5页a、b；刘心源：《奇觚室乐石文述》2《周刻石·石鼓文》，清光绪二十五年写刻本，第45页b—46页a；震钧：《天咫偶闻》卷4《北城》，北京古籍出版社1982年版，第74页；罗振玉：《秦公敦跋》，《松翁近稿》，《罗振玉学术论著集》第10集，上海古籍出版社2013年版，上册，第49页；马叙伦：《石鼓为秦文公时物考》，初刊《国立北平图书馆馆刊》第7卷第2号（1933年），修订后收入氏著《石鼓疏记》，民国二十四年上海商务印书馆石印本，第28页a—29页b；杨寿祺：《石鼓时代研究》，《考古社刊》1935年第3期，第94—96页；许庄：《石鼓为秦文公旧物考》，《文史杂志》1945年3、4期，第80—81页；《石鼓为秦文公旧物考》，《石鼓考缀》，民国三十六年贵阳许学窘石印本，第1页b—3页b；等等。

② 程平山：《〈诗经·秦风〉〈石鼓诗〉年代背景主旨新考》，上海古籍出版社2023年版。

③ 参见徐卫民《秦公帝王陵四大陵区及其形成原因》，《秦文化论丛》第9辑，西北大学出版社2002年版，428—438页。

④《史记》卷5《秦本纪》，第232—233页。

⑤《史记》卷5《秦本纪》，第231—232页。

⑥ 李零：《〈史记〉中所见秦早期都邑葬地》，《文史》第20辑，第15—23页。

平阳、雍地理言之，汧渭之会包括宝鸡、平阳、雍所在的区域（图4-10），这些都是秦文公田猎之所，亦非子（秦嬴）放牧处。秦文公定都的地望则以宝鸡为是。秦文公至秦孝公都是以汧渭之会为都，即从先人非子所居。明确此点，对于把握秦国历史地理，以及理解秦国历史大势的变迁十分重要。

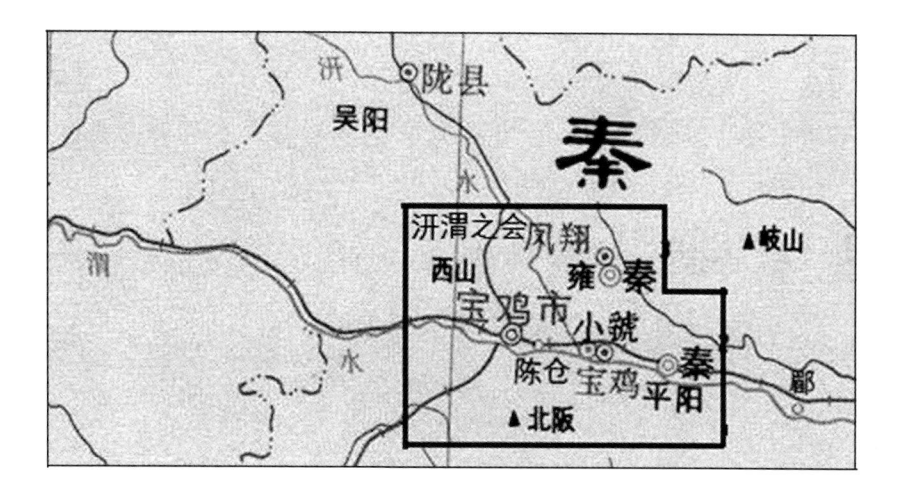

图4-10　汧渭之会地理图

（底图据谭其骧主编：《中国历史地图集》第1册，中国地图出版社1982年版，第22—23页）

非子邑秦在关中，而非甘肃。秦人之居在赵城、秦邑、犬丘。大骆一脉当是久居犬丘。

第四节　平阳

《史记·秦本纪》曰：

> （宁）〔宪〕公二年，公徙居平阳。[1]

---

[1] 《史记》卷5《秦本纪》，第232页。

《史记·秦始皇本纪》附录曰:

　　宪公享国十二年,居西新邑。死,葬衙。生武公、德公、出子。

　　出子享国六年,居西陵。庶长弗忌、威累、参父三人,率贼贼出子鄙衍,葬衙。武公立。

　　武公享国二十年。居平阳封宫。葬(宣)〔平〕阳聚东南。三庶长伏其罪。德公立。

　　德公享国二年。居雍大郑宫。生宣公、成公、缪公。葬〔平〕阳。初伏,以御蛊。

　　宣公享国十二年。居〔平〕阳宫。葬〔平〕阳。初志闰月。

　　成公享国四年,居雍之宫。葬〔平〕阳。①

平阳之地望,《三辅黄图》《帝王世纪》《水经注》《括地志》《太平寰宇记》等皆有记载。

1. 郿城

《太平寰宇记·关内道六》凤翔府郿县:

　　《三辅黄图》云:"右辅都尉理所。"秦宁公徙居平阳,即此地。今县东十五里,渭水北故郿城是也。②

皇甫谧《帝王世纪》(《太平御览》卷一五五引)曰:

　　宁公又都平阳,故《秦本纪》曰:"宁公二年,徙居平阳。"今扶风郿之平阳亭是也。③

---

① 《史记》卷6《秦始皇本纪》,第358—359页。
② 李昉等:《太平寰宇记》卷30《关内道六·凤翔府·郿县》,第636页。
③ 李昉等:《太平御览》卷155《州郡部一·叙京都上》,第755页上栏。

裴骃《史记集解》曰：

> 徐广曰："郿之平阳亭。"[1]

李零认为郿县古城说乃"北魏改郿县为平阳县误托"。[2] 王恢亦曰"汉置眉县，后魏复曰平阳。《括地志》说在岐山县，非也。"[3]

2. 平阳聚

张守节《正义》曰：

> 《帝王世纪》云：秦宁公都平阳。按：岐山县有阳平乡，乡内有平阳聚。[4]

《水经注·渭水》曰：

> 汧水东南历慈山，东南径郁夷县北，平阳故城南。[5]

张守节《正义》曰：

> 《括地志》云："平阳故城在岐州岐山县西四十六里，秦宁公徙都之处。"[6]

《史记·秦本纪》曰：

---

[1] 《史记》卷5《秦本纪》，第233页。
[2] 李零：《〈史记〉中所见秦早期都邑葬地》，《文史》第20辑，第21页。
[3] 王恢：《史记本纪地理图考·秦本纪·奠基关陇》；张新科、赵光勇编：《秦本纪》，赵光勇等主编：《史记研究集成·十二本纪》，第61—62页。
[4] 《史记》卷5《秦本纪》，第233页。
[5] 郦道元注，杨守敬、熊会贞疏：《水经注疏》卷17《渭水上》，第1514页。
[6] 《史记》卷5《秦本纪》，第233页。

> 武公元年，伐彭戏氏，至于华山下，居平阳封宫。

张守节《正义》曰：

> 宫名，在岐州平阳城内也。①

笔者案：张守节《史记正义》所主平阳故城在岐州岐山县西四十六里阳平乡平阳聚，今宝鸡市阳平镇。

今人李零、曲英杰等赞成此说。②

1978 年，在宝鸡县太公庙村铜器窖藏出土青铜钟 5 件、镈 3 件。青铜钟、镈铭文证明属于秦武公器。③ 秦武公钟、秦武公镈曰：

> 秦公曰：我先祖受天命，赏宅受或（国）。④

李零认为太公庙村与平阳近，⑤ 吴镇烽、张天恩等认为太公庙村一带乃平阳故城。⑥

2013 年，陕西省考古研究院等在陈仓区太公庙村钻探出一座中

---

① 《史记》卷 5《秦本纪》，第 233—234 页。
② 李零：《〈史记〉中所见秦早期都邑葬地》，《文史》第 20 辑，第 21 页；曲英杰：《先秦都城复原研究》，第 165—167 页。
③ 卢连成、杨满仓：《陕西宝鸡县太公庙村发现秦公钟、秦公镈》，《文物》1978 年第 11 期，第 1—5 页。
④ 卢连成、杨满仓：《陕西宝鸡县太公庙村发现秦公钟、秦公镈》，《文物》1978 年第 11 期，第 1—5 页。
⑤ 李零：《春秋秦器试探——新出秦公钟、镈铭与过去著录秦公钟、镈铭的对读》，《考古》1979 年第 6 期，第 515—521 页。
⑥ 吴镇烽：《新出秦公铭考释与有关问题》，《考古与文物》1980 年第 1 期，第 88—92 页；张天恩：《对〈秦公钟考释〉中有关问题的一些看法》，《四川大学学报》（哲社版）1980 年第 4 期，第 93—100 页。

字形大墓和一座大型车马坑。①

笔者案：中字形大墓、秦武公器等证实此处乃秦公都平阳所葬处。

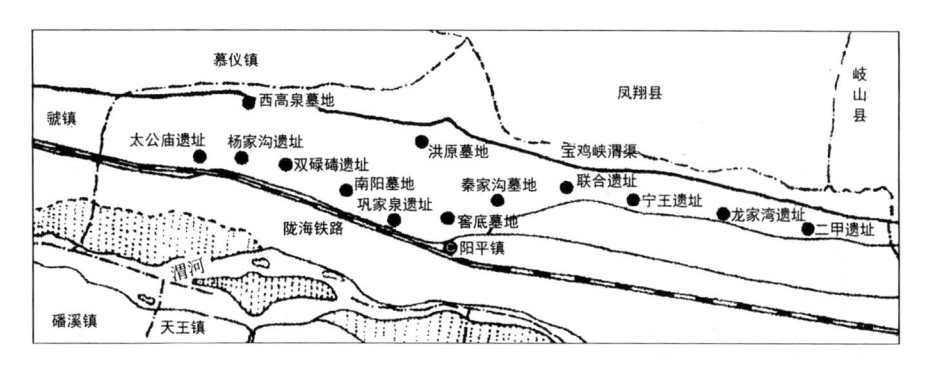

图 4-11 平阳遗迹分布图

（据王学理主编：《秦物质文化通览》，第 151 页）

《汉书·郊祀志》汉成帝时：

> 雍大雨，坏平阳宫垣。②

容庚《汉金文录·平阳宫鼎》曰：

> 今汧共厨，平阳宫金鼎一，名十一，雍容一斗重九斤八两。③

---

① 张天恩、庞有华：《秦都平阳的初步研究》，《秦始皇帝陵博物院院刊》第 5 辑，陕西师范大学出版社 2015 年版，第 54—63 页；李岗：《2008～2017 年陕西秦汉考古综述》，《考古与文物》2018 年第 5 期，第 74 页；陕西省考古研究院、宝鸡市考古研究所、宝鸡陈仓区博物馆：《陕西宝鸡太公庙秦公大墓考古调查勘探简报》，《考古与文物》2021 年第 1 期，第 3—7 页。
② 《汉书》卷 25 下《郊祀志下》，第 1262 页。
③ 容庚：《汉金文录》卷 1《平阳宫鼎》，《秦汉金文录》，民国二十年中央研究院历史语言研究所石印本；收入《容庚学术著作全集》第 6 册，第 178、191 页。

阮元《积古斋钟鼎彝器款识》录《平阳封宫铜器》。①

宁王村北有一处春秋至西汉时期的大型遗址，出土"郁夷"文字瓦当（图4－12）。②

图4－12　"郁夷"文字瓦当

（据董卫剑主编，宝鸡市陈仓区博物馆编：《陈仓记忆》，第90页）

秦平阳，西汉为郁夷，其故址在今宝鸡市陈仓区阳平镇宁王村一带。

《史记·秦本纪》曰：

> 二十年，武公卒，葬雍平阳。……有子一人，名曰白。白不立，封平阳。

张守节《史记正义》曰：

---

① 阮元编录：《积古斋钟鼎彝器款识》卷9《秦器款识·秦平阳封宫铜器》，《文选楼丛书》，清嘉庆九年刊本，第5页a。

② 董卫剑：《从宁王遗址出土的"郁夷"瓦当探讨郁夷县故城与平阳故城的关系》，《考古与文物》2005年第1期，第44—48页。

即雍平阳也。平阳时属雍，并在岐州。解在上也。①

笔者案：学者或以为秦以都平阳封白，② 误也。白之采邑在平阳耳。

第五节　雍

关于秦都雍城的起始年代与截止年代，学界主要有三种观点。

第一种观点以为，秦都雍自秦德公元年（前677年）居大郑宫算起，截止年代以秦献公迁徙栎阳之年（前383年）为限。秦都雍城294年。1993年，尚志儒、赵丛苍《秦都雍城布局与结构探讨》已经持此说。③ 2015年，王学理主编《秦物质文化通览》中，刘明科、王学理订补尚志儒说，采用此说。④

第二种观点以为，秦都雍自秦德公元年（前677年）居大郑宫算起，截止年代以秦灵公二年（前423年）迁徙泾阳为限。秦都雍城255年。王国维《秦都邑考》提出，秦灵公东迁泾阳，不复都雍。2000年，徐卫民《秦都城研究》推演王国维说，提出雍城截止于秦灵公二年。⑤ 2009年，潘明娟《周秦时期关中城市体系研究》持此看法；⑥ 2014年，朱士光《论秦都雍城之特点及其历史地位》采用此说。⑦

---

① 《史记》卷5《秦本纪》，第235页。
② 曲英杰：《先秦都城复原研究》，第165、168页。
③ 尚志儒、赵丛苍：《秦都雍城布局与结构探讨》，石兴邦主编：《考古学研究》，三秦出版社1993年版，第581—591页。
④ 王学理主编：《秦物质文化通览》，第155页。
⑤ 徐卫民：《秦都城研究》，第70页、91—95。
⑥ 潘明娟：《周秦时期关中城市体系研究》，人民出版社2009年版，第162页。又见于潘明娟：《先秦多都并存制度研究》，中国社会科学出版社2018年版，第185页。
⑦ 朱士光：《论秦都雍城之特点及其历史地位》，原载《中国古都研究》第27辑（三秦出版社2014年版），收入氏著《历史地理学的传承与开拓》，中国社会科学出版社2018年版，第597页。

第三种观点以为，秦都雍自秦德公元年（前677年）居大郑宫算起，截止年代以秦孝公迁徙咸阳之年（前350年）为限，秦都雍城327年。2003年，田亚岐等《秦雍城置都年限考辩》否定了秦都雍城截止于秦灵公迁徙泾阳说、秦献公迁徙栎阳说，主张秦孝公迁徙咸阳之年说。2015年，田亚岐《秦都雍城考古录》结合考古发现进一步阐释此说。① 2015年，杨曙明《雍秦文化》持此说；王学理主编《秦物质文化通览》亦采用此说。② 2021年，徐卫民、刘幼臻《秦都邑宫苑研究》采用田亚岐说。③

总之，目前学界对于秦都雍城的起始年代认识较为一致，而对于其截止年代则存在分歧，又存在达成一致意见的趋势。

对于迁都以后的雍城地位，学者有不同的解释。史念海以为，雍城仍然保持着经济都会的地位。④ 然则，已经不是实际的秦都。潘明娟以为，秦灵公以后雍城失去行政中心的位置，而作为圣都存在，延续至秦代灭亡之年（前207年）。秦人有大事则告于雍都的祖庙，秦灵公之后的多数秦公、秦王都归葬于雍城。⑤ 笔者案：学界多以为秦灵公所迁徙泾阳只是临时的都城。据《史记·秦本纪》、《秦始皇本纪》附录与考古资料，雍城有秦灵公至出子时的宫殿基址区、秦公墓，雍城仍是此时的秦都，是秦献公、出子争夺的对象。秦献公以后的秦公葬于栎阳、咸阳。因此，潘明娟主张秦灵公以后的多数秦公、秦王归葬于雍是错误的观点。分析潘明娟论证的依据，观念远多于实证，其说建筑在雍城为圣都说之上，而圣都说属于未被证实的假说。缘于对秦灵公临时居住泾阳的性质认识不足，潘明娟的观点与考古发现相矛盾，其根源在于缺乏对考古发现

---

① 田亚岐、张文江：《秦雍城置都年限考辩》，《文博》2003年第1期，第45—50页；田亚岐：《秦都雍城考古录》，《大众考古》2015年第4期，第77—83页。
② 杨曙明：《雍秦文化》，第27、109页；王学理主编：《秦物质文化通览》，第155页。
③ 徐卫民、刘幼臻：《秦都邑宫苑研究》，第56—57页。
④ 史念海：《陕西在秦汉时期历史中的地位》，原载《文史知识》1992年第6期，收入《河山集》七集，《史念海全集》第5卷，第639页。
⑤ 潘明娟：《周秦时期关中城市体系研究》，第162页。

作出客观如实地解释,而沉溺于雍城属于圣都的假说之中。

笔者认为,目前学界没能很好回答雍城作为秦都的起始年代与截止年代,尤其是对秦德公居大郑宫的性质、秦孝公迁都咸阳以后雍城的性质缺乏令人信服的论证。笔者拟将与雍城相关的历史文献、出土文献与考古资料相结合,并以夏商周时期文献记载与考古发现的都城为借鉴,重新探讨秦都雍城的年代问题。

一 秦德公居大郑宫的性质

《史记·秦本纪》曰:

> (宁)〔宪〕公二年,公徙居平阳。……武公元年……居平阳封宫。……二十年,武公卒,葬雍平阳。……德公元年,初居雍城大郑宫。以牺三百牢祠鄜畤。卜居雍。后子孙饮马于河。①

皇甫谧《帝王世纪》(《太平御览》卷一五五引)曰:

> 德公元年,初居雍,今扶风雍是也。②

裴骃《史记集解》曰:

> 徐广曰:"今县在扶风。"③

郦道元《水经注·渭水》曰:

> 左阳水又南流,注于雍水,雍水又与东水合,俗名也。北

---

① 《史记》卷5《秦本纪》,第232—235页。
② 李昉等:《太平御览》卷155《州郡部一·叙京都上》,第755页上栏。
③ 《史记》卷5《秦本纪》,第235页。

出河桃谷，南流，右会南源，世谓之返眼泉。乱流南，径岐州城东，而南合雍水，州居二水之中，南则两川之交会也。世亦名之为渒空水。东流，邓公泉注之，水出邓艾祠北，故名曰邓公泉。数源俱发于雍县故城南，县故秦德公所居也。①

张守节《史记正义》曰：

《括地志》云："岐州雍县南七里故雍城，秦德公大郑宫城也。"②

秦平阳故城在今宝鸡市陈仓区阳平镇宁王村一带。1978年，在太公庙村铜器窖藏出土青铜钟5件、镈3件。青铜钟、镈铭文证明属于秦武公器。③ 2013年，陕西省考古研究院等在太公庙村钻探出一座中字形大墓和一座大型车马坑。④ 笔者案：中字形大墓、秦武公器等证实此处乃秦公都平阳所葬处。按照《史记》的记载，秦德公在位仅仅2年，他做了2件与秦都雍城有关的大事，一是建立了离宫别馆大郑宫；二是占卜迁居雍，后来的子孙果然迁徙居雍城。《史记》的记载是含混的，但是皇甫谧《帝王世纪》、郦道元《水经注》确定地将秦德公迁都雍作为史实。承袭这个误解，许多学者以为雍城作为秦都始于秦德公，⑤ 然而秦德公居大郑宫，只是后来的秦都雍城的一隅，大郑宫在秦德公时属于离宫别馆。

---

① 郦道元注，杨守敬、熊会贞疏：《水经注疏》卷17《渭水上》，第1530—1531页。
② 《史记》卷5《秦本纪》，第235页。
③ 卢连成、杨满仓：《陕西宝鸡县太公庙村发现秦公钟、秦公镈》，《文物》1978年第11期，第1—5页。
④ 张天恩、庞有华：《秦都平阳的初步研究》，《秦始皇帝陵博物院院刊》第5辑，第54—63页；李岗：《2008~2017年陕西秦汉考古综述》，《考古与文物》2018年第5期，第74页；陕西省考古研究院、宝鸡市考古研究所、宝鸡陈仓区博物馆：《陕西宝鸡太公庙秦公大墓考古调查勘探简报》，《考古与文物》2021年第1期，第3—7页。
⑤ 王学理主编：《秦物质文化通览》，第155、158页；杨曙明：《雍秦文化》，第25—27、109页；徐卫民、刘幼臻：《秦都邑宫苑研究》，第54页。

《史记·十二诸侯年表》秦《表》，德公：

> 二年，初作伏，祠社，磔狗邑四门。①

四门，平阳之城门。此乃秦德公犹都平阳之证。
据《史记·秦本纪》：

> 德公元年，初居雍城大郑宫。以牺三百牢祠鄜畤。卜居雍。后子孙饮马于河。梁伯、芮伯来朝。二年，初伏，以狗御蛊。德公生三十三岁而立，立二年卒。生子三人：长子宣公，中子成公，少子穆公。长子宣公立。宣公……四年，作密畤。与晋战河阳，胜之。十二年，宣公卒。生子九人，莫立，立其弟成公。成公元年，梁伯、芮伯来朝。……成公立四年卒。子七人，莫立，立其弟缪公。②

秦德公在位二年，子宣公在位十二年，弟成公在位四年。此18年间，秦国对外，仅秦宣公四年与晋国作战一次，其他时间处于和平时期。一方面，秦人既都平阳，营建新的都城属于不急之事。另一方面，营建新都，需要准备大量的人力、物力、财力。

秦宣公四年，营建密畤。《史记·秦本纪》秦宣公：

> 四年，作密畤。③

《史记·十二诸侯年表》秦表，秦宣公：

---

① 《史记》卷14《十二诸侯年表》，第711页。
② 《史记》卷5《秦本纪》，第235—237页。
③ 《史记》卷5《秦本纪》，第236页。

四年，作密畤。①

《史记·封禅书》曰：

其后四年，秦宣公作密畤于渭南，祭青帝。②

陈仓区磻溪镇下站遗址地处秦岭北麓渭河南岸的台原之上，东西两侧均为河谷，台地南北狭长，长约4.3千米，北缘距渭河河道仅800余米。遗址位于台原中部偏北，距台地北缘约1.9千米，距秦岭山脉约2.4千米，东西宽540米，南北约430米，总面积约23万平方米。2020年，中国国家博物馆、陕西省考古研究院、宝鸡市考古研究所、陈仓区博物馆发掘，发现祭祀坑、房址以及灰坑等遗迹68处，出土大量马、牛、羊祭祀用牺牲、铺地砖、瓦、瓦当以及少量玉器、铁器和青铜车马器。下站遗址的祭祀坑与血池、吴山祭祀遗址大同小异，都是畤祭祀遗存。从祭祀坑和砖瓦等遗物分析，下站遗址至少从东周持续使用至西汉，汉承秦制。出土汉代陶文"密"字。③下站遗址的考古发现证实为秦汉时期的密畤。

密畤在平阳南部，是营建祭祀遗存于国都之南，证实秦宣公时秦人仍然都平阳。

《史记·秦本纪》曰：

二十年，武公卒，葬雍平阳。④

《史记·秦始皇本纪》附录：

---

① 《史记》卷14《十二诸侯年表》，第713页。
② 《史记》卷28《封禅书》，第1637页。
③ 游富祥、杨武站等：《宝鸡下站祭祀遗址应为秦宣公所建"雍五畤"之一密畤 或与祭祀青帝有关》，中国文物报社"文博中国"微信公众号2020年12月7日；《陕西宝鸡陈仓下站秦汉祭祀遗址》，《2020中国重要考古发现》，文物出版社2021年版，第103—106页。
④ 《史记》卷5《秦本纪》，第235页。

武公享国二十年。居平阳封宫。葬（宣）〔平〕阳聚东南。……

德公享国二年。居雍大郑宫。生宣公、成公、缪公。葬〔平〕阳。……

宣公享国十二年。居〔平〕阳宫。葬〔平〕阳。……

成公享国四年，居雍之宫。葬〔平〕阳。……

缪公享国三十九年。天子致霸。葬雍。①

马非百《秦集史》曰：

德公葬阳。按《秦本纪》《始皇本纪》均言德公初居雍城大郑宫。此"阳"字上当有"平"字。平阳时属雍，并在岐州，故上文言武公葬平阳也。下仿此。②

笔者案：秦德公、秦宣公、秦成公葬平阳，证实秦德公、秦宣公、秦成公时期平阳仍然是正式的都城，而大郑宫处于离宫别馆的地位。

雍城在今陕西凤翔，考古发现甚为丰富。雍城城内发现宫廷建筑遗存、凌阴遗址、市场遗址、手工业作坊遗址等，城郊有礼制建筑遗存、秦公陵园等。③ 田亚岐根据考古发现认为雍城的营建经历了三个历史时期（图 4 - 13、4 - 14、4 - 15）。第一期，处于后来的雍城的东南角，今瓦窑头村一带，面积不足 1 平方公里。发现府

---

① 《史记》卷6《秦始皇本纪》，第359页。
② 马非伯：《秦集史》下册，第550页。
③ 陕西省社会科学院考古研究所凤翔队：《秦都雍城遗址勘查》，《考古》1963年第8期，第419—422页；陕西省雍城考古队：《秦都雍城钻探试掘简报》，《考古与文物》1985年第2期，第7—21页；陕西省雍城考古队：《凤翔马家庄春秋秦一号建筑遗址第一次发掘简报》，《考古与文物》1982年第5期，第12—21页；陕西省雍城考古队：《凤翔马家庄一号建筑群遗址发掘简报》，《文物》1985年第2期，第1—29页；陕西省考古研究院等编著：《秦雍城豆腐村战国制陶作坊遗址》，科学出版社2013年版。

图4—13 雍城第一期布局

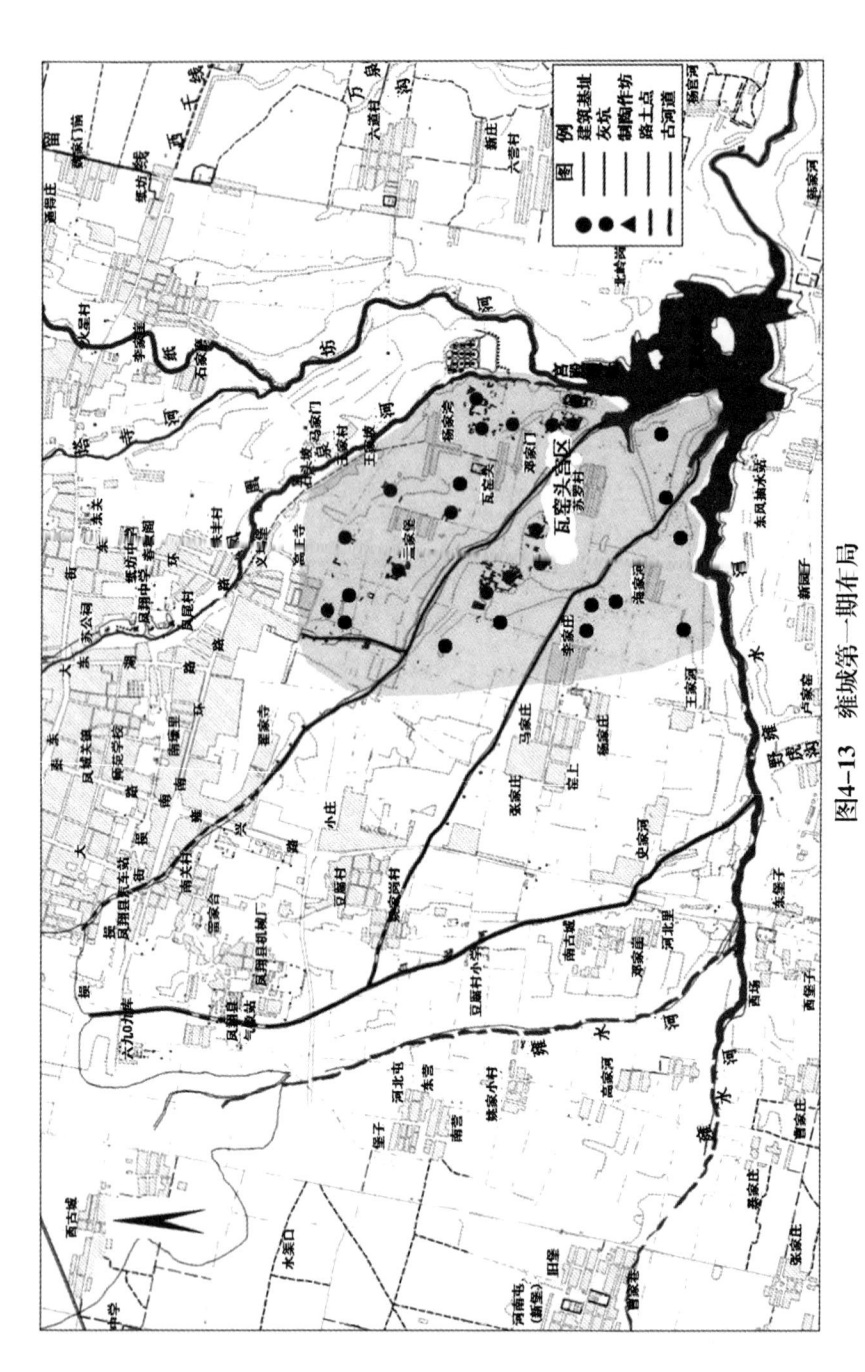

(据田亚岐等:《秦都雍城城市体系演变的考古学观察》,中国先秦史学会等编:《全国(凤翔)秦文化学术研究会论文集》,第33页)

第四章 秦始封地与秦国早期都城 377

图 4-14 雍城第二期布局

(据田亚岐等：《秦都雍城城市体系演变的考古学观察》，中国先秦史学会等编：《辉煌雍城：全国(凤翔)秦文化学术研究会论文集》，第34页)

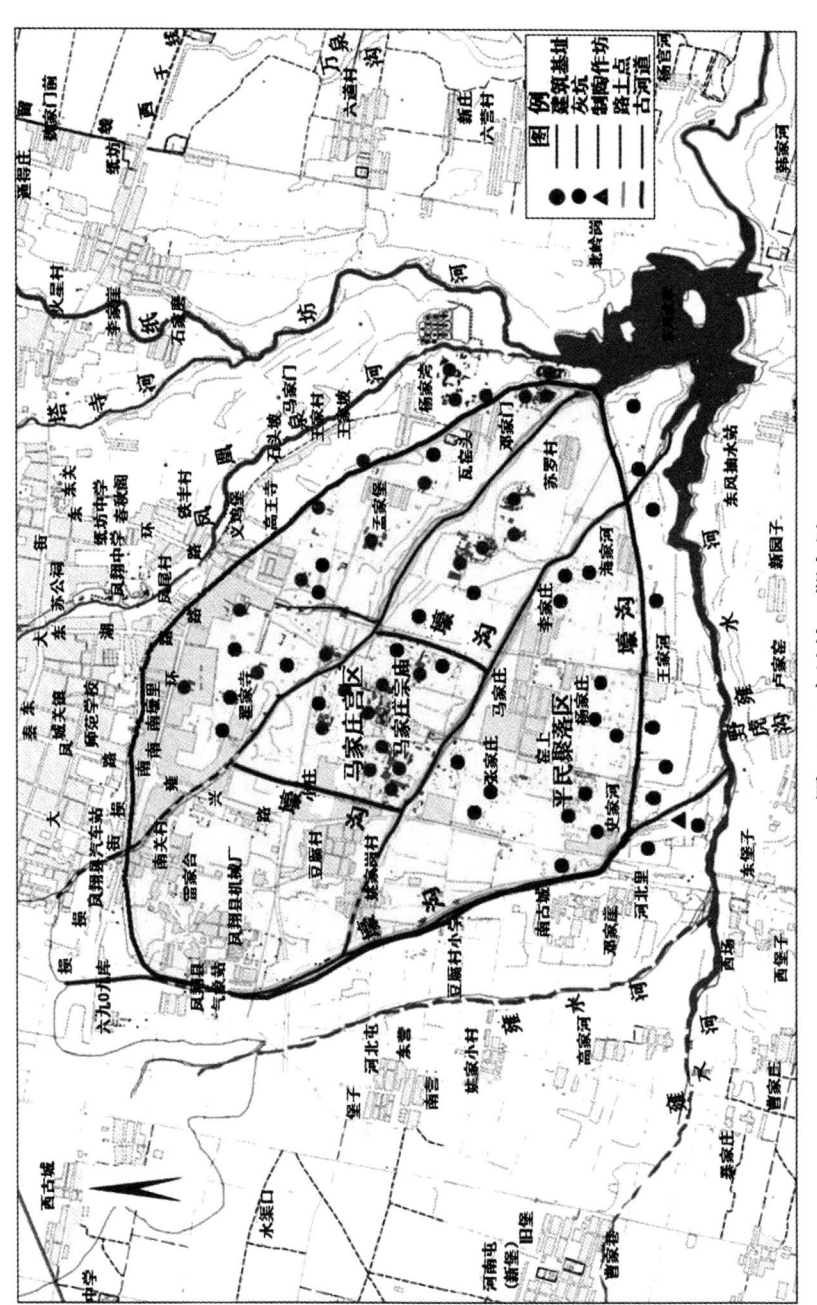

378 秦国早期历史之重构

图4—15 雍城第三期布局

(据田亚岐等：《秦都雍城城市体系演变的考古学观察》，中国先秦史学会等编：《辉煌雍城：全国(凤翔)秦文化学术研究会论文集》，第35页)

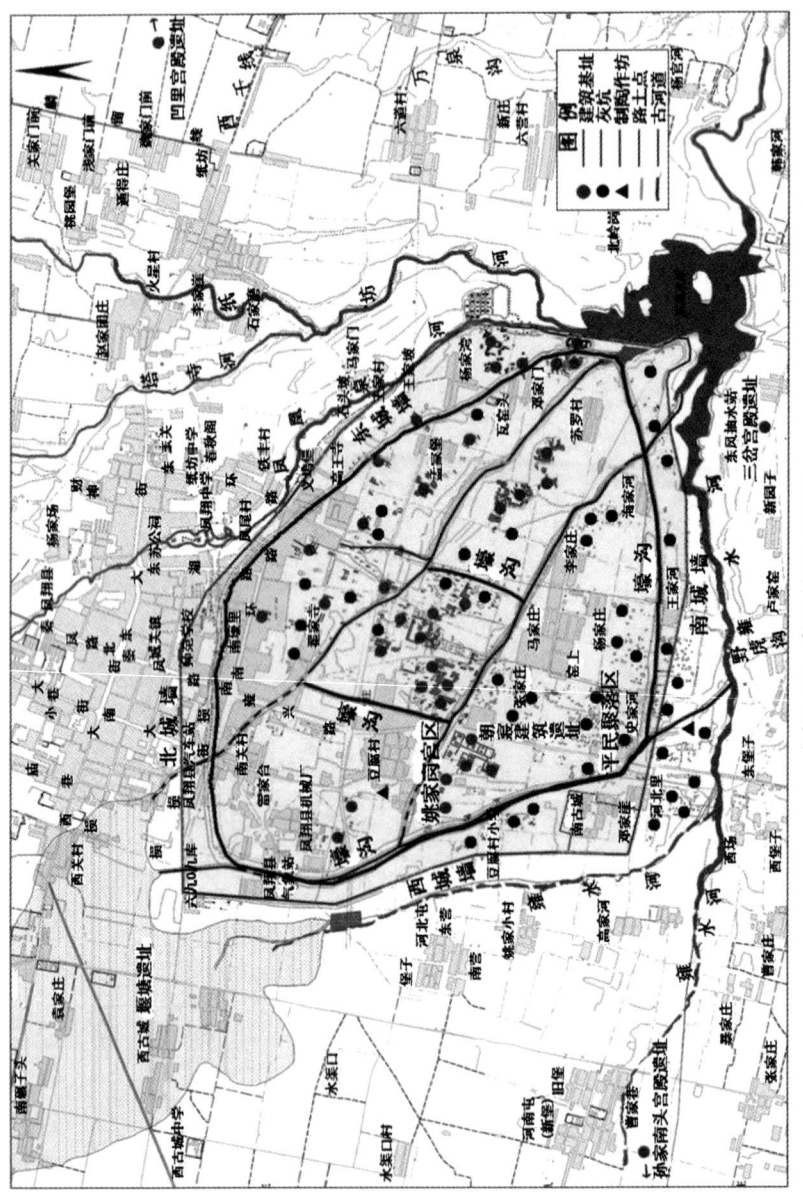

库遗址（原称"大型宫殿建筑"，据 2022 年 6—12 月的发掘成果纠正了此认识）、中型建筑与半地穴建筑，聚落集中分布区，但是既没有发现城垣遗迹，也没有人工沟壕。[①] 第一期的时代包括秦德公、秦宣公、秦成公时期（前 677—前 660 年）。[②] 笔者认为，考古发现与文献记载相一致，第一期只是离宫别馆，并非都城，此时秦人仍都平阳，秦德公、秦宣公、秦成公葬平阳。需要强调的有：第一，大郑宫一带没有宗庙、社的设置。同时期的宗庙、社皆在平阳。第二，大郑宫一带，既无城垣又无城壕，存在安全防备的缺陷。而作为离宫别馆，设置临时戍卫即可。所以，大郑宫一带非久居之所，只是临时偶居耳。第三，大郑宫一带范围很小，人口寡少，不具备都邑规模。总之，将秦德公偶居大郑宫一带归为雍城的都城时期是很不妥当的。

二 秦穆公至秦悼公城雍以前的雍城

雍城第二期，处于后来的雍城的中部，即今马家庄一带，中心区面积 3 平方公里。主要遗存有马家庄秦宗庙遗址、几处大型建筑遗址、高台建筑和"市场"等。以上被环壕所环绕。其外围又形成另一重环壕，涵盖范围 7 平方公里。两条环壕呈"回"字形。内壕系大型宫室及附属建筑分布区，当为秦公和贵族所居。内壕与外壕之间，多分布平民生产与生活的聚居区。[③] 第二期的时代包括秦穆

[①] 田亚岐、任周方：《秦都雍城功能与格局的典型性特征》，蔡庆良、张志光主编：《嬴秦溯源：秦文化特展》，台北"故宫"2016 年版，第 317—319 页；田亚岐、郁彩玲：《秦都雍城城市体系演变的考古学观察》，中国先秦史学会等编：《辉煌雍城：全国（凤翔）秦文化学术研究会论文集》，三秦出版社 2017 年版，第 30—37 页；杨武站、王志远等：《秦雍城发现春秋时期秦国大型建筑遗址》，《中国文物报》2023 年 7 月 28 日第 7 版。

[②] 王学理主编：《秦物质文化通览》，第 158 页。

[③] 田亚岐、任周方：《秦都雍城功能与格局的典型性特征》，蔡庆良、张志光主编：《嬴秦溯源：秦文化特展》，第 317—319 页；田亚岐、郁彩玲：《秦都雍城城市体系演变的考古学观察》，中国先秦史学会等编：《辉煌雍城：全国（凤翔）秦文化学术研究会论文集》，第 30—37 页。

公至秦惠公时期（前659—前491年）。①

笔者案：《史记·秦本纪》记载秦穆公都雍，《史记·秦始皇本纪》附录记载秦穆公至秦出公葬雍，②证实秦穆公至秦出公都于雍城。《史记·秦本纪》描绘秦穆公三十四年居雍时的场景："戎王使由余于秦。由余，其先晋人也，亡入戎，能晋言。闻缪公贤，故使由余观秦。秦缪公示以宫室、积聚。由余曰：'使鬼为之，则劳神矣。使人为之，亦苦民矣。'"③此记载证实了秦穆公晚年秦都雍城已经经营得相当完善。考古发现与文献记载相一致，第二期已经是都城，此时秦人都雍城。秦穆公初年已经迁徙至雍城，并且营建新的宫室、宗庙等；大郑宫处于都城的一隅，并且属于第一期的大郑宫一带仅仅有一半的范围被包进第二期的外壕之内，显示大郑宫及其附属实际的范围很小，更加证实大郑宫在第二期的地位趋下。

秦穆公都雍以后，大郑宫以北以南地区发生质的变化。第一，在马家庄一带出现宫殿、宗庙、社。第二，建造秦公陵园。第三，都城有壕沟设置，起到城垣的作用。第四，各种必备设施齐全。仓储、府库、手工业作坊等一应俱全。第五，都城面积7平方公里，范围广大。

《史记·秦始皇本纪》附录曰：

> 缪公享国三十九年。天子致霸。葬雍。……
> 康公享国十二年。居雍高寝。葬竘社。生共公。
> 共公享国五年，居雍高寝。葬康公南。生桓公。
> 桓公享国二十七年。居雍太寝。葬义里丘北。生景公。
> 景公享国四十年。居雍高寝，葬丘里南。生毕公。④

---

① 王学理主编：《秦物质文化通览》，第158页。
② 《史记》卷6《秦始皇本纪》，第359—362页。
③ 《史记》卷5《秦本纪》，第245页。
④ 《史记》卷6《秦始皇本纪》，第359—360页。

雍城作为正式都城始于秦穆公，秦穆公至秦出公的 18 位秦公居葬于此。

基于考古发现与认识，结合文献记载，我们可以得出以下认识：秦德公居大郑宫，大郑宫位于平阳北，处于后来的雍城的东南角（今瓦窑头村一带），面积很小，性质属于离宫别馆。秦德公至秦成公仍然葬于平阳。至秦穆公，雍城方作为正式都城，大郑宫仍然处于离宫别馆的地位。所以，大郑宫在秦德公至秦成公时期（前677—前660年）始终处于离宫别馆的地位，大郑宫在秦穆公至秦惠公时期（前659—前491年）处于秦都雍城的一隅，仍为离宫别馆。一期遗存与二期遗存比较，已经充分证实一期遗存不属于都城时期的遗存，规模远远不够。那么，"雍城一期"的称谓并不合适，雍城作为都城是自所谓的"雍城二期"算起。

三　秦悼公城雍以后的雍城

雍城第三期，环绕整个城址范围的城墙形成时期。经调查勘探，已经确认城垣的走向、垣体结构及建筑年代。除上述一、二期外，今南故城、豆腐村小庄、铁丰、高王寺、穆公坟一带均被括进城垣之内（图 4-17）。① 秦悼公城雍，学者或置于《史记·秦本纪》秦悼公二年（前489年），实误。《史记·秦始皇本纪》附录："悼公享国十五年。葬僖公西。城雍。生刺龚公。"② 秦悼公时雍城始筑城垣，与考古发现符合。

《史记·秦本纪》曰：

（秦献公）二年，城栎阳。③

---

① 田亚岐、任周方：《秦都雍城功能与格局的典型性特征》，蔡庆良、张志光主编：《嬴秦溯源：秦文化特展》，第 317—319 页；田亚岐、郁彩玲：《秦都雍城城市体系演变的考古学观察》，中国先秦史学会等编：《辉煌雍城：全国（凤翔）秦文化学术研究会论文集》，第 30—37 页。

② 《史记》卷 6《秦始皇本纪》，第 360 页。

③ 《史记》卷 5《秦本纪》，第 254 页。

《帝王世纪》(《太平御览》卷一五五引) 曰:

> 至献公即位。徙治栎阳。今冯翊万年是也。①

裴骃《史记集解》曰:

> 徐广曰:"徙都之,今万年是也。"②

《史记·商君列传》孝公十二年:

> 筑冀阙宫庭于咸阳,秦自雍徙都之。③

一些学者认为自秦德公元年(前677年)居大郑宫至秦献公迁徙栎阳之年(前383年)或秦孝公迁徙咸阳之年(前350年),秦都雍城294年或327年。④

依据传世文献、出土文献、考古实物资料,战国至秦代,雍城的宫室得以保存,手工业作坊长期使用,发现一些墓葬、遗物等遗存。

1. 宫室宗庙。秦王政九年(前238年),秦王嬴政至雍城宗庙行冠礼。⑤《史记·秦始皇本纪》秦二世时,群臣曰:"先王庙或在西雍,或在咸阳。"⑥秦都虽然迁徙,雍城保存先王宗庙,所以一部分宫室得以保存。实际上,秦人虽迁徙咸阳,而雍城作为秦都的地位延续不变。夏商周时期,诸邦多是多都并存。宣父都于岐,王季迁都于程,周文王迁都于丰,周武王迁都于镐,周成王迁都于成

---

① 李昉等:《太平御览》卷155《州郡部一·叙京都上》,第755页上栏。
② 《史记》卷5《秦本纪》,第255页。
③ 《史记》卷68《商君列传》,第2712页。
④ 王学理主编:《秦物质文化通览》,第155页;杨曙明:《雍秦文化》,第27、109页。
⑤ 《史记》卷6《秦始皇本纪》,第293页。
⑥ 《史记》卷6《秦始皇本纪》,第338页。

周，西周时期岐、丰、镐、成周等作为周都长期并存；楚国有诸郢，清华简《楚居》证实楚国诸郢长期并存。① 《左传》庄公二十八年："凡邑，有宗庙先君之主曰都，无曰邑。"② 雍城拥有秦先宗庙，所以长期处于都城地位。在铁沟—高山寺宫区，"西门塾"基址的使用年代自战国早期至秦汉之际。③

2. 手工业作坊。雍城多处发现春秋战国铜器窖藏，在作坊范围之内，为战国铜器作坊提供线索。④ 豆腐村制陶遗址的时代为战国中期，或延续至战国晚期早段。⑤ 铁丰村陶窑遗址为战国晚期。⑥ 战国晚期秦国金文雍工敀壶、相邦冉戈有雍工的记载，⑦ 证实直至战国晚期雍城有重要的手工业作坊。

3. "市"遗址。雍城北部的"市"遗址面积3万平方米，年代自战国早期至秦汉之际，⑧ 证实雍城当时存在相当多的人口。

4. 墓葬。在雍城外雍水南岸发现秦国人墓，时代自春秋至秦

---

① 清华简《楚居》，清华大学出土文献研究与保护中心编，李学勤主编：《清华大学藏战国竹简（壹）》，中西书局2010年版，第181—182页。
② 孔颖达：《春秋左传正义》卷10，阮元校刻：《十三经注疏》，中华书局1980年影印、校补世界书局本，下册，第1782页上栏。
③ 尚志儒：《秦都雍城的总体布局与考古发掘》，《中国文物报》1990年6月28日第3版；尚志儒、赵丛苍：《秦都雍城布局与结构探讨》，石兴邦主编：《考古学研究》，第581—591页；王学理主编：《秦物质文化通览》，第176页。
④ 赵丛苍：《陕西凤翔发现春秋战国的青铜器窖藏》，《考古》1986年第4期，第337—343页。
⑤ 陕西省考古研究院等编著：《秦雍城豆腐村战国制陶作坊遗址》，第265页。
⑥ 凤翔县雍城文管所：《陕西凤翔县铁丰村战国陶窑》，《考古与文物》2007年增刊先秦考古，第49—54页。
⑦ 吴镇烽：《商周青铜器铭文暨图像集成》，上海古籍出版社2012年版，第22册，第129页；第32册，314—315页、317页。
⑧ 尚志儒：《秦都雍城的总体布局与考古发掘》，《中国文物报》1990年6月28日第3版；尚志儒、赵丛苍：《秦都雍城布局与结构探讨》，石兴邦主编：《考古学研究》，第581—591页；田亚岐：《秦雍城遗址考古工作回顾与展望》，秦始皇帝陵博物院编：《秦始皇帝陵博物院2012》，三秦出版社2012年版，第117页；陕西省考古研究院等编著：《秦雍城豆腐村战国制陶作坊遗址》，第19页。

代。高庄战国至秦代墓群、① 西村战国墓群（时代为战国早期晚段到战国晚期）、② 陕西凤翔八旗屯西沟道秦墓、③ 邓家崖战国墓群、④ 南指挥墓群、⑤ 黄家庄墓地、⑥ 六道村墓地等。⑦ 诸多战国中晚期至秦代的墓群亦证明当时的雍城拥有相当多的人口。

秦封泥证明雍城的机构设置，可以分为数类：

第一类，有"雕（雍）印""雕（雍）丞之印"。
第二类，有"雕（雍）工""雍工室丞""雍工室印"。
第三类，有"雍左乐钟"。
第四类，有"雍祠丞印"等。⑧

第一类，属于雍城的管理者。第二类，属于雍城作坊的管理者。第三类，属于雍城礼仪的管理者。第四类，属于雍城祭祀的管理者。凡此四类，反映城市的生活、生产、宗教、祭祀等方面，并

---

① 雍城考古队：《凤翔县高庄战国秦墓发掘简报》，《文物》1980年第9期，第10—15页；《陕西凤翔高庄秦墓地发掘简报》，《考古与文物》1981年第1期，第12—39页。
② 雍城考古队：《陕西凤翔西村战国秦墓发掘简报》，《考古与文物》1986年第1期，第8—36页。
③ 尚志儒：《陕西凤翔八旗屯西沟道秦墓发掘简报》，《文博》1986年第3期，第1—31页。
④ 陕西省考古研究所雍城工作站：《凤翔邓家崖秦墓发掘简报》，《考古与文物》1991年第2期，第14—19页。
⑤ 田亚岐、王保平：《凤翔南指挥两座小型秦墓的清理》，《考古与文物》1987年第6期，第20—25页。
⑥ 陕西省考古研究所雍城考古队、秦始皇兵马俑博物馆考古队：《陕西凤翔黄家庄秦墓发掘简报》，《考古与文物》增刊2002先秦考古，《考古与文物》编辑部2002年版，第54—66页；王志友：《凤翔黄家庄秦墓发掘的一点收获》，《秦文化论丛》第8集，陕西人民出版社2001年版，第360—377页。
⑦ 田亚岐：《凤翔六道村战国秦墓发掘简报》，《文博》2013年第2期，第3—12页。
⑧ 中国社会科学院考古研究所汉长安城工作队：《西安相家巷遗址秦封泥的发掘》，《考古学报》2001年第4期，第526页；刘庆柱、李毓芳：《西安相家巷遗址秦封泥考略》，《考古学报》2001年第4期，第443页；刘瑞：《秦封泥集存》，中国社会科学出版社2020年版，第57、224、662—666页；《秦封泥集释》，上海古籍出版社2021年版，第77—78、252—254、682—687页。

且与上述考古实物相结合,都可以充分证实秦代雍城仍然没有废弃。

雍城属于宗邑。考察商周时期的文献与考古资料,宗邑是地位崇高,延续时间很长的都城。秦穆公迁雍(穆公元年为前659年)至秦二世三年(前207年)约453年间雍城作为秦都一直沿用。所以,秦都于雍城约453年。

图 4-16　秦都雍城城垣遗迹

(据田亚岐、任周方:《秦都雍城功能与格局的典型性特征》,蔡庆良、张志光主编:《嬴秦溯源:秦文化特展》,第312页)

基于以上考古发现与认识,结合文献记载,我们可以得出以下认识:

秦德公居雍大郑宫,处于后来的雍城的东南角(今瓦窑头村一带),面积不足1平方公里,离宫也。

秦穆公以后,扩大雍,以今马家庄为中心建筑,形成两重环壕建筑。内壕系大型宫室及附属建筑分布区,当为秦公和贵族所居。内沟与外沟之间,分布平民生产生活的聚。

386　秦国早期历史之重构

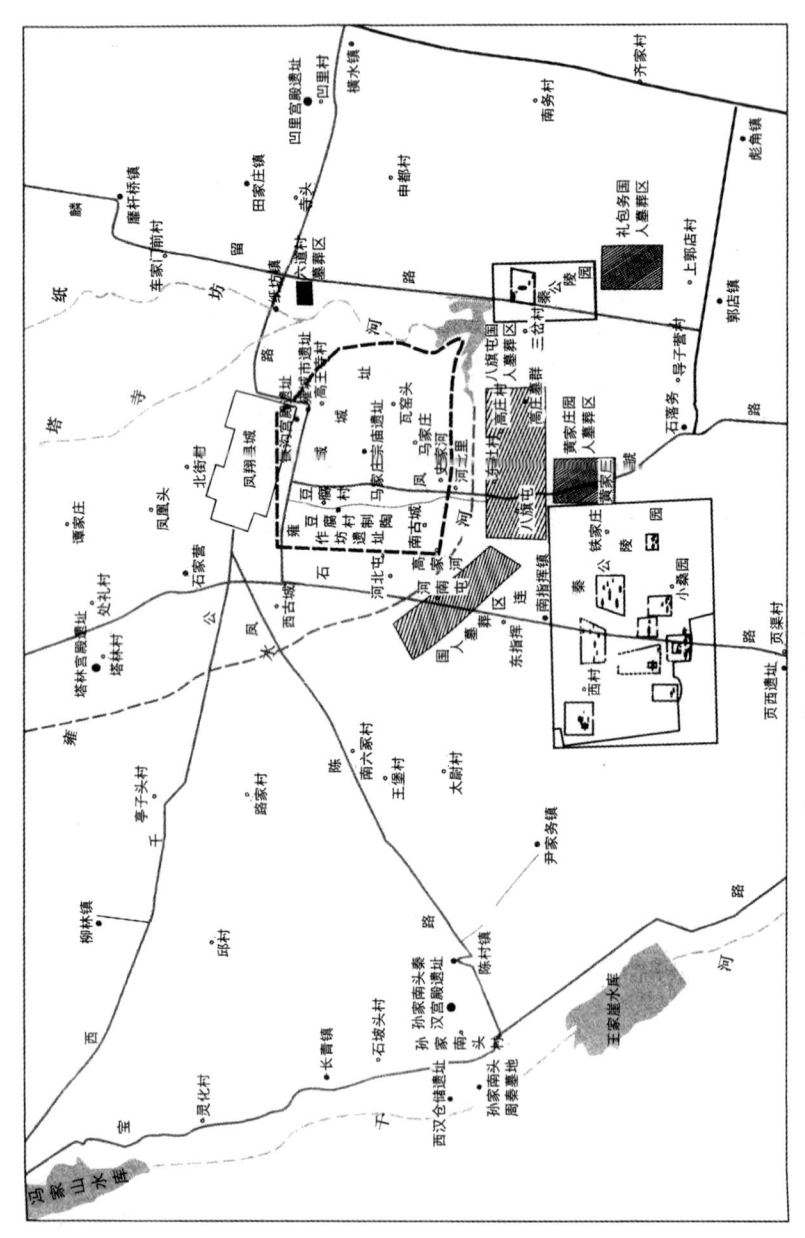

图4-17　雍城各功能区位置示意图
(据陕西省考古研究院等编：《秦雍城豆腐村战国制陶作坊遗址》，第9页)

《史记·秦始皇本纪》附录秦悼公（前490—前476年），城雍，始筑城垣。

笔者根据雍城考虑秦文公所都汧渭之会、平阳的城市规划，或无垣而代之以环壕，它们都属于水城。

第六节　泾阳

《史记·秦始皇本纪》附录曰：

> 肃灵公，昭子子也。居泾阳。享国十年。葬悼公西。生简公。(后三字衍)[1]

据此，秦灵公曾经居于泾阳，泾阳可以视为都城。

关于泾阳是否都城，学者意见不一，主要有三种观点。

第一种观点，犹豫于泾阳为秦国正式都城或临时居住。

王国维《秦都邑考》曰：

> 《史记》于《始皇本纪论赞》后复叙秦世系、都邑、陵墓所在……其中云"肃灵公即《秦本纪》之灵公。居泾阳"，为《秦本纪》及《六国表》所未及。……泾阳者，当在泾水之委，今之泾阳县地。决非汉安定郡之泾阳也。……然则有周一代，秦之都邑分三处，与宗周、春秋、战国三期相当……曰泾阳，曰栎阳，曰咸阳，皆在泾渭下游，此战国以后秦东略时之都邑也。……似灵公之世，国势颇蹙，又未尝东徙。《秦始皇本纪》后虽云"灵公居泾阳"，然于其陵墓，则云"葬悼公西"，悼公葬雍，则灵公亦葬雍。厥后，简公、出子亦葬于雍，是灵公虽居泾阳，未尝定都也。然以其经营东北观之，则其居

---

[1] 《史记》卷6《秦始皇本纪》，第361页。

泾阳之事，殆无可疑。河西之失，亦非尽事实。①

笔者案：王国维《秦都邑考》确定秦灵公居泾阳，但是又存在矛盾的看法。一方面，他将泾阳列为秦都；另一方面，他又认为秦国未尝定都泾阳。这就导致了后世学者各取所需，造成互相对立的局面。

1985年，王学理《秦都咸阳》赞同王国维的泾阳为秦都说，仅列秦灵公都泾阳。②

第二种观点，泾阳为秦国军事性临时都城。

1999年，王学理《咸阳帝都记》以为，秦灵公定泾阳属于军事指挥中心，并未加以营建，赞同王国维《秦都邑考》"灵公虽居泾阳，未尝定都"说。又调查了泾阳县西北口镇街西南处的"谷口宫"，发现秦汉建筑遗址，南北长900米，东西宽700米，出土"宫"字瓦当等。③ 2008年，王学理《秦都与秦陵》肯定秦灵公居泾阳，回避了徙都，以为秦灵公居泾阳更多地带有对付晋国的军事性质，勉强可以称都。④ 2015年，王学理主编《秦物质文化通览》中，刘明科、王学理定泾阳为秦国军事性的临时都邑。并且，将泾阳作为都城扩大至秦简公、秦惠公时期。⑤

2000年，徐卫民《秦都城研究》推演王国维的泾阳为秦都说，提出雍城截止于秦灵公二年。秦灵公迁徙泾阳，至秦献公二年迁徙栎阳，其间秦灵公十年、秦简公十五年、秦惠公十三年、出子二年，计41年，秦灵公至秦献公元年秦都泾阳。并且，他以为，秦

---

① 王国维：《秦都邑考》，《观堂集林》卷12，谢维扬、房鑫亮主编，谢维扬等分卷主编：《王国维全集》第8卷，第354—355页。
② 王学理：《秦都咸阳》，陕西人民出版社1985年版，第8页、23页。
③ 王学理：《咸阳帝都记》，三秦出版社1999年版，第34页、53页；王学理主编：《秦物质文化通览》，第183页。
④ 王学理：《秦都与秦陵》，三秦出版社2008年版；王学理主编：《秦物质文化通览》，第183页。
⑤ 王学理主编：《秦物质文化通览》，第183—186页、233页。

都泾阳的时间短暂，收效不大，属于临时性都城。① 2009 年，潘明娟《周秦时期关中城市体系研究》完全接受了徐卫民的观点，将泾阳作为秦灵公至出子时期的秦都。② 2014 年，朱士光《论秦都雍城之特点及其历史地位》采用此说。③ 2021 年，徐卫民、刘幼臻《秦都邑宫苑研究》进一步综合多位学者的观点，将泾阳定为临时性的都邑，认为当时的圣都在雍城、泾阳都城规模小而设备简单、军事目的强而达到目的离开。④ 笔者案：徐卫民将泾阳定为时间长达 41 年的多位国君居住的都城，不适合称为"临时性都城"。

第三种观点以为，泾阳并非秦国都城。

2013 年，田亚岐、张文江《秦雍城置都年限考辩》以为，王国维《秦都邑考》主张秦灵公曾居泾阳，但是未迁都泾阳。《史记·商鞅列传》记录秦都咸阳，不及泾阳，秦自雍城迁徙咸阳，秦不曾都泾阳。⑤

笔者案：《史记·秦始皇本纪》附录曰：

> 肃灵公，昭子子也。居泾阳。享国十年，葬悼公西。生简公。（后三字衍）
>
> 简公从晋来。享国十五年。葬僖公西。生惠公。其七年，百姓初带剑。
>
> 惠公享国十三年，葬陵圉。生出公。
>
> 出公享国二年。出公自杀，葬雍。
>
> 献公享国二十三年。葬嚣圉。生孝公。⑥

---

① 徐卫民：《秦都城研究》，第 70、91—95 页。
② 潘明娟：《周秦时期关中城市体系研究》，第 162—164 页。又见于潘明娟《先秦多都并存制度研究》，第 178—179 页。
③ 朱士光：《论秦都雍城之特点及其历史地位》，《历史地理学的传承与开拓》，第 597 页。
④ 徐卫民、刘幼臻：《秦都邑宫苑研究》，第 79—82 页。
⑤ 田亚岐、张文江：《秦雍城置都年限考辩》，《文博》2003 年第 1 期，第 46 页。
⑥ 《史记》卷 6《秦始皇本纪》，第 360—362 页。

依据《史记·秦始皇本纪》附录,秦灵公曾居泾阳,他又葬于雍,其后的秦简公、秦惠公、出公(出子)都葬于雍。

《史记·秦本纪》曰:

> 出子二年,庶长改迎灵公之子献公于西而立之。杀出子及其母,沈之渊旁。①

《史记·六国年表》秦《表》曰:

> 秦出公子二年,庶长改迎灵公太子,立为献公。诛出公。②

《吕氏春秋·不苟论》曰:

> 秦小主夫人用奄变,群贤不说自匿,百姓郁怨非上。公子连亡在魏,闻之,欲入,因群臣与民从郑所之塞。右主然守塞,弗入,曰:"臣有义,不两主。公子勉去矣。"公子连去,入翟,从焉氏塞,菌改入之。夫人闻之,大骇,令吏兴卒,奉命曰:"寇在边。"卒与吏其始发也,皆曰:"往击寇。"中道因变曰:"非击寇也,迎主君也。"公子连因与卒俱来,至雍,围夫人,夫人自杀。公子连立,是为献公。③

笔者案:出子同秦献公对立,二人争夺秦君之位,战场就在雍,充分证明出子都雍而不都泾阳。泾阳只是秦灵公曾经居住过的地方,不足以论定秦简公、秦惠公、秦出公(出子)都居于雍。从《史记·秦始皇本纪》附录"记异"的特点分析,秦灵公"居泾

---

① 《史记》卷5《秦本纪》,第254页。
② 《史记》卷15《六国年表》,第864页。
③ 许维遹:《吕氏春秋集释》卷24《不苟论》,梁运华整理,《新编诸子集成》,中华书局2009年版,第650—651页。

阳"就是他个人的行为，不及他君。

目前，学界对于秦灵公"居泾阳"的解读存在疑问困惑，需要参考战国秦汉时期的文献加以解读。清华简《楚居》撰于战国时期，有大量国君居地的记载，颇具参考价值。

清华简《楚居》曰：

> 至龏王、康王、嗣子王皆居为郢。至灵王自为郢徙居秦溪之上，以为处于章华之台。景平王即位，犹居秦溪之上。至昭王自秦溪之上徙居微郢，微郢徙居鄂郢，鄂郢徙袭为郢。阖庐入郢，焉复徙居秦溪之上，秦溪之上复徙袭微郢。①

笔者案：为郢、秦溪之上、微郢、鄂郢是楚国国君的居所，既有都城性质的为郢、微郢、鄂郢，又有离宫别馆性质的秦溪之上。那么，秦灵公所居的泾阳，到底是都城性质，还是离宫别馆性质？这个问题需要考古发现来确定。

总之，秦灵公居泾阳，一君之行为，不宜扩大，否则与《史记·秦始皇本纪》附录、雍城考古发现相矛盾。

第七节　小结

立足于对秦国早期历史的年代事迹的复原，笔者剖析与解读了秦始封地秦邑与秦国早期都城，笔者得出一些可靠的认识。

1. 周孝王封非子（秦嬴）于秦邑，乃传世的"赏宅"，秦为附庸，非子地位相当于天子的元士，拥有铜礼器。陇西秦亭秦谷说始见于《汉书·地理志》，目前尚未能追溯至先秦，尤其是与先秦考古与先秦制度存在诸多矛盾，清水县城以东、以西都没有发现与非

---

① 清华简《楚居》，清华大学出土文献研究与保护中心编，李学勤主编：《清华大学藏战国竹简（壹）》，第181页。

子的秦邑相符合的遗存，清水李崖不是秦邑。所以，此说属于后世学者的推测，可靠程度很低。汧渭之会秦邑说见于《史记·秦本纪》秦文公说，拥有文献记载的优势，亦需要加强考古工作。

2. 非子居犬丘的地望，不是陕西省兴平市之犬丘，而是甘肃省礼县之西犬丘，又名西垂。西垂（西犬丘）在甘肃省礼县大堡子山附近。大堡子山古城有春秋初期的国君秦公及夫人墓葬，证实了它的地位高级。大堡子山古城面积 55 万平方米，就规模而言，其建于秦襄公获封为诸侯以后较为合理，并不能排除西周时期已经有所营建，而春秋时期进一步修建。所以，大堡子山古城的营建时代处于两周之际。西山古城的发现证明，其始建年代为西周。城址的面积 8.7 万平方米，已经是规模可观的边邑。M2003 随葬三鼎二簋，墓主人身份属于下大夫、元士级别的一男性贵族，卒于同西戎的战争中。西山古城的时代与军事性质证明它属于《史记·秦本纪》描述的秦人与西戎恶战的西垂。大堡子山古城、西山古城的年代与内涵，充分证明它们属于西周时期的西垂。西垂属于军事设置，需要很多不同功能的邑聚为之服务。西垂乃大名，包括很多邑，即合而为之，数处组成。所以，应当考察本地区的秦文化分布区域，辨别区域内聚落的等级与功用。

3. 秦襄公仍居西垂，张守节《史记正义》引《帝王世纪》的记载"秦襄公二年徙都汧"存在文字与史实的讹误，当是传抄讹误所致。秦文公迁徙汧渭之会。关于秦文公所都汧渭之会的地望，主要有 6 种观点（扶风、眉县，槐里，汧县、陇县，宝鸡市陈仓城，宝鸡市魏家崖遗址、陈家崖遗址，凤翔县孙家南头村一带），笔者认为只有宝鸡市陈仓故城及魏家崖遗址值得考虑。秦文公、秦宪公居秦文公所都汧渭之会，并葬于其附近的西山（秦陵山），石鼓亦出于秦文公所都汧渭之会。以秦都宝鸡、平阳、雍地理言之，汧渭之会包括宝鸡、平阳、雍所在的区域，这些都是秦文公田猎之所，亦非子放牧处。秦文公定都的地望则以宝鸡为是。秦文公至秦孝公都是以汧渭之会为都，即从先人非子所居。

4. 平阳之地望，不是郿县古城，而是宝鸡市阳平镇。1978 年，在太公庙村铜器窖藏出土青铜钟、镈，铭文证明属于秦武公器；2013 年，在太公庙村钻探出一座中字形大墓和一座大型车马坑；证实此处乃秦公都平阳所葬处。宁王村北有一处春秋至西汉时期的大型遗址，出土"郁夷"文字瓦当。秦平阳，西汉为郁夷，其故址在今宝鸡市陈仓区阳平镇宁王村一带。平阳的地望清楚，而范围尚未确定，其都邑形态尚待探索。

5. 学者以往对秦都雍城的年代研究不能令人满意，笔者重新探研这一重要的课题。秦德公初居大郑宫，大郑宫只是离宫别馆。秦德公、秦宣公、秦成公仍以平阳为正式都城，并葬于平阳。考古发现的大郑宫一带范围很小，缺乏宗庙、社稷、城垣壕沟等都邑的标志性建筑，大郑宫只是临时偶居的离宫别馆。秦穆公初年，始将雍城作为正式都城，营建新的宫室、宗庙、社稷、壕沟、仓储、府库、作坊、陵园等，秦穆公至出子葬雍。秦悼公始城雍，修筑城墙，此后遗存丰富。秦献公迁都栎阳，秦孝公迁都咸阳，并葬于栎阳、咸阳；雍城继续保存宗庙、宫室，雍城属于宗邑；考古发现同时期的手工业作坊、墓葬、遗物等大量遗存。秦封泥证明雍城的机构设置，可以证实雍城没有废弃，仍是秦孝公迁徙咸阳以后的秦国与秦代的都城。自秦穆公初年迁雍（元年前 659 年）至秦二世三年（前 207 年），雍城作为秦都约有 453 年的历史。雍作为正式都城始于秦穆公，秦穆公至出子的 18 位秦公居葬于此。凤翔雍城的营建经历了三个历史时期。基于考古发现与认识，结合文献记载，可以得出以下认识：秦德公居雍大郑宫，处于后来的雍城的东南角（今瓦窑头村一带），面积不足 1 平方公里，离宫也。秦穆公以后，扩大雍，以今马家庄为中心建筑，形成两重环壕建筑。内壕系大型宫室及附属建筑分布区，当为秦公和贵族所居。内沟与外沟之间，分布平民生产生活的聚。秦悼公（前 490—前 476 年），城雍，始筑城垣。笔者根据雍城考虑秦文公所都汧渭之会、平阳的城市规划，或无垣而代之以环壕，它们都属于水城。

6. 学界对于秦灵公"居泾阳"的解读存在疑问困惑。笔者认为，需要参考战国秦汉时期的文献加以解读，清华简《楚居》颇具参考价值。秦灵公所居的泾阳，到底是都城性质，还是离宫别馆性质？这个问题需要考古发现来确定。总之，秦灵公居泾阳属于一君之行为，不宜扩大，否则与《史记·秦始皇本纪》附录、雍城考古发现相矛盾。

第五章

秦国早期陵墓

关于秦国及秦代的陵墓分布情况，学者主要是对于早期秦陵意见不一。笔者研究早期秦陵的结论是：西垂陵区（秦襄公）、西山、衙陵区（葬秦文公至秦宪公）、平阳陵区（葬秦武公至秦成公）、雍城陵区（葬秦穆公至出子）。随后的秦陵分歧不大，分别是：栎阳陵区（葬秦献公至秦孝公）、咸阳毕陌陵（葬秦惠文王至秦武公）、咸阳东陵区（葬秦昭襄王至秦庄襄王）、秦始皇陵区（葬秦始皇）。①

秦国早期陵墓分布于甘肃、关中西部。由于文献传抄讹误的以及考古发掘的局限，学者对秦公陵园的布局与秦公墓墓主存在巨大的分歧。笔者拟在校正与分析文献的基础上，研究秦公墓墓主。

第一节 西垂陵区

一 礼县大堡子山秦公墓墓主考

（一）礼县大堡子山秦公墓的考古发现与出土的重要文物

《史记·秦本纪》曰：

> （四十八年）〔十年〕，文公太子卒，赐谥为竫公，竫公之

---

① 参见王学理主编《秦物质文化通览》，科学出版社2015年版，第527—601页。

长子为太子，是文公孙也。（五十年）〔十二年〕文公卒，葬西山。①

《史记·秦始皇本纪》附录曰：

襄公立，享国（十二）〔五十〕年。初为西畤。葬西垂。生文公。

文公立，居西垂宫。（五十年）〔十二年〕死，葬西垂。生静公。

静公不享国而死。生宪公。②

笔者案：《史记·秦本纪》仅记录秦文公葬处，而不及秦襄公、秦静公；《史记·秦始皇本纪》附录则记录了秦襄公、秦文公葬处，仍然不及秦静公。秦襄公葬西垂。秦静公卒于秦文公东迁前，故亦葬西垂。秦文公已东迁汧渭之会，当葬西山。

大堡子山位于礼县以东13公里的永坪乡赵坪村，处于西汉水与永坪河交汇处的西汉水北岸（图5-1）。大堡子山为一土山包，秦公墓地坐落于山南麓缓坡。

大堡子山城北垣长约250米，西垣约1300米，南垣约870米，东垣约2600米，面积约55万平方米。城垣为夯土版筑，由于城垣均位于山体边缘，山体大面积滑坡导致许多地段无存，北城垣的一段保存最为完整。城垣的始建年代应为春秋早期。

大堡子山城内东北部的平缓区域被徐礼公路正中南北穿过，公路以北秦公墓附近7万平方米的范围内，遗迹集中，在此中心，东西长约250米、南北宽约140米之内，自北向南分布着南北并列的

---

① 《史记》卷5《秦本纪》，中华书局2014年点校本二十四史修订本，第230—231页。（ ）〔 〕的用法，（ ）内是原文，讹误；〔 〕是校正文，正确。下同。
② 《史记》卷6《秦始皇本纪》，第358页。

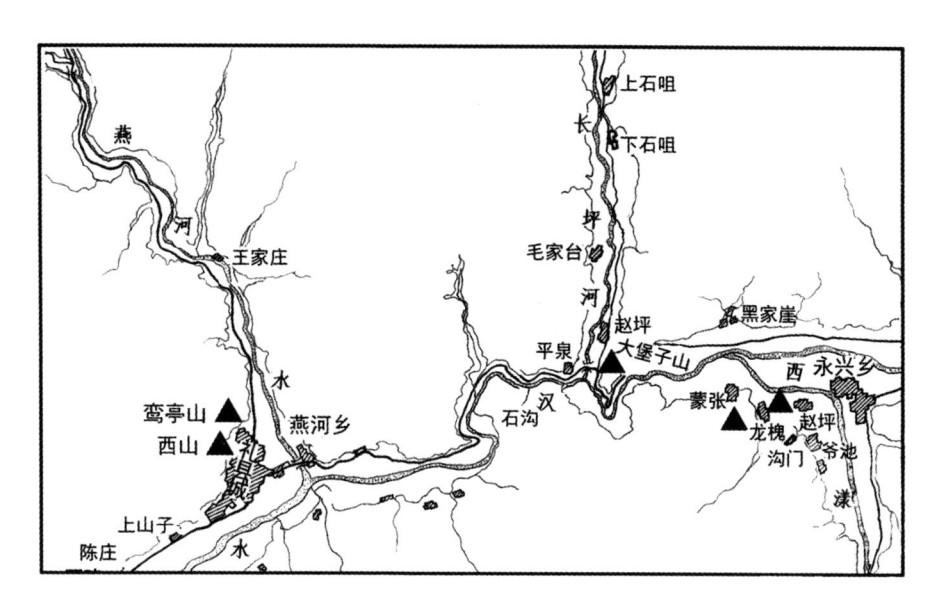

图 5-1 礼县大堡子山位置示意图

（据早期秦文化考古联合课题组：《甘肃礼县大堡子山早期秦文化遗址》，《考古》2007 年第 7 期，第 39 页）

东西向中字形大墓 M2、M3。[1] 其南端有丛葬的 2 座东西向瓦刀形车马坑，发掘了 K1（图 5-2、5-3、5-4、5-5）。它们的东面 30—40 米即为东城垣，西面和北面的断崖上，可见一些灰坑和小型墓葬。在北城外的山坡上，面积约 9 万平方米，有规律地分布着不下三四百座中小型墓葬，多被严重盗扰，较大的数座墓被盗出成组的青铜器。已发掘 10 座是劫余幸存的完整墓。[2]

1992—1993 年，甘肃省礼县大堡子山墓地遭盗掘。1994 年，甘肃省文物考古研究所进行发掘，确定了中字形大墓 M2、M3 为主

---

[1] 早期秦文化考古联合课题组：《甘肃礼县大堡子山早期秦文化遗址》，《考古》2007 年第 7 期，39 页；早期秦文化联合考古队：《甘肃礼县三座周代城址调查报告》，《古代文明》第 7 卷，文物出版社 2008 年版，第 335—339 页。

[2] 戴春阳：《礼县大堡子山秦公墓地及有关问题》，《文物》2000 年第 5 期，第 74、76 页；早期秦文化考古联合课题组：《甘肃礼县大堡子山早期秦文化遗址》，《考古》2007 年第 7 期，第 43—44 页。1994 年发掘 9 座，2006 年发掘 1 座。

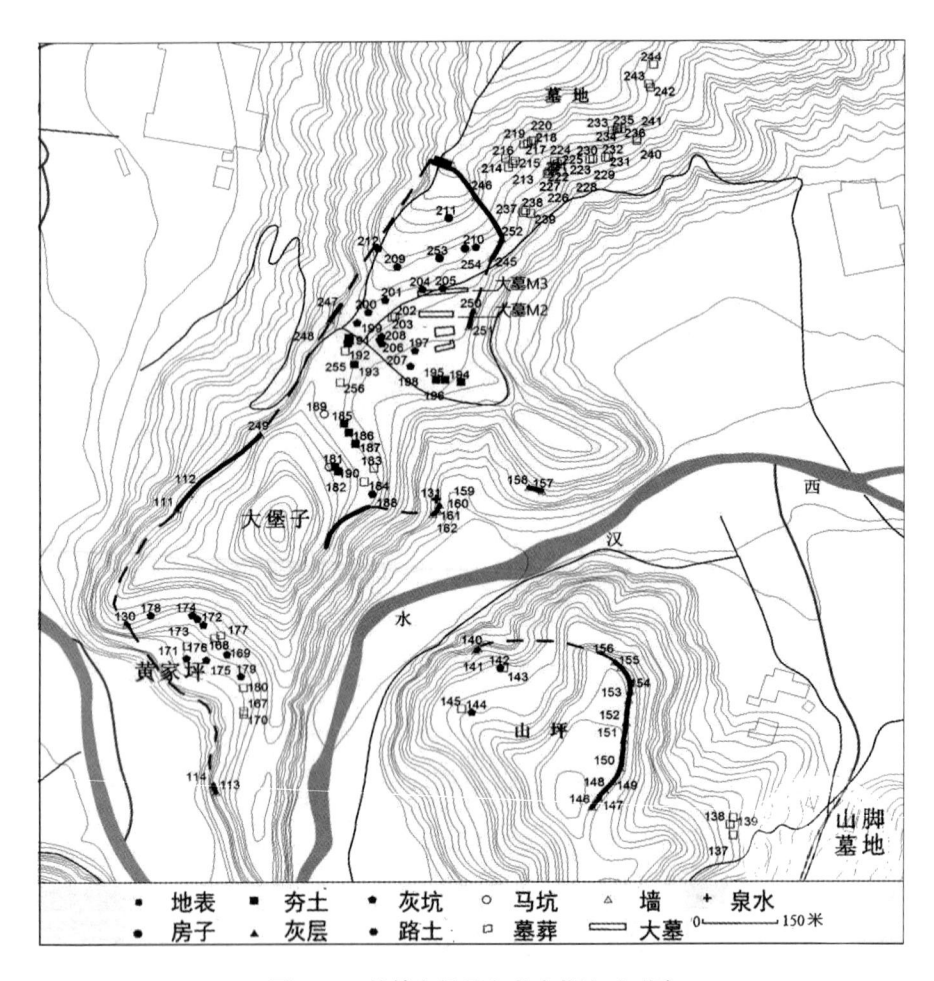

图 5-2 礼县大堡子山秦公墓地平面图

(据早期秦文化联合考古队：《甘肃礼县三座周代城址调查报告》，《古代文明》第 7 卷，第 340 页。添加 "大墓 M2" "大墓 M3" 识别文字)

体的秦公墓地。① 盗掘文物部分被当地缴获，流传至香港、澳门与海外的秦公器、秦子器被调查、回购、捐赠或追回。关于 M2、M3 墓主的身份，学界存在很大的争议，久无定论。我们研究大堡子山秦公墓地，有了新的发现与阐释。所以，我们拟在分析考古资料的

---

① 戴春阳：《礼县大堡子山秦公墓地及有关问题》，《文物》2000 年第 5 期，第 74—80 页。

M3

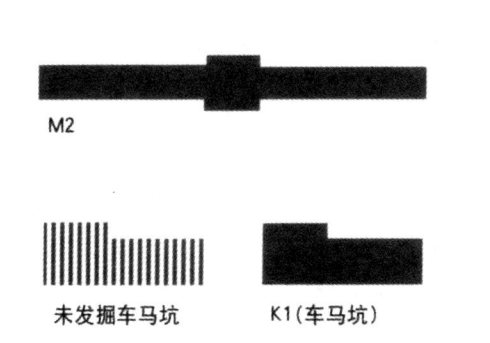

M2

未发掘车马坑　　K1(车马坑)

图 5-3　礼县大堡子山秦公墓地位置示意图

(据礼县博物馆等:《秦西垂陵区》,文物出版社 2004 年版,第 9 页)

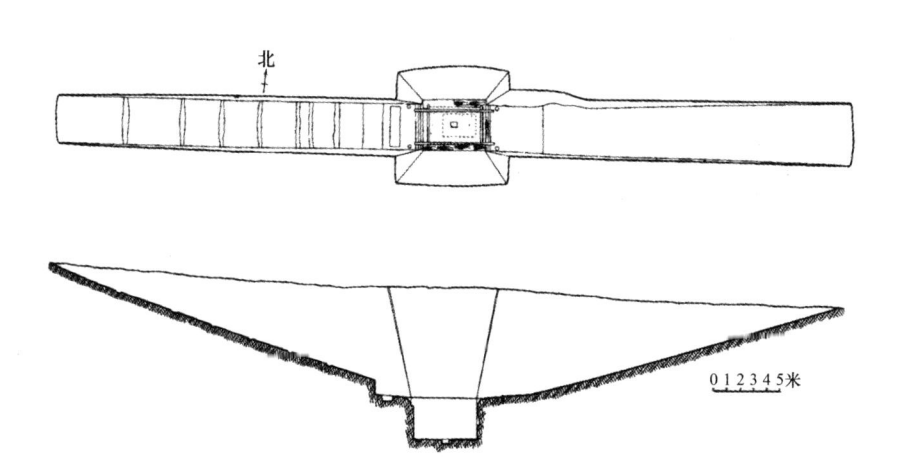

北

0 1 2 3 4 5 米

图 5-4　礼县大堡子山秦公墓 M2 平剖面图

(据戴春阳:《礼县大堡子山秦公墓地及有关问题》,《文物》2000 年第 5 期,第 75 页)

基础上，结合文献，探讨 M2、M3 墓主的身份。

M2 为中字形大墓，东西向，全长 88 米。东墓道长 37.9、宽 6、最深 11 米。西墓道长 38.2、宽 4.5—5.5 米。填土殉牲 12 人、犬 1 只。墓室呈斗形，墓口长 12.1、宽 11.7 米，墓底长 6.8、宽 5 米，深 15.1 米。墓内设二层台，东、北、南台殉人 7 个（图版一八）。木椁漆棺皆朽。椁室内残存陶器碎片、铜泡、戈、刀等残片、钟钩。墓主仰身直肢，头向西。墓室底部中置腰坑，内有殉犬 1 只、玉琮 1 件。盗洞中发现石磬 8 件。1995 年，上海博物馆自香港购回一批秦器，其中有秦公鼎 4 件，铸铭"秦公作铸用鼎"（鼎 1、2，秦字省"曰"）、"秦公作宝用鼎"（鼎 3、4，秦字有"曰"）；秦公簋 2 件，铸铭"秦公作宝簋"（秦字有"曰"）①。范季融的首阳斋旧藏秦公鼎 3 件，铸铭"秦公作宝用鼎"，形制、纹饰、铭文与上博鼎 3、4 近同。首阳斋旧藏秦公簋 2 件，铸铭"秦公作铸用簋"。② 香港私藏秦公簋 2 件，形制、纹饰、大小、铭文同于上博藏秦公簋（图版一九）。③ M2 出土铜器完整，与 M3 墓室发生坍塌而致鼎、簋破成残片存在明显的区别，据此特点，戴春阳、祝中熹反复论证上海博物馆所获秦公鼎、簋出自 M2。④ 他们的意见是正确的，得到许多学者的赞同。同理，范季融的首阳斋旧藏秦公鼎、秦公簋以及香港私藏秦公簋亦应出自 M2（笔者通过多角度研究确证此，并与戴春阳、祝中熹、陈昭容等研讨），而朱凤瀚亦将其归于 M2。⑤ M2 发现盗余的金饰片 7 件。⑥ 法国人克里斯狄安·戴迪

---

① 李朝远：《上海博物馆新获秦公器研究》，《青铜器学步集》，文物出版社 2007 年版，第 77—82 页。

② 首阳斋等编：《首阳吉金——胡盈莹、范季融藏中国古代青铜器》，上海古籍出版社 2008 年版，第 130—138 页。

③ 朱凤瀚：《中国青铜器综论》，上海古籍出版社 2009 年版，第 1846—1851 页。

④ 戴春阳：《礼县大堡子山秦公墓地及有关问题》，《文物》2000 年第 5 期，第 74—80 页；祝中熹：《礼县大堡子山秦陵墓主再探》，《文物》2004 年第 8 期，第 68、71 页。

⑤ 朱凤瀚：《中国青铜器综论》，第 1846—1851 页。

⑥ 礼县博物馆等编著：《秦西垂陵区》，文物出版社 2004 年版，第 12 页。

（Christan Deydier）旧藏出自礼县的金虎 1 对及 42 片金箔。① 祝中熹分析戴迪旧藏以及甘博收藏的约 20 件金饰片，皆出自 M2。②

M3 为中字形大墓，东西向，全长 115 米。墓道结构与 M2 相同。东墓道长 48.85 米、宽 8.3 米、最深 13.5 米。西墓道长 41.5、宽 8.2 米。填土中埋殉牲 7 人。墓室呈斗形，墓口长 24.65 米、宽 9.8 米（墓室坍塌，原墓口没有如此大），墓底长 6.75、宽 3.35 米，深 16.5 米。北侧二层台存殉人 1 名，东、南侧二层台被盗扰。墓内漆棺、木椁及墓主已朽。墓主仰身直肢，头向西，胸、颈部残留大量散乱的琥珀珠。腰坑内殉犬 1 只、玉琮 1 件。另外，出土小件的金箔片。③ M3 墓室曾发生坍塌，墓内只发现较小的铜片。1993 年，盗出的鼎、簋残片被公安局缴获，盗墓者指认出自 M3，后入藏甘博。残片皆为旧碴，即墓室坍塌砸碎铜器发生在盗墓之前。鼎的残片分属 7 个鼎体，已修复 3 鼎，刻铭"秦公作铸用鼎"。簋的残片至少分属 5 个簋体，可拼成全铭的有 2 簋，刻铭"秦公作铸用簋"。

M2、M3 的大量随葬品被盗卖，重要的有铭文的秦公铜器有：香港私藏秦公鼎 1 件、方壶 1 件、圆壶 1 件，④ 美国纽约 James Lally&Co. 古董商店拍卖品秦公方壶 1 对，⑤ 英国伦敦 Christe's 拍卖行卖品秦公圆壶 1 件，⑥ 上海博物馆征集秦公镈 1 件等，⑦ 日本国滋贺县 MIHO 美术馆收藏秦公钟 4 件。⑧

---

① 韩伟：《论甘肃礼县出土的秦金箔饰片》，《文物》1995 年第 6 期，第 4—8 页。
② 祝中熹：《试论秦先公西垂陵区的发现》，秦始皇兵马俑博物馆编：《秦俑秦文化研究——秦俑学第五届学术讨论会论文集》，第 470 页。
③ 祝中熹：《大堡子山秦西陵墓主及其他》，原载《陇右文博》1999 年第 1 期，收入氏著《秦史求知录》，上海古籍出版社 2012 年版，第 455 页。
④ ［美］李峰：《礼县出土秦国早期铜器及祭祀遗址论纲》，《文物》2011 年第 5 期，第 57、62—63 页。
⑤ J. J. Lally & Co. *Archaic Chinese Bronzes, Jades and Works of Art: June 1 to 25*, 1994, NO. 54, New York J. J. Lally & Co. 1994, pp. 54 – 55.
⑥ 李朝远：《伦敦新见秦公壶》，《青铜器学步集》，第 128—131 页。
⑦ 李朝远：《上海博物馆新藏秦器研究》，《青铜器学步集》，第 92、97 页。
⑧ MIHO MUSEUM：《中国战国时代の霊獣》，MIHO MUSEUM 2000 年版，第 11 页。

车马坑 K1，平面呈瓦刀形，东西向，全长 36.5 米。已遭盗扰，根据残存遗迹分析，坑内原有殉车 4 排，每排 3 乘，计 12 乘。每车两服两骖，计 4 匹马。

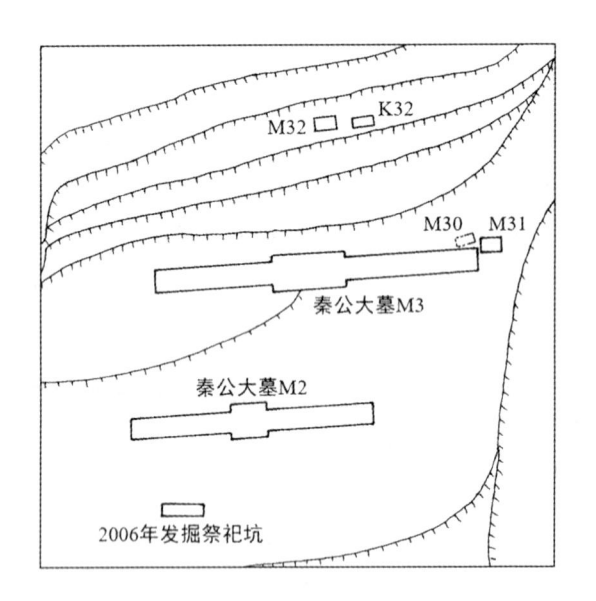

图 5-5 礼县大堡子山秦公大墓及重要遗存

（据秦文化与西戎文化联合考古队：《甘肃礼县大堡子山秦墓及附葬车马坑发掘简报》，《文物》2018 年第 1 期，第 5 页）

在 M2 西南 20 余米处发现有乐器坑、人祭坑。乐器坑 K5 出土编钟 8 件、秦子编镈 3 件、铜虎 3 只、编磬 2 组 10 件。秦子编镈铭文："秦子作宝龢钟，以其三镈，厥音锈锈灉灉，秦子峻岭在位，眉寿万年无疆。"[1] 日本 MIHO 美术馆收藏的秦子钟，形制、纹饰与 M2 祭祀坑出土的秦子钟几乎全同，铭文作"秦子作宝龢钟，厥音锈锈灉灉，秦子峻岭在位，眉寿万年无疆。"[2] 尚有其他秦子器，以

---

[1] 早期秦文化联合考古队：《2006 年甘肃礼县大堡子山祭祀遗迹发掘简报》，《文物》2008 年第 11 期，第 26—27 页。

[2] 松丸道雄：《甘肃礼县秦公墓の墓主は谁か？—MIHO MUSWUM 新収の编钟を手挂りに》，日本中国考古学会关东部会四月例会演讲，2002 年，第 3—7 页。

其收藏时间与流传信息，可以确定出自礼县大堡子山墓地。珍秦斋藏秦子簋盖1件，铸铭"時。又爕孔嘉，保其宫外。温恭穆〔穆〕，秉德受命屯鲁，义其士女。秦子之光，卲于婚（闻）四方，子子孙孙，秦子、姬甬（用）享。"澳门珍秦斋藏秦子戈1件，铸铭"秦子作造左辟元用，左右市鲀用遗宜。"香港私藏秦子戈2件，铸铭，一作"秦子作造公族元用，左右市鲀〔用〕遗宜。"；一作"秦子作造左辟元用，左右市鲀用遗宜。"美国私人收藏秦子盉1件，陕西历史博物馆藏秦子戈1件。①

在M3旁及北边有附葬墓（M30、M31、M32）。② M32随葬三鼎二簋，有车马坑K32。

（二）大堡子山秦公墓墓主诸说

《水经注·漾水》记载秦庄公为西垂大夫，地在汉代西县故城：

> 西汉水又西南，合杨廉川水，水出西谷，众川泻流，合成一川。东南流，径西县故城北。秦庄公伐西戎，破之。周宣王与其先大骆犬邱之地，为西垂大夫，亦西垂宫也，王莽之西治矣。③

王国维考证庄公、襄公、文公所居的西垂在汉代陇西郡西县（今甘肃省天水市西南一带，礼县属之）。④

当今学者论证大堡子山遗址属于西垂。

关于大堡子山M2、M3的墓主，以往学者的研究有10多种观

---

① 程平山：《秦子器主考》，《文物》2014年第10期，第49—54页。
② 秦文化与西戎文化联合考古队：《甘肃礼县大堡子山秦墓及附葬车马坑发掘简报》，《文物》2018年第1期，第4—25页。
③ 郦道元注，杨守敬、熊会贞疏：《水经注疏》卷20《漾水》，段熙仲点校，陈桥驿复校，江苏古籍出版社1989年版，第1686页。
④ 王国维：《秦都邑考》，《观堂集林》卷12，谢维扬、房鑫亮主编，谢维扬等分卷主编：《王国维全集》第8卷，谢维扬等点校，浙江教育出版社、广东教育出版社2010年版，第353—354页。

点，根据主要依据的不同，可以区分为三组。

1. 甲组　主要依据于秦公铜器，或据金箔饰片。

（1）秦庄公说。李学勤、艾兰根据出现于美国纽约拉利行的一对秦公壶，以为酷似颂壶，是秦庄公之器，可能出自器主的墓葬。①

（2）秦仲、秦庄公说。韩伟研究戴迪所收藏的金箔饰片，分析其纹饰与青铜器纹饰的关系而推断其时代为西周晚期，又依据金箔饰片所含木芯的碳十四数据断为西周晚期之物，以为大堡子山大墓乃秦仲、秦庄公之墓。②

（3）秦襄公、秦文公说。李朝远以为，上博所获秦公器器主为秦襄公、秦文公，秦公墓墓主为襄公、文公，③难以判断秦字含"臼"字器与秦字省"臼"字器的早晚。④陈昭容、王辉以为，秦公墓是秦襄公、秦文公墓。秦字含"臼"器属秦襄公，省"臼"字器属秦文公。⑤

（4）秦文公、秦宪公说。卢连成以为，墓葬的时代在春秋初年，秦公壶很可能是秦宪公或秦文公的遗物。⑥陈平以为，秦公墓当为秦文公与秦宪公墓。秦字省"臼"组器应属秦文公，秦字含"臼"组器应属秦宪公。⑦

（5）秦庄公、秦襄公说。李峰以为，上博收藏的秦公鼎秦字含"臼"鼎的年代早于秦字省"臼"鼎，不晚于春秋早期早段。居于

---

① 李学勤、艾兰：《最新出现的秦公壶》，原载《中国文物报》1994年10月30日第3版，收入李学勤：《四海寻珍》，清华大学出版社1998年版，第260—263页；又收入《李学勤文集》第14卷，江西教育出版社2023年版，第46—49页。

② 韩伟：《论甘肃礼县出土的秦金箔饰片》，《文物》1995年第6期，第4—8页。

③ 李朝远：《上海博物馆新获秦公器研究》，《青铜器学步集》，第77—82页。

④ 李朝远：《上海博物馆新藏秦器研究》，《青铜器学步集》，第92—97页。

⑤ 陈昭容：《论甘肃礼县大堡子山秦公墓地及文物》，《秦系文字研究》，台北乐学书局有限公司2003年版，第149—169页；王辉：《也谈礼县大堡子山秦公墓地及其铜器》，《考古与文物》1998年第5期，第93页。

⑥ 卢连成：《秦国早期文物的新认识》，《中国文字》新21期，台北"中国文字社"1996年版，第63—65页。

⑦ 陈平：《浅谈礼县秦公墓地遗存与相关问题》，《考古与文物》1998年第5期，第87页。

犬丘并葬此的只有秦庄公与秦襄公。① 他否认《史记》周封秦襄公，以为周应授予秦庄公"公"的称谓，而不是西垂大夫。②

（6）秦襄公、秦文公、秦宪公中的一位或二位。王学理、梁云以为，秦襄公始称公，秦庄公乃追谥，不可能葬秦公器，前出子既以后的秦君葬平阳或雍。因此，大堡子山的秦公只能是秦襄公、秦文公、秦宪公中的一位或二位。③

2. 乙组　主要依据于秦公铜器及秦公墓。受到甲组秦襄公、秦文公说的影响，结合墓葬，衍生出新的观点，同时产生新的分歧。

（1）M2为秦襄公、M3为夫人说。戴春阳以为，有铜兵随葬的M2为秦襄公墓，M3为夫人墓。秦公器铭文无法区分出早晚。秦公鼎与秦武公钟、镈文字存在显著差异，非秦文公时所作，而作于秦襄公之时。④

（2）M3为秦襄公或秦文公、M2为夫人说。马振智以为秦襄公及夫人或秦文公及夫人的可能性都存在。从规模讲，M3似乎更可能是秦公墓，M2更可能是秦公夫人墓。⑤

（3）M3为秦襄公、M2为秦文公说。祝中熹论证秦仲不具备称公资格，秦庄公乃追称，秦静公称"公"乃赐谥，秦宪公葬陈仓秦陵山。M3为秦襄公墓、M2为秦文公墓。⑥

（4）M2为秦襄公、M3为秦文公说。张天恩质疑戴春阳说："M3的形制要大于M2。要是秦公夫妇，则是襄公墓小于夫人墓。

---

① ［美］李峰：《西周的灭亡——中国早期国家的地理和政治危机》，徐峰译，汤惠生校，上海古籍出版社2007年版，第307—309页；增订本，上海古籍出版社2016年版，第289—291页。

② ［美］李峰：《礼县出土秦国早期铜器及祭祀遗址论纲》，《文物》2011年第5期，第57、62—63页。

③ 王学理、梁云：《秦文化》，文物出版社2001年版，第118页。

④ 戴春阳：《礼县大堡子山秦公墓地及有关问题》，《文物》2000年第5期，第74—80页。

⑤ 马振智：《关于甘肃礼县大堡子山秦公墓地的几个问题》，《陕西历史博物馆馆刊》第10辑，三秦出版社2003年版，第59页。

⑥ 祝中熹：《礼县大堡子山秦陵墓主再探》，《文物》2004年第8期，第71页。

这种国君墓比夫人墓小的现象，就现有的考古资料似还没有见过。"大堡子山秦公器具有西周晚期器物风格，两座大墓只能是秦襄公和秦文公的。秦字早者出于 M2，属秦襄公墓；晚者出自 M3，是秦文公墓。①

3. 丙组　主要依据于秦子器，推测秦子器出自大墓（并无直接的证据），由秦子器之"秦子"定大墓的墓主。

（1）秦文公、秦宪公说。松丸道雄以为，"秦子"是"未称公前称子"，即位称公，又葬于西山，能满足这三个条件的春秋早期秦公，仅秦宪公一人。大堡子山大墓墓主是秦文公、秦宪公。②

（2）秦文公、秦静公或秦文公及夫人说。李学勤以为，秦子为秦静公，秦公器主包括秦文公。秦文公葬在大堡子山，比他早死两年的秦静公亦极可能葬此。即使秦静公不葬此，秦文公（或其夫人）墓里有他的器物，仍是可能的。③

（3）秦宪公及夫人说。梁云以为"秦子"是出子，M2 为秦宪公之墓，M3 为其夫人墓。④

（4）M3 为秦文公、M2 为秦静公说。田亚岐、张文江以为，"秦子"即秦文公太子秦静公。M3 为秦文公墓，形制较小的 M2 则是秦静公墓。⑤ 赵化成等、陈昭容、吴镇烽持同样观点。⑥

（5）M3 为秦襄公、M2 为出子说。杨惠福、侯红伟以为，秦子为出子，出子居西陵即大堡子山陵园，出子葬"衙"即大堡子山

---

① 张天恩：《试说秦西山陵区的相关问题》，《考古与文物》2003 年第 3 期，第 40—41 页。
② 松丸道雄：《秦国初期的新出文物について——甘肃省礼县大堡子山秦公墓地出土物を中心に》——《讲演要旨》，《日本秦汉史学会会报》2002 年第 3 期，第 43—44 页。
③ 李学勤：《论秦子簋盖及其意义》，《故宫博物院院刊》2005 年第 6 期，第 26 页。
④ 梁云：《"秦子"诸器的年代及有关问题》，《古代文明》第 5 卷，文物出版社 2006 年版，第 301—312 页。
⑤ 田亚岐、张文江：《礼县大堡子山秦陵墓主考辨》，《唐都学刊》2007 年第 3 期，第 75 页。
⑥ 赵化成等：《礼县大堡子山秦子"乐器坑"相关问题探讨》，《文物》2008 年第 11 期，第 63—64 页；陈昭容：《秦公器与秦子器——兼论甘肃礼县大堡子山秦墓的墓主》，《中国古代青铜器国际研讨会论文集》，第 229—260 页；吴镇烽：《秦子与秦子墓考辨》，《文博》2012 年第 1 期，第 29—30 页。

墓地。M2 为出子墓，M3 为秦襄公墓。①

程平山研究秦子器主，认为秦子乃秦德公太子秦宣公，秦子器属秦德公二年器。②

（三）大堡子山秦公墓墓主分析

程平山通过对清华简《系年》等的研究证实，《史记》误将秦襄公、秦文公年代倒置，真实的历史是秦襄公在位五十年，秦文公在位十二年。③ 此说得到徐少华等学者的支持，认为其是"近年来先秦史研究领域的一项重要成果，为解决一系列相关疑难问题奠定了有利的基础。"④

《史记·秦本纪》曰：

> 文公元年，居西垂宫。……四年，至汧渭之会。……乃卜居之，占曰吉，即营邑之。……（四十八年）〔十年〕，文公太子卒，赐谥为竫（静）公……。（五十年）〔十二年〕文公卒，葬西山。竫（静）公子立，是为（宁）〔宪〕公。……葬西山。⑤

《史记·秦始皇本纪》附录曰：

> 襄公立，享国（十二年）〔五十年〕。初为西畤。葬西垂。生文公。文公立，居西垂宫。（五十年）〔十二年〕死，葬西（垂）〔山〕。⑥

---

① 杨惠福、侯红伟：《礼县大堡子山秦公墓主之管见》，《考古与文物 2007 年第 6 期，第 63—67 页。
② 程平山：《秦子器主考》，《文物》2014 年第 10 期，第 49—54 页。
③ 程平山：《秦襄公、文公年代事迹考》，《历史研究》2013 年第 5 期，第 172 页。
④ 徐少华：《清华简〈系年〉"周亡（无）王九年"浅议》，《吉林大学社会科学学报》2016 年第 4 期，第 186 页。
⑤ 《史记》卷 5《秦本纪》，第 230—232 页。
⑥ 《史记》卷 6《秦始皇本纪》，第 358 页。

居葬西垂的有秦庄公、秦襄公,而秦文公迁都汧渭之会,葬于西山的有秦文公、秦静公、秦宪公。

秦襄公是秦国始封之君,秦庄公只是周大夫,谥号乃追赠的。秦襄公四十年才称公,不能将秦公器随葬秦庄公。所以,大堡子山秦公墓墓主不是秦庄公。秦文公初居西垂,四年之后迁都居汧,太子秦静公亦当同往。秦静公、秦文公先后卒,只差两年,在操办秦静公丧事后不久秦文公就去世了。秦静公虽未享国,《史记》《秦武公钟》皆称静公,① 即秦静公集太子、宗子、视同秦公于一身,应有规模很可观的陵墓。如果秦文公或秦文公、秦静公归葬,必然要依附秦襄公墓,那样大堡子山秦公墓应在两座以上,事实不然,证实大堡子山秦公墓并无归葬墓。秦宪公之后的秦君都奉行葬于国都附近,秦文公应葬在汧附近。秦文公葬地,《史记·秦本纪》作西山,而《史记·秦始皇本纪》附录作西垂,综合秦文公迁都汧,及秦宪公葬西山,秦文公葬地当以西山为是。《史记·秦本纪》载秦宪公葬西山,张守节《正义》:"《括地志》云:'秦(宁)〔宪〕公墓在岐州陈仓县西北三十七里秦陵山。《帝王世纪》云秦(宁)〔宪〕公葬西山大麓,故号秦陵山也。'按:文公亦葬西山,盖秦陵山也。"②《史记·秦本纪》:"文公卒,葬西山。"裴骃《集解》:"徐广曰:'皇甫谧云葬于西山,在今陇西之西县。'"③ 皇甫谧说误。李零力主秦文公葬秦陵山,在今陕西省宝鸡市。④

大堡子山墓地"通过2006年彻底的勘察和钻探,现已认清,除了这两座之外,该遗址再无别的大型墓葬",⑤ 证实M2、M3墓主

---

① 卢连成、杨满仓:《陕西宝鸡县太公庙村发现秦公钟、秦公镈》,《文物》1978年第11期,第1页。

② 《史记》卷5《秦本纪》,第233页。

③ 《史记》卷5《秦本纪》,第231—232页。

④ 李零:《〈史记〉中所见秦早期都邑葬地》,《文史》第20辑,中华书局1983年版,第15—23页。

⑤ 甘肃省文物考古研究所等:《西汉水上游考古调查报告》,文物出版社2008年版,第289页。

之间应当是夫妇关系。墓葬的时代在春秋初期。随葬铜器既具有西周晚期的遗风，又具备春秋早期的特点。因此，这个春秋初期葬在西垂的秦公只能是秦襄公。所以，礼县大堡子山 M2、M3 墓主应为秦襄公及其夫人墓。

哪一座墓为秦襄公墓？M3 的墓葬规模大于 M2，似乎判断 M3 为秦襄公墓的理由充分些。实际上，并非如此简单。墓葬的比较是多方面的综合，需要考虑墓葬规模、棺椁、随葬品、殉人等。

1. 墓室与椁室的规模。M2、M3 墓葬形制都是中字形墓，墓室呈口大底小的斗形。大堡子山中小形墓亦流行斗室墓。斗室墓的形制应与土质有关，主要是墓葬修成垂直坑壁容易坍塌。即使如此，M3 墓室部位在盗墓之前曾发生过坍塌，可以证实 M3 的斗形墓室在修建之时就存在预防坍塌的困扰。斗形墓室中低级别墓葬的墓口常有大于高级别墓葬的墓口的情况，但是，低级别墓葬的底部一般都小于高级别墓葬的底部。因此，应该以墓葬底部的规模作为划分级别的一个重要依据。自墓口看，M3 规模大于 M2；但是，自墓室墓底看，M2 墓室 34 平方米（墓室东西 6.8、南北 5 米），M3 墓室 22.6 平方米（墓室东西 6.75、南北 3.35 米），M2 墓室的规模是 M3 的 1.5 倍。M2、M3 墓室由椁室与四壁熟土二层台组成。熟土二层台上放置殉人，有一定宽度。M2 的椁室长约 5 米、宽 3.5 米，估算 M3 的椁室长约 5 米、宽约 2 米。M2 的椁室明显要大于 M3 的椁室，决定了椁室与棺之间的空间，M3 远小于 M2。因此，M3 随葬品的数量应逊色于 M2。

2. 殉人、殉牲的个数。M2 殉人 7 个、殉牲 12 人、1 犬，而 M3 殉人 1 个（?）、殉牲 7 人。

3. 随葬品的情况。M2 随葬铜礼器 7 鼎、6 簋、壶等，兵器、编钟（出土钟钩）、编磬、四对 8 只大型金鸷和诸多金饰片（棺饰）等。M3 随葬铜礼器 7 鼎、5 簋、壶等、编钟、大量琥珀珠等、小型金饰片等。

总之，M2 墓室与椁室的规模、殉人与殉牲的个数、随葬品的丰富程度都胜过 M3。此外，M2 随葬的兵器通常为女性墓所无，亦可以考虑是对 M2 墓主为男性的支持。所以，M2 的墓主应为秦襄公，M3 的墓主为秦襄公夫人。

秦襄公墓（M2）随葬的秦公鼎、簋都是铸铭，铸有"秦公"铭文的秦公器当是秦襄公获赏封国以后的作品；而秦襄公夫人墓（M3）秦公鼎、簋都是刻铭，铭文当是秦襄公为国君之后加刻的。周平王三十三年（秦襄公四十年），秦襄公获赏封国；后十年，秦襄公卒。秦襄公墓（M2）随葬的秦公鼎、簋都是铸铭，制作年代在周平王三十年至四十三年（秦襄公四十年至五十年）。

二　秦子器主考

秦子器是春秋时期秦国的铜器，"秦子"的称谓独特，秦子器对于探讨礼县大堡子山秦公墓墓主、秦国继位制度以及相关史实有重大的价值。三十年来，许多学者探讨秦子器主，至今尚无定论。近年来，我们研究此课题，对于秦子器以及相关史实都有了新的认识。

（一）秦子器的发现

目前，秦子器的发现有传世秦子戈、矛与自甘肃礼县大堡子山秦公墓地流传出去的秦子器。

1. 传世秦子器

陈介祺旧藏"秦子戈"，现藏广州市博物馆，铭文作：

秦子作造公族元用，左右市䢂用遗宜。[1]

北京故宫博物院收藏"秦子戈"，铭文作：

---

[1] 中国社会科学院考古研究所编：《殷周金文集成》（修订增补本）第 7 册，中华书局 2007 年版，第 6116 页，第 11353 器。"市"，或释为"师"、"帀"等，尚无定论。

秦子作造中辟元用，左右市鈇用遗宜。①（图5－6：5）

容庚旧藏"秦子矛"，铭文作：

秦子作造公族元用，左右市鈇用遗宜。②

2. 礼县大堡子山秦公墓地出土秦子器

在礼县大堡子山秦公墓地M2西南20余米处发现有青铜乐器坑、人祭坑等祭祀遗迹，乐器坑出土编钟8件、秦子编镈3件等，时代为春秋早期。编镈铭文作：

秦子作宝龢钟，以其三镈，乃音锵锵雝雝，秦子畯岭在位，眉寿万年无疆（图版二〇，图5－6：4）。③

日本MIHO美术馆收藏的秦子钟传出大堡子山秦公墓地，形制、纹饰与M2祭祀坑出土的编钟几乎全同④（图版二一，图5－6：3），铭文作：

秦子作宝龢钟，乃音锵锵雝雝，秦子畯岭在位，眉寿万年无疆。⑤（图版一九）

---

① 中国社会科学院考古研究所编：《殷周金文集成》（修订增补本）第7册，第6115页，第11352器。
② 中国社会科学院考古研究所编：《殷周金文集成》（修订增补本）第8册，第6318页，第11547器。
③ 早期秦文化联合考古队：《2006年甘肃礼县大堡子山祭祀遗迹发掘简报》，《文物》2008年第11期，第18、27页。
④ MIHO MUSEUM：《中国戦国时代の霊獣》，MIHO MUSEUM 2000年版，第11页。
⑤ 松丸道雄：《甘肃礼县秦公墓の墓主は谁か？—MIHO MUSWUM新收の编钟を手挂りに》，日本中国考古学会关东部会四月例会演讲，2002年4月20日。

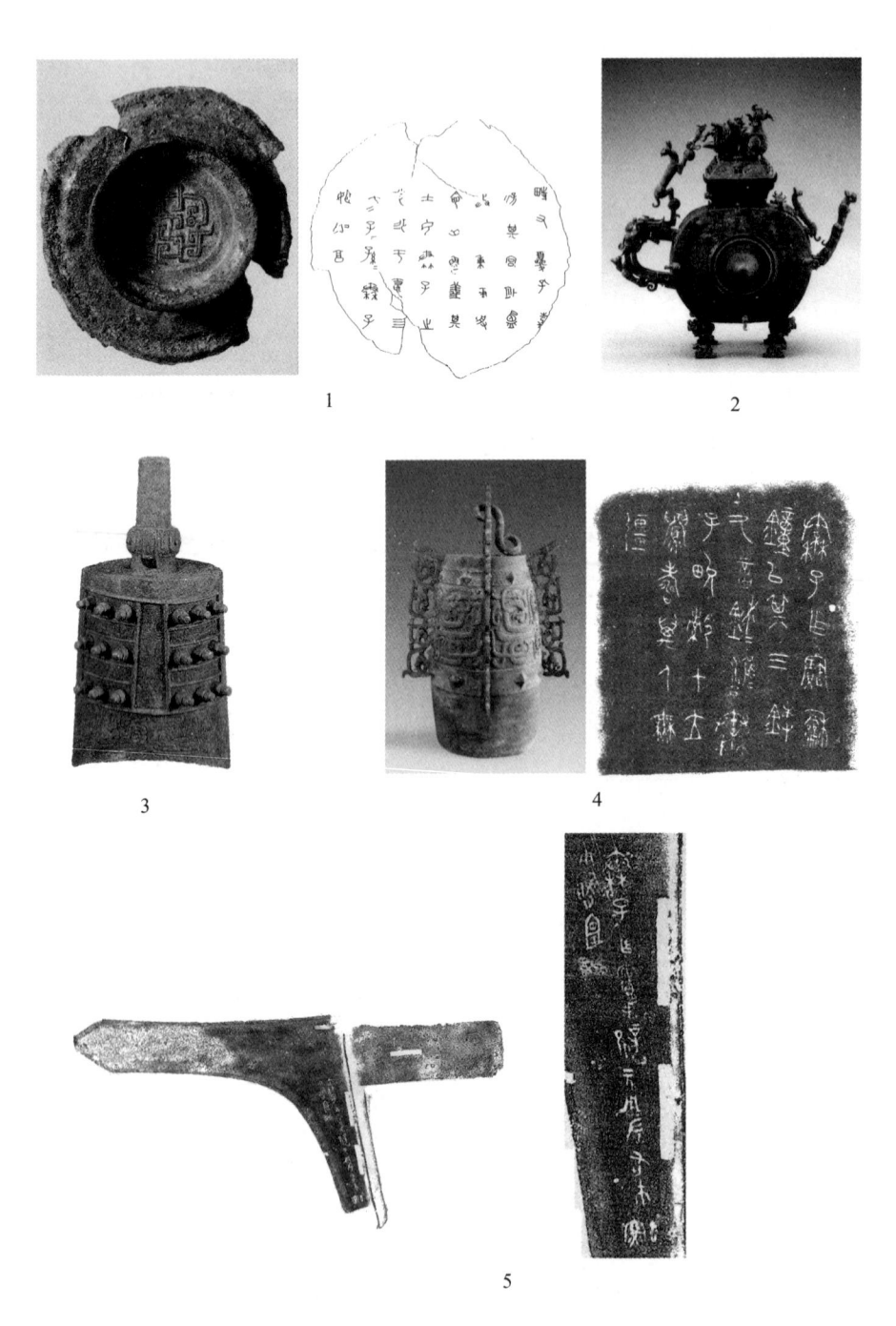

图 5-6 秦子器

第五章　秦国早期陵墓　413

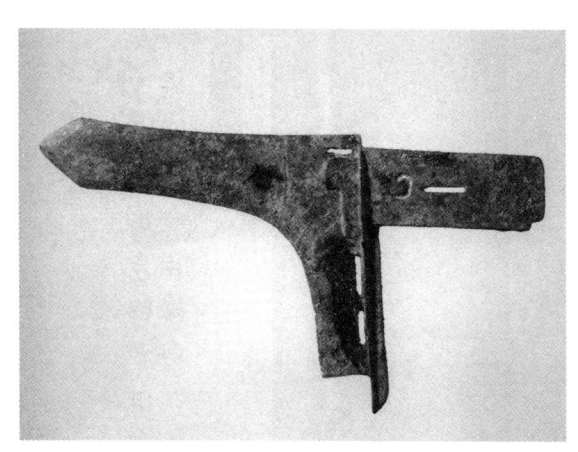

6

7

图5-6　秦子器（续）

1. 珍秦斋藏秦子簋盖　2. 美国私人藏秦子盉　3. 日本MIHO博物馆藏秦子钟　4. 礼县大堡子山秦公墓地祭祀坑出秦子镈　5. 北京故宫博物院藏秦子戈　6. 珍秦斋藏秦子戈　7. 香港私人藏秦子戈

［依次据《珍秦斋藏金——秦铜器篇》第27、31页，《古代文明》第5卷第303页，《中国战国时代の霊獣》第11页，《文物》2008年第11期第18、27页，《殷周金文集成》（修订增补本）第7册第6115页，《珍秦斋藏金——秦铜器篇》第37、38页，《屈万里先生百岁国际学术研讨会论文集》第268页及张光裕先生提供照片］

珍秦斋藏秦子簋1件,簋盖铭作:

時。又夔孔嘉,保其宫外。温恭穆〔穆〕,秉德受命屯鲁,义其士女。秦子之光,卲于婚(闻)四方,子子孙孙,秦子、姬甬(用)享。①(图版二二,图5-6:1)

美国私人收藏秦子盉1件,铭文作:

秦子作铸用盉,其迈(万)寿子子孙孙永宝。②(图5-6:2)

澳门珍秦斋藏秦子戈1件,铭文作:

秦子作造左辟元用,左右市鈘用遗宜。③(图5-6:6)

香港私人收藏秦子戈2件,铭文一作:

秦子作造左辟元用,左右市鈘用遗宜。

一作:

秦子作造公族元用,左右市鈘用遗宜。④(图5-6:7)

---

① 萧春源:《珍秦斋藏金——秦铜器篇》,澳门基金会2006年版,第5—6页、第26—35页图版2。
② 李学勤:《秦子盉与"秦子"之谜》,宝鸡市青铜器博物馆编、段德新主编:《周秦文明论丛》第2辑,三秦出版社2009年版,第1—4页。
③ 王辉、萧春源:《新见铜器铭文考跋二则》,原载《考古与文物》2003年第2期,改名《珍秦斋藏秦子戈考跋》,收入《珍秦斋藏金——秦铜器篇》,第153—157页。
④ 张光裕:《新见〈秦子戈〉二器跋》,《屈万里先生百岁诞辰国际学术研讨会论文集》,"台北市行政院文建会"2006年版,第261—262页。

陕西历史博物馆藏秦子戈1件，铭文作"秦子元用"，1994年西安市公安局打击走私所获，据说出自甘肃某地。①

（二）秦子器主诸说分析

关于秦子器的时代，学者多认为属于春秋早期。关于"秦子"，以往学者有10种观点，根据角度的不同，可以分为六组。

甲组　将"秦子"解释为爵称，或秦未称公前的称号。

1. 秦襄公说。清人陈介祺提出秦子乃秦襄公。其文曰：

> 秦子戈　十五字。伯益七世孙非子事周孝王，封为坿庸，而邑之秦。平王东迁，襄公以兵送之，王封襄公为诸侯，此曰秦子，或襄公之器与？②

李学勤先生曾经推论秦子乃秦襄公。③

2. 非子说。陈泽先生以为秦子乃非子，西周爵位五等，即公、侯、伯、子、男。受封为附庸的非子，爵位为子，"秦子的子为爵位，秦是邑名。"④

乙组　将"秦子"解释为秦公子。

1. 秦静公说。吴镇烽先生以为，秦子乃春秋早期秦公子，很可能是秦静公，秦文公的长子。⑤ 吴氏后将"秦子"解释为秦太子或公子，仍以秦子为静公。⑥ 黄盛璋先生以为传世的秦子戈、矛属于春秋时期秦器，"秦子为秦公之子，亦即秦国公子，铭文称'公

---

① 吴镇烽：《秦兵新发现》，广东炎黄文化研究会等合编：《容庚先生百年诞辰纪念文集（古文字研究专号）》，广东人民出版社1998年版，第563—572页。

② 陈介祺著，陈继揆整理：《簠斋金文题识》，文物出版社2005年版，第78页。

③ 李学勤：《"秦子"新释》，《文博》2003年第5期。

④ 陈泽：《秦子钟与西垂嘉陵》，原载《天水日报》2000年10月9日，收入《西垂文化研究》，五洲文明出版社2005年版，第90—91页。

⑤ 吴镇烽：《金文人名汇编》，中华书局1986年版，第186页；修订本，中华书局2006年版，第247页。

⑥ 吴镇烽：《秦子与秦子墓考辨》，《文博》2012年第1期。

丙组　将"秦子"解释为秦太子，国君未即位时往往称某子。

1. 秦静公说。陈平先生以为秦子戈、矛之"秦子"乃太子，器主声威显赫。考春秋早、中期之际久居太子、诸君之位而位高权重者，莫过于秦文公之太子秦静公。于是推测秦子戈、矛之"秦子"为秦静公。② 李学勤先生考察珍秦斋藏秦子簋盖铭文，以为秦子之子乃太子，西周荣仲方鼎铭文里的周王之子和诸侯之子都称为子，秦子为秦文公太子秦静公。③ 田亚岐、王伟、赵化成、陈昭容等亦认为"秦子"即秦文公太子秦静公。④

2. 宪公说。松丸道雄先生以为，"秦子"是秦太子"未称公前称子"，即位称公，又葬于西山，能满足这三个条件的春秋早期秦公，仅宪公一人。日本MIHO美术馆收藏的秦子钟的"秦子"是即位前的秦宪公，大堡子山两座大墓墓主是秦文公和秦宪公。又以为秦武公符合是秦太子"未称公前称子"，即位称公，而葬于雍平阳。⑤

丁组　将"秦子"解释为秦国君居丧期间自称。有经学的依据，其实是将太子处于特定时期。诸侯在丧称子说，顾炎武《日知

---

① 黄盛璋：《秦兵器分国、断代与有关制度研究》，《古文字研究》第21辑，中华书局2001年版，第228—229页。

② 陈平：《秦子戈、矛考》，《考古与文物》1986年第2期，第65—68页。

③ 李学勤：《论秦子簋盖及其意义》，《故宫博物院院刊》2005年第6期；收入《李学勤文集》第15卷，第257—263页。

④ 田亚岐、张文江：《甘肃礼县大堡子山秦陵墓主考辨》，《唐都学刊》2007年第3期，第71—76页；王伟：《从秦子簋盖词语说到秦子诸器》，《宁夏大学学报》（人文社会科学版）2008年第3期，第27—31页；赵化成等：《礼县大堡子山秦子"乐器坑"相关问题探讨》，《文物》2008年第11期，第54—66页；陈昭容：《秦公与秦子器——兼论甘肃礼县大堡子山秦墓的墓主》，《中国古代青铜器国际研讨会论文集》，第253—255页。

⑤ ［日］松丸道雄：《秦国初期的新出文物について——甘肃省礼县大堡子山秦公墓地出土物を中心に》，东京秦汉史学会第13回大会，2001年11月10日，《讲演要旨》（摘要）见《日本秦汉史学会会报》第3号（2002年10月）；《甘肃礼县秦公墓的墓主是谁か？—MIHO MUSWUM 新收の编钟を手扫りに》，日本中国考古学会关东部会四月例会演讲，2002年4月20日。

录》有考证。①《春秋》僖公九年：

> 夏，公会宰周公、齐侯、宋子、卫侯、郑伯、许男、曹伯于葵丘。

《左传》僖公九年：

> 春，宋桓公卒。未葬而襄公会诸侯，故曰子。凡在丧，王曰小童，公侯曰子。

杜预《注》曰：

> 在丧，未葬也。小童者，童蒙幼稚之称。子者，继父之辞，公侯位尊，上连王者，下绝伯子男。②

《礼记·杂记》曰：

> 君薨，大子号称"子"。待犹君也。

郑康成《注》曰：

> 谓未逾年也。虽称"子"，与诸侯朝会如君矣。《春秋》鲁僖公九年夏，葵丘之会宋襄公称"子"，而与诸侯序。③

---

① 顾炎武著，黄汝成集释：《日知录》卷4《诸侯在丧称子》，栾保群等校点，上海古籍出版社2006年版，第224—227页。
② 孔颖达：《春秋左传正义》卷13，阮元校刻：《十三经注疏》，下册，第1800页上、中栏。
③ 孔颖达：《礼记正义》卷40，阮元校刻：《十三经注疏》，上册，第1552页中栏。

公侯亡，太子即位称子，明年称公侯。《春秋》僖公二十八年：

> 陈侯款卒。……冬，公会晋侯、齐侯、宋公、蔡侯、郑伯、陈子……于温。①

《左传》定公四年：

> 春，王二月癸巳，陈侯吴卒。三月，公会刘子、晋侯、宋公、蔡侯、卫侯、陈子、郑伯、许男……于召陵，侵楚。②

1. 秦宪公、出子、秦宣公说。王辉先生主张"秦子"之"子"当是"诸侯在丧称子"，"秦子"应是春秋早期某位初即位的幼君。秦宪公、出子、秦宣公即位初都可称秦子，秦武公、秦德公均为出子之兄，秦成公、秦穆公乃秦宣公之弟，均不宜对前代国君称"子"。秦宪公、出子、秦宣公三人中，可能性最大的是出子。③ 董珊持相同的观点。④

2. 秦宪公、秦宣公说。陈平先生认为"以出子的可能性为最小，而以宪公、宣公的可能性为大，宣公的可能性尤大。"⑤

3. 出子，或秦宪公，或秦文公、秦武公、秦德公、秦宣公。王辉先生推测，秦子戈、矛的"秦子"可能是出子。其余秦器"秦子"最大可能为秦宪公，但秦文公、秦武公、秦德公、秦宣公

---

① 孔颖达：《春秋左传正义》卷16，阮元校刻：《十三经注疏》，下册，第1823页下栏。
② 孔颖达：《春秋左传正义》卷54，阮元校刻：《十三经注疏》，下册，第2133页上、中栏。
③ 王辉：《关于秦子戈、矛的几个问题》，原载《考古与文物》1986年第6期，收入《一粟集——王辉学术文存》，台北艺文印书馆2002年版，第250—251页。
④ 董珊：《秦子姬簋盖初探》，《故宫博物院院刊》2005年第6期。
⑤ 陈平：《〈秦子戈、矛考〉补议》，《考古与文物》1990年第1期。

的可能性亦存在。①

戊组　秦子非太子，而是对出子的特称。

1. 出子说。梁云、杨惠福、侯红伟以为秦子非太子，而是对出子的特称。②

己组　将"秦子"解释为国君的太子，也可以是旧君死后即位未逾年的新君。

1. 秦静公、秦宪公、秦武公说。祝中熹先生以为：

> 秦子肯定不是常规处境下的秦君名号，至于是太子身份还是继位当年的新君身份，在资料允许的前提下，可据器铭内容结合当时情势做出分析判断。

他推测大堡子山祭祀坑出土秦子器的秦子为秦宪公，澳门珍秦斋所藏簋盖铭文的秦子为秦武公，传世戈、矛及新发现戈的铭文中的秦子是秦静公。③

总之，秦子器显示，秦子一定不是秦国普通的公子，而是有权势的太子或新君。这是以往学者的研究心得，是值得肯定之处。

（三）秦子考

分析秦子器的器形、铭文以及秦子祭祀秦公祭祀坑，可以发现若干要点，从而帮助我们确立考察秦子的标准。

1. 周代铜器铭文标明作器者身份者之中，如只称"晋侯"

---

① 王辉：《秦子簋盖补释》，原载《华学》第9辑（2008年），收入《高山鼓乘集　王辉学术文存二》，中华书局2008年版，第76—82页。

② 梁云：《"秦子"诸器的年代及相关问题》，北京大学震旦古代文明中心等编：《古代文明》第5卷，文物出版社2006年版，第301—312页；《西新邑考》，《中国历史文物》2007年第6期，第32—39页；《甘肃礼县大堡子山青铜乐器坑探讨》，《中国历史文物》2008年第4期，第25—38页；杨惠福、侯红伟：《礼县大堡子山秦公墓主之管见》，《考古与文物》2007年第6期，第63—67页。

③ 祝中熹：《秦西垂陵区出土青铜器铭中的"秦子"问题》，《丝绸之路》2009年第1期，第5—10页。

"秦公"者，人必知其为何人，"秦子"显然与"晋侯""秦公"同义，是完整而清晰的称谓。秦子器铭文"峻岭在位""受命屯鲁"而"秦子之光，邵于婚（闻）四方"，与秦武公镈"峻岭在位""屯鲁多釐"而"匍有四方"相近。因此，秦子在秦国的身份极高，应为秦君（由于某种原因称"子"而未称"公"的国君，如居丧时期的继位之君）或太子。秦子簋铭出现"時"属于造時或祭時，大堡子山大墓的祭祀坑属于秦子祭祀先君的行为，而这些属于国君或太子的职权。秦子作造"公族""中辟""左辟"兵器，此乃国君的或太子的权利。《左传》成公十三年："国之大事，在祀与戎。"① 这个掌控国家祭祀与兵权的秦子必然是秦君或太子。

关于秦子的含义，太子说与国君居丧期间称子说皆有依据。关键是二者之间的关系，是否可以并存。（1）太子可以称为秦子，居丧期间亦称秦子。太子即位，仍然以刚逝去的先君的年代纪年，明年才能称新君元年，即当年即位的太子尚不是真正意义上的秦公，不能称作秦公，而只是秦子。所以，太子称秦子包括了任太子期间与居丧期间。（2）国君居丧期间称秦子，那么这个秦子是即位的新君，多原本为太子（极少数本非太子而是篡位）。所以，正常情况下，秦子与太子是合一的。总之，笔者认为，秦子器的秦子包括了太子与国君居丧期间称子，二者多是合一的。所以，太子或国君"居丧称子"与铭文的秦子适合，是考察秦子的标准。

2. 秦子簋铭"秦子、姬甬（用）享"，李学勤先生解释为秦子与其姬姓夫人，② 其说甚是，得到许多学者的赞同。从而证实秦子已婚。所以，"秦子、姬"足以成为考察秦子的一个标准。

3. 秦子器与秦公器比较，他们之间存在时代的差距。礼县大堡子山秦公墓 M2、M3 出秦公器，而 M2 的祭祀坑出土秦子器，它

---

① 孔颖达：《春秋左传正义》卷27，阮元校刻：《十三经注疏》，下册，第1911页中栏。
② 李学勤：《论秦子簋盖及其意义》，原载《故宫博物院院刊》2005年第6期，第21—26页；收入《李学勤文集》第15卷，第257—263页。

们之间存在时代差异（图5-7）。这种差异反映了秦子与秦公的时代差异，制约着秦公与秦子的身份。学者推断大堡子山秦公墓墓主在秦庄公、秦襄公、秦文公、秦静公、秦宪公、出子之中。[①] 关于秦子器的时代，李学勤先生认为处于西周末至春秋早期，[②] 吴镇烽先生认为处于春秋早期，[③] 陈昭容先生认为属于春秋早期但是早不到春秋最初的时期，[④] 梁云以为集中在春秋早期偏晚阶段，[⑤] 李峰先生认为作于秦武公以后，[⑥] 陈平先生认为传世的秦子戈、矛处于春秋早中期之际，[⑦] 黄盛璋先生认为传世的秦子戈、矛的时代属于春秋时期。[⑧] 秦子器与秦公器比较，需要根据具体的史实结合文化变迁来判断秦子器的主人。所以，秦公器与秦子器时代差亦成为判断秦子的标准。

于是，我们认为确定符合铭文秦子的标准主要有以下三条：太子或国君居丧期间可称"秦子"者、符合"秦子、姬"者、符合秦公器与秦子器时代差者。以之考察秦文公至秦穆公时期的秦君，求其符合铭文的秦子者（表5-1）。

[①] 赵化成等：《礼县大堡子山秦子"乐器坑"相关问题探讨》，《文物》2008年第11期，第54—66页；陈昭容：《秦公器与秦子器——兼论甘肃礼县大堡子山秦墓的墓主》，《中国古代青铜器国际研讨会论文集》，第236—239页。

[②] 李学勤：《"秦子"新释》，原载《文博》2003年第5期，收入《李学勤文集》第15卷，第135—143页；《论秦子簋盖及其意义》，原载《故宫博物院院刊》2005年第6期，收入《李学勤文集》第15卷，第257—263页。

[③] 吴镇烽：《金文人名汇编》，第186页；修订本，第247页。

[④] 陈昭容：《秦公器与秦子器——兼论甘肃礼县大堡子山秦墓的墓主》，《中国古代青铜器国际研讨会论文集》，第246、253页。

[⑤] 梁云：《"秦子"诸器的年代及相关问题》，《古代文明》第5卷，第301—312页；《西新邑考》，《中国历史文物》2007年第6期，第32—39页；《甘肃礼县大堡子山青铜乐器坑探讨》，《中国历史文物》2008年第4期，第25—38页。

[⑥] [美]李峰：《礼县出土秦国早期铜器及祭祀遗址论纲》，《文物》2011年第5期，第57—63页。

[⑦] 陈平：《秦子戈、矛考》，《考古与文物》1986年第2期，第65—68页。

[⑧] 黄盛璋：《秦兵器分国、断代与有关制度研究》，《古文字研究》第21辑，第228—229页。

表 5-1　　　　　　　　符合铭文的秦子分析

秦君		太子	居丧期间可称"秦子"者	符合"秦子、姬"者	符合秦公器与秦子器时代差者	符合铭文的秦子
一	秦文公	√	√	?	×（距离时间短，不符，下同）	×
	秦静公	√	×（早卒）	?	×	×
	秦宪公	√	√	×（年十岁）	?	×
	太子秦武公	√	√	×（年约七岁）	?	×
	出子	×	√	×（即位年五岁）	?	×
二	秦武公	×（出子兄，复位，当年称公）	√	√（王姬）	√（距离时间长，符合，下同）	×
	秦德公	×（秦武公弟）	?	?（即位年三十三）	√	×
	秦宣公	√	√	?	√	√（排除上下）
三	秦成公	×	×（秦宣公弟）	?	√	×
	秦穆公	×	×（秦宣公弟）	√（晋姬）	√	×

注：√，满足；×，不符；?，不明。

　　大堡子山地处西垂，《史记》记载秦襄公葬西垂，[①] 大堡子山秦公墓 M2、M3 墓主包括秦公。由于错简或传抄讹误，《史记》所记载的秦襄公在位十二年、秦文公在位五十年、秦文公太子秦静公卒于秦文公四十八年是错误的，真实的史实是：秦襄公七年，西戎犬戎与申侯伐周，杀幽王郦山下。秦襄公将兵救周。二十八年，戎败走。戎祸持续二十二年。秦襄公四十年，秦襄公获封为诸侯。五十年，秦襄公卒，秦文公立。秦文公十年，太子秦静公卒，十二年，秦文公卒。[②] 秦襄公立国十年即卒，后十年秦静公卒，后二年秦文公卒，他们的卒年相邻。因此，他们所制作铜器的器形与铭文字体不会有大的差别。若秦子为秦文公，所祭祀对象必然是秦襄

[①] 司马迁：《史记》卷 6《秦始皇本纪》，第 358 页。
[②] 程平山：《秦襄公、文公年代事迹考》，《历史研究》2013 年第 5 期，第 168 页。

公，并且祭祀的年代在秦襄公卒年，则秦公器与秦子器的年代差别在数年间，其器形与铭文字体不会产生时代的差异（图5-7）。所以，秦子为秦文公说不成立。若秦子为太子秦静公，所祭祀对象必然是秦襄公，距离秦襄公之卒在十年之内，秦公器与秦子器的器形与铭文字体亦不会产生时代的差异。所以，秦子为秦静公说不成立。比较器形与铭文，秦子镈晚于春秋早期的秦公镈而与秦武公时期秦公镈接近或稍晚（图5-7），秦子簋、秦子钟铭文与秦武公时期秦公镈铭文字体接近，证明秦子器的时代处于春秋早期晚段或春秋早中期之际。因此，秦襄公、秦文公、秦静公可以排除，秦子器只能是秦宪公至秦穆公时期的器物。

大堡子山秦公墓秦公镈、秦公簋	秦武公镈	大堡子山祭祀坑秦子镈
1　　2	3	4

图5-7　秦公镈、秦子镈、秦武公镈比较

1. 上博藏秦公镈　2. 上博藏秦公簋铭文　3. 秦武公镈　4. 大堡子山祭祀坑出秦子编镈

［依次据《秦西垂陵区》第54页，《青铜学步集》第91页，《秦西垂陵区》第52页，《中国青铜器全集》第7册第54页，《殷周金文集成》（修订增补本）第1册第313页，《文物》2008年第11期第18、27页］

《史记·秦本纪》曰：

> （宁）〔宪〕公生十岁立，立十二年卒，葬西山。生子三人，长男武公为太子。武公弟德公，同母。鲁姬子生出子。（宁）〔宪〕公卒，大庶长弗忌、威垒、三父废太子而立出子为君。出子六年，三父等复共令人贼杀出子。出子生五岁立，立六年卒。三父等乃复立故太子武公。……二十年，武公卒，葬雍平阳。……有子一人，名曰白，白不立，封平阳。立其弟德公。德公元年，初居雍城大郑宫。以牺三百牢祠鄜畤。卜居雍。……德公生三十三岁而立，立二年卒。生子三人：长子宣公，中子成公，少子穆公。长子宣公立。……十二年，宣公卒。生子九人，莫立，立其弟成公。……成公立四年卒。子七人，莫立，立其弟缪（穆）公。……三十九年，缪（穆）公卒，葬雍。①

秦子簋铭文中有"秦子、姬"，② 即秦君及夫人，秦宪公以秦文公孙子身份即位，年仅十岁，即位时不能有夫人，故不符。出子生称元岁，五岁即位，卒时方十一岁，不能有夫人，故不符。秦武公初为太子，不得立，后出子被杀，方立。《史记·秦本纪》载秦武公同母弟"德公生三十三岁而立"，即秦德公生于周桓王十一年（前709年），秦武公出生当不晚于周桓王十年（前710年，时秦宪公年十五岁），秦武公即位（周桓王二十二年，前698年），年约十三，当年亦不能确定娶夫人。出子属于非法的秦公，被大臣处死后，秦宪公太子秦武公立，当年称秦公，因此，不存在秦武公自称"秦子"之可能。秦武公镈铭"秦公及王姬"，（图版二四）③ 又与

---

① 《史记》卷5《秦本纪》，第232—247页。
② 萧春源：《珍秦斋藏金——秦铜器篇》，第5—6页、第26—35页图版2。
③ 卢连成、杨满仓：《陕西宝鸡县太公庙村发现秦公钟、秦公镈》，《文物》1978年第11期，第1—5页。

秦子簋"秦子、姬"不同。秦武公子白不得立，可证白未被立为太子，否则就不会传位于秦德公。秦武公卒，秦德公立，秦德公为秦武公弟，故秦德公不是太子又居丧期间不宜称为"秦子"。秦德公卒时年三十四，子宣公年幼，秦宣公在位十二年而生九子，秦宣公即位时应是十多岁。秦德公三十三岁即位，三十四岁卒，在位仅二年。秦德公太子秦宣公于秦德公元年、二年称太子，可称秦子，可于秦德公丧之年称"秦子"。《史记·秦本纪》载秦德公元年以牺三百牢祠鄜畤，秦子簋铭文提到"畤"应与之有关。大堡子山秦公墓祭祀坑出土的秦子器及传世的秦子器制作年代为秦德公元年、二年（周釐王五年至周惠王元年，前677—676年）。秦宣公在位十二年，卒，弟秦成公立。四年卒，立弟秦穆公。三十九年，秦穆公卒。秦成公以后进入春秋中期，秦成公、秦穆公乃秦宣公弟，既非太子又居丧期间不宜称为"秦子"，不是秦子器铭文中的秦子。

（四）结语

在综合、分析学者研究成果的基础上，我们重新探讨秦子器的主人。通过研究秦子器，确立了符合秦子器铭文中秦子的标准：太子或居丧期间可称"秦子"者、符合"秦子、姬"者、符合秦公器与秦子器的时代差别者。运用三个标准以求符合铭文的秦子，得出具体的结论。秦子器的时代处于春秋早中期之际。秦子器主人是秦德公太子秦宣公，大堡子山秦公墓祭祀坑出土的秦子器及传世的秦子器制作年代为秦德公元年、二年（周釐王五年至周惠王元年，前677—676年）。

第二节　西山、衙陵区

《史记·秦本纪》记录秦文公、秦宪公葬处，而不及出子：

（五十年）〔十二年〕文公卒，葬西山。靖（静）公子立，是为（宁）〔宪〕公。……（宁）〔宪〕公生十岁立，立十二年卒，葬西山。生子三人，长男武公为太子。武公弟德公，同母。鲁姬子生出子。宁公卒，大庶长弗忌、威垒、三父废太子而立出子为君。

出子六年，三父等复共令人贼杀出子。出子生五岁立，立六年卒。三父等乃复立故太子武公。①

《史记·秦始皇本纪》附录则记录了秦文公、秦宪公、出子的葬处：

文公立，居西垂宫。五十年死，葬西垂。生静公。
静公不享国而死。生宪公。
宪公享国十二年，居西新邑。死，葬衙。生武公、德公、出子。
出子享国六年，居西陵。庶长弗忌、威累、参父三人，率贼贼出子鄙衍，葬衙。武公立。②

《史记·秦本纪》记载秦文公、秦（宁）〔宪〕公葬西山。《史记·秦始皇本纪》附录记载秦文公葬西垂、秦（宁）〔宪〕公与出子葬衙。衙近西山。

宪公之后的秦君都奉行葬于国都附近，秦文公应葬在汧附近。秦文公葬地，《史记·秦本纪》作"西山"，而《史记·秦始皇本纪》附录作"西垂"，综合秦文公迁都汧，及秦宪公葬西山，秦文公葬地当以西山为是。

《史记·秦本纪》载秦宪公葬西山，张守节《正义》曰：

《括地志》云："秦（宁）〔宪〕公墓在岐州陈仓县西北三十七里秦陵山。《帝王世纪》云秦（宁）〔宪〕公葬西山大麓，

---

① 《史记》卷5《秦本纪》，第231—233页。
② 《史记》卷6《秦始皇本纪》，第358—359页。〔 〕单独使用，表示补充文字。下同。

故号秦陵山也。"按：文公亦葬西山，盖秦陵山也。①

《史记·秦本纪》曰：

> 文公卒，葬西山。

裴骃《集解》曰：

> 徐广曰："皇甫谧云葬于西山，在今陇西之西县。"②

笔者案：皇甫谧说误，此"西山"在汧渭之会，而不在礼县。李零力主秦文公葬秦陵山，即今陕西省宝鸡市陵塬：

> 秦陵山在陈仓县西北三十七里，从方位和里数看，地点应即今宝鸡市（旧宝鸡县治所在）正北之陵塬。陵塬自吴山绵亘而来，是该县的主山。……秦陵山既在陈仓县西北三十七里，称为"西山"也是十分合理的。③

李零认为陕西澄城之衙距此悠远，衙应当在西山即秦陵山一带。④

李零推测：

> 这个"西陵"在什么地方，现在已无从稽考，估计也应在平阳附近。⑤

---

① 《史记》卷5《秦本纪》，第233页。
② 《史记》卷5《秦本纪》，第231—232页。
③ 李零：《〈史记〉中所见秦早期都邑葬地》，《文史》第20辑，第20页。
④ 李零：《〈史记〉中所见秦早期都邑葬地》，《文史》第20辑，第21—22页。
⑤ 李零：《〈史记〉中所见秦早期都邑葬地》，《文史》第20辑，第21页。

笔者案：西陵当是陈仓县西北秦陵山。秦陵山者，秦，国名；陵、山一也。位于西，故可称西陵、西山。

第三节　平阳陵区

《史记·秦本纪》曰：

> 二十年，武公卒，葬雍平阳。初以人从死，从死者六十六人。……
> 德公生三十三岁而立，立二年卒。生子三人：长子宣公，中子成公，少子穆公。长子宣公立。……
> 十二年，宣公卒。生子九人，莫立，立其弟成公。……
> 成公立四年卒。子七人，莫立，立其弟缪公。

张守节《史记正义》曰：

> 即雍平阳也。平阳时属雍，并在岐州。解在上也。①

《史记·秦始皇本纪》附录曰：

> 武公享国二十年。居平阳封宫。葬（宣）〔平〕阳聚东南。……
> 德公享国二年。居雍大郑宫。生宣公、成公、缪公。葬〔平〕阳。……
> 宣公享国十二年。居〔平〕阳宫。葬〔平〕阳。初志闰月。

---

① 《史记》卷5《秦本纪》，第235—237页。

第五章 秦国早期陵墓 429

> 成公享国四年，居雍之宫。葬〔平〕阳。①

笔者案："宣阳聚"当作"平阳聚"。葬"阳"，即平阳。阳宫，即平阳宫。雍之宫，即雍大郑宫。

《史记·秦本纪》曰：

> （宁）〔宪〕公二年，公徙居平阳。②

平阳之地望，《三辅黄图》《帝王世纪》《水经注》《括地志》《太平寰宇记》等皆有记载。《太平寰宇记》曰：

> 《三辅黄图》云："右辅都尉理所。"秦宁公徙居平阳，即此地。今县东十五里，渭水北故郿城是也。③

张守节《史记正义》曰：

> 《帝王世纪》云：秦宁公都平阳。按：岐山县有阳平乡，乡内有平阳聚。

裴骃《史记集解》曰：

> 徐广曰："郿之平阳亭。"④

《水经注·渭水》曰：

---

① 《史记》卷6《秦始皇本纪》，第359页。〔 〕单独使用，表示补充文字。下同。
② 《史记》卷5《秦本纪》，第232页。
③ 乐史：《太平寰宇记》卷30《关西道六·凤翔府·郿县》，王文楚点校，《中国古代地理总志丛刊》，中华书局2007年版，第636页。
④ 《史记》卷5《秦本纪》，第233页。

汧水东南历慈山，东南径郁夷县北，平阳故城南。①

张守节《史记正义》曰：

《括地志》云："平阳故城在岐州岐山县西四十六里，秦宁公徙都之处。"②

《史记·秦本纪》曰：

武公元年，伐彭戏氏，至于华山下，居平阳封宫。

张守节《正义》曰：

宫名，在岐州平阳城内也。③

笔者案：张守节《史记正义》所主平阳故城在岐州岐山县西四十六里阳平乡平阳聚。

1963年，在宝鸡市阳平镇秦家沟清理5座春秋秦墓。④

1978年，在宝鸡县太公庙村铜器窖藏出土青铜钟、镈。青铜钟、镈铭文证明属于秦武公器。⑤ 秦武公钟、秦武公镈曰：

秦公曰：我先祖受天命，赏宅受或（国）（图版二三、图

---

① 郦道元注，杨守敬、熊会贞疏：《水经注疏》卷17《渭水上》，第1514页。
② 《史记》卷5《秦本纪》，第233页。
③ 《史记》卷5《秦本纪》，第233—234页。
④ 陕西省文物管理委员会：《陕西宝鸡阳平镇秦家沟村秦墓发掘记》，《考古》1965年第7期。
⑤ 卢连成、杨满仓：《陕西宝鸡县太公庙村发现秦公钟、秦公镈》，《文物》1978年第11期，第1—5页。

版二四）。①

李零认为太公庙村与平阳近，②吴镇烽、张天恩等认为太公庙村一带乃平阳故城。③

1978年初，宝鸡市博物馆（今宝鸡青铜器博物馆）等在宝鸡县杨家沟公社（今宝鸡市陈仓区阳平镇）西高泉村清理春秋墓2座，出土陶鼎、簋、壶、鬲、盂等。④墓地距太公庙村1千米。1981年下半年，中国社会科学院考古研究所对西高泉墓地进行探发掘，清理71座东周时期的秦墓。其中，18座春秋早期墓的年代为春秋早期中晚段至春秋早中之际。⑤

1998年，在阳平镇南阳村清理4座春秋时期的秦墓。⑥2004年，又于南阳村清理1座春秋时期的铜器墓。⑦2013年，陕西省考古研究院等在宝鸡市陈仓区太公庙村钻探出一座中字形大墓和一座大型车马坑（图5-8）。⑧

---

① 卢连成、杨满仓：《陕西宝鸡县太公庙村发现秦公钟、秦公镈》，《文物》1978年第11期，第1—5页。
② 李零：《春秋秦器试探——新出秦公钟、簋铭与过去著录秦公钟、簋铭的对读》，《考古》1979年第6期，第515—521页。
③ 吴镇烽：《新出秦公钟铭考释与有关问题》，《考古与文物》1980年第1期，第88—92页；张天恩：《对〈秦公钟考释〉中有关问题的一些看法》，《四川大学学报》（哲社版）1980年第4期，第93—100页。
④ 宝鸡市博物馆、宝鸡县图博馆：《宝鸡县西高泉村春秋秦墓发掘记》，《文物》1980年第9期，第1—6页。
⑤ 中国社会科学院考古研究所、陕西省考古研究院：《陕西宝鸡陈仓区西高泉春秋早期墓葬发掘简报》，《文博》2023年第4期，第3—10页；张煜珧：《秦都平阳地区春秋早期秦墓相关问题研究》，《文博》2023年第4期，第25—31页。
⑥ 宝鸡市考古工作队、宝鸡县博物馆：《陕西宝鸡县南阳村春秋秦墓的清理》，《考古》2001年第7期，第21—29页。
⑦ 宝鸡市陈仓区博物馆：《陕西宝鸡市陈仓区南阳村春秋秦墓清理简报》，《考古与文物》2005年第4期，第3—4页。
⑧ 张天恩、庞有华：《秦都平阳的初步研究》，《秦始皇帝陵博物院院刊》第5辑，陕西师范大学出版社2015年版，第54—63页；李岗：《2008~2017陕西秦汉考古综述》，《考古与文物》2018年第5期，第74页；陕西省考古研究院、宝鸡市考古研究所、宝鸡陈仓区博物馆：《陕西宝鸡太公庙秦公大墓考古调查勘探简报》，《考古与文物》2021年第1期，第3—7页。

笔者案：中字形大墓、秦武公器等证实此处乃秦公（秦武公、秦德公、秦宣公、秦成公）葬处，在都城平阳附近。

图 5-8　宝鸡市陈仓区太公庙秦公陵园考古勘探遗迹分布图

（据陕西省考古研究院、宝鸡市考古研究所、宝鸡陈仓区博物馆：《陕西宝鸡太公庙秦公大墓考古调查勘探简报》，《考古与文物》2021 年第 1 期，第 5 页）

第四节　雍城陵区

一　雍城陵区秦公陵园墓主考

秦国定都雍城以后，10 余位秦公葬于雍。陕西省考古研究院秦雍城考古队已经发掘了雍城陵区的 14 座秦公陵园，学者遂开展对雍城秦公陵园的研究。学界对雍城秦公陵园的布局与墓主身份存在巨大的分歧,结论与历史文献记载存在诸多矛盾,缺乏稳定与确切的认识,仅极少数墓主身份的推定较为合理,整体上需要深入研究。笔者基于对雍城秦公陵园考古发现的特点与特殊性的新认识,结合《史记·秦始皇本纪》附录的记载,综合研究秦公陵园的布局与墓主身份等问题。

(一)雍城秦公陵园的发现与研究状况

雍城秦公陵区位于雍城南郊的三畤原上。目前已经发现 14 座秦公陵园,南指挥村发现第 1—13 号秦公陵园,三岔村第 14 号秦公陵园。秦公陵园内有 1 座"丰"字形大墓,21 座中字形大墓,3 座甲字形墓(图 5 - 9)。① "丰"字形大墓是中字形大墓附加而形成的。甲字形大墓出于恩宠而陪葬。所以,"丰"字形大墓、中字形大墓的墓主属于秦公及夫人。

韩伟尚未推定秦公陵园墓主身份,② 陈平亦无具体细分。③ 21 世纪以来,研究雍城秦公陵园的论著渐多。根据研究的结论,可以分为若干种。

第一种 推测雍城秦公陵园包括秦静公、秦德公、秦宣公、秦成公墓。徐卫民以为,雍城陵区包括秦宪公至出子的陵墓。④ 田亚岐、徐卫民据昭穆等推测秦公墓墓主,以为秦德公、秦宣公葬于第 9 号陵园,秦成公葬于第 3 号陵园,等等。⑤ 王元、田亚岐以为第

---

① 韩伟:《凤翔秦公陵园钻探与试掘简报》,《文物》1983 年第 7 期,第 30—37 页;陕西省雍城考古队:《凤翔秦公陵园第二次钻探简报》,《文物》1986 年第 5 期,第 55—65 页;陕西省考古研究院等:《雍城一、六号秦公陵园第三次勘探简报》,《考古与文物》2015 年第 4 期,第 9—14 页(尚见宝鸡先秦陵园博物馆秦公一号大墓展出资料,较为齐全);《雍城十四号秦公陵园钻探简报》,《考古与文物》2015 年第 4 期,第 3—8 页。

② 韩伟:《秦陵概论》,原载《考古学研究》,三秦出版社 1993 年版;收入《磨砚书稿——韩伟考古文集》,科学出版社 2001 年版,第 52—68 页。

③ 陈平:《关陇文化与嬴秦文明》,江苏教育出版社 2005 年版,第 311—544 页。

④ 徐卫民:《秦公帝王陵》,中国青年出版社 2002 年版,第 30、377—378 页。

⑤ 田亚岐、徐卫民:《雍城秦公陵园诸公墓主考识》,中国秦汉史研究会、咸阳师范学院编:《秦汉研究》第 2 集,三秦出版社 2007 年版,第 262—271 页。

14号秦公陵园墓主是秦德公、秦宣公、秦成公。① 笔者案:《史记·秦本纪》记载秦宪公葬衙,秦德公、秦宣公、秦成公葬平阳。② 所以,他们的推论是错误的。并且,他们的推测基于每1座陵园可以对应多个秦公墓,这是错误的认识。

第二种　推测雍城秦公陵园包括秦穆公至秦出子墓,没有利用《秦始皇本纪》附录。王学理、梁云《秦文化》接受了第1号陵园的M1墓主为秦景公的观点,并作进一步推测:第9号为秦穆公夫妇陵园、第3号属秦康公、第2号属秦共公、第1号的M33属秦桓公,第8、13、12号分属秦哀公、秦夷公、秦惠公。秦悼公以后秦公依次类推。③ 王学理以为:

> 葬雍的秦君自穆公算起只有15位。如果按此墓地最高级别"中"字形墓算,那就再加上未享国的夷公(哀公子)、昭子(怀公太子),共计有17位秦君,再加上一些"同茔异穴"夫人,就统统葬在这14座秦公陵园的25座大墓"中"字形和"甲"字形里。④

王学理又作一番推测。⑤ 他们的推测缺乏坚实的依据,尤其是与文献记载严重脱钩。

第三种　利用《秦始皇本纪》附录,发现矛盾者。梁云、田亚岐《试论雍城秦公陵园的墓主及葬制》始将考古发现与《史记·秦始皇本纪》附录记载结合,他们接受了第14号陵园M45墓主为

---

① 王元、田亚岐:《凤翔雍城14号秦公陵园墓主蠡测》,《考古与文物》2020年第5期,第73—78页。
② 《史记》卷5《秦纪》,第3358—359页。今本作"葬阳",脱"平"字,今人马非百《秦集史》已辨(中华书局1982年版,第550页)。
③ 王学理、梁云:《秦文化》,第156页。
④ 王学理:《秦君葬地蠡测——君王陵墓同都城关系探索之二》,《王学理秦汉考古文选》,三秦出版社2008年版,第284页;王学理主编:《秦物质文化通览》,第525页。文从后者。
⑤ 王学理主编:《秦物质文化通览》,第525页。

秦穆公、第 1 号陵园 M1 墓主为秦景公的观点，推测第 2、9、3 号分别属于秦悼公、秦简公、秦灵公陵园，第 8、12、13 号分别属于秦躁公、秦怀公、昭子陵园，第 6、4、7 号分别属于秦哀公、秦惠公、秦夷公陵园，第 10、11 号分别属于秦厉共公、秦简公之子秦惠公陵园，第 5 号属于秦出子陵园。结论与《秦始皇本纪》附录记载存在不能吻合之处，故他们提出重新勘探寻找秦共公、秦康公的陵园。他们认为每 1 座陵园只对应 1 位国君，一座陵园内的多座大墓反映了一代秦公与其夫人、次夫人的并穴合葬关系，[①] 这些认识具有参考价值。他们未能辨别出秦公陵园的布局规律，对于文献与考古的结合存在一些不足之处，结论存在明显矛盾。

总之，以往的整体研究处于探索时期，对于考古资料、历史文献都缺乏稳定与确切的认识。局部研究取得一些颇有价值的认识：学界一致认为 M1 的墓主为秦景公，多数学者赞成 M45 为秦穆公陵，它们为进一步探讨雍城秦公陵园墓主打下了良好的基础。

（二）《史记》记载雍城秦公陵史料分析

《史记·秦本纪》曰：

> 三十九年，缪公卒，葬雍。从死者百七十七人，秦之良臣子舆氏三人名曰奄息、仲行、针虎，亦在从死之中。秦人哀之，为作歌《黄鸟》之诗。……缪公子四十人，其太子罃代立，是为康公。
>
> 康公立十二年卒，子共公立。……
>
> 共公立五年卒，子桓公立。……
>
> 桓公立二十七年卒，子景公立。……
>
> 景公立四十年卒，子哀公立。后子复来归秦。……

---

① 梁云、田亚岐：《试论雍城秦公陵园的墓主及葬制》，《考古与文物》2015 年第 4 期，第 53—58 页。

图5—9 雍城秦公陵园分布图

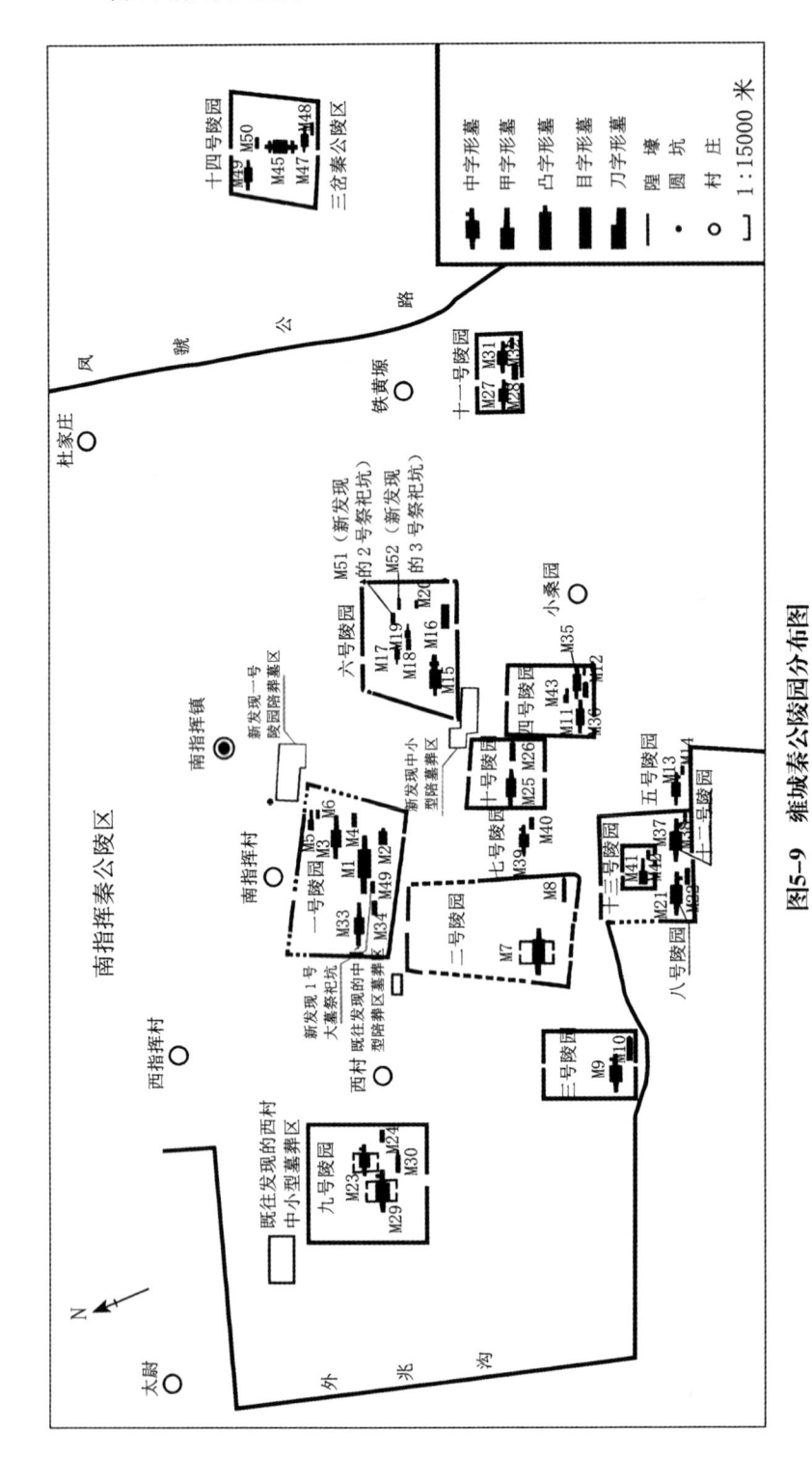

（据焦南峰：《雍城秦公陵园研究的再思考》，《考古与文物》2021年第6期，第77页）

哀公立三十六年卒。太子夷公，夷公蚤死，不得立，立夷公子，是为惠公。……

惠公立十年卒，子悼公立。……

秦悼公立十四年卒，子厉共公立。

三十四年，日食。厉共公卒，子躁公立。

十四年，躁公卒，立其弟怀公。

怀公四年，庶长晁与大臣围怀公，怀公自杀。怀公太子曰昭子，蚤死，大臣乃立太子昭子之子，是为灵公。灵公，怀公孙也。

十（三）〔衍〕年，城籍姑。灵公卒，子献公不得立，立灵公季父悼子，是为简公。

简公，昭子之弟而怀公子也。

十六年卒，子惠公立。

十三年，伐蜀，取南郑。惠公卒，出子立。

二十四年，献公卒，子孝公立，年已二十一岁矣。①

《史记·秦始皇本纪》附录曰：

缪公享国三十九年。天子致霸。葬雍。缪公学著人。生康公。

康公享国十二年。居雍高寝。葬竘社。生共公。

共公享国五年。居雍高寝。葬康公南。生桓公。

桓公享国二十七年。居雍太寝。葬义里丘北。生景公。（《索隐》："一作'僖公'。《系本》云名后伯车。"）

景公享国四十年。居雍高寝。葬丘里南。生毕公。（《集解》徐广曰："《春秋》作'哀公'。"）

毕公享国三十六年。葬车里北。生夷公。

---

① 《史记》卷5《秦本纪》，第247—254页。

夷公不享国。死，葬左宫。生惠公。

惠公享国十年。葬车里（康景）。生悼公。

悼公享国十五年。葬僖公西。城雍。生剌龚公。

剌龚公享国三十四年。葬入里。生躁公、怀公。其十年，彗星见。

躁公享国十四年。居受寝。葬悼公南。其元年，彗星见。

怀公从晋来。享国四年。葬栎圉氏。生灵公。诸臣围怀公，怀公自杀。

肃灵公，昭子子也。居泾阳。享国十年，葬悼公西。生简公。

简公从晋来。享国十五年。葬僖公西。生惠公。其七年，百姓初带剑。

惠公享国十三年。葬陵圉。生出公。

出公享国二年。出公自杀，葬雍。

献公享国二十三年。葬嚣圉。生孝公。[1]

《汉书·刘向传》曰：

文、武、周公葬于毕，秦穆公葬于雍橐泉宫祈年馆下，樗里子葬于武库。[2]

根据《史记·秦本纪》、《史记·秦始皇本纪》附录，[3] 秦穆公至秦出子时期的秦君继位、居葬情况较为复杂，化繁就简，笔者制作表5-2来把握秦公的继位、居葬等情况。

---

[1] 《史记》卷6《秦始皇本纪》，第360—362页。
[2] 《汉书》卷36《楚元王传》，中华书局1962年点校本，第1952页。
[3] 《史记》卷5《秦本纪》，第247—254页；《史记》卷6《秦始皇本纪》，第359—362页。学界以为《史记·秦始皇本纪》附录是秦国史料，可信度很高（参见程平山《〈秦记〉研究》，《文史》2024年第2辑，第5—25页；［日］藤田胜久《〈史记〉战国史料研究》，曹峰、［日］广濑熏雄译，上海古籍出版社2008年版，第258—259页）。

表 5-2　　　　　　　　《史记》记载雍城秦公陵区分析

	秦公	葬地	墓葬位置	墓葬	备注
1	秦缪公（穆公）	雍		第14号陵园 M45。	在位39年。
2	秦康公	竘社			秦缪公子。
3	秦共公		秦康公南		秦康公子。
4	秦桓公	义里丘北			秦共公子。
5	秦景公（秦僖公）	丘里南		第1号陵园 M1。	《索隐》一作"僖公"。秦桓公子。
6	秦毕公（秦哀公）	车里北			《春秋》作"哀公"。秦景公子。
7	秦夷公	左宫			秦毕公（秦哀公）子。不享国。
8	秦惠公	车里			秦夷公子。年幼，在位10年。
9	秦悼公		秦僖公（秦景公）西		秦惠公子。
10	秦剌龚公（秦厉共公）	入里			秦悼公子。
11	秦躁公		秦悼公南		秦剌龚公（秦厉共公）子。在位14年。
12	秦怀公	栎圉			秦躁公弟。自杀。太子曰昭子。
13	秦肃灵公		秦悼公西		昭子子。在位10年。
14	秦简公		秦僖公（秦景公）西		秦灵公季父。昭子之弟而秦怀公子。
15	秦惠公	陵圉			秦简公子。
16	出子（秦出公）	雍			惠公子。自杀，被沉入渊旁。在位2年。年幼。

据《史记·秦本纪》、《秦始皇本纪》附录,秦穆公至秦出子有16位秦公葬雍,特殊者有2位秦公、昭子:夷公不享国,葬左宫,不与其他秦公同葬。出子(秦出公)享国二年,自杀,葬雍;昭子虽为太子,却无秦公名号。

《史记·秦本纪》曰:

> 出子二年,庶长改迎灵公之子献公于西而立之。杀出子及其母,沈之渊旁。①

《史记·六国年表》秦《表》曰:

> 秦出公子二年,庶长改迎灵公太子,立为献公。诛出公。②

《吕氏春秋·不苟论》曰:

> 秦小主夫人用奄变,群贤不说自匿,百姓郁怨非上。公子连亡在魏,闻之,欲入,因群臣与民从郑所之塞。右主然守塞,弗入,曰:"臣有义,不两主。公子勉去矣。"公子连去,入翟,从焉氏塞,菌改入之。夫人闻之,大骇,令吏兴卒,奉命曰:"寇在边。"卒与吏其始发也,皆曰:"往击寇。"中道因变曰:"非击寇也,迎主君也。"公子连因与卒俱来,至雍,围夫人,夫人自杀。公子连立,是为献公。③

笔者案:出子同秦献公对立,秦献公杀出子,沈之渊旁,所以出子不葬于秦公陵区。

---

① 《史记》卷5《秦本纪》,第254页。
② 《史记》卷15《六国年表》,第864页。
③ 许维遹:《吕氏春秋集释》卷24《不苟论》,梁运华整理,《新编诸子集成》,中华书局2009年版,第650—651页。

笔者的第一感觉，雍城秦公陵的探讨是地理、数学题。按照《史记·秦始皇本纪》附录记载的秦公陵之间的相互关系，可以将雍城秦公陵分为8组。

第1组：1座。秦缪公葬雍。

第2组：2座。秦康公葬竘社，秦共公在秦康公南。

第3组：1座。秦桓公葬义里丘北。

第4组：2座。秦毕公（秦哀公）葬车里北，秦惠公葬车里。

第5组：5座。秦景公（秦僖公）葬丘里南。秦悼公葬秦僖公（秦景公）西，秦躁公葬秦悼公南，秦肃灵公葬秦悼公西，秦简公葬秦僖公（秦景公）西。本组的中心本是秦景公（秦僖公），但是按照文字描述却无合适的位置，反而秦悼公成为本组的中心。这是一个凌乱的布局，缘于文字存在传抄讹误（图5-10）。

```
秦肃灵公——秦悼公——
        |              秦景公（秦僖公）
秦躁公——秦简公
```

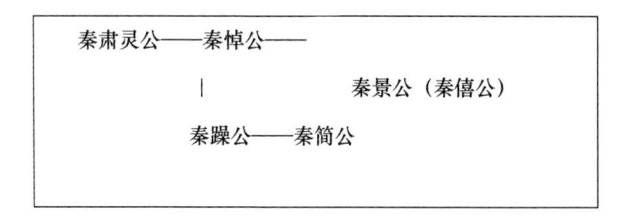

图5-10　《史记·秦始皇本纪》附录记载的秦景公陵等布局示意图

第6组：1座。秦刺龚公葬入里。

第7组：1座。秦怀公葬栎圉。

第8组：1座。秦惠公葬陵圉。

以上墓葬排列有序，后代陵墓位于先人陵墓的西部或南部，可以考虑世系。一些墓葬的地理是独立的，另一些墓葬则密切联系。这些情况有助于秦公陵园墓主问题的解决。

《周礼·春官·冢人》曰：

冢人掌公墓之地，辨其兆域而为之图。①

战国中山国的王墓即出土兆域图铜版。②《秦始皇本纪》附录详载许多秦公陵的具体位置，其所依据的资料源自兆域图，所以真实可靠。《秦始皇本纪》附录作为传世文献存在传抄讹误，这就需要将它与考古资料相互印证，校正讹误。

（三）雍城秦公陵园考古资料分析与布局规律探讨

1. 雍城秦公陵园考古资料分析

16位秦公葬雍，已知不入秦公陵园的有：秦夷公不享国而葬左宫，秦出子被沉入雍城的渊旁。其余14秦公之数恰与14陵园吻合，似乎每1个秦公葬1个陵园。这只是表面现象，重要的是学者对14陵园的认识是否符合史实。

第1号陵园内有中字形大墓M1、M3、M33，车马坑M2、M4、M6、M34，甲字形墓M5。祭祀坑M49（附属1号祭祀坑）（图5－11）。③ 第1号陵园内有3个中字形大墓，当为1个秦公墓、2个秦公夫人墓，属于正常葬。甲字形墓M5，墓主身份乃他们的太子或宠臣。M1经过发掘，出土磬铭曰："天子匽喜，龚（共）桓是嗣。高阳又（有）灵，三方以鼏（宓）平（图5－12）。"龚（共）桓即秦共公、秦桓公，M1墓主是秦桓公以后的秦公。学者据磬铭以为M1是秦景公墓。磬铭又曰："惟四年八月初吉甲申"，乃秦景公四年（前573）八月初二或初三。④ 笔者案：首先，分析出土文献。磬铭"龚（共）桓是嗣"及历日证明M1墓主是秦桓公之后的秦

---

① 孔颖达：《周礼注疏》卷22《春官·冢人》，阮元校刻：《十三经注疏》，中华书局1980年影印、校补世界书局本，第786页上栏。

② 河北省文物研究所编：《䝉墓—战国中山国国王之墓》，文物出版社1996年版，第104—110页。

③ 陕西省考古研究院、宝鸡市考古研究所、宝鸡先秦陵园博物馆：《雍城一、六号秦公陵园第三次勘探简报》，《考古与文物》2015年第4期，第9—14页。

④ 王辉、焦南峰、马振智：《秦公大墓石磬残铭考释》，原载"中研院"历史语言研究所集刊》第67本第2分（1996年）；收入《一粟集——王辉学术文存》，第305、324—325页。

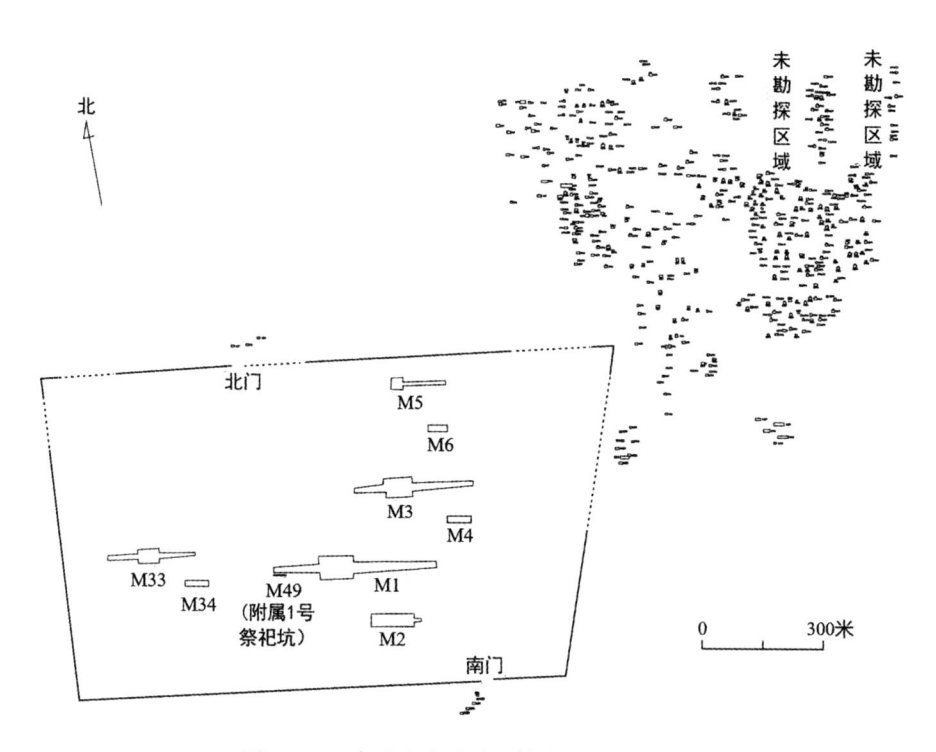

图 5-11 雍城秦公陵区一号陵园平面示意图

（据陕西省考古研究院等：《雍城一、六号秦公陵园第三次勘探简报》，《考古与文物》2015年第4期，第11页）

公，即秦景公至秦惠公这10个秦公中的一个。其次，分析考古发现的秦公陵园。M1属于1号陵园，其南部、西部共有9座秦公陵园（2—7、9、10号陵，已经证实8、12、13号陵是1个陵园）。第三，《秦始皇本纪》附录载后代陵墓位于先人陵墓的西部或南部。M1之后的秦公有9个，另外秦夷公葬左宫，此与秦景公的位置完全符合。从而证明以往M1的墓主为秦景公的论断是正确的，M1墓主为秦景公得到传世文献、出土文献与考古实物的互证。秦景公在位长达40年，先后有2位夫人。

第2号陵园内有中字形大墓M7，车马坑M8。第2号陵园内仅有1个中字形大墓，当为秦公墓，无秦公夫人墓，存在特殊性。

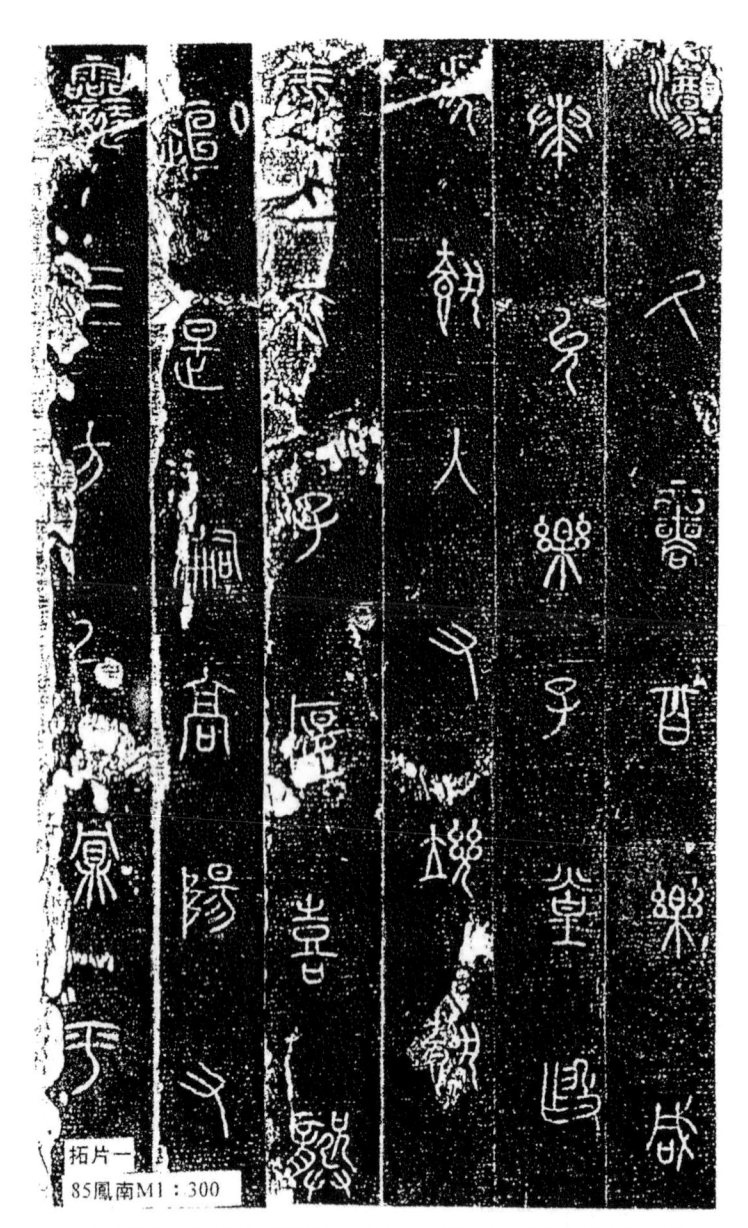

天子匽喜,龚(共)桓是嗣。高阳又(有)灵,三方以鼏(宓)平。

图 5-12　雍城秦公陵区秦公一号大墓出土秦公磬

(据王辉、焦南峰、马振智:《秦公大墓石磬残铭考释》,《一粟集——王辉学术文存》,第 355 页)

第 3 号陵园内有中字形大墓 M9，车马坑 M10（图 5-13）。第 3 号陵园内仅有 1 个中字形大墓，当为秦公墓，无秦公夫人墓，存在特殊性。

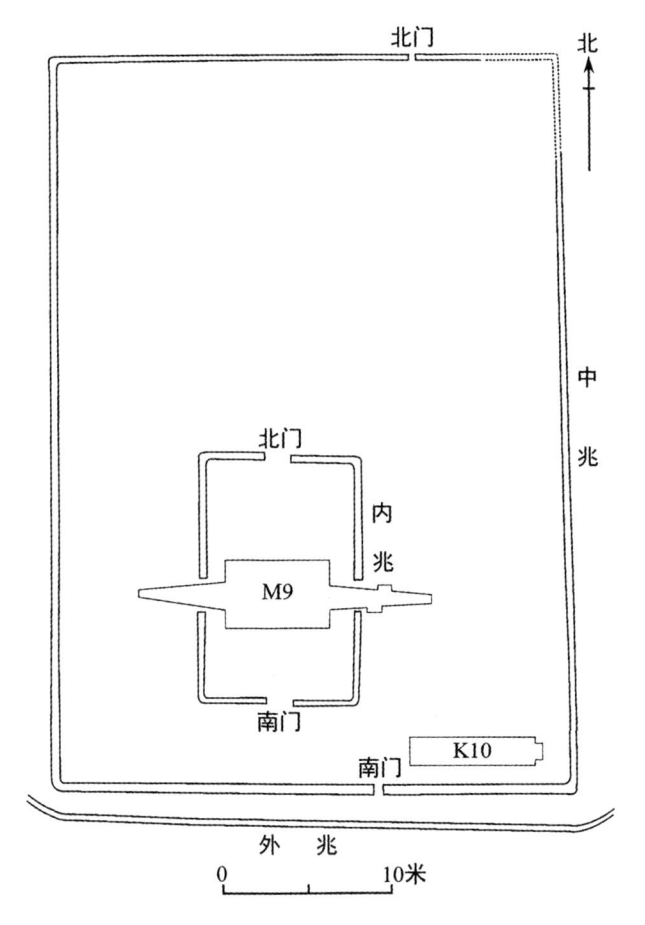

图 5-13　雍城秦公陵区三号陵园示意图

（据王学理主编：《秦物质文化通览》，第 505 页）

第 4 号陵园内有中字形大墓 M11、M35，车马坑 M12、M36，刀形附葬墓 M43，祭祀坑。第 4 号陵园内有 2 个中字形大墓、2 个车马坑，当为秦公墓、秦公夫人墓及其车马坑，属于正常葬。

第 5 号陵园内有中字形大墓 M13，车马坑 M14。第 5 号陵园内有 1 个中字形大墓，当为秦公墓，无秦公夫人墓，存在特殊性。

第 6 号陵园内有中字形大墓 M15、M17，甲字形墓 M19，车马坑 M16、M18、M20，祭祀坑 M51（2 号祭祀坑）、M52（3 号祭祀坑）（图 5-14）。① 第 6 号陵园内有 2 个中字形大墓、2 个车马坑（M16、M18），当为秦公墓、秦公夫人墓及其车马坑；另有 1 个甲字形墓（M19）、1 个车马坑（M20），墓主身份当是他们的太子或宠臣。

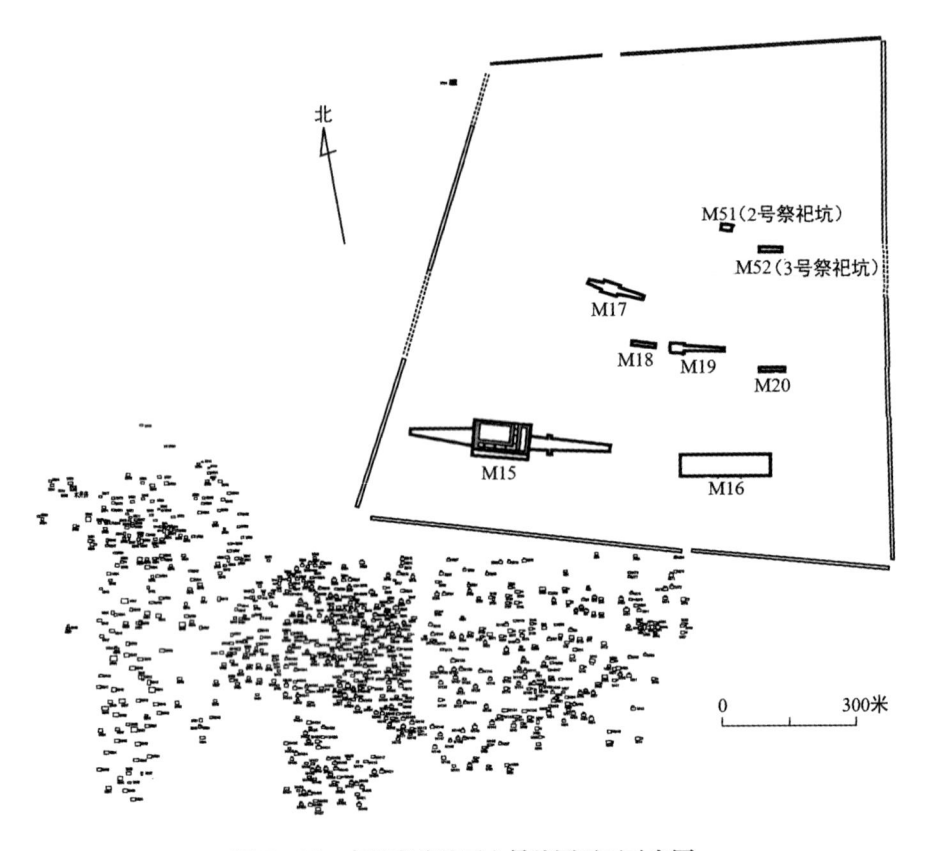

图 5-14　雍城秦公陵区六号陵园平面示意图

（据陕西省考古研究院等：《雍城一、六号秦公陵园第三次勘探简报》，《考古与文物》2015 年第 4 期，第 12 页）

---

① 陕西省考古研究院、宝鸡市考古研究所、宝鸡先秦陵园博物馆：《雍城一、六号秦公陵园第三次勘探简报》，《考古与文物》2015 年第 4 期，第 9—14 页。

第 7 号陵园内有中字形大墓 M39，车马坑 M40。第 7 号陵园内仅有 1 个中字形大墓，当为秦公墓，无秦公夫人墓，存在特殊性。

第 8 号陵园、第 12 号陵园、第 13 号陵园内有独立的分隔，分别叙述。第 8 号陵园内有中字形大墓 M21，车马坑 M22。第 12 号陵园内有中字形大墓 M37，车马坑 M38。第 13 号陵园内有甲字形墓 M41，车马坑 M42（图 5-15）。2017—2020 年间，笔者分析，第 8 号陵园、第 12 号陵园、第 13 号陵园，值得考虑它们之间的关系。应当合一？所谓的第 13 号陵园与第 8 号陵园、第 12 号陵园密切，第 13 号陵园是附于第 8 号陵园、第 12 号陵园，不宜独立称陵园，墓主不是秦公，可以考虑的有太子、宠臣等。① 2021 年，焦南峰根据陵园规模、布局和内涵推测第 8 号陵园、第 12 号陵园、第 13 号陵园实际上是 1 座陵园。②

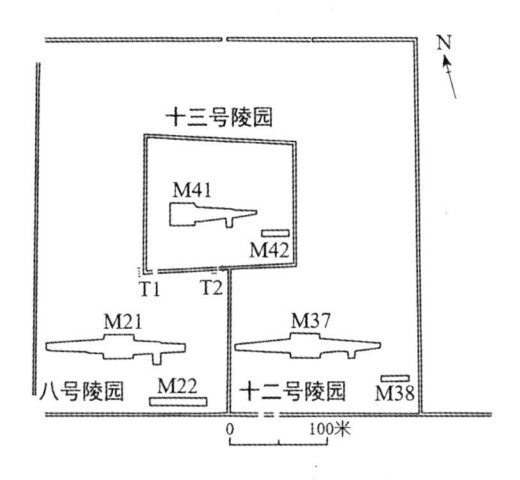

图 5-15　雍城秦公陵区八号、十二号、十三号陵园平面示意图

（据焦南峰：《雍城秦公陵园研究的再思考》，《考古与文物》2021 年第 6 期，第 77 页；王学理：《秦物质文化通览》，第 509 页）

---

① 2021 年 1 月，书稿承蒙张天恩等多位专家审阅。
② 焦南峰：《雍城秦公陵园研究的再思考》，《考古与文物》2021 年第 6 期，第 77 页。

第 9 号陵园内有中字形大墓 M23、M29，车马坑 M24、M30。第 9 号陵园内有 2 个中字形大墓、2 个车马坑，当为秦公墓、秦公夫人墓及其车马坑，属于正常葬。

第 10 号陵园内有中字形大墓 M25，车马坑 M26。第 10 号陵园内仅有 1 个中字形大墓，当为秦公墓，无秦公夫人墓，存在特殊性。

第 11 号陵园内有中字形大墓 M27、M31，车马坑 M28、M32，祭祀坑。第 11 号陵园内有 2 个中字形大墓、2 个车马坑，当为秦公墓、秦公夫人墓及其车马坑，属于正常葬。

第 14 号陵园内有丰字形大墓 M45、中字形大墓 M47、M49，车马坑 M48、M50（图 5 - 16）。① 第 14 号陵园内有 1 个丰字形大墓、2 个中字形大墓、2 个车马坑，当为秦公墓、秦公夫人墓及其车马坑，属于正常葬。学者或依据于文献记载秦穆公冢在橐泉宫蕲年观下、M45 墓上建筑的板瓦与筒瓦，推测丰字形大墓 M45 墓主为秦穆公；② 或以为第 14 号陵园墓主乃秦德公、秦宣公和秦成公。③ 笔者认为，以往的研究主要依据于历史文献记载，考古资料尚少，而存在文献征引不全，分析不明确的缺憾。所以，笔者重新研究。

《汉书·刘向传》曰：

> 文、武、周公葬于毕，秦穆公葬于雍橐泉宫蕲年馆下，樗里子葬于武库。④

---

① 陕西省考古研究院、凤翔县博物馆：《雍城十四号秦公陵园钻探简报》，《考古与文物》2015 年第 4 期，第 3—8 页。
② 陕西省考古研究院、凤翔县博物馆：《雍城十四号秦公陵园钻探简报》，《考古与文物》2015 年第 4 期，第 3—8 页；梁云、田亚岐：《试论雍城秦公陵园的墓主及葬制》，《考古与文物》2015 年第 4 期，第 53—54 页。
③ 王元、田亚岐：《凤翔雍城 14 号秦公陵园墓主蠡测》，《考古与文物》2020 年第 5 期，第 73—78 页。
④ 《汉书》卷 36《楚元王传》，第 1952 页。

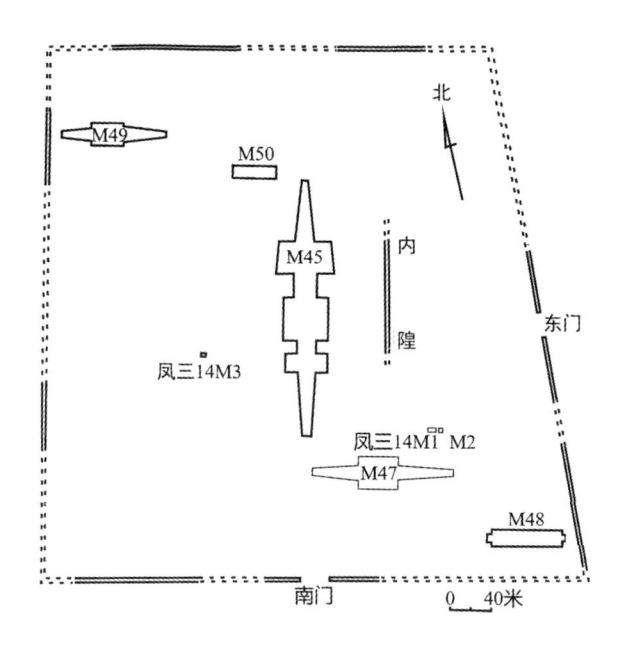

图 5-16　雍城秦公陵区十四号陵园平面示意图

（据陕西省考古研究院等：《雍城十四号秦公陵园钻探简报》，《考古与文物》2015 年第 4 期，第 5 页）

裴骃《史记集解》曰：

《皇览》曰："秦缪公冢在橐泉宫祈年观下。"

郦道元《水经注》曰：

渭水又东，雍水注之。水出雍县雍山，东南流，历中牢溪，世谓之中牢水，亦曰冰井水，南流径胡城东，俗名也。盖秦惠公之故居所谓祈年宫也。孝公又谓之橐泉宫，按《地理志》曰在雍。崔骃曰：穆公冢在橐泉宫祈年观下，《皇览》亦言是矣。刘向曰：穆公葬无邱垄处也。……余谓崔骃及《皇览》缪志也。惠公、孝公并是穆公之后，继世之君矣，子孙无由起宫于祖宗之坟陵矣。以是推之，知二证之非实也。①

笔者案：郦道元所疑非是。又所引文献版本存在问题，文字有讹误。崔骃（？—92年）亦承刘向说。

张守节《史记正义》曰：

> 《庙记》云："橐泉宫，秦孝公造。祈年观，德公起。盖在雍州城内。"②

第14号陵园西南发现一处大型建筑遗址（凤三F1），采集到"橐泉宫当"，遗址年代从战国延至汉代，当橐泉宫之所在。③ 祈年观乃橐泉宫宫门之观。

张守节《史记正义》曰：

> 《括地志》云："秦穆公冢在岐州雍县东南二里。"④

唐代岐州雍县在。其东南二里，即第14号陵园所在。

另外，第14号陵园M45墓上建筑出土槽形板瓦、饰细绳纹间以抹光带的筒瓦，年代为春秋中晚期，与秦穆公所处时代（前660—前621年）相当。

笔者认为，文献记载可信，考古发现亦支持此说。

秦穆公在位长达39年，先后有2位夫人。

2. 雍城秦公陵区布局规律探讨

两周时期，国君墓葬的布局是在一定观念下进行的，体现了礼

---

① 郦道元注，杨守敬、熊会贞疏：《水经注疏》卷17《渭水上》，第1528—1529页。
② 《史记》卷5《秦本纪》，第247—248页。
③ 陕西省考古研究院、凤翔县博物馆：《雍城十四号秦公陵园钻探简报》，《考古与文物》2015年第4期，第8页。
④ 《史记》卷5《秦本纪》，第248页。

制，所以可以探讨其布局规律。《史记·秦本纪》附录记载了雍城秦公陵区的布局情况，① 其文字的表述反映秦公陵具有一定的布局规律。并且，通过考古发现目前已经可以确知若干墓葬的墓主身份。将二者结合，我们就可以探讨雍城秦公陵园布局规律。

目前发现的最早的秦公墓是第 14 号陵园内 M45，墓主为秦穆公。第 14 号陵园位于雍城秦公陵区的最东端，其它秦公陵园位于它的西部。所以，这就体现了秦公陵园的布局存在尊东方的情况。《史记·秦本纪》附录记载的秦公陵墓情况亦证实了此点：

> 悼公享国十五年。葬僖公西。
> 肃灵公，昭子子也，居泾阳，享国十年。葬悼公西。
> 简公从晋来。享国十五年。葬僖公西。

秦悼公、秦肃灵公、秦简公是依次继位的秦公，时代越早的秦公陵园，可以优先选择东方的位置。

另一个特点是秦公陵园优先选择北方的位置。《史记·秦本纪》附录记载有 2 组独立地呈现这个规律：

> 康公享国十二年。居雍高寝。葬竘社。生共公。
> 共公享国五年。居雍高寝。葬康公南。生桓公。

秦康公、秦共公为父子关系，单独葬于一处，秦康公陵在北，而秦共公陵在南，体现了北方为尊位。

> 毕公享国三十六年。葬车里北。生夷公。
> 夷公不享国。死，葬左宫。生惠公。
> 惠公享国十年。葬车里（康景）。

---

① 《史记》卷6《秦始皇本纪》，第 359—362 页。

秦毕公、秦惠公之间，秦毕公是祖，秦惠公是孙，同葬车里，毕公陵在北，而惠公陵在南，同样体现了北方为尊位。

根据此单独分布的2组秦公陵，可以确定秦公陵园优先占据北方，以北方为尊的特点。

雍城秦公陵区位于三畤原上，地貌属于黄土台原，海拔750—800米。① 三畤原一带土厚水深，地势平坦。② 分析《秦始皇本纪》附录记载，秦公陵区地势平坦，"乂里丘""丘里"仅以"丘"命名而已。所以，尊东方、北方的布局规律不受到自然地形的高低落差的影响。

秦公属于商遗民，秦公陵葬大量殉人、秦太子葬宫室旁之制已见于殷墟王陵与小屯宫庙区高级贵族墓，证实春秋时期秦公陵墓制度延续了商代王墓与高级贵族墓的特点。杨锡璋论证商人陵墓尊东北方位，殷墟王陵西区"八座大墓中，东边的较早，西边的较晚，南边的又晚于北边的。……上述现象很可能是商代王室的习俗"。③那么，雍城秦公陵园尊东方、北方的布局规律亦是源自商王陵葬制。

于是，笔者结合文献记载、考古发现确定秦公陵园尊东方、北方的布局规律。利用这个规律，作进一步细致地具体研究，就可以确定秦公陵园的墓主身份。

（四）雍城秦公陵园布局与墓主身份的确定

结合《史记·秦本纪》附录记载的秦公陵墓情况，雍城陵区14座秦公陵园，相互关系可以分为若干组（图5-17，表5-3）：

第1组：第14号陵园。第14号陵园墓主是秦穆公及夫人。M45墓主是秦穆公。

---

① 陕西省凤翔县志编纂委员会：《凤翔县志》，陕西人民出版社1991年版，第60页。
② 陕西省雍城考古队　韩伟：《凤翔秦公陵园钻探与试掘简报》，《文物》1983年第7期，第30—37页。
③ 杨锡璋：《殷人尊东北方位》，《庆祝苏秉琦考古五十五年论文集》，文物出版社1989年版，第305—314页。

第 2 组：阙。秦康公葬询社，秦共公在康公南。询社乃社。按照礼制，社与祖处于相对的位置，那么询社位于马家庄宗庙区相对应的位置。按照《周礼·考工记》"左祖右社"的布局，① 马家庄宗庙区属于祖庙，在左（东边）；询社属于社，在右（西边）。所以，按照礼制，询社在马家庄宗庙区的右侧（西边）。

第 3 组：第 11 号陵园。第 11 号陵园处于东方第 2 个位置，墓主的年代较早。本陵园的秦公是次于秦康公、秦共公的位置，墓主是秦桓公及夫人。

第 4 组：第 6 号陵园、第 4 号陵园。本组陵园处于东方第 3、4 个位置，墓主的年代较早。本组陵园的秦公是次于第 11 号陵园秦桓公的位置，又次于第 1 号陵园秦景公的位置。第 6 号陵园在第 4 号陵园之北，时代略早。第 4 号陵园、第 6 号陵园独特的位置与组合，与葬于车里北的秦毕公（秦哀公）、葬于车里的惠公正符合。所以，第 6 号陵园的墓主是秦毕公（秦哀公）及夫人，第 4 号陵园的墓主是秦惠公及夫人。

第 5 组：第 1 号陵园、第 2 号陵园、第 7 号陵园、第 10 号陵园、第 9 号陵园。第 1 号陵园的墓主是秦景公及夫人，它是这一带的核心，地位最高。第 10 号陵园位于第 1 号陵园之南，又处于第 2 号陵园、第 7 号陵园、第 10 号陵园中的最东边，时代较早。第 9 号陵园位于第 1 号陵园之西，是时代最晚的墓葬之一，它仅早于第 3 号陵园。第 7 号陵园位于第 10 号陵园之西，第 2 号陵园位于第 7 号陵园之西，时代依次略晚。本组秦公陵园密集分布，《史记·秦本纪》附录记载了它们的情况：

> 景公享国四十年。居雍高寝。葬丘里南。生毕公。
> 悼公享国十五年。葬僖公西。城雍。生剌龚公。

---

① 孔颖达：《周礼注疏》卷 41《考工记·匠人》，阮元校刻：《十三经注疏》，第 927 页下栏。

> 躁公享国十四年。居受寝。葬悼公南。其元年，彗星见。
> 肃灵公，昭子子也。居泾阳。享国十年，葬悼公西。生简公。（后三字衍）
> 简公从晋来。享国十五年。葬僖公西。生惠公。

这 5 座秦公陵的墓主是秦景公、秦悼公、秦躁公、秦灵公、秦简公，这是确定的，而考古发现的情况是以第 1 号陵园（秦景公及夫人墓）为中心存在 5 座秦公陵园，即第 1 号陵园、第 2 号陵园、第 7 号陵园、第 10 号陵园、第 9 号陵园。那么，葬于第 2 号陵园、第 7 号陵园、第 10 号陵园、第 9 号陵园的秦公是秦悼公、秦躁公、秦灵公、秦简公。只是，它们的布局情况与《史记·秦本纪》附录记载存在差异。仔细分析，《史记·秦本纪》附录属于传世文献，很容易存在传抄讹误。

> 景公享国四十年。居雍高寝，葬丘里南。生毕公。
> 悼公享国十五年。葬僖公西。城雍。生剌龚公。
> 躁公享国十四年。居受寝。葬悼公南。其元年，彗星见。
> 肃灵公，昭子子也。居泾阳。享国十年，葬悼公西。生简公。
> 简公从晋来。享国十五年。葬僖公西。生惠公。

这段记载秦悼公"葬僖公西"，又记载秦简公"葬僖公西"，实际上秦僖公（秦景公）陵的西边只有 1 处秦公陵园。所以，2 处"葬僖公西"必有一误。根据雍城秦公陵园的布局规律，西部属于下位，第 9 号陵园墓主的时代很晚。秦简公"葬僖公西"是正确的；而秦悼公"葬僖公西"存在讹误，当作秦悼公"葬僖公南"。进一步分析，秦躁公"葬悼公南"存在明显的讹误，当作秦躁公"葬悼公西"。秦肃灵公"葬悼公西"亦存在不妥之处，当作秦肃灵公"葬躁公西"。于是，笔者确信地将《史记·秦本纪》附录记载校正为：

> 景公享国四十年。居雍高寝，葬丘里南。生毕公。
>
> 悼公享国十五年。葬僖公（西）〔南〕。城雍。生剌龚公。
>
> 躁公享国十四年。居受寝。葬悼公（南）〔西〕。其元年，彗星见。
>
> 肃灵公，昭子子也。居泾阳。享国十年，葬（悼）〔躁〕公西。生简公。
>
> 简公从晋来。享国十五年。葬僖公西。生惠公。

总之，第 1 号陵园的墓主为秦景公及夫人，第 10 号陵园的墓主为秦悼公，第 7 号陵园的墓主为秦躁公，第 2 号陵园的墓主为秦肃灵公，第 9 号陵园的墓主为秦简公及夫人。

第 6 组：第 5 号陵园。第 5 号陵园位于第 10 号陵园的南面，辈分稍次，年代略晚。第 5 号陵园的墓主为秦剌龚公（秦厉共公）。

第 7 组：第 8 号陵园、第 12 号陵园、第 13 号陵园。前文分析，第 8 号陵园、第 12 号陵园、第 13 号陵园应当合一。笔者最新的分析是：第 8 号陵园中字形大墓 M21、第 12 号陵园中字形大墓 M37 实际为秦公墓、秦公夫人墓；第 13 号陵园甲字形墓 M41 有专门的葬区，乃他们的太子。首先，第 13 号陵园甲字形墓 M41 的身份相当于国君，所以有单独的葬区。其次，与国君的身份有所区别，而是未即位的太子，所以能够葬于秦公陵区。根据《史记·秦本纪》《史记·秦始皇本纪》附录的记载，只有秦夷公、昭子值得考虑。《史记·秦始皇本纪》附录："毕公享国三十六年。葬车里北。生夷公。夷公不享国。死，葬左宫。生惠公。惠公享国十年。葬车里（康景）。"秦夷公葬左宫，没有葬于此处，不符合秦毕公葬车里北、秦惠公葬车里（康景）的地理位置。并且，秦夷公乃正式的秦公，应用中字形墓葬，而不是甲字形墓葬。所以，第 13 号陵园甲字形墓 M41 墓主不是秦夷公。《史记·秦本纪》曰："怀公四年，庶长晁与大臣围怀公，怀公自杀。怀公太子曰昭子，蚤死，大臣乃立太子昭子之子，是为灵公。灵公，怀公孙也。"《史记·秦始皇本纪》附录："怀公从晋来。享国四年。葬栎圉。氏生灵公，诸臣围怀公，怀公自杀。肃灵公，昭子子也。居泾阳。享国十年，葬悼公西。"[①] 秦怀公太子昭子的葬处不明，所以第13号陵园甲字形墓M41墓主是否昭子值得考虑。那么，第8号陵园、第12号陵园、第13号陵园是很特殊的一组墓葬。第8号陵园、第12号陵园、第13号陵园位于第10号陵园之南，次于第10号陵园墓主秦悼公的时代，第8号陵园、第12号陵园的墓主是秦怀公及夫人，第13号陵园墓主是昭子。

表5-3　　　　　　　雍城陵区的秦公墓分组与墓主的确定

秦公葬组	墓葬葬所	秦公陵组	所属陵园及墓数	备注
第1组	1座。秦缪公（秦穆公）葬雍。	第1组	第14号陵园（1+2）	
第2组	2座。秦康公葬竘社，秦共公在康公南。	第2组	缺	竘社处于与祖相对的位置。
第3组	1座。秦桓公葬义里丘北	第3组	第11号陵园（1+1）	
第4组	2座。秦毕公（哀公）葬车里北，秦惠公葬车里。	第4组	第4号陵园（1+1）、第6号陵园（1+1）。	
第5组	5座。秦景公（僖公）葬丘里南。秦悼公葬秦僖公（西）〔南〕，秦躁公葬秦悼公（南）〔西〕，秦肃灵公葬秦（悼公）〔躁公〕西，秦简公葬秦僖公西。	第5组	第1号陵园（1+2）、第2号陵园（1）、第7号陵园（1）、第10号陵园（1）、第9号陵园（1+1）。	记录存在明显的传抄讹误。

---

① 《史记》卷5《秦本纪》，第253页；《史记》卷6《秦始皇本纪》，第361页。"氏"字衍，"灵"乃"简"之讹（梁玉绳：《史记志疑》卷5《秦始皇本纪》，贺次君点校，中华书局1981年版，第195—196页）。

续表

秦公葬组	墓葬葬所	秦公陵组	所属陵园及墓数	备注
第6组	1座。秦剌龚公（秦厉共公）葬入里。	第6组	第5号陵园（1）	
第7组	1座。秦怀公葬栎圉。	第7组	第8号陵园、第12号陵园（1+1）。另外，第13号陵园（1）为太子。	
第8组	1座。秦惠公葬陵圉。	第8组	第3号陵园（1）	夫人被沉入渊旁

注：1表示1个秦公墓；1+1表示1个秦公墓，1个夫人墓；1+2表示1个秦公墓，2个夫人墓。

第8组：第3号陵园。第3号陵园位于第9号陵园之南，年代最晚。第5号陵园的墓主为秦惠公。《史记·秦本纪》："出子二年，庶长改迎灵公之子献公于西而立之。杀出子及其母，沈之渊旁。"①《吕氏春秋·不苟论》："公子连因与卒俱来，至雍，围夫人，夫人自杀。公子连立，是为献公。"② 笔者案：秦惠公夫人同秦献公对立，被沈入雍城的渊旁，不葬于秦公陵区也。

值得注意的是，个别陵园只有秦公而缺乏秦公夫人。统计这些陵园有第2号陵园（墓主秦灵公）、第3号陵园（墓主秦简公子秦惠公）、第5号陵园（墓主秦厉公）、第7号陵园（墓主秦躁公）、第10号陵园（墓主秦悼公）。

《史记·秦本纪》秦孝公曰：

> 会往者厉、躁、简公、出子之不宁，国家内忧，未遑外事，三晋攻夺我先君河西地，诸侯卑秦、丑莫大焉。③

那么，秦厉公、秦躁公统治的乖戾，影响到他们对待秦公夫人

---

① 《史记》卷5《秦本纪》，第254页。
② 许维遹：《吕氏春秋集释》卷24《不苟论》，第650—651页。
③ 《史记》卷5《秦本纪》，第256页。

458　秦国早期历史之重构

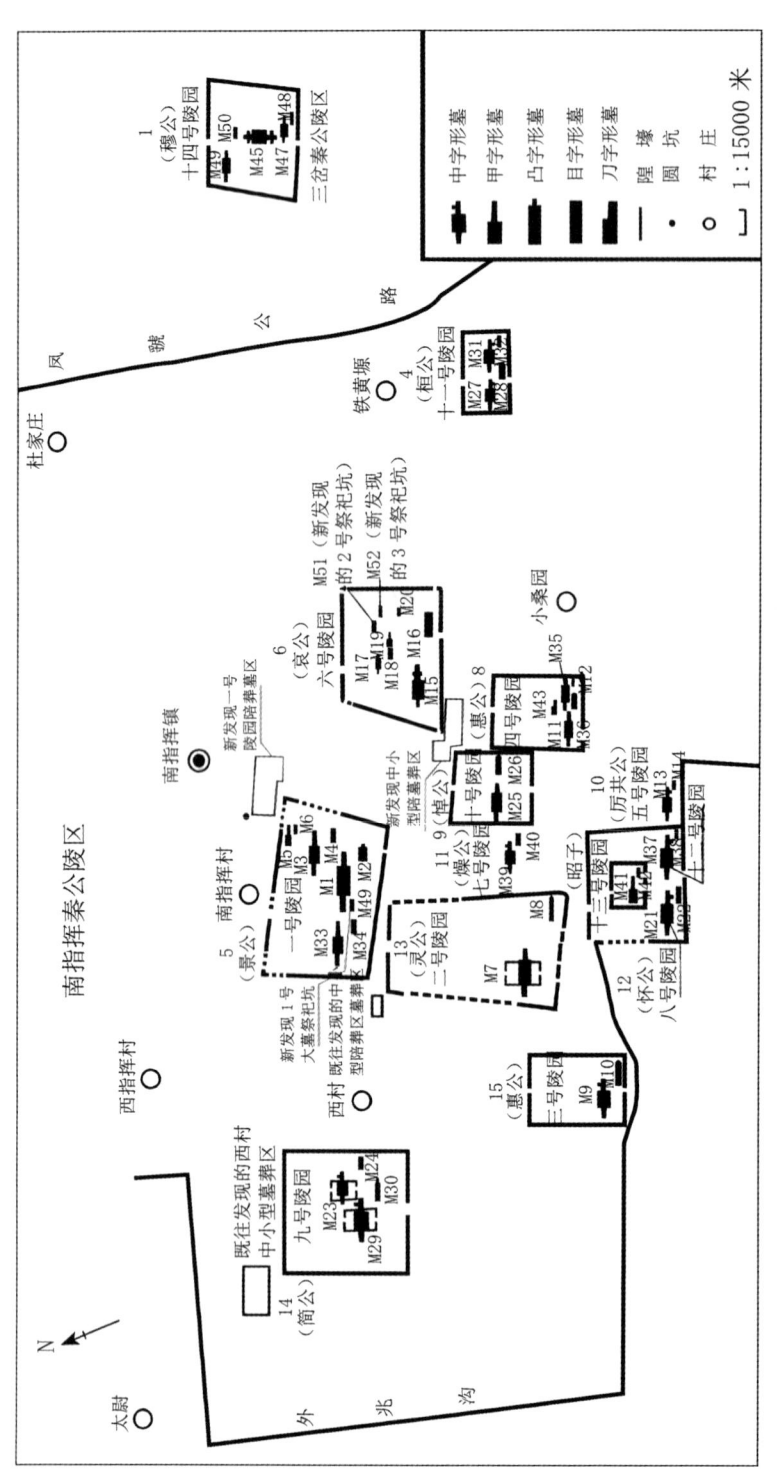

图5-17　雍城秦公墓墓主身份

的不仁。秦躁公传位于弟秦怀公，其中与夫人、子嗣的关系不明，而夫人不与葬；秦简公子秦惠公的夫人遭遇不幸（被沉入渊旁），影响到她不能葬入陵园。总之，秦国历史的变乱复杂，导致数座秦公陵园缺乏秦公夫人墓。

与其他陵园比较，第 5 号陵园（墓主秦厉公）、第 7 号陵园（墓主秦躁公）明显属于简葬，此亦与墓主所处的时代与作为相合。

二 秦公陵殉葬制度

一号陵园（图版二五，图 5-18），1976—1986 年发掘，学者据磬铭以为一号是秦景公墓，[①] 在《史记·秦始皇本纪》附录记载的丘里南。

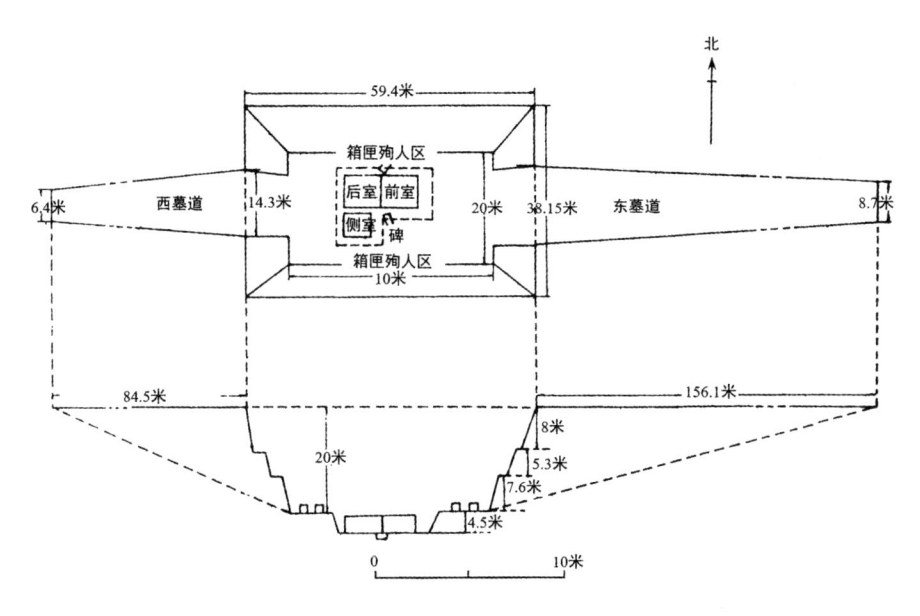

图 5-18 雍城秦公陵区秦公一号大墓平面示意图

（据王学理主编：《秦物质文化通览》，第 521 页）

[①] 王辉等：《秦公大墓石磬残铭考释》，《一粟集——王辉学术文存》，第 305—376 页。

韩伟《关于秦人族属及文化渊源管见》认为秦公陵园制度，亦反映了殷周文化因素，采用殷周以来的陵寝制度。①

林剑鸣《秦史稿》以为，殷制天子墓为亚字形，诸侯墓为中字形，而陕西凤翔的7个秦公陵园22座大墓只有属于诸侯级的中字和甲字形墓，"表明秦国陵墓形式仍遵循着殷制"，说明秦与殷人祖先关系十分密切。②

大堡子山秦公墓存在殉人，③此习俗源自商文化，一直延续到后世秦公。

《史记·秦本纪》曰：

> 二十年，武公卒，葬雍平阳。初以人从死，从死者六十六人。④

《史记·十二诸侯年表》秦《表》，秦武公：

> 二十年，葬雍，初以人从死。⑤

《左传》文公六年：

> （夏，）秦伯任好卒，以子车氏之三子奄息、仲行、针虎为殉，皆秦之良也。国人哀之，为之赋《黄鸟》。⑥

《毛诗序》曰：

---

① 韩伟：《关于秦人族属及文化渊源管见》，原载《文物》1986年第4期，第23—28页；收入《磨砚书稿——韩伟考古文集》，第10—16页。
② 林剑鸣：《秦史稿》，第19—20页。
③ 戴春阳：《礼县大堡子山秦公墓地及有关问题》，《文物》2000年第5期，第75页。
④ 《史记》卷5《秦本纪》，第235页。
⑤ 《史记》卷14《十二诸侯年表》，第709—710页。
⑥ 孔颖达：《春秋左传正义》卷19，阮元校刻：《十三经注疏》，下册，第1844页上栏。

《黄鸟》，哀三良也。国人刺穆公以人从死，而作是诗也。

郑康成《笺》曰：

三良，三善臣也。谓奄息、仲行、针虎也。从死，自杀以从死。①

雍城秦公一号大墓亦有大量殉人。②

秦公墓的殉人乃保存商文化旧俗，而周人墓葬罕有殉人，殉人数量亦远不及秦公墓，反映二者思想信仰方面的差异。商秦的殉人习俗对于社会人力影响很大，越来越不能适应社会各方面（生产、战争等）对人力的需要，于是最终废弃。

《史记·秦本纪》曰：

献公元年，止从死。③

第五节　小结

秦国早期陵墓分布于甘肃东部、关中西部。由于文献传抄讹误的以及考古发掘的局限，学者对秦公陵园的分布与秦公墓墓主存在巨大的分歧。笔者立足于对秦国早期历史的年代事迹的复原，分析秦国早期陵墓，得出新的观点，并且发现学界研究存在的问题症结。

1. 秦襄公葬西垂。礼县大堡子山秦公墓墓主为秦襄公（M2）

---

① 孔颖达：《毛诗正义》卷6《秦风·黄鸟》，阮元校刻：《十三经注疏》，中华书局1980年影印、校补世界书局本，上册，第373页。
② 韩伟、焦南峰：《秦都雍城考古发掘研究综述》，《考古与文物》1988年第5、6期，第120—121页。
③ 《史记》卷5《秦本纪》，第254页。

及夫人（M3）。

在综合、分析学者研究成果的基础上，笔者重新探讨秦子器的主人。通过研究秦子器，确立了符合秦子器铭文中秦子的标准：太子或居丧期间可称"秦子"者、符合"秦子、姬"者、符合秦公器与秦子器的时代差别者。运用三个标准以求符合铭文的秦子，得出具体的结论。秦子器的时代处于春秋早中期之际。秦子器主人是秦德公太子秦宣公，大堡子山秦公墓祭祀坑出土的秦子器及传世的秦子器制作年代为秦德公元年、二年（周釐王五年至周惠王元年，前677—676年）。

2. 秦文公、秦宪公葬西山，在陈仓县西北秦陵山（今陕西省宝鸡市陵原）。

3. 秦武公、秦德公、秦宣公、秦成公葬平阳。平阳邑在今宝鸡市陈仓区阳平镇宁王村一带。1978年，在太公庙村铜器窖藏出土青铜钟、镈（图版二三、图版二四），铭文证明属于秦武公器；2013年，在太公庙村钻探出一座中字形大墓和一座大型车马坑；从而证实太公庙村一带乃秦公都平邑葬处。

4. 秦穆公至出子葬雍。学界对雍城秦公陵园的布局与墓主身份存在巨大的分歧，结论与历史文献记载存在诸多矛盾，缺乏稳定与确切的认识。笔者重新研究秦公陵园的布局与墓主身份，首先分析了《史记》记载的秦公陵园史料、雍城秦公陵园考古资料；然后结合考古资料与历史文献确定秦公陵园存在尊东方、北方的布局规律；最后利用布局规律、历史文献作进一步细致地研究而确定了秦公陵园的布局与墓主身份。

第1组：第14号陵园。第14号陵园墓主是秦穆公及夫人。M45墓主是秦穆公。

第2组：阙。秦康公葬䧿社，秦共公在秦康公南。按照《周礼·考工记》"左祖右社"的布局，䧿社在马家庄宗庙区的右侧（西边）。

第3组：第11号陵园。第11号陵园的墓主是秦桓公及夫人。

第4组：第6号陵园、第4号陵园。第6号陵园的墓主是秦毕公（秦哀公）及夫人，第4号陵园的墓主是秦惠公及夫人。

第5组：第1号陵园、第2号陵园、第7号陵园、第10号陵园、第9号陵园。第1号陵园的墓主为秦景公及夫人，第10号陵园的墓主为秦悼公，第7号陵园的墓主为秦躁公，第2号陵园的墓主为秦肃灵公，第9号陵园的墓主为秦简公及夫人。

第6组：第5号陵园。第5号陵园的墓主为秦刺龚公（秦厉共公）。

第7组：第8号陵园、第12号陵园、第13号陵园。第8号陵园、第12号陵园、第13号陵园位于第10号陵园之南，次于第10号陵园墓主秦悼公的时代，第8号陵园、第12号陵园的墓主是秦怀公及夫人，第13号陵园墓主是昭子。

第8组：第3号陵园。第3号陵园的墓主为秦简公之子秦惠公。其夫人被沉入雍城渊旁。

5. 秦公葬制反映了商周文化因素，采用商周以来的制度。大堡子山秦公墓、雍城秦公一号大墓有大量殉人，此俗源自商文化，一直延续到后世秦公。秦公墓的殉人乃保存商文化旧俗，而周人墓葬罕有殉人，反映二者思想信仰方面的差异。

第 六 章

秦国早期秦与西戎的关系

两周时期，秦与西戎保持着密切的关系。西周初，秦先就负责防卫戎人，后来秦人继承这种责任；两周之际秦致力于伐西戎，借此获赏封国；秦建国后通过伐戎扩大疆土与实力。当代学者很注重研究秦与西戎的关系，取得一些成果。[1] 与商周时期羌、西戎密切相关的北方青铜文化的起源、发展、族属等方面的综合研究，亦是秦与西戎文化研究必要的方面，此方面取得了一些丰硕成果。[2]

关于秦国早期秦与西戎的关系，学界的研究主要有以下三个方面：

---

[1] 蒙文通：《周秦少数民族研究》，《蒙文通全集》第4卷《古族甄微》，巴蜀书社2013年版；史党社：《秦与北方民族历史文化论集》，科学出版社2018年版；史党社：《秦与"戎狄"文化的关系研究》，上海古籍出版社2022年版；梁云：《考古学上所见秦与西戎的关系》，《西部考古》第11辑，科学出版社2016年版，第112—146页；梁云：《早期秦文化探索》，上海古籍出版社2021年版；天水市博物馆编：《西戎文化的发现与研究学术研讨会论文集》，文物出版社2019年版；甘肃省文物考古研究所等编著：《秦与戎：秦文化与西戎文化十年考古成果展》，文物出版社2021年版；张寅：《西戎：东周时代戎族史迹的考古学探索》，上海古籍出版社2024年版；等等。

[2] ［美］拉铁摩尔：《中国的亚洲内陆边疆》，唐晓峰译，江苏人民出版社2005年版；［美］狄宇宙：《古代中国与其强邻：东亚历史上游牧力量的兴起》，贺严、高书文译，中国社会科学出版社2010年版；王明珂：《华夏边缘：历史记忆与族群认同》，上海人民出版社2020年版；《游牧者的抉择：面对汉帝国的北亚游牧部族》，上海人民出版社2016年版；乌恩岳斯图：《北方草原考古学文化研究——青铜时代至早期铁器时代》，科学出版社2007年版；《北方草原考古学文化比较研究——青铜时代至早期匈奴时代》，科学出版社2008年版；林沄：《中国北方长城地带游牧文化带的形成过程》，原载《燕京学报》新14期（2003年）；收入《林沄文集·考古学卷》，上海古籍出版社2019年版，第377—429页；杨建华：《春秋战国时期中国北方文化带》，文物出版社2004年版；等等。

一是西戎的历史与文化。对于"西戎"的时代、地域与文化的研究尚处于不断展开之中。学者或基于文献，或基于考古资料，或兼而有之，着手探讨一些历史问题。目前，学界取得一些成绩，仍存在诸多问题（年代分期、历史地理、文化因素，等等）。

二是西戎历史文献与考古资料的互证。通过综合传世文献、出土文献与考古实物资料，历史学家、考古学家、古文字学家等论证了传世文献对西戎历史记载的真实性、可靠程度等问题，一些考古发现在文献记载下得到了较为合理地解释，从而做到西戎历史文献与考古资料的互证。《秦记》《春秋》《左传》《史记》《汉书》《水经注》等传世文献记载西戎历史，结合新出土的文字资料、考古实物资料，重新得到审视，大部分得到确认与深化认识，同时纠正了一些错误记录与认识。西戎文化，主要是寺洼文化以及春秋战国时期的各邦、部族的文化，一些得到历史文献与考古资料的对应确证。

三是秦对西戎的征伐与融合。关于周秦对西戎的征服、交往、融合与影响，传世文献记载有所偏重，征伐的历史记载比较多，而交往、融合与影响资料较少。考古学文化补充了传世文献的不足，周文化、秦文化与西戎文化的交流与传播，揭示了他们之间的密切关系，有助于解决秦的戎狄性问题。

由于多方面的原因，无论是传世文献，还是出土文献，都是以秦为主体。由于西戎缺乏文献资料，对西戎的了解，主要依靠关于秦国的历史记载以及后世的整理。秦国出土文献多局限于战国与秦代。既缺乏同时代传世文献与出土文献的记录，又缺乏丰富的考古实物资料，秦与西戎关系的历史与考古互证存在很大的局限性，一些学者依据少量的文献记载进行推论，另一些学者则持谨慎态度。

秦国早期秦与西戎关系的研究是一个不断扩张的课题，不仅能够辨清有关史实，而且对于秦国早期历史研究起到开阔视野的作用。

关于秦国早期秦与西戎关系，学界以往的研究存在的问题主要有以下三个方面。

首先，学者以往的研究尚未辨析文献记载的全面性、可靠性、准确性问题。《史记·匈奴传》《后汉书·西羌传》不是纯粹的实录，而是残存的实录、其他文献、传说等的混合体，这些记载需要反复验证，而不是简单地引用。目前相关的出土文献罕见，考古实物资料较多，但是不充分，还不能完全与传世文献对照。因此，全面性、可靠性、准确性都存在很大的问题。所以，这就要求学者在研究秦国早期秦与西戎关系时需要时刻保持谨慎，尽力清楚地辨析史料的性质，对其可靠性、准确性做出客观的判断。学者以往的研究尚未能很好地做到，于是成为笔者努力的方向。

第二，学者以往的研究搜集资料不全。许多学者以往的研究特别注重西北地区的资料，而忽略了内迁的西戎资料。无论是传世文献的记载，还是近年来的考古新发现，学者的利用多不全面，一些学者已经注意到这个问题。

第三，学者以往的重构与解读存在诸多不足。今人或主要依据于文献资料，深受文献局限性的影响；或以考古资料为主，而文献资料处于辅助地位，难以做到文献与考古资料的结合（例如，对于秦国控制关中的确切年代与过程、戎人南下的时代与原因，等等）；或借鉴国外的学术理论对秦人、戎狄族属进行探讨，属于尝试。总之，学者以往的研究尚不充分，尤其是对于一些矛盾与疑难问题未予发现与探讨。

基于以上情况，笔者拟通过传世文献、出土文献与考古实物资料相结合，对西戎的历史与文化、秦伐诸戎、秦人戎人的融合等方面进行深入研究，明确西戎的源流、秦人与戎人的关系，澄清战国以来的若干误解。

第一节　西戎的定义与称谓

一　"西戎"定义探讨

商周甲骨文、金文、传世文献中的"戎"是华夏对异族的泛称。①

"西戎"是特定历史时期所使用的名词。夏商周时期,"西戎"特指以中原为中心的华夏族对居住于西方的异族的泛称。"西戎"又是变动的词汇,商代称为"羌",西周称为"西戎"或"戎"。事实上,这只是一个很笼统的认识。王明珂等学者特别辩证,"羌""戎"只是商代至汉代华夏对非我族类的称号,非本民族自称。②笔者认为,这种观点大体可以成立。

《尚书·禹贡》曰:

> 黑水西河惟雍州:弱水既西,泾属渭汭,漆、沮既从,沣水攸同。荆、岐既旅,终南惇物,至于鸟鼠。原隰底绩,至于猪野,三危既宅,三苗丕叙。厥土惟黄壤,厥田惟上上,厥赋中下。厥贡惟球、琳、琅玕。浮于积石,至于龙门西河,会于渭汭。织皮:昆仑、析支、渠搜,西戎即叙。③

据此,西戎是生活在泾渭地区的异族。

林沄以为,西戎是对西方之戎的统称,其主要构成为羌人。④梁云以为,西戎是对西北少数民族的总称或泛称,主要分布在子午岭以西的陕、甘、青、宁地区。西戎文化包括夏代的齐家文化,商代西周的寺洼文化、辛店文化、卡约文化,以及东周时期的寺洼墓地等。春秋中期至战国时期的西戎文化与西周、春秋早期的寺洼文化迥异,不存在承袭关系,而是外来户。⑤ 这是从广义来谈西戎与

---

① 参见姚磊《先秦戎族研究》,第306—307页。
② 王明珂:《华夏边缘:历史记忆与族群认同》,第312—319页。
③ 孔颖达:《尚书正义》卷6《禹贡》,阮元校刻:《十三经注疏》,中华书局1980年影印、校补世界书局本,上册,第150页中、下栏。
④ 林沄:《中国北方长城地带游牧文化带的形成过程》,《林沄文集·考古学卷》,第396页。
⑤ 梁云:《考古学上所见秦与西戎的关系》,《西部考古》第11辑,第112页、120—121页。

西戎文化的。史党社以为，西戎是西周以来生活在泾渭流域的戎人。① 这是从狭义来认识西戎的。

《说文解字》卷四上羊部羌字：

羌，西戎。羊穜也。②

羌乃西方牧羊人。四川省茂汶县的羌人祭祀山川殉羊、狗，崇拜白石，盛行火葬。③

《说文解字》卷十二下戈部戎字：

戎，兵也。从戈甲。④

西戎，西方执戈之人。

笔者案：对于商周西土的异族，商周至汉代文献称之"羌""戎"。殷墟卜辞称之"羌"，《毛诗·商颂》称"氐羌"（包括西土的"羌"、北土的"氐"）；古本《竹书纪年》、《左传》、《国语》等称之"戎"，《尚书·禹贡》、《诗经·出车》、清华简《系年》称之"西戎"；《汉书》又称之"西羌"；然则"羌""戎"一也。所以，笔者认为：羌，从经济形态而言；戎，从军事形态而言；二者的角度不同，而所指同一。

二 西戎的称谓

西戎各部的称谓不一，来源有别，或以氏称，或以姓称，或以地称。

---

① 史党社：《秦与"戎狄"文化的关系研究》，第 143 页。
② 许慎撰，段玉裁注：《说文解字注》卷 4 上，中华书局 2013 年影印经韵楼本，第 148 页。
③ 羌族简史编写组编：《羌族简史》，四川人民出版社 1986 年版，第 106—113 页。
④ 许慎撰，段玉裁注：《说文解字注》卷 12 下，第 636 页。

1. 以氏为名

姜为姓，戎有其姓，衍生出氏。"姜氏之戎""姜戎"乃因氏而命名。可以作为泛称，"申戎"亦可称"姜氏之戎"，"允姓之戎"亦可称"姜氏之戎"。

2. 以姓为名

戎有"允姓"者，所以有"允姓之戎"。

3. 以地为名

西戎诸部甚多，他们与夏人、商人、周人言语不同，华夏区别他们往往以所在地域为名。古本《竹书纪年》（《后汉书·西羌传》引）记载季历伐西落鬼戎、燕京之戎、余无之戎、始呼之戎、翳徒之戎等，① 皆以地域为名。犬戎，得名于犬丘，犬乃犬丘的简称，犹如"商丘"称作"商"。周穆王迁徙犬戎于太原，遂称"太原之戎"。②秦晋迁徙瓜州之戎，至于伊川陆浑，遂称"陆浑之戎"。③秦穆公所服西戎八国绵诸、绲戎、翟、豲之戎、义渠、大荔、乌氏、朐衍之戎，④ 皆以所处地域为名。

或以为存在其他命名，如以为犬戎源自图腾，义渠、朐衍源自音等，⑤ 细审之下，犬戎本于地名，图腾属于推测，并无依据；义渠、朐衍亦本于地名，音转而已。所以，图腾、音之说皆不可靠，更不足信。

第二节　春秋以前西戎的历史与文化

一　春秋以前西戎的历史

（一）西戎的源起与夏商时期西戎的历史

《后汉书·西羌传》记载西羌历史，而唐章怀太子贤《注》出

---

① 《后汉书》卷87《西羌传》，中华书局1965年点校本，第2870页。
② 《后汉书》卷87《西羌传》，第2871页。
③ 《后汉书》卷87《西羌传》，第2873页。
④ 《史记》卷110《匈奴列传》，中华书局2014年点校本二十四史修订本，第3488页。
⑤ 参见姚磊《先秦戎族研究》，第308—310页。

自古本《竹书纪年》。《后汉书·西羌传》曰：

> 西羌之本，出自三苗，姜姓之别也，其国近南岳。及舜流四凶，徙之三危，河关之西南羌地是也。滨于赐支，至乎河首，绵地千里。赐支者，《禹贡》所谓析支者也。南接蜀、汉徼外蛮夷，西北〔接〕鄯善、车师诸国。所居无常，依随水草。地少五谷，以产牧为业。其俗氏族无定，或以父名母姓为种号。十二世后，相与婚姻，父没则妻后母，兄亡则纳厘嫂。故国无鳏寡，种类繁炽。不立君臣，无相长一，强则分种为酋豪，弱则为人附落，更相抄暴，以力为雄。杀人偿死，无它禁令。其兵长在山谷，短于平地，不能持久，而果于触突，以战死为吉利，病终为不祥。堪耐寒苦，同之禽兽。虽妇人产子，亦不避风雪。性坚刚勇猛，得西方金行之气焉。
>
> 王政修则宾服，德教失则寇乱。昔夏后氏太康失国，四夷背叛。及后相即位，乃征畎夷，七年然后来宾。至于后泄，始加爵命，由是服从。后桀之乱，畎夷入居邠岐之间。成汤既兴，伐而攘之。及殷室中衰，诸夷皆叛。至于武丁，征西戎鬼方，三年乃克。故其诗曰："自彼氐羌，莫敢不来王。"
>
> 及武乙暴虐，犬戎寇边，周古公逾梁山而避于岐下。及子季历，遂伐西落鬼戎。《竹书纪年》"武乙三十五年，周王季伐西落鬼戎，俘二十翟王"也。太丁之时，季历复伐燕京之戎，戎人大败周师。《竹书纪年》曰："太丁二年，周人伐燕京之戎，周师大败"也。后二年，周人克余无之戎。于是太丁命季历为牧师。《竹书纪年》曰："太丁四年，周人伐余无之戎，克之，周王季命为殷牧师也。"自是之后，更伐始呼、翳徒之戎，皆克之。《竹书纪年》曰："太丁七年，周人伐始呼之戎，克之。十一年，周人伐翳徒之戎，捷其三大夫"也。及文王为西伯，西有昆夷之患，北有猃狁之难，遂攘戎狄而戍之，莫不宾服。乃率西戎，征殷之叛国以事纣。①

---

① 《后汉书》卷 87《西羌传》，第 2869—2871 页。

第一，依据《西羌传》所载，西羌属于姜姓，是其一支。西羌本源自江汉之三苗。三苗兴反，舜迁之于三危（今甘肃省敦煌一带）。笔者认为，必须明确：三苗迁徙于西土的人数有限，他们只是西羌中重要的一支（犹如清华简《系年》商奄西迁被称为"秦之先"一样，商奄只是秦先中重要的一支），其余的多支羌人由于缺乏文献记载而来源不明。依据《左传》记载，居于瓜州的陆浑之戎、允姓之戎是尧舜时期的四岳的后裔。[①] 姜姓的西戎，还包括申戎、姜氏之戎等，西周的齐国、申国、吕国、许国都源自姜姓。

第二，夏后相征畎夷，畎夷属西戎。至于后泄，乃分封西戎。后桀之乱，畎夷入居邠岐之间。畎夷乃西戎重要一支，夷、戎混用，畎夷即畎戎，实乃后世之犬戎也。武丁征西戎鬼方，鬼方亦属于西戎。

第三，"武乙暴虐，犬戎寇边，周古公踰梁山而避于岐下"，周人为犬戎所迫，乃迁居周原。季历所伐诸戎（西落鬼戎、燕京之戎、余无之戎、始呼之戎、翳徒之戎）皆出自西戎，他们处于陕晋一带。周文王所伐昆夷、猃狁皆属西戎，继而周人又利用戎人伐商。

（二）西周时期周伐诸戎

《后汉书·西羌传》曰：

> 及武王伐商，羌、髳率师会于牧野。至穆王时，戎狄不贡。王乃西征犬戎，获其五王，又得四白鹿、四白狼，王遂迁戎于太原。夷王衰弱，荒服不朝，乃命虢公率六师伐太原之戎，至于俞泉，获马千匹。见《竹书纪年》。
> 厉王无道，戎狄寇掠，乃入犬丘，杀秦仲之族。王命伐戎，

[①] 孔颖达：《春秋左传正义》卷45，阮元校刻：《十三经注疏》，下册，第2056页中栏—2057页上栏；卷32，阮元校刻：《十三经注疏》，下册，第1955页下栏—1956页中栏。

不克。及宣王立，四年使秦仲伐戎，为戎所杀。王乃召秦仲子庄公，与兵七千人，伐戎破之，由是少却。后二十七年，王遣兵伐太原戎，不克。后五年，王伐条戎、奔戎，王师败绩。后二年，晋人败北戎于汾隰，戎人灭姜侯之邑。明年，王征申戎，破之。后十年，幽王命伯士伐六济之戎，军败，伯士死焉。并见《竹书纪年》。其年，戎围犬丘，虏秦襄公之兄伯父。时幽王昏虐，四夷交侵，遂废申后而立襃姒。申侯怒，与戎寇周，杀幽王于郦山。周乃东迁洛邑，秦襄公攻戎救周。①

笔者案：《后汉书·西羌传》综合多种史料重构了西周时期周伐戎的历程。周穆王伐戎迁戎依据于《国语》《史记》，古本《古本竹书纪年》、《穆天子传》亦记载此事，证实史料的真实可靠。周夷王至周幽王时期，周伐戎主要依据于古本《竹书纪年》；部分内容亦见于《左传》《史记》，远不如古本《竹书纪年》之周全，这些史料是真实可靠的。"其年"以下的史料主要依据《史记》，"周乃东迁洛邑，秦襄公攻戎救周"的次序有误，当以清华简《系年》等的记载为正。

周武王率西土诸侯反商。穆王征犬戎，内迁戎人于太原。夷厉之后，西戎侵扰，不服王命。宣幽之时，周伐诸戎，屡遭败绩。幽王末年，西周王朝被西戎所灭。西周时期，西戎有犬戎、太原戎、条戎、奔戎、北戎、申戎、六济之戎等，皆是周人以地理区分而命名之。其中，犬戎、太原戎、申戎在西土，而条戎、奔戎乃戎在晋国及附近者，六济之戎的具体地望不明。这里，重点考证犬戎、太原戎、申戎的地理与历史。

1. 犬戎

犬戎（畎戎），一名绲戎，又作"昆夷""混夷""串夷"。绲、昆、混、串古音同部。犬戎乃西戎之一，故称西戎犬戎。

---

① 《后汉书》卷 87《西羌传》，第 2871—2872 页。

《后汉书·西羌传》曰:

> 后相即位,乃征畎夷。①

雷学淇《竹书纪年义证》曰:

> 畎夷,罗苹谓即淮夷。案《禹贡》曰"羽畎夏翟",又曰"淮夷蠙珠暨鱼",羽山正近淮、游入海处。(游即淮之支流)故《诗》曰"至于海邦,淮夷来同。"然则畎夷在徐州、淮海间。②

笔者案:《路史·后纪》曰:

> 征淮、畎。淮夷,畎夷。《纪年》云(帝相)元年。③

《路史》所引《纪年》实是合《太平御览》卷八二《皇王部七》、《后汉书》卷八七《西羌传》而为之。然《后汉书·西羌传》所引畎夷在西土,或作犬戎,别于东土九夷之畎夷也。《史记·周本纪》曰:"明年,(文王)伐犬戎。"④《史记·匈奴列传》曰:"周西伯昌伐畎夷氏。"⑤

《伊尹献令》(《逸周书·王会解》附)曰:

---

① 《后汉书》卷87《西羌传》,第2870页。
② 雷学淇:《竹书纪年义证》卷8,台北艺文印书馆1977年影引民国间修绠堂铅印本,第90页。
③ 罗泌撰、罗苹注:《路史·后纪一三上·夏后纪下》,中华书局辑:《四部备要》,中华书局、中国书店1989年影印中华书局民国二十五年本,第151页上栏。
④ 《史记》卷4《周本纪》,第153页。
⑤ 《史记》卷110《匈奴列传》,第3485页。

正西昆仑、狗国。①

《山海经·海内北经》曰：

蛇巫之山，上有人操杯而东向立。一曰龟山。西王母，梯几而戴胜杖。其南有三青鸟，为西王母取食。在昆仑虚北。有人曰大行伯，把戈。其东有犬封国。贰负之尸在大行伯东。

犬封国，曰犬戎国，状如犬。有一女子，方跪进杯食。有文马，缟身朱鬣，目若黄金，名曰吉量，乘之寿千岁。②

笔者案：三青鸟、昆仑墟、大行伯在今甘肃省敦煌；犬封国在敦煌以东，在甘肃省礼县。

殷墟卜辞有"犬侯"，又有"犬方"，学者多认为即犬戎。③

总之，犬戎之得名，实际上源自地名犬封国、犬戎国，一名"狗国""犬方"。一些学者推测犬戎之名出自图腾崇拜，并不可信。

《山海经·大荒北经》曰：

大荒之中有山，名曰融父山，顺水入焉。有人名曰犬戎。黄帝生苗龙，苗龙生融吾，融吾生弄明，弄明生白犬，白犬有牝牡，是为犬戎，肉食。有赤兽，马状无首，名曰戎宣王尸。……

西北海外，流沙之东，有国曰中䲬。颛顼之子，食黍。有

---

① 黄怀信等撰，黄怀信修订，李学勤审定：《逸周书汇校集注》（修订本）卷7《王会解》附《伊尹献令》，上海古籍出版社2007年版，第915页。
② 郝懿行：《山海经笺疏》卷12《海内北经》，栾保群点校，《新编诸子集成续编》，中华书局2019年版，第294—295页。
③ 参见陈梦家《殷虚卜辞综述》，《陈梦家著作集》，中华书局1988年版，第294页；姚磊《先秦戎族研究》，第124—126页。

国名赖丘。有犬戎国,有神,人面兽身,名曰犬戎。①

笔者案:《山海经·大荒北经》定犬戎为黄帝之后,此说可信度不高。

《后汉书·西羌传》曰:

> 及文王为西伯,西有昆夷之患,北有猃狁之难,遂攘戎狄而戍之,莫不宾服。②

《尚书·西伯戡黎序》孔颖达《疏》曰:

> 伏生《书传》云:文王受命……四年伐犬夷。③

《礼记·文王世子》孔颖达《疏》曰:

> 案《书传》云:文王受命……四年伐犬夷。④

《史记·周本纪》曰:

> 明年,伐犬戎。⑤

《史记·匈奴列传》曰:

---

① 郝懿行:《山海经笺疏》卷17《大荒北经》,第373—374页。〔 〕单独使用,表示补充文字。下同。
② 《后汉书》卷87《西羌传》,第2870—2871页。
③ 孔颖达:《尚书正义》卷10《西伯戡黎》,阮元校刻:《十三经注疏》,上册,第176页下栏。
④ 孔颖达:《礼记正义》卷20《文王世子》,阮元校刻:《十三经注疏》,下册,第1404页中栏。
⑤ 《史记》卷5《周本纪》,第153页。

周西伯昌伐畎夷氏。①

然则，畎夷即犬戎。
《毛诗·采薇》孔颖达《疏》曰：

皇甫谧《帝王世纪》曰：文王受命四年周正月丙子溯，昆夷氏侵周，一日三至周之东门。文王闭门修德而不与战。昆夷进来不与战，明退即伐之也。《尚书传》："四年伐犬夷。"（郑康成）《注》云："犬夷，昆夷也。"②

犬戎，金文中称"俨狁""玁允"。兮甲盘曰：

佳（唯）五年三月，既死霸庚寅，王初各（格）伐玁狁于彭衙，兮甲从王，折首执讯，休亡（无）愍。王易（赐）兮甲马三匹、驹车。……兮白吉父作盘，其眉寿万年无疆，子子孙孙永宝用。（图版二六）③

兮甲又称兮伯吉父，王国维认为即《诗经》所载周宣王时大臣尹吉甫。④
徐中舒认为：

甲字伯吉父，当即宣王时代的尹吉甫，兮为封邑，尹则为

---

① 《史记》卷110《匈奴列传》，第3485页。
② 孔颖达：《毛诗正义》卷9《小雅·采薇》，阮元校刻：《十三经注疏》，上册，第413页上栏。
③ 中国社会科学院考古研究所编：《殷周金文集成》（修订增补本）第7册，中华书局2007年版，第5483页，第10174器。
④ 王国维：《兮甲盘跋》，谢维扬、房鑫亮主编，谢维扬分卷主编：《王国维全集》第14卷，谢维扬等点校，浙江教育出版社、广东教育出版社2010年版，第444—446页。

僚属之长。①

多友鼎曰：

唯十月，用玁狁放（方）兴，广伐京师，告追于王（图版二七）。②

1980年，山东省滕县后荆沟西周残墓出土不其簋，与傅世不其簋盖铭文同。③

不其簋曰：

唯九月初吉戊申，伯氏曰："不其，驭方玁允（狁）广伐西俞，王令我羞追于西，余来归献禽（擒）。余命女（汝）御（御）追于㫳，女（汝）以我车宕伐玁允（狁）于高陶，女（汝）多折首执讯。戎大同，从追汝，女（汝）彶戎大敦搏。女（汝）休，弗以我车函（陷）于艰。女（汝）多禽（擒），折首执讯。"伯氏曰："不其，女（汝）小子，女（汝）肇诲（敏）于戎工（功），锡女（汝）弓一、矢束、臣五家、田十里，用从（永）乃事。"不其拜稽手（首），休，用作朕皇祖公伯、孟姬尊簋，用匃多福，眉寿无疆，川（永）纯灵终，子子孙孙，其永宝用享（图版二九）。④

---

① 徐中舒：《禹鼎的年代及其相关问题》，《考古学报》1959年第3期，第62页。
② 中国社会科学院考古研究所编：《殷周金文集成》（修订增补本）第2册，第1512—1513页，第2835器。
③ 中国社会科学院考古研究所编：《殷周金文集成》（修订增补本）第4册，第2714—2715页，第4329器。
④ 中国社会科学院考古研究所编：《殷周金文集成》（修订增补本）第4册，第2712—2713页，第4328器。

陈梦家以为伯氏乃秦庄公，不其是庄公幼弟。① 李学勤考证以为不其乃秦庄公其，伯氏乃周大臣。② 笔者认为李学勤说较为可信。

孙敬明以为不其簋乃邳国器。③ 笔者案：考其铭文，乃西土事迹，邳国不足当也。

《史记·秦本纪》记载秦襄公伐犬戎：

> 襄公二年，戎围犬丘，世父击之，为戎人所虏。岁余，复归世父。七年春，周幽王用褒姒废太子，立褒姒子为适（嫡），数欺诸侯，诸侯叛之。西戎犬戎与申侯伐周，杀幽王郦山下。而秦襄公将兵救周，战甚力，有功。④

西戎，西土之戎。犬戎，犬丘之戎。周人、秦人谓之西垂，戎人谓之犬丘。

2. 太原之戎

太原之戎，或称"太原戎"。《后汉书·西羌传》曰：

> 至穆王时，戎狄不贡。王乃西征犬戎，获其五王，又得四白鹿、四白狼，王遂迁戎于太原。夷王衰弱，荒服不朝，乃命虢公率六师伐太原之戎，至于俞泉，获马千匹。

---

① 陈梦家：《西周铜器断代》，《陈梦家著作集》，中华书局2016年版，第319页。
② 李学勤：《秦国文物的新认识》，原载《文物》1980年第9期，第25—31页；收入氏著《新出青铜器研究》（增订版），人民美术出版社2016年版，第230—232页；《补论不其簋的器主和年代》，原载《早期秦文化研究》（三秦出版社2006年版），收入氏著《文物中的古文明》，商务印书馆2008年版，第524—527页；王辉：《也谈礼县大堡子山秦公墓地及其铜器》，《考古与文物》1998年第5期，第88—93页。近年来，少数学者对李学勤的考证有所怀疑，笔者阅读了他们的论著而认为，就目前资料而言，仍以李学勤说为优。
③ 孙敬明：《邳其簋再现及相关问题》，《考古发现与齐史类证》，齐鲁书社2006年版，第573—576页。
④ 《史记》卷5《秦本纪》，第229—230页；程平山：《秦襄公、文公年代事迹考》，《历史研究》2013年第5期，第168页。

唐章怀太子贤《注》曰：

见《竹书纪年》。①

《国语·周语上》曰：

穆王将征犬戎，祭公谋父谏曰："不可。……犬戎氏以其职来王，天子曰：'予必以不享征之，且观之兵。'其无乃废先王之训而王几顿乎！吾闻夫犬戎树惇，帅旧德而守终纯固，其有以御我矣！"王不听，遂征之，得四白狼、四白鹿以归。自是荒服者不至。②

笔者案：依据祭公谋父说，"犬戎树惇，帅旧德而守终纯固"，毫无过错，周穆王只是为了耀武扬威而征伐犬戎，结果劳师动众而收获甚微，可谓失德失众。

《穆天子传》曰：

天子北征于犬戎。

郭璞《注》曰：

《纪年》又曰："取其五王以东。"③

《后汉书·西羌传》曰：

---

① 《后汉书》卷87《西羌传》，第2871—2872页。
② 左丘明撰，韦昭注：《国语》卷1《周语上》，上海师范大学古籍整理研究所校点，上海古籍出版社1998年版，第1—8页。
③ 王贻梁、陈建敏：《穆天子传汇校集释》卷1，中华书局2019年版，第21页。

> 后二十七年（宣王三十一年），王遣兵伐太原戎，不克。

唐章怀太子贤《注》曰：

> 并见《竹书纪年》。①

笔者案：太原戎，犬戎在太原者，以地命名。
雷学淇《竹书纪年义证》曰：

> 太原之戎即穆王时迁（犬戎）于太原者。②

朱右曾《汲冢纪年存真》曰：

> 太原即《诗》所谓"薄伐玁狁，至于太原"者也。③

笔者案：此"玁狁"即太原之戎也，乃周穆王所迁徙的犬戎，亦周夷王所伐的对象。
顾颉刚《太原之戎即玁狁》曰：

> 自犬戎迁于太原，遂称"太原之戎"。《后汉书·西羌传》云："夷王……命虢公率六师伐太原之戎，至于俞泉，获马千匹。"《注》云："见《竹书纪年》。"又云："宣王……二十七年，王遣兵伐太原戎，不克。"《西羌传》中有犬戎、太原之戎，而于穆、夷、厉、宣之世不言玁狁，此《传》所本为《纪年》而无此名，可知《纪年》中无玁狁名矣。玁狁者犬戎之别称，《诗》言"玁狁"，《纪年》言"犬戎"与"太原之

---

① 《后汉书》卷87《西羌传》，第2871—2872页。
② 雷学淇：《竹书纪年义证》卷23，第351页。
③ 朱右曾：《汲冢纪年存真》卷上，清归砚斋刻本，第34页b。

戎",各用其名,而实非种族之有异也。①

顾颉刚《从古籍中探索我国的西部民族——羌族》曰:

> 犬戎本在西方,穆王把他们东迁到太原,从此太原成了他们的根据地。……犬戎迁到太原以后,就称作"太原之戎"。②

杨宽《西周史》曰:

> 太原之戎即被穆王所迁于太原之犬戎。③

太原之地望,有二说:山西之太原、甘肃之太原。
《毛诗·小雅·六月》曰:

> 薄伐玁狁,至于大原。④

毛亨《传》、郑康成《笺》皆不详其地。朱子《诗集传》曰:

> 大原,地名,亦曰大卤,今在大原府阳曲县。⑤

笔者案:此说不确。今人已否定之。
犬戎所迁居的太原地望,古今学者意见不一。主要有山西太原

---

① 顾颉刚:《太原之戎即玁狁》,《顾颉刚读书笔记》卷6,《顾颉刚全集》第21册,中华书局2010年版,第276页。
② 顾颉刚:《从古籍中探索我国的西部民族——羌族》,原载《社会科学战线》1980年第1期,收入《昆仑传说与姜戎文化》,易名《三千多年来的姜戎》,《顾颉刚古史论文集》卷6,《顾颉刚全集》第6册,第219—221页。
③ 杨宽:《西周史》,《杨宽著作集》,上海人民出版社2016年版,第597页。
④ 孔颖达:《毛诗正义》卷10《小雅·六月》,第425页中栏。
⑤ 朱子:《诗集传》卷10《六月》,朱杰人校点,朱杰人等主编:《朱子全书》(修订本)第1册,上海古籍出版社、安徽教育出版社2010年版,第567页。

说、甘肃太原说。① 笔者认为，就太原之戎出没的地域而言，太原在甘肃较为可信。甘肃之太原主要有三种观点。

（1）汉代高平县、清代固原州。《汉书·地理志下》安定郡有高平县。② 明人季本《诗说解颐》曰：

> 今以吉甫薄伐至于大原观之，未尝穷追远出也。而言其来归，则曰自镐，镐必大原之邑名也，以其地高平故谓之镐。汉、魏于此置高平县，非以其为大原欤？③

胡渭《禹贡锥指》卷二"既修太原，至于岳阳"条：

> 渭按：汉安定郡治高平县，后废。元魏改置曰平高，唐为原州治。广德元年，没吐蕃。节度使马璘表置行原州于灵台县之百里城。贞元十九年，徙治平凉县，西去故州一百六十里。故州即元开城县，今固原州也。废县在州西南四十里。《小尔雅》云：高平谓之太原。则太原当在州界，非平凉县，县乃古泾阳，在固原之东。玁狁侵及泾阳，而薄伐之，以至于太原。盖自平凉逐之出塞，至固原而止，不穷追也。④

戴震《毛郑诗考正》曰：

> 大原，即安定郡高平，今平凉府固原州。⑤

---

① 参见王玉哲《西周时太原之地望问题》，朱彦民编：《王玉哲文集》，南开大学出版社2019年版，第470—476页；《中华民族早期源流》，天津古籍出版社2010年版，第190、193页。
② 《汉书》卷28下《地理志下》，第1615页。
③ 季本：《诗说解颐字义》卷5《小雅·六月》，明嘉靖四十一年胡宗宪刻本，第13页b。
④ 胡渭撰，邹逸麟整理：《禹贡锥指》卷2，上海古籍出版社2013年版，第35—36页。
⑤ 戴震：《毛郑诗考正》卷2，杨应芹、诸伟奇主编：《戴震全书》（修订本）第1册，安徽古籍丛书编审委员会编：《安徽古籍丛书》，黄山出版社2010年版，第619页。

徐元诰《国语集解》曰：

"大原"与山西之太原无涉，在今甘肃固原县。①

史念海《论两周时期黄河流域的地理特征》曰：

就西周的国势和疆域来说，则泾河上游的解释更有道理。后来设在那里的原州及现在的固原、镇原等县，溯其得名的来由，还是和这个大原有关。②

李学勤《多友鼎的时代及意义》赞成朱右曾《诗地理征》泾阳在今甘肃平凉西南说，认为太原在宁夏固原。③

（2）平凉。顾炎武《日知录》曰：

大原，当即今之平凉，而后魏立为原州，亦是取古大原之名尔。④

（3）庆阳。刘得祯以为，周穆王内迁犬戎的太原在庆阳董志塬。⑤ 董志塬属于黄土高原的一部分，位于庆阳县南部、西峰区全部、宁县与合水县西部。笔者案：此说有疑问者主要有三：其一，西周时期，这里是理想的农耕区，西周王朝必然不舍得给犬戎。其

---

① 徐元诰：《国语集解·周语上第一》（修订本），王树民、沈长云点校，中华书局2020年版，第24页。

② 史念海：《论两周时期黄河流域的地理特征》，《河山集》二集，收入《史念海全集》第3卷，人民出版社2013年版，第454页。

③ 李学勤：《多友鼎的时代及意义》，原载《人文杂志》1986年第1期，第92页；收入《李学勤文集》第12卷，江西教育出版社2023年版，第196—208页。

④ 顾炎武：《日知录》卷3《大原》，华东师范大学古籍研究所整理，黄珅、严佐之、刘永翔主编：《顾炎武全集》第18册，上海古籍出版社2011年（2016年重印），第145页。

⑤ 史党社：《甘宁地区秦相关文物考察报告》，秦始皇兵马俑博物馆《论丛》编委会编：《秦文化论丛》第8辑，陕西人民出版社2001年版，第484页注释47。

二，这里是极其重要的军事要地。其三，考古资料证明，这里的西周文化属于周文化系统，即这里属于西周王朝控制区（详后）。所以，庆阳说不可信，董志塬更不能属于周穆王内迁犬戎之所。

笔者案：甘肃一带乃戎屯集之所，故太原在甘肃固原县（今宁夏回族自治区固原市原州区）之说较为可信，考古发现亦支持此说（详后）。

《毛诗·六月》《出车》《采薇》这组诗描绘了宣王伐猃狁，至于太原，先贤分析透彻。宣王之世，六月出师伐猃狁，十二月方还。① 《毛诗·采薇》"昔我往矣，杨柳依依；今我来思，雨雪霏霏"正是真实写照。

3. 申戎（姜氏之戎）

《后汉书·西羌传》曰：

> 明年（宣王三十九年），王征申戎，（破之）〔败绩〕。

唐章怀太子贤《注》曰：

> 并见《竹书纪年》。②

《国语·周语上》曰：

> （宣王）三十九年，战于千亩，王师败绩于姜氏之戎。③

《史记·周本纪》曰：

---

① 参见赵逵夫主编《先秦文学编年史》上册，商务印书馆2010年版，第359—363页。
② 《后汉书》卷87《西羌传》，第2872页。
③ 左丘明撰，韦昭注：《国语》卷1《周语上》，第22页。

第六章　秦国早期秦与西戎的关系　485

（宣王）三十九年，战于千亩，王师败绩于姜氏之戎。①

清华简《系年》亦曰：

宣王是始弃帝籍弗田，立卅又九年，戎乃大败周师于千亩。②

《史记·赵世家》曰：

自造父已下六世至奄父，曰公仲，周宣王时伐戎，为御。及千亩战，奄父脱宣王。③

申戎，申地之戎。申，姜姓，申戎即姜氏之戎（申出于姜姓，申戎属于姜氏之戎），又称姜戎。申戎乃姜氏之戎的一支。

《左传》昭公九年，周王使詹桓伯辞于晋曰：

先王居梼杌于四裔，以御螭魅，故允姓之奸居于瓜州。伯父惠公归自秦，而诱以来，使偪我诸姬，入我郊甸，则戎焉取之。戎有中国，谁之咎也？④

《左传》襄公十四年：

（晋人）将执戎子驹支，范宣子亲数诸朝，曰："来！姜戎氏！昔秦人迫逐乃祖吾离于瓜州，乃祖吾离被苫盖、蒙荆

---

① 《史记》卷4《周本纪》，第183页。
② 清华简《系年》第1章，清华大学出土文献研究与保护中心编，李学勤主编：《清华大学藏战国竹简（贰）》下册，第136页。
③ 《史记》卷43《赵世家》，第2148页。
④ 孔颖达：《春秋左传正义》卷45，阮元校刻：《十三经注疏》，下册，第2056页下栏—2057页上栏。

棘，来归我先君，我先君惠公有不腆之田，与女剖分而食之。今诸侯之事我寡君不如昔者，盖言语漏泄，则职女之由。诘朝之事，尔无与焉。与，将执女。"对曰："昔秦人负恃其众，贪于土地，逐我诸戎。惠公蠲其大德，谓我诸戎，是四岳之裔胄也，毋是翦弃。赐我南鄙之田，狐狸所居，豺狼所嗥。我诸戎除翦其荆棘，驱其狐狸豺狼，以为先君不侵不叛之臣，至于今不贰。昔文公与秦伐郑，秦人窃与郑盟而舍戍焉，于是乎有殽之师。晋御其上，戎亢其下，秦师不复，我诸戎实然。譬如捕鹿，晋人角之，诸戎掎之，与晋踣之。戎何以不免？自是以来，晋之百役，与我诸戎相继于时，以从执政，犹殽志也，岂敢离逷？今官之师旅，无乃实有所阙，以携诸侯而罪我诸戎！我诸戎饮食衣服不与华同，贽币不通，言语不达，何恶之能为？不与于会，亦无瞢焉。"①

《春秋》僖公三十三年：

夏，四月辛巳，晋人及姜戎败秦师于殽。

《左传》僖公三十三年：

（晋）先轸曰："秦不哀吾丧，而伐吾同姓，秦则无礼，何施之为？吾闻之：'一日纵敌，数世之患也。'谋及子孙，可谓死君乎？"遂发命，遽兴姜戎。②

首先，姜戎的出身，即晋惠公所言"诸戎，是四岳之裔胄也"。

---

① 孔颖达：《春秋左传正义》卷32，阮元校刻：《十三经注疏》，下册，第1955页下栏—1956页中栏。
② 孔颖达：《春秋左传正义》卷17，阮元校刻：《十三经注疏》，下册，第1832页下栏—1833页中栏。

《国语·周语上》韦昭《注》曰：

> 姜氏之戎，西戎之别种，四岳之后也。《传》曰："我诸戎四岳之裔胄。"言宣王不纳谏务农，无以事神使民，以致弱败之咎也。①

《左传》襄公十四年杜预《注》曰：

> 四岳之后皆姓姜。又别为允姓。瓜州地在今炖煌。

又曰：

> 四岳，尧时方伯，姜姓也。裔，远也。胄，后也。②

《水经注·禹贡山水泽地所在》曰：

> 《山海经》曰："三危之山，三青鸟居之。是山也，广圆百里，在鸟鼠山西。"即《尚书》所谓"窜三苗于三危"也。《春秋传》曰："允姓之奸居于瓜州。"瓜州，地名也。杜林曰："炖煌，古瓜州也。"州之贡物地出好瓜，民因氏之。瓜州之戎并于月氏者也。汉武帝后元年，分酒泉置。南七里有鸣沙山，故亦曰沙州也。③

其次，晋惠公以前，"秦人负恃其众，贪于土地，逐我诸戎"

---

① 左丘明撰，韦昭注：《国语》卷1《周语上》，第22页。
② 孔颖达：《春秋左传正义》卷32，阮元校刻：《十三经注疏》，下册，第1955页下栏—1956页上栏。
③ 郦道元注，杨守敬、熊会贞疏：《水经注疏》卷40《禹贡山水泽地所在》，段熙仲点校，陈桥驿复校，江苏古籍出版社1989年版，下册，第3360—3363页。

"秦人迫逐乃祖吾离于瓜州""允姓之奸居于瓜州"。可知，秦人追逐允姓之戎于瓜州（今甘肃省敦煌）。

第三，晋惠公居姜戎于晋南鄙。"伯父惠公归自秦，而诱以来""赐我南鄙之田，狐狸所居，豺狼所嗥。我诸戎除翦其荆棘，驱其狐狸豺狼，以为先君不侵不叛之臣，至于今不贰"，晋惠公叛与秦约，与秦穆公不睦，故招致姜戎，赐予土地，安抚姜戎于晋南鄙。后晋人及姜戎败秦师于崤，肇始于此也。

第四，姜戎助晋，败秦于殽，后屡次助晋师。《春秋》"晋人及姜戎败秦师于殽""自是以来，晋之百役，与我诸戎相继于时""使偪我诸姬，入我郊甸，则戎焉取之。戎有中国，谁之咎也？"。

第五，姜戎言语、习俗与华夏不同。"诸戎饮食衣服不与华同，贽币不通，言语不达"。

第六，戎子首领称"戎子驹支"，即姜戎犹如国，首领相当于国君。

史念海《西周与春秋时期华族与非华族的杂居及其地理分布》曰：

> 《水经·渭水注》："岐水又历周原下，水北即岐山矣。岐水又东经姜氏城南为姜水，东注雍水"。姜氏之戎盖在此水左右。千亩为周的籍田，距镐京应不甚远。相距不远，故姜氏之戎得以侵犯镐京。①

杨宽《西周列国考》曰：

> 今按姜氏之戎当在今甘肃省东部地区，申戎当为姜氏之戎

---

① 史念海：《西周与春秋时期华族与非华族的杂居及其地理分布》，《河山集》七集，收入《史念海全集》第5卷，第559页。

的一支。①

杨宽《西周史》曰：

申戎当是申人留于西方的一支，这是对东迁到南阳盆地的申国而言的。②

二　商代至春秋早期的西戎文化

西戎所居地域广大，部族众多，其中与商、西周、秦及文化有密切接触的有寺洼文化，学者对之讨论亦多。③ 其他文化与秦的关系不大。

（一）寺洼文化的特点

1924年，瑞典地质学家安特生在甘肃省临洮县寺洼山发掘8座墓葬。1925年，安特生出版《甘肃考古记》，列为寺洼期。④ 1949年，夏鼐命名为"寺洼文化"。⑤ 寺洼文化形成于商代中期前后，终于春秋中晚期前后，绝对年代距今3300—2500年。⑥

寺洼文化主要分布兰州以东的甘肃中部、东部和南部地区。中心区域是在甘肃中部的洮河中上游地区；东边达子午岭西麓的泾河上游地区，北边到庄浪县境内的葫芦河流域，南边深入到西和县、

---

① 杨宽：《古史探微》卷3《西周列国考》，《杨宽著作集》，上海人民出版社2016年版，第192页。
② 杨宽：《西周史》，第608页。
③ 王辉：《近年来战国时期西戎考古学文化的新发现与新认识》，蔡庆良、张志光主编：《嬴秦溯源：秦文化特展》，台北"故宫"2016年版，第324—333页。
④ 安特生：《甘肃考古记》，乐森璕译，《地质专报》甲种第五号，农商部地质调查所1925年版。
⑤ 夏鼐：《临洮寺洼山发掘记》，原载《中国考古学报》第4册，1949年；收入氏著《考古学论文集》，科学出版社1961年版；收入《夏鼐文集》第2册，社会科学文献出版社2017年版，第23—93页。
⑥ 水涛：《甘青地区青铜时代的文化结构和经济形态研究》，《中国西北地区青铜时代考古论集》（增订本），商务印书馆2020年版，第300页。

礼县境内的西汉水流域。重要遗址有临洮县寺洼山、平凉市崆峒区安国镇、庄浪县水洛镇川口柳家、徐家碾、西和县栏桥、合水县九站等。[①] 在陕西省千水、泾水流域亦有发现（图6-1）。[②]

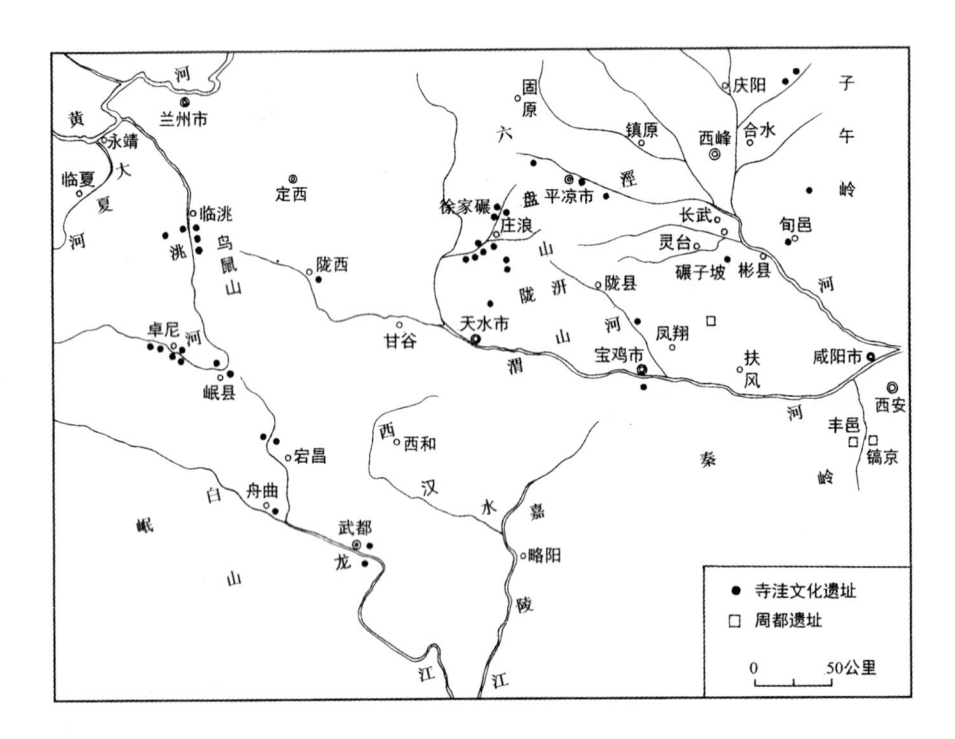

图6-1 寺洼文化分布图

（据中国社会科学院考古研究所：《徐家碾寺洼文化墓地》，第163页）

赵化成、水涛等将寺洼文化分为3个类型：寺洼山类型、栏桥

[①] 水涛：《关于寺洼文化研究的几个问题》，《西北史地》1989年第4期，收入《中国西北地区青铜时代考古论集》（增订本），第160—161页；《甘青地区青铜时代的文化结构和经济形态研究》，《中国西北地区青铜时代考古论集》（增订本），第292—293页。

[②] 胡谦盈：《寺洼文化》，中国大百科全书总编辑委员会《考古学》编辑委员会等编：《中国大百科全书考古学》，中国大百科全书出版社1986年版，第485—486页；中国社会科学院考古研究所编著：《徐家碾寺洼文化墓地——1980年甘肃庄浪徐家碾考古发掘报告》，文物出版社2006年版。

—徐家碾类型、九站类型。① 张天恩根据新发现的资料认为，寺洼文化应分为大族坪、寺洼、安国三个连续类型。② 尚有不同意见，所以并不确定，需要进一步研究。

陶器有马鞍口双耳罐、腹耳罐、侈口罐、单耳罐、鬲、豆、簋、杯等（图6-2）。陶质以夹砂红褐陶为主，陶胎较粗糙，多夹有碎陶末、沙粒。多采用泥条筑成法。在部分器内壁常留有捏合时指压的痕迹。有的口颈部还经过慢轮修整。器表多素面，部分饰以绳纹、划纹、附加堆纹、彩绘等。彩绘有黑彩和白彩等（图6-3）。一些陶器刻饰有纹饰及符号（图6-4），或认为是文字形态。③

流行长方形竖穴土坑墓，葬具有棺或棺椁。有单人葬、合葬和火葬。火葬墓是将尸体火化，然后将骨灰盛在马鞍口陶罐中，罐口盖以石片。随葬品有陶器、铜器、装饰品及马、牛、羊，少数墓中有殉人和陪葬车马。铜器有戚、戈、矛、剑、镞等（图6-5）。

（二）寺洼文化的族属分析

关于寺洼文化的族属，学界的意见不一。夏鼐根据火葬提出与氐羌的关系，或许与氐羌有关。④ 或以为氐人。⑤ 水涛认为属于羌人系统。⑥ 赵化成等认为可能是混夷，或称犬戎。⑦ 王占奎据晋地"姜

---

① 赵化成：《甘肃东部秦和羌戎文化的考古学探索》，《考古类型学的理论与实践》，文物出版社1989年版，第145—176页；水涛：《关于寺洼文化研究的几个问题》，《中国西北地区青铜时代考古论集》，第110—111页。

② 张天恩：《新见寺洼类文化遗存的初步认识》，甘肃省文物考古研究所等编：《早期丝绸之路暨早期秦文化国际学术研讨会论文集》，文物出版社2014年版，第34—42页。

③ 唐兰：《在甲骨金文中所见的一种已经遗失的中国古代文字》，原载《考古学报》1957年第2期；收入《唐兰全集》第3册，上海古籍出版社2005年版，第992—994页；谢端琚：《甘青地区史前考古》，文物出版社2002年版，第197页。

④ 夏鼐：《临洮寺洼山发掘记》，《夏鼐文集》第2册，第45—47、74页。

⑤ 甘肃省博物馆：《甘肃省文物考古工作三十年》，《文物考古工作三十年》，文物出版社1979年版，第144、152页。

⑥ 水涛：《关于寺洼文化研究的几个问题》，《中国西北地区青铜时代考古论集》，第113页。

⑦ 赵化成：《甘肃东部秦和羌戎文化的考古学探索》，《考古类型学的理论与实践》，第145—176页；甘肃省文物考古研究所等：《西汉水上游考古调查报告》，文物出版社2007年版，第278—283页。

1

2

3

4

5

6

图6-2 庄浪徐家碾 M77 出土寺洼文化陶器

第六章 秦国早期秦与西戎的关系　　493

图 6-2　庄浪徐家碾 M77 出土寺洼文化陶器（续）

1. 鬲　2. 双马鞍形口罐　3. 双大耳罐　4. 单大耳罐　5. 双耳罐　6. 圆腹罐　7. 折肩罐　8. 簋　9. 豆　10. 壶　11. 瓮

（据中国社会科学院考古研究所：《徐家碾寺洼文化墓地——1980 年甘肃庄浪徐家碾考古发掘报告》，图版 23—70）

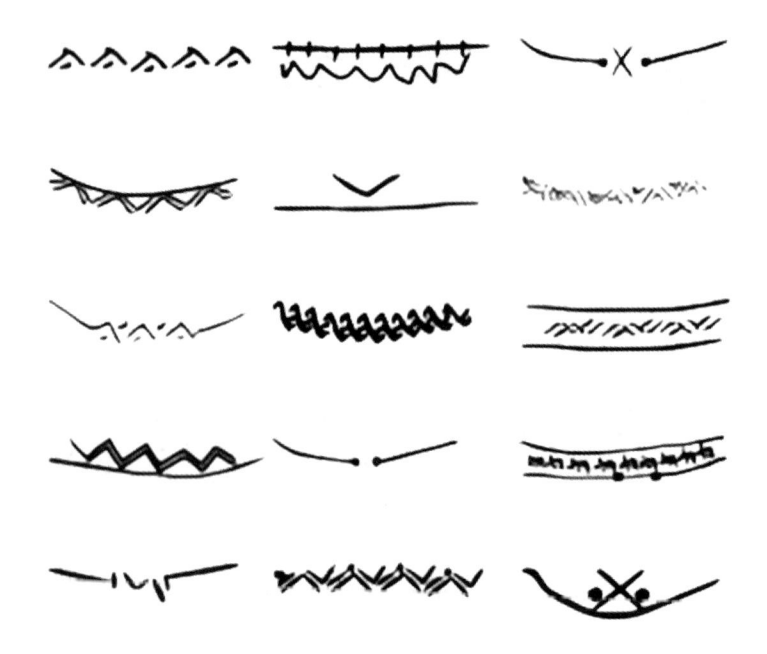

图 6-3　寺洼文化陶器纹饰

（据礼县秦文化博物馆）

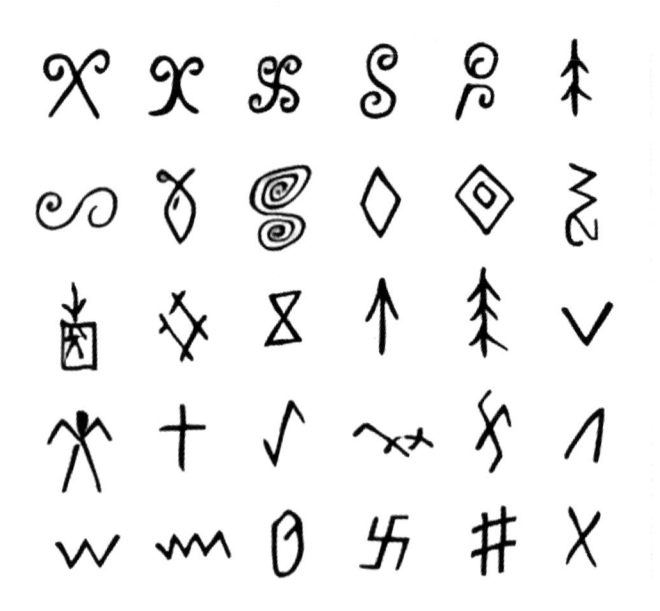

图 6-4　寺洼文化陶器刻画符号

（据礼县秦文化博物馆）

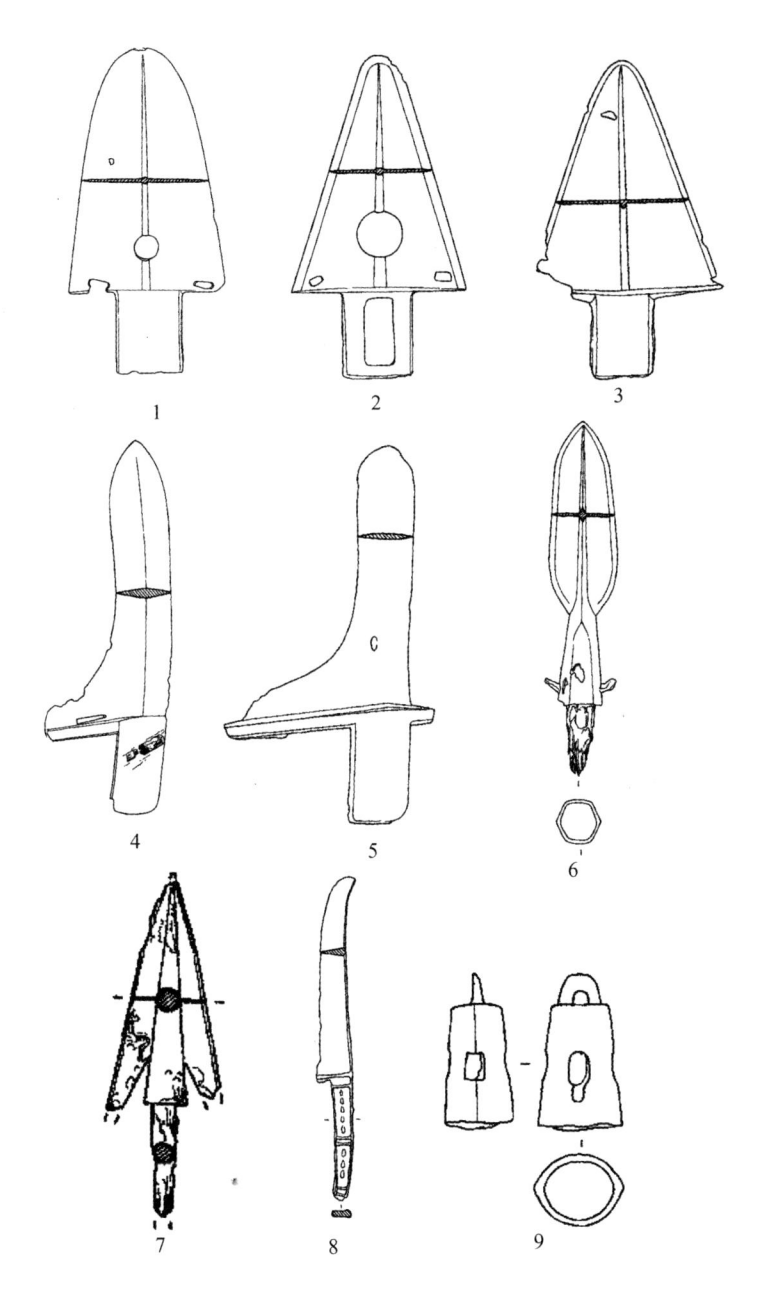

图 6-5　庄浪县徐家碾墓葬出土寺洼文化铜器

1-3. 铜戣　4、5. 戈　6. 矛　7. 镞　8. 削　9. 铃

（据中国社会科学院考古研究所：《徐家碾寺洼文化墓地——1980 年甘肃庄浪徐家碾考古发掘报告》，第 90、92、95 页）

戎氏"论证寺洼文化属于姜戎文化。① 张天恩将分布于西汉水流域的寺洼文化当作西戎民族文化。② 尹盛平以为乃允姓之戎。③ 笔者认为,"氐羌"之称略显含混,属于学术研究初期谨小慎微之举,与目前学术追求确切与真相不合,所以不能过于局限,应当进一步细辨。"氐人"说不符合西戎、北狄的地理位置,所以不妥。"允姓之戎""混夷"("犬戎")都是很小的部族,与寺洼文化的分布区域广大不合,不能以小名作为大名。"西戎"属于泛称,并非族属的专称,西戎包含很多族属。"羌人""姜戎"所指同一,可能只是西戎的一支。所以,学界以往对于寺洼文化族属的探讨存在不足之处,存在进一步深入研究之处。

寺洼文化在商代、西周时期分布于西土,必然与商人、周人、秦人存在互动关系。商周时期,秦人的世职是守卫西土,他们所抵御的民族在周代文献中被称作"戎"或"西戎"。《后汉书·西羌传》曰:

> 厉王无道,戎狄寇掠,乃入犬丘,杀秦仲之族。王命伐戎,不克。及宣王立,四年使秦仲伐戎,〔六年〕为戎所杀。

唐章怀太子贤《注》曰:

> 并见《竹书纪年》。④

《史记·秦本纪》曰:

---

① 王占奎:《晋地"姜戎氏"文化的线索》,王光镐主编:《文物考古文集》,武汉大学出版社1997年版,第201—207页。
② 张天恩:《甘肃礼县秦文化调查的一些认识》,原载《考古与文物》2004年第6期;收入氏著《周秦文化研究论集》,第238—244页。
③ 尹盛平:《寺洼文化族属探索》,《文博》2020年第5期,第42—47页。
④ 《后汉书》卷87《西羌传》,第2871—2872页。

秦仲立三年，周厉王无道，诸侯或叛之。西戎反王室，灭犬丘大骆之族。

周宣王即位，乃以秦仲为大夫，诛西戎。西戎杀秦仲。秦仲立二十三年，死于戎。

有子五人，其长者曰庄公。周宣王乃召庄公昆弟五人，与兵七千人，使伐西戎，破之。

于是复予秦仲后，及其先大骆地犬丘并有之，为西垂大夫。

庄公居其故西犬丘，生子三人，其长男世父。世父曰："戎杀我大父仲，我非杀戎王则不敢入邑。"遂将击戎，让其弟襄公。襄公为太子。庄公立四十四年，卒，太子襄公代立。

襄公二年，戎围犬丘，世父击之，为戎人所虏。岁余，复归世父。①

笔者案：古本《竹书纪年》、《史记》（依据周代史料）记录秦人与戎人的生死搏斗。

《水经注·漾水》记载秦庄公为西垂大夫，地在汉代西县故城：

西汉水又西南，合杨廉川水，水出西谷，众川泻流，合成一川。东南流，径西县故城北。秦庄公伐西戎，破之。周宣王与其先大骆犬邱之地，为西垂大夫，亦西垂宫也，王莽之西治矣。②

王国维《秦都邑考》考证秦庄公、秦襄公、秦文公所居的西垂

---

① 《史记》卷5《秦本纪》，第229页。
② 郦道元注，杨守敬、熊会贞疏：《水经注疏》卷20《漾水》，第1686页。

（西犬丘）在汉代陇西郡西县（今甘肃省天水市西南一带，礼县属之），[①] 结论可靠，学者从之。

通过考古调查，考古工作者认为西汉水上游地区商周时期的文化主要有三种：刘家文化、寺洼文化、周秦文化（图6-6）。[②] 刘家文化属于姜戎文化，[③] 周秦文化实际是大骆族居西犬丘时期的考古学文化。商代、西周时期，甘肃东部大体以临洮县为界，以东分布着寺洼文化，以西分布辛店文化，基本不重迭。[④] 西汉水上游的寺洼文化与周秦文化同时并存，且分布界限明显。从天水乡至石桥乡，据西汉水水道的宽窄，可以将干流分为三段：东段盐官镇至大堡子，中段大堡子至石沟坪（礼县石桥乡圣泉村），西段石沟坪至峡口（礼县江口乡）。大堡子山——赵坪一线以东为周秦文化遗址，雷神庙（西山遗址）——石沟坪一线以南主要分布着寺洼文化遗址，二者之间周秦文化遗址、寺洼文化遗址交错分布。石沟坪、赵坪之间是拉锯地段。结合《史记·周本纪》《秦本纪》《后汉书·西羌传》《水经注》秦人伐戎于此。所以，寺洼文化的族属是与周人、秦人敌对的西戎。西戎包括诸多部族，犬戎为其重要的一支。西汉水上游的寺洼文化属于西戎犬戎。

总之，寺洼文化的分布区域以及其族人与商人、周人、秦人的互动证实，寺洼文化的族属是商代的"羌"、西周至春秋早期的"戎"或"西戎"，而"羌"是商代华夏对他们的泛称，"戎"或"西戎"是周代华夏对他们的泛称。"羌""戎"或"西戎"既包含了"姜戎""允姓之戎""申戎"等知其姓氏的部族，又包括若干不知其姓氏的部族。前文已经论证，"羌"是按照经济形态而言，

[①] 王国维：《秦都邑考》，《观堂集林》卷12，《王国维全集》第8卷，第353—354页。

[②] 甘肃省文物考古研究所等编：《西汉水上游考古调查报告》，文物出版社2007年版，第277—291页。

[③] 参见尹盛平《刘家文化新探——附论先周文化的渊源》，《考古与文物》2021年第4期，第72—78页。

[④] 南玉泉：《辛店文化序列及其与卡约、寺洼文化的关系》，《考古类型学的理论与实践》，第73—109页。

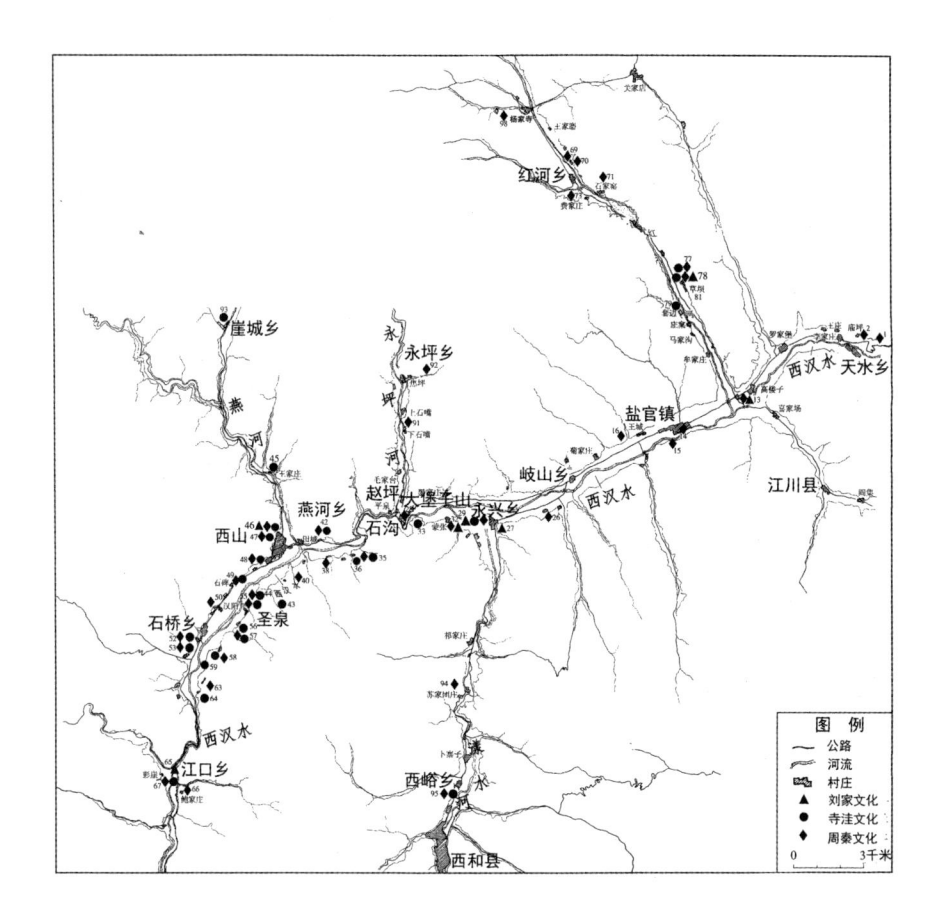

图6-6　西汉水上游地区商周时期遗址分布示意图

（据甘肃省文物考古研究所等：《西汉水上游考古调查报告》，图224）

"戎"是按照军事形态而言，它们是同一的。所以，寺洼文化的族属是商代的"羌"、西周至春秋早期的"戎"或"西戎"，这个结论较之学者以往的研究要更加全面而客观。

周秦与犬戎的对峙，出于资源与利益，出于争夺生存空间。资源方面，西盐是学者关注的。

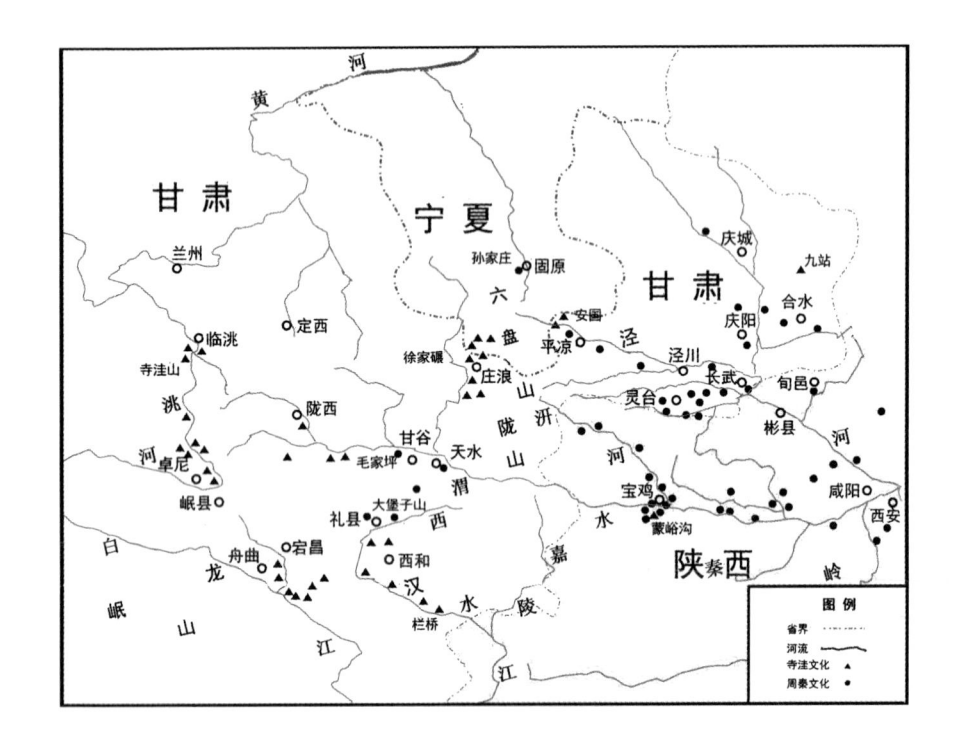

图 6-7　寺洼文化与周秦文化关系图

（据礼县秦文化博物馆资料；中国社会科学院考古研究所：《徐家碾寺洼文化墓地》，第163页；并订补）

第三节　西周晚期至春秋早期秦人伐戎考

秦伐戎乃商末以来的世职；入西周，商奄遗民亦承其事。周夷王、周厉王之时，戎人乱于西土。周王扶持秦伐西戎。秦在伐戎中成长壮大。自秦仲、秦庄公伐戎，至秦襄公平定西戎之乱，于是获赏封国。秦开拓西土，秦武公、秦穆公张大其业，秦益大。

一　秦仲、秦庄公伐戎

周王命秦人伐戎，其事见于古本《竹书纪年》、《史记》等。

《史记·秦本纪》记载了秦嬴（非子）至于秦仲的传承：

> 非子居犬丘，好马及畜，善养息之。犬丘人言之周孝王，孝王召使主马于汧渭之间，马大蕃息。孝王欲以为大骆适（嫡）嗣。申侯之女为大骆妻，生子成为适（嫡）。申侯乃言孝王曰："昔我先郦山之女，为戎胥轩妻，生中潏，以亲故归周，保西垂，西垂以其故和睦。今我复与大骆妻，生适（嫡）子成。申骆重婚，西戎皆服，所以为王。王其图之。"于是孝王曰："昔伯翳为舜主畜，畜多息，故有土，赐姓嬴。今其后世亦为朕息马，朕其分土为附庸。"邑之秦，使复续嬴氏祀，号曰秦嬴。亦不废申侯之女子为骆适（嫡）者，以和西戎。
>
> 秦嬴生秦侯。秦侯立十年，卒。生公伯。公伯立三年，卒。生秦仲。①

非子完成了转变，邑于秦，号秦嬴。秦嬴（周孝王时）、秦侯、公伯、秦仲（周厉王时）一脉相承。

周厉王时，西戎灭犬丘大骆之族。周宣王命秦仲伐戎，秦仲反被戎所杀。《后汉书·西羌传》曰：

> 厉王无道，戎狄寇掠，乃入犬丘，杀秦仲之族。王命伐戎，不克。及宣王立，四年使秦仲伐戎，〔六年〕为戎所杀。

唐章怀太子贤《注》曰：

> 并见《竹书纪年》。②

---

① 《史记》卷5《秦本纪》，第227—229页。
② 《后汉书》卷87《西羌传》，第2871—2872页。

《史记·秦本纪》曰：

> 秦仲立三年，周厉王无道，诸侯或叛之。西戎反王室，灭犬丘大骆之族。周宣王即位，乃以秦仲为大夫，诛西戎。西戎杀秦仲。秦仲立二十三年，死于戎。

裴骃《集解》曰：

> （周宣王即位），徐广曰：秦仲之十八年也。[1]

笔者案：如徐广说，周宣王即位当秦仲之十八年，秦仲立二十二年则周宣王四年也，与古本《竹书纪年》合。然则，徐广合古本《竹书纪年》、《史记》言之。又案：秦仲、秦庄公伐戎之事，古本《竹书纪年》、《史记》合。

兮甲盘曰：

> 隹（唯）五年三月，既死霸庚寅，王初各（格）伐玁狁于彭衙（图版二六）。[2]

此周宣王五年器也。王国维《兮甲盘跋》以为兮甲乃尹吉甫，"盖尹其官、兮其氏也"。[3] 学者多赞同王国维说。

兮甲盘记周宣王五年伐玁狁，与古本《竹书纪年》载周宣王四年命秦仲伐戎年代相系，事迹相合，明周宣王部署周、秦伐戎。

笔者案：犬丘大骆之族与秦邑非子之族属于同族，大骆之族既被犬戎所灭，非子的后人秦仲继承了大骆之族的世职，即防备犬

---

[1] 《史记》卷5《秦本纪》，第229页。
[2] 中国社会科学院考古研究所编：《殷周金文集成》（修订增补本）第7册，第5482—5483页，第10174器。
[3] 王国维：《兮甲盘跋》，《王国维全集》卷14，第446页。

戎，所以周王命秦仲伐戎。秦仲势力尚弱，故为犬戎所杀。

宣王扶持秦仲子庄公伐戎，破之。《后汉书·西羌传》曰：

> 王乃召秦仲子庄公，与兵七千人，伐戎破之，由是少却。

唐章怀太子贤《注》曰：

> 并见《竹书纪年》。①

《史记·秦本纪》曰：

> 周宣王乃召庄公昆弟五人，与兵七千人，使伐西戎，破之。于是复予秦仲后，及其先大骆地犬丘并有之，为西垂大夫。
>
> 庄公居其故西犬丘，生子三人，其长男世父。世父曰："戎杀我大父仲，我非杀戎王则不敢入邑。"遂将击戎，让其弟襄公。襄公为太子。庄公立四十四年，卒，太子襄公代立。②

笔者案：秦人身份角色的多重性。一是养马，二是种植稼穑，三是伐戎。

秦庄公，《史记·十二诸侯年表》作"秦庄公其"，司马贞《索隐》："其，名也。"

不其簋曰：

> 伯氏曰："不其，驭（朔）方、玁狁广伐西俞，王令（命）我羞追于西。余来归献禽（擒），余命女（汝）御追于

---

① 《后汉书》卷87《西羌传》，第2871—2872页。
② 《史记》卷5《秦本纪》，第229页。

罢，女（汝）以我车宕伐玁狁于高陶，女（汝）多折首执讯。戎大同，从追女（汝），女（汝）彶戎大敦搏，女（汝）休，弗以我车陷（陷）于艰，女（汝）多禽（擒），折首执讯。"伯氏曰："不其，女（汝）小子，女（汝）肇诲（敏）于戎工（功），锡汝弓一、矢束、臣五家、田十田，用从（永）乃事。"不其拜稽手，休，用作朕皇祖公伯、孟姬尊簋。①

李学勤《秦国文物的新认识》曰：

> 《不其簋》所记是周宣王时秦庄公破西戎的战役。……不其和他所称的伯氏（长兄）就是本纪的庄公昆弟，不其的"皇祖公伯"就是本纪所载庄公昆弟的祖父公伯。……《史记·十二诸侯年表》载，秦庄公名其。大家知道，先秦时"不"字常用为无义助词，所以簋铭的不其很可能便是文献里的秦庄公。②

杨宽《西周史》曰：

> 按娸为其的异体字，秦人习惯用之，见于秦武公编钟。李学勤谓不其即秦庄公，《史记·十二诸侯年表》载秦庄公名其，不字先秦用作无义助词。此说可从。"不"当读作"丕"，盖秦庄公名其，亦或称为不（丕）其。③

---

① 中国社会科学院考古研究所编：《殷周金文集成》（修订增补本）第 4 册，第 2712—2713 页，器 4328；又不其簋盖铭文同，《殷周金文集成》（修订增补本）第 4 册，第 2714—2715 页，器 4329。

② 李学勤：《秦国文物的新认识》，《新出青铜器研究》（增订版），第 230—232 页。不其乃秦庄公之说，又见李学勤《补论不其簋的器主和年代》，第 524—527 页。

③ 杨宽：《西周史》，第 606 页。

杨宽读不其簋"伯氏"为虢季子白盘之"虢季子白",① 较优。虢季子白盘曰:"隹(唯)十又二年,正月初吉丁亥,虢季子白作宝盘。丕显子白,壮武于戎工(功),经维四方,搏伐玁狁,于洛之阳,折首五百,执讯五十,是以先行。"(图版三〇)②

二 秦襄公伐戎

(一)秦襄公伐戎的成就

依据笔者对《史记·秦本纪》秦襄公、文公事迹重新整理的结果,秦襄公伐戎的相关事迹有:

> 襄公二年,戎围犬丘,世父击之,为戎人所虏。岁余,复归世父。七年春……西戎犬戎与申侯伐周,杀幽王郦山下。而秦襄公将兵救周,战甚力,有功。十二年,伐戎而至岐……(十三年)〔二十五年〕,初有史以纪事,民多化者。(十六年)〔二十八年〕,(文)〔襄〕公以兵伐戎,戎败走。于是(文)〔襄〕公遂收周余民有之。③

秦襄公伐戎,自秦襄公七年(周幽王十一年)春始,至秦襄公二十八年(周平王二十一年)止,计 22 年。戎人势力很大,所以,戎祸不是短期可以解决。

《左传》昭公二十六年孔颖达《疏》曰:

> 《汲冢书纪年》云:……幽王既死,而虢公翰又立王子余

---

① 杨宽:《西周史》,第 604、905 页。
② 中国社会科学院考古研究所编:《殷周金文集成》(修订增补本)第 7 册,第 5480—5481 页,第 10173 器。
③ 程平山:《秦襄公、文公年代事迹考》,《历史研究》2013 年第 5 期,第 168 页。( )〔 〕的使用,( )内是原文,讹误;〔 〕内是校正文,正确。下同。

臣于携。周二王并立。二十一年，携王为晋文侯所杀。①

清华简《系年》曰：

> 曾（缯）人乃降西戎，以攻幽王，幽王及白（伯）盘乃灭，周乃亡。邦君者（诸）正乃立幽王之弟余臣于虢，是携惠王。立廿又一年，晋文侯仇乃杀惠王于虢。②

携王一直居住在虢地的临时都城，天下动荡不安，没有精力与时间定都，同样可以证实自周幽王十一年至周平王二十一年戎祸延续了22年。

伐戎并非秦人能够独立完成的，周人参与其事并起了重要作用。首先，周人敌忾戎人，周人势力有参与伐戎者。虢国既立携王，新政权就承担了伐戎的责任，于是率诸侯与戎人作战。《史记·卫康叔世家》曰："四十二年，犬戎杀周幽王，武公将兵往佐周平戎，甚有功。"③《后汉书·西羌传》戎人攻杀幽王，"秦襄公攻戎救周。后二年，邢侯大破北戎。"④ 其次，虢国所立携王政权，与戎人讲和。虽然讲和之后，"戎成不退"，⑤ 即有部分戎人仍停留在关中一带；亦有部分戎人获得利益而"虏褎姒，尽取周赂而去"。⑥ 戎人的经济以游牧为主，决定其游动性。《后汉书·西羌传》描绘他们："所居无常，依随水草。地少五谷，以产牧为业。……其兵长在山谷，短于平地，不能持久。"⑦ 戎人必须迁徙，

---

① 孔颖达：《春秋左传正义》卷52，阮元校刻：《十三经注疏》，第2114页中栏。
② 清华简《系年》第2章，《清华大学藏战国竹简（贰）》下册，第138页。
③ 《史记》卷37《卫康叔世家》，第1926页。
④ 《后汉书》卷87《西羌传》，第2872页。
⑤ 孔颖达：《毛诗正义》卷12《小雅·节南山之什·雨无正》，阮元校刻：《十三经注疏》，上册，第448页上栏。
⑥ 《史记》卷4《周本纪》，第188页。
⑦ 《后汉书》卷87《西羌传》，第2869页。

否则就会有"终岁不迁,牛马半死"的后果。① 但是,戎人势力很大,对周王室的危害很大,虽然一时退去,却随时会来。所以,周人、秦人对他们采用分化政策。通过和谈,使一部分戎人却走;对于不走者,则以武力驱逐。

周幽王之末,西戎犬戎灭西周,而诸戎霸占关中,经历20多年,周秦才平定戎乱。携王统治时期的戎人分布状况不明。《后汉书·西羌传》仅记载平王末戎人分布情况,这种分布实际是宣王末、幽王、平王时期戎人分布的描绘。

《后汉书·西羌传》曰:

> 及平王之末,周遂陵迟,戎逼诸夏,自陇山以东,及乎伊、洛,往往有戎。于是渭首有狄、獂、邽、冀之戎,泾北有义渠之戎,洛川有大荔之戎,渭南有骊戎,伊、洛间有杨、拒、泉、皋之戎,颍首以西有蛮氏之戎。当春秋时,间在中国与诸夏盟会。②

按照《西羌传》的记载,与秦密切的戎人的分布情况是:渭首有狄、獂、邽、冀之戎,泾北有义渠之戎,洛川有大荔之戎,渭南有骊戎。

秦国受封的关中地区仍然存在一些戎人部落或国家,直至后世才得以肃清。一些戎人投奔秦人,或被秦人俘获而投降秦人,他们都幸运地转变为秦人,获得新生,这在考古学文化中已有所体现。2009 年,杨建华《中国北方东周时期两种文化遗存》将北方地区的周文化区别为"第一种遗存""第二种遗存"。③ 2015 年,单月英

---

① 王先慎:《韩非子集解》卷 3《十过》,钟哲点校,《新编诸子集成》,第 77 页。
② 《后汉书》卷 87《西羌传》,第 2872—2873 页。
③ 杨建华:《中国北方东周时期两种文化遗存辨析——兼论戎狄与胡的关系》,《考古学报》2009 年第 2 期,第 155—184 页。

将它归为"东周秦代中国北方地区"的"北文化带""南文化带"。① 关于春秋早期秦国国境内的状况，笔者总结关中地区的"第一种遗存"或"南文化带"的情况，并阐述个人的看法。关中地区，"第一种遗存"（或"南文化带"）自春秋初期以来，就是戎文化因素与周秦文化因素相互融合。考古遗存以宝鸡县西高泉村M1、甘峪大队春秋早期墓、平凉灵台景家庄春秋早期墓等为代表。② 宝鸡县西高泉村M1出土铜壶、豆、剑、戈、甬钟、斧、削、鱼、车马器等，陶器已经毁坏。其中，铜壶、豆为西周晚期器物，短剑（"花格剑"）等被视为戎文化因素。宝鸡县甘峪大队春秋早期墓出土铜簋、鍑、戈、削、车马器等、陶罐，其中铜鍑、陶罐为典型的戎文化因素。平凉市灵台县景家庄春秋墓M1，葬具1棺1椁，棺底有腰坑，椁上有殉狗。出土铜鼎3件、甗1件、戈1件、铜柄铁剑1件、铃3件；石戈2件、石饰3件、石圭2件；陶豆2件、罐2件。车马坑（M2）出土铜矛、戈、镢、锛、车马器等。葬坑（M4）出土铜鼎、甗等。其中，兽面纹格的铜柄铁剑（"花格剑"）等被视为戎文化因素。根据文化因素分析，以上代表墓葬随葬品以周秦文化因素为主，戎文化因素较少，反映了关中地区周秦文化占据绝对主导地位的事实。基于此，笔者考虑这样的实情：首先，关中地区两周之际属于周秦控制区，戎人在局部地区仅有短暂的停留。第二，所谓的"第一种遗存"或"南文化带"（将毛家坪B组遗存等归入"南文化带"明显不妥，应归入戎文化）的称谓，是由于包含少量的戎文化因素而将周秦文化分割出去的做法欠妥。所以，在关中地区属于秦国疆土的事实下，笔者既不赞成关中地区存在所谓的"第一种遗存"，又不赞成关中地区存在所谓的"南文

---

① 单月英：《东周秦代中国北方地区考古学文化格局——兼论戎、狄、胡与华夏之间的互动》，《考古学报》2015年第3期，第303—344页。
② 宝鸡市博物馆、宝鸡县图博馆：《宝鸡县西高泉村春秋秦墓发掘记》，《文物》1980年第9期，第1—6页；高次若、王桂枝：《宝鸡县甘峪发现一座春秋早期墓葬》，《文博》1988年第4期，第21页；刘得祯、朱建堂：《甘肃灵台县景家庄春秋墓》，《考古》1981年第4期，第298—301页。

化带"。

(二)《毛诗·秦风·小戎》与秦襄公伐戎

《毛诗·秦风·小戎》曰:

> 小戎俴收,五楘梁辀,游环胁驱,阴靷鋈续,文茵畅毂,驾我骐馵。
> 言念君子,温其如玉;在其板屋,乱我心曲。
> 四牡孔阜,六辔在手。骐骝是中,騧骊是骖。龙盾之合,鋈以觼軜。
> 言念君子,温其在邑。方何为期?胡然我念之?
> 俴驷孔群,厹矛鋈錞,蒙伐有苑。虎韔镂膺,交韔二弓,竹闭绲縢。
> 言念君子,载寝载兴;厌厌良人,秩秩德音。①

安徽大学藏战国简《诗经·秦风·车邻》简文完整。简本第二章乃《毛诗》第三章,第三章乃《毛诗》第二章,皆"既见君子"之后之描述,不影响文义。简本与《毛诗》文字多近,有异体字、通假字,不枚举。② 阜阳汉简《诗经》仅存"文茵畅毂""在手骐骝是中騧马□"。③

关于《小戎》的创作年代与背景,《毛诗·秦风·小戎序》曰:

> 《小戎》,美襄公也。备其兵甲以讨西戎,西戎方强而征伐不休。国人则矜其车甲,妇人能闵其君子焉。

---

① 孔颖达:《毛诗正义》卷6《秦风·小戎》,阮元校刻:《十三经注疏》,上册,第370页上、中、下栏。
② 安徽大学汉字发展与应用研究中心编,黄德宽、徐在国主编:《安徽大学藏战国竹简(壹)》,中西书局2019年版,第30—32、102—106页。
③ 胡平生、韩自强:《阜阳汉简诗经研究》,上海古籍出版社1988年版,第16页。

郑康成《笺》曰：

矜，夸大也。国人夸大其车甲之盛，有乐之意也。妇人闵其君子，恩义之至也。作者叙外内之志，所以美君政教之功。

孔颖达《疏》曰：

作《小戎》诗者，美襄公也。襄公能备具其兵甲，以征讨西方之戎。于是之时西戎方渐强盛，而襄公征伐不休，国人应苦其劳，妇人应多怨旷。襄公能说以使之，国人忘其军旅之苦，则矜夸其车甲之盛；妇人无怨旷之志，则能闵念其君子，皆襄公使之得所。故《序》外内之情以美之。①

《汉书·地理志》曰：

天水、陇西，山多林木，民以板为室屋。及安定、北地、上郡、西河，皆迫近戎狄，修习战备，高上气力，以射猎为先。故秦诗曰"在其板屋"；又曰"王于兴师，修我甲兵，与子偕行"。及《车辚》、《四载》、《小戎》之篇，皆言车马田狩之事。

颜师古《注》曰：

《小戎》，美襄公备兵甲，讨西戎。其诗曰"小戎俴收，五楘良辀"，"文茵畅毂，驾我骐馵"，"龙盾之合，鋈以觼軜"。②

---

① 孔颖达：《毛诗正义》卷6《秦风·小戎》，阮元校刻：《十三经注疏》，上册，第369页下栏—370页上栏。

② 《汉书》卷28下《地理志下》，第1644页。

陈乔枞《三家诗遗说考》曰：

> 师古引《车辚》及《四载》《小戎》诸诗，皆袭旧注《齐诗》之说，故字多与《毛》不同。①

笔者案：《毛诗序》《齐诗序》皆以《小戎》美襄公备兵甲以讨西戎。

（三）《毛诗·秦风·无衣》与秦襄公伐戎

《毛诗·秦风·无衣》曰：

> 岂曰无衣？与子战友。王于兴师，修我戈矛，与子同仇。
> 岂曰无衣？与子同泽。王于兴师，修我矛戟，与子偕作。
> 岂曰无衣？与子同裳。王于兴师，修我甲兵，与子偕行。②

安徽大学藏战国简《诗经·秦风·无衣》仅存残句。有通假字等。③

关于《无衣》的创作年代与背景，《毛诗·秦风·无衣序》曰：

> 《无衣》，刺用兵也。秦人刺其君好攻战，亟用兵，而不与民同欲焉。④

---

① 陈乔枞：《齐诗遗说考》卷1，陈寿祺撰、陈乔枞述：《三家诗遗说考》，《左海续集》，清光绪八年补刻本，第2页a。
② 孔颖达：《毛诗正义》卷6《秦风·无衣》，阮元校刻：《十三经注疏》，上册，第373页下栏—374页上栏。
③ 安徽大学汉字发展与应用研究中心编，黄德宽、徐在国主编：《安徽大学藏战国竹简（壹）》，第36、113页。
④ 孔颖达：《毛诗正义》卷6《秦风·无衣》，阮元校刻：《十三经注疏》，上册，第373页下栏。

笔者案：《汉书·地理志》曰：

> 天水、陇西，山多林木，民以板为室屋。及安定、北地、上郡、西河，皆迫近戎狄，修习战备，高上气力，以射猎为先。故秦诗曰"在其板屋"；又曰"王于兴师，修我甲兵，与子偕行"。及《车辚》、《四载》、《小戎》之篇，皆言车马田狩之事。①

《汉书·赵充国辛庆忌传》曰：

> 山西天水、陇西、安定、北地处势迫近羌胡，民俗修习战备，高上勇力鞍马骑射。故秦诗曰："王于兴师，修我甲兵，与子皆行。"其风声气俗自古而然，今之歌谣慷慨，风流犹存耳。②

班固所引《齐诗》，并无刺意。
王先谦《诗三家义集疏》曰：

> 毛谓《诗》之篇第以世为次，此在穆公后，宜为刺康公诗。其实世次之说，出毛武断，而审度此诗词气，又非刺诗，断从齐说。③

赵逵夫主编《先秦文学编年史》曰：

> 郑《笺》、孔《疏》以为作于康公时。其说以刺诗说为立足点，然诗非刺诗，上文已辩之。再说诗言"王于兴师"，秦

---

① 《汉书》卷28下《地理志下》，第1644页。
② 《汉书》卷69《赵充国辛庆忌传》，第2998—2999页。
③ 王先谦：《诗三家义集疏》卷9《秦风·无衣》，中华书局1987年版，第456页。

康公时当周襄王时，此时周衰无力命诸侯行征伐之事，故康公说不可信。①

元人许谦《诗集传名物钞》曰：

《车邻》、《驷驖》、《小戎》、《终南》、《无衣》。右襄五诗。②

《诗总图》谓作于"秦襄公之世"，当"周幽王之时"。③
明人季本《诗说解颐正释》曰：

此将帅与士卒同甘苦者所作，必襄公始封为诸侯时诗也。盖当时犹以王命兴师，故有"王于兴师"之言耳。④

姚际恒《诗经通论》认为《无衣》乃秦襄公征犬戎而作：

小《序》谓"刺用兵"，无刺意。《集传》仿之，谓"秦强悍，乐于战斗"。诗明有"王于兴师"之语，岂可徒责之秦俗哉！观其诗词，谓秦俗强悍，乐于用命，则可矣。伪《传》、《说》谓"秦襄公以王命征戎，周人赴之，赋此"，近是；然不必云周人也。犬戎杀幽王，乃周人之仇；秦人言之，故曰"同仇"，"子"，指周人也。⑤

---

① 赵逵夫主编，赵逵夫、韩高年撰：《先秦文学编年史》中册，第454—455页。
② 许谦：《诗集传名物钞》卷4，第12页b。
③ 许谦：《诗集传名物钞》卷8，第40页a。
④ 季本：《诗说解颐正释》卷11，第12页a。
⑤ 姚际恒：《诗经通论》卷7，清道光十七年铁琴山馆刻本，第7页b；姚际恒：《诗经通论》卷7，林庆彰主编：《姚际恒著作集》第1册，顾颉刚点校，台北"中研院文哲所"2014年版，第209页。

笔者案：《汉书·地理志》曰：

> 天水、陇西，山多林木，民以板为室屋。及安定、北地、上郡、西河，皆迫近戎狄，修习战备，高上气力，以射猎为先。故秦诗曰"在其板屋"；又曰"王于兴师，修我甲兵，与子偕行"。及《车辚》、《四载》、《小戎》之篇，皆言车马田狩之事。

颜师古注"王于兴师，修我甲兵，与子偕行"曰：

> 《无衣》之诗也。言于王之兴师，则修我甲兵，而与子俱征伐也。①

陈乔枞《三家诗遗说考》曰：

> 师古引《车辚》及《四载》《小戎》诸诗，皆袭旧注《齐诗》之说，故字多与《毛》不同。②

颜师古《注》实据《齐诗》为说。《毛诗序》以《无衣》刺用兵，而《齐诗序》以《无衣》从王征伐，《汉书·地理志》以《无衣》"修习战备"，皆与《毛诗序》不侔。考《无衣》诗，乃劝战，并无刺意。

《左传》定公四年：

> 昭王在随，申包胥如秦乞师，曰："吴为封豕、长蛇，以荐食上国，虐始于楚。寡君失守社稷，越在草莽，使下臣告

---

① 《汉书》卷28下《地理志下》，第1644页。
② 陈乔枞：《齐诗遗说考》卷1，陈寿祺撰，陈乔枞述：《三家诗遗说考》，《左海续集》，第2页a。

急,曰:'夷德无厌,若邻于君,疆埸之患也。逮吴之未定,君其取分焉。若楚之遂亡,君之土也。若以君灵抚之,世以事君。'"秦伯使辞焉,曰:"寡人闻命矣。子姑就馆,将图而告。"对曰:"寡君越在草莽,未获所伏,下臣何敢即安?"立,依于庭墙而哭,日夜不绝声,勺饮不入口七日。秦哀公为之赋《无衣》。九顿首而坐。秦师乃出。①

《无衣》乃士卒之歌,咏战事,同仇敌忾之意,今人持此论者甚多。②"王于兴师"者,周天子命伐也。秦哀公赋之,早有此诗,哀公赋之而已。所以,此描绘只能是两周之际的秦仲、秦庄公、秦襄公之时。秦襄公长期致力于伐戎,军备物资必然十分匮乏,士卒称"无衣"是符合实情的。《秦风》始于秦襄公之时,归为秦襄公时是合适的。

三 秦宪公、秦武公伐西戎

两周之际,关中平原是饱受戎人蹂躏之地,秦襄公打败、驱赶一些敌对的戎人,仍然有一些戎人居住在关中,这些戎人直到秦宪公、秦武公时才被驱逐、消灭或吸收。

1. 荡杜

《史记·秦本纪》曰:

> (宁)〔宪〕公二年,公徙居平阳。遣兵伐荡(社)〔杜〕。三年,与亳战,亳王奔戎,遂灭荡(社)〔杜〕。③

裴骃《集解》曰:

---

① 孔颖达:《春秋左传正义》卷54,阮元校刻:《十三经注疏》,下册,第2137页上、中栏。
② 参见余冠英《诗经选》,人民文学出版社1979年第2版,第133页;高亨《诗经今注》,第173页;袁梅《诗经译注》,齐鲁书社1980年版,第344页。
③ 《史记》卷5《秦本纪》,第232页。

徐广曰：荡音汤。社，一作"杜"。

司马贞《索隐》曰：

西戎之君号曰亳王，盖成汤之胤。其邑曰荡社。徐广云一作"汤杜"，言汤邑在杜县之界，故曰汤社也。

张守节《正义》曰：

《括地志》云："雍州三原县有汤陵。又有汤台，在始平县西北八里。"按：其国盖在三原始平之界矣。①

笔者案：《史记·秦本纪》曰：

（宁）〔宪〕公二年，公徙居平阳。遣兵伐荡社。三年，与亳战，亳王奔戎，遂灭荡社。……十二年，伐荡氏，取之……（武公）十一年，初县杜、郑。②

"荡社"与县"杜"存在因果关系，所以"荡社"即"杜"，称"荡杜"是。

荡杜在兴平、三原间。

2. 邽、冀之戎

《后汉书·西羌传》曰：

及平王之末，周遂陵迟，戎逼诸夏，自陇山以东，及乎伊、洛，往往有戎。于是渭首有狄、獂、邽、冀之戎。……鲁

---

① 《史记》卷5《秦本纪》，第233页。
② 《史记》卷5《秦本纪》，第232—233页。

第六章 秦国早期秦与西戎的关系 517

庄公（伐）〔六年〕，秦取邽、冀之戎。①

(1) 邽戎
《史记·秦本纪》曰：

（武公）十年，伐邽、冀戎，初县之。

裴骃《集解》曰：

《地理志》陇西有上邽县。应劭曰："即邽戎邑也。"②

秦有"邽印"。③ 天水放马滩秦国地图有"邽丘"和《墓主记》有"邽丞""邽守"，张家山汉简《二年律令》有"上邽"县。④
《汉书·地理志》陇西郡上邽县，颜师古《注》曰：

应劭曰："《史记》故邽戎邑也。"师古曰："邽音圭。"⑤

《汉书·地理志》曰：

天水、陇西，山多林木，民以板为室屋。及安定、北地、上郡、西河，皆迫近戎狄，修习战备，高上气力，以射猎为先。故秦诗曰："在其板屋"。⑥

---

① 《后汉书》卷87《西羌传》，第2872页。
② 《史记》卷5《秦本纪》，第233—234页。
③ 刘体智：《善斋吉金录》，刘园生主编：《善斋全集》，上海古籍出版社2020年；陈直：《汉书新证》，天津人民出版社1979年第2版，第212页。
④ 武汉大学简帛研究中心等编，彭浩等主编：《二年律令与奏谳书：张家山二四七号汉墓出土法律文献释读》，上海古籍出版社2007年版，简449、第264、267页。
⑤ 《汉书》卷28下《地理志下》，第1610页。
⑥ 《汉书》卷28下《地理志下》，第1644页。

《水经注·渭水》曰：

> 又东径上封城南，又得核泉水，并出南山，北流注于藉。藉水即洋水也。北有濛水注焉。水出县西北封山。翼带众流，积以成溪，东流南屈，径上封县故城西，侧城南出。
>
> 上封，故封戎国也。秦武公十年，伐邽，县之。旧天水郡治，五城相接，北城中有湖水，有白龙出是湖，风雨随之。故汉武帝元鼎三年，改为天水郡。其乡居悉以板盖屋，毛公所谓"西戎板屋"也。

杨守敬《疏》曰：

> 《秦州志》：上邽故城在秦州南五十里街子口，故址犹存，土人掘土，往往得古器。①

秦州，今天水市。上邽故城在今甘肃省天水市南。下邽在关中。《（乾隆）大清一统志·秦州·古迹》曰：

> 上邽故城，在州西南。②

邽之得名于邽山。《山海经·西山经》曰：

> 又西二百六十里曰邽山。……又西二百二十里曰鸟鼠同穴之山。③

---

① 郦道元注，杨守敬、熊会贞疏：《水经注疏》卷17《渭水上》，第1492—1494页。
② 和珅等修纂：《（乾隆）大清一统志》卷210《秦州·古迹》，《景印文渊阁四库全书》第478册，台湾商务印书馆1986年影印"台北故宫博物院"藏本，第688页上栏。
③ 郝懿行：《山海经笺疏》卷2《西山经》，第81—82页。

鸟鼠同穴之山即《尚书·禹贡》鸟鼠同穴之山。邽山之名延续至今。

（2）冀戎

《史记·秦本纪》曰：

（武公）十年，伐邽、冀戎，初县之。

裴骃《集解》曰：

冀县属天水郡。①

秦印有"冀丞之印"。② 陕西临潼刘寨村出土的秦代陶文中亦有"冀□""冀稚"。③

《汉书·地理志》天水郡冀县，班固自《注》曰：

《禹贡》朱圄山在县南梧中聚。莽曰冀治。④

《水经注·渭水》曰：

（渭水）又东出黑水峡，历冀川，又东过冀县北。……南有长堑谷水，次东有安蒲溪水，次东有衣谷水，并南出朱圄山。……其水北径冀县城北。秦武公十年，（代）〔伐〕冀戎，县之。故天水郡治，王莽更名镇戎县曰冀治。⑤

---

① 《史记》卷5《秦本纪》，第233—234页。
② 周晓陆、路东之编著：《秦封泥集·附录》，三秦出版社2000年版，第409页。
③ 陈晓捷：《临潼新丰镇刘寨村秦遗址出土陶文》，《考古与文物》1996年第4期，第1—7页。
④ 《汉书》卷28下《地理志下》，第1612页。
⑤ 郦道元注，杨守敬、熊会贞疏：《水经注疏》卷17《渭水上》，第1477—1479页。

《尚书·禹贡》曰:

> 西倾、朱圉、鸟鼠至于太华。

孔颖达《疏》曰:

> 朱圉在天水冀县南。①

顾颉刚、史念海认为冀戎在甘谷南。②

朱圉山距离毛家坪约30里,距西犬丘百余里。考古发掘甘谷毛家坪B组被推论为"冀戎"的遗存,是秦穆公霸西戎后迁居于此。毛家坪B组遗存陶器,以夹砂红褐色陶为主,器类有鬲、双大耳罐、双小耳罐、高领罐等(图6-8),年代为春秋中晚期。③

目前,B组遗存主要发现于陇山东西两侧的天水、固原、平凉、庆阳等地区。另外,此外在关中、晋西南、洛阳地区有零星发现,④ 包括杨郎文化(分布于固原、庆阳等地区,时代自春秋中晚期至战国晚期)分布区等,是春秋战国时期的西戎文化。

结合最新考古发现,B组遗存器物类型更加丰富,可分为甲、乙两类。

甲类器物有双錾鬲、双耳鬲(图6-8:1-3)。早期体形较大,大袋足,足跟由柱足发展到铲足。

乙类器物有双耳罐、单耳罐、双錾罐、高领罐等(图6-8:4-6)。陶色斑驳,夹砂陶,烧制火候低,陶质疏松。

---

① 孔颖达:《尚书正义》卷6《禹贡》,阮元校刻:《十三经注疏》,上册,第151页上栏。
② 顾颉刚:《西秦与西戎》,《史林杂识初编》,《顾颉刚读书笔记》卷16,《顾颉刚全集》第31册,第311页;史念海:《西周与春秋时期华族与非华族的杂居及其地理分布(下篇)》,《中国历史地理论丛》1990年第2期,第73页。
③ 甘肃省文物工作队、北京大学考古学系:《甘肃甘谷毛家坪遗址发掘报告》,《考古学报》1987年第3期,第389—392页。
④ 孙占伟:《毛家坪B组遗存再认识》,《考古与文物》2019年第2期,第77—84页。

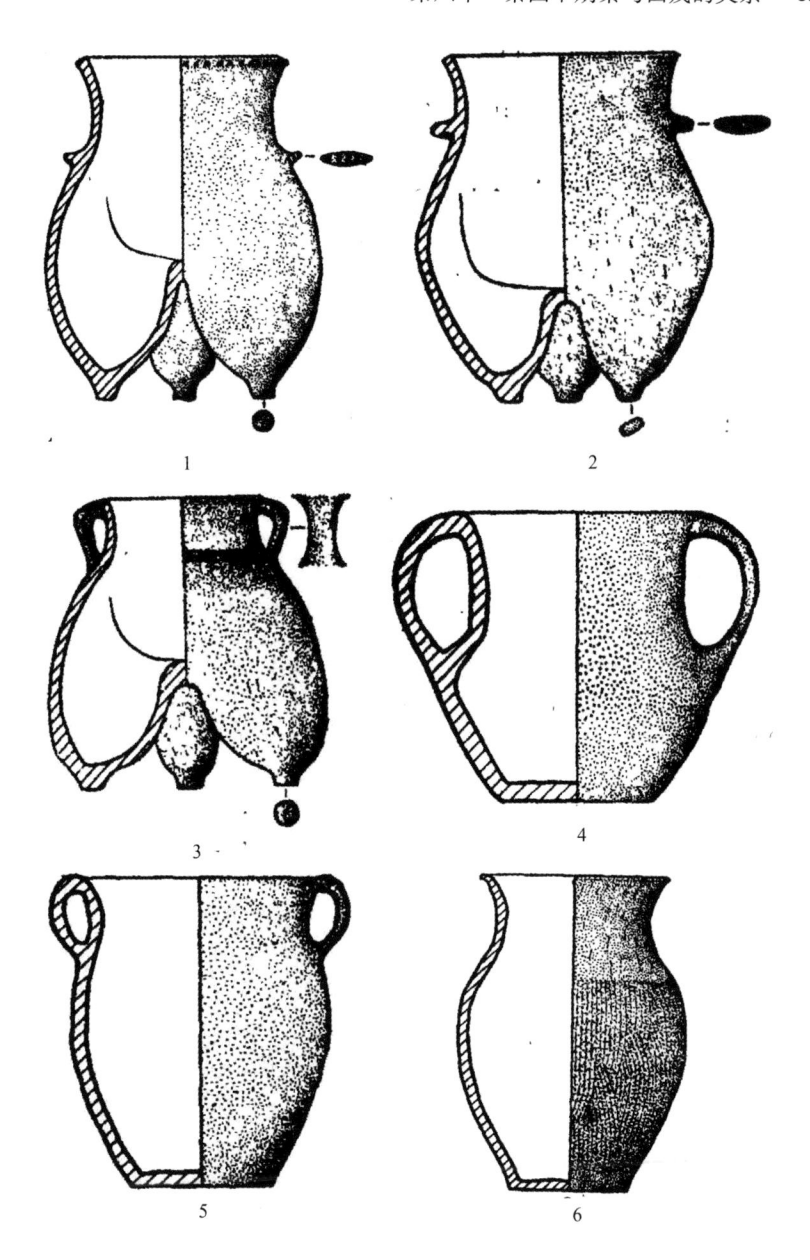

第六章　秦国早期秦与西戎的关系　　521

图6-8　毛家坪B组遗存陶器

1. A型Ⅰ式鬲（LM5：1）　2. B型Ⅰ式鬲（LM1：1）　3. C型鬲（LM11：1）　4. 双大耳罐（T6③：1）　5. 双小耳罐（T4③：1）　6. 高领罐（LM9：2）

（据甘肃省文物工作队、北京大学考古学系：《甘肃甘谷毛家坪遗址发掘报告》，《考古学报》1987年第3期，第390—391页）

甲类主要源于李家崖文化，乙类主要源于寺洼文化，毛家坪 B 组遗存是两种文化不断融合的产物。①

3. 彭戏氏、小虢

《史记·秦本纪》曰：

> 武公元年，伐彭戏氏，……十一年，初县杜、郑。灭小虢。

张守节《正义》曰：

> 戏音许宜反，戎号也。盖同州彭衙故城是也。

笔者案：彭戏氏居关中，在今陕西省白水县。

张守节《正义》曰：

> 《括地志》云："故虢城在岐州陈仓县东四十里。次西十余里又有城，亦名虢城。《舆地志》云此虢文王母弟虢叔所封，是曰西虢。"按：此虢灭时，陕州之虢犹谓之小虢。又云，小虢，羌之别种。②

笔者案：小虢居关中，在今陕西省宝鸡市。

4. 骊戎

骊戎，又作"离戎"，乃犬戎的一支。犬戎骊戎以产文马而著名。《逸周书·王会解》曰：

---

① 孙占伟：《毛家坪 B 组遗存再认识》，《考古与文物》2019 年第 2 期，第 77—84 页。
② 《史记》卷 5《秦本纪》，第 233—234 页。

犬戎文马，而赤鬣缟身，目若黄金，名古黄之乘。①

《山海经·海内北经》曰：

犬封国曰犬戎国……有文马，缟身朱鬣，目若黄金，名曰吉量，乘之寿千岁。②

《太公六韬》（《艺文类聚》引）曰：

商王拘周伯昌于羑里，太公与散宜生以金十镒求天下珍物以免君之罪，于是得犬戎氏文马。③

《尚书大传》曰：

太公之羑里，见文王。散宜生遂至犬戎氏，取美马，驳身朱鬣，鸡目。④

《史记·周本纪》曰：

帝纣乃囚西伯于羑里。闳夭之徒患之，乃求有莘氏美女，骊戎之文马，有熊九驷，他奇怪物，因殷嬖臣费仲而献之纣。⑤

《后汉书·西羌传》曰：

---

① 黄怀信等撰，黄怀信修订，李学勤审定：《逸周书汇校集注》（修订本）卷7《王会解》，第885页。
② 郝懿行：《山海经笺疏》卷12《海内北经》，第295页。
③ 欧阳询：《艺文类聚》卷93《兽部上·马》，汪绍楹校，上海古籍出版社1999年第2版，第1612页。
④ 皮锡瑞：《尚书大传疏证》卷3《殷传》，吴仰湘点校，中华书局2022年版，第136页。
⑤ 《史记》卷4《周本纪》，第151页。

及平王之末……渭南有骊戎……鲁庄公（伐）〔六年〕，秦取邽、冀之戎。后十余岁，晋灭骊戎。①

《史记·秦本纪》曰：

申侯乃言孝王曰："昔我先郦山之女，为戎胥轩妻。"②

申侯之先戎胥轩娶郦山之女为妻。蒙文通以为，骊山之戎当源自晋地之申戎，申戎又称"姜氏之戎"。③笔者案：申侯国在雍州，周宣王末年迁南阳。郦山之女出自骊山之戎，乃姜氏之戎的一支。以同出于姜氏故，申侯尊其为"我先"。

《左传》昭公二十六年：

至于幽王，天不吊周，王昏不若，用愆厥位，携王奸命。④

清华简《系年》曰：

周幽王取妻于西申，生平王，王或（又）取褒人之女，是褒姒，生伯盘。褒姒嬖于王，王与伯盘逐平王，平王走西申。幽王起师，回（围）平王于西申，申人弗畀。曾（缯）人乃降西戎，以攻幽王，幽王及伯盘乃灭，周乃亡。⑤

《史记·周本纪》曰：

---

① 《后汉书》卷87《西羌传》，第2872—2873页。
② 《史记》卷5《秦本纪》，第228页。
③ 蒙文通：《周秦少数民族研究》，《蒙文通全集》第4卷《古族甄微》，第25—26页。
④ 孔颖达：《春秋左传正义》卷52，阮元校刻：《十三经注疏》，下册，第2114页中栏。
⑤ 清华大学出土文献研究与保护中心编，李学勤主编：《清华大学藏战国竹简（贰）》下册，第138页。

申侯怒，与缯、西夷犬戎攻幽王。幽王举燧火征兵，兵莫至，遂杀幽王骊山下。①

①骊戎　骊山

《国语·晋语一》曰：

献公卜伐骊戎。

韦昭《注》曰：

骊戎，西戎之别在骊山者也。其君男爵，姬姓。秦曰骊邑，汉高帝徙丰民于骊邑，更曰新丰，在京兆也。②

《左传》庄公二十八年：

晋伐骊戎。骊戎男女以骊姬。

杜预《注》曰：

骊戎在京兆新丰县，其君姬姓，其爵男也。纳女于人曰女。③

《史记·秦始皇本纪》曰：

十六年……秦置丽邑。……三十五年……徙三万家

---

① 《史记》卷4《周本纪》，第188页。
② 左丘明著，韦昭注：《国语》卷7《晋语一》，第252—253页。
③ 孔颖达：《春秋左传正义》卷10，阮元校刻：《十三经注疏》，下册，第1781页中栏。

丽邑。①

《汉书·地理志》京兆尹新丰县，班固自《注》曰：

> 骊山在南，故骊戎国。秦曰骊邑。高祖七年置。②

《水经注·渭水》曰：

> 渭水又东，戏水注之，水出丽山冯公谷。东北流，又北径丽戎城东。《春秋》晋献公五年，伐之，获丽姬于是邑。丽戎，男国也，姬姓。秦之丽邑矣。③

《史记·周本纪》正义：

> 《括地志》云："骊戎故城在雍州新丰县东南十六里，殷、周时骊戎国城也。"按：骏马赤鬣缟身，目如黄金，文王以献纣也。④

《史记·周本纪》正义：

> 《括地志》云："骊山在雍州新丰县南十六里。《土地记》云骊山即蓝田山。"按：骊山之阳即蓝田山。⑤

《太平寰宇记·关西道三·雍州三·昭应县》曰：

---

① 《史记》卷6《秦始皇本纪》，第300、327页。
② 《汉书》卷28上《地理志上》，第1543页。
③ 郦道元注，杨守敬、熊会贞疏：《水经注疏》卷19《渭水》，第1638页。
④ 《史记》卷4《周本纪》，第152页。
⑤ 《史记》卷4《周本纪》，第188页。

昭应县，东五十八里，旧十八乡，今三乡。县即汉新丰之地。本骊戎国，晋献公伐骊戎是此地。秦灭之，为骊邑。

骊戎故城，在县东二十四里，殷周时骊戎国地也。①

宋敏求《长安志·临潼》曰：

骊戎故城，在县东二十四里。殷、周时骊戎国城也。《两京道里记》曰："城高一丈五尺，周（回望）〔四里〕。"②

《（乾隆）大清一统志·西安府二·古迹》曰：

骊戎城，在临潼县东。③

②戏

《国语·鲁语上》曰：

幽灭于戏。

韦昭《注》曰：

幽，幽王，为西戎所杀。戏，戏山，在西周也。④

与古本《竹书纪年》同。

---

① 乐史：《太平寰宇记》卷27《关西道三·雍州三·昭应县》，王文楚点校，《中国古代地理总志丛刊》，中华书局2007年版，第579—580、582页。
② 宋敏求：《长安志》卷15《临潼》，《宋元方志丛刊》第1册，中华书局1989年影印清乾隆四十九年镇洋灵岩山馆刻本，第160页上栏。
③ 和珅等修纂：《（乾隆）大清一统志》卷179《西安府二·古迹》，《景印文渊阁四库全书》第478册，第52页。
④ 左丘明撰，韦昭注：《国语》卷4《鲁语上》，第182—183页。

秦有"戏丞之印"封泥,① 秦始皇陵出土陶文"戏□""戏工禾"。②

《史记·秦始皇本纪》曰:

> 二年冬,陈涉所遣周章等将西至戏。

裴骃《集解》曰:

> 应劭曰:"戏,弘农湖西界也。"孟康曰:"水名,今戏亭是也。"苏林曰:"邑名,在新丰东南三十里。"③

《水经注·渭水》曰:

> 渭水又东,戏水注之,水出丽山冯公谷。东北流,又北径丽戎城东。《春秋》晋献公五年,伐之,获丽姬于是邑。丽戎,男国也,姬姓。秦之丽邑矣。又北右总三川,径鸿门东,又北径戏亭东。应劭曰:"戏,宏农湖县西界也。地隔诸县,不得为湖县西。"苏林曰:"戏,邑名,在新丰东南三十里。"孟康曰:"乃水名也,今戏亭是也。"昔周幽王悦褒姒,姒不笑,王乃击鼓举烽,以征诸侯。至,无寇,褒姒乃笑,王甚悦之。及犬戎至,王又举烽以征诸侯,诸侯不至,遂败幽王于戏水之上,身死于丽山之北。故《国语》曰"幽灭"者也。④

《史记·秦始皇本纪》张守节《正义》曰:

---

① 周晓陆、路东之:《秦封泥集》,三秦出版社2000年版,第284—285页;傅嘉仪:《秦封泥汇考》,上海书店出版社2007年版,第192—193页,器1291—1292。
② 袁仲一:《秦代陶文》1243、1260,第48页。
③ 《史记》卷6《秦始皇本纪》,第342页。
④ 郦道元注,杨守敬、熊会贞疏:《水经注疏》卷19《渭水》,第1638—1641页。

戏，音许宜反。《括地志》云："戏水源出雍州新丰县西南骊山。《水经注》云戏水出骊山冯公谷，东北流。今新丰县东北十一里戏水当官道，即其处。"①

笔者案：戏之义有三说，或以为邑，或以为山，或以为水。幽王身死骊山，骊山附近，秦有戏县，汉省，戏水今犹在。幽王身死戏为戏水说可信。戏在今陕西省西安市临潼区东北四十里戏水处。

骊山在秦国境内。晋献公五年，晋伐骊戎，助秦也。

秦宪公、武公伐灭了荡（社）〔杜〕、荡氏、彭戏氏、邦戎、冀戎、小虢，肃清了国内由于秦襄公时期延留的历史问题，并且通过设置县制来巩固对这些地区的控制。

秦人"虩事蛮方""虩事蛮夏"，秦公钟"虩事蛮方"，② 秦公镈、秦公簋"虩事蛮夏"（图版三一）。③笔者案："蛮方""蛮夏"指秦国以外的国家、部族。"虩事蛮夏""虩事蛮方"是秦国采取小心翼翼的态度对待其他国家、部族，是一种外交措辞的低姿态。事实上，秦国对他们大打出手，真正将他们视为对手。

第四节　春秋中晚期秦人伐戎考

春秋中晚期以后，秦人伐戎由建国以后的肃清国内残余戎人势力，转变为征服周边的戎人部族或国家。尤其以秦穆公伐西戎八国最具有代表性。

---

① 《史记》卷6《秦始皇本纪》，第342页。
② 卢连成、杨满仓：《陕西宝鸡县太公庙村发现秦公钟、秦公镈》，《文物》1978年第11期，第1—5页。
③ 卢连成、杨满仓：《陕西宝鸡县太公庙村发现秦公钟、秦公镈》，《文物》1978年第11期，第1—5页；中国社会科学院考古研究所编：《殷周金文集成》（修订增补本）第4册，第2682—2685页，第4315器。

一　秦穆公伐戎

秦穆公时期，秦国致力于与晋国争霸，同时亦通过伐戎来增强秦国的国力。依据文献记载，秦穆公元年，伐茅戎；十一年，秦晋伐扬、拒、泉、皋、伊、雒之戎以救周；二十二年，秦晋自瓜州迁陆浑之戎于伊川，迁允姓戎于渭汭；三十七年，秦伐戎，益国十二，开地千里，遂霸西戎。总之，秦国在人力、财力、土地等方面获得了巨大的利益，极大增强了秦国的国力，从而加大了与晋国竞争的资本。

1. 茅戎

《史记·秦本纪》曰：

> 缪公任好元年，自将伐茅津，胜之。

张守节《正义》曰：

> 刘伯庄云："戎号也。"《括地志》云："茅津及茅城在陕州河北县西二十里。《注水经》云茅亭，茅戎号。"[1]

笔者案：秦穆公元年（前659年），秦穆公亲征，击败茅戎。

2. 扬、拒、泉、皋、伊、雒之戎

《左传》僖公十一年：

> 夏，扬、拒、泉、皋、伊、雒之戎同伐京师，入王城，焚东门，王子带召之也。
> 秦、晋伐戎以救周。秋，晋侯平戎于王。[2]

---

[1] 《史记》卷5《秦本纪》，第237—238页。
[2] 孔颖达：《春秋左传正义》卷13，阮元校刻：《十三经注疏》，下册，第1802页中栏。

《史记·十二诸侯年表》秦《表》，秦穆公十一年（前649年）：

> 救王伐戎，戎去。①

笔者案：鲁僖公十一年（晋惠公二年、秦穆公十一年，前649年），秦国、晋国伐扬、拒、泉、皋、伊、雒之戎以救周。此事秦国出力甚多，得到最大好处的却是晋国。

3. 陆浑之戎、允姓之戎

《左传》僖公二十二年：

> 初，平王之东迁也，辛有适伊川，见被发而祭于野者，曰："不及百年，此其戎乎！
> 其礼先亡矣。"秋，秦、晋迁陆浑之戎于伊川。②

《后汉书·西羌传》曰：

> 后九年，陆浑戎自瓜州迁于伊川，允姓戎迁于渭汭，东及轘辕。③

《左传》昭公九年，周王使詹桓伯辞于晋曰：

> 先王居梼杌于四裔，以御螭魅，故允姓之奸居于瓜州。伯父惠公归自秦，而诱以来，使偪我诸姬，入我郊甸，则戎焉取之。④

---

① 《史记》卷14《十二诸侯年表》，第725页。
② 孔颖达：《春秋左传正义》卷15，阮元校刻：《十三经注疏》，下册，第1813页中栏。
③ 《后汉书》卷87《西羌传》，第2873页。
④ 孔颖达：《春秋左传正义》卷45，阮元校刻：《十三经注疏》，下册，第2056页下栏—2057页上栏。

532 秦国早期历史之重构

图6-9 伊川县徐阳村陆浑之戎墓葬出土陶器

第六章　秦国早期秦与西戎的关系　533

图 6-9　伊川县徐阳村陆浑之戎墓葬出土陶器（续）

1、2. 鬲　3. 鼎　4、5、6. 豆　7、8. 单耳罐　9、10. 盆　11、12. 罐

（据郑州大学文物考古研究院（洛阳）等：《河南伊川徐阳东周墓地西区 2013—2015 年发掘》，《考古学报》2020 年第 4 期，图版叁至陆）

《左传》襄公十四年：

> （晋人）将执戎子驹支，范宣子亲数诸朝，曰："来！姜戎氏！昔秦人迫逐乃祖吾离于瓜州，乃祖吾离被苫盖、蒙荆棘，来归我先君，我先君惠公有不腆之田，与女剖分而食之。……"对曰："昔秦人负恃其众，贪于土地，逐我诸戎。惠公蠲其大德，谓我诸戎，是四岳之裔胄也，毋是翦弃。赐我南鄙之田，狐狸所居，豺狼所嗥。……我诸戎饮食衣服不与华同，贽币不通，言语不达，何恶之能为？不与于会，亦无瞢焉。"①

笔者案：周平王三十三年（前738年），周东迁。鲁僖公二十二年（前638年，秦穆公二十二年、晋惠公十三年），秦、晋将陆浑之戎自瓜州（敦煌）迁于伊川，允姓戎自瓜州（敦煌）迁于渭汭，秦人占有了戎人的土地。

河南省洛阳市伊川县鸣皋镇徐阳村西2公里乃汉代陆浑县所在，徐阳村发现春秋中晚期的陆浑之戎墓地。② 在顺阳河及其支流发现墓葬400余座，车马坑15座。清理大墓数座，以西区M2、M6、A区M10、M15为代表。随葬铜器（简陋）、陶器等（图6-9）。陪葬车马坑和部分墓葬出现的动物或马、牛、羊头、蹄殉牲现象与西北地区戎人葬俗类似。

笔者案：鲁僖公二十二年（前638年），陆浑之戎自瓜州迁徙至伊川；鲁昭公十七年（前525年），晋灭陆浑之戎，存在百余年，值春秋中晚期。其文化较之寺洼文化发生了很大的变化。一方面，

---

① 孔颖达：《春秋左传正义》卷32，阮元校刻：《十三经注疏》，下册，第1955页下栏—1956页上栏。
② 郑州大学文物考古研究院（洛阳）、洛阳市文物考古研究院：《河南伊川徐阳东周墓地西区2013-2015年发掘》，《考古学报》2020年第4期，第547—578页；《河南伊川徐阳墓地东区2015~2016年发掘简报》，《华夏考古》2020年第3期，第23—40、110页；马占山、吴业恒：《河南伊川徐阳墓地2020年度考古发掘》，《大众考古》2020年第11期，第12—15页。

陆浑之戎保存了寺洼文化的少量器物（陶器中的单耳罐）、殉牲习俗；另一方面，吸收大量中原文化因素（例如，铜器中的礼器、乐器，陶器中的鬲、鼎、豆、盆等）。所以，陆浑之戎的文化体现了中原文化与西戎文化的高度融合。

4. 西戎八国

《史记·匈奴列传》曰：

> 秦穆公得由余，西戎八国服于秦。故自陇以西，有绵诸、绲戎、翟、獂之戎，岐、梁山、泾、漆之北有义渠、大荔、乌氏、朐衍之戎。①

《史记·秦本纪》曰：

> 三十四年……戎王使由余于秦。由余，其先晋人也，亡入戎，能晋言。闻缪公贤，故使由余观秦。秦缪公示以宫室、积聚。由余曰："使鬼为之，则劳神矣。使人为之，亦苦民矣。"缪公怪之，问曰："中国以诗书礼乐法度为政，然尚时乱，今戎夷无此，何以为治，不亦难乎？"由余笑曰："此乃中国所以乱也。夫自上圣黄帝作为礼乐法度，身以先之，仅以小治。及其后世，日以骄淫。阻法度之威，以责督于下，下罢极则以仁义怨望于上，上下交争怨而相篡弑，至于灭宗，皆以此类也。夫戎夷不然。上含淳德以遇其下，下怀忠信以事其上，一国之政犹一身之治，不知所以治，此真圣人之治也。"于是缪公退而问内史廖曰："孤闻邻国有圣人，敌国之忧也。今由余贤，寡人之害，将奈之何？"内史廖曰："戎王处辟匿，未闻中国之声。君试遗其女乐，以夺其志；为由余请，以疏其间；留而莫遣，以失其期。戎王怪之，必疑由余。君臣有间，乃可虏也。

---

① 《史记》卷110《匈奴列传》，第3488页。

且戎王好乐，必怠于政。"缪公曰："善。"因与由余曲席而坐，传器而食，问其地形与其兵势尽瞽，而后令内史廖以女乐二八遗戎王。戎王受而说之，终年不还。于是秦乃归由余。由余数谏不听，缪公又数使人间要由余，由余遂去，降秦。缪公以客礼礼之，问伐戎之形。……三十七年，秦用由余谋伐戎王，益国十二，开地千里，遂霸西戎。天子使召公过贺缪公以金鼓。

张守节《正义》曰：

韩安国云"秦穆公都地方三百里，并国十四，辟地千里，陇西、北地郡是也"。[①]

《史记·秦本纪》秦孝公令曰：

昔我缪公自岐雍之间，修德行武，东平晋乱，以河为界，西霸戎翟，广地千里，天子致伯，诸侯毕贺，为后世开业，甚光美。[②]

笔者案：秦穆公三十七年，秦伐戎，取得巨大的成功。对其描述不同，于是分析之。《史记·匈奴列传》"西戎八国服于秦"，八国乃绵诸、绲戎、翟、獂之戎、义渠、大荔、乌氏、朐衍之戎（图6-10）。八国臣服于秦国，以后时叛时服。《史记·秦本纪》"益国十二，开地千里，遂霸西戎"，除了臣服的八国之外尚有四国，因为小而略之。

[①] 《史记》卷5《秦本纪》，第245—247页。
[②] 《史记》卷5《秦本纪》，第255—256页。

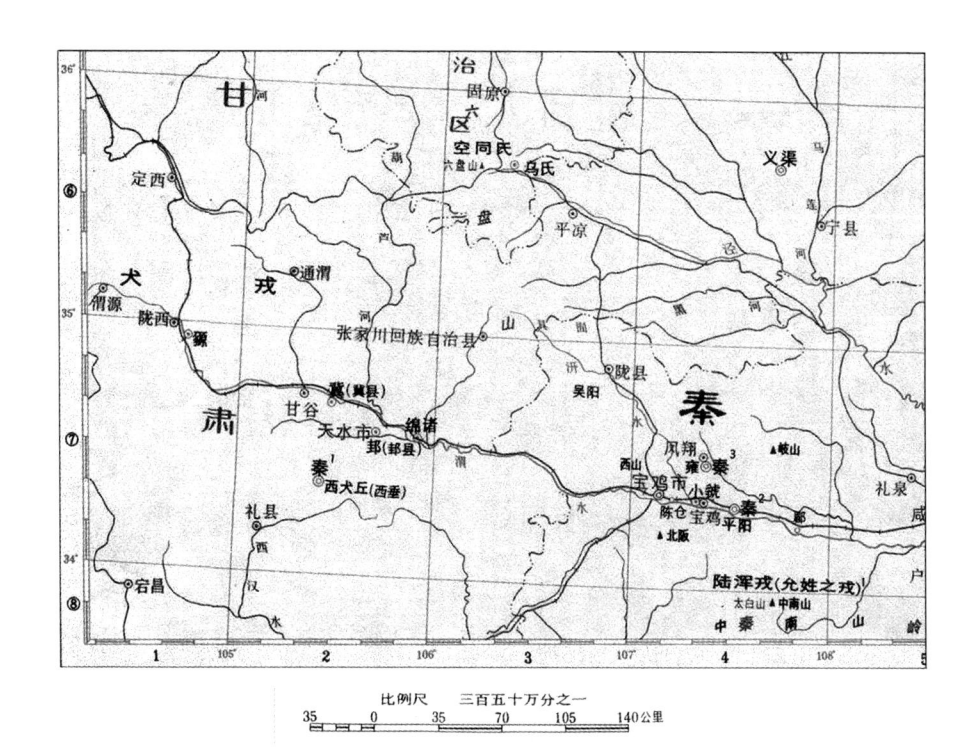

图 6-10　陇东南地区春秋时期形势图

（据谭其骧主编：《中国历史地图集》第 1 册，中国地图出版社 1982 年版，第 22—23 页）

（1）绵诸

《史记·匈奴列传》曰：

> 秦穆公得由余，西戎八国服于秦。故自陇以西，有绵诸、绲戎、翟、獂之戎。①

《汉书·地理志》天水郡有绵诸道。②

《史记·匈奴列传》司马贞《索隐》曰：

---

① 《史记》卷 110《匈奴列传》，第 3488 页。
② 《汉书》卷 28 下《地理志下》，第 1612 页。

《地理志》天水有绵诸道。①

《水经注·渭水》曰：

> 清水又西南，得绵诸水口，其水导源西北绵诸溪，东南与长思水合，水北出长思溪，南入绵诸水。又东南，历绵诸道故城北。东南入清水。②

笔者案：清水，今牛头河。考古发现已经证实，战国中晚期牛头河流域属于绵诸戎居所。

《汉书·匈奴列传》颜师古《注》"绵诸、畎戎、狄獂之戎"曰：

> 皆在天水界，即绵诸道及獂道。③

《史记·匈奴列传》张守节《正义》曰：

> 《括地志》云："绵诸城，秦州秦岭县北五十六里。汉绵诸道，属天水郡。"④

今甘肃省天水市东北道区社棠镇有绵诸大队，正在唐秦州秦岭县北五十六里。

绵诸，又作"繇诸"，乃一音之转。《史记·六国年表》秦厉共公六年（前471年）"繇诸乞援"，二十年（前457年）"公将师

---

① 《史记》卷110《匈奴列传》，第3488页。
② 郦道元注，杨守敬、熊会贞疏：《水经注疏》卷17《渭水上》，第1497—1498页。
③ 《汉书》卷94上《匈奴列传上》，第3747页。
④ 《史记》卷110《匈奴列传》，第3488页。

与绵诸战",秦惠公五年(前395年)"伐繇诸"。①

《史记·六国年表》秦《表》曰:

秦厉共公六年,繇诸乞援。②

梁玉绳《史记志疑》曰:

附案:《史诠》谓"繇诸"乃"绵诸"之讹,是也。后此二十年"与绵诸战",又《匈奴传》"陇西有绵诸",盖戎国,即《汉志》天水郡绵诸道。③

《史记·六国年表》秦《表》曰:

秦惠公五年,伐(繇)〔绵〕诸。④

梁玉绳《史记志疑》曰:

附案:此亦"绵诸"之讹也。⑤

《山海经》曰"居繇"。《山海经·海内东经》曰:

国在流沙外者,大夏、坚沙、居繇、月支之国。⑥

---

① 《史记》卷15《六国年表》,第839、843、861—862页。
② 《史记》卷15《六国年表》,第839页。
③ 梁玉绳:《史记志疑》卷9《六国年表》,第390页。
④ 《史记》卷15《六国年表》,中华书局1959年版,第711—712页。
⑤ 梁玉绳:《史记志疑》卷9《六国年表》,第404页。
⑥ 郝懿行:《山海经笺疏》卷13《海内东经》,第305—306页。

顾颉刚、童书业、林剑鸣认为绵诸在甘肃天水。①

马非百《秦集史》曰：

> （绵诸），春秋时居陇西。《史记·匈奴列传》。②

史念海认为：

> 绵诸之戎则在今甘肃天水市东，与秦亭和西丘犬都相比邻。③

绵诸道故城在今甘肃省天水市以东、以北，清水以南地区。④

天水市辖秦州区、麦积区 2 区及武山县、甘谷县、秦安县、清水县、张家川回族自治县 5 县。天水地区西周时期以周文化为主，个别地区发现少量的寺洼文化遗存（图 6-7）。天水市、甘谷县一带春秋早期先为邽戎、冀戎所盘踞，秦武王十年伐之，以为县。天水市、甘谷县西侧的武安县、东侧的秦安县、清水县、张家川回族自治县的春秋晚期至战国晚期的考古学文化仍是戎文化。

据清水县博物馆馆藏文物，清水县的商周时期的文化情况较为明了，商代后期是殷墟文化一期至殷墟文化四期遗存；西周时期是西周文化，占据主导地位，不是秦文化；春秋时期则为秦文化。⑤ 2005 年、2008 年，早期秦文化联合考古队对渭河上游的秦安、张

---

① 顾颉刚：《西秦与西戎》，《史林杂识初编》，《顾颉刚读书笔记》卷 16，《顾颉刚全集》第 31 册，第 312 页；童书业：《春秋史》，第 124 页；林剑鸣：《秦史稿》，上海人民出版社 1981 年版，第 45 页。

② 马非百：《秦集史》，第 476 页。

③ 史念海：《西周与春秋时期华族与非华族的杂居及其地理分布》，《河山集》七集，《史念海全集》第 5 卷，第 584 页。

④ 舒大刚：《春秋少数民族分布研究》，台北文津出版社 1994 年版，第 152 页。

⑤ 毛瑞林、梁云、南宝生：《甘肃清水县的商周时期文物》，《中国历史文物》2006 年第 5 期，第 38—45 页。笔者案：清水县博物馆馆藏有春秋早期至春秋中期的陶鬲、陶罐、铜器，属于秦文化典型器物。

家川、清水等县进行了考古调查,重点是清水县的牛头河及其支流,基本摸清该流域古文化遗址分布状况。牛头河流域常见西周时期的周文化陶片,未采集到寺洼文化陶片,寺洼文化以后的以铲形袋足鬲为特征的西戎文化遗物在张家川回族自治县长沟墓地、沟口遗址、张家塬墓地发现。① 清水县李崖遗址面积大、文化堆积丰富,最能为代表。② 2012 年、2016 年,赵化成认为清水李崖的周代遗存集中于西周早期晚段至西周中期早段。③ 李崖遗址的繁荣期在西周中期,进入西周晚期就很快废弃。④

根据目前所掌握的考古资料分析,大体在春秋中晚期之际,清水县、张家川回族自治县、秦安县、武山县的政治格局发生了很大的变化。原来的居民迁徙,以上地区变为戎人屯聚地区,这种局面延续至战国时期。此当与秦国对戎人的内迁政策有关。

清水县白驼镇刘坪遗址面积 12 万平方米,20 世纪 90 年代遭盗掘。2000 年,清水县博物馆发掘大墓一座,调查发现小墓 10 余座,征集与发掘文物约 600 件。铜器有戈、短剑、镞、鹤嘴斧、车马器等(图 6-11)。⑤ 发掘者分析刘坪遗址出土文物的年代为春秋晚期至战国晚期,墓主为绵诸戎。⑥

---

① 早期秦文化联合考古队:《牛头河流域考古调查》,《中国历史文物》2010 年第 3 期;梁云:《非子封邑的考古学探索》,《中国历史文物》2010 年第 3 期,第 24—31 页。
② 赵化成等:《甘肃清水李崖遗址考古发掘获重大突破——为寻找秦先祖非子封邑提供新线索》,《中国文物报》2012 年 1 月 20 日第 8 版;侯红伟:《李崖遗址》,甘肃省文物考古研究所编著:《甘肃重要考古发现(2000—2019)》,第 194—199 页。
③ 早期秦文化考古联合课题组:《2004 年早期秦文化考古项目开展以来的主要工作及收获》,甘肃省文物考古研究所等编:《早期丝绸之路暨早期秦文化国际学术研讨会论文集》,文物出版社 2014 年版,第 1—8 页;赵化成:《秦人来源与早期秦文化的考古学探索》,蔡庆良、张志光主编:《嬴秦溯源:秦文化特展》,第 286—293 页。
④ 侯红伟:《李崖遗址》,甘肃省文物考古研究所编著:《甘肃重要考古发现(2000—2019)》,第 198 页。
⑤ 李晓青、南宝生:《甘肃清水县刘坪近年发现的北方系青铜器及金饰片》,《文物》2003 年第 7 期,第 4—17 页;甘肃省文物考古研究所、清水县博物馆编著:《清水刘坪》,文物出版社 2014 年版。
⑥ 李晓青、南宝生:《甘肃清水县刘坪近年发现的北方系青铜器及金饰片》,《文物》2003 年第 7 期,第 4—17 页。

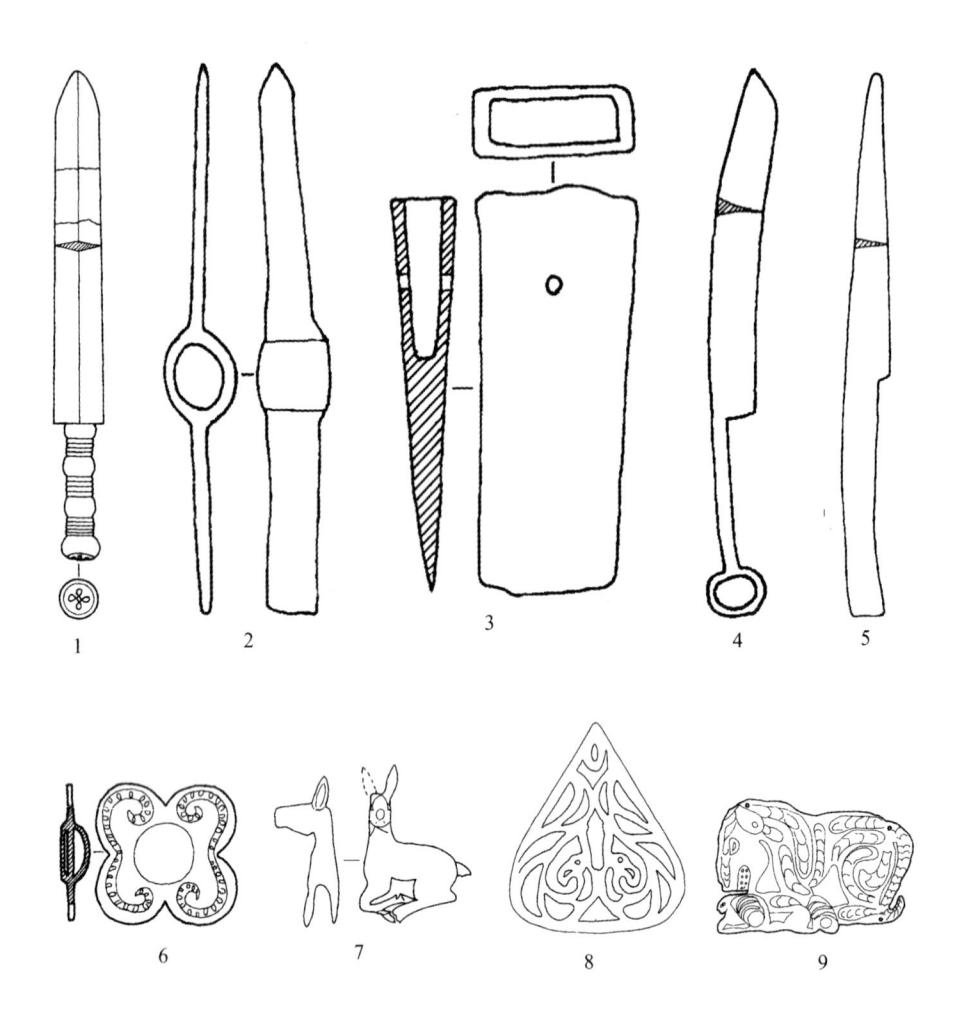

图 6-11 清水县刘坪出土遗物

1. 铜短剑 2. 鹤嘴锄 3. 铜锛 4、5. 铜削 6. 铜带扣 7. 铜卧鹿形饰 8. 铜镂空牌饰 9. 金饰

（据李晓青、南宝生：《甘肃清水县刘坪近年发现的北方系青铜器及金饰片》，《文物》2003 年第 7 期，第 5—16 页）

张家川回族自治县木河乡桃园村马家塬墓地，东南距离县城约 17 公里。墓地面积 3 万平方米。2006—2019 年，发掘墓葬 77 座、祭祀坑 3 座、车迹 68 辆、随葬品万余件。墓地以大型墓 M6 为中心

分布。有殉牲现象。① 马家塬墓地的年代为战国晚期至秦初。② 墓主身份，或认为是绵诸戎，③ 或以为属于陇山八戎之一，④ 或以为秦国统治下的某支西戎首领或贵族。⑤

秦安县文化馆收藏历年出土的北方系铜器，包括王窑乡山王家村农田建设中挖到的铜戈、矛、短剑、削等，郭嘉公社寺嘴坪出土短剑等，城关公社出土啄戈等，千户公社出土立羊牌饰等，五营公社出土鍑等，莲花公社出土铜削等。⑥ 五营乡王家洼村墓地遭到盗掘，2009—2010 年发现墓葬 30 座，发掘 10 座，其中 M2、M5、M6、M7 未遭盗掘。大多为阶梯式墓道竖穴偏洞室墓，少量为竖穴土坑墓。普遍有殉牲，以 M1、M2、M3 最具代表。王洼墓地在墓葬形制、葬俗、随葬品等方面与马家塬墓地近同，又存在某些细节差别；二者的墓主当为西戎，属于不同的部族或分支。⑦ 秦安县博物馆藏北方系铜器，主要出自王窑公社山王村等地，其中铜矛、触

---

① 甘肃省文物考古研究所、张家川回族自治县博物馆：《2006 年度甘肃张家川回族自治县马家塬战国墓地发掘简报》，《文物》2008 年第 9 期，第 4—28 页；早期秦文化联合考古队、张家川回族自治县博物馆：《张家川马家塬战国墓地 2007~2008 年发掘简报》，《文物》2009 年第 10 期，第 25—51 页；《张家川马家塬战国墓地 2008~2009 年发掘简报》，《文物》2010 年第 10 期，第 4—26 页；《张家川马家塬战国墓地 2010~2011 年发掘简报》，《文物》2012 年第 8 期，第 4—26 页；《甘肃张家川马家塬战国墓地 2012—2014 年发掘简报》，《文物》2018 年第 3 期，第 4—25 页；谢焱：《马家塬墓地》，甘肃省文物考古研究所编著：《甘肃重要考古发现（2000—2019）》，第 236—261 页。

② 王辉：《张家川马家塬墓地相关问题初探》，《文物》2009 年第 10 期，第 70—72 页；甘肃省文物考古研究所编著：《西戎遗珍：马家塬战国墓地出土文物》，文物出版社 2014 年版，第 30 页。

③ 赵吴成：《甘肃马家塬战国墓马车的复原——兼论族属问题》，《文物》2010 年第 6 期，第 82—83 页；梁云：《考古学上所见秦与西戎的关系》，《西部考古》第 11 辑，第 130—132 页。

④ 王辉：《张家川马家塬墓地相关问题初探》，《文物》2009 年第 10 期，第 74—76 页；甘肃省文物考古研究所编著：《西戎遗珍：马家塬战国墓地出土文物》，第 30 页。

⑤ 谢焱：《马家塬墓地》，甘肃省文物考古研究所编著：《甘肃重要考古发现（2000—2019）》，第 261 页。

⑥ 秦安县文化馆：《秦安县历年出土的北方系铜器》，《文物》1986 年第 2 期，第 40—43 页。

⑦ 甘肃省文物考古研究所：《甘肃秦安王洼战国墓地 2009 年发掘简报》，《文物》2012 年第 8 期，第 27—37 页；王山、赵雪野：《王家洼墓地》，甘肃省文物考古研究所编著：《甘肃重要考古发现（2000—2019）》，第 296—301 页。

角式短剑、环首短剑、有瘤铜刀、琢戈等的时代为春秋晚期至战国时期。①

武山县王门墓地遭到盗掘，天水市博物馆进行调查，确认盗掘严重，盗洞周围可见大量散落的马骨。武安县博物馆藏1件铜铲足鬲、1件陶铲足鬲，皆出自王门墓地。武山县王门墓地墓主很可能是绵诸戎。②

另外，兰州市永登县的考古发现附于此。1980年，永登县树坪公社赵老湾村发现一座残墓。长方形竖穴土坑墓。墓主头北足南。墓室西南角殉葬大量马、牛、羊头骨。出土铜矛、铃、鹰头饰、鹿饰、犬饰等，铁锥，红陶罐残片等。陶罐乃沙井文化典型器物。③笔者案：沙井文化入居此地，文化发生变迁，其年代当为春秋晚期前后。

本地区的文化嬗变揭示，天水地区西周时期属于周人控制地区，两周之际有戎人趁乱屯居于天水市、甘谷县一带，秦武公时予以清理。于是，整个天水地区成为秦国的控制地区。春秋中晚期之际，秦国将臣服的戎人内迁于此，于是春秋中晚期至战国晚期天水地区成为戎人居住区。

（2）绲戎

绲戎，即犬戎（畎戎）、西戎犬戎，释在前。

（3）翟

《后汉书·西羌传》曰：

> 及平王之末，周遂陵迟，戎逼诸夏，自陇山以东，及乎

---

① 秦安县文化馆：《秦安县历年出土的北方系青铜器》，《文物》1986年第2期，第40—43页。
② 裴建陇：《天水市博物馆藏西戎遗物的介绍和相关问题探讨》，天水市博物馆编：《西戎文化的发现与研究学术研讨会论文集》，文物出版社2019年版，第113页。
③ 甘肃省博物馆文物工作队：《甘肃永登榆树沟的沙井墓葬》，《考古与文物》1981年第4期，第34—36页。

伊、洛，往往有戎。于是渭首有狄、獂、邽、冀之戎。①

《史记·匈奴列传》曰：

> 秦穆公得由余，西戎八国服于秦。故自陇以西，有绵诸、绲戎、翟、獂之戎。②

狄又作"翟"。《汉书·地理志》陇西郡狄道县：

> 白石山在东。莽曰操虏。

颜师古《注》曰：

> 其地有狄种。故云狄道。③

《汉书·百官公卿表上》曰：

> 有蛮夷曰道。④

《水经注·河水二》曰：

> 洮水又北径降狄道故城西，阚骃曰：今曰武始也。⑤

狄道故城在今甘肃省临洮县。

---

① 《后汉书》卷87《西羌传》，第2872—2873页。
② 《史记》卷110《匈奴列传》，第3488页。
③ 《汉书》卷28下《地理志下》，第1610页。
④ 《汉书》卷19上《百官公卿表上》，第742页。
⑤ 郦道元注，杨守敬、熊会贞疏：《水经注疏》卷2《河水二》，第156页。

《后汉书·西羌传》曰：

> 秦献公初立，欲复穆公之迹，兵临渭首，灭狄獂戎。①

笔者案：秦襄公时期，狄戎既在渭首。秦穆公至秦献公时期，狄戎始终在渭首，终为秦所灭。

（4）獂戎

《后汉书·西羌传》曰：

> 及平王之末，周遂陵迟，戎逼诸夏，自陇山以东，及乎伊、洛，往往有戎。于是渭首有狄、獂、邽、冀之戎。②

《史记·匈奴列传》曰：

> 秦穆公得由余，西戎八国服于秦。故自陇以西，有绵诸、绲戎、翟、獂之戎。③

獂，又作"貆"。《史记·秦本纪》曰：

> （孝公）于是乃出兵东围陕城，西斩戎之獂王。④

案：秦襄公时期，獂戎既在渭首。秦穆公至秦孝公时期，獂戎始终在渭首，终为秦所灭。

《汉书·地理志》天水郡獂道，班固自《注》曰：

---

① 《后汉书》卷87《西羌传》，第2875页。
② 《后汉书》卷87《西羌传》，第2872—2873页。
③ 《史记》卷110《匈奴列传》，第3488页。
④ 《史记》卷5《秦本纪》，第256页。

骑都尉治密艾亭。

颜师古《注》曰：

> 应劭曰："豲，戎邑也，音完。"①

《史记·秦本纪》裴骃《集解》曰：

> 《地理志》天水有豲道县。应劭曰：豲，戎邑，音桓。②

《水经注·渭水》曰：

> 渭水又东南，径豲道县故城西。昔秦孝公西斩戎之豲王于此。应劭曰：豲，戎邑也。
> 汉灵帝中平五年，别为南安郡。③

《史记·匈奴列传》"翟豲之戎"张守节《正义》曰：

> 《括地志》云：豲道故城在渭州襄武县东南三十七里，古之豲戎邑，汉豲道，属天水郡。④

豲道故城在今甘肃省陇西县境内渭河东岸。

---

① 《汉书》卷28下《地理志下》，第1612页。
② 《史记》卷5《秦本纪》，第256页。
③ 郦道元注，杨守敬、熊会贞疏：《水经注疏》卷17《渭水上》，第1473—1474页。
④ 《史记》卷110《匈奴列传》，第3489页。

顾颉刚、童书业、林剑鸣、史念海等认为獂戎在陇西县。[①]

墩坪遗址位于甘肃省定西市漳县三岔镇，漳河北岸的二级台地上，遗存包括南部的居址和北部的墓地（图6-12）。墓区东西长约1000米、南北宽约150米，面积约15万平方米。发现墓葬150余座。2014—2019年，发掘东周墓159座，85%分布于墓地西区，15%分散分布于墓地东区西部。墓向50—110度。墓葬形制以竖穴土坑墓、竖穴土坑偏室墓为主，还有带斜坡墓道的竖穴土坑墓和洞室墓。竖穴土坑墓约占60%。多单人仰身直肢葬，头东脚西。部分墓有木质单棺或一棺一椁，个别偏室墓使用封门板封堵。根据墓葬规模及随葬品，可分大、中、小三型。大型墓多为竖穴土坑墓，填土内均葬完整的马车或牛车；中型墓填土中多葬车马器；小型墓填土中不随葬车马器。盛行殉牲，有马、牛、羊的头骨、前蹄骨、腿骨。随葬品置于墓葬填土和墓室内，大、中型墓填土内除多置车、马饰件外，随葬兵器矛的比例较高。墓室内以饰品、兵器、工具、车马器为主，陶器较少。多遭盗掘，出土器物甚少，有铜器、铁器、金器、银器、骨器、陶器，以及各种质地的串饰等。铜器以车马器为大宗，亦有兵器剑、戈、矛、镞等及工具刀、削、针筒等。车马器有辖、軎、軎帽、车轸饰、舆角饰、衔、当卢、铜铃、铜泡等。还有令牌头、管、铜镜、牌饰等。M26被盗，剩余随葬品尚多，可为代表（图版三二）。墩坪东周墓的年代为春秋晚期至战国中期。其文化具有北方系青铜文化的特征，反映了西戎文化的特点。汉代獂道在今陇西县和武山县之间，漳县地理位置与之相合，故墩坪墓地的西戎文化遗

---

① 顾颉刚：《西秦与西戎》，《史林杂识初编》，《顾颉刚读书笔记》卷16，《顾颉刚全集》第31册，第312页；童书业：《春秋史》，上海古籍出版社2003年版，第124页；林剑鸣：《秦史稿》，第45页；史念海：《西周与春秋时期华族与非华族的杂居及其地理分布（下篇）》，《中国历史地理论丛》1990年第2期，第73页。

存可能与獂戎有密切关系。① 梁云以为，墩坪墓地距狄道远，距獂道近，族属应为獂戎。② 1984 年，甘肃省平凉地区清理静宁县李店乡古城汉墓出土"獂"银印、"獂司马"铜印各 1，今藏静宁县博物馆。或据以为獂戎居静宁。③ 笔者案：静宁县博物馆收藏有战国时期的杨郎文化遗物，④ 静宁当是獂戎灭国之后若干部族迁居之所。

笔者案：墩坪墓地所出陶双耳罐源自寺洼文化。许多文化因素是寺洼文化所不见的，既有时代的缘由，又有文化的差异。

2014 年，甘肃省文物考古研究所展开漳河流域调查，发现吴家门墓地和张家岭墓地（灯笼沟墓地），灯笼沟墓地 M2、M3 的内涵与墩坪墓地墓葬同。⑤ 从而证明，漳河流域在春秋战国时期是西戎聚集之所。

学者或将陇山以西的"马家塬文化"追溯至沙井文化三角城类型，主要依据是三角城类型年代较早。⑥ 笔者案：首先，沙井文化三角城类型的测年数据并不可靠，存在取舍的困难。第二，沙井文化三角城类型与马家塬文化存在诸多差异，不大可能发展为马家塬文化。所以沙井文化三角城类型发展为马家塬文化只是一种猜测，并不可靠。

---

① 杨月光、毛瑞林：《甘肃墩坪遗址发现春秋战国戎人墓地》，《中国文物报》2015 年 6 月 19 日第 8 版；甘肃省文物考古研究所：《甘肃漳县墩坪墓地 2014 年发掘简报》，《考古》2017 年第 8 期，第 34—51 页；甘肃省文物考古研究所、漳县文物管理所：《甘肃漳县墩坪墓地 2015 年发掘简报》，《文物》2019 年第 3 期，第 19—37 页；毛瑞林：《墩坪墓地》，甘肃省文物考古研究所编著：《甘肃重要考古发现（2000—2019）》，文物出版社 2020 年版，第 262—275 页。
② 梁云：《考古学上所见秦与西戎的关系》，《西部考古》第 11 辑，第 120 页。
③ 史党社：《甘宁地区秦相关文物考察报告》，秦始皇兵马俑博物馆《论丛》编委会编：《秦文化论丛》第 8 辑，陕西人民出版社 2001 年版，第 474 页；张多勇、李并成：《义渠古国与义渠古都考察研究》，《历史地理》第 33 辑，上海人民出版社 2016 年版，第 294 页。
④ 平凉市地方志编纂委员会办公室编：《平凉文物》，甘肃人民美术出版社 2007 年版，第 74—78 页。
⑤ 杨月光、毛瑞林：《甘肃墩坪遗址发现春秋战国戎人墓地》，《中国文物报》2015 年 6 月 19 日第 8 版；毛瑞林、杨月光：《漳县灯笼沟坪新石器时代及东周时期遗址》，《中国考古学年鉴（2017）》，中国社会科学出版社 2018 年版，第 471—472 页。
⑥ 张寅：《东周西戎文化马家塬类型来源初探》，《考古与文物》2019 年第 2 期，第 71—76 页。

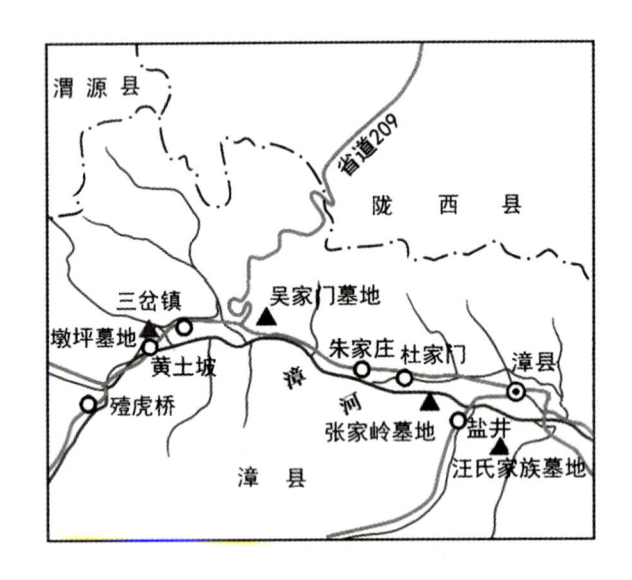

图 6-12　漳县墩坪墓地位置示意图

(据甘肃省文物考古研究所:《甘肃漳县墩坪墓地 2014 年发掘简报》,《考古》2017 年第 8 期,第 34 页)

(5) 义渠之戎

《逸周书·王会解》记载周成王时期的成周之会,描述了义渠的地理方位与物产:

> 正北方义渠以兹白,兹白者若白马,锯牙,食虎豹。[1]

案:西周的义渠在成周的正北方,产白马。

《逸周书·史记解》记载周穆王陈述义渠旧史:

> 嬖子两重者亡。昔者义渠氏有两子,异母,皆重。君疾,

---

[1] 黄怀信等撰,黄怀信修订,李学勤审定:《逸周书汇校集注》(修订本)卷 7《王会解》,第 846 页。

大臣分党而争，义渠以亡。①

笔者案：义渠氏即义渠国。义渠亡于何时不明，亡国之后必然又复国，或统治者姓氏变迁。

《后汉书·西羌传》曰：

及平王之末……泾北有义渠之戎。②

《史记·匈奴列传》曰：

秦穆公得由余，西戎八国服于秦。……岐、梁山、泾、漆之北有义渠、大荔、乌氏、朐衍之戎。③

义渠之戎在泾北，水之北为阳。

《史记·秦本纪》曰：

厉共公……三十三年，伐义渠，虏其王。
躁公……十三年，义渠来伐，至渭（南）〔阳〕。④

《后汉书·西羌传》曰：

至（周）贞王二十五年，秦伐义渠，虏其王。后十四年，义渠侵秦至渭阴。⑤

---

① 黄怀信等撰，黄怀信修订，李学勤审定：《逸周书汇校集注》（修订本）卷 8《史记解》，第 953 页。
② 《后汉书》卷 87《西羌传》，第 2872 页。
③ 《史记》卷 110《匈奴列传》，第 3488 页。
④ 《史记》卷 5《秦本纪》，第 252 页。
⑤ 《后汉书》卷 87《西羌传》，第 2874 页。

秦陶文有"义渠新城"。① 张家山汉简《二年律令·秩律》有"义渠道",与归德、略畔道等同处,② 属北地郡。《汉书·地理志》北地郡有义渠道。③

《史记·秦本纪》裴骃《集解》曰:

> 应劭曰:义渠,北地也。④

《史记·秦本纪》张守节《正义》曰:

> 《地理志》云北地郡义渠道,秦县也。《括地志》云:"宁、原、庆三州,秦北地郡,战国及春秋时为义渠戎国之地,周先公刘、不窋居之,古西戎也。"⑤

又曰:

> 《括地志》云:"宁、庆二州,春秋及战国时为义渠戎国之地也。"⑥

笔者案:义渠国在北地郡宁州、原州、庆州地,地望较明确。《太平寰宇记·关西道十·宁州》曰:

> 宁州,彭原郡。今理定安县。《禹贡》雍州之域。古西戎地,公刘邑也。周时为义渠戎国,《史记·匈奴传》云:"夏

---

① 袁仲一:《秦代陶文》1210,三秦出版社1987年版,第117、343页。
② 武汉大学简帛研究中心等编,彭浩等主编:《二年律令与奏谳书:张家山二四七号汉墓出土法律文献释读》,简451、第269页。
③ 《汉书》卷28下《地理志下》,第1616页。
④ 《史记》卷5《秦本纪》,第252页。
⑤ 《史记》卷5《秦本纪》,第261页。
⑥ 《史记》卷5《秦本纪》,第252页。

道衰，而公刘失其稷官，变于西戎，邑于邠。至秦穆公得由余，西戎八国服于秦，岐、梁山、泾、漆之北有义渠、大荔、乌氏、朐衍之戎在此地。其后义渠之戎筑城以自守，而秦稍蚕食，至于惠王，拔义渠二十五城。秦昭王时，杀义渠戎王于甘泉，遂起兵伐残义渠。于是秦有陇西、北地、上郡，筑长城以拒胡。"《秦本纪》："惠文君十一年，县义渠。"暨秦并天下，是为北地郡。①

根据《后汉书·西羌传》平王之末"泾北有义渠之戎"，与《汉书·地理志》北地郡义渠道、《括地志》"宁、庆二州"合，今甘肃省庆阳市、宁县一带。顾颉刚以为义渠都城在甘肃宁县。② 战国义渠故城在今甘肃省宁县，或以为是焦村乡西沟村遗址，不确。③

2002年至今，庆阳市辖西峰区（原西峰市）、庆城县（原庆阳县）、环县、华池县、合水县、正宁县、宁县、镇原县8县区。

依据目前已经发现的考古学文化，庆阳地区的两周时期的政局存在巨大变迁。西周时期庆阳地区广布的周文化遗存证明此处是西周王朝的控制区，仅个别地区（合水县九站）发现少量的寺洼文化遗存（图6-7）。春秋早期，庆阳地区为秦国控制区。春秋中晚期至战国晚期，庆阳地区成为戎人居住区。

合水县西华池乡（今西华池镇）兔儿沟林场发现一处西周墓葬区。1973年，发掘3座西周残墓。土坑墓，墓室已破坏。M1出土陶鬲1件、壶1件。M2出土蚌饰12件、贝饰3件、蚌刀3件。M3出土铜鼎1件、簋1件、戈2件，年代为西周早期。1978年，发掘

---

① 乐史：《太平寰宇记》卷34《关西道十·宁州》，第724页。
② 顾颉刚：《西秦与西戎》，《史林杂识初编》，《顾颉刚读书笔记》卷16，《顾颉刚全集》第31册，第312页。
③ 李仲立等：《甘肃宁县西沟发现战国古城遗址》，《考古与文物》1998年第4期，第20—23页。笔者案：此仅为一说，战国义渠故城的地望尚有不同观点，需要更丰富的考古资料，作进一步的深入研究。目前学者的研究，尚可以参见张多勇、李并成《义渠古国与义渠古都考察研究》，《历史地理》第33辑，第280—303页。

1座西周墓。出土铜鼎1件、陶鬲1件，年代为西周早期。① 何家乡南硙一座西周墓出土8件铜器，其中鼎4件、甗1件，年代为西周末期。② 出土的伯硕父鼎曰："唯王三月初吉辛丑，白（伯）硕父作尊鼎，用导用行，用孝用享于卿士、辟王、庶弟、元兄。我用兴乱赤戎□驭方。伯硕父、申姜其受万福无疆，蔑天子六历，其子子孙孙永宝用。"③ 1984年，兔儿沟发现2座先周残墓。M5为长方形竖穴土坑墓，墓室被毁，有熟土二层台。出土陶鬲、罐各1件。M4出土陶罐1件。④

1977年，在环县曲子公社双城大队（今曲子镇双城村）的周汉遗址区"马连台"的台地上发掘1座西周墓。出土铜鼎、鬲各1件，年代在周穆王以前。⑤

1979年，庆阳市西峰市（今属西峰区）发现一西周墓葬，出土陶鬲1件、陶贝40余枚等。⑥ 1981年，庆阳县温泉公社温泉大队西庄生产队韩家滩庙嘴（今西峰区温泉镇温泉村）发现一件西周墓。长方形竖穴土坑墓，墓主为中年男性，直肢俯身，双手曲于胸前，口含贝31枚，足下有贝6枚，胸前置蛤蜊1枚，骨架涂朱砂。有腰坑、殉狗。二层台上置随葬品，有铜鼎、爵、觚、戈各1件，镞3件，胄泡1件。爵鋬下刻有"鸟祖癸"。墓葬年代为西周早期早段。⑦ 笔者案：墓主为广义的商遗民。1984年，庆阳县巴家咀

---

① 许俊臣：《甘肃庆阳地区出土的商周青铜器》，《考古与文物》1983年第3期，第9页。
② 梁云：《陇山东侧商周方国考略》，《西部考古》第8辑，科学出版社2015年版，第112—113页。
③ 王春法主编：《丝路孔道：甘肃文物菁华》，北京时代华文书局2020年版，第160—162页。
④ 许俊臣、刘得祯：《甘肃合水、庆阳县出土早周陶器》，《考古》1987年第7期，第660—661页。
⑤ 许俊臣：《甘肃庆阳地区出土的商周青铜器》，《考古与文物》1983年第3期，第9页。
⑥ 何翔：《甘肃省西峰市出土的西周陶贝》，《文博》1991年第3期，第86—87页。
⑦ 庆阳地区博物馆：《甘肃庆阳韩家滩庙嘴发现一座西周墓》，《考古》1985年第9期，第853—854页。

（今西峰区巴家咀）发现 1 座先周残墓。庆阳市博物馆收回陶鬲 3 件。①

1973 年，在正宁县西坡公社（今西坡镇）杨家台生产队发现一座西周墓。出土铜鼎、簋各 1 件，铜戈 2 件，贝数十枚。年代为西周早期。1980 年，在宫河公社王禄生产队（今宫河镇王禄村）发现椭方形铜壶盖 1 件，年代为西周晚期。②

1981 年，宁县湘乐公社（今湘乐镇）宇村大队谢家队发现一座西周墓。墓葬所处为西周遗址，面积上万平方米，出土典型西周陶器。长方形竖穴土坑墓，墓主仰身直肢，头向东，涂朱砂。随葬铜鬲 1 件、盨 1 件、尊（瓠）1 件、虎 1 件、虎饰 3 件、短剑 1 件（图版三三）、"U"形饰 1 件、兽饰杖头 3 件、小罐 2 件、勺 4 件、铃 2 件、钩 1 件；骨蚌器 8 件。中生父鬲铭文"中生父作孟姬宝鬲，其万年子子孙孙永宝用"。③师伯盨铭文"师白作中姞尊"。④铜器年代为西周晚期。

杨建华以为，此墓是戎文化因素的代表。⑤李峰以为，除 2 件有铭铜器外，其它铜器属于北方系铜器；此 2 器可能是自周人劫来之物。⑥井中伟以为，墓主或为姜戎贵族。⑦史党社以为或与猃狁

---

① 许俊臣、刘得祯：《甘肃合水、庆阳县出土早周陶器》，《考古》1987 年第 7 期，第 660—661 页。
② 许俊臣：《甘肃庆阳地区出土的商周青铜器》，《考古与文物》1983 年第 3 期，第 9—10 页。
③ 许俊臣、刘得祯：《甘肃宁县宇村出土西周青铜器》，《考古》1985 年第 4 期，第 349—352 页；王春法主编：《丝路孔道：甘肃文物菁华》，第 158—159 页。
④ 许俊臣、刘得祯：《甘肃宁县宇村出土西周青铜器》，《考古》1985 年第 4 期，第 349—352 页；王春法主编：《丝路孔道：甘肃文物菁华》，第 156—157 页。
⑤ 杨建华：《白狄东迁考——从白狄建立的中山国谈起》，《鄂尔多斯青铜器国际学术研讨会论文集》，科学出版社 2009 年版，第 283—294 页。
⑥ [美]李峰：《试论西周王朝西北边疆的文化生态》，许倬云、张忠培：《新世纪的考古学：文化、区位、生态的多元互动》，紫禁城出版社 2006 年版，第 191 页。
⑦ 井中伟、李连娣：《中国北方系青铜"花格"剑研究》，《边疆考古研究》第 13 辑，科学出版社 2013 年版，第 175 页。

有关。① 笔者案：杨建华、李峰、井中伟、史党社等皆仅仅对随葬品作简单的分析，而忽略了对墓葬所处的区域、墓主的葬式、葬仪等方面的研究。此墓处于典型的周文化遗址之中。墓主的葬式与涂朱的葬仪皆属于典型的周人葬。铜短剑出土时已经断为三截，这种毁兵葬亦属于周文化因素。此种风格的铜短剑在周秦文化中常见，② 铜虎、铜虎饰亦在两周之际的周秦文化中常见，所以尚不足以据此类文物去推测墓主人的身份。就年代、地理、文化区而言，墓主为周王室戍边的武士。那么，正确的做法是在文化区域、墓主身份明确的情况下，分析随葬品的来源与取得的途径。

1983 年，宁县焦村镇西沟徐家村发现一座西周晚期墓。长方形竖穴土坑墓。有二层台。有腰坑殉狗。出土铜戈 2 件、戟 7 件、削 1 件、铜人头饰 2 件、甲泡、铜泡、薄铜片、铃、镳；玉饰、石牌饰、石斧、石铲；贝、蚌饰等。铜戈饰虎头纹，当卢为马面形，人头饰为武士形象。③ 笔者案：墓葬的年代为西周晚期。盛葬兵器，戈、戟与灵台百草坡西周墓所出近同，墓主的身份是为西周王朝戍边的武士。

2011 年，宁县早胜镇石家遗址被盗，于是申报批准发掘。遇村遗址、石家墓地以遇村南沟为界。2018—2020 年，遇村遗址发现有西周遗存、春秋城址。遇村春秋城平面形状呈东西向长方形，西南部被现代冲沟毁坏，残存约 20 万平方米。城壕宽约 6 米。城内中部偏北发现灰坑、灰沟、窑址等遗存。其西侧为 1 处西周墓地。墓向东西，流行仰身直肢葬，部分有圆形腰坑。随葬陶器 1 件，多置于二层台上。M5、M20 出铜戈，时代为西周早期偏晚。东周南北向墓亦有少量发现，形制、随葬品与石家墓地同。墓葬出土铜器

---

① 史党社：《中原视野下的固原（从商周至秦）》，魏瑾主编：《丝绸之路暨秦汉时期固原区域文化国际学术研讨会论文集》，宁夏人民出版社 2016 年版，第 77 页。
② 参见张天恩《再论秦式短剑》，《考古》1995 年第 9 期，第 841—853 页；裴建陇《试论出土秦式短剑》，《中国国家博物馆馆刊》2017 年第 3 期，第 22—35 页。
③ 庆阳地区博物馆：《甘肃宁县焦村西沟出土的一座西周墓》，《考古与文物》1989 年第 6 期，第 24—27 页。

鼎、簋、壶、戈、镞等，陶器鬲、罐等，干泥器泥珠、泥贝等，玉器耳饰等。遗址出土陶鼎、鬲、豆、罐等，石刀、锛、斧等，骨锥、钻、针、铲等，玉玦类残件（图版三四之一）。遗址分为三期。第一期为西周早中期。部分东西向墓葬流行圆形腰坑，而无殉狗；铜器或有族徽，或与商遗民有关。第二期为两周之际—春秋早期。周文化占主体，北方草原文化因素占有一定比例。第三期为春秋中期。周文化占主体，秦文化因素特征明显。

2016—2019 年，石家墓地发现有两周之际至春秋晚期的墓葬。清理 I 区（南区）墓葬 44 座、车马坑 3 座，II 区（北区）墓葬 133 座。长方形竖穴土坑墓，以南北向为主，东西向次之。口大底小或口小底大。墓室流行生土二层台。大型墓多 1 椁重棺；中型墓 1 椁 1 棺，或重棺，或单棺；小型墓常无棺椁。墓室内殉车（整车或拆装车），多置于椁盖或棺盖顶部。较为流行殉狗。墓主多屈肢葬，少数直肢葬。车马坑 1 座为南北向，车上马下，车为拆装，马分层放置；2 座为东西向，驾乘状，一车两马，有殉人、殉狗。随葬铜器礼器、兵器、车马器等，金器多为装饰品，铁器有铁援铜戈，玉器有服饰用玉、瑞玉、丧葬用玉；陶器有罐、鬲，干泥器主要为仿铜礼器；漆器有簋、豆、壶、盘、盾等；木器有人形俑、动物俑、俎等。M216 随葬 7 鼎、6 簋等，M218 随葬 7 鼎、8 簋等（图版三四之二）。墓葬分为三期。第一期为两周之际至春秋早期。以周文化因素为主体。以南北向、直肢葬、鼎簋为核心的重食组合、结构复杂的棺饰为特征。第二期为春秋中期。周文化因素仍为主体，棺饰简化。秦文化因素显著：车马坑方向为东西向，整车随葬；多屈肢葬，有殉人、殉狗现象；随葬秦式器物包括铜礼器、兵器、车马器，陶器秦喇叭形口罐。第三期为春秋晚期。仍以周文化为主，秦文化因素等仍有发现。

关于遇村遗址、石家墓地的性质，学者意见不一。遇村遗址、石家墓地的周代文化属于周文化、商遗民文化、秦文化的范畴，又存在少许北方草原文化因素。① 梁云将石家墓地归入"周余民"遗存范围。②

笔者案：分析遇村遗址、石家墓地的文化，西周时期以周文化因素为主，存在一些商遗民文化因素，证明这里属于西周王朝的边疆，反映了西周王朝对宁县一带的控制。春秋早期，秦国延续了对本地的控制，当地文化延续西周文化的特点。春秋中期以后，当地文化融合了周文化、秦文化因素。后来，戎人来此居住，其性质是秦国对戎人的内迁。

1980年，镇原县太平公社嚼边大队徐湾生产队发现一座东周残墓。墓室遭破坏，出土铜鼎、簋、盘、盉、壶（缺盖）等。③ 笔者案：铜鼎的年代为春秋早期，所以墓葬是春秋早期墓。

笔者案：文献记载泾河上游庆阳地区乃义渠戎所在，考古发现充分证实了记载的正确性。

《史记·秦本纪》正义："《地理志》云北地郡义渠道，秦县也。《括地志》云：'宁、原、庆三州，秦北地郡，战国及春秋时为义渠戎国之地，周先公刘、不窋居之，古西戎也。'"④ 庆阳地区作为西戎之地历史悠久，周先公刘、不窋时期就居此，西周时期这里是周的统治区域，所以发现了西周时期的周文化，延至两周之际，宁县遇村遗址——石家墓地乃一核心。遇村遗址——石家墓地先为周文化，入春秋延续，属于周余民文化，而庆阳已经被秦国所控制，印证了秦襄公收周余民的史实；至春秋中期，本地文化深受秦文化的影响。春秋中晚期至战国时期，义渠戎盘踞此地，为秦所伐。义渠迁徙至庆阳地区的时代偏晚，《史记》《后汉书》的描述不准确。

---

① 周静、刘兵兵、王永安：《甘肃宁县石家墓地·遇村遗址发现学术研讨座谈会综述》，《中国文物报》2018年11月2日第6版。
② 梁云：《早期秦文化探索》，第349—385页。
③ 许俊臣：《甘肃庆阳地区出土的商周青铜器》，《考古与文物》1983年第3期，第9—10页。
④ 《史记》卷5《秦本纪》，第261页。

庆阳地区春秋中晚期至战国晚期的遗存，以戎人墓与马坑为主，有浓厚的北方草原文化因素。

1982年，正宁县后庄村村民挖出古墓1座和1处葬马坑，出土一批青铜器。1983年，庆阳市博物馆收回。铜器32件，包括戈2件、铜柄铁剑1件、刀柄1件、锛1件、铃1件、车軎1件、銮铃2件、鹿1件等。

1981年，镇原县吴家沟圈村民上交铜器64件，包括带饰、饰件、鹿、甲泡、铃。1983年，镇原县庙渠乡庙渠村村民挖出一批铜器；1984年，庆阳市博物馆收回。器物有铜矛、削、鹤嘴斧、锛、凿、锥、管及圆牌、车軎、甲泡等。1984年，镇原县太平乡红岩村村民挖出一座墓葬和一座葬马坑。所出铜器除了与庙渠村类似的，还有环首短剑、圆牌、兽首饰、带扣等。

1984年前后，庆阳县赤城乡李沟村（今属庆城县赤城镇）、什社乡塌头村（今西峰区什社乡塔头村）、后官寨乡马寨村（今属西峰区后官寨镇）、董志乡冯堡村（今西峰区董志镇冯堡村）的村民挖掘上交若干铜器，包括矛、短剑、削、带饰、饰件、甲泡等。

1984年，宁县平子乡袁家村村民挖出一座墓葬和一座葬马坑，庆阳市博物馆予以调查清理。长方形竖穴土坑墓，墓向8度，长3.1米、宽1.5米。内有棺木痕，板灰厚约10厘米。棺残长1.8米、宽0.9米。无二层台和腰坑。墓主仰身直肢，头向右侧。头骨右侧置铁矛1件，左右耳部出土银耳坠1对，近左手处置铜戈、短剑、镞，腰围置带饰（图6-13）。[①] 2021年，宁县早胜镇石家及遇村遗址发现石家西戎墓地，年代为战国时期。[②]

1987年，庆阳市博物馆和地区博物馆在庆阳县城北五里坡清理了一座葬马坑。出土铜柄铁剑、铃、带扣、泡等铜器，65件红铜

---

① 刘得祯、许俊臣：《甘肃庆阳春秋战国墓葬的清理》，《考古》1988年第5期，第413—424页。

② 王永安、孙锋、芦敏：《甘肃宁县石家及遇村遗址新发现一处西戎墓地》，大西北网2022年8月3日。

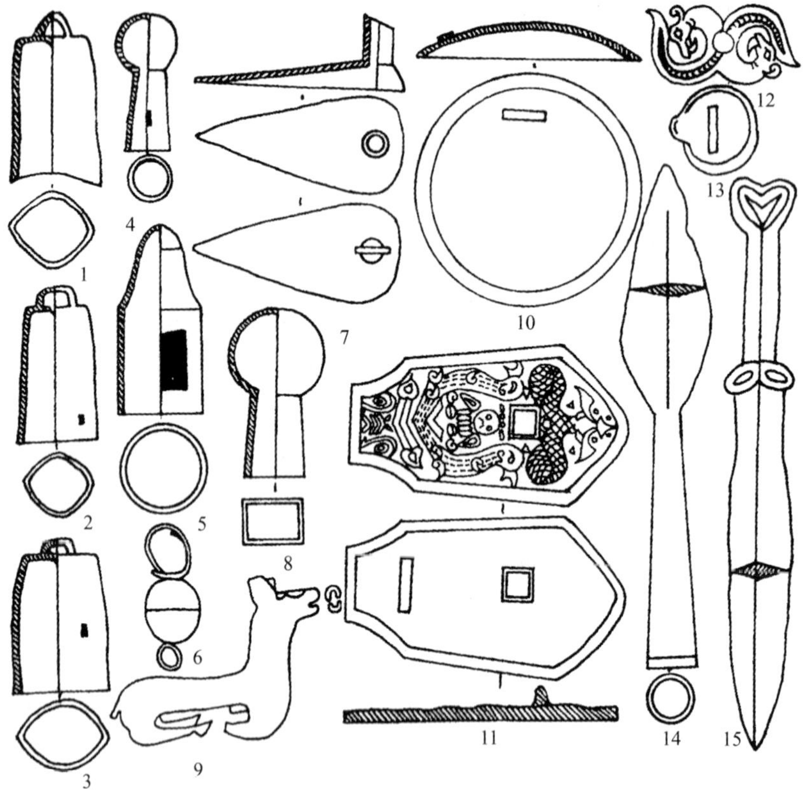

图 6-13 宁县袁家村出土器物

1. Ⅱ式铜铃 2. Ⅲ式铜铃 3. Ⅰ式铜铃 4. Ⅱ式銮铃 5. 车軎 6. 银耳坠 7. 凸管形饰 8. Ⅰ式銮铃 9. 铜鹿 10. 马头饰 11. 带饰 12. 铜饰件 13. 铜扣 14. 铁矛 15. 青铜短剑

(据刘得祯、许俊臣:《甘肃庆阳春秋战国墓葬的清理》,《考古》1988 年第 5 期,第 414 页)

薄片制成的马甲饰。①

关于庆阳地区春秋战国青铜文化的族属,学界意见不一。1993 年,林沄据《史记·匈奴列传》认为属于义渠之戎。②

---

① 庆阳地区博物馆、庆阳县博物馆:《甘肃庆阳城北发现战国时期葬马坑》,《考古》1988 年第 9 期,第 852 页。
② 林沄:《关于中国的对匈奴族源的考古学研究》,原载《内蒙古文物考古》1993 年第 1、2 期,收入《林沄学术文集》(中国大百科全书出版社 1998 年版);又收入《林沄文集·考古学卷》,第 223—224 页。

1993 年，许成、李进增将分布在陇东、宁南、陕北的青铜文化归为"杨郎类型"，并以为其族属为戎人。[1] 1993 年，罗丰将甘肃庆阳地区春秋战国时期的青铜文化归入"西戎文化"。[2] 2009 年，甘肃省文物研究所等以为是义渠、乌氏遗存。[3] 笔者案：根据墓葬、葬马坑的时代与所处的地域，庆阳地区的青铜文化遗存属于义渠之戎。

庆阳地区西周早期属于周王朝控制区。春秋以后，受到秦文化的影响。春秋战国时期，义渠戎迁徙于此。《后汉书·西羌传》："战国世……是时义渠、大荔最强，筑城数十，皆自称王。"[4] 筑城反映其定居，不是以游牧为主。庆阳地区春秋战国的戎人墓无大量殉牲，反映了以定居农耕为主；但是，常有葬马坑，反映了战马对墓主人生前活动的重要性。

（6）大荔之戎

大荔，西戎国。春秋、战国之时不断迁徙，终灭于秦。《史记·匈奴列传》曰：

> 秦穆公得由余，西戎八国服于秦，故自陇以西有绵诸、绲戎、翟、獂之戎，岐、梁山、泾、漆之北有义渠、大荔。[5]

《后汉书·西羌传》曰：

> 及平王之末，周遂陵迟，戎逼诸夏。……洛川有大荔

---

[1] 许成、李进增：《东周时期的戎狄青铜文化》，《考古学报》1993 年第 10 期，第 1—10 页。

[2] 罗丰：《以陇山为中心甘宁地区春秋战国时期北方青铜文化研究》，原载《内蒙古文物考古》1993 年第 1、2 期，第 29—48 页；收入中国社会科学院边疆考古研究中心编：《东北与北方青铜时代》，文物出版社 2016 年版，第 449—474 页。

[3] 国家文物局主编：《中国考古 60 年（1949—2009）》，文物出版社 2009 年版，第 548 页。

[4] 《后汉书》卷 87《西羌传》，第 2873—2875 页。

[5] 《史记》卷 110《匈奴列传》，第 3488 页。

之戎。

唐章怀太子贤《注》曰：

洛川即洛水。大荔，古戎国，秦获之，改曰临晋，今同州城是也。①

《史记·秦本纪》曰：

厉共公……十六年，堑河旁。以兵二万伐大荔，取其王城。②

《后汉书·西羌传》曰：

周贞王八年，秦厉公灭大荔，取其地。③

1973年，湖北当阳季家湖出土救秦戎钟曰：

秦王卑命，竞坪王之定，救秦戎（图6-14）。④

救秦戎豆（鬲、方座簋同）曰：

唯弌日，王命，竞（景）之定，救秦戎，大有功于洛之戎，用作尊彝（图版三五）。⑤

---

① 《后汉书》卷87《西羌传》，第2872—2873页。
② 《史记》卷5《秦本纪》，第252页。
③ 《后汉书》卷87《西羌传》，第2874页。
④ 中国社会科学院考古研究所编：《殷周金文集成》（修订增补本）第1册，第28页，第37器。
⑤ 张光裕：《新见楚式青铜器器铭试释》，《文物》2008年第1期，第73—84页。

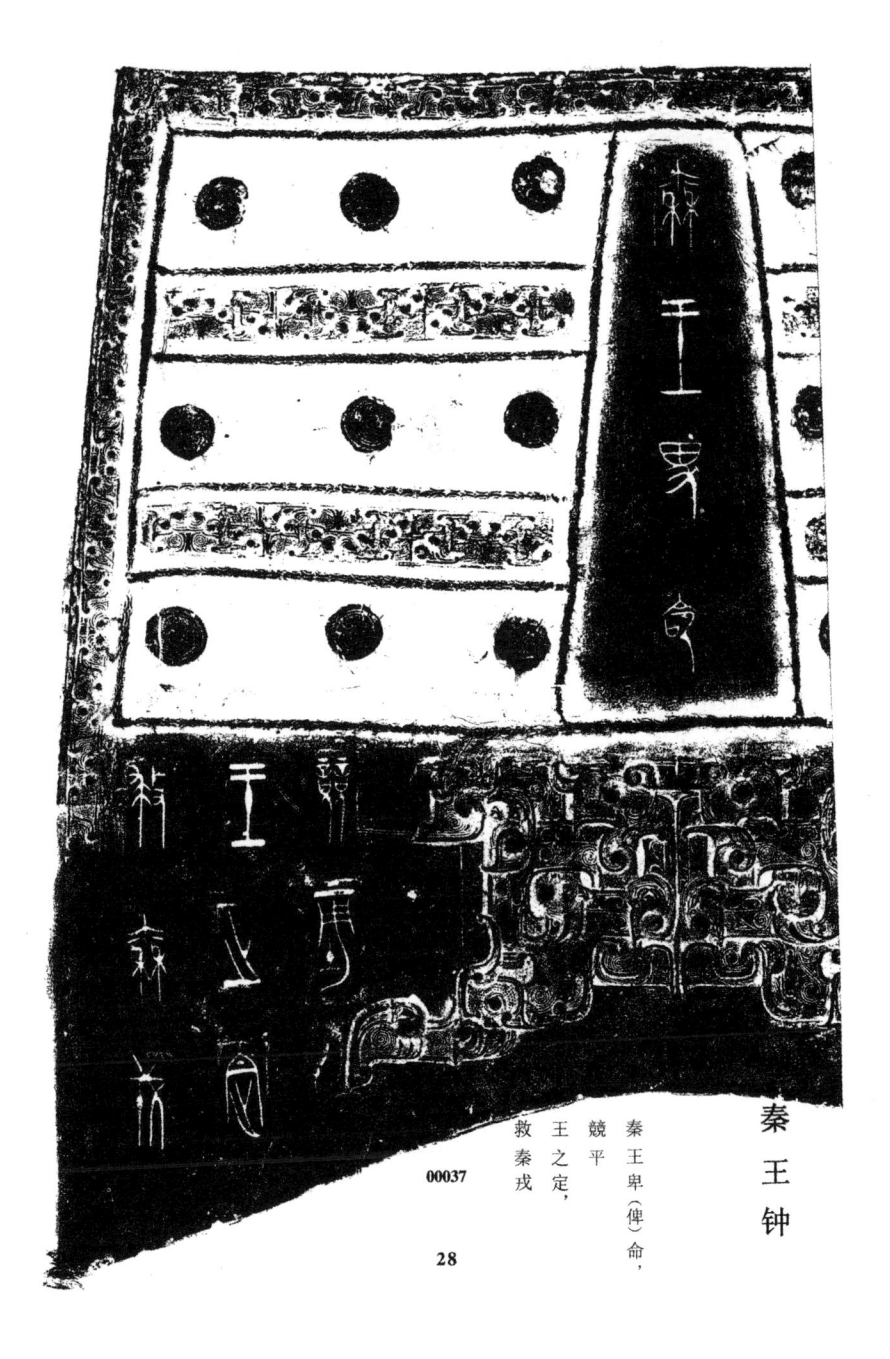

第六章　秦国早期秦与西戎的关系　563

图 6-14　救秦戎钟

（据中国社会科学院考古研究所编：《殷周金文集成》（修订增补本）第 1 册，第 28 页）

"秦戎"指秦国之戎,"洛之戎"指洛川之戎。楚王命景之定救秦戎。

虢季子白盘曰:

> 丕显子白,壮武于戎工,经维四方,搏伐玁狁,于洛之阳(图版三〇)。①

玁狁即犬戎。洛之阳即洛川以北。

《后汉书·西羌传》曰:

> 战国世,大荔、义渠称王,及其衰亡,余种皆反旧为酋豪云。

又曰:

> 是时义渠、大荔最强,筑城数十,皆自称王。至周贞王八年,秦厉公灭大荔,取其地。②

《汉书·地理志上》左冯翊临晋县,班固自《注》曰:

> 临晋,故大荔。秦获之,更名。有河水祠。芮乡,故芮国。莽曰监晋。③

《史记·匈奴列传》张守节《正义》曰:

> 《括地志》云:"同州冯翊县及朝邑县,本汉临晋县地,

---

① 中国社会科学院考古研究所编:《殷周金文集成》(修订增补本)第 7 册,第 5480 页,器 10173。
② 《后汉书》卷 87《西羌传》,第 2873—2875 页。
③ 《汉书》卷 28 上《地理志上》,第 1545 页。

古大荔戎国。今朝邑县东三十步故王城，即大荔王城。"①

《元和郡县图志·关内道二》同州曰：

　　《禹贡》雍州之域，春秋时其地属秦，本大荔戎国，秦获之，更名曰临晋。魏文侯伐秦，秦筑临晋，今朝邑西南有故城。②

《太平寰宇记·关西道四·同州》曰：

　　朝邑县，东三十五里。旧二十四乡，今七乡。地即古大荔戎国，在今县东三十步，故王城是也。

又曰：

　　芮乡。……又县东一里有王城，盖大荔戎王之城。《左传》云："晋阴饴甥會秦伯于王城"，即此也。③

大荔国在今陕西省大荔县。王城在今大荔县朝邑旧县东。
(7) 乌氏
《史记·匈奴列传》曰：

　　秦穆公得由余，西戎八国服于秦。……岐、梁山、泾、漆之北有义渠、大荔、乌氏、朐衍之戎。

张守节《正义》曰：

---

① 《史记》卷110《匈奴列传》，第3488—3489页。
② 李吉甫：《元和郡县图志》卷2《关内道二》，贺次君点校，《中国古代地理总志丛刊》，中华书局1983年版，第36页。
③ 乐史：《太平寰宇记》卷28《关西道四·同州》，第601、603页。

氏音支。①

《穆天子传》曰：

> 天子使祭父受之。曰："赤乌氏先出自周宗。大王亶父之始作西土，封其元子吴太伯于东吴，诏以金刃之刑，贿用周室之璧。封丌璧臣长绰于春山之虱，妻以元女，诏以玉石之刑，以为周室主。"天子乃赐赤乌之人□丌墨乘四、黄金四十镒、贝带五十、朱三百裹。丌乃膜拜而受。②

《汉书·地理志》安定郡乌氏县，班固自《注》曰：

> 乌水出西，北入河。都卢山在西。莽曰乌亭。③

乌水，今名清水河。都卢山，今名六盘山。
《史记·匈奴列传》裴骃《集解》曰：

> 徐广曰："（乌氏）在安定。"

张守节《正义》曰：

> 《括地志》云：乌氏故城在泾州安定县东三十里。周之故地，后入戎，秦惠王取之，置乌氏县也。④

《（乾隆）大清一统志·平凉府·古迹》曰：

---

① 《史记》卷110《匈奴列传》，第3488—3489页。
② 王贻梁、陈建敏：《穆天子传汇校集释》卷2，第107—108页。
③ 《汉书》卷28下《地理志下》，第1615页。
④ 《史记》卷110《匈奴列传》，第3489页。

乌氏故城，在平凉县西北。①

笔者案：据此，乌氏故城在今甘肃省平凉地区平凉市。
蒙文通《周秦少数民族研究》曰：

乌氏盖即《穆天子传》赤乌氏之裔，亦进而处安定之近地，至秦惠王然后取之。②

宁夏固原与甘肃平凉不仅相邻，而且历史上属于分合地区。传世文献记载乌氏在平凉，而固原出土"乌氏"铜器，所以平凉、固原成为考察对象。

①平凉地区

平凉地区位于甘肃省东部，处于陇山东麓、泾河上游。2018年至今，平凉地区包括平凉市、崆峒区（原平凉县）、灵台县、庄浪县、泾川县、静宁县、华亭市、崇信县。

平凉地区在西周时期属于周王朝控制区，封建有密国（在今灵台县）、阮国（在今灵台县、泾川县之间）、共国（在今泾川县）等。③ 平凉地区广布的西周文化遗存证明此处是西周王朝的控制区，仅个别地区（庄浪县水洛镇、良邑乡，平凉市崆峒区安国镇）发现少量的寺洼文化遗存（图6-7）。春秋战国时期，平凉地区成为秦国控制区，发现一些秦文化遗存。

1974年、1980年，平凉地区进行文物普查，后平凉博物馆编成《平凉文物》。④ 经过普查，发现周代遗址110处，除了华亭县（今华亭市）外，其余6县都有发现。在平凉县泾水两岸的台地与

---

① 和珅等修纂：《（乾隆）大清一统志》卷201《平凉府·古迹》，《景印文渊阁四库全书》第478册，第534页。
② 蒙文通：《周秦少数民族研究》，《蒙文通全集》第4卷《古族甄微》，第81页。
③ 参见杨宽《古史探微》卷3《西周列国考》，第192—193页。
④ 地区文化处：《平凉地区文物工作成绩显著》，《平凉文博》1984年第1期，第2页；平凉地区博物馆编：《平凉文物》，平凉地区博物馆1982年版。

坡地上发现10多个遗址，包括白水公社（今白水镇）寺山上遗址、史家沟遗址、大陈遗址、演武沟遗址等，花所公社（今花所镇）段家沟遗址等，四十里铺公社（今四十里铺镇）庙庄遗址、窑蜂头遗址等，发现先周至西周遗物，包括鬲、盆、豆、罐等。[1] 1975—1976年，在平凉县四十里铺公社庙庄遗址发掘先周至西周时期的墓葬5座、战国墓2座。出土随葬品百余件。M1墓室被水冲毁。墓主仰身直肢葬。有腰坑、殉狗。有二层台，殉牲2人。殉葬马头、马蹄、羊头。随葬铜器鼎、觯、爵、戈，玉含，贝币等。M5，长方形土坑竖穴墓。墓主仰身直肢，头向北。有殉狗。随葬陶鬲、罐各1件，贝22枚。1980年，在平凉县白水公社大陈遗址发掘先周至西周墓6座、马坑1座。出土随葬品百余件。[2]

1967年，在甘肃省灵台县西屯乡百草坡大队发现西周墓M1。1972年，又发现西周墓8座（M2—M9）、车马坑1座。长方形竖穴土坑墓，1棺或1棺1椁，棺椁在熟土二层台上。除了小型墓M6、M9外，都有腰坑，M2、M7腰坑内有殉狗。M1随葬有铜礼器方鼎、圆鼎、甗、簋、卣、尊、盉、爵、角、斝、觯、勺，兵器钺、戚、戈、短剑、镞等，工具锛、凿、削，车马器，玉器璧、琮、俑等。铜器铭文有"潶伯"等。M2随葬有铜礼器方鼎、甗、尊、爵、觯、盉、卣等，兵器戈等22件，工具削，车马器；玉器瑷、玉人、鱼等。铜器铭文有"爰伯"等。统计9座墓所出随葬品，酒食器34件、兵器300余件（戈、啄锤、钺、戟、剑、弓秘、箭矢、胄泡、盾饰等）、工具斧、锛、凿、锥、削，车马器饰（车器、马饰等）；陶瓷器；玉石器；蚌贝器；骨甲（图6-15）。墓葬的时代在周康王至周穆王时期。[3] 墓主的身份是为西周王朝戍边的广义上的商遗民，反映周代的平凉地区处于周戎战斗的前沿地带。

---

[1] 平凉地区博物馆编：《平凉文物》，第46—50、74—75页。
[2] 平凉地区博物馆编：《平凉文物》，第43—49、54、58、63、78页；地区文化处：《平凉地区文物工作成绩显著》，《平凉文博》1984年第1期，第2页。
[3] 甘肃省博物馆文物组：《灵台白草坡西周墓》，《文物》1972年第12期，第2—8页；甘肃省博物馆文物队：《甘肃灵台白草坡西周墓》，《考古学报》1977年第2期，第99—130页。

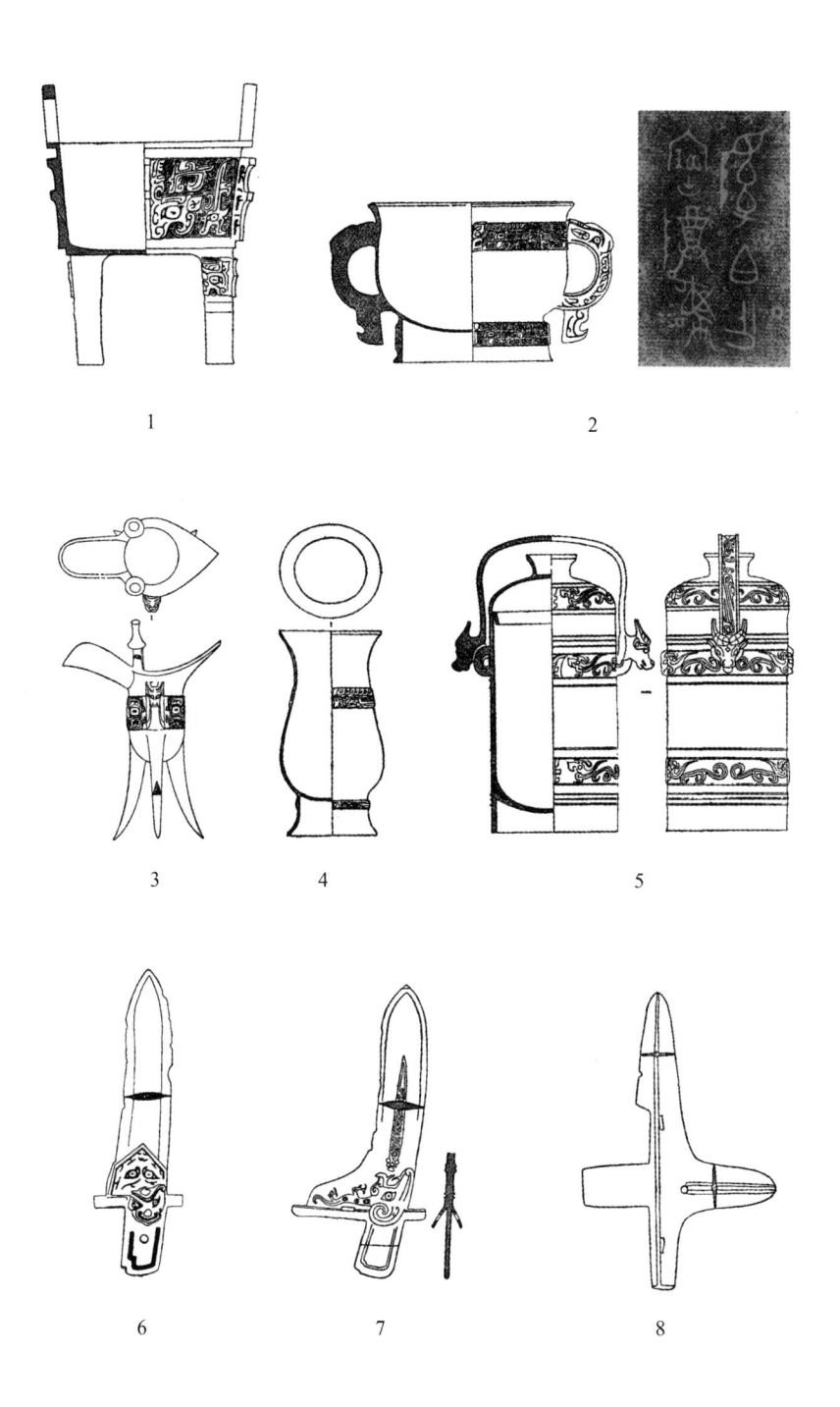

第六章　秦国早期秦与西戎的关系　　569

图 6-15　灵台县百草坡 M2 出土铜器

570　秦国早期历史之重构

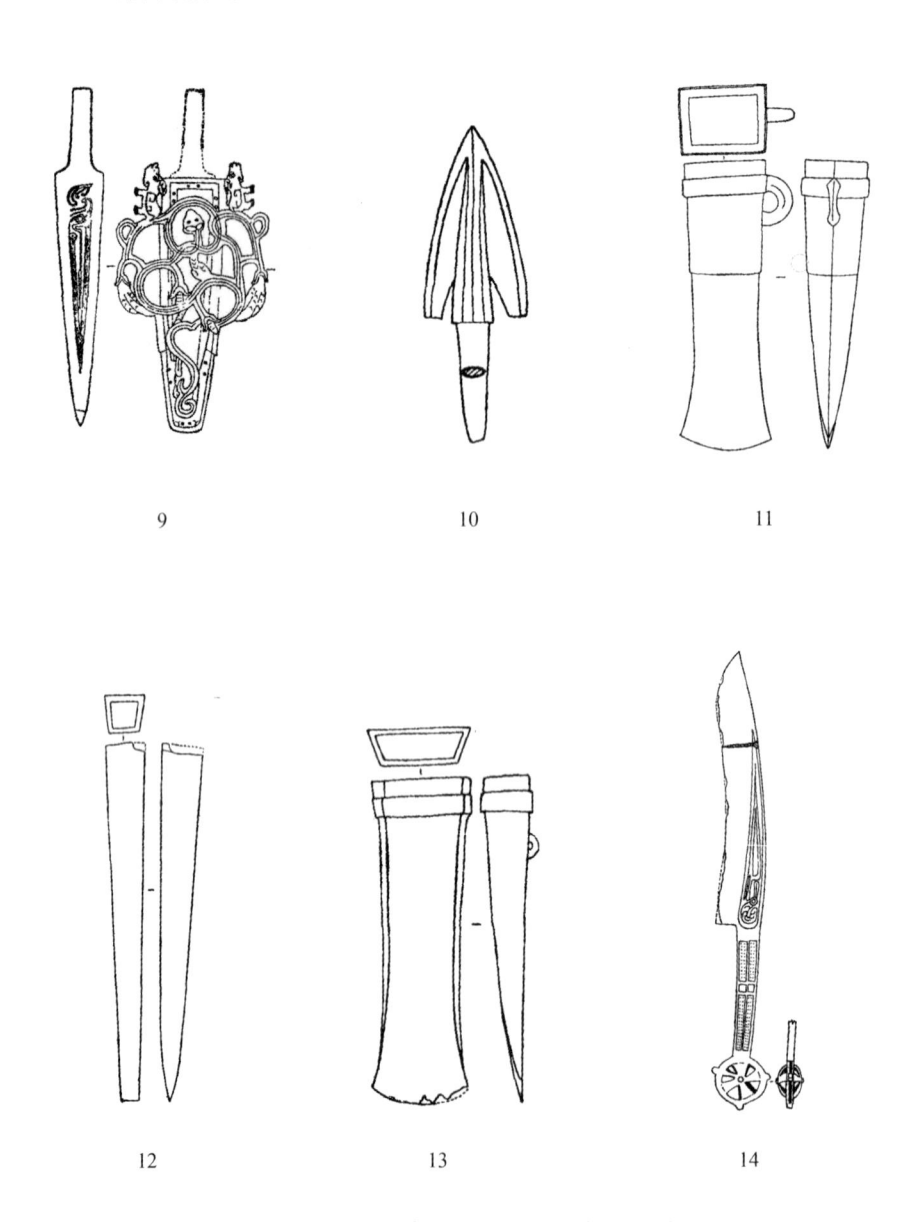

图 6-15　灵台县百草坡 M2 出土铜器（续）

1. 方鼎　2. 簋　3. 爵　4. 觯　5. 卣　6、7 戈　8. 戟　9. 短剑　10. 镞　11. 斧　12. 凿　13. 锛　14. 削

（据甘肃省博物馆文物队：《甘肃灵台白草坡西周墓》，《考古学报》1977 年第 2 期，第 107—116 页）

1972—1973 年，在甘肃省灵台县什字公社姚家河生产队（今什字镇姚家河村）、百里公社古城大队洞山生产队（今属百里镇古城村）、独店公社西岭生产队（今属独店镇）发现西周墓。姚家河 M1—M3 为长方形竖穴土坑墓，M4、M5 遭破坏。墓室均遭破坏。有熟土二层台。收集到铜器 105 件、陶器 7 件、蚌贝 43 件、石器 1 件。洞山西周墓 1 座，长方形竖穴土坑墓，有生土二层台，棺椁已朽。墓主仰身直肢，男性。随葬铜鼎 2 件、尊 1 件、残戈 2 件、铜泡 2 件、蛤蜊 2 件、海贝 2 件。西岭西周墓 1 座，长方形竖穴土坑墓，墓室遭破坏。出土铜鼎 1 件、簋 1 件、銮铃 4 件，残石璧 1 件，蛤饰 1 件，海贝 2 件。[①]

1974 年、1980 年，平凉地区进行文物普查，在灵台县、泾川县的黑河两岸发现周代遗址，包括灵台县西屯公社乔村遗址、百草坡周代墓、什字公社瓦咀山遗址、独店公社地龙咀遗址，泾川县黑河公社黄山洼遗址、梁家公社杨家坪遗址、高平公社惠家洼遗址等。乔村遗址发现西周板瓦与玉器作坊等。惠家洼遗址长 1500 米，宽 1000 米。[②]

1974 年、1980 年，平凉地区进行文物普查，在灵台县百里公社、新华公社的达溪河两岸发现一些遗址，包括百里公社洞山遗址、蒋家咀遗址、新华公社陈家堡遗址等，发现西周至春秋战国时期的遗物，包括铜鼎等。[③] 1975 年，在百里公社寺沟大队发现一小型墓（M1）。1976 年，在灵台县五星公社郑家洼大队发现一小型墓（M2）。[④] 长方形竖穴土坑墓，棺置于二层台上。M1 出土铜鼎 1 件、銮铃 3 件、玉斧 1 件、贝 52 枚、蚌饰 3 件、陶鬲 1 件。M2 出土铜鼎 1 件、铃 1 件，玉珠 13 件，陶鬲 1 件。1983 年，灵台县新集公社崖湾大队东庄生产队发现一座西周墓。长方形竖穴土坑墓，南北向，

---

① 甘肃省博物馆文物队、灵台县文化馆：《甘肃灵台两周墓葬》，《文物》1976 年第 1 期，第 39—48 页。
② 平凉地区博物馆编：《平凉文物》，第 51—52、72—76 页。
③ 平凉地区博物馆编：《平凉文物》，第 51、76 页。
④ 甘肃省博物馆文物队、灵台县文化馆：《甘肃灵台两座西周墓》，《文物》1981 年第 6 期，第 557—558 页。

长3.2、宽2.9米。被盗，残存并伯鬲1件、铜泡；玉琮残片；蚌泡；陶鬲残片。并伯鬲的年代在西周康王或略晚。① 1985年，灵台县百里镇新集街万宝川农场相传出土有铜鼎、盉，年代为西周早期。②

1981年，在灵台县中台公社王家沟生产队发现西周残墓1座。墓室被山水冲毁。出土铜鼎、戈、戟各1件、车马器等数件。墓葬年代在西周中期前段的穆共时期。③

1972年，在泾川县泾明公社蒜李坪大队（今泾明乡蒜李村）庄底生产队发掘先周时期墓1座。长方形竖穴土坑墓。有生土二层台。墓主仰身直肢，头东足西。有腰坑。有殉狗。出土铜鬲等。④ 1974年、1980年，平凉地区进行文物普查，在罗汉洞公社（今罗汉洞乡）、泾明公社的泾水两岸、黄土高原发现20多个遗址，包括罗汉洞公社盖郭遗址、挽头坪枣沟遗址、宋家遗址等，泾明公社蒜李坪遗址等，发现先周至西周遗物，包括铜鬲、陶鬲等。蒜李坪遗址的墓区较大，排列密集。⑤ 另外，泾川县博物馆收藏出土于城关镇、玉都镇、窑店镇、泾明乡的商代晚期至西周早中期的铜器。⑥

1982—1986年，在崇信县于家湾村东头台地（于家沟墓地东区）发掘周代墓葬138座、马坑6座。墓葬很可能在汉晋之际被大规模盗掘，情况严重，82%的墓葬被盗掘。大型墓的全部、中型墓的90%以上、小型墓的56%被盗掘。墓室长1.65—4.18米，宽0.60—2.95米，最大者12.3平方米，最小者1.15平方米。长方形竖穴土坑墓，以口底同大的占79%。墓主头北足南。多有熟土二层台或生土二层台。7座墓有壁龛，2座大型墓有腰坑。124座墓有葬具，大型墓1棺1椁，中小型墓多为1棺。墓主多仰身直肢。葬俗

---

① 史可晖、姚海灵：《甘肃灵台县又发现一座西周墓葬》，《考古与文物》1987年第5期，第100—101页。
② 王春法主编：《丝路孔道：甘肃文物菁华》，第164—165页。
③ 刘得祯：《甘肃灵台红崖沟出土西周铜器》，《考古与文物》1983年第6期，第109页。
④ 泾川县文化馆 刘玉林：《甘肃泾川发现早周铜鬲》，《文物》1977年第9期，第92页。
⑤ 平凉地区博物馆编：《平凉文物》，第50—51、72—73页。
⑥ 梁云：《陇山东侧商周方国考略》，《西部考古》第8辑，第102—103页。

有尸身上涂朱砂、墓室内撒放蛤蜊壳的做法,随葬兵器的有毁兵现象。随葬品有铜礼器鼎、簋、觯、盆等,兵器工具铜钺、戈、镞、弓形器、削、剑鞘等,车马器;陶器(鬲、罐、尊、壶、纺轮等);玉石骨牙器;蚌贝;漆器;纺织物等。15座墓殉葬牛、马、羊、狗、鸡等,1座墓殉人。马坑殉马2—10匹,多无随葬品。可断代者64座墓,时代属于先周时期(或殷周之际)、西周早期、西周中期。墓主人身份自大夫至平民。①

1984年,在崇信县赤城乡香山寺发掘一座西周墓(84CXM1)。长方形竖穴土坑墓,墓室遭破坏,南北长约2、东西宽0.65米。有木棺。墓主仰身直肢,头朝北。墓室北壁上挖有椭圆形壁龛,置随葬品。出土陶器高领袋足鬲、侈口罐、单耳罐、双耳罐。火候较低,多残破。另外,征集联裆鬲3件。年代为西周早期。② 笔者案:随葬陶器与刘家文化近同,墓主人属于姜戎。

目前,平凉地区所发现的东周遗存都属于秦文化,证明平凉地区属于秦国控制区,这是沿袭了周王朝的战略思想。

1977年,在灵台县景家庄发现春秋墓M1。梯形竖穴墓,东宽西窄。方向220度。墓长3.78米、宽1.92—1.81米。葬具1棺1椁,棺底有腰坑,椁盖板上有殉狗。出土铜鼎3件、甗1件、戈1件、铜柄铁剑1件、铃3件;石戈2件、石饰3件、石圭2件;陶豆2件、罐2件(图6-16)。M1东南25米处有车马坑(M2),葬马2匹;北9米处有车马坑(M3),葬马1匹。车马坑M2出土铜矛、戈、镢、锛、车马器等。M1偏西北有殉葬坑(M4),出土铜鼎、甗等。③ 笔者案:学界视此墓为秦墓。墓主仍是保持广义商遗民的习俗,其身份是戍卫秦国的大夫。

---

① 甘肃省文物考古研究所编著:《崇信于家湾周墓》,文物出版社2009年版;刘静:《试析崇信于家湾周墓》,《文物》2013年第7期,第51—58页;李宏飞:《商末周初文化变迁的考古学文化研究》,文物出版社2021年版,第303页。

② 陶荣:《甘肃崇信香山寺先周墓清理简报》,《考古与文物》2008年第2期,第25—28页;李宏飞:《商末周初文化变迁的考古学文化研究》,第302页。

③ 刘得祯、朱建堂:《甘肃灵台县景家庄春秋墓》,《考古》1981年第4期,第298—301页。

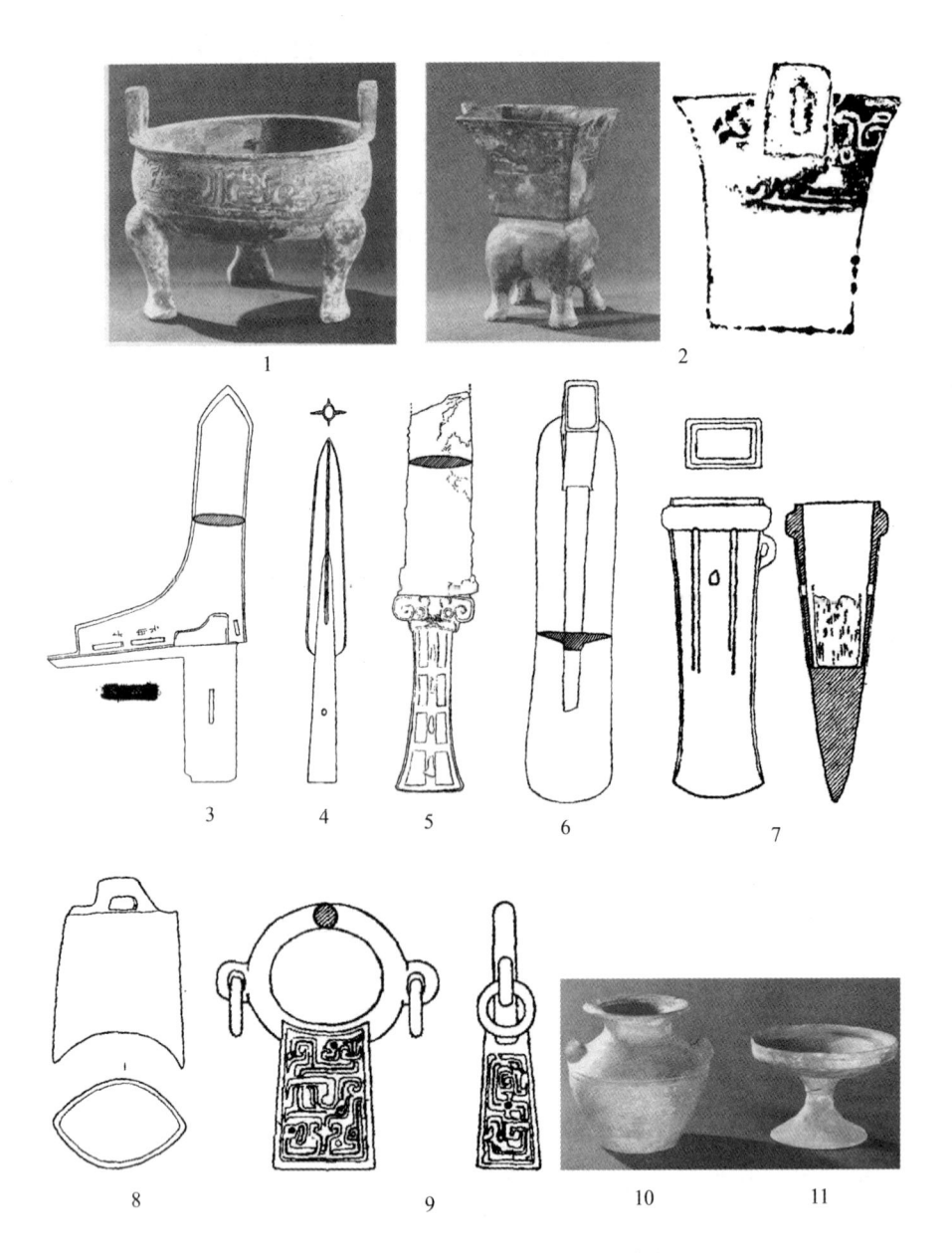

图 6-16 灵台县景家庄 M1 出土遗物

1. 铜鼎 2. 铜甑 3. 铜戈 4. 铜矛 5. 铜短剑 6. 铜镢 7. 铜锛 8. 铜铃 9. 铜车饰 10. 陶罐 11. 陶豆

（据刘得祯、朱建堂：《甘肃灵台县景家庄春秋墓》，《考古》1981 年第 4 期，第 299—301 页、图版叁至伍）

1973年，在百里公社洞山生产队（今属百里镇）发现46座东周墓，发掘8座。长方形竖穴土坑墓，葬具多1棺1椁。仰卧屈肢。随葬品多为陶器（鬲、盆、豆、壶、罐、甗、匜、簋，多为明器），还有玉石、蚌器、铜带钩、铜器残片、木器。[①]墓葬年代为春秋中期或稍早，个别为春秋晚期。墓主性质属于下层秦人。

1974年，在平凉县四十里铺庙庄庙嘴坪发现4座战国晚期墓，发掘了M6、M7。西距西周墓40米。墓室平面呈凸字形，凸出部位埋葬车马。葬制与随葬品都属秦文化。[②]

1986年，在崇信县文物普查中，发现战国遗存与秦戳记（"卤市"等）陶器。[③] 1987年，在崇信县锦屏镇刘家沟发掘战国晚期秦墓9座。[④]

目前，平凉地区的两周考古发现证实这里是周秦控制区。考虑到平凉重要的战略地位，秦国没有允许戎人在本区盘踞。就地理位置而言，平凉在陕西固原地区、甘肃庆阳地区之南，又在甘肃天水地区之北，介乎固原地区与庆阳地区、天水地区之间。固原地区、庆阳地区是西周王朝控制区，春秋中晚期以后成为戎人所居区；而天水地区是秦国春秋中晚期以后内迁戎人区，处于二者之间的平凉地区自春秋早期就被秦人占有。平凉地区平凉市西北与固原地区彭阳县接壤，彭阳县乃《汉书·地理志》等描绘的乌氏所在；《大清一统志》所谓"乌氏故城，在平凉县西北"，似乎不确切，当在彭阳县境内。

②固原地区

固原位于宁夏回族自治区南部，地形主要是六盘山与半干旱草

[①] 甘肃省博物馆文物队、灵台县文化馆：《甘肃灵台两周墓葬》，《文物》1976年第1期，第43—48页。

[②] 魏行珩：《甘肃平凉庙庄的两座战国墓》，《考古与文物》1982年第5期，第21—33页。

[③] 陶荣：《甘肃崇信古文化遗址调查》，《考古》1995年第1期，第5—12页；《甘肃崇信出土的秦戳记陶器》，《文物》1991年第5期，第90—94页。

[④] 戴春阳、韩翀飞：《崇信县刘家沟战国秦墓》，《中国考古学年鉴（1988）》，文物出版社1989年版，第247页。

原。清水河发源于固原南部，自南向北注入黄河，全长约 320 千米。2004 年至今，固原地区包括原州区（原固原县）、西吉县、隆德县、泾源县、彭阳县。

固原在西周时期属于周王朝控制地区。周穆王迁徙犬戎于太原，周夷王、周宣王伐之。固原发现西周文化遗存。春秋中晚期至战国晚期，固原成为戎人居住区。

1981 年，固原县文物工作站（今宁夏固原博物馆）在固原县（今属原州区）中河公社（今为中河乡）孙家庄林场发现一座西周铜器墓与车马坑。长方形竖穴土坑墓，墓主仰身直肢葬，有腰坑殉狗。出土铜器 234 件（鼎、簋、戈、戟各 1 件、车马器等）、玉器 4 件、陶鬲、骨器、贝壳装饰品等。墓葬时代在成康时期。① 1986 年，在固原县（今属原州区）中河公社（今为中河乡）曹家庄发现西周墓。长方形竖穴土坑墓，面积 35 平方米。被盗。出土车马饰、铜削、当卢、铜牌饰等。征集西周墓出土的灰陶鬲、单耳灰陶鬲。② 笔者案：以上显示周文化因素与寺洼文化因素共存。

2017 年，宁夏彭阳县新集乡姚河塬发现西周城址与墓葬（图 6-17）。③ 姚河塬西周城面积 92 万平方米，由内城、外城、城壕等组成，自西周早期至西周晚期一直使用。发现宫殿基址、贵族墓

---

① 固原县文物工作站：《宁夏固原县西周墓清理简报》，《考古》1983 年第 11 期，第 982—984 页；《孙家庄西周墓与车马坑》，魏瑾主编：《青铜之路：固原北方青铜文化》，宁夏人民出版社 2016 年版，第 2—22 页。

② 马东海、王金铎主编：《原州区文物志》，宁夏人民出版社 2012 年版，第 140 页；《孙家庄西周墓与车马坑》，魏瑾主编：《青铜之路：固原北方青铜文化》，第 21—22 页。

③ 宁夏回族自治区文物考古研究所、彭阳县文物管理所：《宁夏彭阳县姚河塬遗址铸铜作坊区 2017—2018 年发掘简报》，《考古》2020 年第 10 期，第 30—52 页；《宁夏彭阳县姚河塬西周遗址》，《考古》2021 年第 8 期，第 3—22 页；《宁夏彭阳姚河塬遗址 I 象限北墓地 M4 西周组墓葬发掘报告（上）》，《考古学报》2021 年第 4 期，第 521—552 页；《宁夏彭阳姚河塬遗址 I 象限北墓地 M4 西周组墓葬发掘报告（下）》，《考古学报》2022 年第 1 期，第 43—74 页；宁夏回族自治区文物考古研究所：《宁夏彭阳姚河塬遗址 I 区北墓地西周墓（M42）发掘简报》，《文物》2023 年第 7 期，第 21—43 页；《宁夏彭阳姚河塬城址 I 区北墓地 M1、M2 西周墓葬发掘报告》，《考古与文物》2023 年第 6 期，第 28—54 页；马强：《周王朝西北边疆的新发现——宁夏彭阳姚河塬西周遗址》，《大众考古》2020 年第 2 期，第 19—24 页。

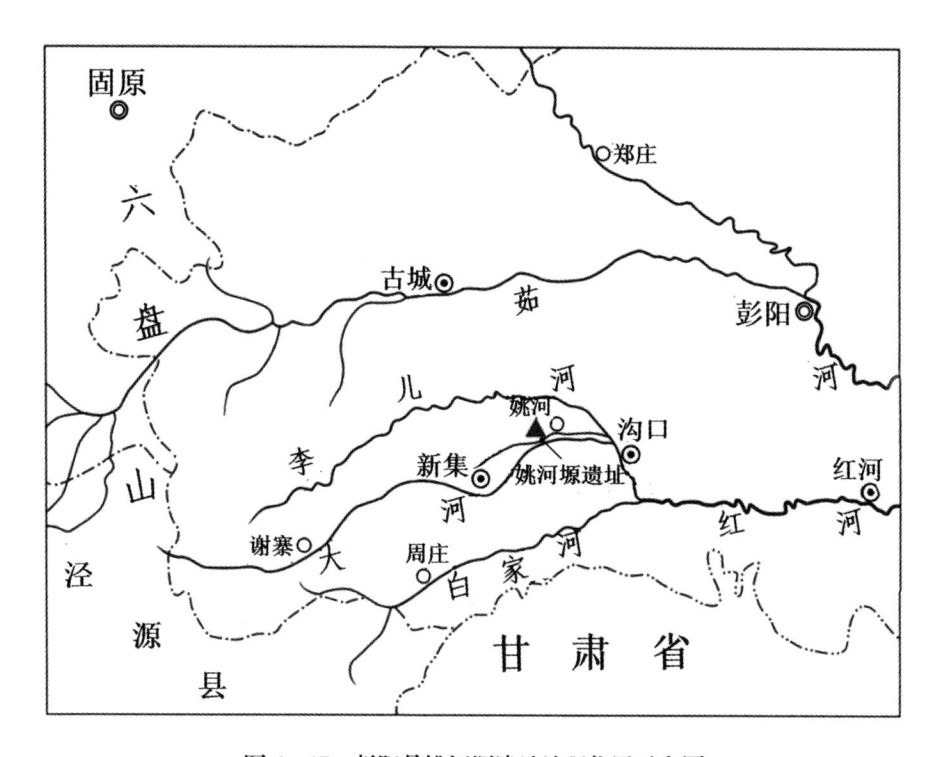

图 6-17　彭阳县姚河塬遗址地理位置示意图

(据宁夏回族自治区文物考古研究所、彭阳县文物管理所:《宁夏彭阳县姚河塬遗址铸铜作坊区 2017—2018 年发掘简报》,《考古》2020 年第 10 期,第 30 页)

区、小型墓地、铸铜作坊区等（图版三六）。发现铜器、玉器、陶器等遗物（图 6-18）。商遗民、周人、寺洼文化人群混居。出土甲骨刻辞"入戎于获侯",故学者推测姚河塬西周城为获国都城。南北向竖穴土坑墓,有腰坑、殉狗。被盗。随葬品有原始瓷器、玉器、蚌贝器等。另有铜器残片、陶片等。笔者案:姚河塬古城对于研究西周至两周之际的历史变迁有重要价值与重大意义。

《后汉书·西羌传》曰:

> 至穆王时,戎狄不贡。王乃西征犬戎,获其五王,又得四白鹿、四白狼,王遂迁戎于太原。夷王衰弱,荒服不朝,乃命

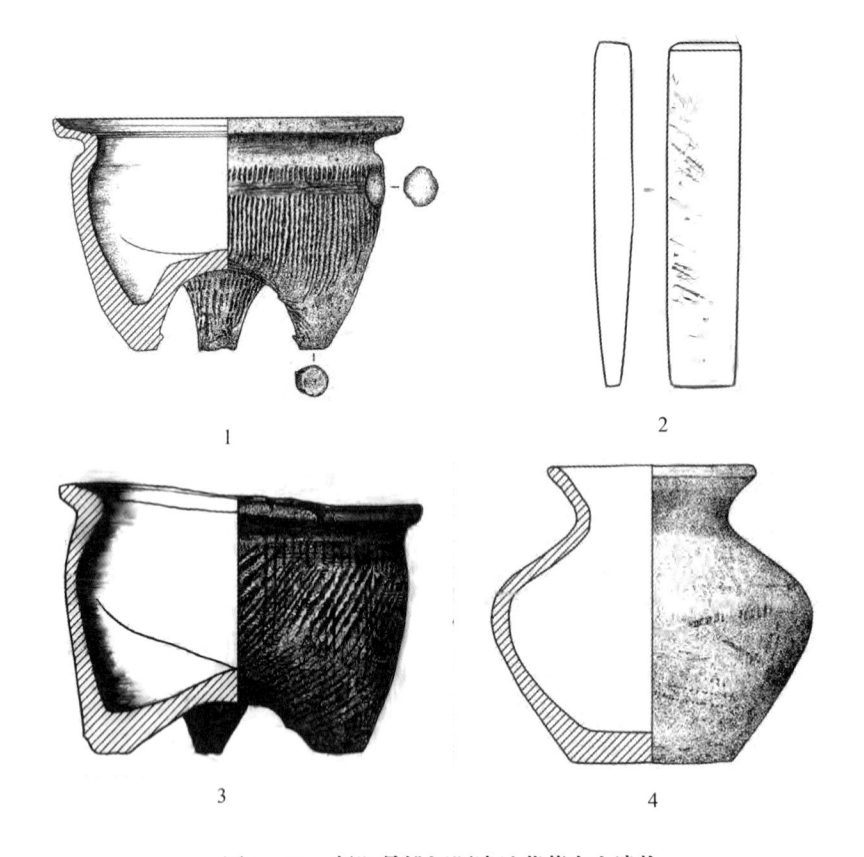

图6-18 彭阳县姚河塬遗址墓葬出土遗物

1. 陶鬲（2018PYⅠM42：2） 2. 玉凿（2018PYⅠM11：6） 3. 陶鬲（2018PYⅣM2：1） 4. 陶罐（2018PYⅣM2：2）

（据宁夏回族自治区文物考古研究所、彭阳县文物管理所：《宁夏彭阳县姚河塬西周遗址》，《考古》2021年第8期，第13、16页）

虢公率六师伐太原之戎，至于俞泉，获马千匹。

唐章怀太子贤《注》曰：

见《竹书纪年》。①

---

① 《后汉书》卷87《西羌传》，第2871—2872页。

固原即太原，太原之戎在焉，姚河塬西周城有西戎人群居住。西周中晚期以后，固原的戎人成为祸患，最终导致姚河塬西周城的废弃。由此可以证明，周穆王迁徙犬戎于太原乃一重大失误，为西周王朝的衰亡埋下伏笔。

目前，固原地区发现的东周文化主要集中在六盘山东北的清水河、汝河流域的原州区（原固原县）、彭阳县，并且西吉县、隆德县亦有发现。其年代主要集中在春秋晚期至战国晚期。春秋晚期遗存主要有固原县西郊鸦儿沟村墓、河川乡石喇村墓、杨郎乡大北村墓、彭阳县孟塬乡墓等。春秋晚期、战国早期至战国中期遗存主要有固原县（今原州区）彭堡乡撒门村墓地、于家庄墓地、侯磨村墓地，杨郎乡马庄墓地早期墓，河川乡吕坪村墓，开城镇羊坊村九龙山墓地；彭阳县刘塬乡米塬村墓、张街村墓，古城镇王大户村墓地等。战国晚期遗存主要有固原县（今原州区）杨郎乡蒋河村、杨郎乡马庄墓地晚期墓；彭阳县白杨林村；西吉县新营乡陈阳川村墓等。[①]

墓葬有竖穴土坑墓和竖穴墓道土洞墓，无葬具，以单人仰身直肢葬为主。竖穴土坑墓，头东脚西。土洞墓的墓主头低足高放置于洞室内。春秋晚期墓流行殉牲，有大量牛、马、羊的头、下颚、蹄

---

① 钟侃：《宁夏固原县出土的文物》，《文物》1978年第12期，第86—90页；罗丰：《宁夏固原石喇村发现一座战国墓》，《考古学集刊》，中国社会科学出版社1983年版，第130—142页；钟侃、韩孔乐：《宁夏南部春秋战国时期的青铜文化》，《中国考古学会第四次年会论文集》，文物出版社1985年版，第203—213页；罗丰：《宁夏固原近年发现的北方系青铜器》，《考古》1990年第5期，第403—418页；宁夏文物考古研究所：《宁夏固原于家庄墓地发掘简报》，《华夏考古》1991年第3期，第55—63页；固原博物馆：《宁夏固原吕坪村发现一座东周墓》，《考古》1992年第5期，第469—470页；延世忠、李怀仁：《宁夏西吉发现一座青铜时代墓葬》，《考古》1992年第6期，第573—575页；宁夏文物考古研究所、宁夏固原博物馆：《宁夏固原杨郎青铜文化墓地》，《考古学报》1993年第1期，第13—56页；宁夏文物考古研究所：《宁夏彭堡于家庄墓地》，《考古学报》1995年第1期，第79—107页；宁夏文物考古所、西吉县文管所：《西吉县陈阳川墓地发掘简报》，许成主编：《宁夏考古文集》，宁夏人民出版社1994年版（1996年第1次印刷），第61—70页；杨宁国、祁悦章：《宁夏彭阳县近年出土的北方系青铜器》，《考古》1999年第12期，第28—37页；宁夏文物考古研究所、彭阳县文物管理所：《宁夏彭阳县张街村春秋战国墓地》，《考古》2002年第8期，第14—24页；宁夏文物考古研究所、彭阳县文物管理所：《王大户与九龙山 北方青铜文化墓地》，文物出版社2016年版；魏瑾主编：《青铜之路：固原北方青铜文化》。

殉葬；战国早中期殉葬数量递减；战国晚期或不殉葬（图6-19）。随葬品种类丰富。铜器以短剑、动物纹牌饰、扣饰、饰件、车马具饰为代表，动物纹饰发达。属于北方草原风格的铜兵器工具有触角式短剑、矛（秦文化影响下的产物）、鹤嘴斧、削等；服饰有铜管、牌饰、带扣、腰铃、首饰、环等；车马具铜铃、带钮或柄的圆牌、马面饰、竿头饰、马衔、骨马镳等。属于周秦文化风格的铜器有兵器长胡三穿戈、中胡三穿戈，矛；工具锛、斧、凿等。陶器少，有单耳罐、双耳罐、罐、杯等，皆属戎文化风格（图6-20）。固原地区春秋战国青铜文化与内蒙古鄂尔多斯青铜文化存在明显的差别，学界已经称之为"杨郎文化"。①

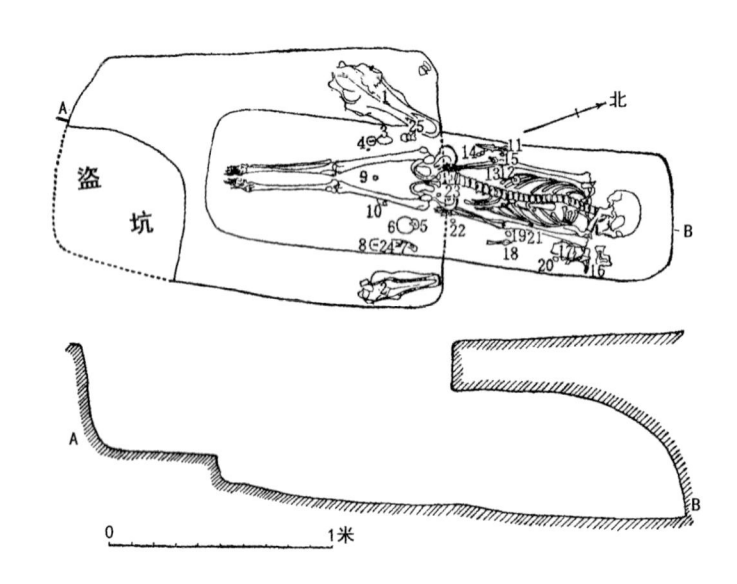

图6-19 固原杨郎墓地ⅠM4平面图与剖面图

1、2. 马头 3-6、8、9、14、15、19-23. 铜泡饰 7. 骨马镳 10. 残铜块 11. 铜剑 12. 铜环 13. 铜带扣 16. 铜戈 17. 陶罐 18. 铜矛 24. 铜凿 25. 马蹄骨

（据宁夏文物考古研究所、宁夏固原博物馆：《宁夏固原杨郎青铜文化墓地》，《考古学报》1993年第1期，第23页图11）

---

① 乌恩岳斯图：《北方草原考古学文化研究——青铜时代至早期铁器时代》，科学出版社2007年版。

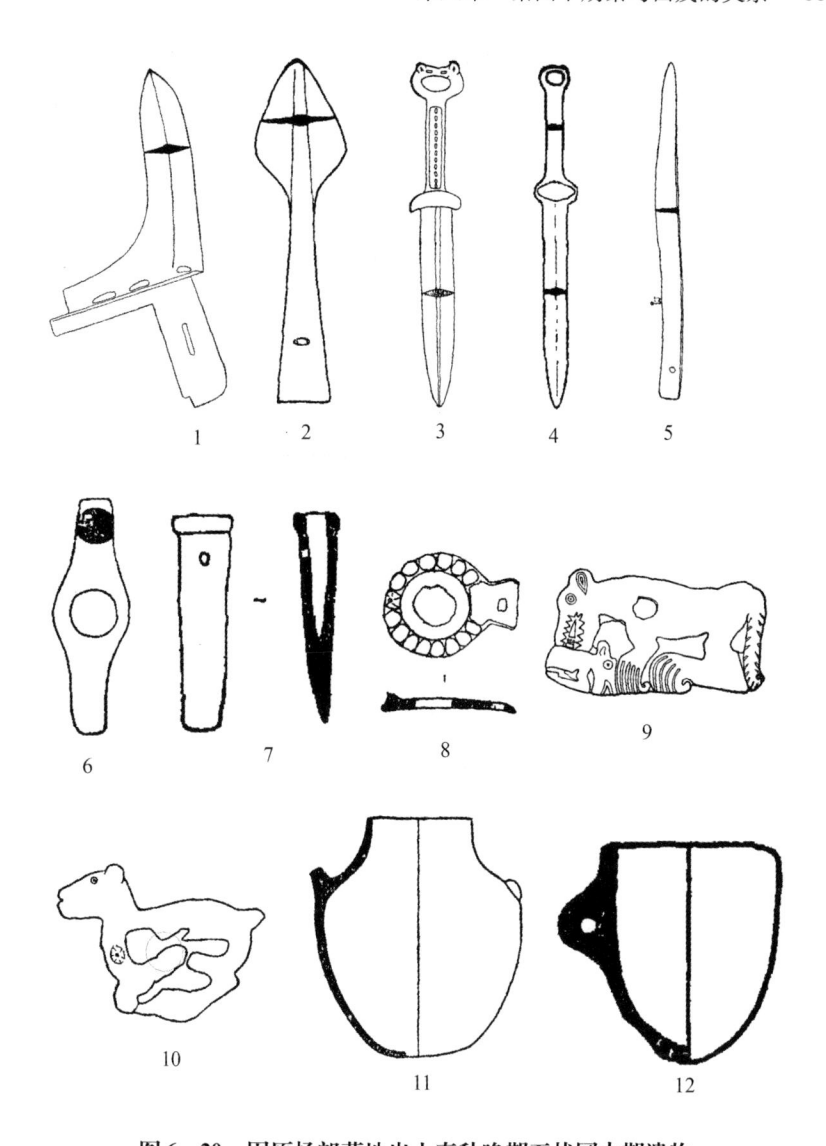

第六章　秦国早期秦与西戎的关系　581

图 6-20　固原杨郎墓地出土春秋晚期至战国中期遗物

1. 铜戈（ⅠM1：30）　2. 铜矛（ⅡM18：9）　3、4. 铜短剑（ⅠM4：11，ⅡM18：10）
5. 铜削（ⅠM6：20）　6. 铜鹤嘴斧（ⅠM6：21）　7. 铜凿（ⅠM4：24）　8. 铜带扣（ⅠM8：21）　9. 铜带饰（ⅢM3：65）　10. 铜动物形饰（ⅡM17：2）　11. 陶鼻耳罐（ⅠM5：20）　12. 单耳罐（ⅠM4：17）

（据宁夏文物考古研究所、宁夏固原博物馆：《宁夏固原杨郎青铜文化墓地》，《考古学报》1993 年第 1 期，第 29—48 页）

1979 年，在固原县古城公社古城大队（今彭阳县古城镇）黑土梁出土战国晚期铜鼎，刻有"五年，朝那""乌氏"等铭文。①

关于固原一带的青铜文化的族属，学者的观点不一。1983 年，钟侃等以为不属于匈奴文化，而属于义渠国文化。② 1990 年，罗丰认为义渠在庆阳地区，并且施行火葬，根据固原出土铜鼎"乌氏"铭文，推断固原青铜文化的族属为乌氏之戎。③ 1993 年，林沄赞成罗丰说，认为宁夏南部的清水河流域的遗存属于乌氏之戎。④ 1993 年，罗丰将宁夏地区春秋战国时期的青铜文化归入"西戎文化"。⑤ 1993 年，许成、李进增将分布在陇东、宁南、陕北的青铜文化归为"杨郎类型"，并以为其族属为戎人。⑥ 1995 年，钟侃等将宁夏固原、甘肃庆阳、秦安等地区的青铜文化称为"西戎文化"。⑦ 2004 年，杨建华将它列入"春秋战国时期中国北方文化带"的"甘宁地区"。⑧ 2007 年，乌恩称之为"杨郎文化"。⑨ 2009 年，杨建华将它列入"中国北方东周时期两种文化遗存"的"第二种遗存"。⑩ 2015 年，单月英将它归为"东周秦代中国北方地区"的"北文化

---

① 固原县文物工作站 韩孔乐、武殿卿：《宁夏固原发现汉初铜鼎》，《文物》1982 年第 12 期，第 35 页。
② 钟侃、韩孔乐：《宁夏南部春秋战国时期的青铜文化》，《中国考古学会第四次年会论文集》，第 203—213 页。
③ 罗丰：《固原青铜文化初论》，《考古学报》1990 年第 8 期，第 743—750 页。
④ 林沄：《关于中国的对匈奴族源的考古学研究》，《林沄文集·考古学卷》，第 221—223 页。
⑤ 罗丰：《以陇山为中心甘宁地区春秋战国时期北方青铜文化研究》，中国社会科学院边疆考古研究中心编：《东北与北方青铜时代》，第 449—474 页。
⑥ 许成、李进增：《东周时期的戎狄青铜文化》，《考古学报》1993 年第 10 期，第 1—10 页。
⑦ 宁夏文物考古研究所：《宁夏彭堡于家庄墓地》，《考古学报》1995 年第 1 期，第 105 页。
⑧ 杨建华：《春秋战国时期中国北方文化带》，文物出版社 2004 年版。
⑨ 乌恩岳斯图：《北方草原考古学文化研究——青铜时代至早期铁器时代》。
⑩ 杨建华：《中国北方东周时期两种文化遗存辨析——兼论戎狄与胡的关系》，《考古学报》2009 年第 2 期，第 155—184 页。

带"。① 笔者案：根据《汉书·地理志》固原的部分地区属于乌氏所居。

根据《后汉书·西羌传》的记载，春秋初年这里已经被戎人盘踞。目前，固原地区尚缺少春秋早期的考古资料。

（8）朐衍之戎

《史记·匈奴列传》曰：

> 秦穆公得由余，西戎八国服于秦。……岐、梁山、泾、漆之北有义渠、大荔、乌氏、朐衍之戎。②

《汉书·地理志》北地郡昫衍（朐衍）县，颜师古《注》曰：

> 应劭曰："昫音煦。"师古曰："音香于反。"③

《史记·匈奴列传》正义：

> 《括地志》云：盐州，古戎狄居之，即朐衍戎之地，秦北地郡也。④

《（乾隆）大清一统志·宁夏府·古迹》曰：

> 昫衍废县，在灵州东南花马池境。⑤

---

① 单月英：《东周秦代中国北方地区考古学文化格局——兼论戎、狄、胡与华夏之间的互动》，《考古学报》2015年第3期，第303—344页。
② 《史记》卷110《匈奴列传》，第3488页。
③ 《汉书》卷28下《地理志下》，第1616—1617页。
④ 《史记》卷110《匈奴列传》，第3489页。
⑤ 和珅等修纂：《（乾隆）大清一统志》卷204《宁夏府·古迹》，《景印文渊阁四库全书》第478册，第589页。

朐衍故城在今宁夏回族自治区吴忠市盐池县。

中卫县曾属于银南地区，又曾为吴忠市所辖，2003年分出属中卫市。中卫市中卫县（今沙坡头区）发现春秋战国时期的青铜文化，① 文化面貌与固原地区接近。1989年，周兴华以为乃朐衍戎文化。②

1992年，宝鸡市考古研究所在宝鸡市南郊益门村发掘益门二号墓。墓向315度，口大底小，有熟土二层台。一棺一椁，棺长1.9米，椁长2.4、宽1.2米，有头箱。人骨腐朽不存，葬式不明。随葬兵器、装饰品、马具等，质地为金、铁、铜、玉等，以金器最多。时代为春秋晚期偏早。③ 陈平认为，墓葬时代或可定为春秋中期晚段，墓主属于被秦穆公征服而迁徙的戎王，④ 赵化成以为墓主是被征服的戎人君长或贵族首领（包括其子孙）。⑤ 一些学者以为益门二号墓属于秦贵族墓。⑥ 笔者认为，此墓的形制、葬制都属于秦制，随葬品包含多种文化因素。情况较为复杂，既有可能是秦化的戎人，亦有可能是受戎文化影响的秦人，需要进一步深入研究。

笔者案：秦穆公服西戎八国，证实他们自周平王之末就屯居在秦国周边，至秦穆公时沦落为臣服地位，属于秦国的属国。考古发现证实，春秋中期以后的西戎文化发生巨大变化，以至于一些学者认为它们的族属与寺洼文化的族属不同。⑦ 事实上，文化的巨大变

---

① 宁夏回族自治区博物馆考古队：《宁夏中卫县青铜短剑墓清理简报》，《考古》1987年第9期，第773—777页；周兴华：《宁夏中卫县狼窝子坑的青铜短剑墓群》，《考古》1989年第11期，第971—980页。

② 周兴华：《宁夏中卫县狼窝子坑的青铜短剑墓群》，《考古》1989年第11期，第979页。

③ 宝鸡市考古研究所：《宝鸡市益门村二号春秋墓发掘简报》，《文物》1993年第10期，第1—14页；《秦墓遗珍：宝鸡益门二号春秋墓》，科学出版社2016年版。

④ 陈平：《试论宝鸡益门二号墓短剑及有关问题》，《考古》1995年第4期，第361—375页。

⑤ 赵化成：《宝鸡市益门村二号春秋墓族属管见》，《考古与文物》1997年第1期，第31—34页。

⑥ 参见刘云辉、何宏《益门二号春秋墓文化属性再析及墓主新考》，《文博》2011年第4期，第5—17页。

⑦ 参见梁云《考古学上所见秦与西戎的关系》，《西部考古》第11辑，第120—121页。

迁不能证明族属发生变化。

二　秦厉共公、秦躁公、秦惠公伐戎

《史记·秦本纪》曰：

> 厉共公……十六年，堑河旁。以兵二万伐大荔，取其王城。……三十三年，伐义渠，虏其王。
> 躁公二年，南郑反。十三年，义渠来伐，至渭（南）〔阳〕。①

《史记·六国年表》秦《表》曰：

> 秦惠公五年，伐（繇）〔绵〕诸。②

笔者案：秦厉共公、秦躁公、秦惠公伐戎，属于秦内乱。《史记·秦本纪》秦孝公下令曰：

> 会往者厉、躁、简公、出子之不宁，国家内忧。③

第五节　秦人、戎人的融合

秦人与戎人之间除了战争之外，婚姻、吸收与交往亦属正常。

一　秦人与戎人婚姻

传世文献保存有秦人上层与戎人婚姻的记录。《史记·秦本纪》曰：

---

① 《史记》卷5《秦本纪》，第252页。
② 《史记》卷15《六国年表》，中华书局1959年版，第711—712页。
③ 《史记》卷5《秦本纪》，第256页。

申侯乃言孝王曰："昔我先郦山之女，为戎胥轩妻，生中潏，以亲故归周，保西垂，西垂以其故和睦。今我复与大骆妻，生适（嫡）子成。申骆重婚，西戎皆服，所以为王。王其图之。"①

秦人有与戎人通婚的传统，目的在于促进周秦与西戎之间的和睦。戎胥轩娶申戎分支郦山之女，生中潏。大骆居西犬丘，娶姜戎，生成。

秦襄公时与戎人有婚姻。《史记·秦本纪》曰：

襄公元年，以女弟缪嬴为丰王妻。②

秦襄公时期，秦人与戎人通婚，此乃秦戎世代婚俗之体现。

秦建国以后，秦人的地位上升，戎人的地位下降，传世文献与出土文献记载秦国国君与姬姓通婚，秦国国君与戎人通婚情况不明。

秦人的下层与戎人的下层之间存在通婚情况，此属于常理。

二　秦人对戎人的吸收、内迁

随着两周之际以后秦国对戎人国家与部族的征服，大量的戎人转变身份成为秦人，大大促进了民族融合。

《史记·秦本纪》曰：

（宁）〔宪〕公二年，公徙居平阳。遣兵伐荡（社）〔杜〕。三年，与亳战，亳王奔戎，遂灭荡（社）〔杜〕。……十二年，伐荡氏，取之。……武公元年，伐彭戏氏，至于华

---

① 《史记》卷5《秦本纪》，第228页。
② 《史记》卷5《秦本纪》，第229页。

山下，居平阳封宫。十年，伐邽、冀戎，初县之。十一年，初县杜、郑。①

笔者案：秦国对于征服的戎人居住地实行县制，达到有效统治的目的。

《史记·秦本纪》记载，秦文公至穆公时期，秦人对戎人的吸收、与戎人的交往增多。戎王使由余于秦，秦用计谋吸收由余。《史记·匈奴列传》曰：

秦穆公得由余，西戎八国服于秦。②

秦服西戎八国，犹如楚国服郑国、陈国、蔡国一样，从而加强了秦与西戎的交往，促进了秦与西戎的通婚、商贸、文化交流等方面。

固原、庆阳、天水地区的考古资料证实，西周时期它们是周王朝直接控制的地区。固原在西周时期周王朝就采取内迁戎人的政策，周穆王迁徙犬戎于大原。春秋以后，秦国内迁戎人于天水等地区。戎人的内迁加强了秦人与戎人的交流与融合。

三 秦国早期秦文化、西戎文化的交流

（一）秦国早期秦文化中的西戎文化因素

在秦国早期文化中，除了占据主导的商文化因素、周文化因素、秦文化因素之外，还有西戎文化因素。学者推测西周至春秋早期的秦文化中，屈肢葬、金器、铁器、动物纹样、铜鍑、短剑的使用、墓葬的壁龛、围墓沟都可能来自西戎。③ 不过，就目前资料来

---

① 《史记》卷5《秦本纪》，第232—233页。
② 《史记》卷110《匈奴列传》，第3488页。
③ 参见梁云《考古学上所见秦与西戎的关系》，《西部考古》第11辑，第118页。

看，这些推测需要进一步核实。所以，笔者对相关资料与观点予以述评，并陈述己见。

1. 屈肢葬。甘肃东部地区在半山—马厂期曾流行侧身屈肢葬，其后的齐家文化、卡约文化、辛店文化、寺洼文化等罕见屈肢葬。欧亚草原地带曾流行屈肢葬，赵化成、马健、梁云等推测秦人的屈肢葬可能源自西亚、中亚地区。[①] 尽管学界对屈肢葬的渊源追溯尚未彻底明了，多数学者认为秦文化的屈肢葬与西戎文化的屈肢葬有关，[②] 夏商时期已经在西土出现。屈肢葬作为某种信仰被传播，亦被秦人所接受，尤其是中下层秦人。秦公族仍是流行仰身直肢葬，而中下层则流行侧身屈肢葬。笔者认为，这种信仰的传播只靠少数人就可以了，屈肢葬在西戎文化中的比例很低，而在秦文化中发扬光大。所以，目前资料之下，尚得不出秦文化的屈肢葬源自西戎文化，或许他们拥有共同的来源——欧亚草原。

2. 墓葬壁龛。礼县西山遗址贵族墓M2003、礼县圆顶山、甘谷毛家坪贵族墓M2059都有壁龛。商人墓、周人墓罕见壁龛，而商周时期的西戎文化流行壁龛，所以学者认为墓葬壁设置龛之制源自西戎文化。笔者认为此说可从。

3. 围墓沟。围墓沟是标识茔域的界沟。雍城秦公陵园已经发现。学者推测与西戎文化的影响有关。笔者案：围墓沟在安阳殷墟商王陵区已经出现，[③] 秦公陵园的围墓沟传承的是商文化因素，并非受西戎文化的影响。

4. 金器。金器在西土、北土流行，西土的西戎文化流行金器。

[①] 赵化成：《公元前5世纪中叶以前中国人工铁器的发现及其相关问题》，《考古文物研究——纪念西北大学考古专业成立四十周年文集（1956—1996）》，三秦出版社1996年版，第289—300页；马健：《公元前8—前3世纪的萨彦—阿尔泰——早期铁器时代欧亚东部草原文化交流》，《欧亚学刊》第8辑，中华书局2008年版，第38—84页；梁云：《论早期秦文化的来源与形成》，《考古学报》2017年第2期，第162—163页。

[②] 参见陈洪《秦文化之考古学研究》，科学出版社2016年版，第152—154页。

[③] 中国社会科学院考古研究所安阳工作队：《河南安阳市殷墟王陵区及周边遗存》，《考古》2023年第7期，第44—59页。

秦贵族墓中存在的金器可能受到近邻西戎文化的影响。马健以为中国北方地区使用金器是受到欧亚草原地区的影响，并且波及中原地区。①

5. 铁器。新疆地区至迟前1000年以前已经开始用铁，公元前8世纪至6世纪较为普遍用铁。所以，学者曾经推测，冶铁术由新疆通过河西走廊传入中原。② 考古发现证实，西戎文化的冶铁时代可以早至前14世纪。甘肃省临潭县陈旗乡磨沟村M444、M633出土2节铁条、1件铁锈块，墓葬年代为前1430—1260年。③ 所以，秦文化的冶铁可能受西戎文化的影响。

6. 动物纹样。秦国早期文化中的纹饰有两大类。一类承袭与发展自西周时期的周文化，主要是青铜礼器上的装饰纹饰。另一类则是取材于现实生活的动物纹样。一些学者以为秦国动物纹样源自北方草原地区。④ 笔者认为，秦国亦游牧养畜，并且秦国周边的西戎亦以游牧养畜为主。这种纹样不妨看作是他们同时代相同文化背景下的共同创造。

7. 铜鍑。铜鍑是一种炊具。目前，秦国早期文化中的铜鍑最早出现于礼县大堡子山秦公墓M2、M3，年代为春秋初年。岐山王家村出土有铜鍑、短剑，年代为西周晚期；⑤ 或以为可早至西周中晚期。⑥ 夏家店上层文化出土有铜鍑，年代为两周之际；滕铭予推

---

① 马健：《黄金制品所见中亚草原与中国早期文化交流》，《西域研究》2009年第3期，第50—64页。
② 赵化成：《公元前5世纪中叶以前中国人工铁器的发现及其相关问题》，《考古文物研究——纪念西北大学考古专业成立四十周年文集（1956—1996）》，第289—300页。
③ 陈建立、毛瑞林、王辉等：《甘肃临潭磨沟寺洼文化墓葬出土铁器与中国冶铁技术起源》，《文物》2012年第8期，第45—53页。
④ 参见刘莉《战国秦动物纹样瓦当的艺术源流》，《陕西省考古学会第一届年会论文集》，《考古与文物》编辑部1983年版，第68—73页。
⑤ 庞文龙、崔玫英：《岐山王家村出土青铜器》，《文博》1989年第1期，第91—92页。
⑥ 郭妍：《论青铜鍑的起源》，《21世纪中国考古学与世界考古学》，中国社会科学出版社2002年版，第393页。

测秦文化的铜鍑源自夏家店上层文化,[①] 一些学者指出其结论并不可靠。西周晚期的《师同鼎》记录"俘戎金胄卅、戎鼎廿、铺五十、剑廿",李学勤认为"铺"即"鍑"。[②] 郭物认为,早期铜鍑(西周中晚期)集中发现于关中平原的北部边缘地带,此乃铜鍑的生成区,礼县秦文化的铜鍑源自传播。[③] 所以,秦国早期文化中的铜鍑源自西戎文化。另外,关于新疆地区铜鍑的年代,学界存在不同观点,总的来看需要进一步研究。一些学者的判断源自类型学结合不可靠的碳十四测年,[④] 结论恐难以为据。

8. 短剑。张天恩等认为秦式短剑源自西周时期的柳叶形短剑,[⑤] 陈平、杨建华以为源自北方草原文化。[⑥] 梁云采取折中的意见,以为属于北方草原与中原传统相结合的产物。[⑦] 笔者案:秦式短剑是继承了西周文化的传统,至于西周短剑的来源则是另一个问题。所以,秦式短剑源自西周柳叶剑的判断可从。

总之,秦国早期,秦文化中有外来文化因素。目前,可以确证源自西戎文化的有墓葬壁龛、铜鍑;源自欧亚草原或西戎文化的有金器、铁器;来源不明的有屈肢葬。

笔者认为,秦文化对于西戎文化因素的吸收既有地域的关系,亦是文化因素认同的体现,一些西戎文化因素缘自实用与价值而被秦人广泛接纳。

---

① 滕铭予:《中国北方地区两周时期铜鍑的再探讨——兼论秦文化中所见铜鍑》,《边疆考古研究》第 1 辑,科学出版社 2002 年版,第 34—54 页。

② 李学勤:《师同鼎试探》,《文物》1983 年第 6 期,第 58—61 页。

③ 郭物:《青铜鍑在欧亚大陆的初传》,《欧亚学刊》第 1 辑,中华书局 1999 年版,第 122—150 页。

④ 李溯源、吴立、李枫:《伊犁河谷铜鍑研究》,《文物》2013 年第 6 期,第 82—91 页。

⑤ 张天恩:《再论秦式短剑》,《考古》1995 年第 9 期,第 841—853 页;裴建陇《试论出土秦式短剑》,《中国国家博物馆馆刊》2017 年第 3 期,第 22—35 页。

⑥ 陈平:《试论宝鸡益门二号墓短剑及有关问题》,《考古》1995 年第 4 期,第 361—375 页;杨建华:《略论秦文化与北方文化的关系》,《考古与文物》2013 年第 1 期,第 45—51 页。

⑦ 梁云:《早期秦文化探索》,第 188—189 页。

（二）秦国早期西戎文化中的秦文化因素

秦国早期，西戎文化亦吸收了一些秦文化因素。自西周晚期至战国早期，西戎文化与秦文化的关系大体经历了2个阶段。

第一阶段，对立期。西周晚期至春秋初期，主要是秦人秦仲、秦庄公、秦襄公伐戎时期。西戎与周、秦处于尖锐的斗争时期，双方为了生存而战。政治、军事上的极端对立，文化上亦是泾渭分明，西戎文化罕有周秦文化因素。

第二阶段，融合、共存期。春秋早期至战国早期，主要是秦文公至秦献公时期。秦国处于强势，西戎处于弱势。一部分戎人转变为秦人，采用秦文化。另一部分戎人保持戎人身份，仍然使用西戎文化。此时，西戎文化受到秦文化的影响，二者融合、共存发展。

甘谷毛家坪春秋战国时期的秦人与戎人共存，实际上是戎人加入秦人，戎人的身份发生变化。这在遗址与墓地存在的两种不同的文化得以体现。A组遗存属于秦文化，而B组遗存属于戎文化（以袋足鬲、双耳罐为典型器物）。3层下的B组遗存鬲棺葬相当于春秋时期，LM4随葬秦文化陶器C型陶钵1件（简报图九，4；LM4：2），LM11随葬秦文化陶器瓮1件（简报图版拾叁，7；LM11：2），[①] 它们与多件西戎文化陶器共存，反映的是西戎文化对秦文化的吸收。

西戎八国保持与秦国的对立状态，吸收多方的文化因素，尤其是受到北方草原地区的影响，形成"杨郎文化"，与秦文化有明显的区别。根据学界的研究成果，春秋中期以后的北方草原游牧文化、杨郎文化等的形成缘于春秋中期以后游牧文化的形成，于是乎有别于以前定居的农耕文化，随葬品的种类亦发生变化。[②] 考古发现证实，春秋中期以后的西戎文化发生巨大变化。受到少量体质检

[①] 甘肃省文物工作队、北京大学考古学系：《甘肃甘谷毛家坪遗址发掘报告》，《考古学报》1987年第3期，第371、389页、图版拾叁。

[②] 参见乌恩岳斯图《北方草原考古学文化比较研究——青铜时代至早期匈奴时代》，第8—9页。

测数据的影响，一些学者认为它们的族属与寺洼文化的族属不同，是自北亚南下的民族。① 笔者认为，一方面，东周时期部族或国家之内，多民族的汇聚是正常现象；另一方面，检测的数据有限，尚不足以反映事实全部与历史真相。然而，文化的巨大变迁不能证明族属发生变化，需要从国家、族属与地理等方面宏观与微观相结合地观察文化变迁。事实上，杨郎文化较之寺洼文化发生的变异，其根本原因是经济基础的变化，游牧业占据很大比重，农业转为很小比重，于是文化特征发生了根本性的变化；相应地，墓葬随葬品的种类亦发生变化，与畜牧文化有关的因素占据主导地位，兽纹铜饰、动物殉葬等突出，陶器少见，此与寺洼文化形成巨大的反差。

分析杨郎文化，明显吸收了秦文化因素。尤其是，随葬品铜器戈、矛、戟、短剑、斧、锛、凿、削、车马器等的组合与周秦文化一致，一些铜器如戈、矛等的形制体现秦文化的特征，证实受到中原青铜文化的影响；至于部族或国家高级首领受到秦文化的影响愈深，接受了铜礼器、乐器等。于是，秦襄公至后出子时期，西戎文化对秦文化因素的吸收逐步加强，西戎上层接受了秦国礼制。

总之，秦国统治阶层对待戎人采取多种手段，尤其是对臣服的戎人采用优抚，允许其保持文化自主。

四 战国汉代人们对秦戎关系评价之分析

《春秋》僖公三十三年：

> 夏四月辛巳，晋人及姜戎败秦于殽。

《公羊传》曰：

---

① 参见梁云《考古学上所见秦与西戎的关系》，《西部考古》第11辑，第120—121页；史党社《秦与"戎狄"文化的关系研究》，第168—170页。

其谓之"秦"何？夷狄之也。①

笔者案：秦为国名，《公羊传》所释本于仇秦，战国人所为也。《春秋》昭公五年：

秦伯卒。

《公羊传》曰：

何以不名？秦者，夷也，匿嫡之名也。其名何？嫡得之也。②

笔者案：《春秋》阙秦伯之名，误也。《公羊传》肆意解释，陋识也。

《史记·秦本纪》描绘秦孝公时期的天下大势与秦国的局势：

周室微，诸侯力政，争相并。秦僻在雍州，不与中国诸侯之会盟，夷翟遇之。孝公于是布惠，振孤寡，招战士，明功赏。下令国中曰："昔我缪公自岐雍之间，修德行武，东平晋乱，以河为界，西霸戎翟，广地千里，天子致伯，诸侯毕贺，为后世开业，甚光美。会往者厉、躁、简公、出子之不宁，国家内忧，未遑外事，三晋攻夺我先君河西地，诸侯卑秦、丑莫大焉。献公即位，镇抚边境，徙治栎阳，且欲东伐，复缪公之故地，修缪公之政令。寡人思念先君之意，常痛于心。宾客群臣有能出奇计强秦者，吾且尊官，与之分土。"③

----

① 徐彦：《春秋公羊传注疏》卷12，阮元校刻：《十三经注疏》，下册，第2264页上栏。
② 徐彦：《春秋公羊传注疏》卷22，阮元校刻：《十三经注疏》，下册，第2318页中栏。
③ 《史记》卷5《秦本纪》，第255—256页。

笔者案：秦穆公受到天子嘉奖，后世内忧外患，故"诸侯卑秦"。司马迁所言"秦僻在雍州，不与中国诸侯之会盟，夷翟遇之"存在不实之处，乃敌对国的诽谤，或出自诸子横议之语。

《史记·商君列传》商鞅曰：

> 始秦戎翟之教，父子无别，同室而居。今我更制其教，而为其男女之别，大筑冀阙，营如鲁、卫矣。①

《战国策·魏策三》朱己谓魏王曰：

> 魏将与秦攻韩，朱己谓魏王曰："秦与戎、翟同俗，有虎狼之心，贪戾好利而无信，不识礼义德行。苟有利焉，不顾亲戚兄弟，若禽兽耳。此天下之所同知也，非所施厚积德也。"②

《史记·六国年表》司马迁曰：

> 秦杂戎翟之俗，先暴戾，后仁义。……秦始小国僻远，诸夏宾之，比于戎翟。③

笔者案：战国汉代人们对秦人戎人关系的总体评价很笼统，并且存在许多不准确之处。

秦襄公获封拥有关中平原，乃大国；又关中四通八达，不属于僻远之地；秦国上层使用的礼是商礼与周礼的融合，迥异于戎狄。所以，战国人、司马迁对秦国的总结不可信如斯。

实际上，秦文化含有少量的戎翟文化因素，所以说"秦杂戎翟之俗"出于敌忾，而说"秦与戎翟同俗"属于诬蔑。

---

① 《史记》卷44《商君列传》，第2714页。
② 刘向集录：《战国策》卷24《魏策三》，上海古籍出版社1998年第2版，第869页。
③ 《史记》卷15《六国年表》，第835页。

第六节　小结

　　鉴于学界以往对于秦国早期秦与西戎的关系存在诸多薄弱环节，笔者加强传世文献、出土文献与考古实物资料的结合，从多方面多角度研究这一课题，避免了一些误解，得出一些新的认识，是秦国早期秦国与西戎历史新考察，揭示秦人对西戎的抵御、共处、交战、征服与融合。

　　1. "羌""戎"或"西戎"是夏商周时期华夏对居住在西土的异族的泛称，以经济形态称"羌"，以军事形态称"戎"。西戎的称谓不一，来源有别，或以氏称，或以姓称，或以地称。

　　2. 西戎的来源不一，或为四岳之后，或本于三苗，或不明。西戎部族众多，其中犬戎是势力大而影响大的一支，夏商周时期常乱于西土。商代晚期，周季历因伐诸戎而兴周，周武王又利用戎人伐商。犬戎原本居住在敦煌一带，入居甘肃天水、宁夏固原、关中、晋南等地区，给予西周王室以极大的压力。西周中晚期，周穆王、周夷王、周厉王、周宣王、周幽王时期周王室大力伐诸戎。周宣王三十年以后，周师常常被戎人打败，大大削弱了周王室的军事实力，加速了西周的灭亡。寺洼文化的分布区域以及其族人与商人、周人、秦人的互动证实，寺洼文化的族属是商代的"羌"、西周至春秋早期的"戎"或"西戎"，既包含了"姜戎""允姓之戎""申戎"等知其姓氏的部族，又包括若干不知其姓氏的部族。这个结论较之学者以往的研究要更加全面而客观。

　　3. 秦伐戎乃商末以来的世职；入西周，商奄遗民亦承其事。周厉王时，西戎灭犬丘大骆之族。周宣王即位，扶植秦人伐戎，秦仲死之，周宣王乃益秦兵，戎人败退，扭转了战局。犬戎灭西周，秦人担负伐戎的重任。秦襄公经过 22 年伐戎，基本打败与安抚关中的戎人，但是时刻受到威胁。秦宪公、秦武公伐灭了荡（社）〔杜〕、荡氏、彭戏氏、邽戎、冀戎、小虢，肃清了国内由于秦襄公时期延留的历史问题，并且通过设置县制来巩固对这些地区的控制。总之，秦人"虩事蛮方"（秦公簋、秦公镈"虩事蛮夏"、秦公钟"虩事蛮方"），时刻担心他们威胁秦国的安全。

4. 秦穆公时期，秦国通过伐戎来增强秦国的国力。秦穆公元年，伐茅戎；十一年，秦晋伐扬、拒、泉、皋、伊、雒之戎以救周；二十二年，秦晋自瓜州（敦煌）迁陆浑之戎于伊川，迁允姓戎于渭汭；三十七年，秦伐戎，益国十二，开地千里，遂霸西戎。总之，秦国在人力、财力、土地方面获得了巨大的利益，极大增强了秦国的国力。通过对西周时期至春秋战国时期天水、庆阳、平凉、固原等地区文化演变的考察，证实春秋中晚期以后秦国内迁戎人于天水、庆阳、固原等地区，加强对他们的控制与融合。秦厉共公时，秦国伐大荔、义渠；秦躁公时，秦国被义渠伐；秦惠公时，秦国伐伐（緜）〔绵〕诸；以上皆属于秦内乱。

5. 自非子始，秦人就保持对戎人的融合，婚姻与戎人加入并行。随着两周之际以后秦国对戎人国家与部族的征服，大量的戎人转变身份成为秦人，大大促进了民族融合。固原、庆阳、天水地区的考古资料证实，西周时期它们是周王朝直接控制的地区。春秋以后，秦国内迁戎人于天水等地区，戎人的内迁加强了秦人与戎人的交流与融合。在秦国早期文化中，除了占据绝对优势地位的商文化因素、周文化因素、秦文化因素之外，还有明显的西戎文化因素。同样，西戎文化亦吸收了一些秦文化因素。秦国统治阶层对待戎人采取多种手段，尤其是对臣服的戎人采用优抚，允许其保持文化上的自主。

6. 战国汉代人们对秦人戎人关系的总体评价很笼统，并且存在许多不准确之处。实际上，秦文化含有少量的戎翟文化因素，所以说"秦杂戎翟之俗"出于敌忾，而说"秦与戎翟同俗"属于诬蔑。秦国处于西土，海纳百川，秦文化包含多种文化因素，不宜以某点贬斥其戎化。

结　　语

关于秦国早期历史之重构，笔者是通过秦人的族源与文化、秦国早期年代事迹、制度、都邑、陵墓、秦与西戎的关系等方面的研究展开的。这里总结研究内容、主要观点与新认识。

一　秦人的族源、迁徙与文化

基于传世文献、出土文献与考古实物的研究，对秦人的族源与文化提出新的见解。

1. 秦族乃颛顼苗裔玄孙女女修之后，既非犬戎，亦非东夷，而是依附于华夏的嬴族。嬴族在商代依附于商王室，在西周依附于周王室，服侍商周。

2. 商代晚期，嬴族依附于商族，中潏守西垂。西周时期，中潏后人仍然守西垂。商奄被周公迁徙至朱圉（今属甘肃省甘谷县）。或投奔周人，赵氏其一也，嬴族的非子寄托于此。

3. 秦人的构成很复杂，秦襄公立国时的秦人既包括大骆族、秦嬴族、商奄遗民、成秦人、秦戎、戎人等，又包括停留在关中的大量周余民，周余民的构成复杂。

4. 嬴族文化本是源自商文化，商代东方的嬴族文化即商文化。两周时期，甘肃地区西犬丘、朱圉的嬴族文化既有商文化因素，又有周文化因素。秦文化须以秦襄公居西垂时的文化为基础加以探讨。

5. 清水李崖遗址的周代文化只能归属于商遗民文化，却不足以断为秦文化。不能仅凭部分符合预想却得出整体的结论。类似于清水李崖的遗址在甘肃尚有发现，更说明不能贸然下结论。

6. 考古本《竹书纪年》、《国语》、清华简《系年》、《史记·秦本纪》等记载的秦族迁徙史，嬴族西迁至甘肃天水一带，实际有4次：（1）商末中潏居西垂；（2）周初商奄遗民徙居朱圉；（3）西周中期大骆居犬丘（西垂），嫡子成继之，庶子非子（秦嬴）封于秦；（4）周厉王时犬戎灭犬丘大骆之族，周宣王初年非子（秦嬴）后秦庄公得大骆地犬丘，为西垂大夫。史实是：大骆居犬丘，卒。嫡子成立，居犬丘，庶子非子亦居犬丘。犬丘为宗邑，故秦仲继位为西垂大夫。西垂大夫本大骆、成之职位也。西垂乃其宗邑。周孝王赐非子于秦，为附庸。嬴族之迁徙，有西垂（西犬丘）之嬴、朱圉之嬴、秦之嬴。他们属于同族，文化之本源为商文化，因时代与周人政策可能会存在差异。秦之嬴自西垂（西犬丘）之嬴分出。非子初居西垂时期，其文化与西垂（西犬丘）之嬴文化更近，西垂（西犬丘）之嬴灭后而秦之嬴代之，地域与文化的合二为一。随着西土形势告急，朱圉之嬴最终归秦之嬴。目前，已经对朱圉之嬴的文化发掘。西垂地望大体确定，具体位置需要进一步辨析，文化内涵明确。

7. 非子分封地秦邑的地望存在分歧，目前秦亭说只有汉代以后的文献记载，一些学者以为是清水李崖遗址，然而其地理（与文献记载不符）、考古学文化的时代（缺乏西周中期晚段以后的遗存，春秋初年即已废弃）、遗存的性质（缺乏城垣、宫室、贵族墓等遗存）都不支持此说。汧渭之会说拥有文献记载的优势，又有西周遗存的支持。

8. 清华简《系年》记载的是商奄遗民迁徙史，朱圉（今属甘肃省甘谷县）乃为其初居地。商奄遗民后来成为秦人的主力，宣王给予秦人的七千人，当是其人，所谓"成秦人"者。

9. 周孝王邑非子于秦，参照西周金文、《左传》记载的分封，出于配置与需要，会赏赐非子源自不同族的人。

二　秦襄公至出子年代事迹考

由于错简或传抄讹误，《史记》秦襄公、秦文公的年代与事迹错乱。长期以来，学者对于秦襄公、秦文公的事迹间的先后顺序与因果关系困惑不解。利用清华简《系年》、古本《竹书纪年》等校正《史记·秦本纪》所载，可知：秦襄公在位五十年，秦文公在位十二年。周幽王十一年（前771年），秦襄公伐戎。周平王二十一年（前750年），秦襄公赶走戎人。秦襄公伐戎先后经历了二十二年。周平王三十三年（前738年），秦襄公帮助周平王东迁，获赏封国，得到岐、丰之地。周平王四十七年（前724年），秦文公迁都汧。秦襄公既有强壮的军队，收集众多的周余民，又设置史官，颁布法令，大兴宗教，国家之体完备。秦既受封岐、丰之地，国土广大，秦文公遂由西垂迁居汧渭之会。这才是秦襄公伐戎，秦襄公、秦文公营建秦国之真相。

秦宪公至出子的年代事迹存在少量讹误或传抄错误、失载，予以校补。

1. 秦宪公至秦成公的年代事迹记载存在讹误或传抄错误、失载。《史记·秦本纪》"宁公"当作"宪公"。《史记·秦始皇本纪》附录秦宪公居"西新邑"即《史记·秦本纪》居"平阳"。《史记·秦始皇本纪》附录秦宣公居"阳宫"当作"平阳宫"，葬"阳"当作葬"平阳"，并脱"平"字。《史记·秦始皇本纪》附录秦宪公葬"衙"，《史记·秦本纪》作葬"西山"，而"衙""西山"一地。《史记·秦始皇本纪》附录秦宣公葬"阳"当作葬"平阳"，秦成公葬"阳"当作葬"平阳"。"荡社"与县"杜"存在因果关系，所以"荡社"即"杜"，称"荡社"是。秦宪公八年事迹，《史记·秦本纪》失载，《水经注》引古本《竹书纪年》作"周师、虢师"围魏、《左传》作"王师、秦师"围魏，当作"周师、虢师、秦师"。《史记·秦本纪》秦宪公"生子三人长男武公为太子武公弟德公同母鲁姬子"一句，久有疑问，有不同的文字句读与排序。笔者认为：可以采用的方案有三。三个方案，含义一致，理解不同。《史记·秦始皇本纪》附录秦宪公"生武公、德公、出子"，所以方案三强调的是主语"德公"需要凸显居于句首。需要明确的是，既然文字存在传抄讹误，就不必局限于今保存文字的次序。《史记·秦本纪》秦武公十三年，齐人杀齐襄公，误，当在秦武公十二年。《史记·秦本纪》秦武公十三年，晋灭霍、魏、耿，误，当秦成公三年。《史记·秦始皇本纪》附录"葬宣阳聚"，误，当作"葬平阳聚"。《史记·秦始皇本纪》附录秦德公葬"阳"当作葬"平阳"，脱"平"字。秦宣公居"阳宫"当作"平阳宫"，葬"阳"当作葬"平阳"，并脱"平"字。秦成公葬"阳"当作葬"平阳"。《史记·秦始皇本纪》附录"初伏，以御蛊"，《史记·秦本纪》作"以狗御蛊"，《十二诸侯年表》作"磔狗邑四门"，《封禅书》作"磔狗邑四门，以御蛊灾"，水泽利忠《史记会注考证校补》载他本作"初伏，以狗御蛊"，《史记·秦始皇本纪》附录当补"狗"字。

2. 秦穆公的年代事迹记载存在讹误或传抄错误、失载。《史记·秦本纪》五年下"秋，缪公自将伐晋，战于河曲"乃衍文。《史记·秦本纪》九年下"晋旱，来请粟"，事在《左传》僖公十三年，当秦穆公十三年，故当书"十三年"。《史记·秦本纪》秦穆公十二年，齐管仲、隰朋死，误，当在秦穆公十五年。《史记·秦本纪》"十八年，齐桓公卒"，误，当在十七年。《史记·秦本纪》"（穆公）二十年，秦灭梁、芮"，《春秋》《左传》在僖公十九年，当秦穆公十九年，故当书"十九年"。《史记·秦本纪》秦穆公二十五年，"秦缪公将兵助晋文公入襄王，杀王弟带"可删。《史记·秦本纪》秦穆公三十四年，"秦不利，引兵归"，误，当作"秦师败绩"。

3. 秦康公至秦景公的年代事迹记载存在讹误或传抄错误、失载。《史记·秦本纪》秦康公四年"大败晋军"，误，当作"秦军大败"。《史记·秦本纪》、《秦始皇本纪》附录、《十二诸侯年表》

据《秦记》并载秦共公在位五年；而《春秋》文公十八年载秦伯罃卒、宣公四年春载秦伯稻卒，秦伯稻在位四年。当两存之。目前，宜以《史记》所据《秦记》为先。《史记·秦本纪》、《秦始皇本纪》附录、《十二诸侯年表》据《秦记》并载秦共公在位五年、秦桓公在位二十七年；而《春秋》宣公四年春载秦伯稻卒，秦成公十四年载秦伯卒，秦伯稻在位二十八年。当两存之。目前，宜以《史记》所据《秦记》为先。《史记·秦本纪》秦桓公十年，楚庄王再服郑，败晋兵于河上，误，当在秦桓公七年。《史记·秦本纪》秦景公"二十七年，景公如晋，与平公盟，已而背之"，误，当秦景公二十九年。

4. 秦哀公至出子的年代事迹记载存在讹误或传抄错误，学者疑问一些记载的正确性。《史记·秦本纪》秦哀公十一年楚平王求秦女，误，当在秦哀公十四年。秦惠公五年，晋卿中行、范氏"亡奔齐"，误，当作"奔朝歌"。秦悼公六年"吴败齐师"，误，当作"齐败吴师"，并且在"齐人弑悼公"之后。秦悼公十二年，齐田常弑简公，误，当在十年。秦灵公"十三年，城籍姑。灵公卒"，"三"字衍，当删。"简公六年，令吏初带剑。堑洛。城重泉"，误，当作"简公七年"。另外，一些秦公年代疑问出于周历与秦历的差别。

秦宪公至秦成公时期处于承上启下的重要阶段，一方面秦公继承了秦襄公、秦文公的事业致力于伐戎，另一方面秦公进一步强化了祭祀制度，充分体现了"国之大事，在祀与戎"。秦宪公、武公伐灭了荡（社）〔杜〕、荡氏、彭戏氏、邽戎、冀戎、小虢，肃清了国内由于秦襄公时期延留的历史问题，并且通过设置县制来巩固对这些地区的控制。经历秦襄公、秦文公时期的休养生息，秦国积累了一定的财富；经过秦宪公、秦武公的征伐，秦国占领了大片戎人控制区，获得了大量财富与戎人；秦德公时期，秦国国力隆盛。相对于秦襄公"用骝驹、黄牛、羝羊各（三）〔一〕，祠上帝西畤"，秦德公竟然"以牺三百牢祠鄜畤"，秦德公时期秦国经济的强盛远非开国时可比。秦宣公所作的密畤已经被考古发掘，亦充分证实其祭祀的隆盛。总之，秦宪公、秦武公伐戎，秦德公、秦宣公崇祀，延续了秦襄公、秦文公的事业，加强了秦国的国力，凝聚了秦国的人心。

《史记》记载的秦穆公时期的秦国历史的特点是秦晋争锋、伐戎。伐戎是继承秦国以往的事业，秦晋争锋对于秦国而言则是新的内容。秦穆公时期秦晋的争锋以秦国的惨败而收场，秦国缺乏大计，扶植了一个强有力的对手与国家：晋文公与晋国。秦国君臣缺乏足够的眼光，看不到晋国主盟中原的必然，秦穆公以其一生的绝大部分时间服务于对手。伐戎是秦穆公时期秦国最成功的事业，并且得到天子庆贺的荣誉。秦失去争夺中原的机遇，最终还是在西北地区伐戎得到补偿，为数百年后的最终胜利奠定了坚实的基础。"失之东隅，收之桑榆"，其秦穆公及秦国之谓乎！

秦康公至秦景公时期，秦公继承了秦穆公时期秦晋争锋的事业，秦晋争锋成为这一时期的主旋律。秦晋争锋，仍是以秦国的惨败而收场。更为严峻的是，晋国数次联盟东方诸侯大败秦国。秦国作为商遗民之国，处于西北隅，被中原诸国嫌弃，秦国不能取代晋国的地位，只能谋求联合楚国夹击晋国。

秦哀公、秦惠公、秦悼公年代事迹不明。随后的秦厉公、秦躁公、秦怀公、秦灵公、秦简公、秦惠公、出子的统治总体处于弱势。秦国国君的争夺、国内戎乱、对晋战争的失败，晋夺秦河西地。秦厉公至出子时期，秦处于内乱时期，至秦献公力图改变这种局面，至于秦孝公则谋求更大的改变。

秦国早期历史记载的主要内容是祭祀与战争，这是秦国史书《秦记》的特点之一，充分印证了"国之大事，在祀与戎"。司马迁撰写《史记·秦本纪》时的思想是复杂的，他杂糅一些文献，却没有能够改变这个主题。

三 秦国早期制度

秦襄公处于变乱的大时代,他抓住时机,成功地由一边邑大夫跃为大国国君,成为时代的天骄。秦襄公本是两周之际的挽救时局的大英雄,然而由于司马迁《史记·秦本纪》利用错乱的《秦记》,秦襄公被描绘成一个并不十分出色的国君。幸而有了清华简《系年》的出现,我们不仅获得新史料,而且借以读懂《国语》、古本《竹书纪年》记载的相关史料,纠正了《史记·秦本纪》所据错乱的《秦记》的讹误。

秦襄公因平定戎乱而挽救周王室之大功、护送周平王东迁以及担负保护周王陵的重大责任而获赏封国。秦襄公获赏封国以后,着手营建秦国。终秦襄公一世,完成了军队、刑法、宗教、史官等方面的建设。秦文公则完成定新都汧渭之会,继续完善宗教。于是,秦国军政制度大备,国家走上了正常发展道路。秦襄公、秦文公采取了多文化兼容与多民族融合的政策,秦族、周余民与戎人在大战之后和平共处,达到休养生息的效果。

秦襄公、秦文公营建秦国意义重大,秦国走向兴盛。立国伊始,秦已为大国,与晋国、齐国、楚国并列,主导春秋格局。诚如《国语·郑语》所言:"及平王之末,而秦、晋、齐、楚代兴,秦景襄于是乎取周土,晋文侯于是乎定天子,齐庄、僖于是乎小伯,楚蚡冒于是乎始启濮。"[1]《史记·十二诸侯年表》:"齐、晋、秦、楚其在成周微甚,封或百里,或五十里。晋阻三河,齐负东海,楚介江淮,秦因雍州之固,四海迭兴,更为伯主,文武所褒大封,皆威而服焉。"[2] 秦襄公、秦文公奠定了秦国春秋时期的疆土,又完备国家制度,为后世繁荣昌盛打下良好基础。

---

[1] 左丘明撰,韦昭注:《国语》卷16《郑语》,上海师范大学古籍整理研究所校点,上海古籍出版社1988年版,下册,第524页。

[2] 司马迁:《史记》卷14《十二诸侯年表》,点校本二十四史修订本,中华书局2014年版,第647页。

1. 秦国的宗法制度。作为商遗民，秦国统治者上层奉行父死子继、兄终弟及的君位继承制度。统计《史记·秦本纪》春秋时期秦公14世17公，有2个秦公未享国。秦武公之世、秦宣公之世兄终弟及显著。商汤太子大（太）丁未即位而卒，却被视为正式国君，载在祀典。秦文公太子未即位而卒，却被视为正式国君，载在祀典，谥号"静公"。秦哀公太子早卒而未即位，亦被视为正式国君，载在祀典，谥号"夷公"。秦怀公太子昭子早卒而未即位，秦怀公卒，大臣立太子昭子之子，是为秦灵公。秦人仍是传承商人的君位继承制度。秦人的宗法制度，嫡长子在同辈兄弟中具有继承国君地位的优先权，国君死后，可以传位于兄弟或子孙，这和商人的制度无别。

2. 秦国的宗庙制度。雍城马家庄秦宗庙遗址三庙，沿用商代王五庙、诸侯三庙之制。

3. 秦公的婚姻制度。秦先公至秦襄公时期，秦族上层与戎人相互通婚。大骆乃非子（秦嬴）之父，与申国（出自姜戎）通婚，生适（嫡）子成。秦襄公女弟缪嬴为丰王妻，丰王乃戎人称王者，与秦上层通婚。那么，秦襄公的夫人中可有戎人女子。秦襄公建国后，秦公与周人姬姓贵族女子通婚。秦武公镈记载秦公的配偶王姬，珍秦斋藏秦子簋盖记载秦子的配偶姬。《史记·秦本纪》（宁）〔宪〕公鲁姬子生出子。秦晋互婚，《史记·秦本纪》秦穆公四年，妻晋太子申生姊；秦穆公十五年，妻晋太子圉以宗女。由于争霸，秦晋之好遭到破坏，秦国又与楚国、越国建立政治联姻。根据诅楚文的记载，秦穆公与楚成王联姻、结盟。

4. 秦国的职官制度。关于秦国早期职官制度的史料偏少，故秦国早期职官的详细情况不明。《秦记》《左传》《史记》记载有执政官大庶长、庶长、左庶长等，《史记》记载秦襄公、文公、穆公时有史官太史、内史，石鼓文记载秦文公时有宗教官大祝、经济官虞人，诅楚文等记载宗祝等。从保存的情况看有周制（宗伯及属官太祝、太史、内史、太卜、太医，虞人、行人等）、秦制（大庶长、庶长、左庶长等）。

5. 秦国的封建制度与县制。秦国实行封建制度，公族、卿、大夫皆有采邑。对于新征服的戎人居住的区域施行县制。

6. 秦国早期施行井田制，亦是沿用周制。至商鞅变法废除井田制，最大限度地利用土地，提供更多的粮食。秦国早期施行服劳役，至秦简公时"初租禾"方转为实物地租。

7. 秦的礼乐制度。秦人上层接受了周文化的车马礼乐制度。礼县大堡子山秦公墓的墓主，多数学者认为是秦襄公或秦文公。墓葬出土的青铜礼器鼎、簋、壶等，青铜乐器编钟、编镈等，皆与周文化无别，其用字亦周金文，证明西周晚期至春秋早期的秦国的礼乐制度主要源自周文化，秦公与周王室保持密切的关系。

8. 秦国的宗教祭祀制度。秦襄公、秦文公、秦宣公时期的宗教设置有陈宝祠、牛神祠、西畤、鄜畤、密畤，反映了秦人对所处世界与神灵的认知，体现了秦公利用宗教加强对各阶层思想的控制。宝鸡下站遗址乃密畤，以牛、马、羊祭祀青帝。秦人的祭祀制度中的祭祀用牲与商人接近。

9. 秦国的军事制度。随着伐戎的胜利，秦人的兵力不断强大。此在《毛诗·秦风》有充分反映，而考古实物资料亦甚丰富，可以互相印证。秦国国君作为国家最高统治者，拥有军队的最高统治权。其下有太子，再下有各级高级军事长官（大庶长、庶长、左庶长等）。庶长奉国君的命令可以统帅军队作战、组织军事活动。依据秦子器，春秋早期秦国军队已经拥有三军，远超过同时期的晋国。依据金文，秦国军队有中辟（中军）、左辟（左军），可以推出有右辟（右军）。中辟（中军）应以公族为核心。秦国兵种有革车（车兵）、畴骑（骑兵）、步卒（徒兵）。《秦风》之《小戎》《驷驖》等反映了秦人尚武，其兵车装备甚精美。既克西戎，秦襄公立国，有田狩之乐。礼县大堡子山秦公墓 M2 随葬兵器。车马坑 K1 殉车 4 排，每排 3 乘，计 12 乘。辕东舆西，每车两服两骖，计 4 匹马。在 M3 旁及北边发掘附葬墓（M30、M31、M32）。M32 随葬三鼎二簋，有车马坑 K32，是完整的两周之际秦人车马坑。K32

坑内放置两辆车,从东向西依次编号为1、2号车,均为双轮独辀车,左右服马各一匹。出土镞27件、戈2件、矛1件等。礼县圆顶山春秋早期秦墓98LDM3随葬兵器铜戈1件、铜剑1件。有车马坑(98LDK1),葬5乘(从东到西编号1号—5号),1、3、4号车四马,2、5号车两马。2号车被盗,仍出铜镞囊一(已朽),出90件铜镞。甘肃甘谷毛家坪春秋秦墓M2059出土铜戈、矛等兵器,车马坑K201出土兵车,有铜戈、矛、镞等武器。秦子器是春秋早期器,秦子负责督造公族、中辟(中军)、左辟(左军)的武器,权力很大。

10. 秦国的刑法制度。三族(父母、妻子、兄弟)之罪乃刑法的代表,三族之罪始见于秦襄公时,至秦武公三年已经实施其法。夷三族见于秦国、齐国、楚国;嬴秦族,商遗民;楚、齐,皆商之旧地,夷三族源自商代刑法。

四　秦始封地与秦国早期都城

立足于对秦国早期历史的年代事迹的复原,笔者剖析与解读了秦始封地秦邑与秦国早期都城,得出一些可靠的认识。

1. 周孝王封非子(秦嬴)于秦邑,乃传世的"赏宅",秦为附庸,非子地位相当于天子的元士,拥有铜礼器。陇西秦亭秦谷说始见于《汉书·地理志》,目前尚未能追溯至先秦,尤其是与先秦考古与先秦制度存在诸多矛盾,清水县城以东、以西都没有发现与非子的秦邑相符合的遗存,清水李崖不是秦邑。所以,此说属于后世学者的推测,可靠程度很低。汧渭之会秦邑说见于《史记·秦本纪》秦文公说,拥有文献记载的优势,亦需要加强考古工作。

2. 非子居犬丘的地望,不是陕西省兴平市之犬丘,而是甘肃省礼县之西犬丘,又名西垂。西垂(西犬丘)在甘肃省礼县大堡子山附近。大堡子山古城有春秋初期的国君秦公及夫人墓葬,证实了它的地位高级。大堡子山古城面积55万平方米,就规模而言,其建于秦襄公获封为诸侯以后较为合理,并不能排除西周时期已经有所营建，而春秋时期进一步修建。所以，大堡子山古城的营建时代处于两周之际。西山古城的发现证明，其始建年代为西周。城址的面积8.7万平方米，已经是规模可观的边邑。M2003随葬三鼎二簋，墓主人身份属于下大夫、元士级别的一男性贵族，卒于同西戎的战争中。西山古城的时代与军事性质证明它属于《史记·秦本纪》描述的秦人与西戎恶战的西垂。大堡子山古城、西山古城的年代与内涵，充分证明它们属于西周时期的西垂。西垂属于军事设置，需要很多不同功能的邑聚为之服务。西垂乃大名，包括很多邑，即合而为之，数处组成。所以，应当考察本地区的秦文化分布区域，辨别区域内聚落的等级与功用。

3. 秦襄公仍居西垂，张守节《史记正义》引《帝王世纪》的记载"秦襄公二年徙都汧"存在文字与史实的讹误，当是传抄讹误所致。秦文公迁徙汧渭之会。关于秦文公所都汧渭之会的地望，主要有6种观点（扶风、眉县，槐里，汧县、陇县，宝鸡市陈仓城，宝鸡市魏家崖遗址、陈家崖遗址，凤翔县孙家南头村一带），笔者认为只有宝鸡市陈仓故城及魏家崖遗址值得考虑。秦文公、宪公居秦文公所都汧渭之会，并葬于其附近的西山（秦陵山），石鼓亦出于秦文公所都汧渭之会。以秦都宝鸡、平阳、雍地理言之，汧渭之会包括宝鸡、平阳、雍所在的区域，这些都是秦文公田猎之所，亦非子放牧处。秦文公定都的地望则以宝鸡为是。秦文公至秦孝公都是以汧渭之会为都，即从先人非子所居。

4. 平阳之地望，不是郿县古城，而是宝鸡市阳平镇。1978年，在太公庙村铜器窖藏出土青铜钟、镈，铭文证明属于秦武公器；2013年，在太公庙村钻探出一座中字形大墓和一座大型车马坑；证实此处乃秦公都平邑葬处。宁王村北有一处春秋至西汉时期的大型遗址，出土"郁夷"文字瓦当。秦平阳，西汉为郁夷，其故址在今宝鸡市陈仓区阳平镇宁王村一带。平阳的地望清楚，而范围尚未确定，其都邑形态尚待探索。

5. 学者以往对秦都雍城的年代研究不能令人满意，笔者重新探研这一重要的课题。秦德公初居大郑宫，大郑宫只是离宫别馆。秦德公、秦宣公、秦成公仍以平阳为正式都城，并葬于平阳。考古发现的大郑宫一带范围很小，缺乏宗庙、社稷、城垣壕沟等都邑的标志性建筑，大郑宫只是临时偶居的离宫别馆。秦穆公初年，始将雍城作为正式都城，营建新的宫室、宗庙、社稷、壕沟、仓储、府库、作坊、陵园等，秦穆公至出子葬雍。秦悼公始城雍，修筑城墙，此后遗存丰富。秦献公迁都栎阳，秦孝公迁都咸阳，并葬于栎阳、咸阳；雍城继续保存宗庙、宫室，雍城属于宗邑；考古发现同时期的手工业作坊、墓葬、遗物等大量遗存。秦封泥证明雍城的机构设置，可以证实雍城没有废弃，仍是秦孝公迁徙咸阳以后的秦国与秦代的都城。自秦穆公初年迁雍（元年前659年）至秦二世三年（前207年），雍城作为秦都约有453年的历史。雍作为正式都城始于秦穆公，秦穆公至出子的18位秦公居葬于此。凤翔雍城的营建经历了三个历史时期。基于考古发现与认识，结合文献记载，可以得出以下认识：秦德公居雍大郑宫，处于后来的雍城的东南角（今瓦窑头村一带），面积不足1平方公里，离宫也。秦穆公以后，扩大雍，以今马家庄为中心建筑，形成两重环壕建筑。内壕系大型宫室及附属建筑分布区，当为秦公和贵族所居。内沟与外沟之间，分布平民生产生活的聚。秦悼公（前490—前476年），城雍，始筑城垣。笔者根据雍城考虑秦文公所都汧渭之会、平阳的城市规划，或无垣而代之以环壕，它们都属于水城。

6. 学界对于秦灵公"居泾阳"的解读存在疑问困惑。笔者认为，需要参考战国秦汉时期的文献加以解读，清华简《楚居》颇具参考价值。秦灵公所居的泾阳，到底是都城性质，还是离宫别馆性质？这个问题需要考古发现来确定。总之，秦灵公居泾阳属于一君之行为，不宜扩大，否则与《史记·秦始皇本纪》附录、雍城考古发现相矛盾。

五　秦国早期陵墓

秦国早期陵墓分布于甘肃东部、关中西部。由于文献传抄讹误的以及考古发掘的局限，学者对秦公陵园的分布与秦公墓墓主存在巨大的分歧。笔者立足于对秦国早期历史的年代事迹的复原，分析秦国早期陵墓，得出新的观点，并且发现学界研究存在的问题症结。

1. 秦襄公葬西垂。礼县大堡子山秦公墓墓主为秦襄公（M2）及夫人（M3）。

在综合、分析学者研究成果的基础上，笔者重新探讨秦子器的主人。通过研究秦子器，确立了符合秦子器铭文中秦子的标准：太子或居丧期间可称"秦子"者、符合"秦子、姬"者、符合秦公器与秦子器的时代差别者。运用三个标准以求符合铭文的秦子，得出具体的结论。秦子器的时代处于春秋早中期之际。秦子器主人是秦德公太子秦宣公，大堡子山秦公墓祭祀坑出土的秦子器及传世的秦子器制作年代为秦德公元年、二年（周釐王五年至周惠王元年，前677—前676年）。

2. 秦文公、秦宪公葬西山，在陈仓县西北秦陵山（今陕西省宝鸡市陵原）。

3. 秦武公、秦德公、秦宣公、秦成公葬平阳。平阳邑在今宝鸡市陈仓区阳平镇宁王村一带。1978年，在太公庙村铜器窖藏出土青铜钟、镈，铭文证明属于秦武公器；2013年，在太公庙村钻探出一座中字形大墓和一座大型车马坑；从而证实太公庙村一带乃秦公都平邑葬处。

4. 秦穆公至秦出公葬雍，目前的陵墓数目尚不足，仍需探查。目前的研究，考古工作者的结论与文献记载存在矛盾之处。笔者作了初步推断，富有新意。结合文献记载、考古发现确定秦公陵尊东方、北方的布局规律。利用这个规律，作进一步细致地具体研究，确定了秦公陵的墓主身份。

第 1 组：第 14 号陵园。第 14 号陵园墓主人是秦穆公及夫人。M45 墓主人是秦穆公。

第 2 组：阙。秦康公葬洵社、秦共公在秦康公南。洵社乃社，按照礼制，社与祖处于相对的位置，那么洵社位于马家庄宗庙区相对应的位置。

第 3 组：第 11 号陵园。第 11 号陵园的墓主人是秦桓公与夫人。

第 4 组：第 6 号陵园、第 4 号陵园。第 6 号陵园的墓主人是秦毕公（哀公）及夫人，第 4 号陵园的墓主人是秦惠公及夫人。

第 5 组：第 1 号陵园、第 2 号陵园、第 7 号陵园、第 10 号陵园、第 9 号陵园。第 1 号陵园的墓主人为秦景公及夫人墓，第 10 号陵园的墓主人为秦悼公墓，第 7 号陵园的墓主人为秦躁公，第 2 号陵园的墓主人为秦肃公，第 9 号陵园的墓主人为秦简公及夫人。

第 6 组：第 5 号陵园。第 5 号陵园的墓主人为秦剌龚公。

第 7 组：第 8 号陵园、第 12 号陵园、第 13 号陵园。第 8 号陵园、第 12 号陵园、第 13 号陵园位于第 10 号陵园之南，次于第 10 号陵园墓主人秦悼公的时代，第 8 号陵园、第 12 号陵园的墓主人是秦怀公及夫人，第 13 号陵园墓主人是昭子。

第 8 组：第 3 号陵园。第 3 号陵园的墓主人为秦简公之子秦惠公。

5. 秦公葬制反映了商周文化因素，采用商周以来的制度。大堡子山秦公墓、雍城秦公一号大墓有大量殉人，此俗源自商文化，一直延续到后世秦公。秦公墓的殉人乃保存商文化旧俗，而周人墓葬罕有殉人，反映二者思想信仰方面的差异。

六　秦国早期秦与西戎的关系

秦国早期秦国与西戎历史新考察，揭示秦人对西戎的抵御、共处、交战、征服与融合。

1. "羌""戎"或"西戎"是夏商周时期华夏对居住在西土的

异族的泛称，以经济形态称"羌"，以军事形态称"戎"。西戎的称谓不一，来源有别，或以氏称，或以姓称，或以地称。

2. 西戎的来源不一，或为四岳之后，或本于三苗，或不明。西戎部族众多，其中犬戎是势力大而影响大的一支，夏商周时期常乱于西土。商代晚期，周季历因伐诸戎而兴周，周武王又利用戎人伐商。犬戎原本居住在敦煌一带，入居甘肃天水、宁夏固原、关中、晋南等地区，给予西周王室以极大的压力。西周中晚期，周穆王、周夷王、周厉王、周宣王、周幽王时期周王室大力伐诸戎。周宣王三十年以后，周师常常被戎人打败，大大削弱了周王室的军事实力，加速了西周的灭亡。寺洼文化的分布区域以及其族人与商人、周人、秦人的互动证实，寺洼文化的族属是商代的"羌"、西周至春秋早期的"戎"或"西戎"，既包含了"姜戎""允姓之戎""申戎"等知其姓氏的部族，又包括若干不知其姓氏的部族。

3. 秦伐戎乃商末以来的世职；入西周，商奄遗民亦承其事。周厉王时，西戎灭犬丘大骆之族。周宣王即位，扶植秦人伐戎，秦仲死之，周宣王乃益秦兵，戎人败退，扭转了战局。犬戎灭西周，秦人担负伐戎的重任。秦襄公经过22年伐戎，基本打败与安抚关中的戎人，但是时刻受到威胁。秦宪公、秦武公伐灭了荡（社）〔杜〕、荡氏、彭戏氏、邽戎、冀戎、小虢，肃清了国内由于秦襄公时期延留的历史问题，并且通过设置县制来巩固对这些地区的控制。总之，秦人"虩事蛮方"，时刻担心他们威胁秦国的安全。

4. 秦穆公时期，秦国通过伐戎来增强秦国的国力。秦穆公三十七年，秦伐戎，益国十二，开地千里，遂霸西戎。总之，秦国在人力、财力、土地方面获得了巨大的利益，极大增强了秦国的国力。通过对西周时期至春秋战国时期天水、庆阳、平凉、固原等地区文化演变的考察，证实春秋中晚期以后秦国内迁戎人于天水、庆阳、固原等地区，加强对他们的控制与融合。

5. 自非子始，秦人就保持对戎人的融合，婚姻与戎人加入并行。随着两周之际以后秦国对戎人国家与部族的征服，大量的戎人转变身份成为秦人，大大促进了民族融合。固原、庆阳、天水地区的考古资料证实，西周时期它们是周王朝直接控制的地区。春秋以后，秦国内迁戎人于天水、庆阳、固原等地区，戎人的内迁加强了秦人与戎人的交流与融合。在秦国早期文化中，除了占据绝对优势地位的商文化因素、周文化因素、秦文化因素之外，还有明显的西戎文化因素。同样，西戎文化亦吸收了一些秦文化因素。秦国统治阶层对待戎人采取多种手段，尤其是对臣服的戎人采用优抚，允许其保持文化上的自主。

6. 战国汉代人们对秦人戎人关系的总体评价很笼统，并且存在许多不准确之处。实际上，秦文化含有少量的戎翟文化因素，所以说"秦杂戎翟之俗"出于敌忾，而说"秦与戎翟同俗"属于诬蔑。秦国处于西土，海纳百川，秦文化包含多种文化因素，不宜以某点贬斥其戎化。

附 录 一

古文献征引目[*]

《尚书正义》，二十卷，（汉）孔安国传，（唐）孔颖达疏，（唐）陆德明释文，（清）阮元校刻宋版《十三经注疏》，中华书局1980年影印、校补世界书局本。

《尚书校释译论》，顾颉刚、刘起釪撰，中华书局2005年版。

《周武王有疾周公所自以代王之志（金縢）》，一卷，清华大学出土文献研究与保护中心编，李学勤主编：《清华大学藏战国竹简（壹）》，中西书局2010年版。

《禹贡锥指》，二十卷，图一卷，（清）胡渭撰，清康熙四十四年漱六轩刊本。

《禹贡锥指》，二十卷，图一卷，（清）胡渭撰，邹逸麟据康熙四十四年漱六轩本等整理，上海古籍出版社1996年版。又上海古籍出版社2013年版。

《尚书大传疏证》，七卷，（清）皮锡瑞撰，吴仰湘点校，中华书局2022年版。

《毛诗正义》，七十卷，（汉）毛亨传，（汉）郑玄笺，（唐）孔颖达疏，（清）阮元校刻宋版《十三经注疏》，中华书局1980年影印、校补世界书局本。

《诗谱》，一卷，（汉）郑玄撰，（清）阮元校刻宋版《十三经

---

[*] 以《四库全书》分类法排列。

注疏》，中华书局 1980 影印、校补世界书局本。

《诗本义》，（宋）欧阳修撰，（民国）张元济等编《四部丛刊三编》，上海商务印书馆民国二十四年至二十五年影印本。

《段氏毛诗集解》，三十卷，（宋）段昌武撰，中国国家图书馆藏清抄本。

《吕氏家塾读诗记》，三十二卷，（宋）吕祖谦撰，（民国）张元济等编《四部丛刊续编》，上海商务印书馆民国二十三年影印常熟瞿氏铁琴铜剑楼藏宋刊本。

《吕氏家塾读诗记》，三十二卷，（宋）吕祖谦撰，黄灵庚等主编：《吕祖谦全集》第 4 册，梁运华点校，浙江古籍出版社 2009 年版。

《诗集传》，二十卷，（宋）朱熹撰，（民国）张元济等编《四部丛刊三编》，上海商务印书馆民国二十四至二十五年影印中华学艺社借照东京静嘉堂文库藏宋本。

《诗集传》，二十卷，（宋）朱熹集注，中华书局 1958 年版。

《诗集传》，二十卷，（宋）朱熹集注，朱杰人以元刻本、明正统十二年司礼监本校点，朱杰人等主编：《朱子全书》（修订本）第 1 册，上海古籍出版社、安徽教育出版社 2010 年版。

《诗集传名物钞》，八卷，（元）许谦撰，《通志堂经解》，清康熙间通志堂刻本。

《诗集传通释》，二十卷，（宋）朱熹集传，（元）刘瑾通释，元至正十二年建安刘氏日新书堂刻本。

《诗说解颐正释》，《诗说解颐总论正释字义》，四十卷，（明）季本撰，明嘉靖四十一年胡宗宪刻本。

《诗经通论》，十八卷，《论旨》一卷，（清）姚际恒撰，清道光十七年铁琴山馆刻本。

《诗经通论》，十八卷，《论旨》一卷，（清）姚际恒撰，林庆彰主编：《姚际恒著作集》第 1 册，顾颉刚点校，台北"中研院"文哲所 2014 年版。

《毛郑诗考正》，四卷，（清）戴震撰，杨应芹、诸伟奇主编：《戴震全书》（修订本）第 1 册，安徽古籍丛书编审委员会编《安徽古籍丛书》，黄山出版社 2010 年版。

《三家诗遗说考》，十九卷，（清）陈寿祺撰、陈乔枞述，清光绪八年《左海续集》补刻本。

《诗三家义集疏》，二十八卷，首一卷，（清）王先谦撰，民国四年虚受堂刻后印本。

《诗经选》，余冠英撰，人民文学出版社 1956 年初版。又 1979 年第 2 版。

《诗经今注》，不分卷，高亨撰，上海古籍出版社 1980 年版。

《诗经》，安徽大学汉字发展与应用研究中心编，黄德宽、徐在国主编《安徽大学藏战国竹简（壹）》，中西书局 2019 年版。

《周礼注疏》，四十二卷，（汉）郑玄注，（唐）贾公彦疏，（清）阮元校刻宋版《十三经注疏》，中华书局 1980 年影印、校补世界书局本。

《周礼正义》，八十六卷，（清）孙诒让撰，王文锦、陈玉霞据清光绪三十一年孙氏家藏铅铸版初印本等点校，中华书局辑《十三经清人注疏》，中华书局 1987 年版。

《礼记正义》，六十三卷，（汉）郑玄注，（唐）孔颖达疏，（清）阮元校刻宋版《十三经注疏》，中华书局 1980 年影印、校补世界书局本。

《礼记集解》，六十一卷，（清）孙希旦撰，沈啸寰、王星贤据清咸丰庚申瑞安孙氏盘古草堂本点校，中华书局辑《十三经清人注疏》，中华书局 1989 年版。

《春秋左传正义》，六十卷，（晋）杜预注，（唐）孔颖达疏，（清）阮元校刻宋版《十三经注疏》，中华书局 1980 年影印、校补世界书局本。

《春秋分记》，九十卷，（宋）程公说撰，（清）翁方纲校识，（清）罗士琳校并跋又录，清抄本。

《春秋地名考略》，十四卷，（清）高士奇撰，清康熙刻本。

《春秋地理考实》，四卷，（清）江永撰，（清）阮元辑《皇清经解》，清道光九年广东学海堂刊本。

《春秋公羊传注疏》，二十八卷，（汉）何休注，（唐）徐彦疏，（清）阮元校刻宋版《十三经注疏》，中华书局1980年影印、校补世界书局本。

《孟子注疏》，十四卷，（汉）赵岐注，（宋）孙奭疏，（清）阮元校刻宋版《十三经注疏》，中华书局1980年影印、校补世界书局本。

《孟子正义》，三十卷，（清）焦循注，沈文倬据清咸丰十年补刻本等点校，中华书局辑《十三经清人注疏》，中华书局1987年版。

《崔东壁遗书》，（清）崔述撰，顾颉刚编订，据亚东书局本点校，上海古籍出版社1983年版。

《甲骨文合集》，12册，郭沫若主编，中华书局1978—1982年版。第13册，文物出版社2019年版。

《小屯南地甲骨》，2册，中国社会科学院考古研究所编，中华书局1980、1983年版。

《殷周金文集成》（修订增补本），8册，中国社会科学院考古研究所编，中华书局2007年版。

《商周青铜器铭文暨图像集成》，35册，吴镇烽编著，上海古籍出版社2012年版。

《陕西金文集成》，16册，陕西省古籍整理办公室、陕西省考古研究院编，张天恩主编，三秦出版社2017年版。

《秦汉金文录》，八卷，（民国）容庚撰，民国二十年中央研究院历史语言研究所石印本；收入《容庚学术著作全集》第6册，中华书局2011年版。

《关中秦汉陶录》，陈直撰辑，中华书局2006年版。

《秦代陶文》，袁仲一编著，三秦出版社1987年版。

《秦陶文新编》，袁仲一编著，文物出版社 2009 年版。
《古陶文汇编》，高明编著，中华书局 1990 年版。
《秦封泥集》，周晓陆、路东之编著，三秦出版社 2000 年版。
《秦封泥汇考》，傅嘉仪编著，上海书店出版社 2007 年版。
《秦封泥集存》，刘瑞编著，中国社会科学出版社 2020 年版。
《秦封泥集释》，刘瑞编著，上海古籍出版社 2021 年版。
《秦汉南北朝官印征存》，罗福颐主编，故宫研究室玺印组编，文物出版社 1987 年版。
《经义述闻》，三十二卷，（清）王引之撰，中国训诂学研究会主编《高邮王氏四种》，江苏古籍出版社 2000 年影印道光七年刊本，
《经义述闻》，三十二卷，（清）王引之撰，虞万里主编《高邮二王著作集》，徐炜君等校点，上海古籍出版社 2017 年版。又《清代学术名著丛刊》，上海古籍出版社 2018 年版。
《惜抱轩九经说》，十七卷，（清）姚鼐撰，《惜抱轩全集》，清同治五年刻本。
《说文解字注》，三十卷，（汉）许慎撰，（清）段玉裁注，中华书局 2013 年影印经韵楼本。
《积古斋钟鼎彝器款识》，十卷，（清）阮元编录，《文选楼丛书》，清嘉庆九年刊本。
《簠斋金文题识》，（清）陈介祺撰，陈继揆整理，文物出版社 2005 年版。
《善斋吉金录》，十录二十八卷，（民国）刘体智撰，民国间卢江刘氏石印本。
《善斋吉金录》，十录二十八卷，（民国）刘体智撰，刘园生主编《善斋全集》，上海古籍出版社 2020 年版。
《史记》，一百三十卷，（汉）司马迁撰，（宋）裴骃集解，（唐）司马贞索隐，（唐）张守节正义，（民国）张元济编《百衲本二十四史》，上海商务印书馆民国二十五年影印宋黄善夫刻本。

《史记》，一百三十卷，（汉）司马迁撰，（宋）裴骃集解，（唐）司马贞索隐，（唐）张守节正义，元至元二十五年彭寅翁崇道精舍刻本。

《史记》，一百三十卷，（汉）司马迁撰，（宋）裴骃集解，（唐）司马贞索隐，（唐）张守节正义，中华书局1959年点校本。

《史记》，一百三十卷，（汉）司马迁撰，（宋）裴骃集解，（唐）司马贞索隐，（唐）张守节正义，中华书局2014年点校本二十四史修订本。

《史记志疑》，三十六卷，附录三卷，（清）梁玉绳撰，清乾隆四十八年刻本。

《史记志疑》，三十六卷，（清）梁玉绳撰，贺次君据《清白士集》中《史记志疑》点校，中华书局1981年版。

《校正史记集解索隐正义札记》，五卷，（清）张文虎撰，中华书局1977年版。

《史记会注考证》，一百三十卷，（汉）司马迁撰，[日本国]泷川资言考证，杨海峥整理，上海古籍出版社2015年版。又修订本，上海古籍出版社2022年版。

《史记会注考证校补》，一百三十卷，[日本国]水泽利忠校补，史记会注考证校补刊行会1957年（昭和三十二年）版。又台北广文书局1972年影印日本国史记会注考证校补刊行会昭和三十二年本。

《史记会注考证附校补》，一百三十卷，（汉）司马迁撰，[日本国]泷川资言考证，[日本国]水泽利忠校补，上海古籍出版社1986年版。

《广史记订补》，十二卷，李笠著，李继芬整理，复旦大学出版社2001年版。

《史记研究集成·十二本纪》，赵光勇等主编，西北大学出版社2019年版。

《汉书》，一百卷，（汉）班固撰，（唐）颜师古注，（民国）

张元济编《百衲二十四史》，上海商务印书馆民国二十五年影印宋景佑本。

《汉书》，一百卷，（汉）班固撰，（唐）颜师古注，中华书局1962年点校本。

《汉书补注》，一百卷，卷首一卷，（汉）班固撰，（唐）颜师古注，（清）王先谦补注，中华书局1983年影印清光绪二十六年虚受堂刊本。

《汉书新证》，陈直撰，天津人民出版社1979年第2版。

《后汉书》，九十卷，（宋）范晔撰，（唐）李贤等注，（民国）张元济编《百衲本二十四史》，上海商务印书馆民国二十五年影印南宋绍兴监本。

《后汉书》，九十卷，（宋）范晔撰，（唐）李贤等注，中华书局1965年点校本。

《续汉书志》，三十卷，（晋）司马彪撰，（梁）刘昭注补，《后汉书》，中华书局1965年版。

《后汉书集解》，九十卷，续志集解三十卷，首一卷，（南朝宋）范晔撰，（唐）李贤注，（晋）司马彪撰续志，（梁）刘昭注续志，（清）王先谦集解，中华书局1984年影印民国十二年虚受堂本。

《晋书》，一百三十卷，（唐）房玄龄等撰，中华书局1974年点校本。

《隋书》，八十五卷，（唐）魏徵、令狐德棻撰，中华书局1973年点校本。

《隋书》，八十五卷，（唐）魏徵、令狐德棻撰，中华书局2019年点校本二十四史修订本。

《汲冢纪年存真》，二卷，附《周年表》一卷，（清）朱右曾撰，清归砚斋刻本。

《古本竹书纪年辑证》，五卷，前言一卷，序例一卷，附四，方诗铭、王修龄辑，上海古籍出版社1981年版。又2005年修订本。

又《方诗铭文集》第一卷，上海社会科学院出版社 2010 年版。

《竹书纪年义证》，四十卷，（清）雷学淇撰，清抄本。

《竹书纪年义证》，四十卷，（清）雷学淇撰，民国二十六年北京钱穆修绠堂铅印本。

《竹书纪年义证》，四十卷，（清）雷学淇撰，台北艺文印书馆 1977 年影修绠堂铅印本。

清华简《系年》，清华大学出土文献研究与保护中心编，李学勤主编《清华大学藏战国竹简（贰）》，中西书局 2011 年版。

《资治通鉴外纪》，十卷，目录五卷，（宋）刘恕撰，（民国）张元济等编《四部丛刊》，上海商务印书馆民国十八年影印明刊本。

《帝王世纪辑存》，十卷，附录一卷，（晋）皇甫谧撰，徐宗元辑，中华书局 1964 年版。

《世本八种》，（汉）宋衷注，（清）秦嘉谟等辑，商务印书馆 1957 年版。

清华简《楚居》，一卷，清华大学出土文献研究与保护中心编，李学勤主编：《清华大学藏战国竹简（壹）》，中西书局 2010 年版。

《逸周书》，十卷，附录一卷，补遗一卷，（晋）孔晁注，（民国）张元济等编《四部丛刊》，上海商务印书馆民国十八年影印嘉靖癸卯刊本。

《逸周书》，十卷，附录一卷，补遗一卷，（晋）孔晁注，（清）卢文弨校，（清）卢文弨辑《抱经堂丛书》，清乾隆五十一年刻本。

《逸周书集训校释》，十卷，《周书逸文》一卷，（清）朱右曾撰，清光绪三年湖北崇文书局刻本。《四部备要》，上海中华书局民国二十五年版。

《逸周书汇校集注》（修订本），十卷，黄怀信、张懋镕、田旭东撰，黄怀信修订，李学勤审定，上海古籍出版社 2007 年版。

《路史》，四十七卷，（宋）罗泌撰，（宋）罗苹注，（明）乔可传校，明万历三十九年乔可传刻本。

《路史》，四十七卷，（宋）罗泌撰，（宋）罗苹注，（明）乔可传校，据明乔可传刻本校刊，中华书局辑《四部备要》，中华书局、中国书店1989年影印中华书局民国二十五年本。

《路史校注》，四十七卷，王彦坤撰，中华书局2023年版。

《宋史翼》，四十卷，（清）陆心源辑，《潜园总集》，清光绪三十二年刻本。

《国语》，二十一卷，（周）左丘明撰，（吴）韦昭注，附札记一卷，（清）黄丕烈撰，（清）黄丕烈辑《士礼居丛书》，嘉庆五年吴县黄氏士礼居影印宋天圣明道本《国语》刻本。

《国语》，二十一卷，（周）左丘明撰，（吴）韦昭注，校刊士礼居黄氏重刊本，《四部备要》，中华书局民国二十五年版。

《国语》，二十一卷，（周）左丘明撰，（吴）韦昭注，上海师范大学古籍整理研究所据《四部备要》排印士礼居翻刻明道本等点校，上海古籍出版社1998年版。

《国语正义》，二十一卷，（吴）韦昭注，（清）董增龄正义，清光绪六年会稽章氏式训堂刻本。

《国语集解》（修订本），不分卷，（清）徐元诰撰，王树民、沈长云点校，中华书局2020年版。

《战国策》，三十三卷，（汉）刘向集录，上海古籍出版社1998年第2版。

《元和郡县图志》，四十卷，（唐）李吉甫撰，贺次君据清光绪六年金陵书局刊本点校，中华书局辑《中国古代地理总志丛刊》，中华书局1983年版。

《宋本太平寰宇记》，二百卷，目录二卷，（宋）乐史撰，中华书局2000年影印日本国宫内厅书陵部藏宋本。

《太平寰宇记》，二百卷，目录二卷，（宋）乐史撰，（清）傅增湘校并跋，清光绪八年金陵书局校刻崇仁乐氏祠堂本。

《太平寰宇记》，二百卷，（宋）乐史撰，王文楚据金陵书局本等点校，中华书局辑《中国古代地理总志丛刊》，中华书局2007年版。

《大明一统志》，九十卷，（明）李贤等奉敕撰，明天顺五年御制序刊本。

《（乾隆）大清一统志》，四百二十四卷（合子卷五百卷），（清）和珅等修纂，清乾隆五十五年内府刻本。

《（乾隆）大清一统志》，四百二十四卷（合子卷五百卷），（清）和珅等修纂，《景印文渊阁四库全书》第474—483册，台湾商务印书馆1986年影印"台北故宫博物院"藏本。

《嘉庆重修一统志》，五百六十卷，坿索引，（清）穆彰阿等修，（清）李佐贤等纂，清嘉庆二十五年敕撰，阙名撰索引，（民国）张元济等辑《四部丛刊续编》，上海商务印书馆民国二十三年影印清史馆藏清道光二十二年进呈钞本。

《嘉庆重修一统志》，五百六十卷，坿索引，（清）清嘉庆二十五年敕撰，阙名撰索引，《中国古代地理总志丛刊》，中华书局1986年影《四部丛刊》本。

《读史方舆纪要稿本》，一百三十卷，（清）顾祖禹撰，《中国古籍珍本丛书》，上海古籍出版社1993年影印稿本。

《读史方舆纪要》，一百三十卷，附《舆图要览》，四卷，（清）顾祖禹撰，贺次君、施和金点校，中华书局2005年版。

《（乾隆）甘肃通志》，五十卷，（清）许容修，（清）李迪纂，《景印文渊阁四库全书》第557—558册，台湾商务印书馆1986年影印"台北故宫博物院"藏本。

《长安志》，二十卷，（宋）宋敏求撰，明嘉靖刻本。

《长安志》，二十卷，附（元）李好文编绘《长安志图》，三卷，（宋）宋敏求撰，《宋元方志丛刊》第1册，中华书局1989年影印清乾隆四十九年镇洋灵岩山馆刻本。

《水经注》，十五卷，（汉）桑钦撰，（北魏）郦道元注，《永乐大典》一万一千一百二十七卷至一万一千一百四十一卷，上海涵芬楼影印，（民国）张元济等编《续古逸丛书》43，上海商务印书馆1922年至1957年版。

《水经注疏》，四十卷，（北魏）郦道元注，（清）杨守敬、熊会贞疏，段熙仲据科学出版社《影印〈水经注疏〉》等点校，陈桥驿据台北中华书局《杨熊合撰〈水经注疏〉》本复校，江苏古籍出版社 1989 年版。

《水经注校证》，四十卷，（北魏）郦道元撰，陈桥驿校证，中华书局 2007 年版。

《华阳国志校补图注》，十二卷，（晋）常璩撰，任乃强校注，上海古籍出版社 1987 年版。

《汉旧仪》，二卷，补遗二卷，（汉）卫宏撰，（清）孙星衍辑《平津馆丛书》，清嘉庆十一年刻本。

《秦会要订补》，二十七卷，（清）孙楷撰，徐复订补，中华书局 1959 年版。

《七国考订补》，十四卷，（清）董说撰，缪文远订补，上海古籍出版社 1987 年版。

《历代兵制》，八卷，（宋）陈傅良撰，（清）钱熙祚辑《守山阁丛书》，清道光二十四年金山钱氏刻本。

《盐铁论校注》，十卷，（汉）桓宽撰，王利器校注，《新编诸子集成》，中华书局 2015 年第 2 版。

《管子校注》，二十四卷，黎翔凤撰，梁运华整理，《新编诸子集成》，中华书局 2004 年版。

《商君书锥指》，五卷，蒋礼鸿撰，《新编诸子集成》，中华书局 1986 年版。

《韩非子》，二十卷，（周）韩非撰，（民国）张元济等编《四部丛刊》，上海商务印书馆民国十八年影印上海涵芬楼藏黄尧圃校宋本。

《韩非子集解》，二十卷，考证佚文一卷，（清）王先慎撰，光绪二十二年刻本。

《韩非子集解》，二十卷，（清）王先慎撰，钟哲据光绪二十二年刻本点校，《新编诸子集成》，中华书局 2013 年版。

《二年律令与奏谳书：张家山二四七号汉墓出土法律文献释读》，武汉大学简帛研究中心、荆州博物馆、早稻田大学长江流域文化研究所编，彭浩、陈伟、工藤元男主编，上海古籍出版社2007年版。

《广川书跋》，十卷，（宋）董逌撰，（明）毛晋编《津逮秘书》，明崇祯毛氏汲古阁刻本。

《春秋繁露义证》，（清）苏舆撰，钟哲点校，《新编诸子集成》，中华书局1992年版。

《墨子》，十五卷，目录一卷，（周）墨翟撰，（清）毕沅注，清乾隆四十九年毕氏刊本。

《墨子间诂》，十五卷，目录一卷，附录一卷，后语二卷，（清）孙诒让撰，孙以楷据宣统庚戌复位本等点校，《新编诸子集成》，中华书局2001年版。

《吴子》，二卷，（周）吴起撰，（民国）张元济辑《续古逸丛书》，民国十二年至二十五年上海商务印书馆影印宋刻《武经七书》本。

《吕氏春秋》，二十六卷，（周）吕不韦撰，（汉）高诱训解，（明）宋邦乂等校，（民国）张元济等编《四部丛刊》，上海商务印书馆民国十八年影印涵芬楼藏明宋邦乂等刊本。

《吕氏春秋集释》，二十六卷，（周）吕不韦撰，（汉）高诱注，许维遹集释，梁运华整理，《新编诸子集成》，中华书局2009年版。

《淮南鸿烈解》，二十一卷，（汉）刘安撰，（汉）高诱注，（民国）张元济等编《四部丛刊》，上海商务印书馆民国十八年版影印上海涵芬楼藏刘泖生景写北宋本。

《淮南鸿烈集解》，二十一卷，（民国）刘文典撰，冯逸、乔华点校，《新编诸子集成》，中华书局2013年版。

《淮南子集释》，二十一卷，何宁集释，《新编诸子集成》，中华书局1998年版。

《困学纪闻》，二十卷，（宋）王应麟撰，（民国）张元济等编

《四部丛刊》，上海商务印书馆民国十八年影印江安傅氏双鉴楼藏元刊本。

《困学纪闻》，二十卷，（宋）王应麟撰，（清）翁元圻注，栾保群等校点，上海古籍出版社2008年版。

《困学纪闻》，二十卷，（宋）王应麟撰，（清）翁元圻辑注，孙海通点校，《王应麟著作集成》，中华书局2016年版。

《日知录集释》，三十二卷，《刊误》二卷，《续刊误》二卷，（清）顾炎武撰，（清）黄汝成集释，清道光十四年嘉定黄氏西溪草庐刻本。

《日知录校注》，（清）顾炎武撰，陈垣校注，安徽大学出版社2007年版。

《日知录集释》，三十二卷，《刊误》二卷，《续刊误》二卷，（清）顾炎武撰，（清）黄汝成集释，栾保群、吕宗力校点，上海古籍出版社2006年版。

《日知录》，三十二卷，《日知录之余》，四卷，（明）顾炎武撰，华东师范大学古籍研究所整理，黄珅、严佐之、刘永翔主编《顾炎武全集》第18至19册，上海古籍出版社2011年版（2016年重印）。

《读书杂志》，八十二卷，（清）王念孙撰，中国训诂学研究会主编《高邮王氏四种》，江苏古籍出版社2000年影印王氏家刻本。

《读书杂志》，八十二卷，（清）王念孙撰，虞万里主编《高邮二王著作集》，徐炜君等校点，上海古籍出版社2017年版。又《清代学术名著丛刊》，上海古籍出版社2017年版。

《籀廎述林》，十卷，（清）孙诒让撰，民国五年刊本。

《籀廎述林》，十卷，（清）孙诒让撰，雪克点校，许嘉璐主编《孙诒让全集》，中华书局2010年版。

《观堂集林》，二十卷，（民国）王国维撰，谢维扬、房鑫亮主编《王国维全集》第8卷，谢维扬等点校，浙江教育出版社、广东教育出版社2010年版。

《战国纵横家书》，《马王堆汉墓帛书》，马王堆汉墓帛书整理小组编，文物出版社1976年版。

《战国纵横家书》，湖南省博物馆、复旦大学出土文献研究与古文字研究中心编，裘锡圭主编《长沙马王堆汉墓简帛集成》第3册，中华书局2014年版。又修订本，中华书局2024年版。

《晏子春秋校释》，八卷，附录一卷，吴则虞撰，据思贤书局苏舆等校刊，《新编诸子集成》，中华书局1982年版。

《晏子春秋校注》，八卷，张纯一撰，梁运华点校，《新编诸子集成续编》，中华书局2014年版。

《元和姓纂》，十卷，（唐）林宝撰，（清）孙星衍、洪莹校补，（清）李慈铭校补并跋，清洪莹刻本。

《元和姓纂》，十卷，（唐）林宝撰，清抄本。

《元和姓纂》，十卷，附四校记，（唐）林宝撰，岑仲勉校记，郁贤皓、陶敏整理，中华书局1994年版。

《读书脞录》，七卷，续编四卷，（清）孙志祖撰，清嘉庆间刻本。

《艺文类聚》，一百卷，（唐）欧阳询等撰，汪绍楹校，上海古籍出版社1999年第2版。

《初学记》，三十卷，（唐）徐坚等撰，（清）康熙乾隆间敕辑《古香斋袖珍十种》，孔氏三十三万卷堂藏版，清光绪八年、九年刻本。

《初学记》，三十卷，（唐）徐坚等撰，司义祖据清古香斋本等点校，中华书局2004年版。

《太平御览》，一千卷，（宋）李昉等撰，（民国）张元济等编《四部丛刊三编》，上海商务印书馆民国二十四至二十五年影宋本。

《太平御览》，一千卷，（宋）李昉等撰，中华书局1960年缩印上海涵芬楼影宋本。

《太平御览》，一千卷，目录十五卷，（宋）李昉等撰，清嘉庆间歙县鲍重城刻本。

《山海经》，十八卷，（晋）郭璞传，宋刻本。

《山海经》，十八卷，（晋）郭璞传，（民国）张元济等编《四部丛刊》，上海商务印书馆民国十八年影印江安傅氏双鉴楼藏明成化庚寅刊本。

《山海经笺疏》，十八卷，图赞一卷，订伪一卷，叙录一卷，（晋）郭璞注，（清）郝懿行笺疏，清嘉庆十四年琅嬛仙馆刻本。

《山海经笺疏》，十八卷，图赞一卷，订伪一卷，叙录一卷，（晋）郭璞传，（清）郝懿行笺疏，管谨切点校，安作璋主编《郝懿行集》第6册，齐鲁书社2010年版。

《山海经笺疏》，十八卷，图赞一卷，订伪一卷，叙录一卷，（晋）郭璞传，（清）郝懿行笺疏，栾保群点校，《新编诸子集成续编》，中华书局2019年版。

《山海经校注》，十八卷，袁珂校注，上海古籍出版社1980年版。又巴蜀书社1993年增补修订本。

《穆天子传》，六卷，（晋）荀勖序，（晋）郭璞注，（民国）张元济等编《四部丛刊》，上海商务印书馆民国十八年影印上海涵芬楼藏明天一阁刊本。

《穆天子传汇校集释》，六卷，王贻梁、陈建敏选，华东师范大学出版社1994年版。

《穆天子传汇校集释》，六卷，王贻梁、陈建敏撰，中华书局2019年版。

《博物志校证》，十卷，（晋）张华撰，范宁校证，中华书局1980年版。

《广弘明集》，三十卷，（唐）（释）道宣撰，（民国）张元济等编《四部丛刊》，上海商务印书馆民国十八年影印上海涵芬楼藏明刊本。

《广弘明集》，三十卷，（唐）（释）道宣撰，中华书局辑《四部备要》第55册，据常州天宁寺本校刊，中华书局、中国书店1989年影印中华书局民国二十五年本。

《新校正梦溪笔谈》，（宋）沈括撰，胡道静校正，《胡道静文集》，上海人民出版社2011年版。

《愚庵小集》，十五卷，附录一卷，（明）朱鹤龄撰，清康熙十年刻本。

《青溪集》，十二卷，续编，八卷，（清）程廷祚撰，宋效勇校点，《安徽古籍丛书》第3辑，黄山书社2004年版。

《戴震全书》（修订本），（清）戴震撰，杨应芹、诸伟奇主编，安徽古籍丛书编审委员会编《安徽古籍丛书》，黄山出版社2010年版。

《经传室文集》，十卷，（清）朱骏声撰，（民国）刘承干辑《求恕斋丛书》，民国间刘承干刻本。

《罗振玉学术论著集》，（民国）罗振玉撰，罗继祖主编，上海古籍出版社2013年版。

《王国维全集》，（民国）王国维撰，谢维扬、房鑫亮总编，浙江教育出版社、广东教育出版社2010年版。

附 录 二

近人论著征引目[*]

一 汉文

A

安特生：《甘肃考古记》，乐森璕译，《地质专报》甲种第五号，农商部地质调查所1925年版。

B

白川静：《西周史》，袁林译，三秦出版社1992年版。

宝鸡市博物馆、宝鸡县图博馆：《宝鸡县西高泉村春秋秦墓发掘记》，《文物》1980年第9期，第1—6页。

宝鸡市陈仓区博物馆：《陕西宝鸡市陈仓区南阳村春秋秦墓清理简报》，《考古与文物》2005年第4期，第3—4页。

宝鸡市考古工作队、宝鸡县博物馆：《陕西宝鸡县南阳村春秋秦墓的清理》，《考古》2001年第7期，第21—29页。

宝鸡市考古研究所：《宝鸡市益门村二号春秋墓发掘简报》，《文物》1993年第10期，第1—14页。

宝鸡市考古研究所：《秦墓遗珍：宝鸡益门二号春秋墓》，科学出版社2016年版。

宝鸡市考古研究所：《陕西宝鸡旭光西周墓葬发掘简报》，《文

---

[*] 汉文、西文及译文以作者姓名罗马拼音为序，日文及译文以成书或出版年代为序。

物》2021 年第 9 期，第 4—37 页。

宝鸡市考古研究所：《宝鸡旭光墓地》，文物出版社 2023 年版。

北京大学中国考古学研究中心、宝鸡市考古研究所：《宝鸡市蒋家庙遗址考古调查报告》，《古代文明》第 9 卷，文物出版社 2013 年版，第 240—266 页。

北京市文物研究所等编：《琉璃河西周燕国墓地（1973—1977）》，文物出版社 1995 年版。

C

蔡庆良、张志光主编：《嬴秦溯源：秦文化特展》，台北"故宫"2016 年版。

曹发展：《陕西户县南关春秋秦墓清理记》，《文博》1989 年第 2 期，第 3—12 页。

晁福林：《论平王东迁》，《历史研究》1991 年第 6 期，第 8—23 页。

晁福林：《清华简〈系年〉与两周之际史事的重构》，《历史研究》2013 年第 6 期，第 154—163 页。

陈洪：《秦文化之考古学研究》，科学出版社 2016 年版。

陈建立、毛瑞林、王辉等：《甘肃临潭磨沟寺洼文化墓葬出土铁器与中国冶铁技术起源》，《文物》2012 年第 8 期，第 45—53 页。

陈梦家：《西周铜器断代》，《陈梦家著作集》，中华书局 2004 年版。

陈梦家：《殷虚卜辞综述》，《陈梦家著作集》，中华书局 1988 年版（2016 年重印）。

陈平：《秦子戈、矛考》，《考古与文物》1986 年第 2 期，第 65—68 页。

陈平：《〈秦子戈、矛考〉补议》，《考古与文物》1990 年第 1 期，第 102—106 页。

陈平：《试论宝鸡益门二号墓短剑及有关问题》，《考古》1995年第4期，第361—375页。

陈平：《浅谈礼县秦公墓地遗存与相关问题》，《考古与文物》1998年第5期，第78—87页。

陈平：《关陇文化与嬴秦文明》，江苏教育出版社2005年版。

陈晓捷：《临潼新丰镇刘寨村秦遗址出土陶文》，《考古与文物》1996年第4期，第1—7页。

陈晓捷、周晓陆：《新见秦封泥五十例考略——为秦封泥发现十周年而作》，西安碑林博物馆编：《碑林集刊》第11辑，陕西人民美术出版社2005年版。

陈昭容：《论甘肃礼县大堡子山秦公墓地及文物》，《秦系文字研究》，台北乐学书局有限公司2003年版，第149—169页。

陈昭容：《秦公器与秦子器——兼论甘肃礼县大堡子山秦墓的墓主》，《中国古代青铜器国际研讨会论文集》，上海博物馆、香港中文大学文物馆2010年版，第229—260页。

陈泽：《秦子钟与西垂嘉陵》，原载《天水日报》2000年10月9日；收入《西垂文化研究》，五洲文明出版社2005年版，第89—94页。

程平山：《秦襄公、文公年代事迹考》，《历史研究》2013年5期，第164—172页。

程平山：《竹书纪年与出土文献研究之一：竹书纪年考》，中华书局2013年版。

程平山：《秦子器主考》，《文物》2014年第10期，第49—54页。

程平山：《两周之际"二王并立"历史再解读》，《历史研究》2015年第6期，第4—21页。

程平山：《〈诗经·秦风〉〈石鼓诗〉年代背景主旨新考》，上海古籍出版社2023年版。

程平山：《先秦时期编年体史书的起源》，《历史研究》2024年第 3 期，第 43—68 页。

程平山：《〈秦记〉研究》，《文史》2024 年第 2 辑，第 5—25 页。

种建荣、张天宇等：《宝鸡贾家崖两周陶器分期研究》，山东省文物考古研究所、北京大学震旦古代文明研究中心、莒县人民政府编著：《青铜器与山东古国学术讨论会论文集》，上海古籍出版社 2017 年版，第 55—81 页。

淳化县文化馆：《陕西淳化史家原出土西周大鼎》，《考古与文物》1980 年第 2 期，第 17—20 页。

D

戴春阳、韩翀飞：《崇信县刘家沟战国秦墓》，《中国考古学年鉴（1988）》，文物出版社 1989 年版，第 247 页。

戴春阳：《礼县大堡子山秦公墓地及有关问题》，《文物》2000 年第 5 期，第 74—80 页。

戴春阳：《礼县大堡子山秦国墓地发掘散记》，《甘肃文物工作五十年》，甘肃文化出版社 1999 年版，第 232—240 页。

地区文化处：《平凉地区文物工作成绩显著》，《平凉文博》1984 年第 1 期，第 1—5 页。

丁山：《句芒、高禖、防风、飞廉考——风神篇》，《古代神话与民族》，商务印书馆 2005 年版，第 312—338 页。

董珊：《秦子姬簋盖初探》，《故宫博物院院刊》2005 年第 6 期，第 27—32 页。

董珊：《石鼓文考证》，刘钊主编：《出土文献与古文字研究》第 3 辑，复旦大学出版社 2010 年版，第 117—136 页。

董珊：《秦子车戈考释与秦伯丧戈矛再释》，《国学学刊》2019 年第 3 期，第 40—49 页。

董珊：《秦汉铭刻丛考》，上海古籍出版社 2020 年版。

董卫剑：《从宁王遗址出土的"郁夷"瓦当探讨郁夷县故城与

平阳故城的关系》,《考古与文物》2005 年第 1 期,第 44—48 页。

董卫剑主编,宝鸡市陈仓区博物馆编:《陈仓记忆》,西北大学出版社 2020 年版。

杜博瑞:《甘肃宁县遇村遗址 2018 年发掘收获》,《大众考古》2019 年第 4 期,第 12—13 页。

杜正胜:《编户齐民:传统政治社会结构之形成》,台北联经出版事业公司 1990 年版。

段连勤:《关于夷族的西迁和秦嬴的起源地、族属问题》,《人文杂志》编辑委员会编:《先秦史论文集》(《人文杂志》专刊),《人文杂志》编辑部 1982 年版,第 166—175 页;收入礼县秦西垂文化研究会、礼县博物馆编、康世荣主编:《秦西垂文化论集》,文物出版社 2005 年版,第 81—89 页。

F

范文澜:《中国通史简编》(修订本)第 1 编,人民出版社 1964 年版。

复旦大学出土文献与古文字研究中心读书会:《〈清华(贰)〉讨论记录》,复旦大学出土文献与古文字研究中心网,2011 年 12 月 23 日。

傅斯年:《夷夏东西说》,原载国立中央研究院《历史语言研究所集刊》外编第一种《庆祝蔡元培先生六十五岁文集》,1933 年;收入《傅斯年全集》第 3 册,台北联经出版事业公司 1980 年版,第 86—157 页。

傅斯年:《〈新获卜辞写本后记〉跋》,原载国立中央研究院《安阳发掘报告》第 2 期,1930 年;收入《傅斯年全集》第 3 册,第 223—269 页。

G

甘肃省博物馆:《甘肃省文物考古工作三十年》,《文物考古工作三十年》，文物出版社 1979 年版，第 139—153 页。

甘肃省博物馆文物组：《灵台白草坡西周墓》，《文物》1972 年第 12 期，第 2—8 页。

甘肃省博物馆文物队、灵台县文化馆：《甘肃灵台两周墓葬》，《文物》1976 年第 1 期，第 39—48 页。

甘肃省博物馆文物队：《甘肃灵台白草坡西周墓》，《考古学报》1977 年第 2 期，第 99—130 页。

甘肃省博物馆文物队、灵台县文化馆：《甘肃灵台两座西周墓》，《文物》1981 年第 6 期，第 557—558 页。

甘肃省博物馆文物工作队：《甘肃永登榆树沟的沙井墓葬》，《考古与文物》1981 年第 4 期，第 34—36 页。

甘肃省公安厅：1993 年 12 月 1 日《关于对礼县大堡子山 4 起盗挖古墓倒贩文物线索立为专案并案侦查的实施方案》；马建营：《秦西垂陵园的发现经过》，《秦西垂史地考述》，敦煌文艺出版社 2010 年版，第 21 页。

甘肃省文物工作队、北京大学考古学系：《甘肃甘谷毛家坪遗址发掘报告》，《考古学报》1987 年第 3 期，第 359—395 页。

甘肃省文物考古研究所、礼县博物馆：《礼县圆顶山春秋秦墓》，《文物》2002 年第 2 期，第 4—30 页。

甘肃省文物考古研究所、礼县博物馆：《甘肃礼县圆顶山 98LDM2、2000LDM4 春秋秦墓》，《文物》2005 年第 2 期，第 4—27 页。

甘肃省文物考古研究所等编：《西汉水上游考古调查报告》，文物出版社 2008 年版。

甘肃省文物考古研究所、张家川回族自治县博物馆：《2006 年度甘肃张家川回族自治县马家原战国墓地发掘简报》，《文物》2008 年第 9 期，第 4—28 页。

甘肃省文物考古研究所编著：《崇信于家湾周墓》，文物出版社 2009 年版。

甘肃省文物考古研究所：《甘肃秦安王洼战国墓地2009年发掘简报》，《文物》2012年第8期，第27—37页。

甘肃省文物考古研究所编著：《西戎遗珍：马家塬战国墓地出土文物》，文物出版社2014年版。

甘肃省文物考古研究所、清水县博物馆编著：《清水刘坪》，文物出版社2014年版。

甘肃省文物考古研究所：《甘肃漳县墩坪墓地2014年发掘简报》，《考古》2017年第8期，第34—51页。

甘肃省文物考古研究所、漳县文物管理所：《甘肃漳县墩坪墓地2015年发掘简报》，《文物》2019年第3期，第19—37页。

甘肃省文物考古研究所编著：《甘肃重要考古发现（2000—2019）》，文物出版社2020年版。

甘肃省文物考古研究所：《甘肃宁县石家墓地M4、M166发掘简报》，《考古与文物》2020年第5期，第3—24页。

甘肃省文物考古研究所：《甘肃宁县石家东周墓地2016年的发掘》，《考古学报》2021年第3期，第425—462页。

甘肃省文物考古研究所等编著：《秦与戎：秦文化与西戎文化十年考古成果展》，文物出版社2021年版。

甘肃省文物考古研究所 王永安 孙锋，南京大学历史学院 杜博瑞：《交流、变迁与融合——甘肃宁县石家及遇村遗址考古新发现》，《中国文物报》2020年9月4日第8版。

甘肃省文物考古研究所、南京大学历史学院：《甘肃宁县遇村遗址西周墓（M5、M20）发掘简报》，《文物》2021年第10期，第4—10页。

高次若、王桂枝：《宝鸡县甘峪发现一座春秋早期墓葬》，《文博》1988年第4期，第21页。

高次若：《先秦都邑陈仓城及秦文公、宁公葬地刍议》，秦始皇兵马俑博物馆论丛委员会编：《秦文化论丛》第3辑，西北大学出版社1994年版，第284—299页。

高次若、刘明科:《关于千渭之会都邑及其相关问题》,《周秦文化研究》,陕西人民出版社1998年版,第582—590页。

高次若、刘明科:《再论汧渭之会及其相关问题》,《秦都咸阳与秦文化研究》,陕西人民教育出版社2003年版,第518—529页。

葛海洋、魏慎玉:《不其簋略考》,《文物鉴定与鉴赏》2014年第1期,第90—93页。

宫长为、刘宗元主编:《嬴秦文化研究与成果转化——中国·济南第三届嬴秦文化暨中华嬴秦文化园规划研讨会文集》,山东大学出版社2021年版。

固原博物馆:《宁夏固原吕坪村发现一座东周墓》,《考古》1992年第5期,第469—470页。

固原县文物工作站:《宁夏固原县西周墓清理简报》,《考古》1983年第11期,第982—984页。

顾颉刚:《从古籍中探索我国的西部民族——羌族》,原载《社会科学战线》1980年第1期;收入《昆仑传说与姜戎文化》,易名《三千多年来的姜戎》,《顾颉刚古史论文集》卷6,《顾颉刚全集》第6册,第197—280页。

顾颉刚:《鸟夷族的图腾崇拜及其氏族集团的兴亡——周公东征史实考证四之七》,《史前研究(2000)》,三秦出版社2000年版,第148—210页。

顾颉刚:《"三监"人物及其疆地》,顾颉刚:《顾颉刚全集》第11册,中华书局2010年版,第607—635页。

顾颉刚:《周公东征和迁民的总序》,原载《文史》第27辑(1986年);收入《古史论文集》卷10,《顾颉刚全集》第11册,第705—727页。

顾颉刚:《周公东征和东方各族的迁徙》,《文史》第27辑(1986年),第1—14页。

顾颉刚:《太原之戎即玁狁》,《顾颉刚读书笔记》卷6,《顾颉刚全集》第21册,第276页。

顾颉刚：《西秦与西戎》，《史林杂识初编》，《顾颉刚读书笔记》卷 16，《顾颉刚全集》第 31 册，第 310—316 页。

郭军涛、刘文科：《西汉水上游地区秦早期都邑考》，《四川文物》2010 年第 3 期，第 51—56 页。

郭沫若：《释应监甗》，《考古学报》1960 年第 1 期，第 7—8 页。

郭沫若主编：《中国史稿》第 1 册，人民出版社 1976 年版。

郭沫若：《石鼓文研究》，《郭沫若全集·考古编》第 9 卷，科学出版社 1982 年第 3 版。

郭沫若：《诅楚文研究》，《郭沫若全集·考古编》第 9 卷，科学出版社 1982 年第 3 版。

郭物：《青铜鍑在欧亚大陆的初传》，《欧亚学刊》第 1 辑，中华书局 1999 年版，第 122—150 页。

郭物：《论青铜鍑的起源》，《21 世纪中国考古学与世界考古学》，中国社会科学出版社 2002 年版，第 392—410 页。

国家文物局主编：《中国考古 60 年（1949—2009）》，文物出版社 2009 年版。

国家文物局编：《秦韵——大堡子山出土文物集粹》，文物出版社 2015 年版。

H

韩伟：《马家庄秦宗庙建筑制度研究》，《文物》1985 年第 2 期，第 30—38 页。

韩伟：《秦宫朝寝钻探图考释》，原载《考古与文物》1985 年第 2 期；收入《磨砚书稿：韩伟考古文集》，科学出版社 2001 年版，第 29—33 页。

韩伟：《关于秦人族属及文化渊源管见》，原载《文物》1986 年第 4 期，第 23—28 页；收入《磨砚书稿：韩伟考古文集》，科学出版社 2001 年版，第 10—16 页。

韩伟、焦南峰：《秦都雍城考古发掘研究综述》，《考古与文物》1988年5、6期，第111—127页。

韩伟：《秦陵概论》，原载《考古学研究》，三秦出版社1993年版；收入《磨砚书稿：韩伟考古文集》，科学出版社2001年版，第52—68页。

韩伟：《论甘肃礼县出土的秦金箔饰片》，《文物》1995年第6期，第4—8页。

河北省文管处等：《河北邯郸赵王陵》，《考古》1982年第6期，第597—605页。

河北省文化局文化工作队：《河北邯郸百家村战国墓》，《考古》1962年第12期，第613—634页。

何清谷：《嬴秦族四迁考》，《考古与文物》1991年第5期，第70—77页。

何翔：《甘肃省西峰市出土的西周陶贝》，《文博》1991年第3期，第86—87页。

侯红伟：《礼县秦文化遗存及相关问题探讨》，雍际春等主编：《秦文化探研——甘肃秦文化研究会第二次学术研讨会论文集》，甘肃人民出版社2015年版，第233—241页。

侯红伟：《秦戎关系考略》，天水市博物馆编：《西戎文化的发现与研究学术研讨会论文集》，文物出版社2019年版，第116—128页。

侯红伟：《大堡子山遗址》，甘肃省文物考古研究所编著：《甘肃重要考古发现（2000—2019）》，文物出版社2020年版，第208—215页。

侯红伟：《李崖遗址》，甘肃省文物考古研究所编著：《甘肃重要考古发现（2000—2019）》，文物出版社2020年版，第194—199页。

侯红伟：《六八图遗址》，甘肃省文物考古研究所编著：《甘肃重要考古发现（2000—2019）》，文物出版社2020年版，第216—

221 页。

侯红伟:《鸾亭山遗址》,甘肃省文物考古研究所编著:《甘肃重要考古发现(2000—2019)》,文物出版社 2020 年版,第 230—235 页。

侯红伟:《毛家坪遗址》,甘肃省文物考古研究所编著:《甘肃重要考古发现(2000—2019)》,文物出版社 2020 年版,第 200—207 页。

侯红伟:《西山遗址》,甘肃省文物考古研究所编著:《甘肃重要考古发现(2000—2019)》,文物出版社 2020 年版,第 222—229 页。

侯红伟、汪天凤:《探寻秦人的足迹——李崖遗址》,《甘肃日报》2020 年 5 月 6 日第 8 版。

胡大贵:《庶长考》,《四川师范大学学报》1990 年第 4 期,第 59—64 页。

胡谦盈:《寺洼文化》,中国大百科全书总编辑委员会《考古学》编辑委员会等编:《中国大百科全书·考古学》,中国大百科全书出版社 1986 年版,第 485—486 页。

胡平生、韩自强:《阜阳汉简诗经研究》,上海古籍出版社 1988 年版。

华东师范大学中文系战国简读书小组:《读〈清华大学藏战国竹简(贰)系年〉书后(一)》,简帛网,2011 年 12 月 29 日。

黄怀信:《〈逸周书〉源流考辨》,西北大学出版社 1992 年版。

黄留珠:《秦文化二源说》,《西北大学学报》(哲学社会科学版)1995 年第 3 期,第 28—34 页。

黄盛璋:《秦兵器分国、断代与有关制度研究》,《古文字研究》第 21 辑,中华书局 2001 年版,第 227—285 页。

黄石林:《秦人祖源略考》,雷依群、徐卫民主编:《秦都咸阳与秦文化研究》,陕西人民教育出版社 2003 年版,第 248—249 页。

黄文弼：《嬴秦为东方氏族考》，原载《史学杂志》创刊号，1945年；收入礼县秦西垂文化研究会、礼县博物馆编、康世荣主编：《秦西垂文化论集》，文物出版社2005年版，第23—27页。

黄灼耀：《秦人早期史迹初探》，《学术研究》1980年第6期，第69—76页。

J

翦伯赞：《秦汉史》，北京大学出版社1984年版。

翦伯赞：《中国史纲》第2卷《秦汉史》，《翦伯赞全集》第2卷，河北教育出版社2007年版。

蒋善国：《尚书综述》，上海古籍出版社1988年版。

蒋五宝：《"汧渭之会"遗址具体地点再探》，《宝鸡文理学院学报》1998年第2期，第55—58页。

焦南峰、田亚岐：《寻找"汧渭之会"的新线索》，《中国文物报》2004年3月5日第7版。

焦南峰：《雍城秦公陵园研究的再思考》，《考古与文物》2021年第6期，第74—80页。

荆州博物馆、武汉大学简帛研究中心编，李志芳、李天虹主编：《荆州胡家草场西汉简牍选粹》，文物出版社2021年版。

泾川县文化馆 刘玉林：《甘肃泾川发现早周铜鬲》，《文物》1977年第9期，第92页。

井中伟、李连娣：《中国北方系青铜"花格"剑研究》，《边疆考古研究》第13辑，科学出版社2013年版，第163—179页。

K

康世荣：《秦都邑西垂故址探源》，原载《礼县史志资料》1985年第6期；收入《秦西垂文化论集》，文物出版社2005年版，第335—338页。

L

礼县秦西垂文化研究会、礼县博物馆编、康世荣主编:《秦西垂文化论集》,文物出版社 2005 年版。

李超:《秦封泥与官制研究》,《秦封泥与秦文化研究书系》,陕西师范大学出版社 2021 年版。

李朝远:《上海博物馆新获秦公器研究》,《青铜器学步集》,文物出版社 2007 年版,第 77—82 页。

李朝远:《上海博物馆新藏秦器研究》,《青铜器学步集》,文物出版社 2007 年版,第 91—97 页。

李朝远:《伦敦新见秦公壶》,《青铜器学步集》,文物出版社 2007 年版,第 128—131 页。

李宏飞:《商末周初文化变迁的考古学文化研究》,文物出版社 2021 年版。

李零:《春秋秦器试探——新出秦公钟、簋铭与过去著录秦公钟、簋铭的对读》,《考古》1979 年第 6 期,第 515—521 页。

李零:《〈史记〉中所见秦早期都邑葬地》,《文史》第 20 辑,中华书局 1983 年版,第 15—23 页。

李庆东:《建国以来井田制研究述评》,《史学集刊》1989 年第 1 期,第 9—13 页。

李溯源、吴立、李枫:《伊犁河谷铜鍑研究》,《文物》2013 年第 6 期,第 82—91 页。

李晓青、南宝生:《甘肃清水县刘坪近年发现的北方系青铜器及金饰片》,《文物》2003 年第 7 期,第 4—17 页。

李学勤:《秦国文物的新认识》,原载《文物》1980 年第 9 期,第 25—31 页;收入氏著《新出青铜器研究》(增订版),人民美术出版社 2016 年版,第 230—232 页;又收入《李学勤文集》第 12 卷,江西教育出版社 2023 年版,第 145—166 页。

李学勤:《师同鼎试探》,《文物》1983 年第 6 期,第 58—61 页;收入《李学勤文集》第 12 册,第 280—289 页。

李学勤:《湖南战国兵器铭文选释》,《古文字研究》第 12 辑,中华书局 1985 年版,第 329—336 页;收入《李学勤文集》第 13 卷,第 131—139 页。

李学勤:《多友鼎的时代及意义》,《人文杂志》1986 年第 1 期,第 87—92 页;收入《李学勤文集》第 12 卷,第 196—208 页。

李学勤、艾兰:《最新出现的秦公壶》,原载《中国文物报》1994 年 10 月 30 日第 3 版;收入李学勤:《四海寻珍》,清华大学出版社 1998 年版,第 260—263 页;又收入《李学勤文集》第 14 卷,第 46—49 页。

李学勤:《"秦子"新释》,《文博》2003 年第 5 期,第 37—40 页;收入《李学勤文集》第 15 卷,第 135—143 页。

李学勤:《论秦子簋盖及其意义》,《故宫博物院院刊》2005 年第 6 期,第 21—26 页;收入《李学勤文集》第 15 卷,第 257—263 页。

李学勤:《补论不其簋的器主和年代》,原载《早期秦文化研究》(三秦出版社 2006 年版);收入氏著《文物中的古文明》,商务印书馆 2008 年版,第 524—527 页;又收入《李学勤文集》第 15 卷,第 280—284 页。

李学勤:《琱生诸器铭文联读研究》,《文物》2007 年第 8 期,第 71—75 页;收入《李学勤文集》第 15 卷,第 336—345 页。

李学勤:《秦子盉与"秦子"之谜》,宝鸡市青铜器博物馆编、段德新主编:《周秦文明论丛》第 2 辑,三秦出版社 2009 年版,第 1—4 页;收入《李学勤文集》第 16 卷,第 18—24 页。

李学勤:《清华简〈系年〉及有关古史问题》,《文物》2011 年第 3 期,第 70—74 页;收入《李学勤文集》第 20 卷,第 175—185 页。

李学勤:《清华简关于秦人始源的重要发现》,原载《光明日报》2011 年 9 月 8 日第 11 版;收入氏著《初识清华简》,中西书局 2013 年版,第 140—144 页;又收入《李学勤文集》第 20 卷,第212—216页。

李学勤：《清华简〈系年〉"奴𤞷之戎"试考》，《社会科学战线》2011年第12期，第27—28页；收入《李学勤文集》第20卷，第225—228页。

李仲立等：《甘肃宁县西沟发现战国古城遗址》，《考古与文物》1998年第4期，第20—23页。

礼县博物馆、礼县秦西垂文化研究会编著：《秦西垂陵区》，文物出版社2004年版。

梁万斌：《〈史记·秦本纪〉错简一则》，《秦始皇帝陵博物院》第7辑，三秦出版社2017年版，第148—151页。

梁云：《"秦子"诸器的年代及有关问题》，北京大学震旦古代文明中心编：《古代文明》第5卷，文物出版社2006年版，第301—312页。

梁云：《西新邑考》，《中国历史文物》2007年第6期，第32—39页。

梁云：《甘肃礼县大堡子山青铜乐器坑探讨》，《中国历史文物》2008年第4期，第25—38页。

梁云：《对鸾亭山祭祀遗址的初步认识》，《中国历史文物》2005年第5期，第15—31页。

梁云：《非子封邑的考古学探索》，《中国历史文物》2010年第3期，第24—31页。

梁云：《鄜畤、陈宝祠与汧渭之会考》，《秦始皇帝陵博物馆》总1辑，三秦出版社2011年版，第79—82页。

梁云：《泾河上游西周时期殷遗民墓葬研究》，《中国考古学会第十五次年会论文集》，文物出版社2012年版，第256—267页。

梁云：《五方合作 十年探索 成果丰硕》，《中国文物报》2014年11月25日第6版。

梁云、侯红伟：《甘肃甘谷毛家坪遗址2013年考古收获》，《2013中国重要考古发现》，文物出版社2014年版，第60—63页。

梁云：《陇山东侧商周方国考略》，《西部考古》第 8 辑，科学出版社 2015 年版，第 100—117 页。

梁云、田亚岐：《试论雍城秦公陵园的墓主及葬制》，《考古与文物》2015 年第 4 期，第 53—58 页。

梁云：《考古学上所见秦与西戎的关系》，《西部考古》第 11 辑，科学出版社 2016 年版，第 112—146 页。

梁云：《论早期秦文化的来源与形成》，《考古学报》2017 年第 2 期，第 149—174 页。

梁云：《西垂有声——〈史记·秦本纪〉的考古学解读》，生活·读书·新知三联书店 2020 年版。

梁云：《早期秦文化探索》，上海古籍出版社 2021 年版。

聊城地区史志办公室、山东省出版总社聊城分社编，齐保柱、高志超主编：《聊城风物》，山东友谊出版社 1988 年版。

廖名春：《清华简〈系年〉管窥》，《深圳大学学报》（人文社会科学版）2012 年第 3 期，第 51—54 页。

林剑鸣：《秦人早期历史探索》，《西北大学学报》（哲学社会科学版）1978 年第 1 期，第 20—26 页。

林剑鸣：《秦史稿》，上海人民出版社 1981 年版。

林剑鸣：《周公东征和嬴姓西迁》，《文史知识》1982 年第 11 期，第 16—20 页。

林沄：《关于中国的对匈奴族源的考古学研究》，原载《内蒙古文物考古》1993 年第 1、2 期；收入《林沄学术文集》（中国大百科全书出版社 1998 年版）；又收入《林沄文集·考古学卷》，上海古籍出版社 2019 年版，第 207—231 页。

林沄：《中国北方长城地带游牧文化带的形成过程》，原载《燕京学报》新 14 期（2003 年）；收入《林沄文集·考古学卷》，上海古籍出版社 2019 年版，第 377—429 页。

刘得祯、朱建堂：《甘肃灵台县景家庄春秋墓》，《考古》1981 年第 4 期，第 298—301 页。

刘得祯：《甘肃灵台两座西周墓》，《考古》1981年第6期，第557—558页。

刘得祯：《甘肃灵台红崖沟出土西周铜器》，《考古与文物》1983年第6期，第109页。

刘得祯、许俊臣：《甘肃庆阳春秋战国墓葬的清理》，《考古》1988年第5期，第413—424页。

刘国忠：《从清华简系年看平王东迁的相关史实》，陈致主编：《简帛·经典·古史》，上海古籍出版社2013年版，第173—180页。

刘静：《试析崇信于家湾周墓》，《文物》2013年第7期，第51—58页。

刘莉：《战国秦动物纹样瓦当的艺术源流》，《陕西省考古学会第一届年会论文集》，《考古与文物》编辑部1983年版，第68—73页。

刘起釪：《周初的"三监"与邶、鄘、卫三国及卫康叔封地问题》，《古史续辨》，中国社会科学出版社1991年版，第514—520页。

刘起釪：《尚书学史》（订补修订本），中华书局2017年版。

刘启益：《西周矢国铜器的新发现与有关的历史地理问题》，《考古与文物》1982年第2期，第42—47页。

刘庆柱：《试论秦之渊源》，《人文杂志》1982年增刊；收入氏著《古代都城与帝陵考古学研究》，科学出版社2000年版，第56—61页。

刘庆柱、李毓芳：《西安相家巷遗址秦封泥考略》，《考古学报》2001年第4期，427—452页。

刘云辉、何宏：《益门二号春秋墓文化属性再析及墓主新考》，《文博》2011年第4期，第5—17页。

卢连成、杨满仓：《陕西宝鸡县太公庙村发现秦公钟、秦公镈》，《文物》1978年第11期，第1—5页。

卢连成、尹盛平：《古矢国遗址、墓地调查记》，《文物》1982年第2期，第48—57页。

卢连成：《秦国早期文物的新认识》，《中国文字》新21期，台北"中国文字社"1996年版，第63—65页。

路国权：《西周时期泾河流域的腰坑墓与秦族起源》，《咸阳师范学院学报》2009年第5期，第1—8页。

路懿菡：《从清华简〈系年〉看周初的"三监"》，《辽宁师范大学学报》（社会科学版）2013年第6期，第925—928页。

罗丰：《宁夏固原石喇村发现一座战国墓》，《考古学集刊》，中国社会科学出版社1983年版，第130—142页。

罗丰：《宁夏固原近年发现的北方系青铜器》，《考古》1990年第5期，第403—418页。

罗丰：《固原青铜文化初论》，《考古学报》1990年第8期，第743—750页。

罗丰：《以陇山为中心甘宁地区春秋战国时期北方青铜文化研究》，原载《内蒙古文物考古》1993年第1、2期，第29—48页；收入中国社会科学院边疆考古研究中心编：《东北与北方青铜时代》，文物出版社2016年版，第449—474页。

吕章申主编：《中国国家博物馆百年收藏集粹》，安徽美术出版社2014年版。

M

马东海、王金铎主编：《原州区文物志》，宁夏人民出版社2012年版。

马非百：《秦集史》，中华书局1982年版。

马健：《公元前8—前3世纪的萨彦—阿尔泰——早期铁器时代欧亚东部草原文化交流》，《欧亚学刊》第8辑，中华书局2008年版，第38—84页。

马健：《黄金制品所见中亚草原与中国早期文化交流》，《西域研究》2009 年第 3 期，第 50—64 页。

马强：《周王朝西北边疆的新发现——宁夏彭阳姚河塬西周遗址》，《大众考古》2020 年第 2 期，第 19—24 页。

马叙伦：《石鼓为秦文公时物考》，初刊《国立北平图书馆馆刊》第 7 卷第 2 号（1933 年），修订后收入氏著《石鼓疏记》，民国二十四年上海商务印书馆石印本。

马占山、吴业恒：《河南伊川徐阳墓地 2020 年度考古发掘》，《大众考古》2020 年第 11 期，第 12—15 页。

马振智：《关于甘肃礼县大堡子山秦公墓地的几个问题》，《陕西历史博物馆馆刊》第 10 辑，三秦出版社 2003 年版，第 57—62 页。

毛家坪考古队：《秦文化探源：毛家坪遗址考古记》，《大众考古》2015 年第 2 期，第 52—58 页。

毛瑞林、梁云、南宝生：《甘肃清水县的商周时期文物》，《中国历史文物》2006 年第 5 期，第 38—45 页。

毛瑞林、杨月光：《漳县灯笼沟坪新石器时代及东周时期遗址》，《中国考古学年鉴（2017）》，中国社会科学出版社 2018 年版，第 471—472 页。

毛瑞林：《墩坪墓地》，甘肃省文物考古研究所编著：《甘肃重要考古发现（2000—2019）》，文物出版社 2020 年版，第 262—275 页。

蒙文通：《秦为戎族考》，初刊于《禹贡》半月刊第 6 卷第 7 期（1936），第 17—20 页；《周秦少数民族研究》，《蒙文通全集》第 4 卷《古族甄微》，巴蜀书社 2013 年版，第 21—24 页。

蒙文通：《秦之社会》，《史学季刊》1940 年第 1 卷第 1 期，第 11—24 页。

蒙文通：《周秦少数民族研究》，《蒙文通全集》第 4 卷《古族甄微》，巴蜀书社 2013 年版。

N

南玉泉:《辛店文化序列及其与卡约、寺洼文化的关系》,《考古类型学的理论与实践》,文物出版社 1989 年版,第 73—109 页。

宁夏回族自治区博物馆考古队:《宁夏中卫县青铜短剑墓清理简报》,《考古》1987 年第 9 期,第 773—777 页。

宁夏文物考古所、西吉县文管所:《西吉县陈阳川墓地发掘简报》,许成主编:《宁夏考古文集》,宁夏人民出版社 1994 年版,第 61—70 页。

宁夏文物考古研究所:《宁夏固原于家庄墓地发掘简报》,《华夏考古》1991 年第 3 期,第 55—63 页。

宁夏文物考古研究所、宁夏固原博物馆:《宁夏固原杨郎青铜文化墓地》,《考古学报》1993 年第 1 期,第 13—56 页。

宁夏文物考古研究所:《宁夏彭堡于家庄墓地》,《考古学报》1995 年第 1 期,第 79—107 页。

宁夏文物考古研究所、彭阳县文物管理所:《宁夏彭阳县张街村春秋战国墓地》,《考古》2002 年第 8 期,第 14—24 页。

宁夏文物考古研究所、彭阳县文物管理所:《王大户与九龙山北方青铜文化墓地》,文物出版社 2016 年版。

宁夏回族自治区文物考古研究所、彭阳县文物管理所:《宁夏彭阳县姚河塬遗址铸铜作坊区 2017～2018 年发掘简报》,《考古》2020 年第 10 期,第 30—52 页。

宁夏回族自治区文物考古研究所、彭阳县文物管理所:《宁夏彭阳县姚河塬西周遗址》,《考古》2021 年第 8 期,第 3—22 页。

宁夏回族自治区文物考古研究所、彭阳县文物管理所:《宁夏彭阳姚河塬遗址Ⅰ象限北墓地 M4 西周组墓葬发掘报告(上)》,《考古学报》2021 年第 4 期,第 521—552 页。

宁夏回族自治区文物考古研究所、彭阳县文物管理所:《宁夏彭阳姚河塬遗址Ⅰ象限北墓地 M4 西周组墓葬发掘报告(下)》,《考古学报》2022 年第 1 期,第 43—74 页。

宁夏回族自治区文物考古研究所：《宁夏彭阳姚河塬遗址Ⅰ区北墓地西周墓（M42）发掘简报》，《文物》2023年第7期，第21—43页。

宁夏回族自治区文物考古研究所：《宁夏彭阳姚河塬城址Ⅰ区北墓地M1、M2西周墓葬发掘报告》，《考古与文物》2023年第6期，第28—54页。

牛世山：《秦文化渊源与秦人起源探索》，《考古》1996年第3期，第41—50页。

P

潘明娟：《周秦时期关中城市体系研究》，人民出版社2009年版。

潘明娟：《先秦多都并存制度研究》，中国社会科学出版社2018年版。

庞文龙、崔玫英：《岐山王家村出土青铜器》，《文博》1989年第1期，第91—92页。

裴建陇：《试论出土秦式短剑》，《中国国家博物馆馆刊》2017年第3期，第22—35页。

裴建陇：《天水市博物馆藏西戎遗物的介绍和相关问题探讨》，天水市博物馆编：《西戎文化的发现与研究学术研讨会论文集》，文物出版社2019年版，第103—115页。

平凉地区博物馆编：《平凉文物》，平凉地区博物馆1982年版。

平凉市地方志编纂委员会办公室编：《平凉文物》，甘肃省人民美术出版社2007年版。

Q

钱穆：《国史大纲》，《钱穆先生全集》（新校本），九州出版社2011年版。

钱穆：《史记地名考》，《钱穆先生全集》（新校本），九州出版社2011年版。

钱穆：《先秦诸子系年》，《钱穆先生全集》（新校本），九州出版社 2011 年版。

《秦公壶》，《收藏界》2007 年第 8 期，第 32—33 页。

钱宗范：《周代宗法制度研究》，广西师范大学出版社 1989 年版。

羌族简史编写组编：《羌族简史》，四川人民出版社 1986 年版。

秦安县文化馆：《秦安县历年出土的北方系青铜器》，《文物》1986 年第 2 期，第 40—43 页。

秦始皇兵马俑博物馆、陕西省考古研究所：《秦始皇陵铜车马发掘报告》，文物出版社 1998 年版。

秦文化与西戎文化联合考古队：《甘肃礼县大堡子山秦墓及附葬车马坑发掘简报》，《文物》2018 年第 1 期，第 4—25 页。

清华大学出土文献读书会：《〈清华大学藏战国竹简〉（贰）研读札记（二）》，复旦大学出土文献与古文字研究中心网，2011 年 12 月 31 日。

庆阳地区博物馆：《甘肃庆阳韩家滩庙嘴发现一座西周墓》，《考古》1985 年第 9 期，第 853—854 页。

庆阳地区博物馆：《甘肃宁县焦村西沟出土的一座西周墓》，《考古与文物》1989 年第 6 期，第 24—27 页。

庆阳地区博物馆、庆阳县博物馆：《甘肃庆阳城北发现战国时期葬马坑》，《考古》1988 年第 9 期，第 852—860 页。

裘锡圭：《文字学概要》（修订本），商务印书馆 2013 年版。

曲英杰：《先秦都城复原研究》，黑龙江人民出版社 1991 年版。

S

山东省文物考古研究所、山东省博物馆、济宁地区文物组、曲阜县文管会：《曲阜鲁国故城》，齐鲁书社 1982 年版。

山西省考古研究所、太原市文物管理委员会　陶正刚等编著：《太原晋国赵卿墓》，文物出版社 1996 年版。

陕西省凤翔县志编纂委员会：《凤翔县志》，陕西人民出版社1991年版。

陕西省考古研究所宝鸡工作站、宝鸡市考古研究所：《陕西陇县边家庄五号春秋墓发掘简报》，《文物》1988年第11期，第14—23页。

陕西省考古研究所雍城考古队、秦始皇兵马俑博物馆考古队：《凤翔黄家庄秦墓发掘简报》，《考古与文物》增刊2022年先秦考古，《考古与文物》编辑部2002年版，第54—66页。

陕西省考古研究所编著：《高家堡戈国墓》，三秦出版社1995年版。

陕西省考古研究所编著：《陇县店子秦墓》，三秦出版社1998年版。

陕西省考古研究院：《2013年陕西省考古研究院考古发掘调查新收获》，《考古与文物》2014年第2期，第3—23页。

陕西省考古研究院、宝鸡市考古研究所、凤翔县博物馆编著：《秦雍城豆腐村战国制陶作坊遗址》，科学出版社2013年版。

陕西省社会科学院考古研究所凤翔队：《秦都雍城遗址勘查》，《考古》1963年第8期，第419—422页。

陕西省考古研究院商周考古研究室：《2008—2017年陕西夏商周考古综述》，《考古与文物》2018年第5期，第41—65页。

陕西省文物管理委员会：《陕西宝鸡阳平镇秦家沟村秦墓发掘记》，《考古》1965年第7期，第339—346页。

陕西省雍城考古队：《凤翔马家庄春秋秦一号建筑遗址第一次发掘简报》，《考古与文物》1982年第5期，第12—21页。

陕西省雍城考古队 韩伟：《凤翔秦公陵园钻探与试掘简报》，《文物》1983年第7期，第30—37页。

陕西省雍城考古队：《凤翔马家庄一号建筑群遗址发掘简报》，《文物》1985年第2期，第1—29页。

陕西省雍城考古队：《秦都雍城钻探试掘简报》，《考古与文物》1985年第2期，第7—21页。

陕西省雍城考古队：《凤翔秦公陵园第二次钻探简报》，《文物》1986年第5期，第55—65页。

陕西省考古研究院、宝鸡市考古研究所、眉县文化编著：《吉金铸华章——宝鸡眉县杨家村单氏家族青铜器窖藏》，文物出版社2008年版。

陕西省考古研究院、宝鸡市文物旅游局、上海博物馆编：《周野鹿鸣 宝鸡石鼓山西周贵族墓出土青铜器》，上海书画出版社2014年版。

陕西省考古研究院等：《雍城一、六号秦公陵园第三次勘探简报》，《考古与文物》2015年第4期，第9—14页。

陕西省考古研究院等：《雍城十四号秦公陵园钻探简报》，《考古与文物》2015年第4期，第3—8页。

陕西省考古研究院、宝鸡市考古研究所、凤翔县博物馆编著：《凤翔孙家南头：周秦墓葬与西汉仓储建筑遗址发掘报告》，科学出版社2015年版。

陕西省考古研究院、宝鸡市考古研究所、宝鸡陈仓区博物馆：《陕西宝鸡太公庙秦公大墓考古调查勘探简报》，《考古与文物》2021年第1期，第3—7页。

单月英：《东周秦代中国北方地区考古学文化格局——兼论戎、狄、胡与华夏之间的互动》，《考古学报》2015年第3期，第303—344页。

尚志儒：《秦都雍城的总体布局与考古发掘》，《中国文物报》1990年6月28日第3版。

尚志儒：《试论西周金文中的"秦夷"问题》，陕西省考古学会编：《庆祝武伯纶先生九十华诞论文集》，三秦出版社1991年版，第72—78页。

尚志儒、赵丛苍：《秦都雍城布局与结构探讨》，石兴邦主编《考古学研究》，三秦出版社1993年版，第581—591页。

史党社：《甘宁地区秦相关文物考察报告》，秦始皇兵马俑博物馆《论丛》编委会编：《秦文化论丛》第 8 辑，陕西人民出版社 2001 年版，第 440—490 页。

史党社、任建库：《槐里犬丘与秦人早期历史相关的一点线索》，《文博》2002 年第 6 期，第 66—71 页。

史党社：《日出西山：秦人历史新探》，陕西出版传媒集团、陕西人民出版社 2013 年版。

史党社：《中原视野下的固原（从商周至秦）》，魏瑾主编：《丝绸之路暨秦汉时期固原区域文化国际学术研讨会论文集》，宁夏人民出版社 2016 年版，第 70—80 页。

史党社：《秦与北方民族历史文化论集》，科学出版社 2018 年版。

史党社：《秦与"戎狄"文化的关系研究》，上海古籍出版社 2022 年版。

史可晖、姚海灵：《甘肃灵台县又发现一座西周墓葬》，《考古与文物》1987 年第 5 期，第 100—101 页。

史念海：《论两周时期黄河流域的地理特征》，《河山集》二集，收入《史念海全集》第 3 卷，人民出版社 2013 年版，第 449—478 页。

史念海：《西周与春秋时期华族与非华族的杂居及其地理分布》，《河山集》七集，收入《史念海全集》第 5 卷，人民出版社 2013 年版，第 554—596 页。

史念海：《陕西在秦汉时期历史中的地位》，原载《文史知识》1992 年第 6 期，收入《河山集》七集，《史念海全集》第 5 卷，第 633—640 页。

首阳斋等编：《首阳吉金——胡盈莹、范季融藏中国古代青铜器》，上海古籍出版社 2008 年版。

舒大刚：《春秋少数民族分布研究》，台北文津出版社 1994 年版。

水涛：《关于寺洼文化研究的几个问题》，《西北史地》1989年第4期，收入《中国西北地区青铜时代考古论集》（增订本），商务印书馆2020年版，第159—164页。

水涛：《甘青地区青铜时代的文化结构和经济形态研究》，《中国西北地区青铜时代考古论集》（增订本），商务印书馆2020年版，第268—400页。

宋镇豪主编：《嬴秦始源：首届中国（莱芜）嬴历史文化学术研讨会论文集》，中国社会科学出版社2013年版。

宋镇豪主编：《嬴秦文化与远古文明：中国（莱芜）第二届嬴秦文化与远古文明工作会议论文集》，中国文史出版社2018年版。

孙飞燕：《清华简〈系年〉初探》，中西书局2015年版。

《孙家庄西周墓与车马坑》，魏瑾主编：《青铜之路：固原北方青铜文化》，宁夏人民出版社2016年版，第2—22页。

孙敬明：《邿其簠再现及相关问题》，《考古发现与齐史类证》，齐鲁书社2006年版，第573—576页。

孙占伟：《毛家坪B组遗存再认识》，《考古与文物》2019年第2期，第77—84页。

T

谭其骧主编：《中国历史地图集》第1册，中国地图出版社1982年版。

唐兰：《在甲骨金文中所见的一种已经遗失的中国古代文字》，原载《考古学报》1957年第2期，第33—36页；收入《唐兰全集》第3册，上海古籍出版社2005年版，第992—994页。

陶荣：《甘肃崇信古文化遗址调查》，《考古》1995年第1期，第5—12页。

陶荣：《甘肃崇信出土的秦戳记陶器》，《文物》1991年第5期，第90—94页。

陶荣：《甘肃崇信香山寺先周墓清理简报》，《考古与文物》

2008年第2期，第25—28页。

滕铭予：《秦帝国：从封国到帝国的考古学观察》，学苑出版社2002年版。

滕铭予：《中国北方地区两周时期铜鍑的再探讨——兼论秦文化中所见铜鍑》，《边疆考古研究》第1辑，科学出版社2002年版，第34—54页。

田亚岐：《秦汉畤研究》，《考古与文物》1993年第3期，第104—110页。

田亚岐、张文江：《秦雍城置都年限考辩》，《文博》2003年第1期，第45—50页

田亚岐、张文江：《礼县大堡子山秦陵墓主考辩》，《唐都学刊》2007年第3期，第71—76页。

田亚岐、徐卫民：《雍城秦公陵园诸公墓主考识》，中国秦汉史研究会，咸阳师范学院编：《秦汉研究》第2集，三秦出版社2007年版，第262—271页。

田亚岐、王炜林：《早期秦文化"源于东而兴于西"的考古学观察》，《新果集——祝贺林沄先生七十华诞论文集》，科学出版社2009年版，第376—388页。

田亚岐：《秦都雍城布局研究》，《考古与文物》2013年第5期，第63—71页。

田亚岐：《秦都雍城考古录》，《大众考古》2015年第4期，第77—83页。

田亚岐、任周方：《秦都雍城功能与格局的典型性特征》，蔡庆良、张志光主编：《嬴秦溯源：秦文化特展》，台北"故宫"2016年版，第310—323页。

田亚岐、郁彩玲：《秦都雍城城市体系演变的考古学观察》，中国先秦史学会等编：《辉煌雍城：全国（凤翔）秦文化学术研究会论文集》，三秦出版社2017年版，第30—37页。

田有前：《"南吴北吴"考》，《陇右文博》2006年第1期，第

44—46 页。

童书业：《春秋史》，上海古籍出版社 2003 年版。

W

王春法主编：《丝路孔道：甘肃文物菁华》，北京时代华文书局 2020 年版，第 164—165 页。

王桂芝：《宝鸡下马营旭光西周墓清理简报》，《文博》1985 年第 2 期，第 1—3 页。

王洪军：《新史料发现与"秦族东来说"的坐实》，《中国社会科学》2013 年第 2 期，第 163—185 页。

王辉：《关于秦子戈、矛的几个问题》，原载《考古与文物》1986 年第 6 期，第 80—82 页；收入《一粟集——王辉学术文存》，台北艺文印书馆 2002 年版，第 249—258 页。

王辉、焦南峰、马振智：《秦公大墓石磬残铭考释》，原载《"中研院"历史语言研究所集刊》第 67 本第 2 分（1996 年）；收入《一粟集——王辉学术文存》，台北艺文印书馆 2002 年版，第 305—376 页。

王辉：《也谈礼县大堡子山秦公墓地及其铜器》，《考古与文物》1998 年第 5 期，第 88—93 页。

王辉、萧春源：《新见铜器铭文考跋二则》，原载《考古与文物》2003 年第 2 期；改名《珍秦斋藏秦子戈考跋》，收入《珍秦斋藏金——秦铜器篇》，第 153—157 页。

王辉：《秦子簋盖补释》，原载《华学》第 9 辑（2008 年）；收入《高山鼓乘集　王辉学术文存二》，中华书局 2008 年版，第 76—84 页。

王辉：《张家川马家塬墓地相关问题初探》，《文物》2009 年第 10 期，第 70—77 页。

王辉、王伟：《秦出土文献编年订补》，三秦出版社 2014 年版。

王辉：《近年来战国时期西戎考古学文化的新发现与新认识》，

蔡庆良、张志光主编：《嬴秦溯源：秦文化特展》，台北"故宫"2016年版，第324—333页。

王辉、赵化成：《十年来早期秦文化和西戎文化考古的主要收获及展望》，甘肃省文物考古研究所等：《秦与戎：秦文化与西戎文化十年考古成果展》，文物出版社2021年版，第12—23页。

王雷生：《平王东迁年代新探——周平王东迁公元前747年说》，《人文杂志》1997年第3期，第62—66页。

王雷生：《秦文公即秦襄公考辩》，《三秦论坛》1997年第3期，第35—37页。

王雷生：《平王东迁原因新论》，《人文杂志》1998年第1期，第86—90页。

王雷生：《秦文公建都"汧渭之会"及其意义——兼考非子秦邑所在》，《人文杂志》2001年第6期，第112—118页。

王明珂：《华夏边缘：历史记忆与族群认同》，上海人民出版社2020年版。

王明珂：《游牧者的抉择：面对汉帝国的北亚游牧部族》，上海人民出版社2016年版。

王蘧常：《秦史》，上海古籍出版社2000年版。

王山、赵雪野：《王家洼墓地》，甘肃省文物考古研究所编著：《甘肃重要考古发现（2000—2019）》，第296—301页。

王世平：《也谈秦早期都邑犬丘》，《陕西历史博物馆馆刊》第2辑，三秦出版社1995年版，第121—130页。

王学理：《秦都咸阳》，陕西人民出版社1985年版。

王学理：《咸阳帝都记》，三秦出版社1999年版。

王学理、梁云：《秦文化》，文物出版社2001年版。

王学理：《东西两犬丘与秦人入陇》，《考古与文物》2006年第4期，第60—65页。

王学理：《秦君葬地蠡测——君王陵墓同都城关系探索之二》，《王学理秦汉考古文选》，三秦出版社2008年版，第280—290页。

王学理：《秦都与秦陵》，三秦出版社2008年版。

王学理主编：《秦物质文化通览》，科学出版社2015年版。

王伟：《从秦子簋盖词语说到秦子诸器》，《宁夏大学学报》（人文社会科学版）2008年第3期，第27—31页。

王永安：《甘肃宁县石家墓群的发现与发掘》，《大众考古》2018年第9期，第71—76页。

王永安、张俊民：《甘肃宁县石家墓群发掘5座春秋高等级墓葬》，《中国文物报》2017年11月17日第8版。

王永安：《泾水悠悠话豳风 甘肃宁县石家墓地2018年考古发现与收获》，《大众考古》2019年第9期，第19—27页。

王永安、杜博瑞、张俊民、孙锋：《石家墓群·遇村遗址》，甘肃省文物考古研究所编著：《甘肃重要考古发现（2000—2019）》，文物出版社2020年版，第276—295页。

王永安、孙锋、芦敏：《甘肃宁县石家及遇村遗址新发现一处西戎墓地》，大西北网2022年8月3日。

王元、田亚岐：《凤翔雍城14号秦公陵园墓主蠡测》，《考古与文物》2020年第5期，第73—78页。

王玉哲：《周平王东迁乃避秦非避让犬戎说》，《天津社会科学》1986年第3期，第49—52页。

王玉哲：《秦人的族源及迁徙路线》，《历史研究》1991年第3期，第32—39页。

王玉哲：《西周时太原之地望问题》，原载云南大学历史系编：《纪念李埏教授从事学术活动五十周年史学论文集》，云南大学出版社1992年版，第31—36页；收入朱彦民编：《王玉哲文集》，南开大学出版社2019年版，第470—476页。

王玉哲：《周初的三监及其地望问题》，《古史集林》，中华书局2002年版，第245—255页。

王玉哲：《中华民族早期源流》，天津古籍出版社2010年版。

王占奎：《晋地"姜戎氏"文化的线索》，王光镐主编：《文物考古文集》，武汉大学出版社1997年版，第201—207页。

王志友：《凤翔黄家庄秦墓发掘的一点收获》，《秦文化论丛》第8集，陕西人民出版社2001年版，第360—377页。

汪受宽：《礼县鸾亭山西畤遗址的文献解读》，《天水师范学院学报》2013年第1期，第1—8页。

卫聚贤：《中国民族的来源》，《古史研究》第3集，上海商务印书馆1937年版，第1—114页。

魏瑾主编：《青铜之路：固原北方青铜文化》，宁夏人民出版社2016年版。

魏行珩：《甘肃平凉庙庄的两座战国墓》，《考古与文物》1982年第5期，第21—33页。

乌恩岳斯图：《北方草原考古学文化研究——青铜时代至早期铁器时代》，科学出版社2007年版。

乌恩岳斯图：《北方草原考古学文化比较研究——青铜时代至早期匈奴时代》，科学出版社2008年版。

吴镇烽：《新出秦公钟铭考释与有关问题》，《考古与文物》1980年第1期，第88—92页。

吴镇烽：《金文人名汇编》，中华书局1986年版；修订本，中华书局2006年版。

吴镇烽：《秦兵新发现》，广东炎黄文化研究会等合编：《容庚先生百年诞辰纪念文集（古文字研究专号）》，广东人民出版社1998年版，第563—572页。

吴镇烽：《秦子与秦子墓考辨》，《文博》2012年第1期，第25—30页。

X

西北大学文化遗产学院、陕西省考古研究院、旬邑县文物旅游局：《陕西旬邑县枣林河滩遗址商周时期遗存发掘简报》，《考古》2019年第10期，第15—32页。

夏鼐:《临洮寺洼山发掘记》，原载《中国考古学报》第 4 册，1949 年；收入氏著《考古学论文集》，科学出版社 1961 年版；收入《夏鼐文集》第 2 册，社会科学文献出版社 2017 年版，第 23—93 页。

夏鼐:《谈谈探讨夏文化的几个问题》，原载《河南文博通讯》1978 年第 1 期；收入《夏鼐文集》中册，社会科学文献出版社 2017 年版，第 3—5 页。

咸阳市文物考古研究所、旬邑县博物馆:《陕西旬邑下魏洛西周早期墓发掘简报》，《文物》2006 年第 8 期，第 19—34 页。

肖春林:《殷代的四方崇拜及相关问题》，《考古与文物》1995 年第 1 期，第 44—48 页。

肖琦:《陕西陇县边家庄出土春秋铜器》，《文博》1989 年第 3 期，第 79—81 页。

萧春源:《珍秦斋藏金——秦铜器篇》，澳门基金会 2006 年版。

谢焱:《马家塬墓地》，甘肃省文物考古研究所编著:《甘肃重要考古发现（2000—2019）》，文物出版社 2020 年版，第 236—261 页。

谢端琚:《甘青地区史前考古》，文物出版社 2002 年版。

徐日辉:《新版〈辞海〉中"西垂"、"西犬丘"释文疏证》，《西北史地》1983 年第 2 期，第 64—67 页。

徐日辉:《秦建国前活动地考察》，秦始皇兵马俑博物馆编:《秦俑秦文化研究——秦俑学第五届学术讨论会论文集》，陕西人民出版社 2000 年版，第 457—465 页。

徐日辉:《甘肃东部秦早期文化的新认识》，《考古与文物》2001 年第 3 期，第 53—58 页。

徐日辉:《秦早期发展史》，中国科学文化出版社 2003 年版。

徐少华:《清华简〈系年〉"周亡（无）王九年"浅议》，《吉林大学社会科学学报》2016 年第 4 期，第 183—187 页。

徐卫民:《秦都城研究》，陕西人民教育出版社 2000 年版。

徐卫民:《秦公帝王陵》,中国青年出版社2002年版。

徐卫民、刘幼臻:《秦都邑宫苑研究》,王子今主编:《秦史与秦文化研究丛书》,西北大学出版社2021年版。

徐旭生:《中国古史的传说时代》(增订本),文物出版社1985年版。

徐中舒:《从古书中推测之殷周民族》,《国学论丛》第1卷第1期,1927年,第109—113页。

徐中舒:《禹鼎的年代及其相关问题》,《考古学报》1959年第3期,第53—66页。

徐中舒:《西周史论述(上)》,《四川大学学报》1979年第3期,第89—98页。

徐中舒:《先秦史论稿》,巴蜀书社1992年版。

许成、李进增:《东周时期的戎狄青铜文化》,《考古学报》1993年第10期,第1—10页。

许俊臣:《甘肃庆阳地区出土的商周青铜器》,《考古与文物》1983年第3期,第8—12页。

许俊臣、刘得祯:《甘肃宁县宇村出土西周青铜器》,《考古》1985年第4期,第349—352页。

许俊臣、刘得祯:《甘肃合水、庆阳县出土早周陶器》,《考古》1987年第7期,第660—661页。

许兆昌:《周代史官文化——前轴心期核心文化形态研究》,吉林大学出版社2001年版。

许兆昌、齐丹丹:《试论清华简〈系年〉编纂的特点》,《古代文明》2012年第2期,第60—63页。

许庄:《石鼓为秦文公旧物考》,《文史杂志》1945年3、4期,第80—81页。

许倬云:《周东迁始末》,《求古编》,台北联经出版公司1982年版。

许倬云:《西周史》(增订本),生活·读书·新知 三联书店

1994年版。

许倬云：《西周史》（增补2版），生活·读书·新知三联书店2012年版。

Y

延世忠、李怀仁：《宁夏西吉发现一座青铜时代墓葬》，《考古》1992年第6期，第573—575页。

杨东晨：《秦人秘史》，陕西人民教育出版社1991年版。

杨惠福、侯红伟：《礼县大堡子山秦公墓主之管见》，《考古与文物》2007年第6期，第63—67页。

杨建华：《春秋战国时期中国北方文化带》，文物出版社2004年版。

杨建华：《中国北方东周时期两种文化遗存辨析——兼论戎狄与胡的关系》，《考古学报》2009年第2期，第155—184页。

杨建华：《白狄东迁考——从白狄建立的中山国谈起》，《鄂尔多斯青铜器国际学术研讨会论文集》，科学出版社2009年版，第283—294页。

杨建华：《略论秦文化与北方文化的关系》，《考古与文物》2013年第1期，第45—51页。

杨宽：《论秦汉的分封制》，原载《中华文史论丛》1980年第1辑；收入氏著《古史探微》，《杨宽著作集》，上海人民出版社2016年版，第139—156页。

杨宽：《西周时代的楚国》，《江汉论坛》1981年第5期，第101—108页。

杨宽：《西周史》，《杨宽著作集》，上海人民出版社2016年版。

杨宽：《西周列国考》，《古史探微》，《杨宽著作集》，上海人民出版社2016年版，第172—264页。

杨宽：《战国史料编年辑证》，上海人民出版社2016年版。

杨宁国、祁悦章：《宁夏彭阳县近年出土的北方系青铜器》，《考古》1999 年第 12 期，第 28—37 页。

杨寿祺：《石鼓时代研究》，《考古社刊》1935 年第 3 期，第 89—97 页。

杨曙明：《"汧渭之会"新考证》，《宝鸡社会科学》2004 年第 4 期，第 45—46 页。

杨曙明：《"秦邑"与"汧渭之会"考》，《中国文物报》2014 年 3 月 28 日第 6 版。

杨曙明：《陈宝、陈宝祠、陈仓城与汧渭之会考》，《宝鸡社会科学》2017 年第 2 期，第 49—51 页。

杨武站、王志远等：《秦雍城发现春秋时期秦国大型建筑遗址》，《中国文物报》2023 年 7 月 28 日第 7 版。

杨锡璋：《殷人尊东北方位》，《庆祝苏秉琦考古五十五年论文集》，文物出版社 1989 年版，第 305—314 页。

杨月光、毛瑞林：《甘肃漳县墩坪遗址发现春秋战国戎人墓地》，《中国文物报》2015 年 6 月 19 日第 8 版。

杨振红：《从秦"邦"、"内史"的演变看战国秦汉时期郡县制的发展》，《中国史研究》2013 年第 4 期，第 49—68 页。

姚磊：《先秦戎族研究》，武汉大学出版社 2016 年版。

马建营：《秦西垂陵园的发现经过》，《秦西垂史地考述》，敦煌文艺出版社 2010 年版，第 20 页。

尹盛平、张天恩：《陕西陇县边家庄一号春秋秦墓》，《考古与文物》1986 年第 6 期，第 15—22 页。

尹盛平、尹夏清：《关于宝鸡市戴家湾、石鼓山商周墓地的国别与家族问题》，《考古与文物》2016 年第 2 期，第 40—45 页。

尹盛平：《寺洼文化族属探索》，《文博》2020 年第 5 期，第 42—47 页。

尹盛平：《刘家文化新探——附论先周文化的渊源》，《考古与文物》2021 年第 4 期，第 72—78 页。

雍城考古队 尚志儒、赵丛苍：《〈凤翔马家庄一号建筑群遗址发掘简报〉补正》，《文博》1986年第1期，第11—15页。

雍际春：《秦人早期都邑西垂考》，《天水行政学院学报》2000年第4期，第45—48页。

雍际春：《近百年来秦人族源问题研究综述》，《社会科学战线》2011年第9期，第109—117页。

雍际春：《秦早期历史研究》，中国社会科学出版社2017年版。

雍际春、晏波：《两周时期的秦戎关系与民族融合》，天水市博物馆编：《西戎文化的发现与研究学术研讨会论文集》，文物出版社2019年版，第5—19页。

游富祥、杨武站等：《宝鸡下站祭祀遗址应为秦宣公所建"雍五畤"之一密畤 或与祭祀青帝有关》，中国文物报社"文博中国"微信公众号2020年12月7日。

游富祥、杨武站等：《陕西宝鸡陈仓下站秦汉祭祀遗址》，《2020中国重要考古发现》，文物出版社2021年版，第103—106页。

俞伟超：《古代"西戎"和"羌"、"胡"考古学文化归属问题的探讨》，原载《青海考古学会会刊》1980年第1期；收入氏著《先秦两汉考古学论集》，文物出版社1985年版，第180—192页。

Z

早期秦文化联合发掘队：《2004年甘肃礼县鸾亭山遗址发掘主要收获》，《中国历史文物》2005年第5期，第4—14页。

早期秦文化考古联合课题组：《甘肃礼县大堡子山早期秦文化遗址》，《考古》2007年第7期，第38—46页。

早期秦文化考古联合课题组：《2004年早期秦文化考古项目开展以来的主要工作及收获》，甘肃省文物考古研究所等编：《早期丝绸之路暨早期秦文化国际学术研讨会论文集》，文物出版社2014年版，第1—8页。

早期秦文化联合考古队：《甘肃礼县西山遗址发掘取得重要收获》，《中国文物报》2008年4月4日第2版。

早期秦文化联合考古队：《2006年甘肃礼县大堡子山祭祀遗迹发掘简报》，《文物》2008年第11期，第14—29页。

早期秦文化联合考古队：《甘肃礼县三座周代城址调查报告》．《古代文明》第7卷，文物出版社2008年版，第323—361页。

早期秦文化联合考古队：《甘肃礼县西山遗址发掘取得重要收获》，《中国文物报》2008年4月4日第2版。

早期秦文化联合考古队：《牛头河流域考古调查》，《中国历史文物》2010年第3期，第4—23页。

早期秦文化联合考古队：《2014年甘谷毛家坪遗址发掘丰富了周代秦文化内涵》，《中国文物报》2014年11月14日第1版。

早期秦文化联合考古队：《甘肃甘谷毛家坪春秋秦墓（M2059）及车马坑（K201）发掘简报》，《文物》2022年第3期，第4—40页。

早期秦文化联合考古队：《甘肃甘谷毛家坪遗址沟东墓地2012～2014年发掘简报》，《考古与文物》2022年第3期，第12—26页。

早期秦文化联合考古队：《甘肃甘谷毛家坪遗址沟西墓地2012～2014年发掘简报》，《考古与文物》2022年第3期，第27—46页。

早期秦文化联合考古队：《甘肃甘谷毛家坪周代居址2012～2014年发掘简报》，《文物》2023年第5期，第4—29页。

早期秦文化联合考古队、张家川回族自治县博物馆：《张家川马家塬战国墓地2007～2008年发掘简报》，《文物》2009年第10期，第25—51页。

早期秦文化联合考古队、张家川回族自治县博物馆：《张家川马家塬战国墓地2008～2009年发掘简报》，《文物》2010年第10期，第4—26页。

早期秦文化联合考古队、张家川回族自治县博物馆：《张家川马家塬战国墓地 2010~2011 年发掘简报》，《文物》2012 年第 8 期，第 4—26 页。

早期秦文化联合考古队、张家川回族自治县博物馆：《甘肃张家川马家塬战国墓地 2012—2014 年发掘简报》，《文物》2018 年第 3 期，第 4—25 页。

早期秦文化与西戎文化联合考古队等：《甘肃清水李崖遗址周代墓葬发掘简报》，秦始皇帝陵博物馆编：《国际视野下的秦始皇陵及秦俑学研究学术研讨会论文集》，西安地图出版社 2021 年版，第 1—34 页。

张多勇、李并成：《义渠古国与义渠古都考察研究》，《历史地理》第 33 辑，上海人民出版社 2016 年版，第 280—303 页。

张光裕：《新见〈秦子戈〉二器跋》，《屈万里先生百岁诞辰国际学术研讨会论文集》，"台北市行政院文建会" 2006 年版，第 261—268 页。

张光裕：《新见楚式青铜器器铭试释》，《文物》2008 年第 1 期，第 73—84 页。

张光远：《先秦石鼓存诗考》，张光远、台北"中华大典编印会"合作 1966 年版。

张光远：《西周文化继承者秦国文化与史籀作石鼓考》，《"故宫"季刊》第 14 卷第 2 期（1979 年），第 77—116 页。

张怀通：《〈逸周书〉新研》，中华书局 2013 年版。

张继刚：《甘肃早期秦文化与华夏文明之源》，《甘肃日报》2021 年 4 月 22 日第 10 版。

张剑：《洛阳夏商周考古概述》，洛阳博物馆编：《洛阳博物馆建馆 50 周年论文集》，大象出版社 2008 年版，第 10—19 页。

张天恩：《对〈秦公钟考释〉中有关问题的一些看法》，《四川大学学报》（哲社版）1980 年第 4 期，第 93—100 页。

张天恩：《边家庄春秋墓地与汧邑地望》，《文博》1990 年第 5

期，第 227—231 页。

张天恩：《再论秦式短剑》，《考古》1995 年第 9 期，第 841—853 页。

张天恩：《礼县等地所见早期秦文化遗存有关问题刍论》，原载《文博》2001 年第 3 期，收入氏著《周秦文化研究论集》，科学出版社 2009 年版，第 228—237 页。

张天恩：《周王朝对陇右的经营的经营与秦人的兴起》，原载《周秦社会与文化研究——纪念中国先秦史学会成立 20 周年学术讨论会论文集》，陕西师范大学出版社 2003 年版；收入氏著《周秦文化研究论集》，科学出版社 2009 年版，第 209—215 页。

张天恩：《试说秦西山陵区的相关问题》，《考古与文物》2003 年第 3 期，第 40—41 页。

张天恩：《甘肃礼县秦文化调查的一些认识》，原载《考古与文物》2004 年第 6 期；收入氏著《周秦文化研究论集》，科学出版社 2009 年版，第 238—244 页。

张天恩：《早期秦文化特征形成的初步考察》，原载《秦文化论丛》第 10 辑，三秦出版社 2003 年版；收入氏著《周秦文化研究论集》，科学出版社 2009 年版，第 216—227 页。

张天恩：《清华简〈系年（三）〉与秦初史事略析》，《考古与文物》2014 年第 2 期，第 107—109 页。

张天恩：《新见寺洼类文化遗存的初步认识》，甘肃省文物考古研究所等编：《早期丝绸之路暨早期秦文化国际学术研讨会论文集》，文物出版社 2014 年版，第 34—42 页。

张天恩、庞有华：《秦都平阳的初步研究》，《秦始皇帝陵博物院院刊》第 5 辑，陕西师范大学出版社 2015 年版，第 54—63 页。

张天恩、刘锐：《春秋早期关中周余民及文化遗存浅识》，《陕西历史博物馆论丛》第 28 辑（2021 年），第 46—56 页。

张亚初、刘雨：《西周金文官制研究》，中华书局 1986 年版。

张寅：《东周西戎文化马家塬类型来源初探》，《考古与文物》

2019年第2期，第71—76页。

张寅：《西戎：东周时代戎族史迹的考古学探索》，上海古籍出版社2024年版。

张煜珧：《秦都平阳地区春秋早期秦墓相关问题研究》，《文博》2023年第4期，第25—31页。

张正明：《秦与楚》，华中师范大学出版社2007年版。

赵丛苍、王志友、侯红伟：《甘肃礼县西山遗址发掘取得重要收获》，《中国文物报》2008年4月4日第2版。

赵丛苍：《孙家南头墓群周墓地分析》，《文博》2021年第1期，第45—52页。

赵化成：《寻找秦文化渊源的新线索》，《文博》1987年第1期，第1—7、17页。

赵化成：《甘肃东部秦和羌戎文化的考古学探索》，《考古类型学的理论与实践》，文物出版社1989年版，第145—176页。

赵化成：《公元前5世纪中叶以前中国人工铁器的发现及其相关问题》，《考古文物研究——纪念西北大学考古专业成立四十周年文集（1956—1996）》，三秦出版社1996年版，第289—300页。

赵化成：《宝鸡市益门村二号春秋墓族属管见》，《考古与文物》1997年第1期，第31—34页。

赵化成、王辉、韦正：《礼县大堡子山秦子"乐器坑"相关问题探讨》，《文物》2008年第11期，第54—66页。

赵化成等：《甘肃清水李崖遗址考古发掘获重大突破——为寻找秦先祖非子封邑提供新线索》，《中国文物报》2012年1月20日第8版。

赵化成：《秦人从哪里来 寻踪早期秦文化》，《中国文化遗产》2013年第2期，第39—47页。

赵化成：《秦人来源与早期秦文化的考古学探索》，蔡庆良、张志光主编：《嬴秦溯源：秦文化特展》，台北"故宫"2016年版，第286—293页。

赵化成：《李崖周代遗存与嬴秦西迁研究》，秦始皇帝陵博物院编：《国际视野下的秦始皇陵及秦俑学研究学术研讨会论文集》，第58—99页。

赵逵夫主编，赵逵夫、韩高年撰：《先秦文学编年史》，商务印书馆2010年版。

赵吴成：《甘肃马家塬战国墓马车的复原——兼论族属问题》，《文物》2010年第6期，第75—83页。

郑州大学文物考古研究院（洛阳）、洛阳市文物考古研究院：《河南伊川徐阳东周墓地西区2013–2015年发掘》，《考古学报》2020年第4期，第547—578页。

郑州大学文物考古研究院（洛阳）、洛阳市文物考古研究院：《河南伊川徐阳墓地东区2015~2016年发掘简报》，《华夏考古》2020年第3期，第23—40页、110页。

中国大百科全书总编辑委员会《考古学》编辑委员会、中国大百科全书出版社编辑部编：《中国大百科全书·考古学》，中国大百科全书出版社1986年版。

中国社会科学院考古研究所安阳工作队：《河南安阳市殷墟王陵区及周边遗存》，《考古》2023年第7期，第44—59页。

中国社会科学院考古研究所、陕西省考古研究院：《陕西宝鸡陈仓区西高泉春秋早期墓葬发掘简报》，《文博》2023年第4期，第3—10页。

中国社会科学院考古研究所汉长安城工作队：《西安相家巷遗址秦封泥的发掘》，《考古学报》2001年第4期，第509—540页。

中国社会科学院考古研究所编著：《徐家碾寺洼文化墓地——1980年甘肃庄浪徐家碾考古发掘报告》，文物出版社2006年版。

中国社会科学院考古研究所编著：《南邠州·碾子坡》，世界图书出版公司2007年版。

中国社会科学院考古研究所泾渭工作队：《陕西彬县断泾遗址发掘报告》，《考古学报》1999年第1期，第73—96页。

钟侃：《宁夏固原县出土的文物》，《文物》1978年第12期，第86—90页。

钟侃、韩孔乐：《宁夏南部春秋战国时期的青铜文化》，《中国考古学会第四次年会论文集》，文物出版社1985年版，第203—213页。

周静、刘兵兵、王永安：《甘肃宁县石家墓地·遇村遗址发现学术研讨座谈会综述》，《中国文物报》2018年11月2日第6版。

周晓陆、刘瑞、李凯，汤超：《在京新见秦封泥中的中央职官内容——纪念相家巷秦封泥发现十周年》，《考古与文物》2005年第5期，第3—15页。

周兴华：《宁夏中卫县狼窝子坑的青铜短剑墓群》，《考古》1989年第11期，第971—980页。

朱凤瀚：《中国青铜器综论》，上海古籍出版社2009年版。

朱凤瀚：《清华简〈系年〉所记西周史事考》，李宗焜主编：《第四届国际汉学会议论文出土文献与新视野》，台北"中研院"2013年版，第441—460页。

朱士光：《论秦都雍城之特点及其历史地位》，原载《中国古都研究》第27辑（三秦出版社2014年版），收入氏著《历史地理学的传承与开拓》，中国社会科学出版社2018年版，第596—602页。

祝中熹：《秦人早期都邑考》，原载《陇右文博》1996年创刊号；收入氏著《秦史求知录》，下册，上海古籍出版社2012年版，第343—362页。

祝中熹：《地域名"秦"说略》，原载《秦文化论丛》第7辑（1999年）；收入氏著《秦史求知录》，下册，第363—378页。

祝中熹：《大堡子山秦西陵墓主及其他》，原载《陇右文博》1999年第1期；收入氏著《秦史求知录》，下册，上海古籍出版社2012年版，第454—465页。

祝中熹：《试论秦先公西垂陵区的发现》，原载秦始皇兵马俑博物馆编《秦俑秦文化研究——秦俑学第五届学术讨论会论文集》，陕西人民出版社 2000 年版；收入氏著《秦史求知录》，下册，上海古籍出版社 2012 年版，第 466—489 页。

祝中熹：《礼县大堡子山秦陵墓主再探》，《文物》2004 年 8 期，第 67—71 页。

祝中熹：《先秦卷》，刘光华主编《甘肃通史》，甘肃人民出版社 2009 年版。

祝中熹：《秦西垂陵区出土青铜器铭中的"秦子"问题》，《丝绸之路》2009 年第 1 期，第 5—10 页。

祝中熹：《汧渭之间与汧渭之会——兼议对〈史记〉的态度》，原载《丝绸之路》2009 年夏半月刊；收入氏著《秦史求知录》下册，第 421—436 页。

祝中熹：《早期秦史》，敦煌文艺出版社 2004 年版。

祝中熹：《论秦襄公》，《秦史求知录》上册，上海古籍出版社 2012 年版，第 105—120 页。

祝中熹：《论秦文公》，《秦史求知录》，上册，第 121—132 页。

祝中熹：《秦人早期都邑考》，《秦史求知录》，第 358—361 页。

二　西文文献及译文

［美］拉铁摩尔：《中国的亚洲内陆边疆》，刘东主编：《海外中国研究丛书》，唐晓峰译，江苏人民出版社 2005 年版。

［美］狄宇宙：《古代中国与其强邻：东亚历史上游牧力量的兴起》，贺严、高书文译，中国社会科学出版社 2010 年版。

J. J. Lally & Co., *Archaic Chinese Bronzes, Jades and Works of Art: June 1 to 25, 1994*, No. 54, New York J. J. Lally & Co. 1994.

［英］Michael Loewe、［美］Edward L. Shaughnessy, *The Cambridge History of Ancient China, from the Origins of Civilization to 221B. C.*, Cambridge University 1999.

［美］李峰：《西周的灭亡——中国早期国家的地理和政治危机》，徐峰译，汤惠生校，上海古籍出版社 2007 年版；增订本，徐峰译、汤惠生校，上海古籍出版社 2016 年版。

［美］李峰：《礼县出土秦国早期铜器及祭祀遗址论纲》，《文物》2011 年第 5 期，第 57—63 页。

［美］李峰：《试论西周王朝西北边疆的文化生态》，许倬云、张忠培：《新世纪的考古学：文化、区位、生态的多元互动》，紫禁城出版社 2006 年版，第 171—204 页。

三 日文文献及译文

赤塚忠：《出土遗文を通じて见た秦の文化》，《赤塚忠著作集》第 1 卷《中国古代文化史》，研文社 1988 年版。

佐竹靖彦：《日本学术界井田制研究状况》，《北大史学》第 6 辑，北京大学出版社 1999 年版，第 240—252 页。

MIHO MUSEUM：《中国战国时代の霊獣》，MIHO MUSEUM 2000 年版。

松丸道雄：《甘肃礼县秦公墓の墓主は谁か？—MIHO MUSWUM 新收の编钟を手挂りに》，日本中国考古学会关东部会四月例会演讲，2002 年 4 月 20 日，第 1—10 页。

松丸道雄：《秦国初期の新出文物について——甘肃省礼县大堡子山秦公墓地出土物を中心に》，东京秦汉史学会第 13 回大会，2001 年 11 月 10 日，《讲演要旨》（摘要）见《日本秦汉史学会会报》第三号（2002 年 10 月），第 43—44 页。

西嶋定生：《中国古代帝国的形成与结构：二十等爵制研究》，武尚清译，中华书局 2004 年版。

佐竹靖彦：《出子出公考》，《佐竹靖彦史学论集》，中华书局 2006 年版，第 121—138 页。

藤田胜久：《〈史记〉战国史料研究》，上海古籍出版社 2008 年版。

索　引

本索引收录本书涉及的重要人名、机构名、文献名（包括书名、期刊名称、论文名称）、职官名称、地名等。索引以拼音为序排列。

A

哀公　192，194，197，199，200，213，228，233，234，434，435，437，439，456，515，610

艾兰　404，642

爱情诗　273

安定　510，512，514，517，566，567

安定郡　387，482，566

安定县　566

安国镇　490，567

安徽大学藏战国简《诗经·秦风·车邻》　509

安徽大学藏战国简《诗经·秦风·无衣》　511

安徽大学藏战国竹简（壹）　509，511，615

安徽大学汉字发展与应用研究中心　509，511，615

安徽古籍丛书　299，362，482，615，628

安蒲溪水　519

安特生　489，629

安阳　95，588

鹙　200

澳门　240，293，303，398，403，414，419，660

澳门珍秦斋藏秦子戈　293，303，403，414

Archaic Chinese Bronzes, Jades and Works of Art: June 1 to 25, 1994, No. 54,　401，672

B

巴人　28

白　267，368，369，424，425

白（伯）盘　127，137，141，506

白彩　491

白川静　34，629

白狄　35，187，188，193

白狄东迁考——从白狄建立的中山国谈起　555，662

白帝　81，95，134，279—282，285，286

白狼　471，478，479，577

白鹿　471，478，479，577

白冥氏　30

白犬　474

白石　468

白石山　545

白水　75，339，522

白水公社　568

白水镇　568

白土崖古城　111，324，326

白驼镇　541

白杨林村　579

白乙丙　179，245，293

百草坡大队　568

百里　82，169，293，317—319，487，603

百里城　482

百里公社　571，575

百里傒　168，177—181，245，275

百里镇　571，572，575

百羌　231

百姓　168，178，181，208，215，230，389，390，438，440

柏翳　38，39，263

败绩　173，174，180，218，249，472，484，485，600

班固　41，72，75，77，147，149，335，339，341，512，519，526，546，564，566，618，619

班簋　60

班《志》　330

半干旱草原　575，576

半山—马厂期　109，588

邦君　127，137，141，506

蚌贝器　568，577

蚌刀　553

蚌饰　553，556，571

褒姒　47，524

褒姒　133，138，143，472，478，506，528

宝鸡　9，37，51，52，79，85，119，166，313，329，331—333，363，372，392，427，433，446，462，605，607

宝鸡贾家崖两周陶器分期研究　52，119，632

宝鸡社会科学　359，663

宝鸡石鼓山　118

宝鸡市　9，10，79，86，118，119，283，330，333，357—360，362，366，368，372，392，393，408，427，430—432，442，462，522，584，607，609

宝鸡市博物馆　118，119，431，508，629

宝鸡市陈仓区博物馆　368，431，629，633

宝鸡市蒋家庙遗址考古调查报告　118，630

宝鸡市考古工作队　431，629

宝鸡市考古研究所　37，52，118，119，283，333，355，359，366，372，374，431，432，442，446，584，629，630，651，652

宝鸡市青铜器博物馆　414，642

宝鸡市文物旅游局　118，652

宝鸡市益门村二号春秋墓发掘简报　584，629

宝鸡市益门村二号春秋墓族属管见　584，668

宝鸡文理学院学报　79，358，640

宝鸡下马营旭光西周墓清理简报　119，656

宝鸡县　79，81，329，330，357，366，427，430，431，508

宝鸡县博物馆　431，629

宝鸡县甘峪发现一座春秋早期墓葬　508，635

宝鸡县图博馆　431，508，629

宝鸡县西高泉村春秋秦墓发掘记　431，508，629

宝鸡旭光墓地　119，630

杯　105，491，580

碑林集刊　261，631

北大史学　271，672

北道区　22，538

北狄　496

北地　510，512，514，517，536，552，553

北地郡　536，552，553，558，583

北方草原地区　589，591

北方草原考古学文化比较研究——青铜时代至早期匈奴时代　464，591，659

北方草原考古学文化研究——青铜时代至早期铁器时代　464，580，582，659

北方草原文化　119，557—559，590

北方草原游牧文化　591

北方系铜器　543，555

北京大学考古文博学院　118

北京大学考古学系　37，101，102，520，521，591，634

北京大学震旦古代文明中心　419，643

北京故宫博物院收藏"秦子戈"　292，293，303，410

北京市文物研究所　51，630

北戎　137，472，506

北文化带　507，508，582，583

北园　297

北垣　94，95，343，396

北征　184，479

贝　60，96，98，111，119，553—

557，566，568，571，573，576，577
贝币　96，113，568
贝带　566
贝器　121，568
贝饰　553
奔戎　472
镈　108，303，508，542，557，559，568，570，573，574，580，592
本纪　76，77，147，148，340，341
妣戊　230，231
鄙人　177
毕　28，49，58，438，448
毕公　192，194，214，230—233，235，380，437，451—455
碧鸡　277
壁龛　96，98，99，107，109，346，572，573，587，588，590
边家庄　52，355—357
边家庄春秋墓地与汧邑地望　52，356，666
边家庄墓地　37，51，52，355，356
边疆考古研究　555，590，640，655
边邑　180，311，350，392，603，607
编镈　272，313，402，411，423，605

编户齐民：传统政治社会结构之形成　249，294，633
编磬　402，409
编钟　272，313，402，409，411，605
弁身夷　34
弁豸夷　34，36
变异　592
镳　297，556，580
表　64，124，171，189，191，200—203，205—212，242—245，268，284，286—288，307，373，390，440，460，531，539，585
邠　101，470，471，553
彬县　101
兵车　287，295，313，314，605，606
兵器　106，300—302，313，314，409，410，420，548，556，557，568，573，580，584，605，606
兵种　294，313，605
并伯甗　572
并后　225
嶓冢山　75，339
磻溪镇　166，283，374
伯车　191，192，233，437
伯服　135，142
伯父　472，485，488，531
伯公冢　62

索　引

伯虎　262

伯姬　241

伯禽　31，61，250，253

伯士　473

伯氏　477，478，503，504

伯硕父　554

伯硕父鼎　554

伯夷　39

伯益　41，82，83，263，321，332，415

伯翳　18，39—41，45，47，70，81，226，263，266，316，321，334，501

伯主　603

亳　38，80，152，153，163，165，267，361，515，516，586

亳王　38，152，153，163，165，267，515，516，586

博物志　42

博物志校证　42，627

卜辞　29，230，231，260，468，474

补论不其簋的器主和年代　239，478，504

补注　62，73，75，83，322，335

不服王命　472

不更　246，249

不其　477，478，503，504，642

不其簋　238，239，477，478，503，504

不其簋略考　636

不享国　151，164，198，214，229，230，233，396，426，438—440，442，451，455

不载日月，其文略不具　124

不窋　552，558

步卒　294，313，605

C

采邑　117，267，312，369，605

彩绘　98，99，491

蔡　58，195，311

蔡国　30，587

蔡侯　173，275，418

蔡胡　311

蔡姬　30

蔡庆良　22，85，116，325，379，381，385，489，541，630，655—657，668

蔡人　173

蔡叔　28，50，57，58

参父　157，164，229，243，364，426

仓山　278

操房　545

曹发展　52，630

曹家庄　576

槽形板瓦　450

侧身屈肢葬　109，588

策命　144，255，258

岑仲勉　32，626

层次　6，27

产牧为业　138，470，506
铲脚袋足鬲　16
铲形袋足鬲　21，22，541
长安县　72，74，335，337
长安志　527，622
长城　213，244，288，464，467，553
长道　349
长公　273
长沟墓地　541
长胡三穿戈　580
长堑谷水　519
长青镇　79，119，333，359
长沙马王堆汉墓简帛集成　50，68，626
长思水　538
长思溪　538
长垣县　65
长子宣公　164，228，373，424，428
常璩　28，623
晁福林　125—128，135，140，142，148，630
朝歌　56，196，197，213，218，601
朝邑县　564，565
车里北　214，230，233，437，439，441，451，453，455，456
车里（康景）　198，215，230，233，438，451，455
车辚　510—512，514

车马具饰　580
车马具铜铃　580
车马坑　9，32，80，94，95，103，104，108，119，288，292，300—303，313，314，333，344，359，367，372，393，397，402，403，431，442，443，445—448，462，508，534，557，568，573，576，605—607，609
车马埋葬　23
车马器　166，283，374，508，541，548，557，568，572，573，576，592
车马器饰　568
车矛　288
车器　568
车师　470
车曹　559，560
车辖　300
彻侯　245，246
臣服　12，536，544，584，592，596，612
臣擅命　225
陈　213
陈宝　133，140，276，277，352
陈宝、陈宝祠、陈仓城与汧渭之会考　359，663
陈宝祠　276，313，605
陈宝说　277
陈仓北阪城　276，357

索　引

陈仓城　357，359，392，607
陈仓故城　9，357，360—362，392，607
陈仓记忆　368，633
陈仓区　10，11，51，52，79，118，119，166，283，360，366，368，372，374，393，431，432，462，607，609
陈仓区博物馆　283，374
陈仓县　10，276，278，362，408，426—428，462，522，609
陈傅良　293，294
陈洪　588
陈侯　65，418
陈侯款　418
陈侯吴　418
陈继揆　415，617
陈家崖　79，358，607
陈家崖遗址　358，392，607
陈建立　589，630
陈建敏　479，566，627
陈介祺　292，303，410，415，627
陈留　65
陈梦家　34，60，61，230，231，260，474，478，630
陈梦家著作集　34，230，474，478，630
陈平　3，13，15，20，282，309，358，404，416，418，421，433，584，590，630，631
陈旗乡　589

陈杞世家　40
陈杞系家　263
陈乔枞　511，514，615
陈桥驿　73，154，322，403，487，623
陈人　173
陈涉　528
陈寿祺　511，514，615
陈伟　72，310，335，624
陈晓捷　71，72，261，334，335，519，631
陈阳川村　579
陈泽　415，631
陈昭容　4，349，400，404，406，416，421，631
陈直　72，335，517，616，619
陈子　173，418
称谓　11，26，89，232，298，381，405，410，420，466，468，508，595，611
成公　157，161，164，188，218，228，229，231，232，249，261，275，286，364，373，375，420，424，428，429
成汤　152，153，231，470，516
成王　29—31，43，50，54，57，58，61—64，66，174，180，222
成王政　31，58，63
成周　17，34，50，127，129，141，146，148，222，298，383，550，603

成周走亚　34，36
丞相　309
城关公社　543
城壕　379，556，576
城濮　173，177，179，242
城堅河濒　214，287
城墙　118，343，381，393，608
程平山　2，3，37，143，146，221，240，292，298，362，403，407，422，438，478，505，631，632
程廷祚　299，362，628
茌平县　65，66
侈口罐　491，573
赤城乡　559，573
赤城镇　559
赤刀　277
赤乌氏　566，567
赤乌之人　566
赤塚忠　14，15，672
赤塚忠著作集　15，672
冲突　26，71
春山之虱　566
崇拜　16，40，80，277，279，280，323，361，468，474
崇信　101
崇信县　567，572，573，575
崇信县刘家沟战国秦墓　575，632
崇信于家湾周墓　101，573
种建荣　52，119，632
畴骑　294，295，313，605

出奔　177
出公　212，215，230，232，245，389，390，438，440
出土文献　2，5—7，9，27，28，93，124，142，150，151，221，222，232，266，371，382，442，443，465，466，586，595，597
出土文献与古文字研究　299，632
出土遺文を通じて見た秦の文化　15，672
出子　2，6—11，124，151，155—158，163，164，183，195，211，212，214—218，220，222，223，228，229，231，232，239，240，243，244，247，307，312，349，364，370，387—390，393，395，405，406，407，418，419，421，422，424—426，433—435，437—440，442，457，462，585，592，593，599—602，604，608
出子出公考　247，672
初学记　224，626
初有史以纪事　130，133，134，143，256，505
樗里子　438，448
楚成王　176，177，241，242，312，604
楚夫人嬴氏　196

楚国 51，194，219，241，310—312，314，383，391，587，602—604，606

楚居 10，383，391，394，608，620

楚灵王 194

楚平王 195，213，218，242，601

楚人 68，169，173，177，213

楚师 173

楚王 36，213，251，294，564

楚昭王 213

楚庄王 187，188，193，218，601

楚子 190，195，244，274，275

处父 43

触角式短剑 543，544，580

川口柳家 490

传世文献 2，5—7，9，27，28，93，124，143，150，222，266，382，442，443，454，465，466，567，585，586，595，597

传说 16，18，277，279，466

串饰 548

串夷 472

春秋 16，65，66，124，154，167，170—174，185—187，189—192，197，218，223，233，250，319，417，418，437，439，465，486，488，526，528，592，593，600，601

春秋大事表 171

春秋地理考实 66，331，616

春秋地名考略 66，616

春秋繁露义证 319，624

春秋经 189

春秋列国图 77，341

春秋秦器试探——新出秦公钟、簋铭与过去著录秦公钟、簋铭德对读 366，431，641

春秋秦文化 16

春秋少数民族分布研究 34，540，653

春秋时期 1，8，19，22，74，79，107，111，221，222，227，231，251，255，258，266，310，311，350，356，392，410，415，421，431，452，537，540，591，603，604，607

春秋史 540，548，656

春秋早期关中周余民及文化遗存浅识 37，667

春秋战国时期中国北方文化带 464，582，662

春秋左传正义 30，31，61，62，65，137，141，145，154，158，159，160，163，166，168—170，172—174，176，184—190，192，196，197，199，225，241—244，249—251，261，263，265，272，274，275，288，293，294，310，383，417，418，420，460，471，485—487，506，515，

524，525，530，531，534，615
淳化 101
淳化县文化馆 101，632
戳记 575
祠社 162，287，373
慈山 117，365，430
赐地 140，142，144
赐支 470
从古籍中探索我国的西部民族——羌族 19，54，323，481，636
从古书中推测之殷周民族 17，34，661
从宁王遗址出土的"郁夷"瓦当探讨郁夷县故城与平阳故城的关系 368，632，633
从秦"邦"、"内史"的演变看战国秦汉时期郡县制的发展 259，663
从秦子簋盖词语说到秦子诸器 416，658
从死 32，33，158，163，181，228，428，435，460，461
徂国 29
崔玫英 589，649
崔夭 173
淬空水 372
虘方 29
错简 8，131，156，159，210，216，221，422，598

D

大北村墓 579
大臣 145，178，179，214，228，232，233，244，312，424，437，456，476，478，551，604
大费 38，40，41，47，55，263
大封 41，42，603
大父仲 47，136，227，298，497，503
大荔 213，215，469，536，551，553，561，562，564，565，583，585，596
大荔戎国 564，565
大荔王城 565
大荔县 565
大荔之戎 507，561
大廉 41，42，47，55
大良造 248，249
大陇山 84，322
大骆 8，15，43—46，48，53，68—71，76—78，86—88，91，92，97，98，122，123，136，226，238，312，316，333，334，338，339，341，363，403，497，498，501—503，586，595，597，598，604，611
大骆地犬丘 8，46，48，71，77，86—88，123，136，227，298，316，334，341，497，503，598
大骆之族 8，46，48，70，71，86，122，136，226，316，317，334，338，497，501，502，595，598，611

索　引

大骆族　7，98，122，498，597
大明一统志　74，337，622
大牛　277
大彭　42
大堡子山　4，9，10，80，87，93—96，110，272，300，301，313，325，332，343—345，348—350，360，392，395—399，402—411，413，416，419，421—423，425，460—463，589，605，606，609，610
大堡子山城　94，343，344，396
大堡子山古城　9，349，350，392，606，607
大堡子山秦公墓　4，10，93，95，272，313，332，345，349，395，398，399，403，407，408，410，411，413，421—423，425，460—463，589，605，609，610
大堡子山秦公墓M2　95，300，313，422，589，605
大堡子山秦西陵墓主及其他　401，670
大堡子山遗址　93，107，344，349，403，638
大上造　246，249
大庶长　243，245，246—249，266，288，292，312，313，604，605
大庶长弗忌　156，163，228，243，292，424，426
大唐　41，42
大西北网　559，658
大夏　539
大行人　265，266
大型墓葬　349，350，408
大训　277
大业　21，38，40，41，47，138，221，263
大玉　277
大郑宫　150，157，160，161，164，165，229，286，364，369—373，375，379—382，385，393，424，428，429，608
大众考古　370，534，576，633，647，655，658
大梓牛神　278
大梓树　278
大夫　8，32，40，46，48，61，71，74，76—78，82，86—88，90，92，107，108，123，136，144，147，149，177，226，227，236，238，246，252，254，255，258，260，266，267，274—276，292，294，298，310—312，316，319，330，331，334，337，339—341，347，350，354，392，403，405，408，470，497，502，503，573，598，602，605，607

大夫三庙 236
带剑 208，209，214，215，218，230，389，438，601
带扣 542，559，580，581
带钮或柄的圆牌 580
戴春阳 94，96，272，300，344，397—400，405，460，575，632
戴迪 400，401，404
戴家湾西周墓地 118
戴家湾遗址 118
戴震 482，615
戴震全书 482，615，628
单耳罐 102，114，325，491，520，533，531，535，573，580，581
单耳灰陶鬲 576
单人葬 491
当卢 548，556，576
当阳 35，562
党毓琨 118
荡杜 153，515，516
荡社 152，153，217，361，516，599
荡（社）〔杜〕 38，163，165，219，267，515，529，586，595，601，611
荡氏 38，152，153，163，165，219，267，516，529，586，595，601，611
悼公 197，198—200，204，207，213，215，218，228，230，232—234，381，387，389，437，438，451，453—456，601
悼公南 204，215，230，233，438，439，441，454
悼公西 204，207，215，230，234，387，389，438，439，441，451，454，456
悼子 206，214，228，437
盗洞 400，544
盗卖 401
道宣 130，256，318，627
德公 77，151，154—158，160—165，217，228，229，231，232，239，286，287，341，364，371，373，375，424，425，426，428，600
灯笼沟墓地 549
邓艾祠 372
邓公泉 372
羝羊 95，134，165，219，267，279，280，284，285，601
狄道 545，549
狄道故城 545
狄道县 545
狄土 188
狄宇宙 464，672
狄（翟）虘（租） 29
适（嫡）夫人 225
嫡子成 8，46，70，71，122，123，334，598
氐羌 468，470，491，496

氏人 491，496

地理 6，26，123，328，353，357，363，392，441，455，465，472，496，548，550，556，575，577，592，598，607

地区文化处 567，568，632

地少五谷 138，470，506

地域名"秦"说略 330，670

地域与文化 89，123，465，598

帝舜 38，47，263

帝太戊 41，47，55

帝外丙 231

帝王世纪 9，72，74，160，320，321，335，337，352，354，360，362，364，365，371，372，382，392，408，426，429，476，607

帝王世纪辑存 620

帝辛 91

帝乙 91

帝纣 523

第二种遗存 507，582

第14号陵园 434，448，450—452，456，462，610

第5号陵园 435，443，445，455，457，459，463，610

第4号陵园 435，443，445，453，456，462，463，610

第3号陵园 433—435，443，445，453，457，463，610

第2号陵园 434，435，443，453—457，463，610

第1号陵园 434，435，442，453—456，463，610

第13号陵园 434，435，443，447，455—457，463，610

第12号陵园 434，435，443，447，455—457，463，610

第11号陵园 435，448，453，456，462，610

第8号陵园 434，435，443，447，455—457，463，610

第9号陵园 433—435，443，448，453—457，463，610

第7号陵园 435，443，447，453—457，459，463，610

第6号陵园 435，443，446，453，456，462，610

第10号陵园 435，443，448，453—457，463，610

第四届国际汉学会议论文集 出土文献与新视野 128，670

第一种遗存 507，508

琱生诸器铭文联读研究 318，642

丁山 14，15，632

定安县 552

定鼎郏鄏 140

定天子 140，603

定西市 548

定义 27，89，90，466

东北道区 538

东北与北方青铜时代 561，582，

646

东昌府　65，66

东方民族　17，23

东海　576，603

东或（国）　60

（东）〔柬，阑〕　28，57，58

东门　168，178，476，530

东秦岭　67

东首葬　25

东亭川　84，322

东吴　566

东西两犬丘与秦人入陇　79，328，338，657

东序　277

东夷　7，18，20，25，40，49，60，122，332，597

东夷集团　18

东夷人　20，54，55

东夷族　17，19，20，54

东垣　94，343，396

东源说　3，13，17，19，20

东源西成说　26

"东源西成"说　3，13

东周　2，37，101，102，119，255，283，326，344，346，374，431，467，508，533，548，556，558，573，575，579，582，592

东周秦代中国北方地区考古学文化格局——兼论戎、狄、胡与华夏之间的互动　508，583，652

东周时期的戎狄青铜文化　561，582，661

东周西戎文化马家塬类型来源初探　549，667

东庄生产队　571

董家坪村　22

董珊　32，110，128，288，291，292，299，418，632

董卫剑　368，632，633

董说　623

董迨　624

董志乡　559

董志镇　559

动物纹牌饰　580

动物纹样　587，589

动物殉葬　592

洞山生产队　571，575

洞室　579

洞室墓　16，21，22，543，548

都卢山　566

都如国　225

斗鸡台　118

斗室墓　409

豆腐村小庄　381

独店公社　571

独店镇　571

读〈清华大学藏战国竹简（贰）系年〉书后（一）　128，639

读史方舆纪要　320，323，622

读书脞录　299，362，626

读书杂志　59，626

杜亳 153

杜回 188

杜郎口乡 66

杜县 152，153，516

杜预 29，30，32，61，62，65，145，192，225，242，249—251，260，263，272，417，487，525，615

杜正胜 249，294，633

杜中 153

短剑 108，300，346，508，541—544，555，556，559，560，568—570，574，580，581，584，587，589，590，592

段德新 414，642

段连勤 17，19，20，23，54，55，324，348，633

段玉裁 20，62，83，278，332，468

对鸾亭山祭祀遗址的初步认识 280，643

对〈秦公钟考释〉中有关问题的一些看法 366，431，666

敦煌 11，471，474，488，534，595，596，611

炖煌 487

墩坪墓地 548，549

墩坪遗址 548

盾饰 568

多方面 319，409，465，595

多民族融合 311，603

多士 31

多友鼎 477

多友鼎的时代及意义 483，642

E

恶来 43—45，48，56，57，64，68，69，90，91

鄂尔多斯青铜器国际学术研讨会论文集 555，662

鄂尔多斯青铜文化 580

恩成 42

而师 299，300

二层台 98，104，105，107，108，346，400，401，409，554，556，557，559，568，571，572，584

二次扰乱葬 114，325

二公 57

二里头遗址 80，361

二年律令 309，310，517

二年律令·秩律 72，335，552

二年律令与奏谳书：张家山二四七号汉墓出土法律文献释读 72，310，335，517，552，624

二世 236

二玄社 257，264

贰负之尸 474

2008～2017年陕西秦汉考古综述 366，372，431

2008—2017年陕西夏商周考古综述 52，119，651

2006年甘肃礼县大堡子山祭祀遗迹

发掘简报 402，411，665
2006年度甘肃张家川回族自治县马家塬战国墓地发掘简报 543，634
2004年甘肃礼县鸾亭山遗址发掘主要收获 280，664
2004年早期秦文化考古项目开展以来的主要工作及收获 116，325，541，664
2013年陕西省考古研究院考古发掘调查新收获 52，119，651
2014年甘谷毛家坪遗址发掘丰富了周代秦文化内涵 103，108，292，303，665
21世纪中国考古学与世界考古学 589，637

F

法国 400
樊仲山父 225
返眼泉 372
泛舟之役 169
范吉射 196
范氏 196，213，218，601
范文澜 17—19，633
范宣子 485，534
方鼎 60，332，333，416，568，570
方壶 108，401
房址 166，283，374
放马滩 517

飞廉 24，28—30，43，50，54，57，64，66，90，91，222
非子 8，9，11，14，15，22，26—28，44—46，48，53，55，60，68—72，74，77，78，81—86，88—92，97，110，111，116—119，122，123，177，226，227，238，266，298，312，315—326，328—334，336—338，341，348，351，353，355，358，360，361，363，391，392，415，501，502，541，596—598，604，606，607，611
非子封邑 22，84，85，111，324—326，541
非子封邑的考古学探索 79，84，324，325，328，331，541，643
蜚廉 17，43—45，48，56，68，69，91
蜚廉氏 30
废丘□ 71，72，334
废丘 71—74，334—338
废丘丞印 71，72，334
废丘鼎 72，334
废丘左尉 72，334
废邱 73，336
费昌 41，42，47，55
费家庄 349
费氏 41，47，55
费无极 195

费仲 41，523
分组 456
汾水 69
汾隰 472
蚡冒 603
丰大特 133，277
丰公 60
丰民 525
丰水 80，277，361
丰王 47，133，239，312，586，604
"丰"字形大墓 433
风俗通 31，61
风俗通义·氏姓篇 61
沣水 467
封建制度 7，9，266，267，312，605
封人 195
冯堡村 559
冯公谷 526，528，529
冯夷 42
冯翊 281，282，382
冯翊郡 282
冯翊县 564
凤皇 42
凤翔 10，21，39，119，235，282，332，333，355，359，393
凤翔府 355，364，429
凤翔黄家庄秦墓发掘的一点收获 384，659
凤翔黄家庄秦墓发掘简报 384，651
凤翔马家庄 235，375
凤翔马家庄春秋秦一号建筑遗址第一次发掘简报 375，651
凤翔马家庄一号建筑群遗址发掘简报 235，375，651
〈凤翔马家庄一号建筑群遗址发掘简报〉补正 235，664
凤翔秦公陵园第二次钻探简报 433，652
凤翔秦公陵园钻探与试掘简报 433，452，651
凤翔孙家南头：周秦墓葬与西汉仓储建筑遗址发掘报告 119—121，333，652
凤翔县 119，121，282，333，359，383，392，607
凤翔县博物馆 119，333，359，448，450，651，652
凤翔县孙家南头 M156 120，121
凤翔县志 452，651
凤翔雍城 14 号秦公陵园墓主蠡测 434，448，658
鄜县 281，282
鄜衍 80，281，282，285
鄜畤 80，130，134，160，164，165，219，276，278，279，281，282，285，286，313，371，373，424，425，601，605
鄜畤、陈宝祠与汧渭之会考 358
伏生 475

扶风　73，79，336，347，352，353，360，364，371，392，607

扶风郡　74，337

服饰用玉　557

服夷　34，36

辅氏　188，193

簠斋金文题识　415，617

父母　16，308—310，314，606

父权　222

父死子继　223，224，227，311，604

父系　308

父子关系　451

父子兄弟，罪不相及　310，311

父族　39，308

附加堆纹　491

附庸　19，26，46，70，81—83，86，90，117，123，226，266，298，316—321，323，330，331，334，391，415，501，598，606

阜阳汉简诗经研究　509，639

复旦大学出土文献研究与古文字研究中心　50，68，626

复旦大学出土文献与古文字研究中心读书会　128，633

复旦大学出土文献与古文字研究中心网　128，129，633，650

傅嘉仪　72，75，335，338，528，617

傅斯年　17，18，25，633

腹耳罐　491

G

盖（奄）侯　60

干泥器　557

干人　34，36

甘博　401

甘谷毛家坪　90，100，292，314，520，588，591，606

甘谷毛家坪 M2059　292

甘谷毛家坪春秋秦墓 M2059　314，606

甘谷县　22，32，37，67，68，101，103，106，110，122，123，302，540，544，597，598

甘宁地区秦相关文物考察报告　483，549，582，653

甘青地区　16，22，102，489—491

甘青地区青铜时代的文化结构和经济形态研究　489，490，654

甘青地区史前考古　491，660

甘泉　553

甘肃　3，4，7—11，13，15，18—20，22，37，51，53，54，67，75，86—88，99—102，109—111，122，280，314，323，328，330，333，338，395，410，415，461，481—484，489，498，540，553，561，567，575，582，588，595，597，598，606，609，611

甘肃崇信出土的秦戳记陶器

575，654

甘肃崇信古文化遗址调查 575，654

甘肃崇信香山寺先周墓清理简报 573，654

甘肃东部秦和羌戎文化的考古学探索 491，668

甘肃东部秦早期文化的新认识 328，660

甘肃甘谷毛家坪春秋秦墓（M2059）及车马坑（K201）发掘简报 32，103，108，110，291，292，303，665

甘肃甘谷毛家坪遗址发掘报告 37，101，102，520，521，591，634

甘肃甘谷毛家坪遗址沟东墓地2012~2014年发掘简报 103，665

甘肃甘谷毛家坪遗址沟西墓地2012~2014年发掘简报 103，665

甘肃甘谷毛家坪遗址2013年考古收获 103，643

甘肃合水、庆阳县出土早周陶器 554，555，661

甘肃泾川发现早周铜鬲 572，640

甘肃考古记 489，629

甘肃礼县大堡子山秦墓及附葬车马坑发掘简报 95，96，301，402，403，650

甘肃礼县大堡子山青铜乐器坑探讨 419，421，643

甘肃礼县大堡子山早期秦文化遗址 93，95，343，344，397，664

甘肃礼县秦文化调查的一些认识 23，496，667

甘肃礼县三座周代城址调查报告 93—95，98，344—346，349，350，387，398，665

甘肃礼县西山遗址发掘取得重要收获 93，98，344，665，668

甘肃礼县圆顶山 98LDM2、2000LDM4 春秋秦墓 302，634

甘肃临潭磨沟寺洼文化墓葬出土铁器与中国冶铁技术起源 589，630

甘肃灵台百草坡西周墓 101

甘肃灵台红崖沟出土西周铜器 572，645

甘肃灵台两周墓葬 571，575，634

甘肃灵台两座西周墓 101，571，634，645

甘肃灵台县景家庄春秋墓 508，573，574，644

甘肃灵台县又发现一座西周墓葬 572，653

甘肃马家塬战国墓马车的复原——兼论族属问题 543，669

甘肃宁县焦村西沟出土的一座西周墓 100，556，650

甘肃宁县石家及遇村遗址新发现一处西戎墓地 559，658

甘肃宁县石家墓地·遇村遗址发现

学术研讨座谈会综述 558，670
甘肃宁县西沟发现战国古城遗址 553，643
甘肃宁县宇村出土西周青铜器 555，661
甘肃平凉庙庄的两座战国墓 575，659
甘肃秦安王洼战国墓地2009年发掘简报 543，635
甘肃清水李崖遗址考古发掘获重大突破——为寻找秦先祖非子封邑提供新线索 22，85，111，324—326，541，668
甘肃清水李崖遗址考古发掘获重大突破——为寻找秦先祖非子封邑提供新线索 22，85，111，324，325，541
甘肃清水李崖遗址周代墓葬发掘简报 85，666
甘肃清水县的商周时期文物 111，540，647
甘肃清水县刘坪近年发现的北方系青铜器及金饰片 541，542，641
甘肃庆阳城北发现战国时期葬马坑 560，650
甘肃庆阳春秋战国墓葬的清理 559，560，645
甘肃庆阳地区出土的商周青铜器 554，555，558，661
甘肃庆阳韩家滩庙嘴发现一座西周墓 101，554，650

甘肃日报 85，324，639，666
甘肃省 9，22，29，68，75，78，84，87，103，111，122，123，150，279，302，315，323，324，328，338—340，351，355，360，392，397，403，471，474，488，489，498，518，538，540，545，547—549，553，567，568，571，589，597，598，606
甘肃省博物馆 491，633
甘肃省博物馆文物队 101，568，570，571，575，634
甘肃省博物馆文物组 568，634
甘肃省公安厅 301，634
甘肃省文物工作队 37，101，102，520，521，591，634
甘肃省文物考古工作三十年 491，633
甘肃省文物考古研究所 93，97，98，100，101，103，106，111，113—116，280，302，325，328，342，344，349，350，397，408，464，491，498，499，541，543，549，550，573，634，638，639，647，657，658，660，664，667
甘肃省西峰市出土的西周陶贝 554，638
甘肃通史 20，671
甘肃文物工作五十年 300，632

甘肃永登榆树沟的沙井墓葬 544，634
甘肃张家川马家塬战国墓地 2012—2014 年发掘简报 543，666
甘肃漳县墩坪墓地 2015 年发掘简报 549，550，635
甘肃漳县墩坪墓地 2014 年发掘简报 549，550，635
甘肃漳县墩坪遗址发现春秋战国戎人墓地 549，663
甘肃之太原 481，482
甘肃礼县秦公墓の墓主は谁か？—MIHO MUSWUM 新収の编钟を手挂りに 402，411，416，672
甘峪大队春秋早期墓 508
竿头饰 580
牺劫 60
牺劫尊 60
皋陶 40，263，321
高次若 118，330，358，508，635，636
高帝 72，335
高亨 328，515，615
高后 309
高家 307，308
高家堡戈国墓 101，651
高领袋足鬲 573
高领罐 102，520，521
高明 72，335，617
高平 482，571
高平县 482

高渠眯 158，163
高山鼓乘集　王辉学术文存二 419，656
高士奇 66，616
高陶 477，504
高王寺 381
高辛氏 262
高新区 119
高阳又（有）灵 39，442
高邮二王著作集 59，617，625
高诱 147，273，624
高志超 66，644
高祖 40，72，73，253，309，335，336，526
镐京 488
镐水 80，361
革车 294，313，605
蛤蜊 120，121，554，571，573
嗝边大队 558
工具 108，303，548，568，573，580
工藤元男 72，310，335，624
弓柲 568
弓矢孔庶 300
公安局 300，401，415
公乘 246
公大夫 246
公侯 82，317—319，417，418
公及王姬 155，157，239，240
公刘 552，553，558
公刘邑 552

公士 246
公孙固 174
公孙宁 275
公孙无知 158，159，163
公孙支 168，178
公姓 25
公羊音训 140
公元前 8—前 3 世纪的萨彦—阿尔泰——早期铁器时代欧亚东部草原文化交流 110，588，646
公元前 5 世纪中叶以前中国人工铁器的发现及其相关问题 110，588，589，668
公仲 46，485
公子去疾 275
公子围 194
公子婴齐 275
公子雍 274
公子圉 179
公子重耳 179
公族 25，39，292，293，303，307，312—314，403，410，411，414，420，588，605，606
宫长为 24，636
宫殿基址 370，576
宫河公社 555
宫寝制度 21，238
宫室 123，180，273，379，380，382，385，393，452，535，598，608
宫廷建筑遗存 375

龚（共）桓 39，442
共公 186，187，189，193，194，228—232，235，380，435，437，451
共国 567
共王 91，92
沟口遗址 541
狗国 473，474
孤竹 161，164，229
古本《竹书纪年》 6，8，86，87，122，126，130，138，143，153，154，210，216，217，221，224，232，311，468—470，472，497，500，502，527，598，599，603
古大荔戎国 565
古代神话与民族 15，632
古代文明 93—95，98，119，128，344，346，349，350，397，406，413，419，421，630，632，643，661，665
古代"西戎"和"羌"、"胡"考古学文化归属问题的探讨 16，664
古代中国与其强邻：东亚历史上游牧力量的兴起 464，671
古公 470，471
古黄之乘 522
古今人表考 186
古泾阳 482
古坡乡 67

古秦水　84，324
古史论文集　19，54，63，323，481，636
古史探微　78，267，341，489，567，662
古史研究　18，53，659
古大原　48
古陶文汇编　72，335，617
古文　117
古文字学家　465
古文字研究　75，339，416，421
古徐国　63
〔古〕奄国　62
古矢国遗址、墓地调查记　331，646
古族甄微　15，70，125，135，464，524，567，647
谷梁　169
谷梁传　169
骨蚌器　555
骨甲　568
骨马镳　580
骨器　548，576
贾人弦高　180
固原　11，12，482，483，520，567，575，576，579，580，582—584，587，595，596，611，612
固原博物馆　579，580，636
固原青铜文化初论　582，646
固原市　484
固原县　101，483，484，576，579，582，636
固原县文物工作站　101，576，582，636
固原州　482
故宫　22，288，325，379，489，630，655，657，668
故宫博物院院刊　288，406，416，418，421，632，642
"故宫"季刊　330，357，666
故宫研究室玺印组　72，335，617
故邦戎邑　517
故虢城　522
故骊戎国　526
故郿城　364，429
故汧城　354，355
故秦亭　84，322
故王城　565
故西犬丘　47，77，136，227，298，341，497，503
顾颉刚　17，19，54，56，63，144，323，480，481，513，520，540，548，553，613，614，616，636，637
顾颉刚读书笔记　481，520，540，548，553，636，637
顾颉刚古史论文集　19，54，323，481，636
顾颉刚全集　19，54，63，323，481，520，540，548，553，636，637
顾氏栋高　171

顾炎武　416，417，483，625
顾祖禹　320，323，625
顾炎武全集　483，625
瓜州　471，485，487，488，530，531，534，596
瓜州之戎　469，487
关陇文化与嬴秦文明　3，13，15，20，282，358，433，631
关内侯　245，246
关叔　59
关于宝鸡市戴家湾、石鼓山商周墓地的国别与家族问题　118，663
关于甘肃礼县大堡子山秦公墓地的几个问题　405，647
关于千渭之会都邑及其相关问题　330，358，636
关于秦人族属及文化渊源管见　21，238，272，460，637
关于秦子戈、矛的几个问题　418，656
关于寺洼文化研究的几个问题　490，491，654
关于夷族的西迁和秦嬴的起源地、族属问题　19，20，55，324，348，633
关于中国的对匈奴族源的考古学研究　560，582，644
关中　3，7，10，11，13，20，22，23，51，54，55，79，80，92，98，99，101，122，138，143，145，146，150，279，309，315，338，360，363，395，461，466，506—508，515，518，520，522，590，594，595，597，609，611
关中平原　20，54，146，515，590，594
关中秦汉陶录　72，335，616
观念信仰　19
观堂集林　15，77，93，277，341，388，403，498，625
官大夫　246
官（管）（叔）　58
棺椁　104，105，108，111，112，324，409，491，557，568，571
管叔　28，50，57，58
管至父　158，159，163
管仲　169，178，218，317，600
贯高　309
光明日报　3，13，642
光绪　118，298，362，511，615，619—621，623，626
广德　482
广东炎黄文化研究会　303，415，659
广汉　75，339
广弘明集　130，256，318，627
广史记订补　175，618
广义的商遗民　99，554
广义的殷遗民　119，333
广州市博物馆　410
归德　552

归妹 241

龟山 474

邽丞 517

邽、冀戎 38，158，163，165，267，517，519，587

邽、冀之戎 507，516，517，524，545，546

邽丘 517

邽戎 38，165，219，517，529，540，595，601，611

邽山 518，519

邽守 517

邽印 517

鬼神 254

贵族 52，91，95，96，98，102，104，106，107，109，118，123，239，247，292，312，320，350，357，379，385，392，393，452，543，555，584，588，598，604，607，608

贵族墓区 576

绲戎 469，472，535—537，544—546，561

郭嘉公社 543

郭军涛 347，350，637

郭凌 28，50，58

郭沫若 176，230，231，241，249，251，254，264，299，300，616，637

郭沫若全集 176，241，249，251，254，264，299，300，616，637

郭璞 43，479，627

郭物 589，590，637

国归父 173，174

国际视野下的秦始皇帝陵及秦俑学研究学术研讨会论文集 85，324，666，669

国家 2，5，8，11，28，89，142，144，150，169，182，183，216，219，221，255，270，271，287，307，311，313，420，457，507，529，585，586，592，593，596，599，602，603，605，611

国家机器 221

国家文物局 272，561，637

国家形态 318

国立北平图书馆馆刊 298，362，647

国立北平研究院 118

国立中央研究院 18，25，633

国人 31，33，110，131，136，143，179，197，273，295，383，460，461，509，510，588

国史大纲 18，53，141，649

国无鳏寡 470

国学论丛 17，18，34，661

国学学刊 32，110，291，292，632

国语 3，8，29，39，49，65，87，122，126，132，138，140，141，144，224，225，232，234，250，253，263，269，

298，311，468，472，479，
484，487，525，527，528，
598，603，621
国语集解　483，621
国语·晋语四　224
国语·鲁语上　527
国语·齐语　65
国语·郑语　39，48，49，124，132，
133，140，234，235，298，603
国语·周语上　479，484，487
国语·周语中　250，263
国之大事，在祀与戎　165，219，
220，601，602
虢城　522
虢公　251，471，478，480，578
虢公翰　137，144，505
虢国　118，137，506
虢射　178
虢师　154，163，166，217，599
虢叔　162—164，522
虢镇　331
椁室　95，98，105，107，400，409

H

海纳百川　596，612
海外　398，474
邯郸　91，196
邯郸午　196
邯郸赵王陵　91
韩安国　536
韩不信　196
韩翀飞　575，632
韩地　178
韩非子　259，623
韩非子集解　29，59，138，175，
259，274，294，507，623
韩非子·说林上　29，59，60
韩高年　273，513，669
韩家滩庙嘴　100，554
韩孔乐　579，582，670
韩起　191
韩伟　17，21，235，238，272，401，
404，433，452，460，461，637，
638，651
韩自强　509，639
汉成帝　367
汉代　4，78，92，93，118，119，
123，124，138，149，166，
172，201，280，283，339，
340，348，360，374，403，
450，467，468，482，497，
534，548，592，594，596，
598，612
汉代陶文"密"字　166，283，374
汉高帝　525
汉官　243
汉金文录　367
汉旧仪　246，623
汉灵帝　547
汉书　6，43，67，72，75，83，
117，125，147，224，245—
247，252，258，259，263，

索　引

270，277，309，321，335，339，367，438，448，465，468，482，510，512，514，517，519，526，537，538，545，547，552，564，566，583，618，619

汉书·百官公卿表　246，247，252，259，545

汉书·百官公卿表上　545

汉书·百官志　243

汉书·地理志　9，67，72，75，77，83，117，125，126，147，319—321，328，330，335，339，341，347，391，510，512，514，517，519，526，537，545，546，552，553，566，575，583，606

汉书·地理志上　564

汉书·地理志下　482

汉书·郊祀志　276，367

汉书·郊祀志上　256

汉书·律历志下　224

汉书·司马相如传　43

汉书·刑法志　308

汉书·赵充国辛庆忌传　512

汉水　349

汉文帝　309

汉武帝　487，518

汉阳郡　75，83，321，322，339

汉以　4，125，140，221

汉志　201，539

好畤　278

郝懿行　474，475，518，523，539

郝懿行集　627

郝昭　357

合水县　483，490，553

合葬　435，491

何宏　584，645

何清谷　348，638

何翔　554，638

何休　140，223，225，616

和平共处　311，603

和珅　65，76，337，340，355，518，527，567，583，622

和仲　75，339

河北省文管处　91，638

河北省文化局文化工作队　92，638

河北县　530

河川乡　579

河东　17，69，170，241

河关　470

河南洛阳　51

河南省　534

河南文博通讯　89，660

河南伊川徐阳东周墓地西区2013—2015年发掘　533，534，669

河南伊川徐阳墓地东区2015～2016年发掘简报　534，669

河南伊川徐阳墓地2020年度考古发掘　534，647

河曲　167，177，184，193，217，

600

河曲之战　167

河山集　74，338，370，483，488，540，653

河首　470

河水祠　564

河桃谷　372

河图　277

河西　51，177，179，183，214—216，220，241，357，388，457，589，593，602

河阳　164，166，373

核泉水　518

鹤嘴斧　541，559，581

黑彩　491

黑水　467

黑水峡　519

衡父　44，45，48，68，91

訇簋　34，36

弘璧　277

弘农湖　528

红河谷　349

红河镇　349

红陶罐　544

红岩村　559

闳夭　523

宏观　592

洪洞县　69，70，91

洪赵县　69

鸿门　528

侯红伟　85，98，103，111，116，280，324，325，328，344，347，349，406，407，419，541，638，639，643，662，668

侯磨村墓地　579

后官寨乡　559

后官寨镇　559

后汉书　62，73—75，83，86，87，136—138，203，246，322，335，337，339，469，470，472，473，475，479，480，484，496，501，503，506，507，517，524，531，545，546，551，558，561，562，564，578，619

后汉书·西羌传　86，87，135，137，138，203，204，466，469—473，475，478—480，484，496，498，501，503，506，507，516，523，531，544，546，551，553，561，562，564，577，583

后桀　470，471

后桀之乱　470，471

后荆沟　477

后魏　74，329，337，365，483

后相　470，471，473

后泄　470，471

后庄村　559

后子　160，164，165，194，228，233，371，373，435

后子针　194

狐偃　174，179
狐与谷　317
胡大贵　247，639
胡道静　140，628
胡平生　509，639
胡谦盈　490，639
胡渭　482，613
葫芦河　489
湖北　35，562，620
湖南省博物馆　50，68，626
湖南战国兵器铭文选释　75，339，642
虎臣　34，36
虎饰　555，556
虎头纹　556
琥珀珠　401，409
花格剑　508
花马池　583
华东师范大学中文系战国简读书小组　128，639
华山　38，158，163，165，267，366，430，586，587
华氏　43
华亭市　567
华亭县　567
华夏边缘：历史记忆与族群认同　464，467，657
华夏考古　534，578，648，669
华夏文化　16
华学　419，614，656
华阳国志　28

华阳国志校补图注　28，623
□华夷　34，36
华元　275
划纹　491
怀公　179，202，204—208，214，215，228，230，232—234，241，244，437，438，455，456
怀公太子　205，214，228，232，233，312，434，437，456，604
怀嬴　241
淮海　473
淮夷　30，31，58，62，63，473
淮阴侯韩信　309
槐里　72—74，77，335—338，341，353，392，607
槐里城　73，74，336，337
槐里故城　74，337
槐里犬丘与秦人早期历史相关的一点线索　338，653
槐里市久　72，335
槐里县　72—74，335—337，347，348，353
槐里县故城　73，336
环壕建筑　385，393，608
环首短剑　544，559
环县　553，554
桓公　154，158，166，187，189，193，218，225，231—233，235，317，380，435，437
貆道　538
荒服　471，478，479，577

荒服不朝　471，478，577
皇帝　238
皇甫谧　72，74，224，320，321，335，337，352，354，360，362，364，371，372，408，427，476，620
皇甫嵩　73，336
皇览　63，449
皇清经解　66，331
黄池　213
黄初　74，337
黄德宽　509，511，615
黄帝　180，278，284，474，475，535
黄河　287，483，576
黄怀信　28，50，57—59，250，473，522，550，551，620，639
黄金　474，522，523，526，566
黄金制品所见中亚草原与中国早期文化交流　589，646
黄留珠　25，639
黄鸟　31—33，181，435，460，461
黄牛　95，134，165，219，267，279，280，284，285，601
黄汝成　417，625
黄蛇　80，281，282，285
黄盛璋　415，421，639
黄石林　40，639
黄氏　30，621，625
黄文弼　17，18，639，640
黄灼耀　79，353，640

灰坑　104，111，112，114，166，283，324，326，344，358，374，397，556
辉煌雍城：全国（凤翔）秦文化学术研究会论文集　379，381，655
汇聚　592
汇纂　66
彗星　201，202，204，213，215，230，233，438，454，455
惠公　140，169，178，179，196—198，208，209，212—215，230，232，233，389，390
惠王　127，137，141，153，162，164
婚姻制度　7，9，238，239，312，604
混夷　472，491，496
火葬　468，491，582
火葬墓　491
获国　577
获马千匹　471，478，480，578
霍汾县　69
霍叔　28，57
霍太山　17，43

J

J. J. Lally & Co.　401，672
鸡栖于埘　278
积古斋钟鼎彝器款识　368，617
积聚　180，273，380，535

积石 467

姬姓 30，239，240，420，525，526，528，586

姬姓贵族 118，239，312，604

羁马 184，193

吉甫 476，482

吉金铸华章——宝鸡眉县杨家村单氏青铜器窖藏 37，652

吉量 474，523

吉林大学社会科学学报 3，4，407，660

汲冢书纪年 137，505

汲冢纪年 128

汲冢纪年存真 480，619

汲冢书 171

集传 513

集解 62，69，73，83，152，202，204，233，262，276，277，279，281，282，284，322，336，362，408，427，437，502，515，517，519，528，547，552，566，617，618

籍姑 206，207，214，218，228，437，601

季本 482，513，614

季父 206，208，214，223，228，437，439

季家湖 35，562

季历 469—471，595，611

季胜 44，45，48，68，91

继位制度 223，224，410

祭品 265

祭祀 7，9，95，145，165，166，219，220，231，252—255，265，276，279，280，283—285，287，313，347，374，384，401，402，405，411，413，419—423，468，601，602，605

祭祀坑 10，96，166，283，374，402，411，413，419，420，423，425，442，445，446，448，462，542，609

祭祀山川 468

祭祀用牺牲 166，374

祭天遗存 280

冀丞之印 519

冀川 519

冀阙 382，594

冀戎 38，158，163，165，219，267，517，519，520，529，540，587，595，601，611

冀县 67，519，520

冀县城 519

冀之戎 507，516，524，545，546

冀治 519

冀稚 519

家族墓地 118

家族制度 222

甲骨刻辞 577

甲骨文 332，466

甲骨文合集 230，231，332，616

甲泡　556，559

甲字形墓　21，433，442，446，447，455，456，460

贾村镇　79

贾君　241

坚沙　539

监晋　564

简帛·经典·古史　128，645

简公　183，198，199，204—210，213—216，219，228，230，232，234，387，389，437，438，451，454，455，585，593，601

翦伯赞　14，15，640

蹇叔　177，179—181，245，275

建国以来井田制研究述评　271，641

建筑遗迹　349，350

践土之盟　174

箭矢　108，303，568

江汉　471

江汉论坛　31，662

江淮　603

江口乡　498

江氏　30

江永　66，331，616

江州　75，339

姜侯　472

姜侯之邑　472

姜戎　11，238，312，469，485，486，488，496，498，555，573，586，592，595，604，611

姜戎氏　485，496，534

姜戎文化　97，496，498

姜氏城　488

姜氏之戎　44，118，469，471，484，485，487，488，524

姜水　488

姜姓　470，471，485，487

将军　180，245，246

将梁氏　30

将蒲姑　31，63

疆域　4，6，23，80，138，146，239，360，483

蒋家庙　118

蒋家庙古城　118

蒋礼鸿　246，623

蒋善国　144，640

蒋五宝　79，358，640

降人　34，36

绛市　187

交绥　184

焦村乡　553

焦村镇　556

焦南峰　39，359，442，443，447，461，638，640，656

角度　6，7，27，40，400，415，468，595

角弓　300

街子口　518

解读　5，10，27，127，391，394，466，606，608

解诂 225
藉水 518
今本 159，211，434
今汧共厨 367
金箔 300，401，404
金车马缰绳 301
金鼓 181，182，536
金河镇 118
金虎 358，401
金马 277
金铺首 358
金器 300，358，548，557，584，587—590
金刃之刑 566
金饰片 400，401，409
金台区 118
金文 28，29，35，36，60，123，141，232，239，259，265，272，293，313，332，383，466，476，598，605
金文人名汇编 415，421，659
金珠 300
锦屏镇 575
近百年来秦人族源问题研究综述 3，13，664
晋兵 187，188，193，194，218，601
晋悼公 194
晋地"姜戎氏"文化的线索 495，658
晋定公 213

晋公室 213
晋国 1，46，154，166—168，172，182，194，219，232，241，251，261，293，311，313，373，388，472，530，531，602，603，605
晋侯 158，163，168，173，176，181，188，191，241，261，418—420，530
晋惠公 169，178，179，269，486—488，531，534
晋君 178—180，241，294
晋厉公 193，249
晋南 11，488，595，611
晋平公 194
晋人 173，178，180，181，184，185，187，193，196，213，273，275，380，472，485，486，488，534，535，592
晋世家 144，159，173，184，241
晋书 277，619
晋书·天文志 277
晋太子申生 177，240，312，604
晋文 140，142，144
晋文公 144，172，173，179，180，182，218，219，600，602
晋文侯 46，127，129，133，138，140—142，144，506，603
晋文侯仇 127，137，141，506
晋武公 154，166
晋西南 520
晋献公 159，177，241，275，

526—529
晋襄公　193，241
晋言　180，273，380，535
晋阳　196
晋语　173
晋州　69
京当型　23
京当型商文化　23
京师　127，141，168，178，259，
　　477，530
京夷　34，36
京兆　73，336，357，525，526
京兆府下兴平县　73
泾北　507，551，553
泾川县　567，571，572
泾川县文化馆　572，640
泾河流域　100，101
泾河上游　101，483，489，558，567
泾河上游西周时期殷遗民墓葬研究
　　101，643
泾明公社　572
泾水　29，387，490，567，572
泾渭流域　468
泾阳　10，204，207，215，230，
　　234，315，369，370，387—
　　391，394，438，451，454—
　　456，482，483，608
泾源县　576
泾州　566
经传室文集　299，362，628
经济　138，165，219，262，278，

370，468，490，506，601，604
经济官　262，312，604
经济基础　592
经济生产　19
经济形态　11，468，489，490，498，
　　595，611
经学　416
荆岐终南惇物之野　147
荆州博物馆　310，624，640
荆州胡家草场汉律　309
荆州胡家草场西汉简牍选粹　310，
　　640
井中伟　555，556，640
景公　188，189，190—194，198，
　　218，230—233，235，317，
　　380，435，437，453—455，601
景家庄　508，573，574
景家庄春秋墓 M1　508
景家庄春秋早期墓　508
竞（景）之定　35，562
竞坪王　35，562
竫公　134，151，227，395
敬公　209
静公　127，134，151，155，157，
　　164，227，229，231，232，
　　239，312，316，396，408，
　　415，426，604
静宁县　549，567
九毕　17，28，50，58
九夷　20，54，59，473
九站　490，553

九站类型　491

酒泉　487

酒食器　568

救秦戎豆　35，562

救秦戎钟　35，562，563

居丧期间　10，416，421，422，425，462，609

居簋　539

驹车　476

鄩阳　195

莒氏　30

莒县人民政府　52，119，632

莒子　173，191

句芒、高禖、防风、飞廉考——风神篇　15，632

聚居区　379

鋗人　310

爵制　245，246，274

军队　8，216，221，287，288，292，293，311，313，599，603，605

军权　245

军事形态　11，468，499，595，611

军事制度　7，9，287，313，605

君位继承制度　222，227，311，312，604

君主妻河　214，287

郡国志　30

K

卡约文化　467，588

开城县　482

阚骃　545

康诰　310

康公　181，184，185，193，194，198，228，229，231，232，235，380，435，437，451，456，512，513

康世荣　2，18，349，633，640，640

康王　91，391

考古　14，23，91，93，95，101，343，344，366，375，383，397，430，431，508，549，550，554—556，559，560，573—579，584，588，590，629—631，635，636，638，641，644—646，648，649，651，652，655，660，662，663，665，667，670

考古发现与齐史类证　478，654

考古类型学的理论与实践　491，498，648，668

考古社刊　299，362，663

考古实物　7，9，28，222，385，443，466，597

考古实物资料　2，16，124，235，313，382，465，466，595，605

考古文物研究——纪念西北大学考古专业成立四十周年文集（1956—1996）　110，588，589，668

考古学　6，13，16，111

考古学报　14，24，37，72，75，

92，101，102，110，254，261，335，338，384，477，489，491，507，508，520，521，531，533，561，568，569，576，579—581，582，588，591，634，635，637，644—646，648，652，654，661，662，669

考古学集刊　579，646

考古学家　26，465

考古学界　26，90

考古学论文集　489，660

考古学上所见秦与西戎的关系　112，327，464，467，543，549，584，587，592，644

考古学文化　13，16，25，26，91，98，111，123，464，465，489，498，507，508，540，553，573，580，582，583，591，598

考古学研究　369，383，433，638，652

考古与文物　3，14，23，24，37，52，67，72，79，101—103，118，119，235，258，261，280，282，285，293，303，328，331，334，335，338，348，349，356，366—368，372，375，383，384，404，406，414，416，418，419，421，431—435，442，443，446—450，461，496，498，520，522，544，549，553—556，558，572，573，575，576，584，589，590，629—635，637，638，640，643—645，649—663，665，667，668，670

考古质疑　159，176

克里斯狄安·戴迪（Christan Deydier）　400

克殷　28，43，50，57

崆峒区　490，567

孔晁　250，620

孔《疏》　148，512

孔颖达　30，31，33，57，58，60—65，82，126，131，136，137，138，141—145，147—150，154，158—160，163，166，168—170，172—174，176，184—192，196，197，199，225，236，241—244，248—256，258，260—263，265，270，272—275，277，278，288，293—295，297，310，317，319，320，321，353，383，417，418，442，453，460，461，467，471，475，476，481，485—487，505，506，509—511，515，520，524，525，530，531，534，613，615

孔子　154，200，213，310

孔子家语·七十二弟子解 310
扣饰 580
葵丘 177,417
昆仑 19,54,323,467,474,481
昆仑传说与姜戎文化 19,54,323,481,636
昆仑墟 474
昆夷 470—472,475,476
困学纪闻 126,140,148,624,625
括地志 32,63,69,73,76,78,79,84,85,87,152,278,281,282,320,322,323,329,336,340,352,354,357,362,364,365,372,408,426,429,430,450,516,522,526,529,530,538,547,552,553,558,564,566,583

L

拉铁摩儿 464,672
剌龚公 200—202,215,230,232—234,381,438,439,441,453—455,457,463,610
来源 3,6,7,11,13,14,18,22—28,38,49,53,85,92,109,110,116,154,325,468,471,541,549,556,588,590,595,611
莱芜 24,31

赖丘 475
兰州 489
兰州市 544
栏桥 490
栏桥—徐家碾类型 490
蓝田 268,526
蓝田山 526
狼窝子坑 584
琅玕 467
劳王 140,142,144
雷神庙 344,498
雷学淇 473,480,620
雷依群 40,639
离宫 381,385,393,608
离宫别馆 10,150,372,375,379,381,391,393,394,608
离戎 522
骊姬 177,525
骊戎 507,522—527,529
骊戎城 527
骊戎故城 526,527
骊戎国 526,527
骊戎男 525
骊戎之文马 523
骊邑 525—527
黎侯 188
黎庶之长 247
礼记·王制 81,235,317,318,320
礼记·文王世子 475
礼记·杂记 417

礼记正义　82，236，251，317，319，320，417，475，615

礼乐制度　7，9，271，272，313，605

礼器　118，272，313，320，391，409，535，557，568，573，589，592，605，606

礼县　2，4，9，10，18，22，67，68，75，78，87，88，90，93，94，96，98—100，109，110，150，272，279，280，300—302，313，315，325，338—340，343—351，360，392，395—399，401，403，409—411，413，416，421，427，461，474，490，498，500，588—590，605，606，609

礼县博物馆　2，18，302，399，400，633，634，640，641，643

礼县出土秦国早期铜器及祭祀遗址论纲　401，405，421，672

礼县大堡子山秦公墓地及有关问题　94，96，272，300，344，397—400，405，460，632

礼县大堡子山秦公墓主之管见　407，419，662

礼县大堡子山秦国墓地发掘散记　300，632

礼县大堡子山秦陵墓主考辨　406，416，655

礼县大堡子山秦陵墓主再探　272，301，400，405，671

礼县大堡子山秦子"乐器坑"相关问题探讨　406，416，421，668

礼县等地所见早期秦文化遗存有关问题刍论　23，324，349，350，667

礼县鸾亭山西畤遗址的文献解读　280，659

礼县秦文化博物馆　494，500

礼县秦文化遗存及相关问题探讨　347，638

礼县秦西垂文化研究会　2，18，633，640，641，643

礼县史志资料　349，640

礼县西山坪　90

礼县圆顶山春秋秦墓　302，634

礼县圆顶山春秋中晚期秦墓98LDM2　302

礼制　97，375，450，453，592，610

礼制建筑遗存　375

李并成　549，553，666

李超　253，641

李朝远　400，401，404，641

李迪　84，323，622

李昉　42，321，352，364，371，382，626

李峰　150，401，404，405，421，555，556，672

李岗　366，372，431

李沟村　559

李宏飞 573,641
李怀仁 579,662
李吉甫 69,73,320,323,330,331,336,355,357,565,621
李家崖文化 102,522
李进增 561,582,661
李笠 175,618
李连娣 555,640
李零 79,86,330,354,357,358,362,365,366,408,427,431,641
李庆东 270,641
李溯源 590,641
李天虹 310,640
李贤 74,337,619,622
李晓青 541,542,641
李学勤 3,13,24,28,29,35,36,43,50,51,54,57—59,64,66,67,75,89,118,137,141,142,144,146,148,222,238,239,250,298,318,338,383,391,404,406,414—416,420,421,473,478,483,485,504,522,524,550,590,613,620,641—643
李学勤文集 13,24,29,35,36,51,54,75,318,338,404,416,420,421,483,641—643
李崖 9,22,85,90,102,116,122,325,326,328,392,541,598,606
李崖西周秦墓 102
李崖型 24,90,326
李崖遗址 22,85,100,111,113,114,116,117,122,123,324—326,328,541,597,598,638
李毓芳 71,75,261,335,338,384,645
李志芳 310,640
李仲立 553,643
李宗焜 128,670
里克 177,178
力人 188
历代兵制 293
历法 187,255
历史地理 6,363,465,549,553,666,670
历史地理学 6
历史地理学的传承与开拓 369,389,671
历史学 6
历史学家 13,465
历史研究 3,13,20,37,53,125—127,135,140,142,143,146,148,221,407,422,465,478,505,630,631,658
历史语言研究所集刊 18,39,442,633,656
历史真相 139,592

厉公　193

厉王无道　46，48，70，71，86，135，136，226，316，334，471，496，497，501，502

立场　44，125，134

立嫡长子　224

立羊牌饰　543

丽姬　526，528

丽戎城　526，528

丽山　526，528

丽邑　525，526，528

栎阳　1，183，216，268，269，279，315，369，370，381，382，387，388，393，395，593，608

栎阳陵区（葬秦献公至秦孝公）　395

栎圉　204，215，230，233，438，439，441，456，457

郦道元　73，75，76，78，83，84，117，154，166，320，322，336，339，354，365，371，372，403，430，449，450，487，497，518，519，526，528，538，545，547，622，623

郦山　16，43—45，47，56，70，76，129，133，134，143，226，238，316，334，340，422，472，478，501，505，524，586

郦山之女　16，43—45，47，56，70，76，226，238，316，334，

340，501，524，586

连称　158，159，163

莲花公社　543

联裆鬲　573

良臣　32，181，435

良医　261

凉州　75，339

梁山　470，471，535，551，553，561，565，583

梁万斌　156，643

梁王彭越　309

梁玉绳　134，140，151—153，159，160，162，163，167—171，173，174，176，184，186，188—193，195—212，268，269，456，539，618

梁云　2，14，17，21，23，24，37，56，68，79，80，84，90，92，98，101，109，111，280，324—326，328，331，347，349，358，359，405，406，419，421，434，435，448，464，467，540，541，543，549，554，558，572，584，587，588，590，592，643，644，647，657

两京道里记　527

两政　225

两周　5—7，119，122，450，464，553，575，597

两周墓地　119

索　引　713

两周之际　6，9，11，52，80，99，
　　105，110，119，127，146，
　　301，311，313，350，359，
　　392，464，508，515，544，
　　556—558，577，586，589，
　　596，603，605，607，611
聊城地区史志办公室　66，644
聊城风物　66，644
聊城县　66
廖名春　128，644
猎车　300
林宝　32，61，626
林剑鸣　2，17，19，21，79，84，
　　155，221—223，247，248，
　　267，324，353，354，460，
　　540，548，644
林庆彰　513，614
林沄　3，14，26，464，467，560，
　　582，644
林沄文集·考古学卷　464，467，
　　560，582，644
林沄学术文集　560，644
临汾市　70，91
临晋　214，215，562，564，565
临晋县　564
临潭县　589
临洮县　489，490，498，545
临潼　519，527，529
临潼县　527
临潼新丰镇刘寨村秦遗址出土陶文
　　71，334，519，631

灵帝　73，336
灵公　547
灵台　100，482，508
灵台白草坡西周墓　568，570，634
灵台县　482，508，567—569，
　　571—573，575
灵王　194，213，310，391
灵州　583
凌阴遗址　375
陵寝制度　21，238，460
陵圉　204，212，215，230，389，
　　438，439，441，457
陵原　10，462，609
陵塬　427
令狐　193，249
令狐之役　193
令牌头　548
令尹子瑕　196
刘兵兵　558，670
刘承干　299，362，628
刘得祯　101，483，508，554，555，
　　559，572，573，574，644，
　　645，661
刘光华　20，671
刘国忠　128，645
刘家沟　344，575
刘家文化　97，498，573
刘家文化新探——附论先周文化的
　　渊源　498，663
刘静　573，645
刘军社　118

刘莉　589，645

刘明科　118，328，330，358，369，388，636

刘坪遗址　541

刘启益　331，645

刘起釪　144，613，645

刘庆柱　14，16，72，75，261，335，338，384，645

刘锐　37，667

刘瑞　253，254，258，261，384，617，670

刘体智　517，617

刘向　269，438，448—450，594，621

刘心源　299，362

刘幼臻　370，372，389，661

刘雨　253，255，258，667

刘玉林　572，640

刘园生　517，617

刘塬乡　579

刘云辉　584，645

刘寨村　519

刘昭　62，73，75，83，247，322，335，339，619

刘子　418

刘宗元　24，636

流沙　35，474，539

流星　276，277

流星神　277

琉璃河西周燕国墓地（1973—1977）　51，630

骝驹　95，133，165，219，267，279，280，284，285

柳叶形短剑　590

六八图—费家庄　349

六八图遗址　349，638

六号陵园　446

六济之戎　472

六盘山　566，575，579

六师　471，478，480，578

六韬　523

六月雨雪　213

龙门　467

龙山文化　66

龙鱼川　353

泷川资言　154，155，618

隆德县　576，579

陇坻　330

陇东南　536

陇山　84，117，322，520，543，549，567

陇山东侧商周方国考略　554，572，644

陇山以东　85，329，507，516，544，546

陇西　9，75，77，78，83，87，201，319—323，328，330，339，341，362，391，408，427，510，512，514，517，536，539，540，553，606

陇西郡　75，77，78，92，339—341，348，403，497，517，545

陇西秦亭秦谷 9，83，320，321，328，391，606
陇西县 83，322，323，331，348，547，548
陇县 37，51，52，79，83，84，118，331，353，355—357，360，392，607
陇县店子秦墓 52，356，651
陇县故城 84
陇右 23
陇右文博 79，330，349，401，655，670
陇州 329—331，354，355
卢连成 81，118，151，157，232，240，316，329，331，366，372，404，408，424，430，431，529，645，646
卢山 566
芦敏 559
卤市 575
鲁公子翚 163
鲁国 51，62，154，239，250
鲁姬 154，155，225
鲁庶子戏 225
鲁惟一 271，672
鲁夲 30
鲁庄公 159，163，516，524
陆浑县 534
陆浑之戎 534
陆浑之戎墓地 534
录异传 278

鹿饰 544
禄父 28，50，57，58
路东之 71，254，259，334，519，528，617
路国权 101，646
路懿菡 646
路史 30，31，39—42，171，473，620
路史·国名记乙 30，31
路史·国名纪注 171
路史·后纪 41，42，473
路史·后纪七·疏仡纪·小昊 41，42，621
路史校注 31，39，41，42，621
路俗氏 42
吕不韦 273，621
吕坪村 579
吕甥 178
吕氏春秋 139，140，142—144，212，273，390，440，457，624
吕氏春秋集释 139，142，144，273，390，440，457，624
吕氏春秋·音初 273
吕章申 646
鸾亭山 93，280，344
鸾亭山遗址 280
銮车 299，300
銮铃 559，560，571
略论秦文化与北方文化的关系 590，662
略畔道 552

伦敦 Christe's 拍卖行　401
伦敦新见秦公壶　401, 641
论甘肃礼县出土的秦金箔饰片　400, 404, 638
论甘肃礼县大堡子山秦公墓地及文物　349, 404, 631
论衡　42
论两周时期黄河流域的地理特征　483, 653
论平王东迁　125, 126, 135, 140, 142, 148, 630
论秦都雍城之特点及其历史地位　369, 389, 670
论秦汉的分封制　267, 662
论秦文公　221, 671
论秦襄公　221, 671
论秦子簋盖及其意义　406, 416, 420, 421, 642
论青铜鍑的起源　589, 637
论早期秦文化的来源与形成　14, 23, 24, 92, 109, 588, 644
罗丰　561, 579, 582, 646
罗福颐　71, 334, 335, 617
罗泌　31, 39, 41, 42, 473, 620
罗苹　31, 39, 41, 42, 473, 620
罗振玉　299, 362, 628
罗振玉学术论著集　299, 362, 628
洛川　36, 282, 507, 561, 562, 564
洛川之戎　36, 564
洛阳　51, 520, 533, 534

洛阳博物馆　51, 666
洛阳博物馆建馆 50 周年论文集　51, 666
洛阳市　534
洛阳市文物考古研究院　534, 669
洛阳夏商周考古概述　51, 666
洛之戎　35, 36, 167, 168, 562, 564
洛之阳　505, 564
雒　168, 178, 188, 193, 530, 531, 596
雒邑　47, 129, 133, 139, 144, 145

M

马鞍口双耳罐　491
马东海　576, 646
马非百　2, 17, 19, 155, 161, 375, 434, 540, 646
马家窑文化　16
马家塬墓地　542, 543
马家塬文化　549
马家庄　235, 238, 312, 375, 379, 380, 385, 393, 453, 462, 608, 610
马家庄秦宗庙建筑制度研究　235
马家庄秦宗庙遗址　235, 238, 312, 379, 604
马家庄一号建筑遗址　235
马甲饰　560
马建营　301

索　引

马健　109，110，588，589，646
马具　584
马连台　554
马璘　482
马面饰　580
马面形　556
马强　576，647
马融　262
马饰　548，568
马头　283，301，560，568，580
马衔　580
马叙伦　299，362，647
马营镇　119
马寨村　559
马占山　534，647
马振智　39，405，442，444，647，656
马庄墓地　579
蛮方　11，239，529，596，611
蛮氏之戎　507
蛮夏　529，596
蛮夷　16，266，470，545
毛苌　32，79，85，329，352
毛《传》　295，297
毛亨　481
毛家坪　22，32，90，100，102，103，105—107，109，110，292，302，314，520，588，591
毛家坪A组遗存　101
毛家坪B组遗存　37，102，508，520—522

毛家坪B组遗存再认识　37，102，520，522，655
毛家坪村　22
毛家坪考古队　647
毛家坪西周秦墓　102
毛家坪遗址　22，37，68，101—104，106—110，114，303
毛瑞林　111，540，549，589，630，647，663
毛诗·豳风·破斧　60
毛诗·采薇　476，484
毛诗谱　58，126，147，148，320，321，353，613
毛诗谱·邶墉卫谱　58
毛诗谱·秦谱　125，126，147，148，320，321，353
毛诗·秦风·车邻　297
毛诗·秦风·黄鸟序　33
毛诗·秦风·驷驖　297
毛诗·秦风·无衣序　511
毛诗·秦风·小戎　295，509
毛诗·秦风·终南　146，149，150
毛诗·商颂　468
毛诗序　131，136，143，147，460，511，514
毛诗正义　33，60，126，131，136，138，143，144，147—150，248，273，278，295，297，321，353，461，476，481，506，509—511，613
毛郑诗考正　482，615

矛盾 5，9—11，17，26，27，71，126，128，147，148，267，328，370，388，391，394，433—435，462，466，606，608，609
茅城 530
茅津 175，177，181，182，530
茅戎 530，596
茅亭 530
茂汶县 468
茂先 30
眉县 37，79，352，353，365，392，607
郿县 9，79，85，329，352，353，360，364，365，393，429，607
郿县故城 79，85，329，352
美国 118，401，403，404，413，414
美国大都会博物馆 118
美国私人收藏秦子盉 403，414
媚子 297
门塾 235，383
蒙文通 14，15，18，70，125，134，135，348，464，524，567，647
蒙文通全集 15，70，125，135，464，524，567，647
孟姬 238，239，477，504，555
孟康 528
孟亏 42
孟明视 174，179，180，245，293

孟戏 41，47，55
孟增 44，45，48，68，91
孟子 28，29，61，270
孟子·滕文公下 24，29，43，50，59，64
孟子·万章上 231
孟子注疏 29，44，50，59，64，82，231，270，318，319，616
孟子正义 616
梦溪笔谈校正 140
麋豕孔庶 299
密艾亭 547
密国 567
密畤 164—166，219，276，278，279，282—284，313，373，374，602，605
绵诸 201，210，213—215，328，469，535—541，543—546，561
绵诸城 538
绵诸大队 538
绵诸道 201，537—540
绵诸道故城 538，540
绵诸水 538
绵诸溪 538
绵诸之戎 540
苗龙 474
苗兴 40
庙渠村 559
庙渠乡 559
庙庄 568，575
庙嘴 101，554，575

庙嘴坪 575

MIHO MUSEUM 401，411，672

民间祠祀 279

明人 482，513

鸣皋镇 534

鸣沙山 487

鸣条 41，47，55

铭文 10，21，32，34，36，39，75，81，110，155，248，272，293，303，318，329，339，366，372，383，393，400—402，405，410，411，414—416，419—425，430，462，477，478，504，555，568，582，607，609

缪文远 279

磨儿原古城 51，52，356，357

磨沟村 589

磨砚书稿——韩伟考古文集 21，235，238，272，433，460，637，638

墨子·耕柱 29，59，60

墨子间诂 29，59，624

母系 39，40，308

母族 21，39，41，308

牡丘 65，66

牡丘遗址 66

牡邱 65，66

木椁 400，401

木河乡 542

木器 108，557，575

牧师 470

牧畜 19

牧野 471

墓道 400，401，543，548，579

墓口 400，401，409

墓室 108，400，401，409，544，548，553，554，557，558，568，571—573，575

墓葬壁龛 588，590

墓葬规模 409，548

墓主 4，10，11，52，95，96，98，101，104，105，107—109，118，272，292，300，313，345，346，395，398，400—411，416，421，422，432—435，441—443，446—448，451—457，459，461—463，517，541，543，544，554—557，559，568，571—573，575，576，579，584，605，609

墓主人 7，52，106，292，350，357，392，556，561，573，607，610

穆公 33，164，171，175，176，228，231，232，240，241，245，258，312，373，424，428，434，439，449，461，512，600，604

缪公 32，157，161，164，167，168，174，175，177—183，193，216，217，228，229，

259，273，275，286，293，364，373，375，380，428，435，437，535，536，593，600

穆公坟　381

缪公夫人　178

缪公任好　177，182，530

穆姬　241

穆庙　235

穆天子传　472，479，566，567，627

穆天子传汇校集释　479，566，627

穆王　55，91，471，472，478—481，577

缪嬴　47，133，239，241，312，586，604

N

纳厘婭　470

南安郡　547

南宝生　111，540—542，641，647

南鄙　199，486，488，534

南故城　381

南山　117，133，138，144，150，277，506，518

南山大梓　133，277

南文化带　508，509

"南岈北岈"考　349，655

南阳村　431

南玉泉　498，648

南垣　94，343，396

南岳　470

南郑　213，214，229，244，288，437，585

内城　576

内沟　385，393，608

内蒙古文物考古　560，561，644，646

内史　174，180—182，242，255，258，259，266，312，535，536，604

内史廖　174，180—182，258，259，535，536

年表　134，174，184，186，191，195，207，211，279，285

年代分期　465

年代学　6

廿年相邦冉戈　75，338

鸟鼠　67，321，467，487，518—520

鸟鼠山　67，487

鸟鼠同穴之山　518，519

鸟鼠之山　321

鸟俗氏　41，42，47，55

鸟图腾崇拜　16

鸟夷族的图腾崇拜及其氏族集团的兴亡　19，56，323，636

鸟祖癸　554

宁公　77，151，155，163，216，228，341，364，426，599

宁、庆二州　552，553

宁王村　9，10，368，372，393，462，607，609

索　引

宁夏　11，101，416，483，484，555，567，575—577，579，580，582，595，611

宁夏固原博物馆　576，579—581，648

宁夏固原近年发现的北方系青铜器　579，646

宁夏固原吕坪村发现一座东周墓　579，636

宁夏固原石喇村发现一座战国墓　579，646

宁夏固原县出土的文物　579，670

宁夏固原县西周墓清理简报　101，576，636

宁夏固原杨郎青铜文化墓地　579，580，581，648

宁夏固原于家庄墓地发掘简报　579，648

宁夏回族自治区　101，484，584

宁夏回族自治区博物馆考古队　584，648

宁夏回族自治区文物考古研究所　576—578，648，649

宁夏考古文集　579，648

宁夏南部春秋战国时期的青铜文化　579，582，670

宁夏彭堡于家庄墓地　579，582，648

宁夏彭阳县近年出土的北方系青铜器　579，663

宁夏彭阳县姚河塬西周遗址　576，578，648

宁夏彭阳县姚河塬遗址铸铜作坊区2017—2018年发掘简报　576，578，648

宁夏彭阳县张街村春秋战国墓地　579，648

宁夏彭阳姚河塬遗址Ⅰ区北墓地西周墓（M42）发掘简报　576，649

宁夏彭阳姚河塬遗址Ⅰ象限北墓地M4西周组墓葬发掘报告（上）　576，648

宁夏彭阳姚河塬遗址Ⅰ象限北墓地M4西周组墓葬发掘报告（下）　576，648

宁夏人民出版社　556，576，579，646，648，653，654，659

宁夏文物考古所　579，648

宁夏文物考古研究所　579—582，648

宁夏西吉发现一座青铜时代墓葬　579，662

宁夏中卫县狼窝子坑的青铜短剑墓群　584，670

宁夏中卫县青铜短剑墓清理简报　584，648

宁县　37，101，483，549，553，555，556，558—560

（宁）〔宪〕公　38，134，151—153，156，163，165，227，228，239，243，267，312，361—363，371，407，408，

424—426, 429, 515, 516, 586, 604

宁、原、庆三州 552, 558

宁州 552, 553

牛神祠 276, 278, 313, 605

牛世山 14, 17, 21, 23, 91, 92, 649

牛头 84, 85, 111—112, 322, 324, 327, 538, 541

牛头河 111, 538

牛头河流域 84, 85, 111, 112, 322, 324, 327, 538, 541

牛头河流域考古调查 84, 322, 324, 541, 665

纽约 James Lally&Co. 古董商店 401

农夫 82, 319

农耕文化 591

农业 592

弄明 474

奴虘之戎 29, 35, 50, 54, 66, 222

怒特祠 277, 278

女防 44, 45, 48, 68, 69, 91

女华 38, 41, 47, 263

女修 7, 21, 38—41, 47, 90, 122, 263, 597

O

欧亚草原地带 109, 588

欧亚学刊 110, 588, 590, 637, 646

欧阳修 126, 148, 614

耦国 225

P

牌饰 542, 543, 548, 580

潘明娟 369, 370, 389, 649

盘安镇 22

蟠龙镇 79

庞文龙 589, 649

旁皋 44, 45, 48, 68, 69, 91

裴建陇 544, 556, 590, 649

裴骃 62, 69, 73, 83, 152, 202, 204, 245, 262, 276, 277, 279, 281, 284, 308, 322, 336, 362, 365, 371, 382, 408, 427, 429, 449, 502, 515, 517, 519, 528, 547, 552, 566, 617, 618

彭堡乡 579

彭戏氏 38, 158, 163, 165, 219, 267, 366, 430, 522, 529, 586, 595, 601, 611

彭衙 174, 180, 476, 502, 522

彭衙故城 522

彭阳 576

彭阳县 575—579, 582

彭阳县文物管理所 576—579, 648

彭原郡 552

丕豹 168, 178

丕郑 169, 177, 178

邳国　478

邳其簋再现及相关问题　478，654

皮锡瑞　523，613

匹嫡　225

频阳　213，268

聘享之礼　130，133，139，146，267，279，284

平高　482

平公　199，200，213

平津馆丛书　246，623

平凉　11，100，102，482，483，508，520

平凉地区　100，549，567，568，571—573，575

平凉地区博物馆　101，567，568，571，572，649

平凉地区文物工作成绩显著　567，568，632

平凉府　482，566，567

平凉市　490，508，567，575

平凉市地方志编纂委员会办公室　549，649

平凉文博　567，568，632

平凉文物　100，549，567，568，571，572，649

平凉县　482，567，568，575

平陵县　74，337

平民　25，52，109，122，247，379，385，393，573，608

平民生产　379，385，393，608

平戎于王　168，169，530

平王　4，8，40，47，49，50，127—129，131—133，135，139—142，144—150，172，195，213，222，234，267，415，507，516，524，531，544，546，551，553，561，603

平王东迁　4，8，49，50，125，127—129，131，132，139—142，144—150，222，234，415

平王东迁年代新探——周平王东迁公元前747年说　126，140，148，657

平王东迁原因新论　125，657

平王之东迁　172，531

平王之末　49，132，140，141，234，507，516，524，544，546，551，553，561，603

平阳　1，4，9，10，38，77，117，150—153，157，158，160—165，216，217，228，267，315，361，363，369，375，379，381，387，392，393，405，416，424，427—432，434，460，462，515，516，586，599，600，607—609

〔平〕阳　157，161，164，229，286，364，375，428，429

平阳封宫　157，158，160，163，164，229，267，364，366，371，375，428，430，587

平阳封宫铜器　368

平阳宫　161，217，599，600

〔平〕阳宫　161，164，229，364，375，428
平阳宫鼎　367
平阳宫金鼎　367
平阳故城　117，365，366，368，372，430，431
平阳聚　160，217，365，366，429，430，600
平阳陵区（葬秦武公至秦成公）　395
平子乡　559
坪（平）王　127，129，141，146，148，298
坪（平）王东迁　129，146，148，298
铺地砖　166，283，374
蒲姑　58，61，63，64
蒲谷乡　117
溥古　60，332

Q

七国考订补　279，623
妻后母　470
妻子　308—310，314，606
妻族　308
漆棺　400，401
齐哀　311
齐保柱　66
齐丹丹　128
齐地　64，65
齐国　251，275，310，311，314，471，603
齐侯　30，49，65，132，170，173，298，310，417，418
齐桓公　35，65，158，163，164，169—171，177，179，218，600
齐家文化　16，109，467，588
齐人　158，159，163，173，191，199，213，217，218，600，601
齐师　173，199，213，218，601
齐诗　511，512，514
齐诗序　511，514
齐世家　169，199
齐襄公　159，217，600
齐雍廪　158，163
齐庄、僖　603
祁悦章　579
岐东　125，126，148
岐山　589
岐山王家村出土青铜器　589，649
岐山县　160，365，366，429，430
岐水　488
岐西　125，341
岐西之地　77，125，341
岐下　178，470，471
岐下野人　178
岐以西之地　129，133，139，145，267
岐雍之间　79，183，351，536，593
岐州　32，85，161，278，281，282，329，352，362，365，

索　引　725

366，369，372，375，408，426，428，430，450，522
岐州城　372
岐周　28，58，59
奇觚室乐石文述　299，362
骑都尉　547
蕲年宫遗址　359
蕲年观　448
启濮　603
器形　22，419，422，423
千河　79，118，359
千河镇　79
千户公社　543
千亩　46，484，485，488
千水　490
千阳　79，118，331
迁徙　3，4，6，7，13，19，20，22，27，28，51，53，55，56，66，88，122，123，138，279，315，348，355，360，369，370，372，380，382，388，389，392，393，469，471，480，506，534，541，558，561，576，679，584，597，598，607，608
汧河　52，79，355，357—359
汧山　117
汧水　117，118，329，330，354，355，357，359，365，430
汧渭之会　1，4，8—10，78—81，85，86，88，111，117—119，122，123，130，134，149，150，216，266，279，299，311，315，320，329—333，351，352，357—363，387，392，393，396，407，408，427，598，599，603，606—608
汧、渭之会　77，330，341，353，361
汧渭之会秦邑　9，320，329，392，606
"汧渭之会"新考证　359，663
"汧渭之会"遗址具体地点再探　79，358，640
汧渭之间　45，70，78—81，90，92，117，226，315，316，321，334，338，351—357，360，361，501
汧渭之间与汧渭之会——兼议〈史记〉的态度　79，356，671
汧县　117，329，353—355，357，360，392，607
汧县故城　353，355
汧邑　52，80，354—356，359，360
汧阴县　329
汧源县　329，331，354
前编　176
钱穆　17，18，53，86，141，192，207，330，620，649，650
钱穆先生全集　18，53，86，141，192，207，330，649，650

钱熙祚 294,623

钱宗范 222,225,650

(乾隆) 大清一统志 65,76,337, 340,355,518,527,567, 583,622

(乾隆) 大清一统志·东昌府·山川 65

(乾隆) 大清一统志·宁夏府·古迹 583

(乾隆) 大清一统志·平凉府·古迹 566

(乾隆) 大清一统志·秦州·古迹 518

(乾隆) 大清一统志·西安府二·古迹 527

(乾隆) 甘肃通志 84,323,622

潜夫论·志氏族 21

浅谈礼县秦公墓地遗存与相关问题 404,631

堑河旁 213

堑洛 208,209,214,218,601

羌地 470

羌人 467,468,471,491,496

羌人系统 491

羌戎文化 16,491

羌族简史 468,650

羌族简史编写组 468,650

桥镇 79

且(祖)乙 230

妾如后 225

秦哀公 1,195,196,212,215, 218,220,232,242,294, 312,434,435,439,441, 453,463,515,601,602,604

秦安 540,582

秦安县 19,111,540,541,543, 544

秦安县历年出土的北方系青铜器 543,544,650

秦安县文化馆 543,544,650

秦本纪 4,5,16,18,21,24, 30,34,37—41,43,44,46, 47,56,57,68—71,73,76, 78,81,83—87,99,117, 124—127,130—134,136, 139,140,143,144,146, 149—153,155—162,164, 166—176,181,183—191, 194—197,199,200,203, 205,208—210,212,214, 216,226,227,229,233, 233,238—245,256,259, 263,266—268,274—276, 278,279,281,282,285, 286,294,298,307,308, 316,321,322,329,330, 334,336,338,340,342, 351—354,360—366,371— 375,380—382,387,390, 396,407,408,424,426— 430,434,437,438,440, 450,456,457,460,461,

478，497，498，501—503，516，517，519，522，524，530，536，546，547，551—553，558，562，585—587，593

秦兵　180，245，246，595，611

秦兵器分国、断代与有关制度研究　416，421，639

秦兵新发现　303，415，659

秦伯丧戈　288，289

秦伯丧矛　288，290

秦伯罃　187，218，601

秦成公　10，150，159—161，163，164，216，217，219，375，379，381，393，395，418，422，425，432—434，448，462，599—601，608，609

秦城　320，323，328，330，331

秦出土文献编年订补　158，240，299，656

秦川　84，322

秦大夫　32，61，275

秦代　1，2，5，89，90，119，254，258，267，315，370，382，384，385，393，395，465，508，519，582，608

秦代陶文　519，528，552

秦德公　10，157，160—162，165，166，217，219，240，369—373，375，379，381，382，385，393，407，418，422，424，425，432—434，448，462，600—602，608，609

秦帝国：从封国到帝国的考古学观察　90，150，655

秦谍　187

秦都城研究　79，328，349，354，358，369，388，389，660

秦都平阳的初步研究　367，372，431，667

秦都平阳地区春秋早期秦墓相关问题研究　431，668

秦都咸阳　388，657

秦都咸阳与秦文化研究　40，330，636，639

秦都邑宫苑研究　358，370，372，389，661

秦都邑考　15，76—78，92，330，338，340，341，369，387—389，403，497，498

秦都邑西垂故址探源　349，640

秦都雍城　235，369—372，381，385，393，607

秦都雍城布局与结构探讨　369，383，652

秦都雍城城市体系演变的考古学观察　379，381，655

秦都雍城的总体布局与考古发掘　383，652

秦都雍城功能与格局的典型性特征　379，381，385，655

秦都雍城考古发掘研究综述　461，638

秦都雍城考古录 370，655
秦都雍城遗址勘查 375，651
秦都雍城钻探试掘简报 375，651
秦都与秦陵 388，658
秦封泥 75，254，258，259，261，338，384，608
秦封泥汇考 72，335，528，617
秦封泥集 71，254，259，335，528，617
秦封泥集存 253，254，258，261，384，617
秦封泥集释 253，254，258，261，384，617
秦封泥与官制研究 253，641
秦封泥与秦文化研究书系 253，641
秦公 155，410，420
秦公大墓石磬残铭考释 39，442，444，459，656
秦公帝王陵 433，661
秦公鼎 332，400，401，404，405，410
秦公敦跋 299，362
秦公方壶 401
秦公夫人墓 405，442，443，445—448，455，459
秦公簋 21，272，400，423，529，596
秦公壶 401，404
秦公陵 442
秦公陵园 4，10，21，359，375，380，395，432，433
秦公陵园制度 21，238，460
秦公墓 4，10，87，93—96，272，300，301，313，332，343，344，349，370，395—398，400，402—406
秦公器 10，332，398，405，406，410，421
秦公器与秦子器——兼论甘肃礼县大堡子山秦墓的墓主 4，406，416，421，631
秦公磬 39，444
秦公室 266
秦公铜器 401，404，405
秦公圆壶 401
秦公钟 21，81，151，155，157，158，232，240，272，316，329，366，372，401，408，424，430，529，596
秦公族 25，39，588
秦公作子车戈 108，110，292
秦公作子车用戈 110，291
秦宫朝寝钻探图考释 235，637
秦谷 9，83，84，320—323，328，330，331，391，606
秦官 243，247，252
秦国 1—12，16，21，26—28，36，38，80，89，95，110，124，130，138，139，149，150，158，165—168，172，182，183，194，195，215，

索　引

216，219—224，227，235，238，239，241—243，247—250，252，254，255，258—260，265—267，269—272，274，276，278，279，287，292—294，300，307，311—315，322，330，355，357，360，362，363，373，379，383，387—389，391，393，395，401，404—406，408，410，415，416，419—421，432，438，459—461，464—466，478，504，507，508，517，529—531，536，541，543，544，553，558，564，567，573，575，584，586，587，589—597，599，601—606，608—612

秦国初期の新出文物について——甘肃省礼县大堡子山秦公墓地出土物を中心に　406，416，672

秦国的封建　8，221，266，312，605

秦国国君　220，224，287，292，313，362，586，602，605

秦国家　89

秦国文化　27，330，357

秦国文物的新认识　478，504，641

秦国早期文物的新认识　404，646

秦国之人　26，28

秦国之戎　36，564

秦国制度的建设　7，8，221

秦汉金文录　71，335，367，616

秦汉铭刻丛考　32，110，291，632

秦汉南北朝官印征存　72，335，617

秦汉史　15，640

秦汉研究　433，655

秦汉置畤研究　282，655

秦侯　46，48，70，71，226，227，316，317，334，501

秦桓公　183，187—189，192，193，218，249，434，439，441，442，453，456，462，601，610

秦会要订补　2，86，330，623

秦惠王　566，567

秦惠文王　211，248，259，395

秦获封　125

秦集史　2，19，155，161，168，171，186，187，189，191，221，277，355，375，434，540，646

秦记　2，5，124，130，131，139，140，142—144，172，186，187，189，197，200，202，205，209，210，212，218，220，248，256，311，312，354，361，438，465，601—604

〈秦记〉研究　2，438，632

秦家沟　430

秦建国前活动地考察　328，660

秦（今甘肃秦安县）　19

秦晋争锋　182，194，219，602
秦景公　1，124，183，190，192—194，218，219，234，242—244，288，434，435，439，441—443，453—456，459，463，600—602，610
秦景公墓　442，459
秦景襄　49，132，140，234，603
秦景、襄　124，125，132
秦景襄于是乎取周土　49，132，140，234，603
秦军　180，193，194
秦君　90，149，223，227，232，245，390，405，408，419—422，424，426，434，438
秦君葬地蠡测——君王陵墓同都城关系探索之二　434，657
秦康公　167，183—185，187，193，194，218，219，434，435，439，441，451，453，456，462，513，600，602，610
秦喇叭形口罐　557
秦历　187，189，197，198，201，219，601
秦厉公　215，216，220，457，459，562，564，602
秦厉共公　201，202，215，234，244，268，288，435，439，455，457，463，538，539，585，596
秦岭　67，283，374

秦岭县　538
秦陵　4
秦陵概论　433，638
秦陵山　10，362，392，405，408，426—428，462，607，609
秦民族　18，53
秦墓　4，16，22，23，32，52，94，95，302
秦墓遗珍：宝鸡益门二号春秋墓　584，629
秦穆公　10，11，32，37，166—169，171—173，175—177，182，183，194，217—219，240—242，259，260，269，274，294，312，379—381，385，393，395，418，421—423，425，434，435，438，440，448，450—452，456，462，469，488，500，520，529—531，534—537，545，546，551，553，561，565，583，584，587，594，596，600，602，604，608—611
秦缪公　172，173，177，179—181，218，273，275，380，439，441，449，456，535，600
秦穆姬　241
秦宁公　160，364，365，429，430
秦（宁）〔宪〕公墓　362，408，426
秦女　180，195，213，218，242，

601

秦器　415，418

秦卿　274，275

秦取邽、冀之戎　507，517，524，545，546

秦人　3，13，16，17，26—28，34

秦人从哪里来　寻踪早期秦文化　14，25，102，109，668

秦人的构成　6，7，26，27，102，122，597

秦人的族源及迁徙路线　20，53，658

秦人来源与早期秦文化的考古学探索　22，85，116，325，541，668

秦人秘史　358，662

秦人上层　313，585，605

秦人上层文化　3，14

秦人下层文化　3，14

秦人早期都邑考　79，330，349，356，670，671

秦人早期都邑西垂考　348，664

秦人早期历史探索　19，644

秦人早期史迹初探　79，353，640

秦人族源　26，27

秦人祖源略考　40，639

秦戎　7，34—36，122

秦师　154，163，166，173，174，176，179，180，184，186，188，193，217，218，249，275，293，294，486，488，515，599，600

秦诗　510，512，514，517

秦史　2，658

秦史稿　2，19，21，79，84，155，221—223，247，267，324，353，354，460，540，548，644

秦史求知录　79，221，330，349，356，401，670，671

秦史与秦文化研究丛书　358，661

秦始皇兵马俑博物馆　13，328，384，401，483，549，635，650，651，653，660

秦始皇兵马俑博物馆考古队　384，651

秦始皇帝陵博物院　156，383，431，667

秦始皇帝陵博物院院刊　366，372，431，667

秦始皇陵　395

秦始皇陵区（葬秦始皇）　395

秦氏　30

秦式短剑　556，590

秦誓　176

秦成人　7

秦水　84，322，324

秦亭　9，77，83，84，123，319—324，328，330，331，340，348，391，540，598，606

秦亭遗迹　84，323

秦王　28，35，370，382，562

秦为戎族考　15，647

秦文公　1，3，4，6，8—10，78—80，85，87，124—127，130—134，148，149，158，165，166，216，219，221，222，227，232，242，256，272，276，278—281，299，311—313，315，329，349，351—355，357—363，387，392，393，395，396，404—408，415，416，418，421—427，462，497，587，591，601—609，635

秦文公即秦襄公考辩　125，126，142，148，657

秦文公建都"汧渭之会"及其意义——兼考非子秦邑所在　358，657

秦文公所都汧渭之会　10，315，351，352，357，358，360—363，387，392，393，607，608

秦文化　405，434，657

秦文化二源说　25，639

秦文化论丛　14，330，362，384，483，549，635，653，659，667，670

秦文化探研——甘肃秦文化研究会第二次学术研讨会论文集　347，638

秦文化因素　12，98，508，557，558，587，591，592，596，612

秦文化与西戎文化联合考古队　85，95，96，301，324，402，403，650

秦文化渊源与秦人起源探索　14，23，91，92，649

秦文化之考古学研究　588，630

秦无历数，周世陪臣　130，256，318

秦武公　10，11，157—159，165，217，219，223，227，239，240，267，307，308，311，312，314，366，395，418—424，504

秦武公镈　239，312，366，420，423，424，430，604

秦武公钟　366，405，408，430

秦武公钟、镈　405

秦物质文化通览　236，237，328，356，358，367，369，370，372，379，380，382，383，388，395，434，445，447，459，658

秦西垂陵区　397，400，423，643

秦西垂陵区出土青铜器铭中的"秦子"问题　419，671

秦西垂陵园的发现经过　300，301，643，663

秦西垂史地考述　300，301，634，663

秦西垂文化论集　2，18，349，633，640，641

秦系文字研究　349，404，631

秦先　27，89

索 引

秦先公 238，312，349，401，604
秦先人 24，29，222
秦先时期 27，90
秦先文化 27，89—92，97，98，110
秦宪公 8，10，38，150，152—154，157，163—166，216，217，219，239，240，349，362，392，395，404—406，408，416，418，419，421—426，433，434，462，515，529，595，599—602，609，611
秦献公 1，212，216，220，223，232，268，279，315，369，370，381，382，388，390，393，395，440，457，546，591，602
秦襄 139，142，144
秦襄公 1—4，6—8，36，78，87，124—126，129，132—134，143，144，158，165，166，216，219，221，222，242，276，280，311—313，349，396，404—407，421，423，478，497，505，598，599，601—605
秦襄公、文公年代事迹考 3，37，124，143，146，221，407，422，478，505，631
秦孝公 9，64，183，215，216，220，315，363，370，371，382，392，393，395，450，457，536，546，547，585，593，602，607，608
秦夷 17，28，34—36，51
秦夷（戎） 28
秦以始大 50，129，146，148，222，298
秦邑文化 27
"秦邑"与"汧渭之会"考 359，663
秦邑之人 26，27
秦音 273
秦嬴族 7，122，597
秦雍城豆腐村战国制陶作坊遗址 375，383，651
秦雍城发现春秋时期秦国大型建筑遗址 379，663
秦雍城置都年限考辩 370，389，655
秦俑秦文化研究——秦俑学第五届学术讨论会论文集 13，328，401，660，671
秦与北方民族历史文化论集 464，653
秦与楚 25，668
秦与"戎狄"文化的关系研究 17，464，468，592，653
秦与戎：秦文化与西戎文化十年考古成果展 100，102，106，113，114，，635，657
秦韵——大堡子山出土文物集粹

272，637
秦早期发展史　25，328，350，660
秦早期历史研究　3，13，221，664
秦昭王　75，338，553
秦赵　18，25，39，40，41
秦之社会　348，647
秦之先　17，18，24，29，30，35，38，40，50，53，54，66，83，89，212，222，263，322，471
秦之嬴　8，89，123，598
秦职官　254，258，265
秦制　9，246，266，283，312，328，374，391，584，604，606
秦中（仲）　129，298
秦仲　46—50，70，71，74，82，86—88，110，123，130，132，135，136，141，144，146—148，150，222，223，226，227，234，256，272，297，298，316—318，326，334，337，347，404，405，471，496，497，500—503，515，591，595，598，611
秦仲焉东居周地　50，146，148，222
秦仲之族　86，135，471，496，501
秦州　76，78，84，87，322，323，331，340，518，538，540
秦州志　518
秦庄公　8，14，46，49，76，78，86—88，90—92，123，124，132，141，144，227，232，234，298，317，326，334，339，403—405，408，421，477，478，497，500，502—504，515，591，598
秦子　10，349，406，410，415，416，418—425，462，606，609
秦子编镈　402，411，423
秦子车戈考释与秦伯丧戈矛再释　32，110，291，292，632
秦子戈、矛考　416，418，421，630
〈秦子戈、矛考〉补议　418，630
秦子簋盖补释　418，419，656
秦子盉与"秦子"之谜　414，642
秦子姬簋盖初探　418，632
秦子祭祀秦公祭祀坑　419
秦子器　10，240，292，293，303，313，314，398，402，406，410—413，415，419—423，425，462，605，606，609
秦子器主考　240，292，403，407，410，631
"秦子"新释　415，421，642
秦子与秦子墓考辨　406，415，659
秦子钟　402，411，413，416，423
秦子钟与西垂嘉陵　415，631
"秦子"诸器的年代及有关问题　349，406，419，421，643
秦族　7，8，16，13，17，22，24，26—28，36，38—40，42，44，46，47，53，55，89—92，97，101，110，122，222，238，

239，311，312，314，597，598，603，604

秦族的来源　38

秦族上层　238，239，312，604

秦族文化　92

禽簋　60，63，253

青帝　166，283，313，374，605

青海考古学会会刊　16，664

青牛障　278

青铜车马器　166，283，374

青铜镞在欧亚大陆的初传　590，637

青铜乐器　272，313，605

青铜乐器坑　411，419，421

青铜器　344，358，397，404，541

青铜器学步集　400，401，404，641

青铜器与山东古国学术讨论会论文集　52，119，632

青铜之路：固原北方青铜文化　576，579，654，659

青溪集　298，361，628

清代学术名著丛刊　59，617，625

清华大学藏战国竹简（贰）　29，43，50，54，57，64，66，89，127—129，137，141，142，144，146，148，222，298，485，506，524，620

〈清华大学藏战国竹简〉（贰）研读札记（二）　129，650

清华大学藏战国竹简（壹）　58，383，391，613，620

清华大学出土文献读书会　129，650

清华大学出土文献研究与保护中心　29，43，50，54，57，58，64，66，89，137，141，142，146，148，222，298，383，391，485，524，613，620

〈清华（贰）〉讨论记录　128，633

清华简《封许之命》　141

清华简关于秦人始源的重要发现　3，13，24，35，36，51，67，642

清华简《系年》　3—6，8，13，14，22，24，28，29，35，43，50，54，57，64，66，87，89，91，122，123，126—129，131，133，137—144，146，148—150，216，221，222，232，298，311，407，468，471，472，485，506，524，598，599，603，620

清华简〈系年〉管窥　128，644

清华简〈系年（三）〉与秦初史事略析　3，14，24，67，667

清华简〈系年〉所记西周史事考　128，670

清华简〈系年〉"周亡（无）王九年"浅议　4，407，660

清华简《周武王有疾周公所自以代王之志（金縢）》　58，613

清水　9，22，84—86，90，100，

111，116，122
清水城　84，322
清水故城　323
清水河　566，576，579，582
清水郡城　85，111，324
清水李崖遗址　22，85，100，111，116，117，122，123，324—326，328，541，597，598
清水刘坪　541
清水县　84，111—116，322，324，348，355，540，541
（清水）县　84，323
清水县博物馆　540，541，635
清水县城　9，84，323，324，328，391，606
清水县故城　84，322
庆封　194
庆阳　11，12，101，582，587，596，611，612
庆阳地区　101，102，553，558—561，575，582
庆阳地区博物馆　101，554，556，560，650
庆阳市　553，554，559
庆阳市博物馆　555，559
庆阳县　483，553，554，559
庆阳县博物馆　560，650
庆祝苏秉琦考古五十五年论文集　452，663
庆祝武伯纶先生九十华诞论文集　34，652

丘里南　192，194，198，230，233，235，380，437，439，441，453—456，459
求恕斋丛书　299，362，628
裘锡圭　50，68，298，361，626，650
曲阜　30，51，63
曲阜鲁国故城　51，650
曲沃　159
曲英杰　324，354，355，366，369，650
屈万里先生百岁诞辰国际学术研讨会论文集　292，293，303，414，666
屈肢葬　16，21，22，96，99，101，102，104，105，107—110，345，346，557，587，588，590
朐衍戎　583，584
朐衍之戎　469，535，536，551，553，565，583
渠搜　467
䣂社　194，198，229，235，380，437，439，441，451，453，456，462，610
泉夷　34，36
犬方　474
犬封国　474，523
犬侯　474
犬丘　8，9，45，47，48，53，68，70—77，336，341，597
犬丘大骆之族　8，46，48，70，

71，86，122，136，226，316，317，334，338，497，501，502，595，598，611

犬丘故城 73，75，336，338

犬丘人 45，70，78，81，226，316，334，338，351，360，501

犬邱 73，336，339，403，497

犬戎国 474，475，523

犬戎氏文马 523

犬饰 544

畎夷 20，23，54，55，470，471，473，476

畎夷氏 473，475

R

（人）〔八〕充山 75，339

人祭坑 402，411

人事 255

人头饰 556

人文杂志 16，20，55，125，126，128，140，148，324，348，358，483，633，642，645，657

《人文杂志》编辑委员会 20，633

认识范式 26

任建库 338，653

任乃强 28，623

日本MIHO美术馆 402

日本MIHO美术馆收藏的秦子钟 402，411，416

日本国滋贺县MIHO美术馆收藏秦公钟 401

日本秦汉史学会会报 406，416，672

日本学术界井田制研究状况 271，672

日出西山：秦人历史新探 16，17，34，653

日名铜器 101

日月蚀 214

戎成不退 137，144，506

戎狄 15，16，74，86，135，272，295，337，466，471，475，478，496，501，510，512，514，517，561，577

戎狄寇掠 86，135，471，496，501

戎狄之音 272

戎鼎 590

戎祸 136，137，142，143，150，422，505，506

戎金胄 590

戎人 7，8，11，12，16，28，36—38，44，47，52，96，102，106，122，125，131，133，135—138，143—146，150，165，216，219，238，239，269，295，311，312，328，354，464，466，467，470—472，478，497，500，505—508，515，529，534，541，544，548，549，553，558，559，561，575，576，579，582，583

戎人墓　549，559，561
戎人文化因素　96
戎王　47，136，174，175，180—182，227，258，259，273，274，298，380，497，503，535，536，553，565，584，587
戎胥轩　16，44，47
戎宣王尸　474
戎夷　180，181，274，535
戎邑　547
戎翟　183，280，536，593，594，596，612
戎翟之俗　280，594，596，612
戎子驹支　485，488，534
戎族　19
容庚　72，292，303，335，367，411，616
容庚旧藏"秦子矛"　292，303，411
容庚先生百年诞辰纪念文集（古文字研究专号）　303，415，659
容庚学术著作全集　72，335，367，616
融父山　474
融合　7，11，12，38，92，102，109，311，465，466，508，522，535，558，585—587，591，594—596，603，610，611，612
融吾　474
月氏　487

月支　539
如淳　308
孺子　57，213
汝河流域　579
入里　202，215，230，233，438，439，441，457
入戎于狁侯　577
阮国　567
阮元　16，29—31，33，43，50，57—66，82，125，126，131，136，137，141—145，147—150，154，158，159，163，166，168—170，172—174，176，184—191，196，197，199，223，225，231，236，241—244，248—255，258，260—263，265，270，272—275，277，278，288，293—295，297，310，317—321，331，353，367，383，417，418，420，441，453，460，461，467，471，475，476，485—487，505，506，509—511，515，520，524，525，530，531，534，592，593，613，615—617
芮伯　160，163，164，166，373
芮伯万　154，158，163，166
芮国　37，166，171，564
芮乡　564，565
瑞典　489

瑞玉 557

闰月 161，164，229，364，428

若木 41，42，47，55

若石 276，357

弱水 467

S

撒门村 579

三百牢 160，164，165，219，286，371，373，424，425，601

三岔村 433

三代 28，80，252，319，361

三辅黄图 364，429

三父 156，158，163，223，228，243，307，424，426

参父 157，164，229，243，364，426

三公 59，82

三号陵园 91，445

三河 603

三家诗遗说考 511，514，615

三监 43，50，57，58

三晋 183，202，216，457，593

三军 245，293，294，313，605

三牢 80，130，134，281，285

三良冢 32

三苗 29，467，470，471，595，611

三千多年来的姜戎 19，54，323，481，636

三秦论坛 125，126，142，148，657

三青鸟 474，487

三叔 28，49，50，58，59

三庶长 157，164，229，243，364

三帅 293

三危 467，470，471，487

三危之山 487

三原县 152，516

三畤原 281，282，433，452

三族 158，163，307—310，314，606

三族之法 310

三族之罪 133，307，308，311，314，606

三族罪 309

散宜生 523

丧葬用玉 557

沙井文化 544，549

沙坡头区 584

沙州 487

山川百祀 236

山东 3，13，17—19，24，34，51—54，63，66，79，88，119，333，477

山东半岛 19

山东省 51，52，63，66，119，477

山东省博物馆 51，650

山东省出版总社聊城分社 66，644

山东省文物考古研究所 51，52，

119，632，650

山海经　487，539，627

山海经·大荒北经　474，475

山海经·海内北经　474，523

山海经·海内东经　539

山海经笺疏　474，475，518，523，539，627

山坪　93，350

山戎　161，164，229

山王村　543

山王家村　543，589

山西省考古研究所　91，650

山西之太原　481，483

山泽　262，263，265

陕北　282，561，582

陕城　211，546

陕晋　471

陕西　18，53

陕西宝鸡陈仓区西高泉春秋早期墓葬发掘简报　431，669

陕西宝鸡市陈仓区南阳村春秋秦墓清理简报　431，629

陕西宝鸡县南阳村春秋秦墓的清理　431，629

陕西宝鸡县太公庙村发现秦公钟、秦公镈　81，151，157，232，240，316，329，366，372，408，424，430，431，529，645

陕西宝鸡旭光西周墓葬发掘简报　119，629

陕西宝鸡阳平镇秦家沟村秦墓发掘记　430，651

陕西彬县断泾遗址发掘报告　101，669

陕西淳化史家原出土西周大鼎　101，632

陕西户县南关春秋秦墓清理记　52，630

陕西金文集成　616

陕西历史博物馆藏秦子戈　303，403，415

陕西历史博物馆馆刊　349，405，657，658

陕西历史博物馆论丛　37，668

陕西陇县边家庄出土春秋铜器　52，356，661

陕西陇县边家庄五号春秋墓发掘简报　52，356，651

陕西陇县边家庄一号春秋秦墓　52，356，664

陕西省凤翔县志编纂委员会　452，651

陕西省考古学会　34，589，652

陕西省考古学会第一届年会论文集　589，645

陕西省考古研究所　52，101，356，651，652

陕西省考古研究所宝鸡工作站　52，356，651

陕西省考古研究所雍城工作站　384，651

陕西省考古研究所雍城考古队

索　引

384，651

陕西省考古研究院　37，52，80，101，118—121，119，166，283，333，366，367，372，374，375，383，431—433，442，443，446，449，450，616，651，652，659，669

陕西省考古研究院商周考古研究室　52，119，651

陕西省古籍整理办公室　616

陕西省社会科学院考古研究所凤翔队　375，651

陕西省文物管理委员会　430，651

陕西省雍城考古队　235，375，433，452，651

陕西旬邑下魏洛西周早期墓发掘简报　101，660

陕西旬邑县枣林河滩遗址商周时期遗存发掘简报　101，659

陕西在秦汉时期历史中的地位　370，653

陕州　522，530

善明氏　268

善斋吉金录　517，617

善斋全集　517，617

鄯善　470

商代　3，7，11，13，14，18，23，26，28，54—56，97，101，111，119，122，222，238，255，310，312，314，452，467，489，496，498，499，540，572，595，597，604，606，611

商代后期　111，540

商代王五庙　238，312，604

商盖　29，50，54，59，61，64，66，222

商盖氏　43，50，64

商盖之民　29，50，54，66，222

商君　245，269

商君书·境内　246

商君书锥指　246，623

商末周初文化变迁的考古学文化研究　573，641

商丘　469

商式风格　23，111，114，325

商式风格陶器　23

商式陶器　24

商汤　42，55，80，231，311，361，604

商王　523，588

商王陵区　588

商文化　7，12，14，22—24，26，27，89，92，95，97，98，100，102，107—110，122，123，222，238，460，461，463，587，588，596—598，610，612

商文化因素　7，12，95，98，107—110，122，587，588，596，597，612

商先　90

商阉（奄）　50，51，68

商奄遗民　7，8，28，35，36，49，51，53，56，66，68，88，89，99，104，106，107，110，122，123，500，595，597，598，611

商奄遗民文化　104，107

商奄之民　24，31，35，36，61，250

商鞅　1，245，247，248，267，270，308，312，594，605

商夷联军　20，54

商邑　43，50，57，64

商之旧地　310，314，606

商职官　258

商周金文　332

商周青铜器铭文暨图像集成　383，616

赏邑　316，317，320，328

上博藏秦公簋　400，423

上博简《容成氏》　224

上帝　80，134，165，178，219，267，279，280，282，284，286，601

上邽　517

上邽故城　518

上邽县　76，78，87，340，517

上海博物馆　4，118，248，400，401，631，652

上海博物馆新藏秦器研究　401，404，641

上海博物馆新获秦公器研究　400，404，641

上甲　230

上军　196

上郡　510，512，514，517，553

上卿　175，274，275

上士　82，254，255，260，319

上、下畤　214，284

上造　246

上畤　278，279，281，284

尚书　31，61，144，263，487

尚书传　476

尚书大传　58，60，523

尚书大传疏证　523，613

尚书·大诰序　57

尚书·顾命　277

尚书·金縢　57

尚书·西伯戡黎序　475

尚书校释译论　144，613

尚书·禹贡　67，467，468，519，520

尚书正义　57，58，63，64，142，277，467，475，520，613

尚书综述　144，640

尚志儒　34，235，369，383，384，652，664

单月英　507，508，582，583，652

少典　38，47，263

少鄂　127，141

少昊　21，39—41，95

少昊后　30，40

少昊氏　21

少皞之虚　61，250

少梁　183，184，193，205，206，

214，215

少上造　246，249

少师　195

少数民族　34，467

少主　212

少子穆公　164，228，373，424，428

召公　28，49，58，59，63，64

召公过　181，182，536

召陵　418

邵陵　177

蛇巫之山　474

社会动态　255

社会科学战线　3，13，19，29，54，323，481，636，643，664

社棠镇　538

社主祠　153

射日宫　34

涉宾　196

申包胥　213，294，514

申簋盖　253

申国　129，238，312，471，489，604

申侯　15，43，45—48，56，70，76，129，133，134，143，226，238，316，334，340，422，472，478，501，505，524，525，586

申后　472

申姜　554

申戎　11，44，469，471，472，484，485，488，489，498，524，586，595，611

申之以策　317

申子　308

身份　11，21，44，52，90，91，96，106，107，118，124，238，240，350，392，398，400，419，421，424，432，433，442，446，451，452，455，462，503，543，556，568，573，586，591，596，607，609，612

深圳大学学报　128，644

神灵　276，279，280，285，313，605

神秘性　277

神职　255

沈括　140

绳纹　450，491

圣泉村　498

师伯甗　555

师同鼎　590

师同鼎试探　590，641

师西簋　17，34—36

诗本义　126，148，614

诗地理考　78

诗集传　481，614

诗集传名物钞　513，614

诗经　29，476，509，615

诗经·出车　468

诗经今注　328，515，615

诗经·秦风　221，222，299，363，509，511
诗经通论　513，614
诗经选　515，615
诗经译注　515
诗三家义集疏　512，615
诗说解颐正释　513，614
诗总图　513
十牢　231
十年来早期秦文化和西戎文化考古的主要收获及展望　349，350，657
十三号陵园　447
十三经注疏　16，29—31，33，43，50，57—65，82，125，126，131，136，137，141—145，147—150，154，158，159，163，166，168—170，172—174，176，184—191，196，197，199，223，225，231，236，241—244，248—255，258，260—263，265，270，272—275，277，278，288，293—295，297，310，317—321，353，383，417，418，420，441，453，460，461，467，471，475，476，485—487，505，506，509—511，515，520，524，525，530，531，534，592，593，613，615，616

十四号陵园　448
什社乡　559
什字公社　571
什字镇　571
石璧　571
石铲　556
石斧　556
石戈　508，573
石沟坪　498
石鼓考缀　299，362
石鼓山　67，118
石鼓诗　264，299，362
石鼓时代研究　299，362，663
石鼓疏记　299，362，647
石鼓为秦文公旧物考　299，362，661
石鼓为秦文公时物考　299，362，647
石鼓文　221，222，242，243，254，257，264，298—300，312，360，361，604
石鼓文考证　299，632
石鼓文研究　254，264，299，300，637
石棺　43
石圭　104，105，108，346，508，573
石剑柄　301
石喇村　579
石牌饰　556
石器　121，571

索　引

石桥乡　498

石磬　400

石饰　120，121，508，573

石兴邦　369，383，652

时代　1，8—10，18，26，48，49，52，53，66，88—91，98—100，104，105，110，119，123，132，141，144，221，234，243，288，298，308，311，325，328，349，350，355，356，358，361，379，383，384，392，401，404，409，411，415，420—423，425，450，451，453，454，456，459，462—466，476，483，489—491，520，544，549，554，556，558，561，568，573，576，579，580

识睦县　84，322

实录　466

史伯　39，48，49，132，298

史党社　16，34，338，464，468，483，549，555，556，592，653

史敦　80，256，281，282，285

史公　174，176，191

史官　8，130，131，216，242，255，259，260，311，312，599，603，604

史记　4，6，8，15，16，18，21，25，28，30，32，36，38—41，43—47，49，55，56，62—64，68—71，73，75—81，83—87，95，117，124—130，132，134，136—153，155—162，164—172，174，175，181—190，192，194—216，218，219，223，224，226，227，229—235，238—245，254，256，259，261—263，266—269，271—273，275，276，278—282，284—288，294，298，307—310，312，316，318，322，329，334，336，339—343，349，351—354，357，360—366，368，371—375，380—382，387，389，390，396，405，407，408，422，424，426—430，434，435，437—440，450，451，456，457，460—462，465，469，472，473，475，478，484，485，497，500—503，506，515—517，519，522—526，528—531，535—539，545—547，551，552，558，561，562，564—566，583，585—587，593，594，598，601—604，617，618

史记本纪地理图考　338，365

史记·封禅书　80，95，254，256，276，280—282，284，285，351，352，354，357，374

史记会注考证 154，155，618
史记会注考证校补 162，217，600，618
史记集解 159，198，199，245，308，348，365，371，382，429，449
史记·绛侯周勃世家 76，340
史记·晋世家 144
史记·六国年表 64，130，131，139，142，200—203，205，206，208，210—212，242，244，245，268，271，280，284，287，288，308，351，390，440，538，539，585，594
史记·秦本纪 2—6，8，9，15—18，20，21，28，30，32，36—47，53，55，56，68—71，73，76，78，80，81，83—87，117，122，124，126，129—136，139，142—145，148—156，158—163，165—177，182—190，193，195—201，203—209，211，212，215—218，220，221，226，227，233，234，238—246，248，256，259，263，266—268，273，274，276，277，279，281，282，284—286，292，294，298，299，307，311，312，315，317，322，329，331，333，336，340—342，350—352，354，357，360—363，365，368，370，371，373，374，380，381，390，392，395，396，408，424—430，435，438，440，451—455，457，460，461，478，496，501—503，505，515—517，519，522，524，530，535，536，546，547，551，552，558，562，585—587，593，598—604，606
〈史记·秦本纪〉错简一则 156，643
史记·秦始皇本纪 10，40，127，134，151，152，156，157，160—164，177，181，186，189，192，194，197，198，200—202，204，207，208，210，212，214，216，217，227，229，233—236，243，245，272，286，342，343，362，364，374，380—382，387，389—391，394，396，407，408，426，428，433，434，437，438，441，455，456，459，525，528，599，600，608
史记·商君列传 269，382，594
史记·十二诸侯年表 127，129，131，132，139，159，162，168，169，188，200，240，

243，282，286，307，373，460，503，504，531，603
史记索隐　128，144，209，212
史记·魏世家　211，268
史记·匈奴列传　147，473，475，535—538，540，545—547，551，560，561，564—566，583，587
史记研究集成·十二本纪　338，365，618
史记·殷本纪　80，224，231，361
〈史记〉战国史料研究　438，672
史记志疑　134，140，151—153，159，160，162，167—171，173，174，176，184，186，188—192，195—212，268，269，456，539，618
〈史记〉中所见秦早期都邑葬地　79，330，354，358，362，365，366，408，427，641
史记·周本纪　58，62，63，141，145，473，475，484，498，523，524，526
史可晖　101，572，653
史林杂识初编　520，540，548，553，637
史念海　74，337，338，370，483，488，520，540，548，653
史念海全集　74，338，370，483，488，540，653
史前研究　19，56，323，636

史学集刊　271，641
史学季刊　348，647
史学杂志　18，639
始呼之戎　469—471
始皇纪　202，205
始皇庙　236，238
始皇寝庙　236
始平国　74，337
始平县　73，152，336，516
士会　185，274
士雅　190，193
士礼居丛书　621
士一庙　236
世本　18，30，53，62，207，212，233
世本八种　620
世本注　77，341
世仇　135，136
世父　47，48，132，133，136，223，227，298，338，478，497，503，505
世界　16，29，101，137，236，248，254，276，277，313，317—321，383，442，461，467，475，589，605
世经　224
世系　15，40，47，48，91，128，155，227，231，387，441
世作周翰　29，50，54，66，222
市场　235，379
市场遗址　375

事实全部 592
饰件 301，559，580
试论出土秦式短剑 556，590，649
试论秦先公西垂陵区的发现
　401，670
试论秦之渊源 16，645
试论清华简〈系年〉编纂的特点
　128，661
试论西周金文中的"秦夷"问题
　34，652
试论西周王朝西北边疆的文化生态
　555，672
试论雍城秦公陵园的墓主及葬制
　434，435，448，644
试说秦西山陵区的相关问题
　406，667
试析崇信于家湾周墓 573，645
视野 3，5—7，465
谥法 192，232
谥号 132，232，235，312，408，
　604
手工业作坊遗址 375
守山阁丛书 294，623
守周之坟墓 50，129，146，148，
　222，298
首饰 580
首阳吉金——胡盈莹、范季融藏中
　国古代 332，400，653
首阳斋 400，653
受寝 204，215，230，233，438，
　454，455

狩猎 19，265，300
兽饰杖头 555
兽首饰 559
兽纹铜饰 592
书传 40，475
书序 17，30，62
叔带 46
舒大刚 34，540，653
熟土二层台 104，105，107，409，
　554，568，571，572，584
蜀人 213
戍秦人 7，28，34—36，51，66，
　122，123，597，598
竖穴墓道土洞墓 579
竖穴土坑墓 98，105，108，324，
　326，345，491，543，544，
　548，554—557，559，568，
　571—573，575—577，579
庶长 157，202，213，214，228，
　243—249，266，288，292，
　312，313，604，605
庶长鲍 243，288
庶长晁 214，228，233，244，
　245，437，456
庶长弗忌 156，157，164，229，
　243，364，426
庶长改 214，244，245，390，
　440，457
庶长考 247
庶长武 243，288
庶人 82，236，246，319

庶如嫡 225

庶子 8，46，70，71，122，123，225，325，598

庶族 25

双城村 554

双城大队 554

双大耳罐 493，520，521

双耳鬲 102，520

双耳罐 102，491，493，520，549，573，580，591

双鋬鬲 102，520

双小耳罐 520，521

水城 10，84，322，387，393，608

水经·渭水注 488

水经注 78，153，154，217，320，364，372，429，449，465，498，529，599，622

水经注·河水 153，166

水经注·河水二 545

水经注疏 73，76，84，117，154，166，322，336，339，354，365，372，403，430，450，487，497，518，519，526，528，538，545，547，623

水经注·渭水 73，83，117，322，336，353，365，371，429，518，519，526，528，538，547

水经注·漾水 75，78，92，339，403，497

水涛 489—491，654

水泽利忠 162，217，600，618

睡虎地秦墓竹简 259

睡虎地秦墓竹简整理小组 259

顺水 474

顺阳河 534

说文解字 20，82，278，331，332，468

说文解字注 20，61，62，83，278，332，468，617

司马彪 320，321，619

司马籍 196

司马迁 2，5，56，71，124，139，155，172，174，176，220，280，281，311，422，594，602，603，617，618

司马贞 20，144，152，209，212，262，263，279—281，284，285，287，354，503，516，537，617，618

丝绸之路 79，419

丝绸之路暨秦汉时期固原区域文化国际学术研讨会论文集 556，653

丝路孔道：甘肃文物菁华 554，555，572，656

四白狼 471，478，479，577

四白鹿 471，478，479，577

四部备要 31，130，256，318，473，620，621，627

四部丛刊 154，620，622—625，627

四部丛刊三编 126，148，614，626

四川大学学报（哲社版） 366，431，661，666

四川省 468

四川师范大学学报 247，639

四载 510—512，514

四海 238，603

四海寻珍 404，642

四号陵园 449

四马 283，297，300，302，314，606

四十里铺 568，575

四十里铺公社 568

四（驷）介 299

四凶 470

四岳 471，486，487，534，595，611

寺沟大队 571

寺人 297

寺洼期 489

寺洼山 489，490

寺洼山发掘记 489，491，660

寺洼山类型 490

寺洼文化 11，97，102，109，111，114，324，325，465，467，489—491，493—496，498—500，499，522，534，535，540，541，549，553，567，576，577，584，588，589，592，595，611

寺洼文化典型葬式 114，325

寺洼文化墓葬 111，114，324，325，589

寺洼文化族属探索 496，663

寺嘴坪 543

祀典 231，232，311，312，604

驷车庶长 245—247

驷驖 287，297，313，513，605

松丸道雄 402，406，411，416，672

松翁近稿 299，362

宋公 65，173，174，191，418

宋（国） 117

宋桓公 417

宋人 39，173

宋师 173，244

宋襄公 417

宋镇豪 24，654

宋衷 77，341，620

宋子 417

颂壶 404

苏林 276，528

苏舆 319，624，626

肃灵公 204，207，215，230，232，234，387，389，438，439，441，451，454—456

素面 107，114，325，491

蒜李村 572

蒜李坪大队 572

蒜李坪遗址 572

隋书 60，619

隋书·李德林传 60

随会 185，193

随葬品 105，107，111，114，122，345，346，401，409，491，508，542，543，548，554，556，568，573，575，577，580，584，591，592

遂霸西戎 11，181，182，530，536，596，611

孙锋 559，635，658

孙家南头村 119，333，359，392，607

孙家南头村周秦墓 119

孙家南头墓群周墓地分析 119，333，668

孙家庄林场 576

孙家庄西周墓与车马坑 576，655

孙敬明 478，654

孙楷 2，86，330，623

孙良夫 275

孙奭 29，44，50，59，64，82，231，270，318，319，616

孙星衍 246，623，626

孙诒让 29，59，153，615，624，625

孙诒让全集 153，625

孙占伟 37，102，520，522，654

孙志祖 299，362，626

所居无常 138，470，506

索隐 20，152，153，159，192，207—209，211，233，262，263，279—282，284，285，287，354，437，439，503，516，537

T

塌头村 559

台北"故宫" 22，325，379，489，630，656，657，669

台北"国立编译馆" 338

"台北市行政院文建会" 292，414，666

台北"中华大典编印会" 330，666

大卜 260

大丁 224，230，231

太丁 231，470

太公 118，523

太公庙村 9，11，81，151，157，232，240，316，329，366，372，393，408，424，430，431，462，529，607，609

太公庙大队 81，329

太公庙秦公陵园 432

太和中将军 357

太华 67，520

太几 44，45，48，68，69，91

大甲 230，231

太康 42，470

太康失国 470

大卤 481

太平公社 558

太平寰宇记 69，72，74，320，336，337，355，364，429，

527，553，565，621
太平寰宇记·关内道八·陇州 355
太平寰宇记·关西道三 74，337
太平寰宇记·关西道三·雍州三·昭应县 526
太平寰宇记·关西道十·宁州 552
太平寰宇记·关西道一 72，74，335，337
太平寰宇记·河东道四·晋州·赵城县 69
太平乡 559
太平御览 42，321，352，364，371，382，473，626
太山嬴县 42
大史 251，255，258
太史 242，250，252，255，256，258—260，266，312，604
太史公 30，31，40，130，131，139，142，263
大王亶父 566
太尉 309
太戊 41，42，47，55
大医 261
太医 252，261，262，266，312，604
太原 91，469，471，472，478，480，481
大原府 481
太原金胜村 91

太原晋国赵卿墓 91，650
太原戎 472，478，480
太原市文物管理委员会 91，650
太原之戎 469，471，478，480—482，578，579，636
太乐 252，253
大宰 254
大祝 242，251，253，254，260，312，604
太子 10，47，48，66，86，87，132—136，143，154—156，163，170，177，179—181，212，227
太子高村 66
太子建 195，213，242
太子商臣 174，180
太子太丁 231
太子武公 154，156，163，217，228，307，424，426，599
太子襄公 47，180，298，497，503
太子夷公 213，228，233，437
太子罃 181，228，435
太子圉 170，179，241，312，604
太子昭子 214，228，232，233，312，437，456，604
太祖 21，238
大祖之庙 235，236
泰卜 261
泰山 31
泰史 258
泰医 261

泰宰 254

郯国 21

郯氏 30

郯子 40,41,199

谈谈探讨夏文化的几个问题 89,660

谭其骧 88,363,537,654

探寻秦人的足迹——李崖遗址 85,324,639

汤杜 152,153,516

汤陵 152,516

汤社 152,516

汤台 152,516

汤邑 152,153,516

唐都学刊 406,416,655

唐杜 153

唐虞之际 40

唐韵 30

唐章怀太子 86,87,136,469,479,480,484,496,501,503,562,578

洮河 489

洮水 545

桃园村 542

陶瓷器 568

陶公年纪 130,256,318

陶器 16,22—24,52,80,92,95,99,102,105,107—109,111,114,118,119,325,345,346,359,400,491—494,508,520,521,532,534,535,548,554—557,571,573,575,577,580,591,592

陶器组合纹饰 16

陶荣 573,575,654

陶正刚 91,650

陶子 263

梼杌 485,531

滕铭予 90,150,589,590,655

滕县 239,477

滕子 191

藤田胜久 438,672

体质检测 591

天保 277

天津社会科学 49,125,126,132,135,142,148,234,658

天球 277

天水 11,12,19,67,75,596,612

天水博物馆藏西戎遗物的介绍和相关问题探讨 544,649

天水故秦城 320,328

天水郡 67,201,518,519,537—539,546,547

天水日报 415,631

天水师范学院学报 280,659

天水市 22,75,78,93,339,340,348,403,464,497,518,538,540,544

天水市博物馆 464,544,638,649,664

天水市博物馆藏西戎遗物的介绍和
  相关问题探讨 544，649
天水县 323，328
天水乡 498
天水行政学院学报 348，664
天文 255
天子 21，28，34，39，49，58，59，65，82，140，144，178，181—183，219，225，229，235，236，238，280，317—320，322，325，375，380，391，437，442，460，479，536
天子墓 21，460
天子七庙 235，236
天子五庙制度 21，238
天子匽喜 39，442
天子致霸 181，229，375，380，437
田常 199，200，213，218，310，601
田车 299
田乞 213
田亚岐 3，14，25，26，282，359，370，375，379，381，383—385，389，406，416，433—435，448，640，644，655，658
田有前 349，655
条戎 472
铁丰 381，383
铁器 110，166，283，374，548，557，587，589，590
铁锥 544
亭乐山 84，323
通婚 11，238—240，242，312，586，587，604
通之诸侯 317
通志·氏族略 171
同姬 34
同州 522，562，564，565
彤矢 300
铜锛 542，574
铜柄铁剑 508，559，573
铜短剑柄 300
铜镞 508，587，589，590
铜戈 32，98，108，114，302，303，313，314，325，543，555—557，559，574，580，581，606
铜管 580
铜虎 402，556
铜剑 98，302，313，580，606
铜铃 105，301，548，560，574，580
铜鹿 560
铜马口衔 300，301
铜矛 300，508，543，544，559，573，574，580，581
铜牌饰 576
铜泡 400，548，556，571，572，580
铜器 9，21，37，92，95，101，

107，108，118，119，491，548，577

铜人头饰　556

铜镞　98，300—302，314，346，606

童书业　540，548，656

统治权　287，313，605

头向　52，96，102，105，107—109，111，114，283，324，325，357，400，401，555，559，568

图书典籍　255

图腾　469，474

□徒　300

土洞墓　579

土功　172

土人　518

吐蕃　482

兔儿沟林场　553

菟裘氏　30

腿骨　548

橐泉宫　438，448—450

橐泉宫当　450

W

瓦当　9，166，283，368，374，388，393，589，607

瓦泉镇　320，328

瓦窑头村　375，381，385，393，608

外丙　231

外城　576

外沟　385，393，608

外交官　265

外乐　253

万宝川农场　572

万年　34，382，402，411，476，555

汪受宽　280，659

汪天凤　85，324，639

亡尤　231

王八年内史操戈　259

王伯厚　176

王城　147，168，178，213，215，530，562，565，585

王充　42

王春法　554，555，572，656

王大户　579

王大户与九龙山　北方青铜文化墓地　579，648

王亶父　566

王观堂　338

王官　176，181

王光镐　496，658

王光永　118

王桂芝　119，656

王桂枝　508，635

王国维　14，15，76—78，92，93，277，330，340，341，369，387—389，403，476，497，498，502，625，628

王国维全集　15，77，93，277，

341，388，403，476，498，
502，625，628
王洪军　13，24，656
王恢　338，365
王辉　39，158，240，293，299，
　303，349，350，404，414，
　418，442，444，459，478，
　489，543，589，630，656，
　657，668
王姬　30，155，157，158，239，
　240，312，422，424，604
王季　382
王家村　543，589
王家沟生产队　572
王家水库　358
王家洼村　543
王家洼墓地　543，658
王金铎　576，646
王雷生　124—126，140，142，148，
　358，657
王利器　40，623
王禄生产队　555
王明珂　464，467，657
王蘧常　2，657
王人　173
王山　543，657
王师　154，166，217，472，484，
　599
王师败绩　458，472，484
王世平　349，657
王肃　310

王孙满　180
王洼墓地　543
王伟　158，240，416，658
王炜林　3，14，25，26，655
王先谦　512，615，619
王先慎　29，59，138，175，259，
　274，294，507，623
王学理　79，236，237，328，338，
　356，358，367，369，370，
　372，379，380，382，383，
　388，395，405，434，445，
　447，459，657，658
王学理秦汉考古文选　434，657
王彦坤　31，39，41，42，621
王窑公社　543
王窑乡　543
王贻梁　479，566，627
王应麟　126，140，148，149，624，
　625
王永安　558，559，635，658，670
王于兴师　510—515
王玉哲　17，20，49，53，125，
　126，132，135，142，148，
　234，482，658
王玉哲文集　482，658
王元　433，434，448，658
王占奎　118，491，496，658
王志友　98，344，384，659，668
王志远　379，663
王子带　168，178，530
王子虎　174，179

索　引

王子今　358，661
王子禄父　28，50，57，58
王子颓　164
王子余臣　137，505
威垒　156，163，228，243，424，426
威累　157，164，229，243，364，426
微观　592
韦昭　39，49，65，132，140，141，144，224，225，234，250，253，263，269，276，298，479，484，487，525，527，603，621
围墓沟　587，588
围墙　235
卫地　65
卫（国）　117
卫宏　246，623
卫侯　65，191，417，418
卫聚贤　17，18，53，659
卫武公　129
伪《传》　513
帻帽　548
渭滨区博物馆　118
渭滨区石鼓山墓地　118
渭河上游　111，540
渭南　203，204，214，283，374，507，524
渭汭　467，530，531，534，596
渭首　507，516，545，546

渭水　29，67，73，84，117，322，336，355，359，364，519
渭水源头　29
渭阳　203，204
渭阴　203，204，551
渭州　547
魏城　202，213，244，288
魏雔　185，193
魏家崖　79
魏家崖遗址　79，80，358，359，392，607
魏瑾　556，576，579，653，659
魏颗　188
魏略　357
魏曼多　196
魏世家　153，211，268，269
魏王　594
魏行珩　575，659
温泉村　554
温泉大队　554
温泉公社　554
温泉镇　554
文博　22，23，52，54，84，119，235，282，324，333，338，348，350，356，370，384，389，406，415，421，431，496，508，554，584，589，630，638，642，645，649，653，655，656，659，660，663，664，666—669
文帝　309

文公　31，36
文公夫人　180
文公太子　134，227，232，311，395，406，407，416，422，604
文侯之命　144
文化　3
文化变迁　421，573，592
文化传统　21，109
文化继承关系　21，272
文化特征　14，16，22，592
文化因素　95，96
文化因素分析　508
文化渊源　22
文化自主　592
文马　474，522，523
文史　2，19，63，79，86，323，330，354，358，362，365，366，408，427，438，632，636，641
文史杂志　299，362，661
文史知识　19，370，644，653
文王　470，476，523，526
文王受命　475，476
文武　603
文武受命　34，36
文物　5，21，32，35，52，81，94，95，101，103，108，110，119，151，157，232，235，238—240，272，288，292，300—303，316，318，329，331，344，355，366，372，375，383，397，400—408，411，413，416，421，423，424，430，431，433，452，460，478，529，541—544，548，562，568，571—573，575，576，579，582，584，589，590，629—632，634，635，637，638，640—642，645，646，649—652，654，656，660，665，666，668—672
文物考古工作三十年　491，633
文物考古文集　496，658
文物中的古文明　478，642
文选楼丛书　368，617
文嬴　293
文字学概要　298，361，650
文祖乙伯　34
纹饰　99，400，402，404，411，491
翁元圻　126，140，148，625
瓮口谷　31
卧龙岗　357
乌恩　582
乌恩岳斯图　464，580，582，591，659
乌氏　469，535，536，551，553，565，566
乌氏故城　566，567，575
乌氏县　566
乌氏之戎　582
乌水　566

索　引

乌亭　566

无锡　171

无衣　511，513—515

吾车（车工）　299

吾离　485，488，534

吴公子盖余　61

吴公子札　272

吴家沟圈村　559

吴家门墓地　549

吴起　293，624

吴山　117，283，374，427

吴山祭祀遗址　283，374

吴师　199，213，218，294，601

吴世家　61

吴太伯　566

吴王夫差　213

吴王阖闾　213，294

吴业恒　534，647

吴（虞）人　254，257，262，264

吴则虞　317，626

吴镇烽　303，366，383，406，415，421，431，616，659

吴忠市　584

吴子　199，293，294，624

梧中聚　67，519

五大夫　246

五帝　278

五帝时代　40

五鼎四簋　292，347

五方合作　十年探索　成果丰硕　23，79，643

五里坡　559

五示　230

五王　471，478，479，577

五星公社　571

五行　279

五营公社　543

五营乡　543

五畤　252，278

伍奢　195

伍子胥　213，294

武成　64，213，215

武城　190，193，210，214，215，268

武丁　470，471

武都故道　277

武庚　58，64

武公　38

武汉大学简帛研究中心　310，517，552，624，640

武经七书　293，624

武库　438，448

武器装备　295

武山　67

武山县王门墓地　544

武始　545

武士　556

武王　28—30

武王伐商　471

武王克殷　28，57

武乙　470，471

X

兮甲 476
兮甲盘 476，502
兮甲盘跋 476，502
西安 338
西安碑林博物馆 261，631
西安相家巷遗址秦封泥的发掘 72，75，254，261，335，338，384，669
西安相家巷遗址秦封泥考略 72，75，261，335，338，384，645
西北大学文化遗产学院 101，659
西北大学学报 19，25，639，644
西北史地 348，490，654，660
西伯 470，475，523
西伯昌 473，476
西部考古 112，327，464，467，543，544，549，554，572，584，587，592
西丞之印 75，338
西垂 9，10，15，43—45，55，56，70，71
西垂大夫 8，46，48，71，74，76—78，86—88，90，92，123，136，227，298，316，334，337，339—341，403，405，497，503，598
西垂宫 4，76—78，80，81，85，117，127，130，134，227，229，266，272，329，339，340，342，343，351，361，396，403，407，426，497
西垂陵区 395
西垂文化研究 415，613
西垂（西犬丘）之嬴 89，123，598
西垂有声 112，327，358
西嶋定生 245，672
西峰区 483，553，554，559
西高泉村 M1 508
西工师□ 75，338
西共 75，338
西共丞印 75，338
西沟村 553
西沟徐家村 556
西谷 75，339，403，497
西虢 331，522
西汉 75
西汉水 75，93，97，98，339，342—344，347，350，396，403，408，490，491，496—499
西汉水北岸 98，343，344，396
西汉水上游地区 97，498，499
西汉水上游地区秦早期都邑考 347，350，637
西汉水上游考古调查报告 93，97，408，491，498，499，634
西和县 489，490
西河 35，273，467，510，512，514，517
西华池乡 553
西华池镇 553

西吉县 576，579

西吉县文管所 579，648

西岭生产队 571

西陵 157，164，229，243，364，426—428

西落鬼戎 469—471

西门夷 34，36

西坡镇 555

西乞术 179，245

西迁 18

西羌 468，470

西羌传 86，87，136—138，203，469—473，475，479，480，484，496，501，503，506，507，517，524，531，545，546，551，561，562，564，578

西秦与西戎 520，540，548，553，637

西倾 520

西戎 6，7，9，11，15，16，465—468，496，498，499，595，610，611

西戎：东周时代戎族史迹的考古学探索 464，668

西戎八国 469，529，535—537，545，546，551，553，561，565，583，584，587，591

西戎板屋 518

西戎鬼方 470，471

西戎民族 15，496

西戎侵扰 472

西戎犬戎 4，47，97，129，133，134，143，422，472，478，498，505，507，544

西戎文化 3，12，14，21，25，37，85，96，97，99，102，105，109，111，301，324，342，349，350，402，403，464，465，467，489，520，535，541，544，548，549，561，582，584，587

西戎文化因素 3，12，14，25，97，109，587，590，596，612

西戎遗珍：马家塬战国墓地出土文物 542，543，635

西戎之君 152，153，516

西山 152，217，426，427，599

西山大麓 362，408，426

西山古城 9，98，344，350，392，607

西山坪 90，347

西山坪遗址 347

西山型 90，326

西山、衙陵区（葬秦文公至秦宪公） 395

西山遗址 M2003 98—100，109，347

西首葬 25

西土 8，11，18，19，28，51，75，76，89，123，273，278，339，340，468，471—473，478，496，500，566，588，595，596，598，610—612

西土诸侯　472

西屯乡　568

西王母　45，474

西县　75—78，87，92，338—341，348，362，408，427，497，498

西县故城　75，76，78，92，339，340，403，497

西新邑　151，152，157，164，216，229，349，364，426，599

西新邑考　419，421，643

西序　277

西亚　110，588

西盐　75，338，499

西音　273

西雍　238，382

西俞　477，503

西域研究　589，646

西垣　94，343，396

西源说　3，13—15

西郑　267

西治　75，76，78，339，403，497

西畴　95，127，134，165，219，229，267，276，278—281，284，285，313，396，407，601，605

西周　3，7—9，11—14，16，21—24，26—28，31，34

西周的灭亡——中国早期国家的地理和政治危机　150，405，672

西周金文　28，34，60，123，141，253，255，258，598

西周金文官制研究　253，255，258，667

西周列国考　77，78，341，488，489，567，662

西周秦墓　102

西周时代的楚国　31，662

西周时期泾河流域的腰坑墓与秦族起源　101，646

西周时太原之地望问题　482，658

西周史　34，481，489，504，505，662

西周铜器断代　34，60，61，478，630

西周王朝　472，483，484，553，558，567，568，575，579

西周文化继承者秦国文化与史籀作石鼓考　330，357，666

西周燕都琉璃河遗址　51

西周与春秋时期华族与非华族的杂居及其地理分布　74，337，338，488，520，540，548，653

西周早期　3，13，51，85，101，116，118，325，331，541，553—556，561，572，573，576

西周夨国铜器的新发现与有关的历史地理问题　331，645

西周中期　3，8，13，14，22，24，26，35，36，68，85，88，90，101，114，116，118，122，325，326，541，572，573，598

西庄生产队　554

析支　467，470
牺牲　145，166，182，236，238，253，283，374
奚齐　177
僖公　30，65，140，167—174，200，217，218，233，234，241，260，293，294，417，418，437，439，486，530，531，592，600
习俗　22，23，95，101，222，298，452，460，461，488，535，573
隰朋　169，178，218，600
戏□　528
戏丞之印　528
戏工禾　528
戏山　527
戏水　526，528，529
戏亭　528
系本　207，212，263，437
郄芮　178
虢事蛮方　11，239，529，596，611
虢事蛮夏　529，596
峡口　498
狭义的商遗民　99
瑕禽　145
下卿　274，275
下士　82，107，254，255，260，319
下站遗址　166，283，284，313，374，605
下畤　214，278，284
夏代　3，13，26，42，467
夏后启　42
夏后氏　42，270，470
夏后相　471
夏家店上层文化　589，590
夏桀　41，42，47，55
夏民族　89
夏鼐　89，489，491，660
夏鼐文集　89，489，491，660
夏商周时期　11，371，382，467，595，610，611
夏声　272
夏王朝　89
夏文化　89
夏先　90
先蔑　274
先民文化　16
"先秦"　27
先秦都城复原研究　324，354，355，366，369，650
先秦多都并存制度研究　369，389，649
先秦卷　20，671
先秦戎族研究　36，466，469，474，663
先秦石鼓存诗考　330，357，666
先秦史论稿　17，271，308，347，348，661
先秦史论文集　20，55，324，348，

633
先秦文化 90
"先秦文化" 27
先秦文学编年史 273，484，512，513，669
先秦诸子系年 207，650
先商文化 26，27，90
先王 57，310，485，531
先夏文化 90
先轸 486
先周 14，23，26，27，90，91，118，119，333，359，554，568，572，573
先周文化 14，23，26，27，90，91
弦蒲薮 117
咸阳 1，315，347，370，371，382，387，389，393，395，608
咸阳毕陌陵（葬秦惠文王至秦武公） 395
咸阳帝都记 388，657
咸阳东陵区（葬秦昭襄王至秦庄襄王） 395
咸阳师范学院学报 101，646
咸阳市文物考古研究所 101，660
猃狁 470，471，475，484，564
玁狁 476，477，480—482，502，503，505，555，564
县杜、郑 38，153，158，163，165，268，516，522，587
县制 7，9，165，219，259，266，267，269，312，529，587，596，601，605，611
宪公 151，216，599
献公 183，216，232
相邦冉 75，338，383
相家巷 338
香港 400，401，413，414
香港私藏秦公簋 400
香港私藏秦子戈 292，293，303，306，403
香港私人收藏秦子戈 414
香山寺 573
湘乐公社 555
湘乐镇 555
襄公 49，132，192，235
襄武县 547
享国 127，134，151，152，157，160—162，164，182，186，189，192，194，198，200，202，204，207，208，210，212，214，215，224，227，229，230，232—235，243，286，311，364，375，380，381，387，389，396，407，408，426，428，429，434，437—440，442，451，453—456，604
飨国 224
项羽 73，74，336，337
萧春源 240，259，288—290，293，303，305，414，424，

索　引

656，660

萧孟亏　42

嚣圉　204，215，230，389，438

小伯　603

小尔雅　482

小罐　108，555

小虢　38，158，163，165，219，522，529，595，601，611

小陇山　117，353

小戎　131，136，143，287，295，313，509—514，605

小童　417

小行人　265，266

小型墓地　577

小《序》　513

小邾子　191

小主　212

小子憖　174

孝公　215，230

孝王　56，70，76，77，91，92，226，316，334，338，340，341，501，524，586

孝文　309

肖春林　280，285，660

肖琦　52，356，660

校正史记集解索隐正义札记　159，198，199，618

携惠王　127—129，137，141，506

携王　125，128，135，137—140，144，505—507，524

谢端琚　491，660

谢焱　543，660

辛店文化　16，22，467，498，588

辛店文化序列及其与卡约、寺洼文化的关系　498，648

辛怡华　79，359

辛有　172，531

辛余靡　273

新版〈辞海〉中"西垂"、"西犬丘"释文疏证　348，660

新编诸子集成　29，35，40，138，140，175，246，259，273，317，319，390，440，474，507，623，624，626，627

新城　176，177，181

新出秦公钟铭考释与有关问题　366，431，659

新出青铜器研究　478，504，641

新都　221，311，351，360，373，603

新丰　525

新丰县　525，526，529

〈新获卜辞写本后记〉跋　25，633

新集公社　571

新集街　572

新集乡　576

新见楚式青铜器器铭试释　35，562，666

新见秦封泥五十例考略——为秦封泥发现十周年而作　261，631

新见〈秦子戈〉二器跋　292，293，303，306，414，666

新见寺洼类文化遗存的初步认识　491，667
新见铜器铭文考跋二则　293，303，414，656
新疆　589，590
新史料发现与"秦族东来说"的坐实　14，24，656
新世纪的考古学：文化、区位、生态的多元互动　555，672
新王　310
新营乡　579
新垣平　309
兴平市　9，75，338，392，606
兴平县　73，74，336，337，353
驿旄之盟　145
刑法　221，308，311，314，603，606
刑法制度　7，9，307，314，606
邢侯　137，506
行人　265，266，312，604
形成时间　14，90
形制　52，95，96，115，116，122，325，345，400，402，405，406，409，411，543，548，556，584，592
兄弟　58，157，178，179，232，308—312，314，594，604，606
兄终弟及　223，224，227，311，604
匈奴列传　147，469，473，476，535，537，538，545—547，551，561，565，566，583，587
匈奴传　201，466，539，552
雄鸡　276
熊耳　67
熊耳山　67
熊会贞　73，76，84，117，154，166，322，336，339，353，354，365，372，403，430，450，487，497，518，519，526，528，538，545，547，623
熊罴　262
熊盈　28，49，50
休养生息　165，219，311，601，603
修鱼氏　30
徐承　199
徐城县　63
徐方　25
徐复　2，86，330
徐广　69，73，75，77，83，152，153，202—204，233，277，279，281，285，320，322，336，339，341，348，353，362，365，371，382，408，427，429，437，502，516，566
徐家碾　490—493，495
徐家碾寺洼文化墓地——1980年甘肃庄浪徐家碾考古发掘报告　490，493，495，669
徐坚　224，626
徐礼公路　344，396

索　引

徐日辉　25，26，328，348，350，660

徐少华　3，4，407，660

徐氏　30

徐湾生产队　558

徐卫民　40，79，239，328，349，354，358，362，369，370，372，388，389，433，639，656，660，661

徐旭生　17，18，661

徐偃王　44，45，68

徐阳村　532，534

徐嬴　30

徐元诰　483，621

徐在国　509，511，615

徐中舒　17，18，34，271，279，308，347，348，476，477，661

徐州　473

许成　561，579，582，648，661

许俊臣　554，555，558—560，645，661

许男　65，275，417，418

许谦　513，614

许容　84，323，622

许慎　20，62，83，278，332，468，617

许维遹　140，142，144，273，390，440，457，624

许兆昌　128，255，661

许庄　299，362，662

许倬云　34，555，662，673

旭光村　119

昫衍废县　583

昫衍（朐衍）县　583

畜牧　278，332，592

畜牧文化　592

续古逸丛书　293，622，624

续汉书·百官志　246，247

续汉书·郡国志　83，320

续汉书·郡国志二　62，63

续汉书·郡国志五　75，83，321，322，339

续汉书·郡国志一　72，73，335

宣阳聚　160，217，429，600

宣幽之时　472

宣子　485，534

玄鸟　19，38，263

薛伯　191

学术研究　79，353，640

血池　283，374

旬邑　101

旬邑县博物馆　101，659

旬邑县文物旅游局　101，659

寻找"汧渭之会"的新线索　359，640

寻找秦文化渊源的新线索　22，54，84，324，348，668

荀跞　196

荀息　177

荀寅　196，197

荀䓨　190，194

殉车　300，313，402，557，605

殉狗　23，24，52，95，98，101，
　102，104—107，109，111，
　114，119，325，333，346，
　357，508，554，556，557，
　568，572，573，576，577
殉犬　96，400，401
殉人　23，52，92，95，96，98，
　99，101，105，107，109，325，
　345，346，357，400，401，
　409，452，460，461，463，
　491，557，573，610
殉牲　92，95，96，325，400，
　401，409，534，535，543，
　548，561，568，579

Y

鸦儿沟村　579
崖湾大队　571
亚卿　274
亚字形　21，460
延世忠　579，662
言语不达　486，488，534
研究简单化　26
盐池县　584
盐官镇　348，350，498
盐铁论·结和　40
盐铁论校注　40，623
盐州　583
颜师古　43，247，248，258，276，
　308，510，514，517，538，
　545，547，583，618，619

奄城　30
奄父　46，55，485
奄君　24，61
奄里　30，63
奄氏　30，31
奄息　31—33，61，181，435，
　460，461
弇中　30，31
掩余　61
演变　11，100，259，278，
　379，596，611
晏子　317
晏子春秋·外篇七　317
晏子春秋校注　317，626
燕京学报　464，644
燕京之戎　469—471
燕子河　344
羊橦　468
羊头　346，534，544，568
阳宫　161，164，217，429，599，
　600
阳狐　214，215
阳平乡　160，365，366，429，430
阳平镇　9，10，331，366，368，
　372，393，430，431，462，
　607，609
阳曲县　481
阳生　213
杨东晨　358，662
杨惠福　406，407，419，662
杨家沟公社　81，329，431

索 引

杨建华　464，507，555，556，582，590，662

杨宽　31，77，78，247—249，267，341，481，488，489，504，567，662

杨宽著作集　78，267，341，481，489，662

杨郎　579

杨郎类型　561，582

杨郎文化　520，549，580，582，591，592

杨廉川水　75，339，403，497

杨满仓　81，151，157，232，240，316，329，366，372，408，424，430，431，529，645

杨宁国　579，663

杨氏守敬　77，341

杨守敬　73，76，84，117，154，166，322，336，339，353，354，365，372，403，430，450，487，497，518，519，526，528，538，545，547，623

杨寿祺　298，361，663

杨曙明　247，358，359，370，372，382，663

杨武站　166，284，374，379，663，664

杨锡璋　452，663

杨月光　549，647，663

杨振红　259，663

洋水　518

仰身直肢葬　52，98，105，107，109，111，324，357，548，556，568，576，579，588

祅言令　309

腰坑　23，24，52，92，95，98，101，102，104—108，111，114，325，345，346，357，400，401，508，554，556，557，559，568，572，573，576，577

腰坑墓　101，119，333

腰铃　580

尧时　321，487

尧舜时期　471

姚海灵　572，654

姚河塬　576，578

姚河塬西周城　576，577，579

姚际恒　513，614

姚际恒著作集　513，614

姚家河 M1—M3　571

姚家河生产队　571

姚磊　35，467，469，474，663

姚鼐　617

殽陀　179，180

殽之师　486

殽之役　181，275，293

繇诸　201，210，538，539

也谈礼县大堡子山秦公墓地及其铜器　349，404，478，656

也谈秦早期都邑犬丘　349，657

野鸡　276

野人　178，310
叶大庆　159，178
1993 年 12 月 1 日《关于对礼县大堡子山 4 起盗挖古墓倒贩文物线索立为项目并案侦查的实施方案》　301
1994 年《礼县公安局治安处罚决定》礼公治字 12 号　30
一粟集——王辉学术文存　39，418，442，443，459，656
一统志　355
伊川　172，179，469，530，531，534，596
伊川县　532—534
伊犁河谷铜鍑研究　590，641
伊洛　80，167，168
伊、洛　507，516，544，546
伊尹　231
伊尹献令　473，474
衣谷水　519
医和　261
医缓　261
依随水草　138，470，506
夷狄　41，55，352，593
夷公　198，213，214，228，230，232，233，312，434，437，438，440，451，455，604
夷厉之后　472
夷其三族　310
夷三族　158，163，307—309，311，314，606

夷王衰弱　471，478，577
夷吾　168，177—179，241，269
夷夏东西说　17，18，633
夷仪　190，191
夷玉　277
夷翟　16，593，594
以地为名　469
以陇山为中心甘宁地区春秋战国时期北方青铜文化研究　561，582，646
以氏为名　469
以姓为名　469
义里丘北　189，192，194，230，380，437，439，441，456
义渠道　552，553，558
义渠古国与义渠古都考察研究　549，553，666
义渠故城　553
义渠戎国　552，558
义渠戎王　553
义渠氏　550，551
义渠新城　552
义渠之戎　507，550，551，553，560，561
异族　11，466—468，595，611
邑人　34，36，213
益公　34
益国十二，开地千里　11，181，182，530，536，596，611
益门村　584
益门二号春秋墓文化属性再析及墓

索 引

主新考 584，645
益门二号墓 584
益州 277
逸周书 28，620
逸周书汇校集注 28，50，57—59，250，474，523，550，551，620
逸周书·克殷解 250
逸周书·史记解 550
逸周书·王会解 473，522，550
翳徒之戎 469—471
懿王 72，73，77，91，335，336，338，341
阴晋 211，214
阴饴甥 565
音乐 273
殷臣 28，57
殷代的四方崇拜及相关问题 280，285，660
殷人 19，21，238，270，273，460
殷人尊东北方位 452，663
殷商遗风 24
殷顽民 17
殷献民 17，28，50，58
殷虚卜辞综述 230，260，474，630
殷虚甲骨文 332
殷墟 51，96，97，452，468，588
殷墟卜辞 230，231，260，468，474

殷墟文化 91，92，95，96，101，325
殷墟文化四期 91，111，540
殷墟文化一期 111，540
殷遗民 23，51，101，119，333
殷遗民文化 51
殷制 21，460
殷周金文集成 34—36，60，240，253，292，293，303，332，333，410，411，413，423，476，477，502，504，505，529，562—564，616
殷周文化因素 21，238，460
殷周之际 573
殷纣 43，56
银耳坠 559，560
银南地区 584
尹吉甫 476，502
尹盛平 52，118，331，356，496，498，646，663
尹夏清 118，663
饮食衣服不与华同 486，488，534
隐公 163，225
应劭 32，517，528，547，552，583
英国 401
鹰头饰 544
茔域 588
嬴秦 13，17，23—25，34，107，109，110，310，314，326，606
嬴秦始源：首届中国（莱芜）嬴历

史文化学术研讨会论文集　24，654

嬴秦溯源：秦文化特展　22，85，116，325，379，381，385，489，541，630，655，657，668

嬴秦文化研究与成果转化——中国·济南第三届嬴秦文化暨中华嬴秦文化园规划研讨会文集　24，636

嬴秦文化与远古文明：中国（莱芜）第二届嬴秦文化与远古文明工作会议论文集　24，654

嬴秦族西迁考　348，638

嬴氏　38，40—42，46，48，70，81，196，263，266，316，334，501

嬴姓　17—19，23，25，30，40，41，55，62，84，88，95，102，222，263，281，322

嬴姓民族　23

嬴族　7，8，20，30，49，55，56，87，88，97，109，110，122，123，597，598

颍首以西　507

雍城　10，236，286，312，315，369—373，375，380—385，387—389，391，393—395，424，432，441，442，457，461，463，604，607，608，610

雍城大郑宫　160，161，164，165，286，371，373，375，424

雍城第二期　235，379

雍城第三期　381

雍城考古队　235，375，384，432，433，452，664

雍城陵区　395，432，433，452，456

雍城陵区（葬秦穆公至秦出公）　395

雍城秦公陵　4，432—435，439，441—443，445，446

雍城秦公陵区一号陵园　443

雍城秦公陵园　4，432—435，442，447，451，452，454，462，588

雍城秦公陵园研究的再思考　447，640

雍城秦公陵园诸公墓主考识　433，655

雍城十四号秦公陵园钻探简报　433，448—450，652

雍城一、六号秦公陵园第三次勘探简报　433，442，443，446，652

雍大郑宫　150，157，161，164，229，286，364，375，385，393，428，429，608

雍高寝　186，192，194，229，230，233，235，380，437，451，453—455

雍际春　3，13，221，347，348，638，664

雍平阳　157，158，160，163，228，368，369，371，374，416，424，428，460

雍秦文化　247，359，370，372，

382

雍水　371，372，383，449，488

雍太寝　189，192，194，230，380，437

雍王　73，74，336，337

雍县　32，118，281，282，372，449，450

雍县故城　372

雍之宫　161，164，229，364，375，429

雍州　67，72—74，117，152，321，335—337，355，450，467，516，524，526，529，552，565，593，594，603

永安　69

永安县　69

永登县　544

永坪河　343，396

永坪乡　343，396

永兴乡（永兴镇）　349，350

甬钟　508

优抚　12，592，596，612

幽王　8，49，125，127—135，137，139—144，298，422，472，505—507，513，524，525，527—529

麀鹿雉兔　299

由余　174，175，180—182，258，259，273，274，380，535—537，545，546，551，553，561，565，583，587

游富祥　166，284，374，664

游牧　15，138，464，467，506，561，589，591，592

游牧民族　19，279

游牧文化　591

游牧业　592

游牧者的抉择：面对汉帝国的北亚游牧部族　464，657

有瘤铜刀　544

有王与无王　128

有莘氏　523

有熊九驷　523

羑里　523

右辟　293，313，605

右骖　299

右扶风　72，117，278，329，335，355

右辅都尉　364，429

右更　246

右庶长　245，246，248

于家湾　572

于家庄墓地　579

余臣　127，137，141，506

余冠英　515，615

余无之戎　469—471

俞泉　471，478，480，578

俞伟超　14，16，664

隃麋县故城　117

虞官　321

虞君　177，275

虞人　242，263，265，266，312，604

愚庵小集 140，628
舆地志 522
宇村大队 555
禹鼎的年代及其相关问题 476，661
禹贡 15，67，75，321，339，355，467，470，473，519，520，552，565，647
禹贡山水泽地所在 487
禹贡锥指 482，613
语言文学 6
玉璧 98，108，301
玉琮 400，401，572
玉斧 571
玉名 277
玉器 166，283，346，374，557，568，571，576，577
玉人 568
玉石 277，573，575
玉石器 568
玉石之刑 566
玉饰 556
玉珠 571
驭方獵允（狁） 477
郁彩玲 379，381，655
郁夷 9，368，393，607
郁夷县 117，365，368，429
棫林 194
遇村南沟 556
遇村遗址 556—559
御史 309

豫州 62
元鼎 518
元和郡县图志 69，73，320，323，330，331，336，355，357，565，621
元和郡县图志·关内道二 73，329，331，336，565
元和郡县图志·关内道二·陇州 330，355
元和郡县图志·河东道一 69
元和姓纂 31，61，626
元和志 330
元凯 262
元里 214，215
元人 513
元士 82，107，320，350，391，392，606，607
元魏 482
袁家村 559，560
袁梅 515
袁仲一 528，552，616，617
原始拜物教 279
原州 482，483
原州区 484，576，579
原州区文物志 576，646
圆顶山春秋早期秦墓98LDM3 302，313，606
圆顶山（赵坪）遗址 349，350
圆壶 401
圆牌 559，580
圆形腰坑 556，557

索　引　775

源于东而兴于西　3，14，25，26
源于东兴于西说　3，13，25
辕涛涂　174
苑何忌　310
苑囿　265
乐府　253
乐器　535，592
乐器坑　406，411，416，419，421
乐史　69，72，74，320，336，337，355，429，527，553，565，621
月令系统　18
岳家庄　349
越人　213，242
允姓　469，487
允姓之奸　485，487，488，531
允姓之戎　11，469，471，488，496，498，531，595，611
陨石　277
运奄氏　30，31
运掩氏　30

Z

杂神　279
宰予　310
再论汧渭之会及其相关问题　330，636
再论秦式短剑　556，590，667
在甲骨金文中所见的一种已经遗失的中国古代文字　491，654
在京新见秦封泥中的中央职官内容——纪念相家巷秦封泥发现十周年　258，261，670
葬具　104，105，109，491，508，572，573，575，579
早期秦史　330，671
早期秦文化　21，24，26，90
早期秦文化考古联合课题组　93，95，116，325，343，344，396，397，541，664
早期秦文化联合发掘队　280，664
早期秦文化联合考古队　21，32，79，84，85，93—95，98，103，108，110，111，291，292，303，322，324，344，346，349，350，397，398，402，411，540，541，543，665，666
早期秦文化探索　2，37，56，68，90，99，325，326，331，347，464，558，590，644
早期秦文化特征形成的初步考察　14，90—92，667
早期秦文化与西戎文化联合考古队　85，324，666
早期秦文化"源于东而兴于西"的考古学观察　3，14，26，655
早期丝绸之路暨早期秦文化国际学术研讨会论文集　116，325，491，541，664，667
早胜镇　556，559
蚤死　44，48，68，213，214，228，233，244，437，456

造父　30，44—46，48，55，68，69，71，91，338，485
造父之邑　69
躁公　202—204，213—215，228，230，232，233，437，438，454—456，551，585
择国之中　360
矢国　118，331
曾（缯）人　127，137，141，506，524
斋宫　307
宅皋狼　44，45，48，68，91
祭父　566
祭公谋父　479
翟泉　173，174，179
翟王　470
詹桓伯　61，485，531
战国　1，10，11，16，22，29，43，66，91，104—110，118，119，128，259，267，270，294，308，328，346，349，382—384，387，391，394，442，450，465—467，520，538，541，543，544，548，549，553，558，561，564，567，568，571，575，576，579—582，584，591—594，596，611，612
战国策　269，594，621
战国策·秦策　269
战国策·魏策　594
战国墓　118，384，568
战国秦动物纹样瓦当的艺术源流　589
战国史料编年辑证　247—249，662
战国纵横家书　50，68，626
张多勇　549，553，666
张光裕　35，292，293，303，413，414，562，666
张光远　330，357，666
张华　42，627
张怀通　666
张继刚　666
张家川　320，328，540
张家川回族自治县　540—542
张家川回族自治县博物馆　543，634，665，666
张家川马家塬墓地相关问题初探　543，656
张家川马家塬战国墓地2010～2011年发掘简报　543，666
张家川马家塬战国墓地2008～2009年发掘简报　543，665
张家川马家塬战国墓地2007～2008年发掘简报　543，665
张家川瓦泉镇　320，328
张家川县　111
张家岭墓地　549
张家山汉简　72，310，335，517，552
张剑　51，666
张街村　579
张守节　9，32，63，69，76，79，84，85，87，147，152，160，

索　引　777

262，263，277，281，286，
322，336，340，352，354，
362，365，366，368，372，
392，408，426，428—430，
450，516，522，528，530，
536，538，547，552，564—
566，607，617，618
张天恩　2，3，14，17，21，23，
24，37，52，67，79，90—92，
324，328，349，350，356，
359，366，367，372，405，
406，431，447，491，496，
556，590，616，663，666，667
张天宇　52，119，632
张文虎　159，198，199，618
张文江　370，389，406，416，655
张新科　338，365
张亚初　253，255，258，667
张晏　308
张寅　464，549，668
张煜珧　431，668
张元济　126，154，293，614，
617，619，620，623，624，
626，627
张正明　25，668
张志光　22，85，116，325，379，
381，385，489，541，630，655，
657，668
张忠培　555，672
章邯　73，74，335—337
漳河北岸　548

漳河流域　549
漳县　548—550
漳县灯笼沟坪新石器时代及东周时
　期遗址　549，647
漳县文物管理所　549，635
昭公　29，61，62，137，158，163，
　195，196，223，261，263，310，
　485，505，524，531，534，593
昭庙　235
昭王　91，391，514
昭应县　526，527
昭子　204—207，214，215，228—
　230，232—234，312，387，
　389，434，435，437—440，
　451，454—456，463，604，610
赵城　30，44，45，48，68，69，
　71，91，92，363
赵城县　69
赵城镇　70，91
赵穿　185，193
赵丛苍　98，119，235，333，344，
　369，383，652，664，668
赵盾　186，193
（赵）高　308
赵光勇　338，365，618
赵化成　14，21，22，24，25，54，
　84，85，102，109—111，116，
　324—326，348—350，406，
　416，421，490，491，541，
　584，588，589，657，668，669
赵稷　196

赵简子　196，213
赵逵夫　273，484，512，513，669
赵老湾村　544
赵孟　62，274
赵坪村　343，396
赵秦楚民族的来源　18
赵氏　30，41，44—46，48，68，69，71，91，122，597
赵氏之宫　196
赵世家　38，41，44—46，485
赵衰　44，48，68
赵文化　92
赵吴成　543，669
赵雪野　543，657
赵鞅　196
折首　476，477，504，505
磔狗邑四门　162，217，287，373，600
者（诸）正　127，137，141，506
贞元　482
针虎　31—33，181，435，460，461
珍秦斋藏金——秦铜器篇　240，259，288，289，292，293，303，305，413，414，424，656，660
珍秦斋藏秦子戈考跋　293，303，414，656
珍秦斋藏秦子簋盖　240，312，403，413，416，604
真君　74，337

震钧　299，361
镇原　483
镇原县　553，558，559
整甲　273
正宁县　553，555，559
正统论　139，280
正义　32，58，63，69，76，77，79，84，85，87，147，152，262，263，277，281，282，286，322，336，340，341，352，354，362，365，366，408，426，430，516，522，528，530，536，538，547，552，564—566
郑伯　65，162—164，173，191，417，418
郑桓公　48，132，267，298
郑家洼大队　571
郑《笺》　512
郑康成　33，82，126，147—149，248，252，260，273，317，320，321，417，461，476，481，510
郑牧马受簋　332
郑人　179
郑武公　129
郑下　214，215
郑玄　62，75，265，339，613，615
郑语　39，40，48，49，124，132，133，141，144，234，235，

298，603

郑州大学文物考古研究院（洛阳）　531，534，669

政治关系　19

政治制度　21

执讯　476，477，504，505

执政官　243，245，312，604

职官　221，242，243，245，248，253—255，258，260，261，265，266

职官制度　7，9，242，243，312，604

贽币不通　486，488，534

畤祭祀遗　283，374

智伯　213

智开　213

智宽　213

智氏　196，213

巘县　69

中辟　292，293，303，307，313，314，411，420，605，606

中更　246

中国　24，41，55，64，180，213，258，259，273，274，341，485，488，507，508，535，582，589，593，594

中国北方长城地带游牧文化带的形成过程　464，467，644

中国北方地区两周时期铜鍑的再探讨——兼论秦文化中所见铜鍑　589，655

中国北方东周时期两种文化遗存辨析——兼论戎狄与胡的关系　507，582，662

中国北方系青铜"花格"剑研究　555，640

中国大百科全书总编辑委员会《考古学》编辑委员会　490，639，669

中国的亚洲内陆边疆　464，671

中国法书选　255，264

中国古代地理总志丛刊　69，323，429，527，565，621，622

中国古代帝国的形成与结构：二十等爵制研究　245，672

中国古代青铜器国际研讨会论文集　4，406，416，421，631

中国古代文化史　15，672

中国古都研究　369，670

中国古史的传说时代　18，661

中国国家博物馆　166，283，374

中国国家博物馆馆刊　556，590，649

中国考古60年（1949—2009）　561，637

中国考古学报　489，660

中国考古学会第十五次年会论文集　101，643

中国考古学会第四次年会论文集　579，582，670

中国考古学年鉴　549，575，632，647

中国历史地图集　88，363，537，654
中国历史文物　79，85，111，280，322，324，325，328，331，419，421，540，541，643，647，664，665
中国民族的来源　18，53，659
中国秦汉史研究会　433，655
中国青铜器综论　400，670
中国社会科学　14，24，656
中国社会科学院边疆考古研究中心　561，582，646
中国社会科学院考古研究所　34—36，60，72，75，95，101，231，240，253，254，261，292，303，304，333，335，338，384，410，411，431，476，477，490，493，495，500，502，504，505，529，562，564，588，616，669
中国社会科学院考古研究所汉长安城工作队　72，75，254，261，335，338，384，669
中国社会科学院考古研究所泾渭工作队　101，669
中国史纲　15，640
中国史研究　259，663
中国通史简编　18，19，633
中国文化遗产　14，25，102，109，668
中国文物报　22，23，79，85，93，98，103，108，111，292，303，324—326，344，359，379，383，404，541，549，558，635，640，642，643，652，658，663，665，668，670
中国文物报社"文博中国"微信公众号　166，284，374，664
中国文字　404，646
"中国文字社"　404，646
中国先秦史学会　379，381，655
中国戦国時代の霊獣　401，411，413，672
中河公社　576
中河乡　576
中候　40
中胡三穿戈　580
中华民族早期源流　482，658
中华文史论丛　267，662
中姞　555
中潏　8，15，16，18，24，43—45，47，48，53，55，56，70，71，76，88，91，122，226，238，316，334，340，348，501，586，597，598
中旂父　58
中平　73，547
中卿　274，275
中生父禺　555
中士　82，254，255，260，319
中台公社　572
中庭　235

索 引

中卫市　584

中卫县　584

中行　196，213，218，601

中行氏　196，213

中亚　110，588

"中研院"历史语言研究所集刊　39，442，656

中衍　41，42，47，55

中央研究院历史语言研究所　72，335，367，616

中意联合考古　118

中原　182，183，194，219，467，589，590，592，602

中原视野下的固原（从商周至秦）　556，653

中原文化　16，535

中子成公　164，228，373，424，428

中字形　21

中字形大墓　9，366，367，372，393，400，401，431—433，442，443，445—448，455，462，607，609

中字形大墓 M2、M3　94，344，397

终黎氏　30

终南　146—150，467，513

终南之山　147

钟钩　400，409

钟侃　579，582，670

种类　470，580，591，592

仲壬　231

仲行　31—33，181，435，460，461

仲熊　262

仲衍　42

重耳　177—179，241，294

重构　2，4，6，7，466，472，597

重泉　208，209，214，218，601

舟师　199

周邦　34，36

周北门　180，294

周伯昌　523

周勃　309

周成王　29，44，45，48，58，68，88，91，382，550

周初　3，8，13，56，91，109，122，250，464，573，598

周代庙制　235

周代史官文化——前轴心期核心文化形态研究　255，661

周代遗址　84，112，327，567，571

周代宗法制度　224

周代宗法制度研究　222，225，650

周二王并立　137，506

周伐诸戎　471，472

周公　17，19，22，28，29，34，44，49，50，54，57—60，62—64，118，122，332，417，438，448，597

周公旦　59

周公东征　19，22，34，54，58，

64，323

周公东征和东方各族的迁徙　19，323，636

周公东征和迁民的总序　63，636

周公东征和嬴姓西迁　19，644

周公家族　118

周官　31，243，250，251，259

周桓王　133，424

周惠王　163，240，425，462，609

周静　558，670

周康王　568，572

周釐王　240，425，462，609

周礼注疏　252，254—256，258，260，262，265，270，442，453，615

周厉王　8，46，48，70，71，86，88，122，136，226，227，316，334，497，500—502，595，598，611

周赂　138，506

周缪王　44，45，48，68

周墓　37，102，104，105，107，111，118，119，324，333，345，548，553—556，568，569，571，573，575，576

周平王东迁乃避秦非避让犬戎说　49，125，126，132，135，142，148，234，658

周秦墓　102，119，333，359

周秦少数民族研究　15，70，125，135，464，524，567，647

周秦时期关中城市体系研究　369，370，389，649

周秦文化　97，98，498，500，508，556，580，592

周秦文化研究　330，358，636

周秦文化研究论集　2，14，23，52，90—92，324，350，356，356，496，667

周秦文明论丛　414，642

周人　11，15，17，22，23，26，36，37，51，52，88，89，97，102，119，122，123，137，138，144，148，150，232，239，270，271，273，312，461，463，469—472，478，496，498，506，507，513，544，555，577，588，595，597，598，604，610，611

周师　154，163，166，217，470，485，595，599，611

周世陪臣　90，130，256，318

周室　21，150，258，566，593

周室既卑　50，129，146，148，222，298

周室之璧　566

周太史儋　322

周太史史伯　48，132，298

周天子　178，325，515

周土　49，124，132，140，141，234，270，603

周王朝西北边疆的新发现——宁夏

索　引

彭阳姚河塬西周遗址　576，647
周王室　6，7，11，30，122，136，138，143—145，150，158，258，271，272，280，311，313，507，556，595，597，603，605，611
周王子颓　177
周亡王九年　127，128
周文化　3，14，22，92，95—98，101，271，272，313，325，465，553，556，558，589，605
周文化因素　8，12，21，92，95，97，98，107，109，122，238，460，463，556—558，576，587，596，597，610，612
周文王　20，29，382，471
周武王　43，48，50，56，57，382，472，595，611
周武王有疾周公所自以代王之志（金縢）　58，613
周先　90，552，558
周襄王　179，513
周晓陆　72，254，258，259，261，334，519，528，617，631，670
周孝王　9，15，19，39，45，46，48，70，78，81，83，85，88—90，92，116，123，226，227，238，316，317，321，323，325，328—331，334，351，360，391，415，501，598，606
周兴华　584，670
周宣王　8，46，48，71，76，78，86—88，90，92，122，130，132，136，225—227，298，316，334，339，403，476，485，497，501—504，524，576，595，598，611
周野鹿鸣　宝鸡石鼓山西周贵族墓出土青铜器　118，652
周懿王　72—74，92，335—337，348
周幽王　4，46—48，90，127—129，133，135—137，139—143，216，227，298，472，478，505—507，513，524，528，595，599，611
周余民　7，8，28，36，37，51，52，99，122，130，133，134，138，143—145，148，150，216，311，357，505，558，597，599，603
周原　110，471，488
周章　528
周昭王　273
周贞王　562，564
周之东门　476
周之坟墓　50，129，146，148，222，298
周之旧　272，273
周职官　253，254，258
周制　247，266，270，274，311，312，604，605

周宗　566
胄　108，303，487，590
胄泡　568
籀顾述林　153，625
朱凤瀚　128，400，670
朱鹤龄　140，628
朱虎　262
朱己　594
朱建堂　508，573，574，644
朱骏声　298，362，628
朱砂　554，555，573
朱士光　369，389，670
朱右曾　480，483，619，620
朱圉山　67，519
朱圉　7，8，29，50，54，56，67，68，88，122，123，520，597，598
朱圉山　67，102，519，520
朱圉之嬴　8，89，123，598
朱子全书　481，614
邾吾　67
邾子　173，191，199
诸侯　4—6，17，18，21，28，41，46，47，49，53，55，58，59，65，70，71，78，80—82，85，86，117，126，128，134，136—139，141—149，166，173，177，181，183，187，188，193，194，216，219，225，226，232，234—236，238，249，255，258，265—267，273，279，280，284，285，312，316—319，329，334，350—352，361，392，415—418，422，457，460，472，478，486，497，502，513，528，536，593，594，602，604，606
诸侯墓　21，460
诸侯三庙之制　238，312，604
诸侯五庙　235
诸戎　15，77，341，466，471，472，486—488，507，534，538，541，543，544，595，611
诸夏　65，272，507，516，544，546，561，594
诸夏之声　272
诸郢　383
猪野　467
竹书　130，171
竹书纪年　6，8，86，87，122，126，130，136，138，143，153，154，210，216，217，221，224，232，311，468—472，479，480，484，496，497，500—503，527，578，598，599，603
竹书（纪年）　130，256，318
竹书纪年与出土文献研究之一：竹书纪年考　631
竹书纪年义证　473，480，620
属官　249，252，253，266，312，604
注水经　530

索　引

祝佗　31

祝中熹　17，20，79，221，272，301，330，349，356，400，401，405，419，670，671

著之于帛　317

铸铜作坊区　576，577

颛顼　7，21，38—41，47，90，122，263，474，597

颛顼历　172，187，189，197，198，201，218

庄公　46—49，71，74，76，77，92，97，98，132，135，136，141，226，227，234，238，251，298，316，334，337，340，472，478，497，503，504，525

庄浪　490，492，493，495

庄浪县　489，490，495，567

装饰品　491，557，576，584

装饰纹饰　589

追谥　232，405

卓子　177

啄锤　568

啄戈　543

琢戈　544

资治通鉴外纪　154，620

子车氏　31，32，110，292，460

子车奄息　33

子车针虎　33

子车仲行　33

子犯　173

子桑　169

子氏　31

子颓　162—164，177

子午岭　467，489

子婴　275，308

子舆氏　32，181，435

子圉　170，179，241，312，604

自然现象　255

宗法制度　7，9，222，224，232，311，312，604

宗教　7—9，95，216，221，276，279，311，313，384，599，603，605

宗教官　312，604

宗教祭祀　279

宗教祭祀制度　7，9，276，313，605

宗庙制度　7，9，235，312，604

宗女　170，179，241，312，604

宗邑　71，123，248，328，361，385，393，598，608

宗周　34，147，387

宗子　408

宗族　24，95，222

邹逸麟　482，613

族类　467

族权　222

族群　16，25，26，119，333，464

族属　11，15，19，21，26，28，36，40，55，97，110，464，466，491，496，498，499，502，549，

560，561，582，584，585，592，595，611

诅楚文　176，249，251，312，604

诅楚文研究　176，241，249，251，637

祖庙　235，238，370，453

最新出现的秦公壶　404，642

罪及三族　310

尊位　451，452

左辟　293，303，307，313，314，403，414，420，605，606

左骖　299

左冯翊　564

左更　246

左宫　198，214，230，233，438—440，442，443，451，455

左海续集　511，514，615

左乐　253，384

左丘明　39，49，65，132，141，144，224，225，234，250，253，263，269，298，479，484，487，525，527，603，621

左氏　173，190

左庶长　213，243，246，248，249，266，288，312，313，604，605

左阳水　371

佐竹靖彦　247，248，271，672

作伏　162，286，373

后　　记

　　2005年至2013年，笔者研究古本《竹书纪年》，恰逢清华简《系年》发现，于是研究两周之际的历史。秦国历史不同于《史记》的记载，又联系到《国语》《左传》，遂成定谳。

　　2007年4月中旬，至清华大学廖名春先生府上，观照片，载晋文侯仇杀携王事迹，大感兴趣。2011年12月，《清华大学藏战国竹简（贰）》出版，廖先生复印资料寄笔者。月余，乃得数篇。《秦襄公、文公年代事迹考》刊于《历史研究》2013年第5期。于是，拓展研究而有此书。徐少华《清华简〈系年〉"周亡（无）王九年"浅议》（《吉林大学社会科学学报》2016年第4期）赞成笔者的解释，并当面赞许。感谢徐少华先生对笔者观点的支持。

　　2013年5月，笔者至甘肃考察。至甘肃省博物馆，李永平研究馆员、李天铭研究馆员等给予大力帮助。至礼县秦文化博物馆，王刚研究馆员等给予热情帮助。2023年10月，笔者至陕西、甘肃考察。张天恩研究员、王永安研究员、王振高级工程师给予热忱的大力帮助。

　　2017年，获教育部规划项目（17YJA770004）立项，2021年1月结项，感谢张天恩研究员等提出宝贵的修改意见。经过两年修订，2023年2月申报中国历史研究院学术出版资助项目，11月30日获准。又修订两月，提交出版社。感谢中国社会科学出版社吴丽平老师的大力帮助与指点。

　　感谢博士研究生陶家勇、周依雯、丁文、敖弦弦、刘雪茹帮助核对引文等。

在本书写作过程中，一些师友给与大力帮助。他们是：

中国：

清华大学历史系廖名春教授，北京大学考古文博院刘绪教授，城环学院武弘麟教授、宋峰教授；武汉大学历史学院徐少华教授；南开大学历史学院李治安教授、闫爱民教授、郭明老师、博士研究生陶家勇、周依雯、丁文、敖弦弦、刘雪茹；华中师范大学黄尚明教授；河南大学张立东教授；西北大学文化遗产学院王振老师、邹子婕博士研究生。

中国社会科学院考古研究所郑光研究员、王睿研究员，中国国家博物馆卢一馆员，陕西省考古学院吴镇烽研究员、张天恩研究员、王占奎研究员、杨武站研究员、王志远助理研究员，宝鸡市文物考古研究所辛怡华研究员，甘肃省考古研究所王永安研究员，甘肃省博物馆祝中熹研究员、李永平研究员、李天铭研究员，敦煌研究院戴春阳研究员，礼县秦文化博物馆王刚馆长、赵健牛等先生，以及甘肃省公安厅档案馆王主任、孙宏斌先生、礼县公安局马建营先生。

中国国家图书馆吴京生先生，天津图书馆李国庆先生、胡永晔、张文琴、王振老师等，南开大学图书馆苏东、申巍、张蒂、惠清楼、林红状、宋世明、高丽娟、杨文俊老师等。

中国社会科学出版社郭鹏先生、吴丽平老师。

香港中文大学张光裕教授、台湾"中研院"历史语言研究所陈昭容研究员。

美国：

美国国会图书馆亚洲部主任暨斯坦福大学邵东方高级研究员、芝加哥大学夏含夷教授、加州大学伯克利分校罗泰教授。

对于以上人员给予的帮助表示真挚地感谢！